中华人民共和国
西藏自治区　地方志丛书

聂荣县志

སྙན་རོང་རྫོང་གི་དཀར་ཆག

西藏自治区聂荣县地方志编纂委员会　编撰

中国藏学出版社

图书在版编目（CIP）数据

聂荣县志 / 西藏自治区聂荣县地方志编纂委员会编撰.
-- 北京：中国藏学出版社，2023.10
（中华人民共和国西藏自治区地方志丛书）
ISBN 978-7-5211-0402-8

Ⅰ. ①聂… Ⅱ. ①西… Ⅲ. ①聂荣县－地方志 Ⅳ.
①K297.54

中国版本图书馆CIP数据核字(2022)第169987号

聂荣县志

西藏自治区聂荣县地方志编纂委员会　编撰

出　版：中国藏学出版社
（北京朝阳区北四环东路131号）
发　行：中国藏学出版社
印　刷：河南和印印务有限公司
开　本：787×1092毫米　1/16
印　张：51.75
字　数：820千字
版　次：2023年10月第1版第1次印刷
印　数：0001-2000册
书　号：ISBN 978-7-5211-0402-8

定价：208.00元

聂荣县地方志编纂委员会

（1997年2月—2000年9月）

主　任　罗布顿珠

副主任　江措拉姆

成　员

张卫东	次仁朗公	阿　穷	王银学	达　士
桑　珠	陈国友	旦　增	吾　约	李文清
布嘎雨	古鲁坚才	金　多	白玛占堆	瓦　达
扎西朗杰	申　秋	达瓦次仁	次旦朗杰	次旺罗布
央　宗	达　瓦	永　扎	扎西达旺	杨孝民
加　多	次仁多吉	王俊彪	陈　渝	罗　杰
旺　扎	才旺坚才	阿　珠	平　措	那　切
布朝高旦平	洛珠平措	次仁边宗	赤来旺久	瓦　加
洛　沙	噶尔桑	洛桑丹增	朗加恰	堆　加
仲　加	索朗尼玛	次旺罗布		

（2000年10月—2001年7月）

主　任　江措拉姆

副主任　杨绪卿

成　员

张卫东	次仁朗公	阿　穷	王银学	达　士
桑　珠	陈国友	旦　增	吾　约	李文清
布嘎雨	古鲁坚才	金　多	白玛占堆	瓦　达
扎西朗杰	申　秋	达瓦次仁	次旦朗杰	次旺罗布
央　宗	达　瓦	永　扎	扎西达旺	杨孝民
加　多	次仁多吉	王俊彪	陈　渝	罗　杰
旺　扎	才旺坚才	阿　珠	平　措	那　切
布朝高旦平	洛珠平措	次仁边宗	赤来旺久	瓦　加
洛　沙	噶尔桑	洛桑丹增	朗加恰	堆　加
仲　加	索朗尼玛	次旺罗布		

（2001年8月—2006年7月）

主　任	杨绪卿				
副主任	才旦扎西	农　军			
成　员	麦京生	谢　军	洛　色	索朗拉姆	王海涛
	阿　恰	玛努巴桑	热旦巴	阿布夏	宋世珍
	米玛次仁	庄银正	秦贵萍	南　培	史长辉
	王新宇	旦增扎西	达瓦罗布	李景超	杨丽君
	索朗益西	琼　达	罗　布	朗杰加	次旺罗布
	阿央次仁	加　青	才旺坚才	索朗平措	戚万辉
	付仕福	张进辉	王豫坪	李月峰	

（2006年8月—2010年4月）

主　任	黄云素				
副主任	农　军	德吉卓嘎			
成　员	洛　色	索朗拉姆	宋世珍	李永明	王海涛
	史长辉	王双强	西洛次仁	阿　恰	玛　努
	巴　桑	热旦巴	阿布夏	轮　祖	米玛次仁
	庄银正	秦贵萍	南　培	王新宇	旦增扎西
	达瓦罗布	李景超	冯智奇	杨丽君	索朗益西
	刘宝杰	次成罗布	朗杰加	侯仕明	巴桑拉姆
	尼玛央增	布　琼	汪志智	刘建峰	王宏周
	巴　多	陈瑞华	次仁珠杰	才旺坚才	索朗平措
	戚万辉	付仕福	张进辉	王豫坪	李月峰
	陈小芳	郭太正	刘晓琪	张庆国	米玛普赤

（2000年10月—2001年7月）

主　编　杨绪卿

副主编　张卫东　贡　桑

编　辑　张进辉　王豫坪　李月峰

（2001年8月—2005年3月）

主　编　才旦扎西

副主编　次仁多杰

编　辑　张进辉　王豫坪　李月峰

（2005年4月—2007年12月）

主　编　农　军

副主编　次仁多杰

编　辑　张进辉　王豫坪　李月峰

（2008年1月—2010年4月）

主　编　德吉卓嘎

副主编　赤　琼

编　辑　郭太正　陈小芳

（2010年5月—2012年1月）

主　编　德吉卓嘎

副主编　赤　琼

编　辑　郭太正　张庆国

（2012年2月—2013年8月）

主　编　母兴斌

副主编　扎西平措　玛　努

编　辑　郭太正　张庆国　米玛普赤

（2013年9月—2014年10月）

主　编　母兴斌

副主编　扎西平措　玛　努

编　辑　郭太正　米玛普赤

（2014年11月—2016年1月）

主　编　李成统

副主编　嘎　桑　玛　努

编　辑　尹大东　郭太正　米玛普赤

（2016年2月—2017年1月）

主　编　李成统

副主编　嘎　桑　玛　努

编　辑　尹大东　杨东升

（2017年2月—2019年1月）

主　编　李成统

副主编　嘎　桑　格桑多杰

编　辑　杨东升　达娃吉宗

（2019年2月—2021年5月）

主　编　李成统

副主编　嘎　桑　罗布旺秋

编　辑　杨东升　达娃吉宗　李成双　白天宇

（2021年6月—　）

主　编　西洛次仁

副主编　扎　西　樊　勇　扎西旺堆　次　多

编　辑　白天宇　达娃吉宗

《聂荣县志》初审领导小组

组　长　母兴斌

副组长　高　平

成　员　罗布仁青　王志强　次仁珠加　吉　措　琼次仁

索　朗　卓　桑　巴桑次仁　尼玛次仁　达娃琼吉

白玛拉姆　格　珍　旺　杰　尼玛扎西　尹大冬

《聂荣县志》复审领导小组

组　长　王会世

副组长　高　平

成　员　洛　旦　邹廷波　任思思　罗布仁青　何朝军

次仁珠杰　旦增罗布　玉　珍　米玛玉珍　尼玛次仁

尼玛扎西　白玛坚参　次　多　李佳琳　卓　桑

索朗边措　旺　杰　欧珠旺姆　罗　旦　达娃琼吉

白玛拉姆　尹大冬

《聂荣县志》终审领导小组

组　长　周　平

副组长　高　平　马玉军

成　员　尼玛次仁　巴　桑　索朗拉姆　杨东升

《聂荣县志》验收领导小组

组 长 汪 德 军

副组长 王 会 世 李 鸿 伟

成 员 陈 祖 军 韩 勉 次旦扎西 其美多吉 王 敬 龙
周 平 高 平 陈 桂 琼 次 仁 邹 廷 波
嘎玛扎西 杨 东 升 白 天 宇

《聂荣县志》总编领导小组

组 长 汪 德 军

副组长 王 会 世 陈 桂 琼 次 仁

编 辑 邹 廷 波 杨 东 升 白 天 宇 陈 祖 军 韩 勉
次旦扎西 其美多吉 王 敬 龙 周 平

《聂荣县志》出版编辑部

总 编 汪 德 军

副总编 王 会 世

编 辑 白 天 宇

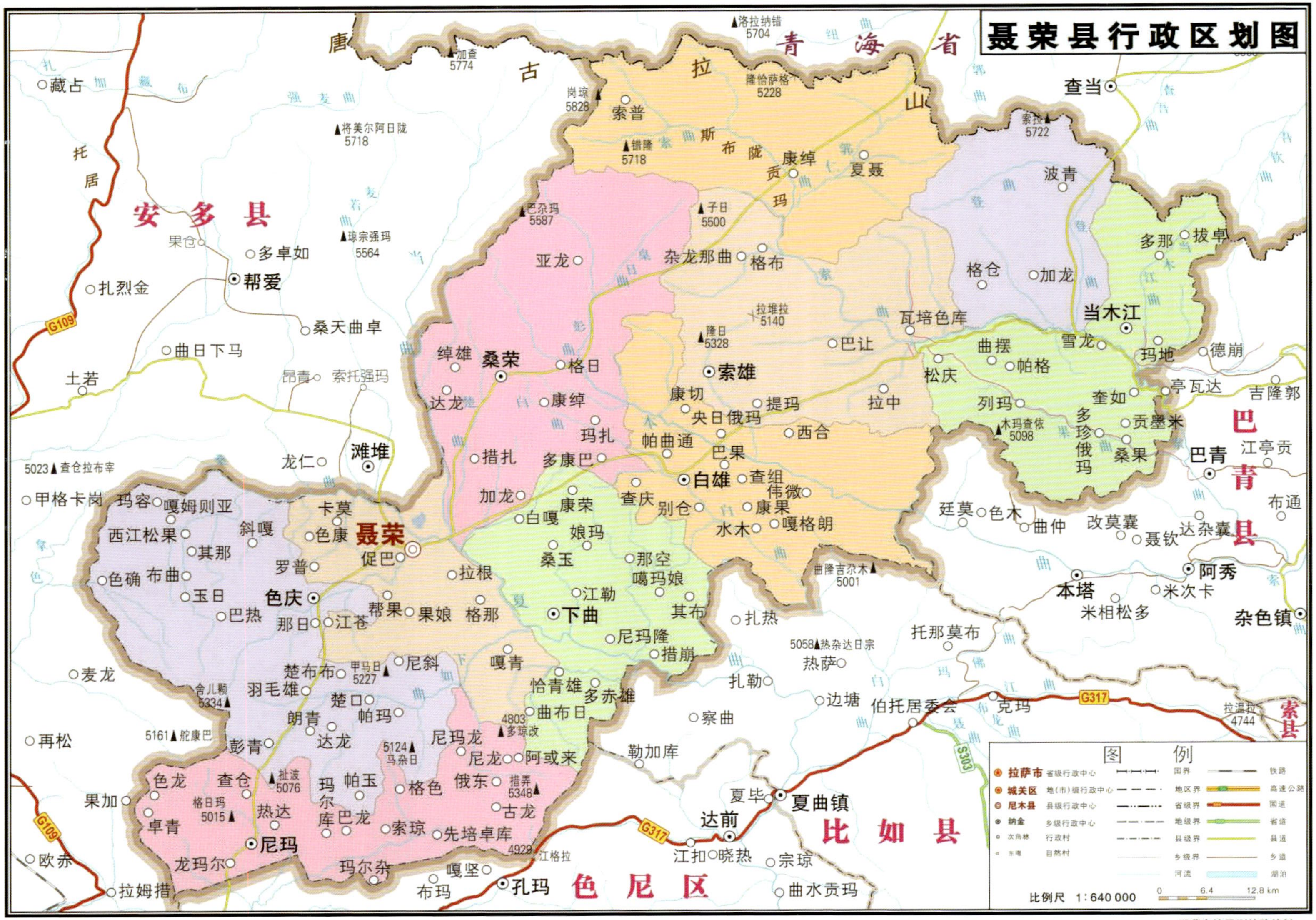

西藏自治区测绘院编制

审图号：藏S（2018）022号

自然地理

颠玛玖尼雪山，位于永曲乡夏聂村与索雄乡巴让村交界处。

果仓（秃鹫筑巢的地方），位于当木江乡桑果村。

大宗山，位于聂荣镇帮果村。

巴让山，位于索雄乡巴让村。

俄盟崩峡谷，位于当木江乡奎如村。

查吾区丁嘎沟，位于查当乡波青村。

亚卡玛尼山，位于当木江乡玛岗村。

仓琼玛，位于永曲乡夏聂村与索雄乡巴让村交界处。

查布擦嘎温泉，位于永曲乡夏聂村与索雄乡巴让村交界处。

巴让温泉，位于索雄乡巴让村。

尼日阿错改，位于永曲乡阿玛那促村。

央恰湖，位于聂荣镇促巴村（1 村）、查荣村（2 村）、拉根村（10 村）三村交界处。

索丹玛久尼，位于索雄乡巴让村。

麦热小湖，位于白雄乡伟微村。

塔塘，位于索雄乡拉中村。

昌都寺，位于下曲乡日入格党村。

丁俄贡苯寺，位于查当乡波青村。

盘羊

藏原羚

岩羊

黄羊

雪豹

棕熊

狼

藏獒

藏野驴

水獭

草狐

秃鹫

野鸭

藏马鸡

黑颈鹤

藏雪鸡

藏红花

金露梅

朱砂

长果糖芥

长裂苦苣菜

黄蘑菇

莨菪

雪莲花

冬虫夏草

贝母

1996 年 9 月 25 日，西藏英雄模范人物先进事迹报告会在西藏人民会堂隆重举行，自治区党委书记陈奎元（中）、自治区党委常务副书记热地（左）在休息室与聂荣县伦祖（自治区“三八红旗手”）交谈。

1998 年 1 月，那曲地区发生重特大雪灾，自治区党委副书记丹增（前排左）在沙色乡 4 村看望慰问抗灾英雄亚达（前排右）。

1998 年 1 月，那曲地区副专员嘎玛（右一）在聂荣县白雄乡看望慰问受灾群众，给群众发放物资。

2000 年，那曲地委书记公保扎西（右二）在聂荣县调研并慰问干部群众。

2007 年 7 月 18 日，自治区副主席邓小刚（前排中）到聂荣县调研，与神华集团援藏工作人员亲切交谈。那曲地区地委委员、行署副专员谭永寿（前排右）陪同视察。

2007 年 12 月 2 日，自治区副主席白玛赤林（中）在聂荣县进行督导、调研工作。

2008 年 7 月，自治区主席向巴平措（后排左五）到聂荣县调研并与聂荣县干部合影。

2008 年 8 月 1 日，那曲地委副书记、行署专员谭永寿（左一）在聂荣县调研并看望慰问县武装部官兵。

2009年11月13日，自治区农科院党委书记洛桑旦达（图正面右一）与那曲地委书记边巴扎西（图正面右二）在聂荣县完全小学看望慰问学生。

2010年8月27日，那曲地委书记边巴扎西（左二）在聂荣县尼玛乡视察项目建设情况。

1998 年 2 月，聂荣县委、县政府向驻军部队赠送锦旗。

2007 年 6 月，县委书记黄云素（右一）、县长农军（右二）深入乡镇开展调研工作。

2007 年 11 月 25 日，党的十七大代表伦祖（左）在尼玛乡宣传党的十七大精神。

2007 年 12 月 7 日，聂荣县召开第十届人民代表大会第一次会议，图为参加会议的代表合影。

2009 年 7 月 1 日，聂荣县举办建党 88 周年红歌大家唱比赛，图为正在参加比赛的选手。

2009 年 10 月 19 日，聂荣县委召开理论学习中心组集中学习会。

2009 年 11 月 19 日，聂荣县召开干部交流、轮岗工作座谈会。

2009 年 12 月，县委书记胡林（前排右二）在桑荣乡调研防抗灾物资储备情况。

2010 年 4 月 13 日，聂荣县召开第十届人民代表大会第四次会议。

2010 年 4 月 16 日，聂荣县干部职工积极为玉树地震灾区捐款。

1986 年建设的聂荣县第一座钢架桥

1997 年开工建设的聂荣水电站

2004 年建设完成的聂荣县主干道

2006 年 4 月底开工建设的县城排洪渠道工程

2008 年那聂油路建设开工典礼

聂荣县邮政局

牧业生产

夏季牧场

牦牛

马

挤牛奶

挤羊奶

兽医为羊羔
注射疫苗

制作“拉拉”

制作酸奶

做好的酸奶

城乡建设

20 世纪 80 年代的聂荣县城一角

聂荣县城（2010 年 9 月拍摄）

聂荣县农行旧貌

聂荣县农行新貌

聂荣县公安局旧办公楼

聂荣县城公安局新办公楼

那曲首个小康示范村——聂荣县色庆乡帕玉村

2010 年的群众家中陈设

聂荣镇政府驻地全景图

尼玛乡政府驻地全景图

色庆乡政府驻地全景图

下曲乡政府驻地全景图

桑荣乡政府驻地全景图

白雄乡政府驻地全景图

索雄乡政府驻地全景图

当木江乡政府驻地全景图

查当乡政府驻地全景图

永曲乡政府驻地全景图

援藏工作

2002年10月，神华集团在拉萨举行援助聂荣县车辆仪式，县委书记杨绪卿接过捐赠车辆的“钥匙”。

2003年，神华集团投资770万元援建的聂荣县神华小学。

2003年，神华集团出资帮助聂荣县人武部修建的一座1000平方米的玻璃温室大棚。

2004 年 8 月，神华集团为聂荣县援助防抗灾设备。

2004 年 8 月，神华集团为聂荣县援助防抗灾设备。

2004 年，神华集团公司党组成员、纪检组组长徐祖发（第二排左七）在聂荣县考察援藏工作。

2004年，神华集团出资220万元帮助聂荣县购买了位于那曲镇中心地段的草原宾馆产权。

2005年5月，神华集团出资151万元对县干部住宅区进行房屋内外装修改造、排水、大门改造等建设。

2005 年，神华集团设立的“神华集团大中专及高中在校贫困生助学基金”帮助聂荣县贫困学生顺利完成学业。

2008 年 11 月，神华集团援藏干部、那曲地区行署副秘书长、聂荣县委常委、常务副县长宋世珍（左一）在基层慰问困难群众。

2009 年，神华集团投资 650 万元建设的聂荣县幼儿园。

2010 年 3 月，聂荣县委书记胡林（左三）一行前往北京拜访神华集团，图为神华集团公司总经理张玉卓（右三）与拜访人员合影。

2014年4月20日，在聂荣县召开《聂荣县志》初审会议，县委副书记、政府县长母兴斌（左一）、市方志办主任高平（左二）出席会议。

2016 年 11 月 24 日，在聂荣县召开《聂荣县志》复审会议，自治区方志办副主任王会世（左三）、市方志办主任高平（左四）出席会议。

2018 年 12 月 5 日，在拉萨召开《聂荣县志》终审会议，自治区方志办编审处处长周平（正面右一）、市方志办主任高平（正面左一）出席会议。

2020 年 9 月 28 日，在拉萨召开《聂荣县志》验收会议，自治区方志办副主任王会世、那曲市人大副主任李鸿伟、市方志办主任高平等出席会议。

《聂荣县志》编纂工作人员在向老干部请教

《聂荣县志》编纂工作人员在查阅档案

总　序

编修地方志是中华民族的优良传统。历史上，历朝历代无不高度重视治内的编史修志工作。追溯历史，“方志”一词最早语出《周礼·春官》“外史……掌四方之志”。汉唐盛世，疆域扩大，国力倍增，史志学家辈出。司马迁、班固、常璩拔其萃，《禹贡》《汉书·地理志》《华阳国志》括四方；宋元继其后，州县编修方志蔚然成风；及至明清，编纂地方志不仅成为文化传承的一部分，而且纳入了国家正常运行机制之中。清朝初年，雍正帝曾晓谕各省督抚，重视治内志书修纂，并将治内志书修纂之优劣作为考绩诠叙之内容。民国虽军阀混战，国无宁日，且遇强敌入侵，然仍督促各地设立通志馆，颁布《修志事例概要》，开展修志工作。

中华人民共和国成立后，党和政府继承了中华民族这一优良传统，并将编修社会主义新方志提上议事日程，至20世纪50年代末期，全国已有530多个县（市）成立了地方志编纂机构。80年代之后，各省市相继成立省市县三级地方志工作机构，形成了“盛世修志”局面。2006年，国务院颁布《地方志工作条例》，将全国地方志事业发展纳入法治化轨道。党的十八大以来，在习近平新时代中国特色社会主义思想指引下，全国地方志事业发展进入了新时代。西藏在20世纪80年代虽曾酝酿编修社会主义新方志，但其实际工作未能跟上全国修志步伐，然而这一千秋大业又深为社会各界所关注。到90年代，中央领导明确指出："西藏也要修志。"1996年，全区地方志编修工作正式启动。

一

西藏地处祖国西南边疆，自古以来就是中国不可分割的一部分，南面、西面与缅甸、印度、不丹、尼泊尔和克什米尔等国家和地区接壤，边境线长4000多公里；北面、东面分别与青海、新疆、四川、云南等省（区）相邻。全区土地面积120多万平方公里，辖有拉萨市、日喀则市、山南市、林芝市、昌都市、那曲市和阿里地区共7个地市、74个县（区）、697个乡（镇、办），是一个藏、汉、蒙古、回、门巴、珞巴等民族与僜人、夏尔巴人等共同生活和居住的民族自治区。

西藏地属青藏高原的一部分，平均海拔4000米以上，素有"世界屋脊"和"地球第三极"之称，是世界上海拔最高的地方。全区地形分为藏北高原、藏南谷地、藏东峡谷地带三大区域。区域内山脉连绵，雪峰重叠，江河纵横，湖泊众多；东南边沿森林茂密，西部、北部地区草原相接，中部河谷地带良田广布。由于地处高原，西藏的气候多样，山川奇险，风景雄浑秀丽，多样气候和多重风景，构成了祖国西南边疆的秀美图画。

西藏文化灿烂，名胜古迹遍布。文化典籍、历史文物和文学作品丰富厚重，天文、历算、医学等领域成就显著，绘画、建筑、雕刻、音乐、舞蹈、戏剧等艺术别具一格，布达拉宫、大昭寺、古格遗址等名胜古迹闻名中外，丰富了中华民族文化宝库，是中华文化的重要组成部分。

二

早在西汉时期，西藏地方就出现了众多部落政权，其中聂赤赞普在雅砻河谷建立悉补野部落政权。经过数百年发展，至隋唐时期，悉补野部落首领松赞干布率部统一青藏高原各部落，建立了吐蕃地方政权。吐蕃赞普数次向唐朝请婚，于公元641年、710年分别迎娶唐朝文成公主、金城公主，双方在政治、经济、文化等方面建立了密切联系。公元822年，唐蕃举行会盟，重申了历史上“和同为一家”的甥舅亲谊，并刻文立碑于拉萨大昭寺等处，成为中国历史上各民族交往交流交融的缩影与典范。公元9世纪中后期，吐蕃地方政权崩溃并逐渐分立成拉萨支系、阿里支系及河湟地区的唃厮啰政权。其中，唃厮啰政权西南部与西藏诸部相连，东部和北部与宋、西夏、契丹相通，成为青藏高原诸部与内地各民族保持密切联系的桥梁。及至元代，西藏地方正式归于中央政府治下。其后，历代中央政府对西藏地方进行有效管理，从未中断。如：元朝在中央设立宣政院专门管理西藏地方事务，在西藏地方置驿站，清查户口，征收赋税，考核官员，驻扎军队；明朝时期，西藏地方各级官员和上层僧侣，都须经中央政府正式册封方有合法地位，特别是敕封西藏地方主要宗教和世俗首领为“三大法王”和“五大政教王”，有力地维护了西藏地方生产生活秩序；清朝中央在西藏地方建立驻藏大臣制度，设置驻藏大臣衙门，任命驻藏大臣管理西藏地方军政事务和财政开支，主持实施“金瓶掣签”制度，维护正常宗教秩序，并颁行《钦定藏内善后章程二十九条》等典制，进一步强化对西藏地方的治理；民国时期，民国政府根据临时大总统孙中山的宣言精神和

《中华民国临时约法》，明确向中外宣告西藏为中华民国领土，南京国民政府也颁布《中华民国宪法》，规定“西藏自治制度，应予以保障”，在强敌入侵、国难当头的情况下，先后派大员黄慕松、吴忠信入藏，代表中央政府存问藏事，验视备选灵童，主持达赖喇嘛转世、坐床事宜，承继了历代中央政府对西藏地方的主权。

西藏地方在历代中央政府直接管理下，其行政区划、沿革、名称时有变化。元代中央政府设“乌思、藏、纳里速古鲁孙等三路宣慰使司都元帅府”，隶属于宣政院，管理卫、藏、阿里地区。明代中央政府将管理其他少数民族地区的军政制度施行于西藏地方，设置乌思藏卫指挥使司、朵甘卫指挥使司和俄力思军民元帅府，分别管理卫、藏、阿里和昌都地区，后又提升乌思藏、朵甘两卫指挥使司为行都指挥使司，其下设卫、所等机构，管理军政事务。清代中央政府为强化对西藏地方的管理，派员勘定西藏与四川、云南、青海的界线，将康定、理塘、巴塘等地划归四川管理，将中甸、阿墩子、维西等地划归云南管理。至此，西藏区划已基本固定，除民国年间将太昭、林芝、波密、察隅以东地区划归西康省管理外，其行政区域一直沿革至今，未有较大调整。

三

千百年来，西藏地方在历代封建王朝管理下，社会历史虽有缓慢演进，但其赖以存在的封建农奴制度比其他地区更为落后、腐朽。旧时西藏占总人口不足5%的三大领主（官家、贵族、上层僧侣）占据了西藏的绝大部分耕地、草原、山林及大部分牲畜；而占总人口95%以上的农奴、奴隶几乎没有属于自己的生产资料，不得不终身依附于三大领主。而三大领主结成一体，构成政教合一的地方统治政权。农奴主通过封建特权私设公堂、监狱，随意对农奴施行鞭打、挖眼、抽筋、断指等酷刑，并随便买卖和任意处置。在这一制度统治下，西藏地方经济文化长期停滞不前，生产日益萎缩，生产力长期处于落后状态。

1949 年 10 月 1 日，中华人民共和国成立。1951 年 5 月 23 日，《中央人民政府和西藏地方政府关于和平解放西藏办法的协议》（以下简称《十七条协议》）的签订，标志着西藏和平解放及社会历史的伟大跨越。从此，西藏地方在中国共产党的正确领导下开始了社会变革和经济高质量发展的伟大实践。70 多年来，中国共产党人始终把马克思主义基本原理同民族地区具体实际相结合，开创了西藏在祖国大家庭中从黑暗走向光明、从落后走向进步、从贫穷走向富裕、从专制走向民主、从封闭走向开放的光辉历程。

20 世纪 50 年代，中国共产党领导西藏各族人民群众执行《十七条协议》，在保留旧政治制度不变的不利环境下发展生产、抗灾扶贫、为民谋利，赢得了西藏各族人民群众的衷心拥护和爱戴。1959 年，西藏上层反动集团在帝国主义支持下，公然撕毁《十七条协议》，发动了阴谋分裂祖国、维护封建农奴制度的全面武装叛乱。为了维护国家统一，中央人民政府解散了西藏地方政府，平息叛乱，顺应历史潮流，在西藏进行了民主改革。1965 年，根据国家宪法中关于民族区域自治条文精神，经国务院全体会议同意，并提交全国人大常委会批准，成立了西藏自治区，西藏实现了社会制度的彻底变革，走上了社会主义的康庄大道。20 世纪 80 年代以后，在党中央坚强领导下，在全国人民大力支持下，西藏各族干部群众团结一心、艰苦奋斗，坚持以经济建设为中心，不断深化改革、扩大开放、加快发展，至 2019 年，全区经济继续保持优质高效发展，实现地区生产总值 1697. 8 亿元。全区社会治理不断创新，社会稳定走向长治久安；生态环境保持完好，生态文明建设全面加强；人民生活不断改善，全面建成了小康社会；基础设施明显改善，交通运输、邮电通信网络发展迅速、覆盖全区；现代教育事业得到高质量发展，城乡义务教育一体化改革发展深入推进，形成了具有地方特色的幼儿教育、中小学教育、中高等教育及成人教育体系，人民群众科学文化素质明显提高。

70多年来，西藏的发展进步始终得到党中央的特殊关怀和全国人民的大力支持。党中央历来高度重视西藏工作、深切关怀西藏人民。和平解放初期，党领导进藏人民解放军和大批专业技术人员、干部积极投身于西藏革命和建设事业。民主改革时期，大批各民族的干部、科技人员、教师、医生和技术工人响应党的号召，不怕艰苦，奔赴西藏，为西藏各项事业发展作出了巨大贡献。改革开放以来，党中央更加重视西藏工作，已先后召开了七次西藏工作座谈会，不断为促进西藏长治久安和高质量发展制定特殊政策，在人才、项目、资金等方面开展了大量援助工作。特别是党的十八大以来，以习近平同志为核心的党中央不断加大对西藏工作领导和支持力度，习近平总书记亲自为西藏工作把舵定向、谋篇布局，开启了西藏经济社会长治久安和高质量发展的新时代。在党中央特殊关怀、全国人民的大力支援下，西藏全面建成小康社会，在政治、经济、文化、社会、生态等领域取得了全方位进步、历史性成就，呈现出政治进步、经济发展、文化繁荣、社会和谐、生态良好、民生改善的大好局面。

四

近代以来，中国边疆各民族地区几乎都遭受过帝国主义的入侵，西藏地方也未能幸免。19世纪中叶，帝国主义在疯狂侵犯我沿海的同时，也将其魔爪伸进了中国西藏地方，在一百多年的时间里，帝国主义借传教、考察、探险之名，派出一批批所谓“传教士”“探险家”“学者”先后进入西藏地方，调查社会、经济状况，刺探情报。至19世纪末20世纪初，英国殖民主义者撕下伪装，于1888年、1904年两次派兵入侵西藏，西藏军民在武器十分落后的情况下，坚决抗击外敌入侵。帝国主义发现武力入侵不能实现其侵占西藏、分裂中国的目的，便利用各种手段在西藏地方统治阶级内部培植亲信，挑拨民族关系，并策划臭名昭著的“西姆拉会议”“泛亚洲会议”，制造所谓的“西藏独立”，企图将中国西藏分裂出去。而西藏地方部分反动上层为了一己私利，竟然迎合帝国主义需要，不惜出卖国家利益和民族利益，干起了分裂祖国、破坏国家统一的勾当。可以说，所谓“西藏独立”的出现，是与近代一百多年来帝国主义以图谋中国边疆地区而分裂中国的侵略活动相孪生的。与此相伴随，分裂与反对分裂、坚决捍卫国家统一和主权的斗争一直未曾中断。西藏和平解放后，西藏地方政府中的上层分裂势力以及其后叛逃流亡在外的达赖集团从未停止过分裂祖国的活动，而国际反华势力根据地缘政治和国际战略需要，变本加厉地以各种方式支持和怂恿境内外分裂势力从事分裂活动。在各种形式的分裂活动中，向精神领域里渗透成为分裂势力从事分裂活动的重要手段。特别是民主改革后，逃亡在外的达赖集团及别有用心的国际反华势力常常聚拢一些所谓的“学者”“藏学家”，捡拾道听途说的材料，东拼西凑，貌似考据和研究，实则为分裂势力服务。更有一些所谓的“藏学家”，编纂了大量经过篡改和巧饰了的虚假历史，极力抹杀历代中央政府对西藏地方行使主权的历史，否定西藏各族群众与内地各民族的经济文化联系，并企图从历史领域打开缺口，使分裂活动披上一层纯学术外衣，以此迷惑欺骗世人。当他们的所谓“研究成果”被揭穿后，便一改“学者”之面孔，别有用心地散布“西藏文化毁灭论”，企图诋毁西藏文化的发展与繁荣，以此达到混淆视听的目的。可以说，意识形态领域里的斗争与近代反对分裂、维护国家统一的斗争相伴随，而西藏地方志工作则成为坚定文化自信、反对历史虚无主义、进行意识形态领域斗争的重要组成部分。

西藏地方修志可追溯到清朝乾嘉年间，时任驻藏大臣和琳、松筠等，有感于藏治任重，国事危艰，疆门遥远，地理奇险，信息通达阻隔于山川，乃编撰、刊刻《西藏志》《卫藏通志》《西招图略》等记述西藏的疆域、山川、寺庙、天时、物产、边防、粮台、程站等数十目，以供皇帝决断藏事参阅，使朝中大臣及国人了解藏地。其后两百多年间特别是近代一百多年来，一些驻藏大臣、边关将领、民国要员目睹帝国主义入侵日甚、分裂主义势力日见坐大，为了向内地介绍西藏情况，以引起国人对西藏地方的关注，在极为复杂的情况下，凭个人热情和毅力上下察访、广征博览，记事编撰，形成了传于后世的史志著述。较为著名的有李梦皋《拉萨厅志》，黄沛翘的《西藏图考》，刘赞廷的太昭、察隅、波密、科麦、冬九、硕督等县志略，陈渠珍的《艽野尘梦》，刘曼卿的《康藏轺征》，这些使一人之力而成一地之说的著述与大量的藏文史籍一道，客观地记述了西藏地方的历史沿革、风物人情、地理山川、文化宗教、典章制度等，力所能及地记录了体现中央政府对西藏地方行使主权的宸章、奏牍、遗迹、碑文、石刻等，侧面反映了当时西藏复杂的局势特别是面临着帝国主义入侵和分裂势力企图脱离祖国的危局。但由于当时的客观条件，特别是限于撰修人的阶级局限性和历史局限性，不可能系统地反映劳动人民的生活，也难以反映出西藏的地情、人情、物情和政治、经济、历史、文化、宗教的全貌，这些缺憾不仅留下了许多历史领域的空白，也给分裂主义势力编造谎言提供了可乘之机。正因如此，系统地编修西藏社会主义新方志，全面持续深入地推进西藏地方志事业发展，不仅仅是文化建设的重要任务，也是我国领土主权和行政管辖权的文化宣誓和历史承载，更是一项拨开迷雾、正清视听、凝聚人心、团结奋进的政治工程、战略工程、文化工程和固边工程。功在当代，利在千秋！

五

西藏开展地方志编修工作后，自治区党委、政府坚决贯彻落实中央关于地方志工作的决策部署，高度重视地方志编修工作，全面安排部署推动全区地方志工作，逐步形成了“党委领导、政府主持、地方志机构组织实施、社会各界广泛参与”的体制机制，启动实施了140多部、总计数亿字的社会主义新方志的巨大工程。志书内容涉及政治、经济、文化、社会、生态和强边等，领域遍及党务政务、人大政协、政法军事、群团民宗、教体文卫、农牧林业、交通能源、邮电通信、经贸旅游、财税金融、城乡建设、水利气象、工商劳动等各行各业，地域涉及全区各地市、县（区），按照图照、凡例、概述、志、人物、记、图表、附录、索引等志体结构，全面真实客观地反映西藏地方的历史与现状，特别是中国共产党团结带领西藏各族干部群众“加强民族团结　建设美丽西藏”的伟大历程和光辉足迹，为当代提供资政辅治之参考，为后世留下堪存堪鉴之记述。

西藏社会主义新方志始终以马克思列宁主义、毛泽东思想、邓小平理论、“三个代表”重要思想、科学发展观、习近平新时代中国特色社会主义思想为指导，坚持辩证唯物主义和历史唯物主义，积极客观地记述和反映党的路线、方针、政策在西藏的光辉实践；记述党把马克思主义民族理论同西藏自治区实际相结合的成功经验；记述和反映自西藏和平解放以来中国共产党领导西藏各族人民进行革命、建设和改革的伟大功绩，特别是客观地反映中国共产党人以西藏各族人民的利益高于一切，以推动西藏社会发展进步为最高境界的高尚风范和带领西藏各族人民实现和平解放、进行民主改革、砸碎封建农奴制枷锁、推动社会变革、实行改革开放、促进西藏社会繁荣进步、为西藏各族人民谋幸福的光辉历史，使后人了解前人的奋斗业绩，从而继承前辈未竟的事业。

西藏社会主义新方志始终将维护祖国统一、加强民族团结作为修志的历史使命和历史责任。志书客观公正地记载西藏地方的主权归属；记载自古以来西藏各民族与内地各民族的关系和西藏地方与中央政府的政治、经济、文化联系；记载自近代帝国主义入侵以来西藏地方所面临的分裂与反分裂斗争的史实，以及帝国主义、殖民主义为分裂中国边疆地区所从事的煽动、支持分裂主义分子搞“西藏独立”的活动；客观记述达赖与班禅历史地位及关系，揭露十四世达赖叛逃之后从事分裂祖国、甘当帝国主义马前卒的真实面目。各专业志和县志将充分收录反映中央政府对西藏地方行使主权的历史文物、遗迹、碑文、石刻等。

西藏社会主义新方志积极为西藏经济建设和社会发展、繁荣进步提供智力支持，为社会主义精神文明建设贡献力量。各类志书充分记述西藏经济建设和社会发展的历史轨迹，以丰富的资料、翔实的数据反映经济战线和社会战线所取得的辉煌成就；详细记载西藏的人文、地理、山川、河流、自然气候、经济资源，以及能够为西藏社会主义现代化建设提供可持续发展支撑的人力资源、自然资源、社会资源等，充分反映社会事业发展的历史轨迹、人民物质文化生活的变迁和人民生活水平提高、精神面貌变化的程度。充分反映中央关心西藏、全国人民支援西藏对西藏经济发展和社会进步的巨大促进作用。各专业志以文字、图片、图表的形式，实录西藏和平解放70多年来每一行业的建设数据、发展进程、重大项目建设始末、发展中的经验与失误等，为分析经济发展脉络、预测经济发展前景、判断经济社会发展中的不确定因素、制定科学发展规划，提供翔实的资料。

西藏社会主义新方志以大历史观的视角记述西藏恢宏的历史和丰富的文化，客观地记录西藏自古以来各民族交往交流交融的历史事实、反映西藏历史文化的演变过程及其与中华民族史密不可分的联系，昭示西藏历史是中华文明史的一部分，各民族的共同发展构成了中华民族发展的整体，形成了中华民族统一的历史格局，在创造悠久、灿烂、光辉的历史进程中结成了中华民族命运共同体。西藏社会主义新方志站在历史唯物主义的立场上，对西藏各族人民群众的历史活动给予充分的反映。本着明古详今、鉴古知今的原则，记录当地的行政区划、历史沿革、城垣、民俗、民生、教育、艺文、交通、吏治、典章、寺庙等。本着西藏自古以来就是中国不可分割的一部分的根本原则，各类志书客观而翔实地记述历代中央政府在西藏地方派驻军队、委任官员，以及主持寻访、认定、批准、册封等活佛转世等事项的历史。

修志问道，以启未来。经过二十余年的努力，西藏地方志工作取得了良好成绩，事业发展呈现出制度健全、措施有力、队伍壮大、质量提升、进度加快和成果涌现的良好态势，正向全面深入持续发展的方向不断迈进，其间也凝聚了各级领导的关爱和广大编撰人员的心血。在各类志书陆续付梓之际，我们向读者奉上此序，以明修志宗旨，以示修志原则，以彰各界对修志工作的支持和贡献，并通过提挈志书之纲领，向社会和读者推介社会主义新方志的重大成果，充分发挥地方志“存史资政、教化育人”之功用。

“潮平岸阔催人进，风起扬帆正当时。”盛世修志、志载盛世，让我们高举习近平新时代中国特色社会主义思想伟大旗帜，不忘初心、牢记使命，不断增强“四个意识”、坚定“四个自信”、做到“两个维护”，认真学习贯彻党的二十大精神，贯彻落实中央第七次西藏工作座谈会精神，深入贯彻习近平总书记关于西藏工作的重要指示精神和新时代党的治藏方略，按照自治区第十次党代会部署，在自治区党委、政府的坚强领导下，发扬“老西藏精神”，缺氧不缺精神、艰苦不怕吃苦、海拔高境界更高，锚定“四件大事”“四个确保”，围绕实现“四个创建”“四个走在前列”目标，彰善引风气、直笔著信史，努力编纂出精品佳志，为推进西藏长治久安和高质量发展、建设团结富裕文明和谐美丽的社会主义现代化新西藏贡献力量。

西藏自治区地方志办公室

2022年10月

序一

方志，一方之全史，一地之百科全书，是忠实记载一方历史的珍贵历史文献，是真实反映民风民俗的重要资料，是翔实保存传统文化文明的宝贵传承，具有独特的历史文化价值，发挥着“资政、教化、存史”的重要作用，对各级科学决策具有重要的参考价值。《聂荣县志》即将出版，令人振奋。

新中国成立后，特别是西藏和平解放以来，在中国共产党的正确领导下，勤劳勇敢的聂荣人民艰苦奋斗、积极探索，以“缺氧不缺精神、艰苦不怕吃苦、海拔高境界更高”的执着坚守和实际行动，描绘了聂荣社会主义现代化建设宏伟画卷，谱写了一篇篇社会主义建设新华章，全县各项事业全面发展，社会经济欣欣向荣，人民生活蒸蒸日上。为民修史，把这一重要历史时期聂荣人民所创造的伟业载入县志，是时代赋予我们的历史责任。为此，专设县地方志编纂委员会，抽调精干力量组织编撰方志，严要求，重质量，几经审订，数易其稿，终于完成编撰工作。

《聂荣县志》坚持以马列主义、毛泽东思想、邓小平理论、“三个代表”重要思想、科学发展观和习近平新时代中国特色社会主义思想为指导，坚决贯彻习近平总书记关于西藏工作的重要指示精神和新时代党的治藏方略，全面贯彻党的二十大及中央第七次西藏工作座谈会精神，坚持辩证唯物主义和历史唯物主义的观点，上下数十年，纵横几万里，囊括古今，包罗万象，“补史之缺、详史之略、继史之无”，翔实地记载了聂荣的历史和现状，是聂荣有史以来第一部最完整、最丰富的地情大全。

希望全县人民从中领悟沧桑之巨变，感知历史发展之规律，知古鉴今、砥砺奋进、勇毅前行，在中国式现代化进程中努力开创聂荣长治久安和高质量发展新局面，奋力谱写全面建设社会主义现代化国家、全面推进中华民族伟大复兴聂荣新篇章。

中共聂荣县委员会

2022年12月

序二

修志，是一项功在当代、遗泽后世的文化基础工程，《聂荣县志》的出版，是全县3万多人民群众政治经济和文化生活中的一件大事，可喜可贺。

《聂荣县志》上限力求追溯事物发端，下限止于2010年，全面、真实、客观地记述聂荣人民的奋斗历程，翔实地记载聂荣的人文地理、历史脉络、经济社会等概貌，记述聂荣县自和平解放以来取得的辉煌成就。如今，聂荣县正处于改革发展的关键时期，县委、县政府高举习近平新时代中国特色社会主义思想伟大旗帜，不断增强“四个意识”、坚定“四个自信”，坚决做到“两个维护”，深入贯彻落实党中央，自治区、那曲市党委和政府的各项决策部署，紧扣“四个创建”“四个走在前列”战略任务，锚定“奋力建设西藏最高海拔长治久安和高质量发展示范市”奋斗目标，深入实施“一主线四着力”工作举措，全县上下群策群力、同舟共济、砥砺前行、开拓创新，不断推进聂荣长治久安和高质量发展，聂荣县步入经济和社会发展新阶段。

志书是重要资料，志书是宝贵财富，《聂荣县志》记一方之历史，也是向广大人民群众，特别是青少年进行爱国主义、社会主义和革命传统教育的极好教材。热诚地希望全县党员干部要带头读它、用它，希望社会各界及广大人民群众重视它、珍爱它，以史为鉴、以志为据，坚持以习近平新时代中国特色社会主义思想为指导，全面贯彻习近平总书记关于西藏工作的重要指示精神和新时代党的治藏方略，深入贯彻党的二十大以及中央第七次西藏工作座谈会精神，继往开来、笃行不怠、奋勇拼搏，积极投身于建设聂荣的伟大事业，奋力谱写新时代聂荣长治久安和高质量发展崭新篇章。

聂荣县人民政府

2023 年 1 月

凡 例

一、本志坚持以马列主义、毛泽东思想、邓小平理论、“三个代表”重要思想、科学发展观和习近平新时代中国特色社会主义思想为指导，用辩证唯物论和历史唯物论的方法，实事求是地记载聂荣的自然与社会、历史与现状的全貌。

二、本书除概述、大事记及人物、专记等外，正文共15篇，篇下设章、节二层，节下设目，目下设子目；采用述、记、志、传、图、表、录等体裁，以记、志（含述、传）为主，表、录为辅，图照为补，横排竖写，纵横结合。

三、本志上限力求追溯到事物发端，下限至2010年12月31日，部分内容适当下延。

四、本志贯通古今，详今明古。重点记述西藏和平解放前后的对比，突出时代特点和地方特色、民族特色。

五、本志在中华人民共和国成立之前，采用朝代纪年，其后括注公元纪年和藏历纪年；中华人民共和国成立之后，采用公元纪年，并全部采用阿拉伯数字纪年。本志称“和平解放”即以1951年5月23日签订的《中央人民政府和西藏地方政府关于和平解放西藏办法的协议》为准。

六、本志依修志通例，不为生人立传，立传人物以本县籍人物为主，为对聂荣发展有一定的推动作用或有较大影响的人物立传，按卒年先后顺序，直陈其事；列表人物不以生卒为限，主要收录县级以上的劳动模范、先进工作者及在各项工作中有一定贡献和声誉的人物。

七、本志按编年体记述，采用语体文、记述体。概述部分述中带议，述议结合；大事记以编年体为主，兼用纪事本末体。

八、个别单位因年代久远、时间跨度长，收集资料难度大，未能提供齐全的单位领导名录，所以本志未收录。

九、本志所用资料，主要取自县档案馆和各部门编写的资料，部分来自自治区、那曲市档案馆及有关部门馆藏资料；极少部分来自本县退休老干部、老职工和农牧区老人的回忆口述。

十、本志所用数据，一般以县统计部门提供的统计数字为准，县统计部门欠缺，则引用有关单位或部门提供的数字。数字书写遵循1987年1月1日国家语言文字工作委员会制定的《关于出版物上数字用法的试行规定》。

十一、本志所用计量单位，以《中华人民共和国法定计量单位》为准，历史上的计量单位仍按使用习惯记述，但作出了法定计算单位的换算注释。

十二、本志所用的地名、人名、机构名和官职名的称谓，均采用当地当时的称呼。

十三、本志对凡需说明或解释的事项与引文出处，均采用括注或脚注的方式，予以注释。

目　录

第一篇　自然地理

第二篇　政区建置

第三篇　政党　群团

第四篇　政权　政务

第五篇　人事　劳动　民政

第六篇　法治

第七篇　经济综合管理

第八篇 工商粮贸

第九篇　畜牧　林业　水利

第十篇 财税金融

第十一篇 交通 邮电 城建 环保

第十二篇　教育　体育　科技　卫生

第十三篇 军事

第十四篇　文化　旅游

第十五篇 人口 民族 宗教 民俗

དཀར་ཆག

ལེ་ཚན་དང་པོ།རང་བྱུང་ས་ཁམས་ཀྱི་སྐོར།

ལེ་ཚན་གཉིས་པ། སྲིད་ཁྲལ་འཛུགས་བཀོད་ཀྱི་སྐོར།

ལེ་ཚན་གསུམ་པ། སྲིད་ཏང་དང་མང་ཚོགས་ཚོགས་པའི་སྐོར།

ལེ་ཚན་བཞི་པ། སྲིད་དབང་དང་སྲིད་དོན་གྱི་སྐོར།

ལེ་ཚན་ལྔ་པ། མི་དོན། ངལ་རྩོལ། དམངས་སྲིད་བཅས་ཀྱི་སྐོར།

ལེ་ཚན་དྲུག་པ། ཁྲིམས་སྲུང་གི་སྐོར།

ལེ་ཚན་བདུན་པ། དཔལ་འབྱོར་ཕྱོགས་བསྡུས་དོ་དམ་གྱི་སྐོར།

ལེ་ཚན་བརྒྱད་པ། བཟོ་ཚོང་འབྲུ་ཚོང་གི་སྐོར།

ལེ་ཚན་དགུ་པ། ཕྱུགས་འཚོ། ནགས་ལས། ཆུ་ཐེད་བཅས་ཀྱི་སྐོར།

ལེ་ཚན་བཅུ་པ། ནོར་ཁྲལ་དངུལ་རྩའི་སྐོར།

ལེ་ཚན་བཅུ་གཅིག་པ། འགྲིམ་འགྲུལ། སྦྲག་གློག གྲོང་ཁྱེར་འཛུགས་སྐྲུན་དང་ཁོར་ཡུག་སྲུང་སྐྱོང་བཅས་ཀྱི་སྐོར།

ལེ་ཚན་བཅུ་གཉིས་པ། སློབ་གསོ། ལུས་རྩལ། ཚན་རྩལ། འཕྲོད་བསྟེན་བཅས་ཀྱི་སྐོར།

ལེ་ཚན་བཅུ་གསུམ་པ། དམག་དོན་གྱི་སྐོར།

ལེ་ཚན་བཅུ་བཞི་པ། རིག་གནས་དང་ཡུལ་སྐོར་གྱི་སྐོར།

ལེ་ཚན་བཅོ་ལྔ་པ། མི་འབོར། མི་རིགས། ཆོས་ལུགས། དམངས་སྲོལ་བཅས་ཀྱི་སྐོར།

概 述

一

聂荣县位于那曲市中部，唐古拉山南麓，怒江上游，藏语意为有盘羊的山谷，位于东经92°25′30″—92°27′30″，北纬32°26′00″—32°28′30″。北与青海省杂多县接壤，东与巴青县、比如县毗邻，西靠安多县，南与色尼区相连。聂荣县城距那曲市色尼区约90千米，交通便利，平均海拔4700米，县域面积8990平方千米（0.899万平方千米），属纯牧业县。

全县为高原丘陵区，地势西北高、东南低，可划分为中切高山、浅切高山、高原宽谷湖盆三种地貌类型，县域南部相对较平坦，查当乡、当木江乡南部有部分高山峡谷。属于高原亚寒带半干旱季风气候区，具有高寒缺氧、干旱、风沙大、风季长、雨季短等气候特点，年平均气温-3℃，最高气温23.3℃，极端最低气温-36.7℃，每年11月至次年4月为冬季，最冷月平均气温低于-15℃，最热月平均气温7℃左右，年降水量400毫米左右。风季长，大风在县域西部、西南方以及东部、东南方多发，6级以上大风的天数为120天左右，2月份大风次数较多，风力可达8级。地表冻结期长达6个月，冻土深度达3米以上，年日照时长2850小时以上；牧草生长期仅100—120天。

主要湖泊有东噶错、措阳愉湖、措龙错、措玛尔湖、白玛珠错、珠日玛错等大小12处。县境内的各条河流属于外流水系，有索曲、彭曲、白曲、下秋曲等。土壤主要以沙砾土、草甸土、高原潮土、风沙土等为主。受气候、降雨等因素的影响，土壤的水平地带性分布依次为：高山草原甸土、高山草原土、高原潮土、风沙土。植被类型有高山灌丛草甸植被、高山草甸植被和冰缘植被等，主要为高山草甸和草原，高山灌丛仅在局部地带分布，高海拔地带分布有高山流石坡稀疏植被（高山冰缘植被）。

县域分布的野生动物中，鸟类有高山兀鹫、胡兀鹫、金雕、鸢、红隼、雕鸮、藏雪鸡、高原山鹑、西藏毛腿沙鸡、岩鸽、百灵鸟以及雪雀类、鸦类、山雀类等；由于湖泊、河流、沼泽较多，湿地鸟类黑颈鹤、斑头雁、赤麻鸭、普通秋沙鸭、牛背鹭、苍鹭和鸥类、鹬类等高原水鸟也较多，大部分是夏季季节性繁殖或是迁徙路过县境内的鸟类。兽类有雪豹、棕熊、狼、赤狐、藏狐、香鼬、水獭、岩羊、藏原羚、西藏野驴、高原兔、喜马拉雅旱獭及鼠类、鼠兔类等；高原特有两栖类动物高山倭蛙、西藏蟾蜍、高原齿突蟾等在聂荣县也有分布；爬行动物较少，高海拔的草原、草甸地区偶见有西藏沙蜥。主要鱼类有怒江内特有的怒江裂腹鱼以及裸腹叶须鱼、热裸裂尻鱼、拟硬刺高原鳅等。

聂荣县的水平和垂直地带性植被差异明显。代表性植物资源分布在高山荒漠、高山草原、高山草甸地带到局部的高山灌丛草甸。植物资源广泛分布于各种坡向的山坡、平缓起伏的高原面以及地形开阔、排水良好的宽谷和湖盆地区。在植物资源群落的组成中，较多的资源植物依次是菊科、禾本科、十字花科、豆科、玄参科、毛茛科、石竹科、蔷薇科、虎耳草科、蓼科、罂粟科、莎草科、报春花科、龙胆科、紫草科、唇形科、百合科等植物种，有近 400 种，其中蕨类植物仅有 4 种，苔藓植物可达 20 种，种子植物达 350 多种。由于聂荣县的基准面海拔较高，植被的垂直分布系列较简单。但因受到地理位置、地形和局部小气候的影响，在同一垂直带的带幅宽度、分布高度以及植物群落建群种也有所不同。一般海拔较低处分布有少量灌木资源种类；高原面上高山草原较宽阔，草本植物资源种类较贫乏；高山草甸地带草本植物资源种类较多。

二

大约在数万年前，那曲地区就有人类在活动，后来逐步形成大大小小的部落。

隋唐以前，聂荣境域属象雄、苏毗管辖。

隋唐时期，聂荣境域属吐蕃地方政权管辖。

9 世纪，吐蕃地方政权崩溃，西藏地方陷入分裂割据状态。

宋代，蒙古王子阔端派遣多达那波率军攻入西藏，蒙古军队从青海打到藏北，包括聂荣在内的藏北地区被蒙古军队收降。

13 世纪，元朝中央在西藏地方建立萨迦地方政权，管理西藏地方事务。

元朝末期，元朝中央在西藏地方建立帕竹地方政权，取代萨迦政权，掌握西藏地方统治大权。

明洪武元年（1368 年，藏历第六饶迥土猴年）明朝建立后，继承元朝对西藏地方的管理权，并在西藏地方实行“多封众建”政策。

明朝末期，和硕特部汗王固始汗在青海打败却图汗部，将西藏地方归入蒙古和硕特部管辖，此时期，聂荣境内逐渐形成了阿扎买马（阿美）、阿扎多马（又称阿斗）和扎玛 3 个部落，为三十九族部落的重要组成部分。

清雍正九年（1731 年，藏历第十二饶迥铁猪年），清中央政府派西宁办事大臣和驻藏大臣勘定西藏与青海边界，将三十九族地区划归西藏管辖。

清乾隆十六年（1751 年，藏历第十三饶迥铁羊年），清中央政府将三十九族地区和达木蒙古八旗收归驻藏大臣直接管辖。

清光绪二十二年（1896 年，藏历第十五饶迥火猴年），西藏地方政府请示清中央政府把三十九族地区划归西藏，但未获准。

中华民国五年（1916 年，藏历第十五饶迥火龙年），西藏地方政府以三十九族地区“亲汉”为名，在三十九族地区用兵，在僧官噶伦土登丹达率领下，利用近一年时间将三十九族地区“亲汉”势力清除，并将三十九族部落头人的官衔品级降低。西藏地方政府在控制了三十九族地区后，设立霍尔基巧管理各部落。

中华民国三十一年（1942年，藏历第十六饶迥铁蛇年），西藏地方政府撤销霍尔基巧，将三十九族地区划分为巴青、比如、阿扎白索、色扎、尺牍、丁青6个宗，阿扎白索宗驻曲那格，后因宗址偏僻，逐渐转移到位于宗中心的色贡，称为聂荣宗。宗本由西藏地方政府直接委派。

1950年，西藏地方政府为阻止中国人民解放军进驻西藏守卫边防，在金沙江以西地区调集藏军主力，妄图以武力阻止解放军进藏。10月，人民解放军被迫进行昌都战役。昌都解放后，三十九族地区也随之解放，聂荣宗即归昌都地区人民解放委员会管辖。

1951年7月，中共西藏工委三十九族分工委成立；11月初，即向各宗派出军事代表，建立军事代表处。派往聂荣宗的首任军事代表是韩效荣，随即组建聂荣宗解放委员会，隶属昌都地区解放委员会第一办事处领导。

1956年10月，撤销聂荣宗军事代表处，建立聂荣宗党委，归中共昌都分工委丁青中心县委领导。

1957年，撤销聂荣宗党委。1959年初，撤销聂荣宗解委会。

1959年3月，西藏上层反动集团发动全面武装叛乱，人民解放军在西藏各界的支持下，经过一年多的斗争，平息了聂荣境内的武装叛乱，随之开展轰轰烈烈的民主改革运动。5月，根据《中共西藏工委关于西藏地区行政区划调整意见》，聂荣宗改为聂荣县，划归黑河（那曲）专区管辖。7月30日，中国共产党聂荣县委员会成立，隶属中共黑河分工委领导。1960年8月1日，聂荣县人民政府成立，下设5个区公所，即下河区公所、措阳区公所、查吾区公所、扎玛区公所、彭河区公所。

1968年7月，根据西藏军区和西藏自治区革委会命令，黑河军分区派出军代表进驻聂荣县。

1979年7月，根据自治区指示精神，恢复设立聂荣县人民政府。

1987年，在全区撤区并乡工作中，聂荣县13个乡人民政府成立，分别是大众乡、白雄乡、当木江乡、果雄乡、永曲乡、玉则乡、尼玛乡、下曲乡、萨色乡、桑荣乡、色庆乡、索雄乡、查当乡。

2001年3月25日，大众乡改称大众镇；萨色乡与色庆乡合并为色庆乡，乡址设在色庆乡政府所在地；尼玛乡与玉则乡合并为查曲乡；查当乡南部、当木江乡南部、果雄乡合并为查吾中心乡；查当乡北部与当木江乡北部合并为当曲乡。

2008 年，乡镇村居整合后，大众镇改名为聂荣镇，查曲乡改名为尼玛乡，查吾中心乡改名为查当乡，当曲乡改名为当木江乡。全县 158 个行政村整合为 139 个行政村、3 个居委会（聂荣镇团结居委会、扎西居委会、塔杰居委会）。

2010 年，全县辖 1 个镇 9 个乡（聂荣镇、尼玛乡、色庆乡、桑荣乡、下曲乡、白雄乡、索雄乡、当木江乡、查当乡、永曲乡），139 个行政村、3 个居委会，176 个自然村，33720 人。

三

和平解放前，聂荣宗属于三十九族地区，领导机构为宗差（相当于县政府），宗差下辖 8 个部落，负责管理全宗经济社会事务。

1960 年，聂荣县人民政府成立。县委、县政府根据中央“边平叛、边改革”的指示，积极带领广大翻身牧民开展以“三反两利”“三反三算”为主要内容的民主改革运动。遵照“休养生息，稳定发展”的方针，广大牧民群众努力恢复牧业生产，走互助协作发展的生产道路。

1961 年，聂荣县根据中央“稳定发展”的方针和中共西藏工委《关于整顿巩固农业生产互助组和停止试办农牧业生产合作社的方案》精神，在牧区贯彻“牧区三十条”政策，促进多种经营生产的发展。

随着“三反两利”运动的开展，一方面通过重新分配没收的牲畜，解决了一部分没有牲畜或牲畜少的贫苦牧民户的生产和生活上的困难。另一方面通过组织运输和拾牛粪、割草等售卖，增加了牧民群众的部分收入。到 1963 年，全县牲畜总存栏 228247 头（只、匹）。

1978 年，党的十一届三中全会以后，工作重心转移到经济建设方面，进行了经济体制改革和政治体制改革。1984 年，中央召开第二次西藏工作座谈会后，聂荣县把工作重心进一步转移到经济建设上来，按照“八五”计划和“九五”计划要求，大力发展社会主义市场经济，推动经济发展。

20世纪80年代开始，由于交通条件和运输工具的进一步改善，马的作用也越来越小，加之聂荣县改善畜种结构，提出了“发展山绵羊、平衡牛、控制马”的饲养原则，马的数量成倍减少。

1980年，全县各类牲畜存栏增加到595100头（只、匹），牧业人口18134人，牧业总收入4014755.54元，人均纯收入200.76元。

中央第三次西藏工作座谈会召开后，聂荣县领导班子认真贯彻落实全区农牧区工作的会议精神，进一步解放思想、转变观念、开拓进取，积极探索发展经济新路子，组织工作组深入牧区进行生产指导，确保牧业增产、增收和牧区稳定。

到2020年，随着中央第五、六、七次西藏工作座谈会的召开，聂荣县在党中央、区市党委和政府的坚强领导下，团结带领全县各族人民，攻坚克难、艰苦奋斗，圆满完成“十一五”“十二五”“十三五”规划既定目标任务，经济社会发展硕果累累，城乡面貌焕然一新，社会局势持续稳定，人民群众安居乐业。全县生产总值完成81323万元，其中第一产业11607万元，第二产业27488万元，第三产业42228万元。

四

在封建农奴制度下，教育只属于贵族和部分僧尼，广大农牧民没有受教育的权利，牧民无基本医疗条件。

和平解放特别是民主改革后，中国共产党和人民政府投入人力物力发展教育、卫生、交通等社会公共事业。

教育事业蓬勃发展。1962年，聂荣县委、县政府开办朗色小学，主要教授藏文、汉文、数学，有2名教师、20名学生。1964—2000年，聂荣县教育事业蓬勃发展，全县共有13所小学，摘掉无校乡帽子，实现县上有中学、乡乡有小学。2006年，聂荣县实现全面普及六年义务教育目标。“普六”人口覆盖率上升到91%，全县小学在校生人数为4161人。2009年，实现全面普及九年义务教育目标。小学适龄儿童入学率由2006年的91%提高到98.02%；初中入学率由2006年的90%提高到95.72%。2017年，聂荣县顺利通过国家及自治区义务教育及均衡发展验收。截至2020年6月，聂荣县共有幼小中各类学校32所，全县义务教育阶段在校生6108人，幼儿学前三年毛入学率69.66%，小学阶段净入学率98.86%，初中毛入学率102.58%。

医疗条件全面提升。1960年，聂荣县卫生院成立。1976年，成立县人民医院，有医务人员近20名。2010年，全县有医疗卫生机构13个，医疗人员204人，其中县政府驻地设县人民医院、县藏医院，县疾控中心机构，各乡镇有乡镇卫生院、兽防站，每村至少有1名村医和兽医，医疗服务体系逐步健全，传染病、地方病得到有效控制。2017年，聂荣县人民医院成功创建“二级乙等医院”。截至2020年6月，聂荣县共有各类医疗机构13个，人均寿命从33岁增加到目前的66岁。

基础设施逐步完善，群众生活水平显著提高。从封建农奴社会步入现代化社会，手机、电脑、汽车、电视等进入牧区千家万户，从没有一条现代意义的公路到公路通畅里程达到1549千米，城乡交通网络四通八达，乡镇、村居道路通达率100%。从吃水依靠河水、雪水到实现安全饮水保障100%，修建机电井、保暖井等1296口。从“逐水草而居”的游牧生活逐步走向定居和半定居，累计完成农牧民安居工程4260户，易地扶贫搬迁1331户5164人。群众收入大幅增加，到2020年，农牧民人均可支配收入达11740元。

五

西藏和平解放以来，在党中央的关怀、区市党委和政府的正确领导下，在国家能源集团的无私援助下，聂荣县委、县政府团结带领全县各族干部群众，深入贯彻落实中央各个时期对西藏工作的方针、政策，励精图治、艰苦奋斗、顽强拼搏，聂荣面貌发生翻天覆地的变化，实现从黑暗走向光明、从落后走向进步、从贫穷走向富裕、从专制走向民主、从封闭走向开放的历史性跨越。

坚持中国共产党的领导，坚定不移走社会主义道路，是聂荣社会主义革命和建设事业不断取得胜利的根本保证。

坚持以经济建设为中心，以政治建设为统领，切实抓好“发展稳定生态强边”，是聂荣在奔向美好生活、实现全面小康的基础和重要前提。

坚持国家能源集团援助与自力更生、艰苦奋斗相结合，不断解放思想，开拓进取，不断适应新时代的发展趋势和潮流，是聂荣发展的根本出路。

坚持各民族共同团结奋斗，共同繁荣发展，不断巩固平等团结互助和谐的社会主义民族关系，是聂荣实现高质量发展和长治久安的不竭力量源泉。

坚持和发扬“老西藏精神”“那曲精神”，继承和发扬红色基因，是聂荣勇往直前、敢于胜利的强大精神支柱。

回顾过去，成就辉煌；展望未来，信心百倍。聂荣县将继续高举中国特色社会主义伟大旗帜，坚持以马克思列宁主义、毛泽东思想、邓小平理论、“三个代表”重要思想、科学发展观、习近平新时代中国特色社会主义思想为指导，全面贯彻中央七次西藏座谈会精神和新时代党的治藏方略，深入贯彻落实党的十九大和十九届二中、三中、四中、五中全会及区党委九届八次全会精神，做到必须坚持中国共产党领导、中国特色社会主义制度、民族区域自治制度，必须坚持治国必治边、治边先稳藏的战略思想，必须把维护祖国统一、加强民族团结作为西藏工作的着眼点和着力点，必须坚持依法治藏、富民兴藏、长期建藏、凝聚人心、夯实基础的重要原则，必须统筹国内国际两个大局，必须把改善民生、凝聚人心作为经济社会发展的出发点和落脚点，必须促进各民族交往交流交融，必须坚持我国宗教中国化方向、依法管理宗教事务，必须坚持生态保护第一，必须加强党的建设特别是政治建设，确保国家安全和长治久安，确保人民生活水平不断提高，确保生态环境良好，确保边防巩固和边境安全，努力建设团结富裕文明和谐美丽的社会主义现代化新聂荣。

第一篇
自然地理

第一章　地质地貌[①]

第一节　地质

历史上，先后有多名中外地质学者在曾经包含聂荣县境的藏北三十九族境内开展过非正式的路线地质调查，但尚无资料表明他们曾经进入现聂荣县境内开展过地质工作。聂荣县境内具有现代意义的区域地质调查始于1963年西藏地质大队开展的找煤地质工作，以及1969年青海省地质局区域地质测量队完成的1∶100万温泉幅区域地质调查。1979年，西藏地质局区域地质调查大队完成1∶100万拉萨幅区域地质调查，至此，县境内的区域地质特征初步查明。此后，国内多个地质单位及国外的科研团队等多次来县境开展相关地质调查、研究和找矿工作，提高了对县境内地质特征的认识水平，取得较好的找矿成果。2002—2006年，中国地质调查局组织国内多家地质部门历经艰辛，完成青藏高原1∶25万区域地质调查，其中聂荣县境内（包括唐北地区）涉及其中6个图幅，进一步查明县境内的地质特征。

一、地层

聂荣县地处华南古陆和藏滇古陆的结合部位，地质演化进程复杂，境内

① 地质地貌篇章内容主要由西藏自治区林业调查规划研究院院长、自然地理专家刘务林提供。

地层系统也十分复杂，其中以南唐古拉断裂带（区域上的双湖—澜沧江断裂带的中段）为界，北部和中部地区（包括唐北地区）属华南地层大区，地层和华南古陆关系密切；南部属藏滇地层大区，地层和冈瓦纳古陆关系密切。

（一）前震旦系

聂荣岩群分布于聂荣地区，为深层次变形变质的混合岩、片麻岩、变粒岩、斜长角闪岩。与上覆扎仁岩组片岩系为断层或初性剪切带接触，共同组成于燕山期造山作用形成的聂荣变质核杂岩构造。聂荣片麻杂岩的等时线年龄6亿年（1/25万安多幅），英云闪长质片麻岩两个锆石年龄为4.91亿年和4.92亿年，侵入其中的片麻状二长花岗岩两组锆石的年龄为8.14亿年和5.15亿年（1/25万那曲幅），安多附近片麻岩的锆石年龄为5.19亿年（许荣华，1983年）、5.3亿年和20亿年（常承法等，1982年、1988年），表明经历了泛非期变质事件，原岩时代为前奥陶纪。

（二）震旦—寒武系

班公湖—怒江构造地层区主要出露扎仁岩群。扎仁岩群仅分布于聂荣地区，出露面积160平方千米，为2004年1/25万那曲县幅区域地质调查命名。以韧性剥离断层盖在聂荣岩群之上，主要岩性为石榴砂线二云片岩、角闪黑云斜长石英片岩、蓝晶石榴二云片岩夹斜长角闪岩、大理岩等，原岩为碎屑岩、碳酸盐岩及基性火山岩，原岩时代为前奥陶纪。

（三）奥陶系

类乌齐—左贡地层分区。县境内仅涉及该地层分区的西端，主要分布在当木江乡。前奥陶系酉西岩组，主要岩性为：下部为变质含砂砾岩、含砾板岩及石英岩；中部为黑（二）云石英片岩、绿泥钠长片岩、变质玄武岩、绿片岩；上部为云母钠长片岩、板岩、千枚岩等。其变质矿物是多硅白云母、石榴石、钠长石，经历了高压低温相变质作用。根据岩石中石英含量高和大理岩夹层的出现，认为其原岩以沉积岩为主。

（四）志留系

班公湖—怒江构造地层区的志留系分布在班戈县东卡错附近，称东卡组。东卡组1978年由梁寿生创名。2002年1/25万班戈幅区调查报告沿用了该命名，重新定义了“东卡组”，并沿用至今。岩性为台地相灰岩、白云岩，夹少量泥质粉砂岩，含珊瑚、腕足层孔虫、介形虫，厚111—795米。

（五）泥盆系

班公湖—怒江构造地层区的聂荣小区内出露有达尔东组和查罗果玛组。达尔东组岩性主要为灰白、灰黑色中—厚层状粉晶灰岩、微晶灰岩，灰白灰黑色中—薄层状生物碎屑微晶灰岩，顶部灰黑色中层状亮晶砂屑灰岩；查罗果玛组主要岩性为土黄色、灰黑色厚层状灰岩质角砾岩，灰白色、灰黑色厚层状粉晶灰岩、粗晶灰岩，灰黑色厚层状亮晶砂屑灰岩，间夹灰黑色、肉红中—厚层状生物碎屑灰岩。

（六）石炭系

前石炭系嘉玉桥岩群为一套低绿片岩相的变质岩。下部为绿帘阳起长石石英岩、白云石英片岩、石英岩、二云片岩及变粒岩；上部为白云石英片岩、变粒岩夹微晶大理岩和细粒斜长角闪岩。主要变质矿物有黑云母、绿泥石、绿帘石、钠长石、绢云母等。区域上这套变质岩中曾采获有古生代的化石，且相邻的石炭系仅微弱变质，因此嘉玉桥岩群被归入前石炭系。

（七）二叠系

县境北部的唐古拉山北部地区（主要是永曲乡和查当乡）涉及华南地层大区北羌塘—昌都地层区的北羌塘地层分区。中二叠统开心岭群从下向上依次为：中二叠统扎日根组，主要以一套灰岩为主，夹有砂屑灰岩和中—薄层生物碎屑灰岩，内部发育水平层理，含有大量的生物化石，保存条件较差，反映一种滨浅海的台地相沉积环境，水体较为清澈。中二叠统诺日巴尕日保组主要岩性由灰色、灰绿色、灰褐色、灰黑色、浅黄色、黄绿色、紫红色薄层状粉砂质泥岩，以及细—中粒蚀变安山质玄武岩、薄层状细—中粒岩屑砂岩、粉砂质泥岩、泥岩、泥晶灰岩、中—粗粒岩屑砂岩、粗粒砂岩和砾岩组成，底部为一套灰绿色、灰紫色硅质岩，含有大量的放射虫，厚度可达180米。中二叠统九十道班组区内岩性主要为灰黑色、灰色灰岩夹细粒长石石英砂岩和粉砂岩，厚度大于1463米。与下伏的诺日巴尕日堡组呈整合接触，与上覆地层雀莫错组角度不整合接触。该组化石较多，富含蜓类化石，亦见珊瑚、菊石、双壳类及腕足类等化石，时代为中二叠世晚期。

(八）三叠系

县境北部的唐古拉山北部地区（主要是永曲乡和查当乡）涉及华南地层大区北羌塘—昌都地层区的北羌塘地层分区。上三叠统巴贡组分布在永曲乡和查当乡的北部，呈北西向的断片产出。作为本地层分区的上三叠统中最上一套地层，包括阿堵拉段和夺盖拉段。岩性为灰、深灰色粗中粒石英砂岩与泥质粉砂岩互层夹紫红色长石砂岩，局部夹粉砂质页岩，含双壳、植物化石碎片。与底部断失，与上覆中侏罗统雀莫错呈角度不整合接触。在区域上为一套轻微变质的海陆交互相—湖沼相陆源碎屑岩沉积，厚度大于3560米。南羌塘—他念他翁地层区，境内涉及其中的中羌塘地层分区和南羌塘地层分区。

中羌塘地层分区 在县境内主要展布在唐古拉山南侧的桑荣乡和索雄乡，其中出露的中生代地层主要为上三叠统，其次为上侏罗—下白垩统。县境内该地层未见底，其岩性可两分。下段岩性为灰色、浅灰色厚层状亮晶砂屑生物屑灰岩、泥晶含生物屑砂屑灰岩、生物屑泥晶灰岩夹中层状泥晶灰岩，偶夹灰色中厚层状泥亮晶含生物屑砾砂屑灰岩，产双壳类、钙质海绵类、红藻、珊瑚、有孔虫、棘皮类等化石。未见底，厚度大于170.45米。沉积环境为开阔台地相，岩性与波里拉组类似。上段下部为灰、黄灰色中厚层状岩屑细砂岩夹薄层状粉砂质泥岩。中部以深灰色薄层状粉砂质泥岩、泥岩为主，偶夹灰色薄—中层状岩屑细砂岩、粉砂岩，泥岩中水平层理发育，砂岩中见沙纹层理、板状斜层理。含少量双壳类化石，厚约427.17米。上部为灰色中—厚层状岩屑细砂岩与深灰色薄层状粉砂质泥岩、粉砂岩不等厚互层，夹少量炭质泥岩、石英细砂岩、岩屑粗砂岩。顶部为暗红色薄层状粉砂质泥岩夹中层状岩屑细砂岩，厚度大于1600米。区域上与上覆雀莫错组呈微角度不整合接触，产植物和孢粉化石，时代为晚三叠世。

类乌齐—左贡地层分区 县境内仅涉及该地层分区的西端，主要分布在当木江乡。上三叠统东达村组主要岩性为一套暗灰色粉晶灰岩、褐灰色中粒长石石英砂岩，底部发育局部呈褐灰色杂基支撑的底砾岩。厚度311.1米。与下伏地层岩群呈角度不整合接触。属冲积扇—泥石流相沉积，为晚三叠世海侵序列的底部。上三叠统甲丕拉组主要岩性：下部为紫红色泥质粉砂岩与泥灰岩不等厚互层，夹薄层豆粒状泥质灰岩；上部为灰色、暗灰色粉砂岩及粉砂质泥岩，夹深灰色中细粒石英砂岩。与下伏东达村组呈整合接触，亦见角度不整合在西西岩群之上。厚度大于1010.8米。上三叠统波里拉组岩性相对简单，为一套厚层状含生物碎屑泥晶灰岩、硅质团块结晶灰岩。与下伏地层甲丕拉组和上覆的巴贡组之间皆整合接触。沉积环境为缓斜碳酸盐台地相。本岩组在横向上变化不大，岩层产状稳定，厚度大于596.45米。生物群繁盛，化石丰富。上三叠统巴贡组和北羌塘分区的巴贡组岩性基本相同，整合在波里拉组之上，为一套灰、深灰色粗中粒石英砂岩与泥质粉砂岩互层夹紫红色长石砂岩，局部夹粉砂质页岩。厚度大于3560米。沉积环境为海陆交互相—湖沼相。时代为晚三叠世诺利晚期—瑞替期。

（九）侏罗系

县境北部的唐古拉山北部地区（主要是永曲乡和查当乡）涉及华南地层大区北羌塘—昌都地层区的北羌塘地层分区。北羌塘地层分区内的侏罗系被称为“雁石坪群”，其岩性组成具有“三砂（岩）夹两灰（岩）”的特征。县境内仅出露了下部海侵—海退旋回的地层。厚度为1525.3米。产珊瑚类、双壳类、腕足类、腹足类化石，时代为中侏罗世巴柔期至巴通期。中侏罗统夏里组岩性组合为灰黄色、灰紫色薄层页片状泥岩，夹灰色、灰黄色中层长石石英砂岩、岩屑石英砂岩和生物碎屑灰岩，总体上向上泥岩增多，砂岩或生物碎屑灰岩减少，地貌上呈平缓的负地形。为缓坡模式下的碳酸盐局限台地—蒸发台地相沉积，进一步细分为以下3种微相：潮间坪沉积、潮上坪沉积和膏盐坪沉积。区内未见顶，厚度770米，其下与布曲组呈整合接触。产双壳类化石等，时代为中侏罗世卡洛期。

上白垩统阿布山组在本区主要分布在东部的南唐古拉地区，为断陷盆地的陆相红色碎屑岩沉积，不整合在下伏地层之上。下部为紫红色厚层状中粗砾岩，夹紫红色中层中粗粒岩屑长石砂岩透镜体，往上渐变过渡为紫红色中薄层中细粒石英长石砂岩与紫红色薄层粉砂质泥岩互层，至顶部以紫红色薄层泥岩为主，夹中薄层细粒石英长石砂岩、岩屑石英砂岩、岩屑砂岩。厚度大于752.2米，沉积环境为河流相、河湖相及冲积扇相等。未见化石。区域上该组含有大量的晚白垩世的孢粉化石，同时不整合在晚白垩世粗面岩和古近系牛堡组之间，故时代定为晚白垩世。

南羌塘地层分区在县境内主要展布在桑荣乡和索雄乡一线，其中出露的地层为侏罗系和古近系。由于断裂作用的影响，区内的侏罗系呈北西西向断片状分布，内部变形十分强烈。侏罗系在区内分布仅见两套，皆呈断层接触。为一套以深灰色—灰色泥页岩、粉砂质泥页岩、粉砂岩为主，产菊石、腕足、双壳类、珊瑚及腹足等化石。中侏罗统捷布曲组为一套较纯的中厚层状碳酸盐岩沉积，下部以灰岩、泥晶灰岩为主；上部为细晶白云岩、礁灰岩和泥晶灰岩。属稳定的局限浅海碳酸盐岩沉积，偶夹粉砂岩和黑云母安山岩，局部夹石膏层，厚600—2000米。产腕足类、双壳类、菊石等化石，时代为中侏罗世。

班公湖—怒江构造地层分区中—上三叠统确哈拉组总体为一套砂岩、粉砂岩、板岩组合。岩性包括：以灰色中厚层、中薄层中细粒变质长石石英砂岩、变质岩屑石英砂岩为主，其次为砂质板岩、板岩、变质细砾岩、千枚岩及灰绿色安山玄武岩等。下—中侏罗统木嘎岗日岩群其内部表现为由一系列断片、岩片堆叠而成。基质部分的主要岩性有泥质板岩、钙质板岩、粉砂质板岩，绢云母粉砂质板岩、粉砂质泥岩、炭质泥岩、炭质粉砂岩及泥灰岩，细粒长石岩屑砂岩、千枚岩等；岩块部分为数目众多的砂岩岩块、砾岩岩块、灰岩岩块和火山熔岩岩块等。

（十）白垩系

班公湖—怒江构造地层分区上白垩统竟柱山组不整合在上三叠统确拉哈组上，是一套由一系列断片组成的，整体无序，局部有序，并具构造混杂及蛇绿混杂特征的构造地层，与其他地层之间皆为断层接触。其成分包括基质和岩块两部分。其中，基质为深灰色砂页岩、砂板岩、泥页岩和粉砂岩等，变形强烈；岩块分为外来岩块及原地岩块两种，外来岩块主要为灰岩、大理岩化灰岩、大理岩、纯橄岩、斜辉橄榄岩等，与基质之间为断层接触，岩块（片）大小各异，小者几十米，大者长数千米。原地岩块为基性火山岩、灰岩岩块，岩块出露宽度5—1200米，延伸20—1000米不等，与基质之间为沉积接触。根据所采化石特征和区域对比，这套地层的基质和原地岩块的时代为早—中侏罗世，外来岩块的时代一般是石炭—二叠纪。

班公湖—怒江构造地层分区上白垩统竟柱山组主要岩性为紫红色薄—块状层中粗砾岩、紫红色含砾砂岩、紫红色长石石英砂岩，具正粒序层理。厚度大于876.99米。为河流—湖泊相沉积，也被认为是班公湖—怒江结合带中的“磨拉石建造”。

（十一）新生界

本分区的新生界为一系列断陷盆地的沉积产物，主要为河湖相沉积，分为古近系和第四系两种。县境内尚未见到新近系。

1. 古近系

古近系是大约在距今6500万—2300万年前形成的地层。县境内仅出露两套。古新统—始新统牛堡组岩性主要为一套以河流相为主的紫红色粗碎屑岩。上部为紫红色厚—块状层复成分粗—巨砾岩夹紫红色中层状粗—中粒砂岩，偶夹紫红色薄—中层状泥岩；下部为紫红色中层状复成分中—细砾岩夹紫红色中—细粒砂岩及紫红色薄—中层状泥岩。

渐新统康托组仅分布于白雄乡巴玛陇—波查陇巴一带，沿北东向断层分布，为小型断陷盆地沉积。岩性组合为砖红色、灰色、灰绿色厚层块状、中厚层砾岩夹中粗粒砂岩透镜体，砾石成分主要为泥晶灰岩、生物碎屑灰岩、硅质岩、砂岩、粉砂岩，次圆状—次棱角状，分选中等，砂质充填。

2. 第四系

县境内区第四系分布广泛，主要分布于河床两岸阶地、湖滨地带、宽缓的山坡、浑圆状山包、冰川前缘等地段，具有发育相对齐全、沉积厚度较大、类型多样等特点。按成因类型可分为冲积、冲洪积、湖积、残坡积、冰积、沼泽、风积等类型；按时代可归为上更新统和全新统。其中，上更新统主要有冲洪积和冰碛与冰水堆积两种成因类型。其岩石组合主要为松散砾石层以及沙泥、黏土层等。其中冲洪积主要见于沟、谷地带的高阶地堆积（二级阶地以上），为松散（局部地段为弱固结半固结状态）砾石、砂、亚黏土、含砂砾石、砂砾泥等，砾石次棱角呈圆状，磨圆度较差，砾径1—20厘米，个别可达40厘米以上。冰碛与冰水堆积主要分布在唐古拉山区海拔5000米以上的地区，冰碛物为分选、磨圆均较差的砾石层，其中偶见巨大的冰川漂砾，砾径可达1—1.5米，漂砾上往往凹坑、擦痕发育。冰水堆积为细砂层：浅黄色，水平层理发育，夹砾石层或浅红色黏土层。厚度约1.0米。

全新统成因类型较多，主要有残坡积发育在山前缓坡地带，主要由亚黏土夹碎石、岩块构成；冲积主要沿现代河沟、河谷分布，包括Ⅰ级阶地、河床相，河漫滩相堆积等。主要为沙砾石，沙、泥等松散堆积物，个别地段见有弱固结的沙砾石层堆积。砾石次圆—圆状，磨圆度较好，砾径一般为0.5—15厘米。冲洪积主要分布在山川低地、沟谷、山口前平地、各湖盆周边及现代河流的两岸等。由沙砾石、沙、泥等松散堆积物组成，构成洪冲积扇或洪积裙，其扇裙末端多被河流破坏。砾石次棱角—次圆，磨圆度较差。由扇顶到扇缘砾径变细，至扇缘则由细砾、粗砂、细砂、黏土等构成。湖积物主要分布在各现代湖泊周围，由砾石、砂、泥和化学沉积物等组成，砾石磨圆度、分选性均较差。风积成群分布在一些河谷地带，多为新月形沙丘，由浅黄色细—中粗砂组成，局部夹粉砂，发育平行层理、波痕等沉积构造，为半固定沙丘，覆盖于更新统及老地层之上。沼泽堆积分布于湖泊边缘或河湾等水系发达之地，规模小，下部以细砾、角砾、泥沙沉积为主，上部多覆盖厚薄不等的淤泥或泥沙，地形上显示向湖心微倾或缓倾的微坡状地貌。雨季人畜难以行走，旱季沉积物表面多附有白色粉末，显示含过量盐碱成分。冰碛物主要分布在唐古拉山区海拔5500米以上的地区，以砾石为主，砾径相差悬殊，粗细混杂，砾石无分选，棱角—次棱角状。偶见较大的巨砾（漂砾），长轴略显定向性。化学沉积（钙华）：主要在尼玛乡一带，与热泉伴生。

二、岩浆岩

县境涉及区域上的班公湖—怒江构造岩浆带和唐古拉构造岩浆带上，岩浆活动比较强烈而复杂，包括4期火山岩和3期侵入岩。其中侵入岩体大多呈东西向展布，分别受到班公湖—怒江结合带及嘉黎断裂带等的控制。

（一）火山岩

县区内的火山活动发育较差，目前仅发现4期，强度皆不大。

最老的火山岩为变质基性火山岩，分布在县境南部前寒武系聂荣岩群中。已经历强烈的变形变质作用成为斜长角闪岩等，原岩结构已不存在，变质作用达到中—高角闪岩相。

其次是分布在县境南部前石炭系西西群中呈夹层产出的变质中酸性火山岩。

分布在县境北部中二叠统开心岭群诺日巴尕日保组所夹的安山质玄武岩，反映了此时期北羌塘区处于地壳变动时期。县境南部的班公湖—怒江结合带中也可见到上三叠统确哈拉组岩层中发育碱性玄武岩或粗面玄武岩夹层，这是班—怒洋（中特提斯洋）开始形成并扩张的标志。

（二）侵入岩

县境内的侵入岩包括中基性侵入岩和中酸性侵入岩两类，构成由近东西向断裂构造控制的两条侵入岩带。

1. 班公湖—怒江侵入岩带

该带在区内呈近东西向沿班公湖—怒江结合带延伸，其中的侵入岩可分三期。

前寒武纪侵入岩　也被称为“聂荣片麻杂岩”，包括两种：变质中基性侵入岩和变质中酸性侵入岩。变质中基性侵入岩现已成为斜长角闪岩，主要岩性为斜长角闪岩、斜长辉石角闪岩和斜长黑云角闪岩等。变质中酸性侵入岩现已成为片麻岩类，其岩性包括含矽线二云斜长片麻岩、含矽线二云钾长片麻岩、黑云斜长片麻岩、含角闪黑云斜长片麻岩、二云斜长片麻岩、含石榴石角闪透辉石斜长片麻岩等，可大致分为英云闪长质片麻岩、片麻状二长花岗岩两类。

早—中侏罗世侵入岩　主要包括聂荣和白雄南两复式岩体，据接触关系、岩性及结构特征，早侏罗世侵入岩可划分为6个侵入体单元，由早到晚依次为英云闪长岩、含斑花岗闪长岩、巨斑状角闪二长花岗岩、巨斑状二长花岗岩、含斑二长花岗岩和正长花岗岩。这套侵入岩的同位素年龄为170百万—187百万年左右，时代为早侏罗世中晚期。中侏罗世花岗岩仅出露于聂荣县马杂日一带，呈小岩株状侵冲了早侏罗世花岗岩，岩性为中粒黑云角闪石英二长岩。

晚白垩世侵入岩　该期侵入体的数量不多，规模皆不大，呈小岩株状侵入于早侏罗世花岗岩和前石炭纪变质岩中，岩石类型主要为细粒二云母花岗岩，次为角闪石英正长岩及正长斑岩。

2. 唐古拉中酸性侵入岩带

该带分布在唐古拉断裂以北，构成一条巨大的中酸性侵入岩带，主要由侏罗—白垩纪的中酸性侵入岩组成，但县境内仅见白垩纪岩体出露，且被唐古拉断裂带南盘的地层断覆。

早白垩世中酸性侵入岩 出露在县境内的面积几乎达2000平方千米。岩石类型包括英云闪长石、花岗闪长岩、斑状花岗闪长岩和二长花岗岩，也由此构成4个侵入体单元。

晚白垩世中酸性侵入岩 岩体主要岩石类型为二长花岗岩，其次为钾长花岗岩和钾长花岗斑岩。

三、地质构造

聂荣县境内有四条区域分界性的大断裂通过，其中最主要的界线断裂为唐古拉山断裂（区域上属龙木错—双湖—澜沧江断裂），它是古特提斯洋关闭的结果，从而将区内的地壳分属亲华南古板块部分和亲冈瓦纳古陆部分。其中北部的华南古板块部分仅见北羌塘断褶带。南部的冈瓦纳古陆部分则由四条近东西向的断片带、断褶带或地体带组成，包括作为中羌塘断褶带东端的索雄乡断片带、作为南羌塘断褶带东端的桑荣乡断片带、作为类乌齐—左贡地体带西端的当木江乡断褶带，以及班公湖—怒江结合带中部的聂荣段。

（一）北羌塘褶断带

县境内的北羌塘褶皱带为区域上的北羌塘断褶带的一部分，由一系列北西向或近东西向的褶皱、断裂组成。其中县境北部的尼日阿错改断裂带由一系列北西向断裂组成，为区域上开心岭断裂带的一部分，也是北羌塘褶断带的北东边界。区内出露的中二叠统在永曲乡一带构成一个穹窿构造的核部，不整合其上的侏罗系岩层构成它的翼部。

（二）唐古拉山断裂

是龙木错—双湖—澜沧江断裂聂荣段。该断裂在县境内呈近东西向延伸，断面陡倾，倾向总体向南陡倾。断裂北盘为北羌塘盆地的侏罗系或侏罗—白垩纪花岗岩，南盘为中羌塘褶断带中的上三叠统或类乌齐—左贡地体带的前奥陶系酉西岩群。

（三）南唐古拉断片带

该带呈近东西向展布在县境中部，唐古拉山脉南坡，构造上位于唐古拉断裂和安多断裂之间，由三条次级断片带堆叠而成，包括索雄乡断片带（中羌塘断褶带东端）、桑荣乡断片带（南羌塘褶断带东端）和当木江乡断褶带（类乌齐—左贡地体带西端），总体构成一条内部结构复杂的推覆构造带。

（四）班公湖—怒江结合带

该带分布在县境南部聂荣镇、色庆乡、下曲乡和尼玛乡等地，由近东西向的安多断裂带（北界，区内称为白雄乡断裂带）和那曲断裂带（南界，区内称为尼玛乡断裂带）所控制，其间夹持了聂荣地体。

结合区域地质情况分析表明：聂荣地体应是从南部冈底斯陆块上裂离出的一个地体；晚侏罗世该小洋盆开始收缩、关闭，早白垩世彻底关闭，该区因此发生大规模的挤压变形，并因褶皱隆升而逐步脱离海洋环境。晚白垩世，沿该带发育了一系列陆相断陷盆地；古近纪，陆相断陷盆地得到进一步发展，同时该带也发展成一条以安多断裂（白雄乡断裂）为主断面的逆冲推覆带。2018 年，该带南部的尼玛乡断裂带仍在活动，成为尼玛乡玉寨地热田的主控构造。

四、地质演化

（一）前特提斯时代

即元古界—寒武纪，约 5 亿年前。县内的地壳曾经分属不同的古大陆。在南部的班公湖—怒江结合带中出露有震旦—寒武纪的变质基底（聂荣岩群和酉西岩群），应是冈瓦纳古陆基底的碎块。县境中—北部的北羌塘地块中目前未见震旦—寒武纪变质基底，应该存在华南古陆上的晋宁型变质基底。

（二）原特提斯演化阶段

即奥陶纪—泥盆纪，5 亿—3.6 亿年前。此时县境内的地壳仍然分属两个不同的古大陆，二者之间曾经被一个大洋分隔，称为“原特提斯洋”，区内前石炭系嘉玉桥岩群的原岩应该就是该大洋南侧冈瓦纳古陆边缘中相对稳定的陆缘海沉积。

（三）古特提斯演化阶段

即石炭纪—晚三叠世早期，3.6 亿—2.15 亿年前，县境北部北羌塘断褶带中的中二叠统开心岭群诺日巴尕日保组所夹的安山质玄武岩在此时期北羌塘地区就处于地壳变动时期。出露在县境南部班公湖—怒江结合带中的上三叠统确哈拉组碱性玄武岩或粗面玄武岩夹层，就是班—怒洋（中特提斯洋）开始形成并扩张的标志。

（四）新特提斯演化阶段

即晚三叠世中晚期—晚白垩世，2.15 亿—0.65 亿年前。这是该区地质演化最为复杂的时期。在该时期，“喜马拉雅运动”爆发，雅鲁藏布新特提斯洋关闭，雅鲁藏布江结合带形成，西藏地壳因此成为一体。该事件对县境内的地壳也产生了重大影响。县境内中酸性岩浆活动也比较强烈，南北两条构造—岩浆带因此逐步定型。

（五）高原碰撞造山与隆升阶段

即新生代，0.65 亿年前至今。上新世末至今，伴随全球气候变化，县境所在西藏高原继续隆升并达到现今海拔高度，唐古拉山区出现多次大范围的冰川活动和间冰期冰川消融、退缩等活动，以及湖泊、河流的侵蚀与沉积作用等，最终导致现今地貌的形成。同时随着印度板块的继续向北推挤，造成由南向北的推挤力使区内的一系列新构造断裂系持续活动，区内地震活动和地热活动仍十分强烈。

第二节　矿产资源

聂荣县境内成矿地质条件好。经过多年的地质调查，已发现多种矿产资源。主要有：煤、铁、铜、铅锌、银、锑矿、汞矿、砷矿、岩金、沙金、水晶、石膏、硫黄、石灰石、白云石、花岗石、瓦板岩、黏土、温泉等。截至

2000 年，这些矿产资源的地质工作程度大多数仅为野外踏勘，其蕴藏量和品质等都有待进一步勘查。

一、金属矿

（一）铁矿

区内发现的铁矿找矿线索地有十余处，其类型主要为海相沉积—改造型铁矿，其次为热液型铁矿。但大多数矿点的工作程度仅为踏勘阶段，只有夏玛日铁矿点开展了一定的地质工作。

聂荣县夏玛日铁矿点位于索雄乡，南距聂荣县城约 80 千米。2002 年，西藏地质六队曾在该区开展过矿点检查工作。初步圈定铁矿体 2 个，其中 I 号矿体为矿区的主矿体，长约 4000 米，宽 20 余米，地表出露较稳定，连续性好。矿体呈似层状、透镜状赋存在中侏罗统雀莫错组粉砂岩、砂岩或断层破碎带中。Ⅱ号矿体长约 500 米，宽约 15 米，矿体呈北东—南西向延伸，赋存在一构造破碎带中。

（二）铜矿

发现的铜矿找矿线索地有十余处，但大多数的工作程度仅为踏勘阶段，其类型主要为海相砂岩型铜矿，其次为热液型铜矿，规模均较小。仅查吾拉铜矿点开展了一定的地质工作。

聂荣县查吾拉铜矿矿区位于当木江乡，距聂荣县城 90 千米。2001—2002 年，西藏地勘局第二地质大队曾在该区进行矿点检查工作。

查吾拉铜矿区东起查学曲，西至陇仁沟，东西长约 20 千米。含矿层位均位于雀莫错组的灰色砂岩中。根据含矿砂岩的空间分布特征以及在地表的出露情况，矿区共划分为三个含铜矿化带，均呈近东西向展布，大致平行排列，且受不同岩性段控制。矿石结构主要为细粒砂质结构、块状构造、条带状构造、浸染状构造和星点状构造。

（三）铅锌矿

发现的铅锌矿找矿线索地多处，但大多数的工作程度仅为踏勘阶段，其类型主要为热液型铅锌矿，规模皆小。仅桑隆铅锌矿区开展了一定的地质工作。

聂荣县桑隆铅锌矿矿区位于桑荣乡朗玛隆达村，地处唐古拉山脉南坡，海拔高度在4900—5400米，相对高差500米左右，属高原丘陵区。矿区距聂荣县城约55千米。西藏地矿局第六地质大队曾发现该矿点并进行矿点地质检查工作。1990年该队在矿区开展普查工作，初步确定该铅锌矿区规模为小型。

矿区共圈定出25条铅矿体，受构造控制，呈细脉条带状，长100—400米不等，水平厚度1.1—8.3米不等。其中地表已圈出17条矿体，钻孔在深部揭露到8条隐伏矿体。矿石结构多为半自形—自形细粒状结构、半自形—自形中粒状结构、中粗粒状结构、粒状镶嵌结构等。

二、非金属矿

发现的非金属矿的找矿线索地有十余处，矿种包括水晶、石膏、硫黄、雄黄、大理岩、石灰石、白云石、花岗石、瓦板岩、黏土等等，但其工作程度皆仅为踏勘阶段，故前景不明。其中，已发现水晶矿点多处，但规模皆太小，品质不好。大理岩主要产在前寒武系聂荣岩群的上部，岩性包括含透辉石角闪石黝帘石大理岩、粗晶透辉石大理岩、粗粒透辉石透闪石大理岩、粗粒白云石大理岩、中细粒白云石大理岩、细粒白云石大理岩、细粒钙质白云石大理岩等。花岗岩资源丰富，分布有两条中酸性侵入岩带：班公湖—怒江中酸性侵入岩带和唐古拉中酸性侵入岩带；雄黄矿（砷矿）代表性矿点为错马拉砷矿化点。位于尼玛乡玉寨（尼次）北西15千米的山坡上，矿区海拔4890米，西藏区调队曾在区调过程中踏勘该矿点。矿化产在前寒武系聂荣片麻杂岩黑云二长片麻岩与前寒武系聂荣岩群第二岩组大理岩之间的断层带上，表现为雄黄沿糜棱岩化大理岩及石灰质角砾岩和含炭质硅华中的孔隙分布。

煤矿是聂荣县最早被调查的矿产资源。1963年，西藏地质大队在县境内开展过找煤工作。1973年，西藏第四地质大队再次在县境内开展找煤工作，但最终仅发现一些价值不大的线索。最后结论为县境内不具成煤条件。

三、地热资源

县境内沿班公湖—怒江结合带分布一系列温泉点，主要分布在尼玛乡、白雄乡、索雄乡等地。1976年5—6月，中国科学院青藏高原科学考察队曾系统考察过聂荣县的地热点。

县境内的地热点属那曲地热优势资源地的一部分。该资源地位于聂荣县玉寨—那曲县脱玛断陷盆地内，南北延伸约80千米，由7个水热显示区组成。有可采资源192.2285×1014千瓦，相当标准煤65.6千克/秒；可及背景资源7.0310×1015千焦，属中温资源，为地热能综合利用的重要基地。

玉寨热泉　位于聂荣县尼玛乡4村，海拔4685米，在聂荣县南边的聂那公路附近，离县城60千米，自然温泉开发地离那曲市区30千米，交通便利。该泉区常年涌水，属上升泉，泉水无色透明，泉涌大小不一，泉华形态各异，沼泽中喷水的冒气孔各显其能，热泉景观千奇百怪。泉区总流量35升/秒，温度52℃，天然热流量905大卡/秒。

查弄微温泉　距聂荣县城西200米，海拔4600米。泉水涌自基岩裂隙，涌水量30.0升/秒，主泉口水温12.0℃，周围还有9.5℃—10℃的多处大流量泉口。

央奔低温泉　位于白雄乡政府驻地北偏西10米，海拔4640米。泉区分为两片，央奔曲西片区钙华层发育，其上见3处相距约10米的泉口，涌水量0.2升/秒，主泉口水温22.0℃。

希钦（西穷）温泉　位于白雄乡政府驻地东北11千米处，海拔4730米。 系列泉眼，水温18℃—20℃，最高42℃；总流量2升/秒。

查桑淌热温泉　位于白雄乡政府驻地东南6.5千米处。多处泉眼，主泉口水温54℃，流量1升/秒。

则布温泉　位于索雄乡政府驻地东北的索曲支流沿岸及阶地上，海拔4860米。泉区长约2千米，宽约300米，主泉口水温55℃，最高61℃。有一处面积约300平方米的温水塘，水温30℃—32℃，外流水量约1升/秒。

达尔嘎玛热泉　位于索雄乡夏日根尺村北东北11千米处，海拔4720米。泉区面积约1500平方米，水温20℃—50℃，总流量不足0.2升/秒。

唐日低温泉　位于索雄乡夏日根尺村北东8千米处，海拔4700米。泉区面积为2400平方米，有3个主要泉口，相距约10米。水温22℃—25℃，总流量约12升/秒。

登额陇热泉　位于当木江乡查吾拉村北的登曲沿岸，海拔4500—4520米。泉区呈南北向展布，长5000米，宽10—30米，多处泉口，水温38℃—72℃，流量为0.2—0.8升/秒不等。

第三节　地貌

聂荣县位于唐古拉山脉地段，地处藏北南羌塘高原太湖盆区，地势较缓，平均海拔4700米左右。境内山峦起伏，沟垒纵横，北部一些山峰常年积雪，相对高差大，低山丘陵与高海拔宽谷平原谷地错落相间。

一、地貌特征

聂荣县属唐古拉亚区，地貌类型有湖成地貌、流水地貌、冰川和冰缘地貌。有大起伏极高山、中起伏极高山、小起伏极高山、高海拔台地、高海拔丘陵和高海拔平原等。平均海拔在4700米左右。其地势西北高东南低，唐古拉山脉贯穿县境北部，成为长江和怒江的分水岭，北面为高原，南面唐古拉山脉的支脉向西南延伸，自西向东构成夏曲、本曲和索曲的分水岭。这些河流上游地势开阔，分布高海拔平原及盆地，向南由于河谷深切，山体分割较为破碎，形成较为典型的高山地貌。最高峰为赛丛贡玛，海拔5861米；最低点为本曲或索曲处境点，海拔约3455米，相对高差2406多米。县境内海拔5000米以上高峰有50座，见表1-1-1。

聂荣县海拔5000米以上的山峰统计表

表1－1－1　　单位：米

乡（镇）名	山名	རི་མིང་།	海拔
聂荣镇	达宗	སྟག་རྫོང་།	5154
	撮细	གཙོ་བཞིས།	5058
	康巴布克	ཁང་པ་སྤུག	5247
	诺麻普	ནོར་མ་ཕུ།	5304
	萨尼本松	ས་སྙེ་སྤུན་གསུམ།	5152
	萨那冬姆	ས་ནག་མདོང་མོ།	5066
色庆乡	崩扎	ཕུམ་རྫ།	5121
	打罩	རྟ་སྒྲོ།	5001
	热个萨日	ས་ཀེ་ས་རི།	5008
	坚参	རྒྱལ་མཚན།	5172
下曲乡	扎纳索岗	བྲག་ནག་སོ་སྣང་།	5000
桑荣乡	白玛日摆	རི་དམར་རི་དཔལ།	5076
	达日阿卡布	སྟག་རི་ཨ་ཁབ།	5018
	卡诺陇巴日旧	ཁ་ནོར་ལུང་པ་རི་རྒྱུད།	5245
	卓日日旧	གྲོ་རི་རི་རྒྱུད།	5481
	拉日格依同碰	ལྷ་ཀེ་རི་ཡི་མཐོང་པོ།	5582
	巴尕玛	པ་དཀར་མ།	5587
	仓钦扎热育	ཚང་ཆེན་བྲག་ར་ཡུ།	5414
尼玛乡	玛尔杂	དམར་རྫ།	5061
	诺布仁青	ནོར་བུ་རིན་ཆེན།	5040
	查绒拉	ཁྲ་རོང་ལ།	5113
	格日玛	གད་རི་དམར།	5015
	挡泽朗	དྭངས་རྩེ་ནང་།	5373

续表1

乡（镇）名	山名	རི་མིང་།	海拔
尼玛乡	措弄	མཚོ་ལུང་།	5348
	仲果拉	འབྲོང་མགོ་ལ།	5157
白雄乡	尕日给组日	དཀར་སྐས་གཙུག་རི།	5214
	都隆	སྟོད་ལུང་།	5145
	果日木扎岗	མགོ་རི་སྨུག་བྲག་སྒང་།	5110
索雄乡	塔那玛	ཐ་ནག་མ།	5184
	扎查沃麻日	རྫ་ཁྲ་འོག་མ་རི།	5372
	拉堆拉	ལ་འདུས་ལ།	5140
	隆日	ལུང་རི།	5328
	巴拉木琼拉	བ་ལམ་ཆུང་ལ།	5192
	乌阿纳叉育	དབུ་ནག་ཁྲ་ཡུ།	5682
	那木褡塞保	གནམ་མཐའ་སེར་པོ།	5282
永曲乡	错隆	མཚོ་ལུང་།	5718
	岗庆	གངས་ཆེན།	5744
	岗琼	གངས་ཆུང་།	5828
	赛丛贡玛	སེར་རྫོང་གོང་མ།	5861
	夏玛日	ཤ་དམར་རི།	5542
	迪吾雅	དེའུ་ཡ།	5196
	拉迪吾拉	ལ་དེའུ་ལ།	5325
	登玛绞尼	གདན་མ་ཅོག་ཉི།	5690
	夏尼	ཤར་ཉི།	5578
	康格日	ཁང་སྐེར་རི།	5800
	隆恰萨格	ལུང་ཆ་ས་དམར།	5228
	洛拉纳错	ལྷོ་མ་ནག་མཚོ།	5704

续表 2

乡（镇）名	山名	རི་མིང་།	海拔
查当乡	索拉沃麻	སོག་ལ་འོག་མ།	5728
	索拉	སོག་ལ།	5722
当木江乡	木玛查隅	མོ་མ་ཁྲ་ཡུ།	5098

二、典型地貌

（一）高原地貌

聂荣县北部由于地处高原内陆，山原地形完整，一系列平缓高原面最为典型，广袤无垠，是藏北高原的重要组成部分。唐古拉山脉横亘县境，山体高耸雄伟，岭脊参差起伏，冰峰林立，风雪弥漫。其北部查当乡境内为长江河源部分，高原地貌保留完整，主要为低山缓丘与湖盆宽谷组成的地形，起伏和缓，相对高差 200—500 米。以寒冻风化与冻融活动等形成的冰缘地貌普遍，冻土面积亦广，水系较发达，湿地广袤。

（二）山地地貌

山地按成因主要分为褶皱山、断层山、褶皱—断层山、侵蚀山等，是内营力作用形成的一种地貌形态。县境内山地主体为新近纪古夷平面（山顶面）的残留，少量为残留古山或断块山。山体一般海拔 5000—5500 米，相对高差为 500 米左右，亦有极高山。县境南部唐古拉山脉的支脉纵横，主要支脉有德雀日居、卓日—卡诺龙日居、赛乃笨松日居。部分山峰上亦发育现代冰川，并保留有冰斗、冰悬谷等古冰川地形。往南河流切割较深，谷坡陡峭，纵剖面比降大。

（三）湖泊地貌

聂荣县境内湖泊较少，是在山间低洼盆地基础上发展而成，盆地中心为附近雪山冰川融水的汇集地。唐古拉山脉南北向分布。其湖滨保留小湖泊地貌发育，湖积平原分布在湖泊周围，以和缓的坡度向湖倾斜，分布在湖泊周围，由于地势的不同，湖积平原的宽窄不一，仅在局部淡水供给充足的河边沼泽地有高原草类植被分布。

（四）流水地貌

聂荣县境内的河流均发源于唐古拉山脉，构成南北两大水系，即长江和怒江。境内河流均为外流河，由于流水的侵蚀、切割作用在周围山地主要形成沿断裂发育的线状构造河谷，形成河谷地貌，如山前形成冲洪积平原、冲洪积扇，在平原上形成辫状河、心滩、边滩等河流地貌。

（五）冰川冰缘地貌

主要发育在唐古拉山脉海拔 6000 米左右的山峰及山麓地带。在现代冰川的外围，能见到一套以侧碛、终碛为主的新冰碛地形，形态完整，冰碛表面已经具有一定程度的成土，并长有植被，是全新世新冰期的遗迹。在新冰期冰碛的外围，有较大规模的古冰川地形，虽经后期冰水、冰碛、重力等作用的改造，但形态仍较完整，如冰碛平台、冰碛缓丘等。

第二章　土壤　土地资源

第一节　土壤

一、土壤分布

聂荣县属藏北草原土壤区，由于海拔高、寒冷、干旱、风蚀、冻土和水土流失，以及不同的地貌类型因素，聂荣县土壤多样。主要以沙砾土、草甸土、高原潮土、风沙土等为主。

（一）土壤水平地带性分布

聂荣县地处亚寒带半干旱高山草原生物气候带，其南北长 360 余千米，受气候、降雨等因素的影响，土壤的水平地带性分布依次为：高山草原甸土、高山草原土、高寒荒漠、风沙土。

（二）土壤垂直地带性分布

聂荣县内唐古拉山山脉贯穿，其南北略有差异。海拔 4500—4800 米地带多分布以嵩草属为主的草甸土，还有沼泽土；海拔 4800—5100 米地带，生长高山嵩草为主的高山草甸；海拔 5100—5300 米为高寒草甸的高山草甸土；海拔 5300—5700 米为碎石、高寒垫状植被，土壤为高山寒漠土；海拔 5700 米以上为土壤粗骨土、石质土等，甚至有些高峰发育冰川。北部为高寒荒漠草原带，植被垂直带谱简单，基带 4800（4900）米为高寒荒漠草原土，高海拔为高寒草原土，再高则为高寒垫状植被，局部海拔 6000 米以上高山发育冰川。

隐域性（非地带性）植被比较发育。在湖滨、河滩湿地沼泽区发育有一定面积的沼泽草甸，主要优势植物嵩草属、苔草属是该区域沼泽、草甸植物的代表种，其他植物种有垫状金露梅、匍匐水柏枝、华扁穗草、毛茛、细叶西伯利亚蓼、珠芽蓼、云生毛茛、报春、马先蒿、蕨麻委陵菜、针茅、藏沙蒿、青海刺参、黄芪、披碱草、早熟禾、火绒草、海韭菜、海乳草、杉叶藻等。在河滩宽谷砂砾地上经常出现有由三角草、青藏苔草组成的河漫滩草甸；滨湖轻盐渍化湿地上还见有由赖草、细叶西伯利亚蓼等组成的盐生草甸；矿化度较低的淡水湖泊生长着由红线草、黄花水毛茛等组成的水生植物群落；某些砾石质河滩上还生长有西藏沙棘灌丛和匍匐水柏枝低矮灌丛，在山坡阴湿处见有垫状金露梅灌丛。

（三）土壤微域分布

受沟谷与山脊走向的控制，山地土壤常呈树枝状分布，在残山、丘陵地区土壤因坡向影响，呈斑状分布；向阳坡，土壤干旱，受侵蚀严重，出现残坡积侵蚀高山草原，背阴坡侵蚀较轻，发育残坡积高山草原土。高山草甸土微域分布是由于小地形、小面积的水文地质、植被等的差异或人为活动影响而形成的土壤复域。聂荣一带高山草土部分区域，由于自然环境条件的恶化，也有的是因为过度放牧，致使高山草甸植被退化，部分草皮层脱落破坏而代之以草原植被，高山草甸土成土过程中断，因而形成高山草甸土和高山草原土复域分布，有的是在高山草甸土背景上，斑状分布高山草原土，也有的高山草甸土呈斑状分布，而高山草原土成为背景主导土壤类型。受河谷、湖盆中地貌和水文地质的影响，滩地发育沼泽土，高一级的洪冲积扇分布洪冲积高山草原土，再高一级的洪冲积扇分布洪冲积山草原土。

二、土壤分类

根据1979—1991年那曲地区土壤普查的资料结果，聂荣县境内土壤共划分出8个土类，13个亚类。

聂荣县土壤类型见表1－2－1。

聂荣县土壤分类系统表

表 1－2－1

土纲	亚纲	土类	亚类	土属
山土	冻高山土	高山寒漠土	高山寒漠土	冰碛高山寒漠土
	湿寒高山土	高山草甸土	高山草甸土	泥质高山草甸土、洪积质高山草甸土、冲积高山草甸土、冰碛高山草甸土
			高山草甸性土	泥质原始高山草甸土、冰碛原始高山草甸土
			高山温草甸土	泥质高山温草甸土、洪积高山温草甸土、冰碛高山温草甸土
			高山草甸草原土	洪积高山草甸草原土、冲积高山草甸草原土、湖积高山草甸草原土
半水成土	半水成土	草甸土	草甸土	冲积草甸土、洪积草甸土、湖积草甸土
水成土	矿质水成土	沼泽土	草甸沼泽土	冲积草甸沼泽土、洪积草甸沼泽土、湖积草甸沼泽土
			泥炭沼泽土	冲积泥炭沼泽土、洪积泥炭沼泽土、湖积泥炭沼泽土
初育土	土质初育土	新积土	新积土	冲积新积土、洪积新积土、冲积耕型新积土
		风沙土	草甸风沙土	固定草甸风沙土、半固定草甸风沙土、流动草甸风沙土
			草原风沙土	固定草原风沙土、半固定草原风沙土、流动草原风沙土
	石质初育土	石质土	石质土	硅质石质土、泥质石质土
		粗骨土	粗骨土	砂质粗骨土、泥质粗骨土

（一）高山寒漠土

聂荣县境内高山寒漠土总面积为 138.08 万公顷，占那曲地区该类土壤总面积的 5.75%。高山寒漠土是分布位置最高的高山土壤类型，广泛分布。高山寒漠土上接高山永久冰雪带，在湿润和半湿润地区，下接高山草甸土；在干旱和半干旱地区下接高山草原土或高山寒漠土。

形成特点：高山寒漠土是脱离第四纪冰川影响最晚、成土年龄最短、发育原始的土壤，形成过程是以强烈寒冻物理风化和微弱化学风化与生物积累为特点的原始成土过程。在长期寒冻气候条件下，成土母岩主要通过冻裂作用形成碎屑状风化物，石砾量极高，在岩砾表面进行微弱的化学风化和生物化学风化，只能形成少量细土物质。土壤微生物的分解矿化作用也很微弱，故仍能在土壤中积累少量的有机质。

基本性状：高山寒漠土剖面特征是土层浅薄，通体大量砾石。地表常为岩石碎屑组成的岩幂层（AM），下伏发育原始的腐殖质层（AC），厚度达1厘米，其下部有不明显的鳞片状结构，再下过渡为岩砾层或永冻层。永冻层之上常有融雪冻水潴积而出现锈纹斑或弱潜育化特征。

理化性质：高山寒漠土的砾石含量高、质地粗，砾石多为岩石新崩解的石块，棱角明显，风化极少。土壤的碳酸钙主要取决于母质、石灰性母质发育的剖面，碳酸钙含量很高，而非石灰性母质剖面则不含或仅有微量碳酸钙，反映母质对土壤发育的影响深刻。土壤无淋溶酸化特征，一般酸碱系数（pH）值7以上。土壤有机质和全氮量低，养分贫乏，肥力低下，普遍缺乏有效硼。尚无开发利用价值。

（二）高山草甸土

又称草毡土，聂荣境内各乡镇均有分布。高山草甸土的垂直分布，一般上接高山寒漠土。在局部高山冰川向下延伸较低的地区，其上与永久冰雪带相接。高山草甸土的向下接触关系及分布高度较为复杂，因地而异，分布于海拔4800—5400米，下接高山草原土。植被类型为高寒草甸。分布的地形多样，有丘陵坡地、宽谷、阶地、谷坡、湖盆和高山坡地等。成土母质有花岗岩、多种变质岩及其沉积物的寒冻风化残积坡积物、洪积物以及冰碛物、冲积物和湖积物，一般石砾多而质地粗。聂荣县的高山草甸土分为高山草甸土、高山草甸性土、高山温草甸土、高山草甸草原土共4个亚类。其中，高山草甸土亚类面积625.5万亩，占那曲地区该类土壤总面积的9.8%；高山草甸性土亚类面积203.45万亩，占那曲地区该类土壤总面积的23.0%；高山温草甸土亚类面积68.14万亩，占那曲地区该类土壤总面积的18.83%；高山草甸草原土面积26.29万亩，占那曲地区该类土壤总面积的1.28%。

形成特点：高山草甸土的形成主要是生草腐殖质积累和冻融氧化原过程，同时具有寒冻风化和弱淋溶的特点。

基本性状：草皮层致密程度减少变松软，厚度变薄，一般不足 10 厘米。有的为灌丛枯枝落叶层所代替；腐殖质层加厚，10—15 厘米；过渡层也加厚，多有淀积层（B）的初步分化。一般处在坡度较陡的阴坡，小气候较湿润。植物生长良好，生物积累过程加强，活性腐殖质占有机质总量的 40%—50%，腐殖质组成以富啡酸（FA）为主。土壤因多处陡坡，一般石砾含量较高。以细土为主的土层较薄，多为 30—40 厘米。细土质地以沙壤土和砂黏土为主，剖面的黏粒量变化极大，自上而下急剧减少。土壤中碳酸钙淋失殆尽，且已淋溶酸化，呈现盐基表聚的趋势。铁、锰也有明显的表聚趋势，机制主要是生物积累作用。

（三）高山草原土

聂荣境内高山草原土分布较广泛，主要为其亚类高山草甸草原土，面积 6.62 万亩，占那曲地区该类土壤总面积的 0.14%。土壤质地较轻、偏沙性，并具有弱发育钙积层。高山草原土的母质，在山地和丘陵以花岗岩、灰岩、砂岩、砾岩等风化的残积和坡积物为主。宽谷、湖盆、阶地则以洪积、冲积和湖积物为主，这些成土母质多属碳酸盐风化壳。西藏高山草原土分为高山草原土、高山草甸草原土、高山灌丛草原土、高山荒漠草原土和高山盐渍草原土 5 个亚类。

形成特点：主要是腐殖质积累作用和钙积作用两种。腐殖质积累作用较弱，地表无草皮层，腐殖质层较薄，颜色较淡。土体淋溶脱钙作用弱，钙积层一般出现在地下 30—40 厘米，少部分在 70 厘米以下。

基本形状：土层浅薄，一般厚度 50 厘米左右，土壤剖面分化较差，可粗略分出 A1 - B - C 等发生层次，腐殖质层（A1）厚 5—15 厘米，多呈淡灰棕或淡黄棕色，较疏松。一般为屑粒或块状结构，质地多属砾质壤土、砾沙壤土。淀积层（B）有粉末状、斑状、膜状碳酸钙新生体，颜色呈棕色，砾质壤土。母质层（C）多为砾石。通体强石灰反应。

（四）沼泽土

沼泽土是一种受地表水和地下水浸润的土壤，分布于宽谷湖盆、河流流域两侧低洼易积水或浅地下水地段。在山地多见于分水岭上的洼地、封闭的河谷地和湖盆地，以及冲积扇间前沿和扇间洼地。在河谷地区多见于洪泛洼地、干支流汇合处等。土壤水分高，养分含量高，生长着苔藓、大嵩草、苔草等喜湿植被。聂荣县境内沼泽土亚类草甸沼泽土面积85.82万亩，占那曲地区该类土壤总面积的17.25%；泥炭沼泽土比较集中。

（五）其他土壤

聂荣县境内草甸土亚类面积4.02万亩，占那曲地区该类土壤总面积的1.86%；新积土面积5.0万亩，占那曲地区该类土壤总面积的0.86%；聂荣西部有少量分布风沙土；粗骨土面积59.34万亩，占那曲地区该类土壤总面积的3.30%；泥炭沼泽土比较集中。

第二节　土地资源

一、土地面积

至2019年底，聂荣县土地总面积8990平方千米（0.899万平方千米）。

二、土地利用类型

聂荣县境内土地利用类型可分为三级：一级7类，即耕地、林地、牧草地、居民点和工矿用地、交通用地、水域及未利用土地；二级18类，即旱地、有林地、灌木林、疏林地、天然草地、人工草地、城镇、农村居民地、水工建筑物、独立工矿用地、公路、农村道路、河流水面、湖泊水面、滩地、冰川和永久积雪、荒草地、田坎；三级分5类，即冬春放牧草场、夏秋放牧草场、季节性放牧草场、退化草场及低质草场。①

① 西藏自治区自1984年全区范围广泛深入开展土地资源调查，1991年基本完成县、地（市）、自治区三级资料汇总。本节数据均为此次调查数据。

三、牧草地

1991 年，聂荣县牧草地面积 1235.36 万亩，占那曲地区牧草地总面积的 3.95%，占聂荣县土地面积的 86.49%。其中，冬春放牧草场面积 60.81 万亩，夏秋放牧草场面积 687.31 万亩，非季节性放牧草场面积 427.83 万亩，低质草场面积 20.63 万亩。冬春草场分布海拔高度为 4600—5000 米。夏秋草场分布海拔高度为 4700—5100 米。季节性草场不平衡，冬春草场占天然草地面积的 8.06%，夏秋草场占天然草地面积的 55.64%，草场退化占天然草地面积的 1.67%。平均草产量 50.2 公斤/亩。载畜能力为 3.44 羊单位/百亩。

四、居民点及工矿用地

1991 年，聂荣县城乡居民点及工矿用地 662 亩，占那曲地区该类土地总面积的 4.42%，均为农村居民点用地。

五、交通用地

1991 年，聂荣县交通用地面积 1148.5 亩，占那曲地区该类土地总面积的 2.24%。其中，公路面积 959.5 亩，农村道路 189 亩。

六、水域

1991 年，聂荣县水域面积 24.02 万亩，占那曲地区该类土地总面积的 0.86%。其中，湖泊水面面积 1.69 万亩，河流水面面积 2.44 万亩，冰川及永久积雪 16.03 万亩，滩涂面积 3.86 万亩。

七、未利用土地

1991 年，聂荣县未利用土地面积 168.78 万亩，占那曲地区该类土地总面积的 0.68%，仅次于索县，位居倒数第二，均为裸岩石砾地，占那曲地区裸岩石砾地总面积的 3.97%。

第三章　水文

第一节　河流

一、水文特点

聂荣县境内地表水分布较为广泛，流量较大，含矿物质较多。地表水流量受季节影响较大，季节性变化大。境内地表水资源丰富，河流众多。受干旱气候影响，县内河流径流一般都较小。即使在雨季，一般河流都能徒步而过。在雨季时，由于降水量大，河流泥沙含量高，呈悬浊状，河水浑浊。雨季过后，水位急降，泥沙含量少，河水变清。河流径流季节变化明显，大多数河流以河水补给为主，雨水补给为辅。境内均为常年河流，河流有怒江的支流下秋曲、索曲、本曲、聂荣曲、白曲、登曲、央庆曲、当木江曲等，长江的支流扭曲、郭曲、查吾曲、吾钦曲等。

二、主要河流

（一）下秋曲

属怒江水系一级支流，沼泽地约为464 平方千米。河道长135 千米。河岸平缓，植被较差。多年平均降雨量400 毫米，多年平均流量73. 36 立方米/秒。已修建聂荣县下曲水电站，水电站距聂荣县城35 千米，坝址以上集雨面积8314 平方千米，其坝址处50 年一遇洪峰流量1099. 78 立方米/秒，30 年一遇洪峰流量1204. 123 立方米/秒，20 年一遇洪峰流量1233. 73 立方米/秒，10 年一遇洪峰流量 968.99 立方米/秒，5 年一遇洪峰流量 867.14 立方米/秒。多年平均悬移质输沙量 46.64 万吨，多年平均推移质输沙量 9.33 万吨。由于 2003 年遭遇特大洪灾，机电设备损坏严重，导致无法运行。

（二）本曲

以本曲河的查邹窝玛为基点，距白雄乡 15 千米，距索雄乡 17 千米，此处以上集雨面积 2398 平方千米，河道长 89 千米。多年平均降雨量 400 毫米，多年平均流量 21.16 立方米/秒，此处 50 年一遇洪峰流量 535.50 立方米/秒，30 年一遇洪峰流量 522.65 立方米/秒，20 年一遇洪峰流量 477.36 立方米/秒，10 年一遇洪峰流量 428.4 立方米/秒，5 年一遇洪峰流量 376.28 立方米/秒，呈逐年递减趋势。多年平均悬移质输沙量 23.64 万吨，多年平均推移质输沙量 2.726 万吨。

（三）索曲

以查吾拉区为基点，属怒江水系一级支流，此处以上集雨面积 4763 平方千米，河道长 140 千米。河岸平缓，植被较差。多年平均降雨量 400 毫米，多年平均流量 42.03 立方米/秒。此处 50 年一遇洪峰流量 849.43 立方米/秒，30 年一遇洪峰流量 829.05 立方米/秒，20 年一遇洪峰流量 757.21 立方米/秒，10 年一遇洪峰流量 679.54 立方米/秒，5 年一遇洪峰流量 597.03 立方米/秒，呈逐年递减趋势。多年平均悬移质输沙量 27.08 万吨，多年平均推移质输沙量 5.42 万吨。

（四）次曲

次曲属于怒江上游一级河流，全长 104 千米，流域面积 1217 平方千米。流经聂荣县、那曲县境内。发源于尼玛乡森卜村，河口位于那曲镇玛亭噶村。河流平均比降 2.47‰，多年平均年降雨量 466.5 毫米，多年平均径流 111.9 毫米。次曲上游多为高原山区、人口稀少，不具备开发利用条件，且个别水质项目参数较高；下游流经那曲县城，具备开发利用条件。次曲一级水功能区划依次划分为次曲聂荣县保留区、次曲那曲县开发利用区。聂荣县次曲保留区：此段上起次曲源头，下至那曲县那曲镇麻尔可，长约 45.2 千米，穿过聂荣县、那曲县两地。水质现状为Ⅱ类，水质管理目标为按水质现状标准控制。

第二节　湖泊与冰川

一、湖泊

聂荣县境内主要湖泊有永曲乡境内的尼日阿错改、隆恰错、隆雅错和拿隆错，查当乡境内的扎抢错、尕鄂恩错钠玛、瑙玛错，索雄乡境内的扎布叉、班玛错，下曲乡境内的乌俄阿木措拿姆错、措将库，桑荣乡境内的措玛，色庆乡境内的措玛，聂荣镇境内的央恰湖等大小湖泊14处。

（一）央恰湖

位于聂荣县聂荣镇促巴村（1村）、查荣村（2村）、拉根村（10村）三村交界处，距聂荣县城北约3千米处，主要由地下出水形成，属内流湖。央恰湖所在位置海拔4600米，呈不规则圆形，南北长约2.2千米，东西最大宽度约1.7千米，湖面面积约为6.0平方千米。央恰湖主要由地下水以及降水补给。

（二）尼日阿错改

位于聂荣县永曲乡8和9村境内。地处唐古拉山北麓长江源头当曲宽谷内，长9.2千米，最大宽度7千米，平均宽3.82千米，面积约40平方千米，湖面海拔4708米。湖区年降水量300—400毫米，集水面积40平方千米，补给系数12.3。湖水主要依赖确赛曲、巴侧错尼曲和佯莫曲补给，出流经东部鄂阿玛纳草河汇入当曲，属长江源头外流淡水湖。

二、冰川

聂荣县冰川主要分布在唐古拉山脉高峰，县境内冰川覆盖率为0.9%，有冰川166条，占那曲地区冰川总数的6.1%；冰川面积为79.31平方千米，占那曲地区冰川面积的2.9%。

第三节　湿地和地下水

一、湿地

聂荣县境内湿地较多，重点湿地有 4 处，属于典型的寒冷半干旱高原季风气候区。湿地内野生动物众多，按西藏动物地理区划，位于古北界青藏区羌塘高原小区。

聂荣重点沼泽湿地　地理位置为北纬 31°58′—32°52′，东经 91°27′—93°0′。湿地总面积 127381. 04 公顷（包括安多县一部分）。其中，河流湿地 3520. 77 公顷、湖泊湿地 1103. 84 公顷、沼泽湿地 122756. 43 公顷。湿地所在区大地貌主要为高原湖盆、山川地貌，属高原河源地带沼泽区，平均海拔 4500—5200 米。地形相对平缓，沼泽辽阔，河流蜿蜒。主要土壤类型为泥炭土、泥炭沼泽土、草甸沼泽土和腐殖质沼泽土等。属于高原亚寒带季风气候。水源补给主要为雪山冰川融水，还有地表径流、大气降水和地下水。

该重点湿地区内已记录有野生动物 30 科 70 种，其中哺乳类 10 科 16 种，鸟类 17 科 48 种，两栖类 1 科 1 种，爬行类 1 科 2 种，鱼类 1 科 3 种。有国家和西藏自治区重点保护野生动物 30 种。主要动物有埃氏鼠耳蝠、藏狐、狼、棕熊、雪豹、猞猁、荒漠猫、兔狲、西藏野驴、藏原羚、藏羚、岩羊、盘羊、高原兔、黑唇鼠兔、藏鼠兔、喜马拉雅旱獭、凤头䴙䴘、斑头雁、灰雁、针尾鸭、绿头鸭、赤麻鸭、红头潜鸭、凤头潜鸭、白眼潜鸭、赤嘴潜鸭、普通秋沙鸭、草原雕、鸢、大鵟、金雕、胡兀鹫、秃鹫、高山兀鹫、玉带海雕、白尾海雕、白肩雕、草原鹞、白头鹞、猎隼、红隼、燕隼、普通雕鸮、纵纹腹小鸮、西藏毛腿沙鸡、白骨顶、黑水鸡、红脚鹬、金眶鸻、蒙古沙鸻、白腰杓鹬、白腰草鹬、矶鹬、鹮嘴鹬、渔鸥、棕头鸥、长嘴百灵、褐背拟地鸦、红眉朱雀、白腰雪雀、棕颈雪雀、棕背雪雀、高山倭蛙、西藏沙蜥、红尾沙蜥、异尾高原鳅、西藏高原鳅、细尾高原鳅等。国家和西藏自治区Ⅰ级重点保护野生动物有 12 种，国家和西藏自治区Ⅱ级重点保护野生动物有 18 种。

二、地下水

聂荣县地下水较丰富，泉水较多，按地下水的埋藏成因分为孔隙潜水、裂隙潜水与承压的构造断裂水 3 种。其中，孔隙潜水存在于松散沉积物孔隙中，主要分布在山间河谷槽地冲积层、山前洪积—冲积扇堆积层、湖积平原的湖积层、现代冰川边缘冰积—洪积层以及山间谷地或山麓边缘残积—坡积层中。裂隙潜水主要存在于中酸性侵入岩、浅变质岩及第四纪各种不同组合类型岩石的上部风化裂隙中，有的存在于上述岩石的断裂破碎带中。在重力作用下，以层状或脉状潜水形式在地下运移，补给地表径流或湖泊、沼泽等，有的以泉的形式出露地表。承压的构造断裂水赋存于构造断裂带中的裂隙水，常以温泉的形式或相对稳定的上升泉（冷泉）形式出露地表。

第四章　气候

第一节　气候特点

聂荣县气象站是国家基本站，建于1952年11月，位于县城所在地，海拔4800米，主要业务为地面气象观测、雷电灾害检测监测和气象服务。

聂荣县属于高原亚寒带半干旱季风气候区。气候基本特点是冬季寒冷，夏季温凉，冬春季干旱，霜期长，雪灾频繁。夏季短时强降雨较多，容易引起泥石流、山体滑坡等灾害，冬季强降雪天气易发生交通堵塞。

一、太阳辐射强、日照充足

聂荣县纬度较低，海拔高，空气稀薄洁净，尘埃和水汽含量少，透明度高，阳光透过大气时，能量损失少，再加上晴天多，阴雨少，夜雨多，受这些因素影响，太阳辐射强，光照充足。太阳直接辐射占大气太阳辐射的50%以上。日照充足，年日照时间2866小时，日照百分率高达66%以上。

二、降水少、分布不均衡

县内年平均降水量为400毫米。6—9月的降水量为320毫米左右，占全年降水量的80%。冬季极为干旱，夏秋季较为湿润。秋季的9—10月，春季的3—5月偶尔发生雪灾。年蒸发量4900毫米，为降水量的12.25倍，年相对湿度为41%。

三、海拔高、气温低

气温低，年平均气温0℃左右，最热月7月平均温度20℃，年相对温差40℃左右。

四、风速大、多雪冻

年平均风速为4.6米/秒，多为西北风，年平均8级大风的天数达80余天。降雪持续时间较长。全年内有冰雹发生，主要集中在6—7月，持续时间不长。

五、气候区域变化明显

温度条件差，年降水量少，干燥指数高。县境内南北跨度大，气候差异较明显，南部气候温暖而北部寒冷。

第二节　气候要素

一、日照

日照时间长，日照充足是聂荣气候的显著特点之一。由于受到海拔高、空气稀薄、水汽与尘埃含量少、纬度低等因素影响，太阳辐射强。太阳辐射的年变化基本上随太阳高度角的变化而变化。1月最小，随后逐月渐增，到6、7月达最高值，之后逐月减小。

二、气温

聂荣县年均气温0℃，最热月7月平均温度20℃，极端最低温度-40℃。一年四季不明，一日见四季。在此低温条件下，无栽培作物和林木条件，草木植被生长也多呈矮丛状。

聂荣县各月平均气温见表 1 –4 –1。

聂荣县各月平均气温表

表 1 –4 –1　　单位:℃

月份	平均气温	月份	平均气温
1	–12.3	2	–9.6
3	–7.3	4	–2.6
5	2.5	6	6.6
7	9.0	8	8.9
9	5.5	10	–3.5
11	–7.6	12	–7.7
全年	–1.9		

三、降水

县内年平均降水量为 400 毫米。冬春季干旱，夏秋季较湿润。降水量南部略多于北部，夜间多于白天，夏季最多。夏季雨热结合，对牧草的生长十分有利。

聂荣县 2010 年 5—12 月降水量情况见表 1 –4 –2。

聂荣县 2010 年 5—12 月降水量情况表

表 1 –4 –2　　单位：毫米

月份	降水量	月份	降水量
5	37.5	9	48.2
6	63.2	10	7.9
7	109.2	11	1.6
8	90.8	12	3.0

由于海拔高，气温低，降雪天气相对较多，但降雪量不大，是聂荣县气

候的一个显著特点。降雪主要集中在1—3月。全年刮风天数多。降雪日年均为37.8天。

四、风

聂荣县大风主要集中在每年11月至翌年4月。聂荣县是全国大风区之一，按国家风能资源区划分类，属于为风能可利用区，风能资源极为丰富。年有效风速累计时数4612小时，年均风速为4.6米/秒。聂荣的风能资源有明显的季节变化，10月至次年4月的冬半年为全县风能最大的季节，占全年的70%以上；5—9月的半年时间为全县风能较小的季节。其次还有日变化，一般清晨风能小，中午后风能大，每天最大风速在下午1—6时。受高空西风气流影响明显，加之地势开阔，主导风向主要以西风或偏西风为主。2月份大风次数较多，风力为8级，时起时止，断续吹刮，起风多在午后，止风在黄昏，2—3月风力平均为3级。聂荣县1—12月风向、最大风速情况表见表1－4－3。

聂荣县1—12月风向、最大风速情况表

表1－4－3　　单位：米/秒

月份	风向	最大风速
1	W	22.4
2	W	23.4
3	W	16.8
4	WSW	16.9
5	W	17.2
6	SW	16.5
7	SSW	14.2
8	SSE	12.5
9	WSW	15.0

续表

月份	风向	最大风速
10	W	13. 7
11	WNW	18. 7
12	SW	20. 5

五、光能和风能资源

据聂荣气象站资料，全年日照长达 2866 小时，日照率达 66% 以上，每天日照数大于或等于 6 小时的年平均天数在 275—320 天之间，太阳总辐射量为 156. 6 千卡/平方厘米 · 年。光能源只在极少数地区被利用，有待推广及开发。据统计，年均大风日可达 180 余天，年均风速 4. 6 米/秒。由于风能规律不明显，加之技术不成熟等原因，至今未开发利用。

第五章 生物[①]

第一节 植物

一、植被

聂荣县植被分布于怒江上游支流索曲、本曲、当曲、下如曲等河流发源地带。山原面地势起伏，高山草甸、草原植被覆盖度较高。在西藏植被区划中属于藏东北高山灌丛草甸亚区和那曲高山草甸亚区之间的那曲—聂荣小区。

聂荣县地带性植被以高山草甸、草原为主，嵩草属高山草甸群落如同地毯一样铺垫在波状起伏的山原面上，是聂荣县高山草甸植被的主要景观，植被群落由于杂类草的优势度显著减少，夏季外貌呈黄绿色。某些石砾质较强的山原顶部和草群退化的地方，常发育有由垫状点地梅、无心菜（蚤缀）、簇生柔籽草等组成的垫状植物群落。在高山流石坡稀疏植被（高山冰缘植被）带，由菊科、报春花科、十字花科等高山和垫状植物组成，植被盖度较小。在河漫滩、湖滨以及洪积扇缘潜水溢出带，发育着藏北嵩草沼泽化草甸，其外貌呈深绿色。

（一）垂直植被带谱

海拔4500—4800米之间，多分布以嵩草属为主的草甸，阴坡局部地块

---

① 本章内容主要由西藏自治区林业调查规划研究院院长、自然地理专家刘务林提供。

见有雪层杜鹃、硬叶柳、鬼箭锦鸡儿灌丛，气候较湿润的草甸中杂类草也较发育，圆穗蓼常为群落的优势种或共建种。

海拔 4800 米以上地带植被分布以矮生嵩草、高山嵩草为主的高山草甸。

海拔 5100—5300 米开始过渡到高山流石坡稀疏植被（高山冰缘植被）带。

隐域性（非地带性）植被比较发育。在湖滨、河滩湿地沼泽区发育有一定面积的沼泽草甸，主要优势植物嵩草属、苔草属是该区域沼泽、草甸植物的代表种，其他植物种有垫状金露梅、匍匐水柏枝、华扁穗草、毛茛、细叶西伯利亚蓼、珠芽蓼、云生毛茛、报春、马先蒿、蕨麻委陵菜、针茅、藏沙蒿、青海刺参、黄芪、披碱草、早熟禾、火绒草、海韭菜、海乳草、杉叶藻等。在河滩宽谷砂砾地上经常出现有由三角草、青藏苔草组成的河漫滩草甸，滨湖轻盐渍化湿地上还见有由赖草、细叶西伯利亚蓼等组成的盐生草甸，矿化度较低的淡水湖泊生长着由红线草、黄花水毛茛等组成的水生植物群落，某些砾石质河滩上还生长有西藏沙棘灌丛和匍匐水柏枝低矮灌丛，在山坡阴湿处见有垫状金露梅灌丛。

（二）植被类型

1. 高山灌丛草甸植被

这类植被类型较少，由耐寒的灌木和草本组成。海拔高度多在 4800 米以下，最高上升到 5000 米。群落组成种类多是高山灌丛、高山草甸的成分，是聂荣县分布于局部地块的一类植被。

2. 高山草甸植被

草甸是以多年生中生草本植物为主的植物群落，是聂荣县分布比较广泛的植被类型，成为独具特色的景观植被。绝大部分群落的草层都较低矮，一般都在 10—15 厘米以下，有的种类如矮生嵩草株高只有 3—5 厘米，形成一个单独的高山草甸带。

3. 高山流石滩稀疏植被

也称为“高山冰缘植被”，分布在高山植被带上部。这类植被主要是由地衣、苔藓和耐低温（适冰雪）的各种杂类草、嵩草、苔草、垫状植物、肉质植物等组成的一些植物群聚构成。

（三）主要植物群系

1. 高山嵩草群系

高山嵩草群系是聂荣县高山地带的主要植被群系。草层稍稀疏，群落总盖度为50%—80%，外貌呈墨绿色，建群种高山嵩草分盖度为30%—60%。多年生杂类植物圆穗蓼相对生长高大，分盖度达20%—40%，成为群落上层的优势种。下层建群种由高山嵩草等矮生植物构成。

2. 矮生嵩草群系

矮生嵩草群系常与藏北嵩草草甸呈套错格局，但面积较小，一般在浑圆的低山和排水良好的滩地发育较好。其伴生植物主要有藏北嵩草、线叶嵩草、针茅等；此外，杂类草覆盖度在20%左右，有圆穗蓼、珠芽蓼、高山唐松草、火绒草、独一味、委陵菜、银莲花、兔耳草、龙胆等。

3. 羽柱针茅群系

羽柱针茅组成的草原主要见于湖泊外缘但不受地下水影响的砾质阶地、洪积扇及湖滨平坝和宽谷，呈小片零散地分布于一些干旱山坡。其垂直分布范围在海拔4350—5150米之间。常见的伴生植物有紫花针茅、昆仑针茅、早熟禾、青藏苔草、嵩草以及棘豆、黄芪、燥原荠、白花枝子花、藏荠、藏沙蒿等。

4. 紫花针茅 + 香薷群系

紫花针茅 + 香薷群系主要分布于山体底部低洼且无草甸层的地势平缓地带。常见的伴生植物有丝颖针茅、羊茅、披碱草、青海刺参、青兰、黄芪、棘豆、燥原荠、火绒草等。

5. 扁穗草群系

主要分布在河漫滩、湖滨或泉水漫溢处。常见的伴生植物有赖草、青藏苔草、嵩草、碱茅、藏野青茅、西藏早熟禾、蕨麻委陵菜、藏豆、蓝白龙胆、铺散肋柱花、海韭菜、水麦冬、三裂碱毛茛、斑唇马先蒿、细叶西伯利亚蓼、海乳草等。

6. 圆穗蓼群系

圆穗蓼群系分布在聂荣县海拔4500—5000米之间，分布地山坡较平缓。群落中优势度较大的植物有藏北嵩草和矮生嵩草，常见的伴生种类还有紫菀、香青、马先蒿、珠芽蓼、垂头菊、风毛菊、委陵菜、雀儿豆、龙胆、点地梅等。

7. 垫状金露梅群系

为在聂荣县山地局部地带见到的高山灌丛，海拔高度多在4500—4800米间。常占据山地阴坡及河谷砾石地，少见于阳坡。伴生植物有鬼箭锦鸡儿、岩生忍冬以及矮生嵩草、苔草、野青茅和银莲花、圆穗蓼、珠芽蓼、龙胆、独一味、马先蒿、委陵菜、火绒草等。

8. 鬼箭锦鸡儿群系

分布海拔高度多在4500—4800米间，常占据山地阴坡。伴生植物有矮生嵩草、藏北嵩草、苔草、珠芽蓼、圆穗蓼、野青茅、穗三毛、早熟禾、披碱草、委陵菜、独一味、马先蒿、火绒草、香青、黄芪、龙胆、葱属等植物种类。

9. 西藏沙棘群系

西藏沙棘群系主要分布在海拔5000米以下的宽谷砾石河滩地，多呈小片状分布。伴生植物有少量垫状金露梅、匍匐水柏枝；常见种类有蒿属、针茅、苔草、赖草、委陵菜和小叶棘豆等。

10. 雪层杜鹃群系

多分布在海拔4500米以上。伴生植物有雪层杜鹃、垫状金露梅、鬼箭锦鸡儿、禾草、羊茅、野青茅、针茅、早熟禾、橐吾、马先蒿、银莲花、委陵菜、黄芪、虎耳草、柔小粉报春、独一味、风毛菊、龙胆、草原老鹳草、高山唐松草等。

11. 细叶西伯利亚蓼群系

本群系常见于湖滨、河畔盐渍化的土壤上，沿水体呈环带状或条带状分布，群落面积不大，但分布广泛。其伴生植物不多，常见的有海乳草、水麦冬等。

12. 斑唇马先蒿群系

主要分布在湖滨、河漫滩上，面积很小。伴生植物主要有云生毛茛、水麦冬、展苞灯心草、海韭菜等。

13. 蕨麻委陵菜群系

聂荣县几乎各地都有以它为建群种组成的草甸群落分布，但整体面积并不大。往往以小斑片状或窄带状出现在河漫滩、湖滨或小地形微凹的地块。常见的伴生植物有扁穗草、华扁穗草、苔草、喜马拉雅嵩草、早熟禾、蒲公英、龙胆、三裂碱毛茛等。

14. 红线草群系

主要分布在湖泊边缘的缓岸浅水带、流速滞缓的浅河、沼泽地区的碟形洼地、丘间洼地积水坑里。伴生植物有菹草、小茨藻。

二、植物资源

聂荣县地处西藏东北部，地域较广阔，水平和垂直地带性植被差异明显。代表性植物资源分布在高山荒漠、高山草原、高山草甸地带到局部的高山灌丛草甸。植物资源广泛分布于各种坡向的山坡、平缓起伏的高原面以及地形开阔、排水良好的宽谷和湖盆地区。在植物资源群落的组成中，较多的资源植物依次是菊科、禾本科、十字花科、豆科、玄参科、毛茛科、石竹科、蔷薇科、虎耳草科、蓼科、罂粟科、莎草科、报春花科、龙胆科、紫草科、唇形科、百合科等植物种，有近400种，其中蕨类植物仅有4种，苔藓植物可达20种，种子植物达350多种。由于聂荣县的基准面海拔较高，植被的垂直分布系列较简单；但因受到地理位置、地形和局部小气候的影响，在同一垂直带的带幅宽度、分布高度以及植物群落建群种也有所不同。一般，海拔较低处分布有少量灌木资源种类；高原面上高山草原较宽阔，草本植物资源种类较贫乏；高山草甸地带草本植物资源种类较多。野生药用植物资源有近百种，如红景天、绵参、刺参、马尿泡、麻黄、大黄、独一味、兔耳草、珠芽蓼、乌头、毛茛、雪灵芝、无心菜、独活、龙胆、藏玄参、马先蒿、雪莲花、雪兔子、蒲公英、金莲花、拟耧斗菜、黄堇、堇菜等藏、中草药植物。常见饲用牧草植物有紫花针茅、沙生针茅、昆仑针茅、早熟禾、粗壮嵩草、高山嵩草、矮生嵩草、藏北嵩草、短芒大麦草、赖草、固沙草、白草、青藏苔草、扁穗草、燥原荠、高原芥、委陵菜、圆穗蓼、藏沙蒿、垫型蒿、小叶金露梅、西藏沙棘、垂穗披碱草等。

一、主要植物名录

截至2010年底，聂荣县已记录有高等植物53科153属384种。其中苔藓植物6科10属20种、蕨类植物4科4属4种、裸子植物1科1属2种、被子植物42科138属358种。

聂荣县高等植物名录见表1－5－1。

聂荣县高等植物名录

表1－5－1

植物名	科名	属名	种名	拉丁文名
苔藓植物	牛毛藓科	对叶藓属	斜蒴对叶藓	*Distichium inclinatum*
	大帽藓科	大帽藓属	大帽藓	*Encalypta vulgairs*
	丛藓科	扭口藓属	尖叶扭口藓	*Barbula constricta*
			长尖扭口藓	*Barbula ditrichoides*
			黑扭口藓	*Barbula nigrescens*
			短叶扭口藓	*Barbula tectorum*
			土生扭口藓	*Barbula vinealis*
		石灰藓属	狄氏石灰藓	*Hydrogonium dixnianum*
		芦荟藓属	钝叶芦荟藓	*Aloina rigida*
		墙藓属	刺叶墙藓	*Tortula desertorum*
			中华墙藓	*Tortula sinensis*
	紫萼藓科	旱藓属	旱藓	*Indusielle thianschanica*
		紫萼藓属	无齿紫萼藓	*Grimmia onodon*
			圆蒴紫萼藓	*Grimmia apocarpa*
			钝叶紫萼藓	*Grimmia obtusifolia*
			阔叶紫萼藓	*Grimmia loevigata*

续表 1

植物名	科名	属名	种名	拉丁文名
苔藓植物	真藓科	真藓属	垂萠真藓	*Bryum cernuum*
			细轴真藓	*Bryum leptocaulon*
			黄色真藓	*Bryum pallens*
	柳叶藓科	薄网藓属	薄网藓	*Leptodictyum riparium*
蕨类植物	中国蕨科	薄鳞蕨属	薄叶薄鳞蕨	*Leptolepidium dalhousiae*
	蹄盖蕨科	冷蕨属	冷蕨	*Cystopteris fragilis*
	鳞毛蕨科	耳蕨属	浅裂高山耳蕨	*Polystichum lachenense*
	铁角蕨科	铁角蕨属	变异铁角蕨	*Asplenium varians*
裸子植物	麻黄科	麻黄属	藏麻黄	*Ephedra saxatilis*
			单子麻黄	*E. monosperma*
被子植物	杨柳科	柳属	硬叶柳	*Salix. sclerophylla*
	荨麻科	荨麻属	高原荨麻	*Urtica hyperborea*
	蓼科	山蓼属	山蓼	*Oxyriadigyna*
		大黄属	卵果大黄	*Rheummoorcroftianum*
			菱叶大黄	*R. rhomboideum*
			穗序大黄	*R. spiciforme*
		酸模属	酸模	*Rumexacetosa*
		蓼属	冰川蓼	*Polygonum glaciale*
			细叶西伯利亚蓼	*P. thomsonii*
			圆穗蓼	*P. macrophyllum*
			西藏蓼	*P. tibeticum*
			珠芽蓼	*P. viviparum*
	藜科	小果滨藜属	小果滨藜	*Microgynoeciumtibeticum*
		轴藜属	平卧轴藜	*Axyrisprostrata*

续表 2

植物名	科名	属名	种名	拉丁文名
被子植物	藜科	驼绒藜属	驼绒藜	*Ceratoideslatens*
被子植物	藜科	藜属	平卧藜	*Chenopodium prostratum*
被子植物	藜科	藜属	西藏藜	*C. tibeticum*
被子植物	石竹科	无心菜属	无心菜	*Arenaria amdoensis*
被子植物	石竹科	无心菜属	短瓣雪灵芝	*A. brevipetala*
被子植物	石竹科	无心菜属	藓状雪灵芝	*A. bryophylla*
被子植物	石竹科	无心菜属	黑蕊无心菜	*A. melanandra*
被子植物	石竹科	无心菜属	团状雪灵芝	*A. polytrichoides*
被子植物	石竹科	无心菜属	漆姑无心菜	*A. saginoides*
被子植物	石竹科	无心菜属	藏西无心菜	*A. stracheyi*
被子植物	石竹科	无心菜属	土门无心菜	*A. tumengelaensis*
被子植物	石竹科	繁缕属	垫状繁缕	*Stellaria Pulvinata*
被子植物	石竹科	繁缕属	亚伞花繁缕	*Stellaria subumbellata*
被子植物	石竹科	繁缕属	湿地繁缕	*S. uda*
被子植物	石竹科	繁缕属	伞花繁缕	*S. umbellata*
被子植物	石竹科	柔籽草属	簇生柔籽草	*Thylacospermumcaespitosum*
被子植物	石竹科	女娄菜属	无瓣女娄菜	*Melandrium apetalum*
被子植物	石竹科	女娄菜属	苍百女娄菜	*Melandrium pallidum*
被子植物	石竹科	女娄菜属	腺女娄菜	*Melandrium glandulosum*
被子植物	石竹科	女娄菜属	多茎女娄菜	*M. multicaule*
被子植物	石竹科	女娄菜属	新丛生女娄菜	*M. neocaespitosum*
被子植物	毛茛科	驴蹄草属	花葶驴蹄草	*Calthascaposa*
被子植物	毛茛科	金莲花属	矮金莲花	*Trolliusfarreri*
被子植物	毛茛科	乌头属	铁棒锤	*Aconitum pendulum*
被子植物	毛茛科	乌头属	伏毛铁棒锤	*A. flavum*

续表 3

植物名	科名	属名	种名	拉丁文名
被子植物	毛茛科	翠雀属	蓝翠雀花	*Delphinium caeruleum*
			奇林翠雀花	*D. candelabrum*
			单花翠雀花	*D. monanthum*
			唐古拉翠雀花	*D. tangkulaense*
			毛翠雀花	*D. trichophorum*
		拟耧斗菜属	拟耧斗菜	*Paraquilegiamicrophylla*
		唐松草属	芸香叶唐松草	*Thalictrum rutifolium*
			直梗高山唐松草	*Thalictrum elatum*
		银莲花属	叠裂银莲花	*Anemone imbricata*
			卵叶银莲花	*Anemone ovalifolia*
		铁线莲属	甘肃铁线莲	*Clematis tangutica*
		美花草属	美花草	*Callianthemumpimpinelloides*
		侧金盏花属	蓝侧金盏花	*Adonis coerulea*
			毛蓝侧金盏花	*A. coerulea*
		毛茛属	班戈毛茛	*Ranunculusbanguoe*
			毛果毛茛	*Ranunculustanguticus*
			苞毛茛	*R. involucratus*
			云生毛茛	*R. longicaulis*
		鸦跖花属	鸦跖花	*Oxygrapnis glacialis*
		碱毛茛属	三裂碱毛茛	*Halerpestes tricuspis*
		水毛茛属	黄花水毛茛	*Batrachium flavidum*
	罂粟科	绿绒蒿属	全缘叶绿绒蒿	*Meconopsis integrifolia*
			五脉绿绒蒿	*M. quintuplinervia*
			多刺绿绒蒿	*Meconopsis horridula*

续表 4

植物名	科名	属名	种名	拉丁文名
被子植物	罂粟科	紫堇属	金球黄堇	*Corydalis chrysosphaera*
			斑花黄堇	*C. conspersa*
			具爪曲花紫堇	*C. rosthornii*
			齿苞黄堇	*C. denticulatobracteata*
			尼泊尔黄堇	*C. hendersonii*
			尖宾黄堇	*C. mueronifera*
			糙毛黄堇	*C. scaberula*
			囊果黄堇	*C. retingensis*
	十字花科	独行菜属	头花独行菜	*Lepidium capitatum*
			独行菜	*Lepidiumapetalum*
		芥属	芥	*Capsella bursapastoris*
		藏荠属	藏荠	*Hediniatibetica*
		双脊荠属	无苞双脊荠	*Dilophiaebracteata*
			盐泽双脊荠	*D. salsa*
		燥原荠属	燥原荠	*Ptilotrichum canescens*
		葶苈属	高山葶苈	*Drabaalpina*
			阿尔泰葶苈	*D. altaica*
			球状葶苈	*Drabaglomerata*
			矮葶苈	*Draba handelii*
			狭果葶苈	*Draba stenocapa*
			柱形葶苈	*D. dasyastra*
			矮喜山葶苈	*Drabacoinmutata*
		藏芥属	藏芥	*Phaeonychium parryoides*
		豆瓣菜属	青藏豆瓣菜	*Nasturtium tibeticum*

续表 5

植物名	科名	属名	种名	拉丁文名
被子植物	十字花科	异蕊芥属	腺毛异蕊芥	*Dimorphostemonglandulosus*
		丛菔属	绵毛丛菔	*Solms lanata*
		条果芥属	裸芝条果芥	*Parryanudicaulis*
		高原芥属	藏北高原芥	*Christoleabangoinensis*
		糖芥属	紫花糖芥	*Erysimum chamaephyton*
			山柳叶糖芥	*Erysimum hieracifolium*
		桂竹香属	红紫桂竹香	*Cheiranthusroseus*
		大蒜芥属	垂果大蒜芥	*Sisymbrinm heteromallum*
		寒原荠属	西藏寒原芥	*Aphragmustibeticus*
		念珠芥属	念珠芥	*Torularia humilis*
			小念珠芥	*T. parva*
	景天科	红景天属	柴胡红景天	*Rhodiola bupleuroides*
			长鞭红景天	*R. fastigita*
			四裂红景天	*R. quadrifida*
			藏布红景天	*R. sangpotibetana*
		景天属	大炮山景天	*Sedumerieimagnusii*
			尖叶景天	*S. fedtsehenkoi*
			小景天	*S. fischeri*
	虎耳草科	虎耳草属	棒腺虎耳草	*Saxifraga. consanguinea*
			零余虎耳草	*S. granulifera*
			黑芯虎耳草	*S. melanocentra*
			白毛茎虎耳草	*S. miralana*
			光缘虎耳草	*S. nanella*
			小虎耳草	*S. parva*

续表 6

植物名	科名	属名	种名	拉丁文名
被子植物	虎耳草科	虎耳草属	甘青虎耳草	*S. tangutica*
			西藏虎耳草	*S. tibetica*
			爪瓣虎耳草	*S. unguiculata*
			金星虎耳草	*S. stellaaurea*
		梅花草属	类三脉梅花草	*Parnassia pusilla*
			三脉梅花草	*Parnassia trinervis*
		茶藨子属	柱腺茶藨子	*Ribes orientale*
	蔷薇科	委陵菜属	蕨麻委陵菜	*Potentilla anserina*
			二裂委陵菜	*P. bifurca*
			垫状金露梅	*P. pumila*
			白毛小叶金露梅	*P. hypoleuca*
			铺地小叶金露梅	*P. armenioides*
			无毛小叶委陵菜	*P. glabriuscula*
			多茎委陵菜	*P. multicaulis*
			多头委陵菜	*P. multiceps*
			多裂委陵菜	*P. multifida*
			小叶金露梅	*P. parvifolia*
			高山委陵菜	*P. polyschista*
			钉柱委陵菜	*P. saundersiana*
			丛生钉柱委陵菜	*P. caespitosa*
		山莓草属	伏毛山莓	*Sibbaldiaadpressa*
			楔叶山莓草	*Sibbaldiacuneata*
			四芯山莓草	*S. tetrandra*

续表 7

植物名	科名	属名	种名	拉丁文名
被子植物	豆科	黄华属	高山黄华	*Thermopsisalpina*
			胀果黄华	*T. inflata*
			披针叶黄华	*T. 1anceolata*
		锦鸡儿属	鬼箭锦鸡儿	*Caragana jubata*
		黄芪属	团垫黄芪	*Astragalus arnoldii*
			丛生黄芪	*A. confertus*
			长爪黄芪	*A. hendersonii*
			异齿黄芪	*A. heterodontus*
			小垫黄芪	*A. pulvinatus*
			坚硬黄芪	*A. rigidulus*
			劲直黄芪	*A. strictus*
			拟蒺藜黄芪	*A. tribulifolius*
		棘豆属	轮叶棘豆	*Oxytropis chiliophylla*
			少花棘豆	*O. pauciflora*
			密丛棘豆	*O. densa*
			镰荚棘豆	*O. falcata*
			冰川棘豆	*O. glacialis*
			小叶棘豆	*O. microphylla*
			黄花棘豆	*O. ochrocephala*
			胀果棘豆	*O. stracheyana*
		藏豆属	藏豆	*Stracheya tibetica*
	牻牛儿科	老鹳草属	草原老鹳草	*Geraniumpratense*
	大戟科	大戟属	青藏大戟	*Euphorbia tibetica*
			疣果大戟	*Euphorbia micractina*
			高山大戟	*Euphorbia stracheyi*

续表 8

植物名	科名	属名	种名	拉丁文名
被子植物	柽柳科	水柏枝属	匍匐水柏枝	*Myricaria prostrata*
			卧生水柏枝	*M. rosea*
	堇菜科	堇菜属	西藏堇菜	*Viola kunawarensis*
	瑞香科	狼毒属	甘遂	*Stellera chamaejasme*
			黄甘遂	*Stellera chrysantha*
	胡颓子科	沙棘属	西藏沙棘	*Hippophaethibetana*
	小二仙草科	狐尾藻属	穗状狐尾藻	*Myriophyllum spicatum*
	杉叶藻科	杉叶藻属	杉叶藻	*Hippuris vulgaris*
	伞形科	矮泽芹属	松潘矮泽芹	*Chamaesium thalictrifolium*
		棱子芹属	垫状棱子芹	*Pleurospermum hedinii*
			矮棱子芹	*P. nanum*
		独活属	裂叶独活	*Heracleum millefolium*
	杜鹃花科	杜鹃属	雪层杜鹃	*Rhododendron nivale*
	报春花科	海乳草属	海乳草	*Glaux maritima*
		点地梅属	乐叶点地梅	*Androsace graminifolia*
			唐古拉点地梅	*A. tangkulashanensis*
			垫状点地梅	*A. tapete*
			雅江点地梅	*A. yargongensis*
		报春花属	束花粉报春	*Primulafasciculata*
			柔小粉报春	*P. pumilio*
			大叶报春	*P. macrophylla*
	龙胆科	龙胆属	麻花艽	*Gentiana straminea*
			扇叶龙胆	*G. emodii*
			云雾龙胆	*G. nubgena*

续表 9

植物名	科名	属名	种名	拉丁文名
被子植物	龙胆科	龙胆属	闭花龙胆	*G. clausili*
			圆齿龙胆	*G. crenulato*
			乌双龙胆	*G. urnula*
		假龙胆属	矮假龙胆	*Gentianella pygmaea*
			紫花假龙胆	*G. thomsoni*
		喉毛花属	镰萼喉毛花	*Comastoma falcatllm*
			喉毛花	*C. Pulmonarium*
		花锚属	椭圆叶花锚	*Halenia e11iptica*
		肋柱花属	合萼肋柱花	*Lomatogonium ganosepalum*
	紫草科	齿缘草属	疏花齿缘草	*Eritrichium laxum*
			篦毛齿缘草	*E. pectinatociliatum*
			唐古拉齿缘草	*E. tangkulaense*
		颈果草属	颈果草	*Metaeritrichium microuloides*
		微孔草属	微孔草	*Microula sikkimensis*
			狭叶微孔草	*M. stenophylla*
			宽苞微孔草	*M. tangutica*
			西藏微孔草	*M. tibetica*
			小花西藏微孔草	*M. pratensis*
	唇形科	筋骨草属	白苞筋骨草	*Ajuga 1upulina*
		荆芥属	蓝花荆芥	*Nepetacoerulescens*
			密花荆芥	*N. densiflora*
			丛卷毛荆芥	*N. floccosa*
		扭连钱属	褪色扭连钱	*Phyllophyton decolorans*

续表 10

植物名	科名	属名	种名	拉丁文名
被子植物	唇形科	青兰属	白花枝子花	*Draocephalum heterophyllum*
			甘青青兰	*D. tanguticum*
			矮生青兰	*D. nanum*
		独一味属	独一味	*Lamiophlomis rotata*
		绵参属	绵参	*Eriophytonwallichianum*
	茄科	马尿泡属	马尿泡	*Przewalskia tangutica*
	玄参科	藏玄参属	藏玄参	*Oreosolen wattii*
		肉果草属	肉果草	*Lancea tibetica*
		婆婆纳属	长果婆婆纳	*Veronica ciliata*
		兔耳草属	短穗兔耳草	*Lagotis brachystachya*
			全缘兔耳草	*L. integra*
			圆穗兔耳草	*L. ramalana*
		马先蒿属	阿拉善马先蒿	*Pedicularis alaschanica*
			碎米蕨叶马先蒿	*P. cheilanthifolia*
			狭叶马先蒿	*P. heydei*
			白花甘肃马先蒿	*P. albiflora*
			斑唇马先蒿	*P. longiflora*
			华马先蒿	*P. sinensis*
			大拟鼻花马先蒿	*P. labellata*
			轮叶马先蒿	*P. verticillata*
	紫葳科	角蒿属	密生波罗花	*Incarvillea compacta*
			藏波罗花	*I. younghusbandii*
	茜草科	拉拉藤属	少花拉拉藤	*Galiumpauciflorum*
	忍冬科	忍冬属	岩生忍冬	*Lonicera rupicola*

续表 11

植物名	科名	属名	种名	拉丁文名
被子植物	败酱科	缬草属	毛果缬草	*Valeriana hirticalyx*
	川续断科	刺参属	青海刺参	*Morina kokonorica*
	桔梗科	蓝钟花属	蓝钟花	*Cyananthushookeri*
	菊科	狗娃花属	青藏狗娃花	*Heteropappusboweri*
			半卧狗娃花	*H. semiprostratus*
		紫菀属	星舌紫菀	*Asterasteroides*
		火绒草属	单头火绒草	*Leontopodium monocephalum*
			弱小火绒草	*L. pusillum*
		香青属	淡黄香青	*Anaphalis flavescens*
			西藏香青	*A. tibetica*
			木根香青	*A. xylorhiza*
		亚菊属	分枝亚菊	*Ajania ramosa*
		蒿属	绒毛蒿	*Artemisiacampbellii*
			纤杆蒿	*Artemisia demissa*
			沙蒿	*Artemisia desertorum*
			东俄洛沙蒿	*Artemisia tongolensis*
			青藏蒿	*Artemisia duthreuilderhinsii*
			臭蒿	*Artemisia hedinii*
			垫型蒿	*Artemisia minor*
			小球花蒿	*Artemisia moorcroftiana wall*
			昆仑蒿	*Artemisia nanschanica*
			藏沙蒿	*Artemisia wellbyi*
		垂头菊属	褐毛垂头菊	*Cremanthodiumbrunneopilosum*
			喜马拉雅垂头菊	*C. decaisnei*

续表 12

植物名	科名	属名	种名	拉丁文名
被子植物	菊科	垂头菊属	矮垂头菊	*C. humile*
			小垂头菊	*C. nanum*
			车前状垂头菊	*C. plantagineum*
			毛叶垂头菊	*C. puberulum*
		蓟属	聚头蓟	*Cirsiumsouliei*
		风毛菊属	褐花雪莲	*Saussureaphaeantha*
			唐古特雪莲	*S. tangutica*
			云状雪兔子	*S. aster*
			昆仑雪兔子	*S. depsangensis*
			鼠麴雪兔子	*S. gnaphalodes*
			水母雪兔子	*S. medusa*
			肉叶雪兔子	*S. thomsonii*
			草甸雪兔子	*S. thoroldii*
			羌塘雪兔子	*S. wellbyi*
			禾叶风毛菊	*S. pygmaea*
			椭圆苞风毛菊	*S. hookeri*
			黑苞风毛菊	*S. humilis*
			针叶风毛菊	*S. subulata*
			华丽风毛菊	*S. superba*
			锥叶风毛菊	*S. wernerioides*
		蒲公英属	毛葶蒲公英	*Taraxacum eriopodum*
			白花蒲公英	*T. leucanthum*
			灰果蒲公英	*T. maurocarpum*
			西藏蒲公英	*T. tibetanum*

续表 13

植物名	科名	属名	种名	拉丁文名
被子植物	菊科	绢毛菊属	绢毛菊	*Soroseris gillii*
		黄鹌菜属	无茎黄鹌菜	*Youngia simulatrix*
	眼子菜科	眼子菜属	红线草	*Potamogeton Pectinatus*
	水麦冬科	水麦冬属	海韭菜	*Triglochin maritimum*
			水麦冬	*T. Palustre*
	禾本科	羊茅属	微药羊茅	*Festuca nitidula*
			羊茅	*F. ovina*
			紫羊茅	*F. rubra*
		早熟禾属	小早熟禾	*Poa calliopsis*
			中华早熟禾	*P. attenuata*
			胎生早熟禾	*P. vivipara*
			冷地早熟禾	*P. crymophila*
			中亚早熟禾	*P. litwinowiana*
			疏花早熟禾	*P. polycolea*
			开展早熟禾	*P. lipskyi*
		碱茅属	喜马拉雅碱茅	*Puccinellia himalaica*
			光稃碱茅	*P.* 1*eiolepis*
			小碱茅	*P. minuta*
			帕米尔碱茅	*P. pamirica*
			疏穗碱茅	*P. roborovskyi*
			双湖碱茅	*P. shuanghuensis*
			藏北碱茅	*P. stapfiana*
		鹅观草属	芒颖鹅观草	*Roegneria aristiglumis*
			光稃芒颖鹅观草	*R. leiantha*

续表 14

植物名	科名	属名	种名	拉丁文名
被子植物	禾本科	鹅观草属	垂穗鹅观草	*R. nutans*
			梭罗草	*R. thoroldiana*
			西藏鹅观草	*R. tibetica*
		披碱草属	黑紫披碱草	*Elymusatratus*
			老芒麦	*E. sibiricus*
		赖草属	赖草	*Leymussecalinus*
		洽草属	银猬草	*Koeleriaargentea*
		三毛草属	西藏三毛草	*Trisetum tibeticum*
			穗三毛	*T. spicatum*
		发草属	穗发草	*Deschampsiakoelerioides*
			短枝发草	*D. ivanovae*
		野青茅属	玫红野青茅	*Deyeuxia rosea*
			矮野青茅	*D. przewalskyi*
			青藏野青茅	*D. holciformis*
			高原野青茅	*D. compacta*
		三蕊草属	三蕊草	*Sinochaseatrigyna*
		三角草属	三角草	*Trikeraiahookeri*
		细柄茅属	致细柄茅	*Ptilagrostisconcinna*
		针茅属	异针茅	*Stipaaliena*
			丝颖针茅	*S. capillacea*
			疏花针茅	*S. penicillata*
			紫花针茅	*S. purpurea*
			大紫花针茅	*S. arenosa*

续表 15

植物名	科名	属名	种名	拉丁文名
被子植物	禾本科	针茅属	昆仑针茅	*S. roborowskyi*
			羽柱针茅	*S. subsessiliflora*
		狼尾草属	白草	*Pennisetum flaccidum*
	莎草科	藨草属	矮藨草	*Scirpus pumilus*
		扁穗草属	扁穗草	*Blysmus compressus*
			华扁穗草	*B. sinocompressus*
		嵩草属	线叶嵩草	*Kobresia capillifolia*
			矮生嵩草	*Kobresia hnmilis*
			藏北嵩草	*Kobresia littleidalei*
			长轴嵩草	*Kobresia microglochin*
			波斯嵩草	*Kobresia Persica*
			高山嵩草	*Kobresia pygmaea*
			粗壮嵩草	*Kobresia robuta*
			喜马拉雅嵩草	*Kobresia royleana*
			窄果嵩草	*Kobresia stenocarpa*
		苔草属	内弯苔草	*Carex incurva*
			青海苔草	*C. ivanoviae*
			青藏苔草	*C. moorcroftii*
			窄叶苔草	*C. montiseverestii*
			白尖苔草	*C. oxyleuca*
			坚果苔草	*C. stenophylla*
			褐鳞苔草	*C. pseudofoetida*
	灯心草科	灯心草属	无耳灯心草	*Juncus schlagintweitii*
			展苞灯心草	*J. thomsonii*

续表 16

植物名	科名	属名	种名	拉丁文名
被子植物	百合科	顶冰花属	少花顶冰花	*Gageapauciflora*
		贝母属	梭砂贝母	*Fritillaria delavayi*
		葱属	蓝苞葱	*Alliumatrosanguineum*
			镰叶韭	*A. caroliviavum*
			天蓝韭	*A. cyaneum*
			粗根韭	*A. fasciculatum*
			青甘韭	*A. Przewalskianum*
			高山韭	*A. sikkimense*
	鸢尾科	鸢尾属	卷鞘鸢尾	*Iris potaninii*

第二节　动物

一、野生动物区系

聂荣县在西藏动物地理区划中属于西藏羌塘高原动物地理小区与藏东山地动物地理小区的过渡地带。分布的野生动物主要是古北界动物地理区域我国北方动物的物种，同时也包含许多高原特有野生动物。

聂荣县主要野生动物中，鸟类有高山兀鹫、胡兀鹫、金雕、鸢、红隼、雕鸮、藏雪鸡、高原山鹑、西藏毛腿沙鸡、岩鸽、百灵鸟以及雪雀类、鸦类、山雀类等。由于湖泊、河流、沼泽较多，湿地鸟类黑颈鹤、斑头雁、赤麻鸭、普通秋沙鸭、牛背鹭、苍鹭和鸥类、鹬类等高原水鸟也较多，大部分是夏季季节性来繁殖或是迁徙过路于本县境内的鸟类。兽类有雪豹、棕熊、狼、赤狐、藏狐、香鼬、水獭、岩羊、藏原羚、西藏野驴、高原兔、喜马拉雅旱獭以及鼠类、鼠兔类等；高原特有两栖类动物高山倭蛙、西藏蟾蜍、高原齿突蟾等在聂荣县也有分布；聂荣县的爬行动物较少，高海拔的草原、草甸地区偶见有西藏沙蜥。聂荣县境内河流属于怒江上游水系，主要鱼类有怒江内特有的怒江裂腹鱼以及裸腹叶须鱼、热裸裂尻鱼、拟硬刺高原鳅等。

二、野生动物种类

至2010年，聂荣县境内已记录的野生脊椎动物有150种，分属于25目53科105属。其中，鸟类有16目34科76属115种；哺乳类6目13科21属24种，两栖类1目3科3属3种，爬行类1目1科1属2种，鱼类1目2科4属6种。聂荣县境内有国家和西藏自治区一级重点保护陆生野生动物13种，国家和西藏自治区二级重点保护陆生野生动物20种。

聂荣县主要野生哺乳、两栖、爬行、鱼类动物名录见表1－5－2；聂荣县主要野生鸟类名录见表1－5－3。

聂荣县主要野生哺乳、两栖、爬行、鱼类动物名录

表1－5－2

类别	目名	科名	中文种名	拉丁名	保护级别
哺乳类	翼手目	蝙蝠科	北棕蝠	*Eptesicus nilssoni*	
	食肉目	犬科	狼	*Canis lupus*	自治区二级
			藏狐	*Vulpes ferrilata*	自治区一级
			赤狐	*Vulpes vulpes*	自治区一级
		熊科	棕熊	*Ursus arctos*	国家二级
		鼬科	香鼬	*Mustela altaica*	自治区一级
			猪獾	*Arctonyx collaris*	
			水獭	*Lutra lutra*	国家二级
		猫科	雪豹	*Panthera uncia*	国家一级
			兔狲	*Felis manul*	国家二级
			猞猁	*Lynx lynx*	国家二级
	奇蹄目	马科	西藏野驴	*Asinus kiang*	国家一级

续表

类别	目名	科名	中文种名	拉丁名	保护级别
哺乳类	偶蹄目	鹿科	白唇鹿	*Cervus albirostris*	国家一级
		牛科	藏原羚	*Procapra picticaudata*	国家二级
			岩羊	*Pseudois nayaus*	国家二级
	兔形目	兔科	高原兔	*Lepus oiostolus*	
		鼠兔科	大耳鼠兔	*Ochotona macrotis*	
			黑唇鼠兔	*Ochotona curzoniae*	
	啮齿目	松鼠科	喜马拉雅旱獭	*Marmota himalayana*	
		鼠科	黄胸鼠	*Rattus flavipectus*	
			白腹鼠	*Rattus coxingi*	
			社鼠	*Rattus niviventer*	
			中华姬鼠	*Apodemus draco*	
		仓鼠科	藏仓鼠	*Cricetulu kamensis*	
			高原松田鼠	*Neodon irene*	
两栖类	无尾目	蛙科	高山倭蛙	*Altirana parkeri*	
		锄足蟾科	西藏齿突蟾	*Scutiger boulengeri*	
		蟾蜍科	西藏蟾蜍	*Bufonidae tibetanus*	
爬行类	有鳞目	鬣蜥科	西藏沙蜥	*Phrynocephalus theobaldi*	
			红尾沙蜥	*Phrynocephalus erythrurus*	
鱼类	鲤形目	鲤科	怒江裂腹鱼	*Schizothorax nukiangensis*	
			裸腹叶须鱼	*Ptychobarbus kaznakovi*	
			热裸裂尻鱼	*Schizopygopsis thermalis*	
		鳅科	细尾高原鳅	*Triplophysa stenura*	
			短尾高原鳅	*T. brevicauda*	
			拟硬刺高原鳅	*T. pseudoscleroptera*	

聂荣县主要野生鸟类名录

表1－5－3

种属	目、科	中文种名	拉丁文种名	保护级别
鸊鷉目	鸊鷉科	小鸊鷉	*Podiceps ruficollis*	
		凤头鸊鷉	*Pediceps cristatue*	
鹈形目	鸬鹚科	普通鸬鹚	*Phalacrocorax carbo*	
鹳形目	鹭科	苍鹭	*Ardea cinerea*	
		池鹭	*Ardeola bacchus*	
		牛背鹭	*Bubulcus ibis*	
雁形目	鸭科	斑头雁	*Anser indicus*	自治区二级
		赤麻鸭	*Tadorna ferruginea*	自治区二级
		绿翅鸭	*Anas crecca*	
		鹊鸭	*Bucephala clangula*	
		普通秋沙鸭	*Mergus merganser*	
隼形目	鹰科	（黑）鸢	*Milvus korschus*	国家二级
		雀鹰	*Accipiter nisus*	国家二级
		大鵟	*Buteo hemilasius*	自治区一级
		普通鵟	*Buteo buteo*	自治区一级
		金雕	*Aquila chrysaetos*	国家一级
		高山兀鹫	*Gypaetus himalayensis*	自治区一级
		胡兀鹫	*Gypaetus barbatus*	国家一级
	隼科	猎隼	*Falco cherrug*	自治区一级
		红隼	*Falco tinnunculus*	自治区一级
		燕隼	*Falco subbuteo*	国家二级
鸡形目	雉科	藏雪鸡	*Tetraogallus tibetanus*	国家二级
		高原山鹑	*Perdix hodgsoniae*	

续表 1

种属	目、科	中文种名	拉丁文种名	保护级别
鹤形目	鹤科	黑颈鹤	*Grus nigricollis*	国家一级
	秧鸡科	骨顶鸡	*Fulica atra*	
鸻形目	鸻科	金眶鸻	*Charadrius dubius*	
		蒙古沙鸻	*Charadrius mongolus*	
	鹬科	红脚鹬	*Tringa totanus totanus*	
		白腰草鹬	*Tringa ochropus*	
		矶鹬	*Ttinga hypoleucos*	
		孤沙锥	*Capella solitaria*	
		扇尾沙锥	*Capella gallinago*	
		丘鹬	*Scolopax rusticola*	
	反嘴鹬科	鹮嘴鹬	*Ibidorhyncha struthersii*	
鸥形目	鸥科	棕头鸥	*Larus brunicephalus*	
		红嘴鸥	*Larus ridibundus*	
		普通燕鸥	*Sterna hirundo*	
鸽形目	沙鸡科	西藏毛腿沙鸡	*Syrrhaptes tibetanus*	自治区二级
	鸠鸽科	雪鸽	*Columba leuconota*	国家二级
		岩鸽	*Columba rupestris*	
		斑点林鸽	*Columba hodgsonii*	
		山斑鸠	*Streptopelia orientalis*	
		灰斑鸠	*Streptopelia decaocto*	
鹃形目	杜鹃科	鹰鹃	*Cuculus sparverioides*	
		大杜鹃	*Cuculus canorus*	
		小杜鹃	*C. poliocephalus*	

续表 2

种属	目、科	中文种名	拉丁文种名	保护级别
鸮形目	鸱鸮科	纵纹腹小鸮	*Athene noctua*	国家二级
		雕鸮	*Bubo bubo*	国家二级
		短耳鸮	*Asio flammeus*	国家二级
		灰林鸮	*Strix aluco*	国家二级
夜鹰目	夜鹰科	普通夜鹰	*Caprimulgus indicus*	
雨燕目	雨燕科	白腰雨燕	*Apus pacificus*	
佛法僧目	戴胜科	戴胜	*Upupa epops*	
雀形目	百灵科	长嘴百灵	*Melanocorypha maxima*	
		短趾沙百灵	*Calandrella cinerea*	
		细嘴短趾百灵	*C. acutirostris*	
		小沙百灵	*C. rufesens*	
		凤头百灵	*Galerida cristata*	
		小云雀	*Alauda gulgula*	
		角百灵	*Eremophila alpestris*	
	燕科	崖沙燕	*Riparia riparia*	
		岩燕	*Pryonoprogne rupestris*	
		家燕	*Hirundo rustica*	
		金腰燕	*Hirundo daurica*	
		毛脚燕	*Delichon urbica*	
	鹡鸰科	白鹡鸰	*Motacilla alba alboides*	
		黄头鹡鸰	*Motacilla citreola*	
	山椒鸟科	长尾山椒鸟	*Pericrocotus ethologus*	
	伯劳科	灰背伯劳	*Lanius collurioides*	
		棕背伯劳	*Lanius schach*	

续表 3

种属	目、科	中文种名	拉丁文种名	保护级别
雀形目	鸦科	喜鹊	*Pica pica*	
		褐背拟地鸦	*Pseudopodoces humilis*	
		红嘴山鸦	*Pyrrhocorax pyrrhocorax*	
		黄嘴山鸦	*Pyrrhocorax graculus*	
		寒鸦	*Corvus monedula*	
		渡鸦	*Corvus corax*	
	河乌科	河乌	*Cinclus cinclus*	
	岩鹨科	领岩鹨	*Prunella collaris*	
		鸲岩鹨	*Prunella rubeculoides*	
		褐岩鹨	*Prunella fulvescens*	
		棕胸岩鹨	*Prunella strophiata*	
	鹟科	黑胸歌鸲	*Luscinia pectoralis*	
		红胁蓝尾鸲	*Tarsiger cyanurus*	
		赭红尾鸲	*Phoenicurus ochruros*	
		红腹红尾鸲	*Phoenicurus erythrogaster*	
		黑喉石即	*Saxicola torquata*	
		漠即	*Oenanthe deserti*	
		白项溪鸲	*Chaimarrornis leucocephalus*	
		栗胸矶鸫	*Monticola rufiventris*	
		蓝矶鸫	*Monticola solitaria*	
		紫啸鸫	*Myiophoneus caeruleus*	
		乌鸫	*Turdus merula*	
		褐柳莺	*Phylloscopus fuscatus*	
		暗绿柳莺	*Phylloscopus trochiloides*	
		花彩雀莺	*Leptopoecile sophiae*	

续表 4

种属	目、科	中文种名	拉丁文种名	保护级别
雀形目	山雀科	大山雀	*Parus major*	
		沼泽山雀	*Parus palustris*	
	䴓科	普通䴓	*Sitta europaea*	
		红翅旋壁雀	*Tichodroma muraria*	
	文鸟科	山麻雀	*Passer rutilans*	
		树麻雀	*Passer montanus*	
		白斑翅雪雀	*Montifringilla nivalis*	
		褐翅雪雀	*M. adamsi*	
		白腰雪雀	*M. taczanowskii*	
		棕颈雪雀	*M. ruficollis*	
		棕背雪雀	*M. blanfordi*	
	雀科	黄嘴朱顶雀	*Carduelis flavirostris*	
		林岭雀	*Leucosticte nemoricola*	
		高山岭雀	*L. brandti*	
		大朱雀	*Carpodacus rubicilla*	
		拟大朱雀	*Carpodacus rubicilloides*	
		红胸朱雀	*Carpodacus puniceus*	
		红眉朱雀	*Carpodacus pulcherrimus*	
		朱雀	*Carpodacus erythrinus*	
		白翅拟蜡嘴雀	*Mycerobas carnipes*	
	鹀科	灰眉岩鹀	*Emberiza cia*	

三、代表野生动物

（一）主要珍贵野生哺乳动物

1. 雪豹

藏名译音“斯”“岗斯”；别名：草豹、土豹子。体长 1.0—1.3 米，体重 80—120 千克。雄兽个体略大于雌体。尾较粗大，尾毛长且蓬松。全身呈灰白色，通体满布黑色斑点和黑环，尾端黑色。四肢粗短。栖息地海拔高度为 5300 米以下。常活动于高山裸岩、草甸、灌丛地带。有随岩羊等偶蹄类动物迁徙的习性。雪豹主要活动在聂荣县高山地带，近年已较少见，是国家和西藏自治区一级重点保护陆生野生动物。

2. 西藏野驴

藏名译音“江”；别名：亚洲野驴、野马。体长 1.8—2.2 米，体重约 280 千克。头短，吻圆钝。耳壳长超过 17 厘米。颈鬣毛短而直立。体背深棕褐色，冬毛较深。肩部至尾根具较窄的黑褐色脊纹。栖息于海拔高度 5100 米以下地区。常活动于高原草原、草甸区，喜欢在河谷漫滩活动。西藏野驴是国家和西藏自治区一级重点保护野生动物。

3. 棕熊

藏名译音“折蒙”；别名：马熊、藏马熊。体长可达 1.8 米以上，体重约 180 千克。全身棕白色相间；吻部、眼周毛色呈浅棕色，下颏栗棕色；四肢内侧与腹部呈棕色；胸斑白色。栖息于海拔 5200 米以下地区，多活动于山间谷地、山地阳坡、湖滨、河溪旁以及食物较丰富处和夏季牧区放牧点附近。棕熊有食草原鼠类的习性，是维护草原生态平衡的重要野生动物。聂荣县各乡镇高山草甸地带都有棕熊活动的痕迹。棕熊是国家和西藏自治区二级重点保护陆生野生动物。

4. 香鼬

藏名译音“社蒙”；别名：黄鼠。体长 23—25 厘米，雌体长 20—21 厘米，颈长，四肢短。上体及四肢外侧呈棕黄或褐黄色；颜面部呈棕黑色；腹部及四肢内侧为浅黄色或橘黄色。栖息地海拔高度为 4600 米以下。常活动于高山灌丛草原、高原草原及草甸中。香鼬在聂荣县各乡都有分布，是小型鼠类的天敌，对于控制农、林、牧业的鼠害有重要作用。香鼬是西藏自治区一级重点保护陆生野生动物。

5. 水獭

藏名译音“章木”“曲莎木”；别名：獭猫、獭子、水狗。体长60—80厘米，体重2—5千克。是鼬科动物中营半水栖生活的兽类。身体呈长扁圆柱形，头部稍宽扁，耳小而短圆。尾较长，30—50厘米。背毛短，通体呈棕黑色或咖啡色，腹面毛色较淡，为浅棕色。栖息于河、溪及岸边，半水栖生活。在水边的灌丛、石缝或杂草丛中筑洞。聂荣县各乡有河流的地带都有分布，但遇见率较低。水獭是国家和西藏自治区二级重点保护陆生野生动物。

6. 兔狲

藏名译音“日匈”；别名：玛瑙、羊猞猁。体长50厘米左右，尾长22—26厘米，体重3千克左右。体型粗壮而显短。背毛为褐黄色，体背后部有数条较显的黑色细横纹。尾粗而浑圆，有6—8条黑色横纹，尾尖黑色。栖息于海拔4600米以下地区。多单独栖居，以岩石裂缝或石块下面为穴，或利用喜马拉雅旱獭的弃洞等。具夜行性，在晨昏时活动较频繁。以鼠兔、喜马拉雅旱獭、鼠类为主食。聂荣县各乡镇草原、草甸地带都有分布。兔狲是鼠类的主要天敌，是国家和西藏自治区二级重点保护陆生野生动物。

7. 猞猁

藏名译音“义”；别名：藏猞猁、林拽。体长95—105厘米，体重15—22千克，尾长18—20厘米，面部酷似猫，耳尖具4厘米长的簇毛。尾较粗短。背面毛基灰色，中段红棕色，毛尖浅灰或白色。猞猁栖息地海拔高度为5000米以下，多在高山草甸、高原草原、山地裸岩等地活动。聂荣县各乡镇草原、草甸地区都有分布。猞猁是维持草原生态平衡的重要物种，是国家和西藏自治区二级重点保护陆生野生动物。

8. 藏狐

藏名译音“博吉瓦玛”；别名：草地狐、草狐狸。体长55—60厘米，体重3.5—6千克，毛色在背部和前肢为浅棕黄色；头部灰棕黄色；体侧和尾灰色，尾尖污白色。栖息于海拔5200米以下地区，常活动于高原草原、草甸地带。聂荣县各乡镇草甸、草原地区都有分布。藏狐以食鼠类为主，是草原上重要的益兽，也是西藏自治区一级重点保护陆生野生动物、国家保护的有益的或者有重要经济、科学研究价值的“三有”陆生野生动物。

9. 赤狐

藏名译音“瓦玛”“哇”；别名：狐狸、南狐、红狐狸。体长55—75厘米。体型细长，吻尖，耳大，尾毛蓬松。尾粗而长，超过头体长1/2。背毛红棕色或呈浅黄褐色，耳背黑褐色，下体污白色，尾尖白色。栖息地海拔高度为4800米以下。常活动于灌丛及草甸。以单独活动为主。食物主要是喜马拉雅旱獭及鼠类，也吃野禽等。聂荣县各乡镇草原地区都有分布，但遇见率较低。赤狐是西藏自治区一级重点保护陆生野生动物，国家保护的有益的或者有重要经济、科学研究价值的“三有”陆生野生动物。

10. 狼

藏名译音“江克”。外形似家犬而较大，体长1米以上，体重25—30千克。四肢强健。耳直立。尾短粗，尾巴经常低垂。体背为灰白或浅黄灰色。栖居范围较广，近年已较稀少，主要活动在草原、草甸地区。常见捕食野生偶蹄动物及野兔、旱獭、鼠兔，偶尔也抢食家畜。狼的存在对一些动物和种群的健康发展能起到有益的作用。聂荣县各乡镇都有分布，但近年遇见率较低。狼是西藏自治区二级重点保护陆生野生动物。

11. 白唇鹿

藏名译音“夏玛尔布”“夏瓦曲呷”；别名：白鼻鹿、扁角鹿。雄鹿体长约2米，肩高可达1.2米，体重约250千克。成体健壮的雄性鹿角通常分为5—6枝，多呈扁圆状，为污白色。白唇鹿背毛粗硬。有明显的眶下腺。最明显的鉴别特征是鼻侧、唇及下颌为白色。上体毛色棕黄或黄褐色，头、颈和颜面部色深，耳内侧毛为白色，腹部和臀部淡黄色。栖息于海拔5200米以下地区。白唇鹿耐寒怕热，故多活动于高山灌丛和高山草原、草甸地带。聂荣县白唇鹿仅为偶见。白唇鹿是国家和西藏自治区一级重点保护陆生野生动物。

12. 藏原羚

藏名译音“果瓦”；别名：西藏黄羊、白屁股。体长80—100厘米，体重 10—15 千克。雄羚具长 30 厘米左右的角，角下面 2/3 段略向后弯，且具多数环棱；毛色灰棕，夏季较深，冬季较淡。臀部和腹部为白色。栖息地海拔高度为 5100 米以下。常活动于高原、高山草甸、湖滨地带，在水源充足的山谷和湖滨活动较多。聂荣县各乡镇高原草原、草甸地区有分布。藏原羚是青藏高原特产、国家和西藏自治区二级重点保护陆生野生动物。

13. 岩羊

藏名译音“耐亚”；别名：石羊、崖羊、蓝羊。体长 100—140 厘米，肩高 70—90 厘米，体重 40—80 千克。两性具角，雄性角粗大，角尖间距宽达 70 厘米，而角基部靠近，仅距一狭缝隙。上体毛色褐黄或青灰色。冬毛色较深。栖息地海拔高度为 6000 米以下。聂荣县各乡镇高山地带近年数量较多，常活动于裸岩与山谷草地。岩羊是国家和西藏自治区二级重点保护陆生野生动物。

14. 黑唇鼠兔

藏名译音“阿卜日”“阿乌那”；别名：高原鼠兔、鸣声鼠。体长 14—18 厘米，体重 130—195 克。耳小而短圆，耳长 1. 8—2. 6 厘米。夏季上体沙黄褐色；冬毛显淡，下体淡黄色或近白色。唇周及鼻部黑褐色。耳背淡黑褐色，具白色耳边。无尾。栖息于海拔 3600—5200 米的高原草原、高原高寒草甸及高原荒漠草原带。在山间盆地、河谷阶地、山麓缓坡营群居生活。以草原植物为食。冬季无贮大草堆的习性。聂荣县各乡镇草原草甸地区都有分布。黑唇鼠兔密度较高时会破坏草场，但密度较少时，它对草原生态食物链有重要的作用，是猛禽类和中小型食肉动物的重要食源，是保护生物多样性、维护生态平衡的重要动物。

15. 高原兔

藏名译音“日贡”“日旺”；别名：灰尾兔、绒毛兔。体长 45—50 厘米，体重 2—3 千克。耳郭长，且超过后足长。吻部宽，尾短。夏季背毛沙黄灰色，冬毛较淡。臀部银灰色或铅灰色。尾纯白或尾背仅具短而细窄的灰纹，腹部多呈白色。毛长而蓬松，底绒丰厚。在聂荣县见于海拔 5000 米以下地区。常活动于高山草甸、草原地带。白天活动较少，晨昏或夜晚活动频繁。以禾本科植物为主食。多利用喜马拉雅旱獭弃洞或其他较大自然物体的缝隙来产仔。高原兔是许多珍贵猛禽类和中小型食肉类动物的主要食源之一，对于维持高原地区的生态平衡有重要作用。

（二）重要珍稀鸟类

1. 苍鹭

别名：灰鹭子、老等。大型涉禽。体长达 1.25 米，体重 2—2.5 千克。头和颈部苍白色，具有黑色羽冠；体灰色，背部苍灰而微显黑蓝色调，下体灰白色，前颈下部和两胁具有不规则的黑蓝色斑；喙灰色。脚长。常栖息于河滩、沼泽湿地。在聂荣县区域为迁徙过路鸟，春秋季节偶尔见到。苍鹭是国家保护的有益的或者有重要经济、科学研究价值的“三有”陆生野生动物。

2. 牛背鹭

别名：牛鸡鸦。中型涉禽。体长 0.5 米左右，体重 320—450 克。头、颈部均为棕黄色，背部生有色泽稍浅的蓑羽。牛背鹭的体色依季节不同变化很大，冬季成鸟除头顶稍染有棕色外，其余呈白色。嘴黄色，趾和爪为黑褐色。栖息于浅水地带。夏季在聂荣县区域偶见，秋冬季节离开。牛背鹭是国家保护的有益的或者有重要经济、科学研究价值的“三有”陆生野生动物。

3. 斑头雁

藏名译音“昂巴果查”；别名：灰鸭。体长约 75 厘米，体重 2—3 千克，栖息地海拔为 5000 米以下。头顶具二道黑褐色横贯枕部，故有斑头雁之称。通体灰白色，背部淡灰褐色，腰及尾上覆羽白色，上腹淡灰色，下腹及尾下覆羽污白色。在聂荣县区域多为迁徙过路鸟，在高山草甸沼泽地带和小湖地带有少量夏季参与繁殖的禽鸟，大约每年 10 月之前离开。斑头雁是西藏自治区二级重点保护陆生野生动物，也是国家保护的有益的或者有重要经济、科学研究价值的“三有”陆生野生动物。

4. 赤麻鸭

藏名译音“昂斯”；别名：黄鸭。体长约 65 厘米，体重 1.5 千克左右。通体黄褐色，头顶和颈部色泽较淡，尤其颈部近棕白色。雄鸟下颈基部有一道狭窄的黑色颌环纹。上背及两肩赤黄褐色，下背淡褐黄色，具有铜绿色金属光泽；下体暗褐色。栖息地海拔为 5000 米以下的湖泊、河流等岸边。每年4月来到聂荣县沼泽、河湖地区，10月后离开。赤麻鸭是西藏自治区二级重点保护陆生野生动物，也是国家保护的有益的或者有重要经济、科学研究价值的“三有”陆生野生动物。

5. 普通秋沙鸭

藏名译音“夹尔玛”；别名：尖嘴鸟鱼鸭。属中体体型鸟类。体长达65厘米，体重可超过500克。雄鸟头部和上颈黑褐色，枕部有一簇较短的羽冠；下颈和上背白色。雌鸟头部棕褐色，上体以及两翅均为灰色，下体白色。虹膜茶黑色，嘴红褐色，脚红色。栖息地海拔为5000米以下的湖泊、河流等岸边。很少集群。每年4月来到聂荣县河湖地区，9月后离开。藏医用秋沙鸭的骨暖体，治全身性水肿、药物中毒及食物中毒等。是国家保护的有益的或者有重要经济、科学研究价值的“三有”陆生野生动物。

6. 鸢

藏名译音“欧哇”；别名：黑耳鸢、老鹰、岩鹰。中型猛禽。体长近80厘米，体重可达1千克。上体暗褐色。头顶和后颈渲染棕白色，并具黑褐色干纹。尾暗褐色，呈叉状。胸和腹暗褐色。常活动于海拔5200米以下的山野、城镇、村寨附近。多数是单独盘旋于高空。以各种小型啮齿类、小鸟、小蛙等为食。是国家二级、西藏自治区一级重点保护陆生野生动物。

7. 大鵟

藏名译音“岔”“莎斯钦布”；别名：花豹，亳豹。属大型猛禽。体长可达75厘米，体重2千克左右。有两种色型，一种为淡色型，上体暗褐色，头顶和后颈黄白色，具有暗色羽干纹，背、肩、腰暗褐色，具棕白色纵纹和羽缘；一种为暗色型，通体暗褐色，肩和翼上覆羽羽缘淡褐色，头和颈部羽色稍淡，羽缘棕黄色，眉赤色，尾近白色，而且具有暗褐色横斑。栖息于山地草甸、草原地带，栖息地海拔最高可达5000米。大鵟猎食多种有害啮齿动物，对保护草原和农林生产作用很大。大鵟是国家二级、西藏自治区一级重点保护陆生野生动物。

8. 金雕

藏名译音“加卜拉”；别名：洁白、金头。属大型猛禽。体长90—100厘米，体重3—5千克。背部及两翅羽毛具有紫色光泽。两翼展开时，翼下可见一道白斑。栖息于海拔 5000 米以下的高山草原和草甸地带。金雕在聂荣县域为偶见物种，在自然界物质流动和能量循环中起着十分重要的作用。金雕是国家和西藏自治区一级重点保护陆生野生动物。

9. 高山兀鹫

藏名译音“日妥屠尔恰”；别名：喜山兀鹫。属大型猛禽。体长 100—120 厘米，体重 6—9 千克。通体黑褐色或灰褐色，头裸出，仅被有短的黑灰褐色绒羽，后颈完全裸出无羽。因它有裸露的头，很容易鉴别。筑巢于裸露山地悬崖绝壁上。常在开阔的高原上空翱翔。有大型动物尸体的地方经常能见到许多高山兀鹫在天空盘旋。高山兀鹫是草原上清除大型动物尸体的腐食性动物，是草原预防疾病传染蔓延的重要“清道夫”。是国家二级、西藏自治区一级重点保护陆生野生动物。

10. 胡兀鹫

藏名译音“恰贵”“屠尔恰”；别名：大胡子雕、髭兀鹫。属大型猛禽。体长 1.3 米，体重可达 8 千克。展翅宽可达 1.5 米。头顶周围有一圈黑羽，颏下具有一簇粗硬的刚毛；整个上体色调暗晦；下体以棕黄色为主。栖息于海拔 5500 米以下的高山草原和草甸地带。胡兀鹫以各种动物的尸体为主要食物，还猎捕旱獭、野兔、鼠、鼠兔等。具有很强的消化力，可消化较粗大骨头，有大自然“清道夫”的美称。胡兀鹫是国家和西藏自治区一级重点保护陆生野生动物。

11. 红隼

别名：红鹰、茶隼、红鹞子。属小型猛禽。体形较小而稍显修长。体长不足 40 厘米，成体体重 200 克左右。上体多为砖红色，且具暗褐色横斑，爪黄色。栖息于海拔 5000 米以下的山地、旷野及村落附近。以捕食啮齿类、昆虫和小型鸟类为主要食物。红隼是重要的草原灭鼠鸟类，是国家二级、西藏自治区一级重点保护陆生野生动物。

12. 藏雪鸡

藏名译音“恐姆”“恰恐姆”“公莫”；别名：雪鸡、淡腹雪鸡。属于大型鸡类。体长 60 厘米左右，体重 1.5—2 千克。通体以灰褐色为主，上体两翅羽均杂以黄、灰和黑色，余部灰白色。两翅各有一块白斑。胸、腹以及尾下覆羽均布有黑色细纹。栖息于海拔5600米以下的裸露岩石、稀疏灌丛及高山草甸地带。多结群生活，常3—5只甚至数十只一群，每遇干扰时迅速奔逃。以各种植物的根、茎、叶、花、种子为主要食物。聂荣县高山地带数量较多。藏雪鸡是国家和西藏自治区二级重点保护陆生野生动物。

13. 高原山鹑

藏名译音“斯巴”；别名：沙伴鸡、瓜瓜鸡。小型鸡类。体长30厘米，体重0.25千克左右。头顶紫栗色，额基、后颈为棕白色，眼下有一块黑斑向下延伸至喉部与灰棕褐色的耳羽相连。两胁棕白色，具栗色横斑。嘴石板青色，爪黑色。栖息于海拔5000米以下的高山草原、半荒漠草原、草原灌丛以及干旱沟谷地带。经常在山前缓坡草原地带活动。高原山鹑是国家保护的有益的或者有重要经济、科学研究价值的“三有”陆生野生动物。

14. 普通雕鸮

藏名译音“欧巴”；别名：猫头鹰。属中型猛禽。体长52—70厘米，体重1—2.5千克。眼先具白色须状羽，面盘浅棕色；整个上体呈棕褐不规则斑杂状，下体具棕而粗的暗棕色纵纹。栖息于海拔5000米以下的山地、河谷地带中。具夜行性，以多种啮齿动物及小型鸟类为食，是农林牧业的益鸟。是国家和西藏自治区二级重点保护陆生野生动物。

15. 黑颈鹤

藏名译音“宗宗”“充充颈纳”；别名：藏鹤、仙鹤。属大型涉禽。体长约130厘米，体重6—8千克。头部裸露部分为暗红色，头、前颈及飞羽为黑色，尾羽褐黑色，身体余部均为灰白色。栖息地海拔为5200米以下，在聂荣县主要是迁徙季节过路鸟，有少数夏季在高山沼泽地带繁殖，10月以后离开聂荣县区域。黑颈鹤是国家和西藏自治区一级重点保护陆生野生动物。

16. 蒙古沙鸻

属小型涉禽。体长18—20厘米，体重55—67克。上体灰褐色。嘴粗短，黑色。脚暗绿色。夏季雄鸟颊和喉白色；额有黑带；胸和颈棕红色，颏、喉白色，其后有一黑色细线。飞翔时翅上具显著的白色翼带。夏季栖息于湖泊、河流等水域岸边，以及附近沼泽、草地。常单独活动，秋季向南迁徙时常集成大群。以取食昆虫为主。蒙古沙鸻是草原益鸟，国家保护的有益的或者有重要经济、科学研究价值的“三有”陆生野生动物。

17. 红脚鹬

别名：红脚鸟。属小型涉禽。体长18—28厘米，体重90—150克。头顶灰褐而沾有棕色，上体灰褐色。嘴长而直，大部为橙红色，端部黑色；腿、脚较长，为橙红色。夏季栖息于湖泊、河流、沼泽、草原；喜欢数只成群活动，9月以后离开聂荣县区域。是国家保护的有益的或者有重要经济、科学研究价值的“三有”陆生野生动物。

18. 普通燕鸥

属中型水鸟。体长31—37厘米。翅较长、窄而尖，外侧尾羽极度延长，尾呈深叉状；嘴、脚黑色或红色；夏羽额、头顶至枕黑色；背蓝灰色，下体白色；胸以下灰色；外侧尾羽黑色，初级外飞羽亦为黑色，飞翔时极明显；头顶前部白色，有黑色斑点；头顶后部和枕为黑色；背灰色。每年夏季来到聂荣县水域湿地区，秋季后离开。

19. 西藏毛腿沙鸡

藏名译音“独谷足乳”“活朵”。属中型鸟类。体长约42厘米，体重400—450克。对趾型，后趾缺如，跗跖被羽，趾掌下有肉垫。通体沙棕色，布以虫囊状斑纹；两肩具黑色块斑；腹部白色。多栖息于海拔5100米以下的荒漠草原、高山草甸草原，以及湖滨、河谷草地。是西藏自治区二级重点保护陆生野生动物，国家保护的有益的或者有重要经济、科学研究价值的“三有”陆生野生动物。

20. 岩鸽

藏名译音“普荣”；别名：野鸽子。属中型鸟类。体长30—36厘米，体重300克左右。头、颈及上胸为浅绿灰色，上背及两翅亮灰色，翅上有两道灰黑色或黑蓝色横斑；尾部中央贯以宽阔的白色横带；嘴黑色；跗及趾为珊瑚红色。多活动于村寨周围、山区多岩石的山坡、河谷峭壁地带，也成群活动于开阔草原地带。聂荣县各乡镇均有分布，遇见率较高。岩鸽是国家保护的有益的或者有重要经济、科学研究价值的“三有”陆生野生动物。

21. 雕鸮

藏名译音“欧巴”“欧巴恰拉”“森夏”；别名：猫头鹰。属大型鸮类。全长65—89厘米，体重2—2.5千克。眼先具白色须状羽，面盘浅棕色；整个上体呈棕褐不规则斑杂状，下体具暗棕色粗纵纹；两胁及尾下覆羽具淡褐色波状纹，尾羽腹面有数道深色横斑。多栖息于海拔4800米以下的山地、河谷，具夜行性。以多种啮齿动物及小型鸟类为食。是农林牧业的益鸟，也是国家和西藏自治区二级重点保护陆生野生动物。

22. 小云雀

藏名译音“焦嘎”；别名：百灵、告天鸟。属小型鸟类。体长15—17厘米，体重30—40克。上体棕褐色，满布黑褐色羽轴纹；翅羽黑褐色，具有沾棕色的斑纹。头上有不太明显的棕褐色冠羽，但当其竖起时则清晰可见。是典型的草原型鸟类。聂荣县见于海拔4800米以下的草原、农田、山坡地带。是国家保护的有益的或者有重要经济、科学研究价值的“三有”陆生野生动物。

23. 角百灵

别名：花脸百灵。属小型鸟类。体长15—18厘米，体重30—39克。颊、耳羽、眼先黑色；额白色，并通过眼的上方直达耳下，其后是一道明显的黑斑，并由此长出几枚黑色角状长羽。头后及上背呈淡棕褐色，下背具较狭的褐色纵纹。下体余部白色。栖息于海拔5000米以下的高山草原及草甸草原，常结群活动。善短距离疾跑，喜欢鸣叫，鸣声悠长、婉转。在聂荣县草原、草甸地区经常见到。是国家保护的有益的或者有重要经济、科学研究价值的“三有”陆生野生动物。

24. 棕颈雪雀

属小型鸟类。全长约130毫米，体重24克左右。具贯眼黑纹，喉部具两条分开的黑纹，头的余部赭褐色。前额和眉纹近白沾黄色。颈部至喉侧棕色。背部沙褐沾浅棕。下体余部白色沾棕。栖息于海拔4600米以下的高山、草原、荒漠地带。是高原地区特有珍贵鸟类，在聂荣县分布较广，数量颇多，遇见率较高。

25. 白鹡鸰

别名：点水雀、白面鸟。属小型鸟类。体长17—19.5厘米，体重20—23克。额、头顶前部、头侧、颈侧为白色；上体余部大都黑色。近尾基的尾上覆羽有白斑，中央一对尾羽外缘似白色。两翅具较大的白斑。下体除胸部有一明显的白斑外，概为白色。雌鸟色泽较暗，翅上白斑也不明显。栖息于海拔4700米以下的湖沼、溪边、河滨或离水域较近的草地。常成对活动。以多种昆虫为食。广泛分布于各乡镇。白鹡鸰以草原有害昆虫为主要食物，是著名的益鸟，是国家保护的有益的或者有重要经济、科学研究价值的“三有”陆生野生动物。

26. 喜鹊

藏名译音“夹阿”；别名：客鹊、鹊。属中型鸟类。体长44—51厘米，体重230—300克。头、颈、背部中央、尾上覆羽均为黑色，且具紫色光泽。两肩各有一块大型的洁白斑，腰部有一块灰白色斑。尾长而呈楔形，末端有紫色和深蓝绿色宽带，颏、喉、胸黑色，腹部为纯白色。栖息于海拔5300米以下的高山草甸、草原、河湖滩岸、村寨附近。以昆虫及植物的果实、种子为主要食物。分布于聂荣县区域各乡镇。是国家保护的有益的或者有重要经济、科学研究价值的“三有”陆生野生动物。

（三）两栖和爬行动物

1. 西藏齿突蟾

体较长而扁，雄蟾体长4.8—6.0厘米，雌蟾体长5.6—6.8厘米。皮肤粗糙。头部较光滑，雄蟾背部满布大小刺疣。生活时整个背面灰橄榄色；咽喉部及四肢腹面浅肉色，腹部浅灰色。雄蟾无声囊，无雄性线。生活于海拔5100米以下的小山溪或泉水流溪尽源处石下或石头间隙内，或大中型溪流岸边石下。聂荣县各乡镇都有分布。是国家保护的有益的或者有重要经济、科学研究价值的“三有”陆生野生动物。

2. 高山倭蛙

藏名译音“贝巴”。雄性体长4.0—4.8厘米，雌性体长4.6—5.2厘米。大部皮肤粗糙，仅头部较光滑。生活时背面多为橄榄棕色，也有黄棕、灰棕、棕褐色等。成体背面自吻后直达肛部有一条黄色或灰白色脊纹。雄体无声囊，无雄性线。生活于海拔4700米以下的湖泊、水塘、沼泽地带及山溪、河流附近。聂荣县各乡镇都有分布。是国家保护的有益的或者有重要经济、科学研究价值的“三有”陆生野生动物。

3. 红尾沙蜥

藏名译音“米巴”“阿瓦玛布”。全长11.5—11.9厘米，头长1.5—1.6厘米。体背腹扁平，无背鬣，无喉囊，尾圆而基部平扁，尾末端为鲜红色。生活于海拔4600—5000米的荒漠地区。食植物嫩茎叶、花、果、种子和昆虫。是国家保护的有益的或者有重要经济、科学研究价值的“三有”陆生野生动物。

（四）鱼类

1. 怒江裂腹鱼

全长30—45厘米。体重可超过1500克。头锥形，吻略尖。口下位，横裂或略呈弧形；下颌前缘具锐利角质，内侧角质较薄。体被细鳞，自颊部后至胸腹部裸露无鳞，或在胸鳍末端之后的腹部具有少数鳞片。生活于水流湍急的多砾石河段。栖息于聂荣（河）干流。个体较大，是重要的经济鱼类。

2. 热裸裂尻鱼

别名：温泉裸裂尻鱼。全长9—40厘米。体重可达1200克。口下位，呈弧形。下颌角质发达，形成锐利角质前缘。下唇细狭。臀鳞向前延伸至腹鳍基部。头背及体背部灰褐色，具有云状斑，或密布黑褐色斑点而杂有云状斑，腹侧浅黄色。栖息于聂荣县聂荣（河）宽谷河段。个体较大，是主要的经济鱼类。

3. 裸腹叶须鱼

全长14—44厘米。体重可超过1500克。体延长，尾柄浑圆或稍侧扁。口下位，口裂呈马蹄形。下颌前缘无锐利角质，内侧微具角质。下唇发达，分左右二叶，一般无中间叶。口角须的长度约为眼径的2倍。体背部和体侧部均被细小致密的鳞片，自颊部后的整个胸腹部都具有隐藏于皮下之鳞片。通常栖息于聂荣（河）干流砾石质底的洄水缓流或河道深处。个体较大，是分布区水域经济意义较大的鱼种。

第六章　自然灾害

第一节　气象灾害

一、雪灾

聂荣县受地理环境因素影响，属于多灾多害地区。

1963 年至 1964 年春，聂荣县多次降雪，积雪厚 30—60 厘米，由于气候寒冷，大量牲畜死亡。

1972 年冬至 1973 年春，聂荣县发生雪灾，平地积雪 20—50 厘米，有的地方积雪深达 1 米以上，道路被堵，人畜转移十分困难，不少群众手脚冻伤，部分人畜患上雪盲。

1978 年 1 月，聂荣县连降大雪，雪后又刮起 10 级左右的大风。

1985 年冬至 1986 年春，聂荣县普降大雪，平地积雪达 70 厘米，气温降到 -40℃以下，灾害覆盖全部乡镇。

1989 年秋至 1990 年 5 月，积雪封闭了阴坡草场，加快了冬季的来临，牲畜急剧减膘。东南部普降中雪，局部乡降大雪，酿成雪灾。最严重的是 2 月下旬到 4 月中旬的频繁降雪和部分乡出现的暴风雪，致使灾情急剧恶化，演变成聂荣县历史上罕见的特大雪灾。

1995 年 2 月中旬至 3 月底，聂荣县普降大雪，北部乡积雪厚度达 130 厘米。全县牲畜死亡 25490 头（只、匹），占牲畜总数的 4.7%，709 户

3904 人断粮。

1997 年入冬后，由于多次普降大雪，形成罕见大雪灾，至 12 月 25 日止，全县因灾造成牲畜死亡 23856 头（只、匹），死亡率为 4.84%。

2000 年，聂荣县各乡镇遭遇大雪侵袭，造成大量牲畜死亡，出现人员冻伤，不少人患上雪盲。

2005 年 10 月，聂荣县发生较大雪灾，10 个乡镇不同程度受灾，牧畜死亡 1200 头（只）。

2009 年 5 月，聂荣县普降大雪，造成大量牧畜死亡，牧民群众经济损失达 260 多万元。

二、风灾

聂荣县位于安多—改则风带上，年平均风速 4.9 米/秒，有效风能密度大于 150 瓦/平方米，有效风速时数达到 4500—5600 千米/小时，占全年总时数的 55%—65%，尤其在一些地形狭窄的山区易形成大风区，一年有 200 多个大风日。

1976 年 12 月，聂荣县遭遇 8 级大风，并伴随有沙尘暴，牧草被连根拔起，大批家畜走失死亡。

1992 年 2 月初至 4 月底，聂荣县连刮大风，最强风力达 10 级左右，部分牧草被刮跑，草场被沙土覆盖，牧民的帐篷和机关单位部分建筑屋顶被掀起。

1993 年 2 月初至 6 月下旬，聂荣县连刮大风，风力均在 8 级以上，县武装部、邮电局等遭遇龙卷风，各项经济损失达 34.96 万元。

1999 年，聂荣县从 2 月 17 日开始到 5 月初连续遭遇 8—10 级大风，县机关、牧户屋顶、帐篷、羔宫等遭到不同程度的破坏。

2001 年 1 月，聂荣县普遍遭受风灾，最大风力达 11 级以上，造成牲畜死亡 1500 头左右，毁坏暖棚畜圈 50 余个。

2002 年 3 月，聂荣镇遭受风灾，部分牧民自建阳光房玻璃被风掀翻，未造成人员伤亡。

2008 年 4 月，聂荣县白雄乡部分村遭受风灾，部分牧民自建阳光房玻璃被风掀翻，未造成人员伤亡。

2010 年 3 月，聂荣镇遭受风灾，部分牧民自建房屋防水彩钢被风掀翻，未造成人员伤亡。

三、霜冻与冰雹

聂荣县的初霜来得早，终霜去得迟。全县一般在 7 月下旬或 8 月上旬便有初霜，年平均霜日数在 52—82 天。平均初雪日在 8 月下旬或 9 月中旬，降雪多集中在 10 月至次年 4 月，这期间的降雪日数占全年的 70%—80%。

聂荣县全年冰雹日数最多可达 53 天，一般在 20—30 天之间。6—9 月的冰雹日数相对集中，占全年的 95% 以上，而 7—8 月的冰雹日数可以占到全年的 50%—60%，给牧业生产造成一定损失。

第二节　地震灾害

1994 年 6 月 29 日 24 时至 30 日早晨 8 时 57 分，聂荣县发生不同程度地震 3 次，经西藏自治区地震局测定，震级达 6.3 级，持续时间 1—3 分钟。震源在巴青县西北的岗切乡、马如乡。聂荣县东北部 4 个乡 40 个村共 1045 户 5823 人受灾，倒塌房屋 15 间 370 平方米，房屋裂缝 198 间 5000 多平方米（其中严重裂缝已无法住人的 113 间 2800 平方米），聂荣至查当乡公路因山体滑坡受阻 200 米，通信设备出现故障，造成全县直接经济损失 95 万元。

2000 年 1 月，聂荣县白雄乡一带发生 5.2 级地震，造成 176 间民房损坏，直接经济损失 80 余万元。

2010 年 3 月 24 日 10 时 06 分，聂荣县境东经 93°、北纬 32°04′发生里氏 5.7 级地震，10 时 44 分，东经 92°48′、北纬 32°5′发生 5.5 级地震，地震造成 115 户群众房屋严重受损，成为危房，3 户群众房屋倒塌。

2010 年 4 月 10 日，聂荣县境内发生里氏 5.5 级地震，从 3 月 24 日至 4 月 10 日，聂荣县共发生 3 级以上 6 级以下地震 18 次，连续地震造成聂荣县境内388户牧民群众房屋成为危房，745户牧民群众房屋严重受损。

聂荣县1990—2010年部分年份地震情况见表1-6-1。

聂荣县1990—2010年部分年份地震统计表

表1-6-1

序号	日期	时间	震中位置（北纬—东经）	震级
1	1990.06.02	8时32分34秒	北纬32°04′、东经92°08′	5.3
2	1994.6.29	3时8分57秒	北纬32°04′、东经89°09′	6.3
3	1999.05.30	4时10分0秒	北纬32°04′、东经83°04′	5.6
4	1999.07.01	12时22分20秒	北纬32°07′、东经92°05′	5.1
5	2000.01.05	17时45分0秒	北纬32°04′、东经92°07′	5.2
6	2006.08.11	22时0分3秒	北纬93°33′、东经93°33′	3.8
7	2006.08.31	13时36分16秒	北纬32°17′、东经92°70′	4.2
8	2006.09.05	22时0分3秒	北纬32°47′、东经92°92′	4.1
9	2009.12.18	13时19分1秒	北纬32°50′、东经92°50′	3.8
10	2010.03.24	10时6分47秒	北纬32°40′、东经93°	5.7
11	2010.4.10	10时44分35秒	北纬32°40′、东经93°	5.5
12	2010.03.30	19时13分11秒	北纬32°35′、东经93°15′	3.8
13	2010.04.15	22时26分36秒	北纬32°38′、东经93°23′	4.6
14	2010.04.17	8时58分0秒	北纬32°50′、东经93°20′	5.2
15	2010.04.25	12时5分6秒	北纬32°32′、东经93°18′	3.7

第三节　生物灾害

20世纪60—70年代人民公社时期，响应“破除迷信、提倡科学”号召，党员干部组织群众进行灭鼠灭虫活动，对草原进行保护。20世纪80年代以后，随着草场承包责任制的落实，群众实行单独放牧，对草场的鼠害和虫害等疏于管理，加上“不杀生”等观念的影响，聂荣等地的草场资源逐渐退化。

20 世纪 90 年代到 21 世纪初，聂荣县人民政府为了草原的可持续发展，把草原治理作为改善人民群众生产、生活的重要举措，在各乡镇积极组织群众开展灭鼠灭虫活动。随着科技的发展，聂荣县的灭鼠灭虫工作常态化。

一、虫害

草原毛虫，藏语称“布那”，繁殖期一般在 6—7 月份，雨少干旱、气温较高时繁殖最快，对牧草危害极大，牲畜进食被草原毛虫咬伤的牧草后，口腔脓肿腐烂，且容易导致死亡，牧民群众称其为“牧草之敌”。虫灾最严重的区域，每平方米可达 700—1200 条。一条毛虫日食鲜草 1.5 克，2760 条毛虫一天的食草量是一个绵羊单位一天的牧草摄取量。主要危害对象是高寒草甸草地。

1992 年，聂荣县遭受虫灾，草场受害面积大约 60 万平方千米。

1993 年夏秋之际，聂荣县大部分乡镇发生虫灾，受灾严重的地方毛虫密度每平方米达 1000 条以上。

1999 年夏季，聂荣县 7 个乡 39 个行政村和 1 个牧场遭受不同程度的虫害，受灾面积达 153 万平方千米，涉及群众 105 户 6334 人和牲畜 7116 头（只、匹），受灾最严重为下曲乡、萨色乡，受灾面积达 136 万平方千米。

1999—2005 年，聂荣县下曲乡、色庆乡、桑荣乡 3 个乡镇 10 个行政村不同程度遭受虫害，受灾面积达 30 万平方千米，每平方米草地毛虫数量 20—120 只不等。

2006—2010 年，聂荣县下曲乡、色庆乡、桑荣乡、尼玛乡 4 个乡镇 12 个行政村不同程度遭受虫害，受灾面积达 26 万平方千米，每平方米草地毛虫数量 17—80 只不等。

二、鼠害

高原鼠兔、草原高原鼠、旱獭（喜马拉雅旱獭）是草地和牧草危害最大的主要害种。

啮齿类的高原鼠兔系青藏高原特有草食鼠种，分布最广、数量最多、危害最大，具有很强的挖掘和迁移能力。在草场上洞穴星罗棋布，洞道纵横交错，每平方千米洞数常为40—100个，最高达300个以上。据测定，每只鼠兔日食鲜草77.3克，一年吃掉28.2公斤牧草，大约每52只鼠兔一年吃掉的牧草相当于一个绵羊单位。

旱獭挖掘能力极强，挖出的砾石、沙土覆盖面大，并且草食量也大，日食鲜草可达1500克，3只旱獭等于1只藏系绵羊的食草量。

第二篇
政区建置

第一章　建置区划

第一节　位置境域

聂荣县位于东经 92°25′30″—92°27′30″，北纬 32°26′00″—32°28′30″。地处唐古拉山南麓，那曲中部，怒江上游，北与青海省杂多县接壤，东与巴青县、比如县毗邻，西靠安多县，南与色尼区相连。聂荣县城距那曲市色尼区 90 千米，交通便利。平均海拔 4700 米，县域面积 8990 平方千米（0. 899 万平方千米），属纯牧业县。

第二节　建置沿革

隋唐以前，聂荣境域属象雄、苏毗管辖。

隋唐时期，聂荣境域属吐蕃地方政权管辖。

9 世纪，吐蕃地方政权崩溃，西藏地方陷入分裂割据状态。

宋代，蒙古王子阔端派遣多达那波率军攻入西藏，蒙古军队从青海打到藏北，包括聂荣在内的藏北地区被蒙古军队收降。

13 世纪，元朝中央在西藏地方建立萨迦地方政权，管理西藏地方事务。

元朝末期，元朝中央在西藏地方建立帕竹地方政权，取代萨迦政权，管理西藏地方事务。

明朝建立后，继承元朝对西藏地方的管理权，并在西藏地方实行“多封众建”策略。

明朝末期，和硕特部汗王固始汗在青海打败却图汗部，将西藏地方归入蒙古和硕特部管辖，此时期，聂荣境内逐渐形成阿扎买马（阿美）、阿扎多马（又称阿斗）和扎玛3个部落，为三十九族部落的重要组成部分。

清雍正九年（1731年，藏历第十二饶迥铁猪年），清中央政府派西宁办事大臣和驻藏大臣勘定西藏与青海边界，将三十九族地区划归西藏管辖。

清乾隆十六年（1751年，藏历第十三饶迥铁羊年），清中央政府将三十九族地区和达木蒙古八旗收归驻藏大臣直接管辖，使之成为驻藏大臣衙门直管之地。

清光绪二十二年（1896年，藏历第十五饶迥火猴年），西藏地方政府请示清中央政府把三十九族地区划归西藏，但未获准。

1916年，西藏地方政府在三十九族地区设立霍尔基巧，管理各部落。

1942年，撤销霍尔基巧，将三十九族地区划分为聂荣等6个宗。

1950年10月，昌都解放后，三十九族地区也随之解放，聂荣宗即归昌都地区人民解放委员会管辖。

1951年7月，中共西藏工委三十九族分工委成立；于11月向聂荣宗派出军事代表，负责督导宗内工作。

1956年10月，根据西藏工委《对各宗不派宗代表而改派宗党委书记的意见》，聂荣宗党委成立，归中共昌都分工委丁青中心县委领导。1957年，撤销聂荣宗党委。1959年初，聂荣宗解委会结束工作。

1959年5月，根据《中共西藏工委关于西藏地区行政区划调整意见》，聂荣宗改为聂荣县，划归黑河地区管辖。

1960年7月31日，中国共产党聂荣县委员会成立；8月1日，聂荣县人民政府成立。

1969年4月，聂荣县革命委员会成立。

1979年7月，第五届全国人民代表大会第二次会议通过《中华人民共和国地方各级人民代表大会和地方各级人民政府组织法》，革委会被取缔。

1984年10月，实行改社建乡后，聂荣县共有5个区和31个乡，其中尼玛区有8个乡，即尼龙、尼玛、格色、下曲、下荣、玉寨、吉岗、左龙；

白雄区有5个乡，即果雄、索雄、白雄、彭色和彭尼；措阳区有5个乡，即扎西、色贡、大众、桑荣、楚勤乡；扎马区有7个乡，即江左、萨色、江沙、那格、色庆、扎洛、下日乡；查吾区有6个乡，即多木江、果当、查当、加布龙、康格、永曲乡。

1987年，聂荣县下辖达众乡、白雄乡、当木江乡、果雄乡、永曲乡、玉则乡、尼玛乡、下曲乡、萨色乡、桑荣乡、色庆乡、索雄乡、查当乡，共13个乡。

2001年，根据自治区关于撤区并乡精神，大众乡改为大众镇；萨色乡与色庆乡合并为色庆乡；尼玛乡与玉则乡合并为查曲乡；查当乡南部、当木江乡南部、果雄乡合并为查吾中心乡；查当乡北部与当木江乡北部合并为当曲乡。保留桑荣、下曲、白雄、索雄、永曲5个乡。全县辖9乡1镇158个行政村。

2008年，开展乡镇村居整合后，全县辖9个乡、1个镇（大众镇改名为聂荣镇，查曲乡改名为尼玛乡，查吾中心乡改名为查当乡，当曲乡改名为当木江乡），全县158个行政村整合为139个行政村、3个居委会（聂荣镇团结居委会、扎西居委会、塔杰居委会）。

2010年，聂荣县下辖10个乡（镇），142个村（居）。

第二章　乡镇

第一节　尼玛乡

“尼玛”系藏语音译，意为“太阳”。藏语原意为阳光照射非常充足的山沟、河流水面上的村庄。

一、自然地理

尼玛乡位于聂荣县南部，乡政府驻铜龙村，距离县城 57 千米，地理位置处于东经 92°07′27″、北纬 32°14′49″，东连色尼区孔玛乡，西邻安多县扎仁镇，南接色庆乡、下曲乡。

全乡平均海拔 4700 米以上，属纯牧业乡，乡域面积 798.19 平方千米。境内最高峰为叶吾山，海拔约 5000 米。主要河流为次曲、杨欧河、查仓河、热塔河、格色河。属亚寒带半湿润气候，气候干燥寒冷，一年中 8 个月是冬季，其他 3 个季节时间很短，年均气温 -2℃，冻土时间长达 250 天，年降水量 400 毫米，全年日照较长。辖区内野生动物有棕熊、狐狸、狼、兔子等。自然灾害有风灾、雪灾等。

二、政区建置

1962 年建尼玛乡，辖区原为果姆部落和阿吾部落。

1968 年，各区成立革委会，取代原区公所的职能；各乡建立后，陆续成立人民公社，取代乡人民政府。1982 年复改乡。1987 年撤区并乡时，原尼玛乡、格色乡和尼龙乡合并为尼玛乡。乡政府驻那查地，距县政府 95 千米，面积 1071 平方千米。2010 年，下辖色龙村、卓青村、龙玛尔村、铜龙村、加雄村、热达村、查仓村、玛尔库村、巴龙村、索琼村、玛尔杂村、永曲村、格色村、尼玛龙村、先培卓库村、森卡村、古龙村、俄东村、尼龙村、阿或来村、布加地村等 21 个行政村。

2010 年，全乡 1053 户 5027 人，其中农村户口 821 户 4312 人，城镇户口 232 户 715 人。2010 年底，全乡牲畜存栏 38500（头、只、匹）。

2010 年，尼玛乡设有党委、政府、人大三大班子，乡直单位分别为：派出所、乡完小、卫生院、兽防站、农行营业所，乡政府及乡直单位干部职工共计 29 人，其中乡机关 19 人、派出所 4 人、卫生院 3 人，兽防站 3 人。

三、经济和社会事业

（一）经济发展

2010 年全乡农牧民人均收入 2745.96 元，全乡生产总值 1129.17 万元，其中一产 718.12 万元，三产 411.05 万元。牲畜存栏 38500 头（只、匹）。

（二）社会事业发展

2001—2010 年，尼玛乡各村均有简易道路相通，通车里程 105 千米，那聂公路途经尼玛乡，其中乡道 2 条（尼玛至下曲公路 50 千米、尼玛乡至安多县杂仁公路 30 千米），通村公路 3 条（铜龙至布地加公路 50 千米、铜龙至永曲公路 25 千米、铜龙至色龙 30 千米），实现了村村通公路，全乡交通建设有了很大改观。尼玛乡 21 个村先后完成人畜饮水工程。结合全县农网改造项目，全乡 21 个行政村进行了农网改造，基本解决了群众用电问题。

到 2010 年，中国电信、中国移动陆续在全乡建立多处基站，先后建设了铜龙、索琼、色龙等地的移动通信基站，通信信号覆盖全乡。全乡 21 个行政村的牧民群众广播电视覆盖率 100%，能收看中央及各省市、自治区的 52 套电视节目和 22 个广播节目。尼玛乡建有寄宿制完全小学 1 所、幼儿园 2 所，有教师 17 名、学生 758 名，其中住校学生 623 名，设有生活老师。尼玛乡设有基层卫生机构 1 所，即尼玛乡卫生院，有正式在编人员 3 名，公益性岗位人员3名，配备基本医疗器械。设有兽防站1个，正式在编人员3名，临时工1名，每村有1—2名兽医。

2010年，尼玛乡玛尔杂合作组织成立，投资180万元，参与户数43户204人，合作组织草场面积67156.16平方千米，当年合作组织总收入106000元，现金收入69345.2元。

四、旅游资源

尼玛乡境内有桑瓦玉则、琼宗2座日追。温泉有桑瓦玉则温泉，历史久远，450年前就享有盛名。

第二节　色庆乡

色庆乡东吉昂村有两座山，每到夏季山上盛开颜色鲜艳美丽的黄色花朵，当地群众把这种花称为“色庆花”，色庆乡名称由此而来。

一、自然地理

色庆乡位于聂荣县西南部，乡政府驻崩杰村，距离县城18千米，地理位置处于东经92°09′，北纬32°14′，南与尼玛乡为邻，西与安多县为界，北连安多县滩堆乡，东与聂荣镇接壤。

全乡平均海拔4830米以上，属纯牧业乡，乡域面积1245.78平方千米。地貌特征为高原、平地，境内最高峰为崩砸山。气候干燥寒冷，四季不明显，一年中8个月是冬季，其他3个季节时间很短，年均气温16℃，冻土时间长达180天，全年日照较长。辖区内野生动物有黄鸭、黑颈鹤、雪豹、岩羊、狐狸、兔子、狼。自然灾害有风灾、雪灾等。

二、政区建置

1962年设乡，辖区原为扎玛部落。

1972年改公社。1987年撤区并乡，原朗格乡、扎洛乡、下日乡合并为色庆乡，原萨色乡、江珠乡合并为萨色乡。1996 年，色庆乡人口约 0.23 万人，辖东几昂、则让、曲月波、来波、崩青、降仓、降仓多、那日、我姆雄、康树、纯报布、曲那格、达龙、朗青、彭青、县边卓库、则庆、格那、巴仁布玛、嘎列、巴日 21 个行政村，乡政府驻崩吉地；萨色乡人口约 0.2 万人，辖松果、菜布、玛果、玛布、江卓、巴日孔玛、下青、商秀、土楚昔、则有毛、其波、曲波其、西嘎姆、加色、多嘎地等 16 个行政村。

2000 年，色庆乡常住人口 2833 人，萨色乡常住人口 2037 人（第五次人口普查数据）。2002 年，撤销萨色乡，并入色庆乡。2010 年 12 月，下辖曲东多美村、色确村、木地村、玉日村、巴热村、布曲村、西江松果村、玛荣村、嘎姆则亚村、其波村、斜嘎村、其那村、东吉昂村、曲热布村、措玛村、来波村、崩杰村、江仓村、那日村、羽毛雄村、楚布布村、达龙村、朗青村、彭青村、楚口村、帕玛村、尼斜村、帕玉村等 28 个行政村。

2010 年，全乡有 813 户 3981 人，其中农村户口 692 户 3629 人，农村低保 110 户 303 人；城镇户口 121 户 352 人，城镇低保 21 户 48 人。2010 年底，牲畜拥有量为 25215 头牛、12015 只绵羊、2306 只山羊和 101 匹马。

2010 年，色庆乡设有党委、政府、人大三大班子，乡直单位分别为：派出所、乡完小、卫生院、兽防站、农行营业所，乡政府及乡直单位干部职工共计 28 人，其中乡机关 16 人、派出所 5 人、卫生院 4 人，兽防站 3 人。

三、经济和社会事业

（一）经济发展

2010 年，全乡生产总值 1666.16 万元，其中一产 1190.24 万元，三产 475.92 万元；牲畜存栏 82647 头（只、匹）；农牧民人均收入 4185 元。

（二）社会事业发展

2000 年，全乡仅有部分行政村道路通车，通车里程 78 公里，其中乡道 18 公里，村道 60 公里，2010 年，各村均通了简易公路，通车里程达 350 公里，其中乡道 155 公里，村道 195 公里。14 个村先后完成人畜饮水工程。全乡 12 个行政村覆盖电网，基本解决了群众用电问题。中国电信、中国移动陆续在全乡建立多处基站，户户家里有电话。全乡 14 个行政村的牧民群众广播电视覆盖率100%，能收看中央及各省市、自治区的52套电视节目和22个广播节目。建有寄宿制完全小学1所，有教师21名，学生160名，其中住校学生30名，设有生活老师。

2010年，色庆乡设有基层卫生机构1所，即色庆乡卫生院，有正式在编人员7名，公益性岗位人员2名，配备基本医疗器械，每村至少拥有1名村医。设有兽防站1个，正式在编人员7名，临时工1名，培养聘用村兽医28名，每村有1—2名兽医。

四、旅游资源

夏日寺，全名为夏日吉龙寺达杰林，坐落于色庆乡彭青村，该寺于公元1876年创建，为西藏自治区文物保护单位。

第三节　聂荣镇

“聂荣镇”，藏译为“盘羊谷”，藏语意为达吾河流经的小谷曾栖息着盘羊，因此取名盘羊谷。

一、自然地理

聂荣镇位于聂荣县西南部，镇政府驻地为促巴村，距离县城3千米，聂荣镇是聂荣县县城驻地，地理位置处于东经92°17′33″、北纬32°7′10″，东连下曲乡，西邻色庆乡，南接色庆乡，北邻安多县滩堆乡。

全镇平均海拔4700米以上，属纯牧业镇，镇域面积623.2平方千米。地貌特征为高原、平地，境内最高峰为达珠僧果，海拔约4700米。主要河流为达吾河。气候干燥寒冷，四季不明显，一年中8个月是冬季，其他3个季节时间很短，年均气温16℃，冻土时间长达180天，全年日照较长。辖区内野生动物有黄鸭、黑颈鹤、雪豹、岩羊、狐狸、兔子、狼。自然灾害有风灾、雪灾等。

二、政区建置

1960 年，措央区成立，辖区原为阿扎部落。当时下辖乡包括桑荣乡、戳庆乡、扎西乡、色康乡、达宗乡。

1970 年，达宗乡改称大众公社，扎西乡改称扎西公社。1971 年，色康乡改色康公社。1984 年全部复乡。1987 年撤区并乡，将桑荣乡、戳庆乡合并成桑荣乡。1988 年，扎西乡、色康乡、达宗乡合并成立达众乡。2002 年，改名聂荣镇，下辖 15 个村。2008 年，将 15 个村合并成 10 个行政村和 3 个居委会。2010 年 12 月，下辖促巴村、查荣村、卡莫村、罗普村、帮果村、果娘村、色康村、嘎青村、格那村、拉根村等 10 个行政村和扎西、团结、塔杰等 3 个居委会。

2010 年，全镇有 622 户 2481 人，其中农村户口 470 户 2011 人，农村低保 63 户 181 人；城镇户口 152 户 470 人，城镇低保 21 户 48 人。

聂荣镇设有党委、政府、人大三大班子，镇直单位分别为：派出所、镇幼儿园、卫生院、兽防站，乡政府及乡直单位干部职工共计 29 人，其中镇机关 18 人、派出所 3 人、卫生院 5 人，兽防站 3 人。

三、经济和社会事业

（一）经济发展

2010 年，聂荣镇生产总值 1256.02 万元，较 2005 年增长 15%。牧民人均收入 2633.47 元，较 2005 年增长 35%，牧民人均纯收入平均年均增长 150 元。主要来源于牲畜养殖，全镇牲畜存栏 12431 头（只、匹）。

（二）社会事业发展

2001—2010 年，聂荣镇各村均有简易公路相通，通车里程 150 千米，其中镇道 5 千米，村道 136 千米。聂荣镇 13 个村（居）先后完成人畜饮水工程。全镇 13 个村（居）覆盖电网，基本解决了群众用电问题。

2010 年，聂荣镇设有基层卫生机构 1 所，即聂荣镇卫生院，全镇医生总 15 名，其中男 11 名、女 4 名，配备基本医疗器械，解决了牧民看病难的问题。聂荣镇设有 1 所兽防站，全镇兽医 3 名，其中男 2 名、女 1 名。

四、旅游资源

朗色寺，属苯教寺庙，位于聂荣镇格那村境内，海拔 4705 米。“朗色”，意为清晰明亮。

央恰湖，藏语意为宝湖，面积在 10 平方千米左右。冬季湖面结冰后，人畜可以越过湖面；夏季湖的北边有黄鸭、黑颈鹤等候鸟活动，湖面犹如玉磐石清澈见底，风景秀丽。

第四节　下曲乡

“下曲”，藏语原意为下河，也曾译“夏曲”。

下曲河自聂荣镇流入下曲乡境，蜿蜒曲折流经白嘎村，至恰青雄村流出下曲乡境，下曲河在下曲乡境内全长 28 千米，世世代代养育着下曲人民，1962 年乡政府成立时命名为下曲乡。

一、自然地理

下曲乡位于聂荣县东南部，地理位置处于东经 92°30′4″、北纬 32°2′42″，北与下曲乡相邻，南连尼玛乡，东与比如县夏曲连接，西与聂荣镇相接壤。距离县城 25 千米。

全乡下辖 15 个行政村，共 84 个自然村，乡域面积 784.28 平方千米，平均海拔 4700 米以上。地貌特征为山地，境内最高峰为色尼山，海拔约 5000 米。主要河流为下秋曲、下如河、赤崩河。气候干燥寒冷，四季不明显，一年中 8 个月是冬季，其他 3 个季节时间很短，年均气温 -4.9℃，冻土时间长达 180 天，年降水量 400 毫米，全年日照较长。辖区内野生动物有獐子、黄羊、棕熊、狼、狐狸、草狐。自然灾害有风灾、洪灾、雪灾等。

二、政区建置

1962 年建下曲乡。1972 年改公社。1982 年复改乡。1987 年下曲乡、下茶乡和吉岗乡整合后名为下曲乡。2010 年 12 月，下辖日入格觉、娘玛、桑玉、康荣、白嘎、江勒、巴果、嘎玛娘、其布、那空、曲布日、恰青雄、多赤雄、尼玛隆、措崩 15 个行政村，共 84 个自然村。

2010 年，全乡有 785 户 3632 人，其中农村户口 759 户 3539 人，城镇户口 26 户 93 人。

2010 年，下曲乡设有党委、政府、人大三大班子，乡直单位分别为：乡完小、卫生院、兽防站，乡政府及乡直单位干部职工共计 9 人，其中乡机关 5 人、卫生院 1 人，兽防站 3 人。

三、经济和社会事业

（一）经济发展

2010 年，下曲乡生产总值 1921.3 万元。牧民人均收入 5289 元，主要来源于冬虫夏草及畜牧业。全乡牲畜存栏 50379 头（只、匹）。

（二）社会事业发展

2001—2010 年，下曲乡各村均有简易道路相通，通车里程 25 千米，其中乡道 25 千米，无通村公路。下曲乡 15 个村先后完成人畜饮水工程。中国电信、中国移动陆续在全乡建立多处基站。全乡 15 个行政村的牧民群众广播电视覆盖率 100%，能收看中央及各省市、自治区的 12 个电视节目和广播节目。下曲乡建有寄宿制完全小学 1 所，有教师 19 名，学生 328 名，其中住校学生 50 名，设有生活老师。

2010 年，下曲乡设有基层卫生机构 1 所，即下曲乡卫生院，有正式在编人员 1 名，公益性岗位人员 3 名，配备基本医疗器械，每村拥有 1 名村医。设有兽防站 1 个，正式在编人员 6 名，每村至少有 1 名兽医。

四、旅游资源

下曲乡境内有昌都寺，位于日入格觉村境内，寺庙创建于 1916 年，历史悠久。

第五节　白雄乡

“白雄”，藏语中“雄”是平地的意思，1987年撤区并乡时原白雄区、朋居乡、朋色乡合并称为白雄乡。

一、自然地理

白雄乡位于聂荣县中部，乡政府驻果庆5村，距离县城49千米，地理位置处于东经92°41′30″、北纬32°12′9″，东连巴青县本塔乡，西邻索雄乡，南接比如县下曲镇和本县下曲乡。

全乡平均海拔4700米以上，乡域面积885.54平方千米。地貌特征为高原中低山陵区，乡域内最高峰为尕日给组日山，海拔5214米。主要河流为白曲、本曲。气候干燥寒冷，四季不明显，一年中8个月是冬季，其他3个季节时间很短，年均气温－10℃，冻土时间长达180天，年降水量400毫米，全年日照较长。辖区内野生动物有狗熊、盘羊、水獭、雪豹、狼、岩羊、高原兔、狐狸、雪鸡等。自然灾害有风灾、雪灾、洪灾等。

二、政区建置

1962年建白雄乡。1972年改公社。1981年复改乡。1987年撤区并乡时，原朋尼乡、朋色乡并入现在的白雄乡。2010年12月，下辖水木村、查庆村、帕曲通村、别仓村、果庆村、查组村、巴果村、伟微村、康果村、噶格朗村、康切村、央日巴玛村、央日俄玛村、西合村等14个行政村，共63个自然村，

2010年，全乡有395户2335人，其中农村户口374户2252人，城镇户口21户83人。

2010年，白雄乡设有党委、政府、人大三大班子，乡直单位分别为：派出所、乡完小、卫生院、兽防站、农行营业所，乡政府及乡直单位干部职工共计28人，其中乡机关16人、派出所5人、卫生院4人，兽防站3人。

三、经济和社会事业

（一）经济发展

2010 年，全乡生产总值 1070.95 万元，较 2005 年增长了 15%。牧民人均收入 4587 元，较 2005 年增长了 44.6%。主要收入来源为冬虫夏草及畜牧业。

（二）社会事业发展

2001—2010 年，白雄乡各村均有简易道路相通，通车里程 237 千米，其中乡道 48 千米、村道 189 千米，实现了村村通道路，交通便利。白雄乡 14 个村完成人畜饮水工程。全乡 12 个行政村覆盖电网，基本解决了群众用电问题。中国电信、中国移动陆续在全乡建立多处基站。全乡 14 个行政村的牧民群众广播电视覆盖率 100%，能收看中央及各省市、自治区的 52 套电视节目和 22 个广播节目。白雄乡建有寄宿制完全小学 1 所，有教师 21 名，学生 303 名，其中住校学生 142 名，设有生活老师。

2010 年，白雄乡设有基层卫生机构 1 所，即白雄乡卫生院，有正式在编人员 3 名，公益性岗位人员 1 名，配备基本医疗器械，每村至少拥有 1 名村医。设有兽防站 1 个，正式在编人员 2 名，临时工 1 名，每村至少拥有 2 名兽医。

四、旅游资源

白雄乡境内有西库日追、麦热日追、吉扎日追 3 座日追，伟微山、香布山和龙秋湖等。

西库日追位于白雄乡西库村，距县城约 70 千米，海拔 4690 米。该日追于 1870 年由珠贡西热永忠主持创建，属于苯教。

麦热日追位于白雄乡格恰村，距县城约 88 千米，海拔 4690 米。该日追于 1864 年由永忠托美主持创建，

吉扎日追位于白雄乡别仓材村，距县城约 56 千米，海拔 4690 米。该日追于 1922 年由秀仓益西洛珠主持创建。

伟微山、香布山山势雄伟、风光秀丽，龙秋湖清澈见底，湖面像宝石一

般宁静。据民间传说，伟微山、香布山有“念青唐古拉雪山之子”之称，龙秋湖有“纳木错之女”之称。

第六节　索雄乡

“索”源于索德部落，“雄”是平地的意思，“索雄”就是原索德部落的一块平地。

一、自然地理

索雄乡位于聂荣县中部，乡政府驻央庆布吉卡村，距离县城78千米，地理位置处于92°43′54″、北纬32°18′39″，东邻当木江乡、白雄乡，南邻白雄乡，西邻桑荣乡，北邻永曲乡。

索雄乡平均海拔4700米左右，属纯牧业乡，乡域面积1021.1平方千米。境内最高峰为旦玛曲尼，海拔约5000米。主要河流为索曲。属于高原亚寒带半干旱季节气候，气候干燥寒冷，四季不明显，一年中8个月是冬季，其他3个季节时间很短，年均气温-1.5℃，冻土时间长达250天，年降水量400毫米，全年日照较长。辖区内野生动物有野驴、黄羊、岩羊、棕熊等。自然灾害有雪灾、风灾、地震等。

二、政区建置

1962年索雄乡政府成立。1969年成立公社革委会，1972年改公社，1976年成立公社革（管）委会。1984年索雄乡人民政府成立。2010年，下辖央庆布吉卡村、提玛村、拉中村、瓦培色库村、巴让村、杂龙那曲村、格布村等7个行政村，共29个自然村，

2010年，全乡共有358户1859人，其中城镇户口7户8人，纯牧业户351户1851人。

2010年，乡政府及乡直单位有干部职工25人，其中乡镇机关11人、学校4人、卫生院5人，兽防站5人。

三、经济和社会事业

（一）经济发展

2010 年，索雄乡生产总值 669. 8 万元。牧民人均收入达到 3602. 97 元。第一产业 407. 3 万元，主要经济来源于冬虫夏草及畜牧业。有牛 13185 头、绵羊 7776 只、山羊 1156 只、马 237 匹。

（二）社会事业发展

2001—2010 年，索雄乡有 1 所初小，适龄儿童入学率达到 99. 01%。有专任教师 4 人，在校生 50 人，其中住校生 10 人。开设的汉语、藏语课程各占一半。索雄乡各村均有简易公路相通。通车里程 120 千米，其中乡道 80 千米，村道 40 千米。索雄乡农村新型合作医疗参加人数为 1859 人。乡卫生院有 19 名医生，基本配齐各种医疗设备，解决了牧民群众看病难的问题。2009 年新建索雄乡兽防站，全乡有兽医 5 名。共建有 14 口人畜饮水井，有效解决了吃水难的问题。

2010 年，全乡各行政村开通电视，能收看中央及各省市、自治区 54 套电视节目，极大地丰富了群众的文化娱乐生活。

四、旅游资源

索雄乡境内主要旅游资源有旦玛曲尼和巴让山两座山峰。

旦玛曲尼山，坐落在索雄乡杂龙那曲村内，平均海拔 5000 米以上。

巴让山，坐落在索雄乡巴让村内，它是永曲乡、查当乡、当木江乡、索雄乡、桑荣乡等 5 个乡的后山。历史上称为索德部落的后山，人们平常称它为巴让罗布拉次。

第七节　当木江乡

“当木江”，藏语意为一尺。传说有一个神仙曾来到此地，当木江恰好为神仙张开手臂的长度，乡名由此而来。

一、自然地理

当木江乡位于聂荣县中部，乡政府驻玛岗村，距离县城143千米，地理位置处于东经93°3′32″、北纬32°39′37″，东连巴青县岗切乡，西邻查当乡，南接白雄乡。

全乡平均海拔4500米以上，属纯牧业乡，乡域面积1000.14平方千米。地貌特征为哈萨地貌，主要河流为索曲。气候干燥寒冷，四季不明显，一年中8个月是冬季，其他3个季节时间很短，年均气温6℃，冻土时间长达210天，全年日照时间较长。辖区内野生动物有狗熊、黄羊、盘羊。自然灾害有风灾、雪灾等。

二、政区建置

1963年建当木江乡，辖区原为索德部落。

1974年改公社，1981年复改乡。1987年撤区并乡时，当木江乡、果雄乡合并为当木江乡。2010年12月，下辖玛岗村、雪龙村、拔卓村、奎如村、唐加村、玛地村、多拿村、松庆村、曲擦村、帕格村、列玛村、多珍俄玛村、贡墨米村、桑果村14个行政村，共58个自然村。

2010年全乡有576户3656人，其中农村户口569户3623人，城镇户口7户33人。

2010年，当木江乡设有党委、政府、人大三大班子，乡直单位分别为：派出所、乡初小、卫生院、兽防站，乡政府及乡直单位干部职工共计23人，其中乡机关16人、派出所3人、卫生院2人，兽防站2人。

三、经济和社会事业

（一）经济发展

2010年，生产总值2096.7万元，牧民人均收入5735.02元，主要收入来源为采集冬虫夏草，同比2001年增长56.41%。

（二）社会事业发展

2010年，当木江乡各村均有简易公路相通。通车里程达301公里，其中乡道165公里，村道136公里。当木江乡14个村先后完成人畜饮水工程。中国电信、中国移动陆续在全乡建立多处基站，基本实现了人人手中有手机，户户家里有电话。全乡14个行政村的牧民群众广播电视覆盖率100%，能收看中央及各省市、自治区的52套电视节目和22个广播节目。建有初小1所，有教师5名，学生54名。

2010年，当木江乡设有基层卫生机构1所，即当木江乡卫生院，有正式在编人员2名，公益性岗位人员1名，配备基本医疗器械，培养聘用12名村医，实现每村至少拥有1名村医。设有兽防站1个，正式在编人员2名，临时工1名，培养聘用村兽医28名，每村至少有2名兽医。

四、旅游资源

当木江乡境内有1座寺庙，名为扎西曲林寺，历史悠久，风景优美。

乡域内奎如村大峡谷的两座大山中间有索曲，夏季河水清澈见底、波光粼粼，风景美不胜收。

第八节　桑荣乡

藏族习俗中每逢藏历新年人们要煨桑，素以第一个去煨桑的人为荣，桑荣乡名由此而来。

一、自然地理

桑荣乡位于聂荣县中北部，东连白雄乡，南接聂荣镇，西邻安多县邦美乡，北与永曲乡、索雄乡接壤，乡政府所在地为绰穷8村，距县城28千米。

全乡平均海拔4850米以上。气候干燥寒冷，年平均气温-7℃。辖区面积1182.91平方千米。主要河流有白曲、崩曲、索龙五美曲、加龙河、拉根曲、白雄曲、朝曲、恰穷曲、达龙河、爬杂日曲。野生动物主要有黄羊、狗熊、高原兔、狐狸、狼等。

二、政区建置

1963 年桑荣乡人民政府成立，辖区原为索德部落。

1972 年改公社，1982 年复改乡。1987 年撤区并乡时，原桑荣乡和楚勤乡合并成桑荣乡。下辖 10 个行政村，共 38 个自然村。行政村的名称为：玛扎村、多康巴村、格日村、加龙村、亚龙村、康绰村、措扎村、绰穷村、达龙村、绰雄村。

2010 年，乡政府及乡直单位有干部职工 29 人，其中乡机关干部 23 人、乡派出所 2 人、卫生院 2 人，兽防站 2 人。全乡共有 12 个党支部，全乡党员 242 人，其中预备党员 31 人。

三、经济和社会事业

（一）经济发展

2010 年，全乡共有 445 户 1937 人，其中城镇户口 21 户 63 人。牧业收入 1089.66 万元，副业收入 143.99 万元，年人均收入 5610 元。

（二）社会事业发展

到 2010 年底，全乡拥有电视户数 445 户，拥有移动电话 746 部。参加农村新型合作医疗 1937 人，全乡享受最低生活保障户 103 户 382 人，城镇低保 9 户 17 人，五保户 18 人。有初小 1 所，在校生 67 人，其中小学在校生 42 人，学前生 25 人。全乡通电率达 70%；广播电视覆盖率 95%；电信、移动网络覆盖率 85%。

2010 年，桑荣乡设有基层卫生机构 1 所，即桑荣乡卫生院，有正式在编人员 3 名，公益性岗位人员 1 名，配备基本医疗器械，每村至少拥有 1 名村医。设有兽防站 1 个，正式在编人员 2 名，临时工 1 名，每村至少有 2 名兽医。

四、旅游资源

朝庆日追，位于桑荣乡朝雄村，距县城约 35 千米，海拔 4770 米。该日追于1903年由古日旦巴伟色主持创建。

第九节　永曲乡

永曲乡名称源于乡境内一座名为“格巴永曲”的大山。

一、自然地理

永曲乡位于聂荣县北部，乡政府驻索昂亚山下，距离县城176千米，地理位置处于东经93°08′53″、北纬32°55′38″，东连查当乡，西邻安多县，南接索雄乡。

全乡平均海拔4800米以上，乡域面积933.27平方千米。境内最高峰为索昂亚山，海拔约5200米。主要河流为索曲、当曲。气候干燥寒冷，四季不明显，一年中8个月是冬季，其他3个季节时间很短，年均气温在-2℃—0℃之间，冻土时间长达300天，年降水量400毫米，全年日照较长。辖区内野生动物有野驴、藏黄羊、草狐狸、野兔、土拨鼠、野狼、狗熊、盘羊、藏羚羊、野牦牛、黄斑鸭、野鹿、黑颈鹤等。自然灾害有风灾、雪灾、洪灾等。

二、政区建置

1965年建永曲乡，辖区原为索德部落。

1975年改公社，1980年复改乡。1987年撤区并乡时，原康格乡、永曲乡合并为永曲乡。2010年12月，下辖康库村、夏聂村、索格村、纽雄村、康绰村、索普村、加日尼瓦村、夏杰村、帮来嘎布村、阿玛那促村、朵那村11个行政村，共59个自然村。全乡共364户1863人，其中男916人、女947人，城镇人口1户7人。

2010年，永曲乡乡直单位分别是：兽防站、卫生院、小学。全乡共有13个党支部，702名党员。乡党政机关共有干部职工11人，其中聘用干部2人，工人1人。乡卫生院共有干部职工6人，其中聘用干部3人、正式干部3人。乡兽防站共有干部职工5人，其中聘用干部3人、正式干部2人。

三、经济和社会事业

（一）经济发展

2010年，全乡农牧民人均收入3888.88元，其中现金收入2425.28元。全乡生产总值1343.12万元，其中一产926.22万元，三产416.9万元。牲畜存栏30378头（只、匹）。

（二）社会事业发展

2003年，永曲乡光伏电站建成并投入使用。

2004年，永曲乡干部周转房和办公大楼修建竣工。

2010年，全乡交通建设有了很大改观。完成11个村的人畜饮水工程，完善了人畜饮水水利设施。全乡建成索普、夏聂、夏杰等地的移动通信基站。全乡有完小1所，在校学生220人，入学率50%，师资队伍9人。建有1所乡卫生院，医疗条件进一步改善。

四、旅游资源

永曲乡境内有尼日阿错改湖，此湖位于唐古拉山北麓长江源头当曲的宽谷内，湖中有鸟岛，每年4—9月份会有十余种鸟类在此岛聚集，还有国家一级黑颈鹤在此孵卵。辖区内有哲部擦卡温泉等共3处温泉。

第十节　查当乡

查当乡的名字源于乡境内两条河流，即查曲河、当曲河。

一、自然地理

查当乡位于聂荣县北部，乡政府驻色拉俄玛村，距离县城200千米，地理位置处于东经93°20′28″、北纬32°41′56″，东邻巴青县岗切乡、青海省杂多县，西靠索雄乡，南接当木江乡，北连永曲乡。

全乡平均海拔4850米以上，全乡总面积525.41平方千米。地貌特征为典型的高原地貌，地势险峻多变，山脉绵延、河流密布、湖泊众多，境内最高峰为索拉沃玛峰，海拔5728米，主要河流为当曲、查曲、索曲。四季不明显，一年中7个月是冬季，其他3个季节时间很短，年均气温0℃，冻土时间长达164天，年均降水量660毫米，全年日照较长，年日照时间2600小时左右。辖区内野生动物有棕熊、雪豹、黄羊、盘羊、狼、狐狸、猞猁、雪鸡、乌鸦、秃鹫等。自然灾害有风灾、雪灾、洪灾等。

二、政区建置

1962年建查当乡，辖区原为索德部落。

1969年革委会成立，1972年改公社，1982年复改乡。1987年查吾区撤区设乡，原查当公社、加龙公社、果当公社整合为查当乡。2010年12月，下辖格仓村、加龙村、波青村、色拉俄玛村、玛布村、嘎方村、色古龙巴村、索康那加村、龙年玛村等9个行政村，共72个自然村。

2010年，全乡有661户3181人，其中农村户口648户3147人，农村低保107户481人；城镇户口13户34人，城镇低保8户19人。

2010年，查当乡设有党委、政府、人大三大班子，乡直单位分别为：查吾完小、乡初小、卫生院、兽防站，乡政府及乡直单位干部职工共计36人，其中乡机关14人、卫生院3人、兽防站2人，初小5人、完小12人。

三、经济和社会事业

（一）经济发展

2010年，查当乡生产总值1546.83万元，较2005年增长27%。牧民人均收入4406.23元，较2005年增长52.9%，主要来源于冬虫夏草及畜牧业。全乡牲畜存栏25390头（只、匹）。

（二）社会事业发展

2001—2010年，查当乡各村均有简易道路相通，通车里程203千米，其中乡道82千米，村道121千米。有5个村完成了人畜饮水工程。中国电信、中国移动陆续在全乡建立多处基站。全乡9个行政村的牧民群众广播电视覆盖率100%，能收看中央及各省市、自治区的52套电视节目和22个广播节目。建有寄宿制完全小学2所，有教师17名，学生237名，其中住校学生193名。

2010年，设有基层卫生机构1所，即查当乡卫生院，有正式在编人员1名，聘用干部2名，配备基本医疗器械，每村至少有1名村医。设有兽防站1个，正式在编人员1名，聘用干部1名，每村至少有1名兽医。

四、旅游资源

查当乡境内有丁俄贡苯寺，位于查当乡波青村丁嘎沟内，已有200多年的历史。

查吾拉山，山势雄伟，历史传说众多。据相关考证，是“唐蕃古道”的必经之地，相传文成公主入藏时曾在山下停留休憩。另传说格萨尔王王后珠姆曾在此居住。

白湖，形状似鲨鱼，美丽壮观，湖水呈白色，夜晚有微弱白光。据民间传说，是一条鲨鱼游过来在此搁浅死亡后形成的。

第三篇
政党　群团

第一章　中共聂荣县地方组织

第一节　县级党组织

一、聂荣宗军事代表处、解委会和办事处

1950 年 10 月，昌都解放后，三十九族地区随之解放，聂荣宗即归昌都解委会领导。

1951 年 7 月，中共三十九族分工委成立后，于 11 月向聂荣宗派出军事代表，建立军事代表处，派往聂荣宗的首任军事代表是韩效荣。随即组建由党的领导干部及宗府官员和部分部落头人共同参加的聂荣宗解放委员会，隶属昌都地区解委会第一办事处领导。

1956 年 2 月至 1959 年 4 月 20 日，将聂荣宗解委会改为聂荣宗办事处，履行聂荣县党的领导组织职能，推动民主改革。

1951—1956 年聂荣宗军事代表处领导名录见表 3 -1 -1；1951—1956 年聂荣宗解放委员会领导名录见表 3 -1 -2；1956—1959 年聂荣宗办事处领导名录见表 3 -1 -3。

1951—1956 年聂荣宗军事代表处领导名录

表 3－1－1

机构名称	职务	姓名	性别	民族	任职时间
聂荣宗军事代表处（1951. 11—1956. 09）	代表	韩效荣	男	汉	1951. 11—1954. 06
		王德乐	男	汉	1954. 07—1956. 09
	副代表	刘立梓	男	汉	1956. 07—1956. 09

1951—1956 年聂荣宗解放委员会领导名录

表 3－1－2

机构名称	职务	姓名	性别	民族	任职时间
聂荣宗解委会（1951. 11—1956. 09）	主任	韩效荣	男	汉	1951. 11—1954. 06
		王德乐	男	汉	1954. 07—1956. 09
		刘立梓	男	汉	1954. 07—1956. 02
	副主任	洛桑念扎	男	藏	1952. 03—1956. 02
		康巴克若	男	藏	1951. 11—1956. 02
		迟称望扎	男	藏	1951. 12—1956. 02

1956—1959 年聂荣宗办事处领导名录

表 3－1－3

机构名称	职务	姓名	性别	民族	任职时间
聂荣宗办事处（1956—1959）	主任	刘立梓	男	汉	1956. 02—1957. 02
	副主任	洛桑念扎	男	藏	1952. 03—1956. 02
		登巴吃勒	男	藏	1956. 02—1959. 03
		迟称望扎	男	藏	1951. 12—1956. 02
		泽日相马	男	藏	1956. 02—1959. 03

二、聂荣宗党委

1956 年 10 月，根据西藏工委《对各宗不派宗代表而改派宗党委书记的意见》，建立聂荣宗党委，隶属昌都分工委丁青中心县委领导。

1957 年 8 月，撤销聂荣宗党委。

1956—1957 年聂荣宗党委领导名录见表 3－1－4。

1956—1957 年聂荣宗党委领导名录

表 3－1－4

机构名称	职务	姓名	性别	民族	任职时间	备注
聂荣宗党委（1956. 10—1957. 08）	书记	无书记				
	副书记	刘立梓	男	汉	1956. 10—1957. 8	主持工作

三、聂荣县革委会党的核心小组

1967 年 3 月，聂荣县人武部成立。同时，那曲军分区派出军代组进驻聂荣县，与人武部一起执行“三支”“两军”① 任务，对地方实行军管。组建“抓革命、促生产”办公室，代行县委、政府职能。

1969 年 4 月 19 日，聂荣县革委会成立。

1970 年 2 月，聂荣县革委会党的核心领导小组成立，与县革委会合署办公。工作机构设有四大组，即政治工作组、生产指挥组、办事组和人民保卫组。

1972 年 5 月，召开中共聂荣县第一次代表大会，中共聂荣县委成立，撤销了党的核心小组。

1967—1970 年聂荣县人武部党委领导名录见表 3－1－5；1970—1972 年聂荣县革委会党的核心小组领导名录见表 3－1－6。

---

① 1967 年，中央军委发出《关于集中力量执行支左、支农、支工、军管、军训任务的决定》，简称“三支”“两军”决定。

1967—1970 年聂荣县人武部党委领导名录

表 3－1－5

机构名称	职务	姓名	性别	民族	任职时间	备注
聂荣县人武部党委（1967.04—1970.02）	第一书记	白志奎	男	汉	1967.04—1970.11	军队代表
	书记	吴家胜	男	汉	1969.04—1970.01	
	副书记	刘国良	男	汉	1969.04—1970.02	军队代表

聂荣县革委会党的核心小组领导名录

表 3－1－6

机构名称	职务	姓名	性别	民族	任职时间	备注
聂荣县革委会党的核心小组（1970.02—1972.05）	组长	李祝英	男	汉	1970.02—1971.08	代理
		孙清杰	男	汉	1971.08—1972.01	
		吕殿臣	男	汉	1972.01—1972.05	
	副组长	刘国良	男	汉	1970.02—1971.08	
		彭明芝	男	汉	1971.08—1972.05	

四、中共聂荣县委

1959 年 5 月，根据西藏工委《西藏地区行政区划调整意见》，聂荣宗改为聂荣县，划归那曲（黑河）专区管辖。

1959 年 7 月 30 日，中国共产党聂荣县委员会成立。全县共辖 5 个区委、区公所，31 个乡党支部，7 个机关党支部。全县共有党员 36 人，共有干部 120 人，其中藏族 57 人，汉族 63 人。

中共聂荣县委成立后，1959 年 7 月设立办公室，由李怀成和张运平分别任办公室主任和副主任；1959 年 7 月 30 日组宣部成立，由王仰杰任部长；1960 年 11 月 17 日农牧部成立，由张运平任副部长主持工作；1962 年 12 月 17 日统战部成立，由县委兼管。

1962 年 7 月，撤销县委农牧部。

1964 年 6 月 27 日，聂荣县人民政府党组成立，由柳殿贵任书记。

聂荣县委自成立至1966年5月，未设常委，只设委员。

截至1966年5月，聂荣县委有工作机构3个，派出机构（区委）5个，机关党支部7个，党员36名，干部120人，其中藏族57人，汉族63人。

1959—1967年聂荣县委机构领导名录见表3－1－7。

1959—1967年聂荣县委机构领导名录

表3－1－7

机构名称	职务	姓名	性别	民族	任职时间	备注
中共聂荣县委（1959.07—1967.02）	书记	丹珍	女	藏	1959.07—1961.10	
		栾毅	男	汉	1961.11—1967.02	
	副书记	木西	男	藏	1959.10—1961.04	主持工作
		栾毅	男	汉	1961.04—1961.11	
		王彪	男	汉	1963年9月任命	未到职
		孙清杰	男	汉	1965.01—1967.02	
		才朗加	男	藏	1964.06—1965.03	
		柳殿贵	男	汉	1966.01—1966.10	
	委员	董大福	男	汉	1959.07—1966.05	
		权兴孝	男	汉	1959.07—1966.05	
		李怀成	男	汉	1959.07—1961.12	
		刘玉奇	男	汉	1960.07—1963.01	
		常志宽	男	汉	1960.07—1963.01	
		吕康	男	藏	1960.07—1963.01	
		叶志平	男	汉	1960.07—1963.01	
		黄大庆	男	汉	1962.04—1966.05	
		王仰杰	男	汉	1964.05—1966.05	
		杨永生	男	藏	1964.06—1966.05	
		文昌奇	男	藏	1964.06—1966.05	

五、中共聂荣县委员会

1972 年 5 月 21—26 日，召开中共聂荣县第一次代表大会，应到代表 82 名，实到 77 名。大会选举产生聂荣县第一届委员会。

1976 年 4 月，根据区党委文件精神，撤销“四大组”，恢复设立县委办公室、组织部和宣传部。

1984 年 9 月，县委统战部成立。

1987 年至 1990 年 11 月，设立县人大、政府党组。

1994 年 11 月，聂荣县委政法委员会成立。同时，聂荣县社会治安综合治理委员会成立。

1995 年 6 月，聂荣县纪检检查委员会成立。

2008 年 3 月，聂荣县维稳指挥部成立。

截至 2010 年底，中共聂荣县委员会有直属工作机构 6 个，即办公室、组织部、纪检委、宣传部、政法委、统战部。

1972—2010 年中共聂荣县委领导名录见表 3－1－8；1976—2010 年中共聂荣县委办公室领导名录见表 3－1－9。

1972—2010 年中共聂荣县委领导名录

表 3－1－8

机构名称	职务	姓名	性别	民族	任职时间	备注
中共聂荣县委（1972.05—2010.12）	书记	吕殿臣	男	汉	1972.05—1976.07	
		巴排根	男	藏	1979.10—1980.07	
		洛桑欧珠	男	藏	1980.08—1984.04	
		阿塔	男	藏	1984.05—1988.08	
		杨培	男	藏	1988.09—1996.12	
		罗布顿珠	男	藏	1996.12—2000.10	
		江措拉姆	女	藏	2000.11—2001.10	
		杨绪卿	男	汉	2001.11—2006.12	

续表1

机构名称	职务	姓名	性别	民族	任职时间	备注
中共聂荣县委（1972.05—2010.12）	书记	黄云素	男	汉	2006.12—2008.12	
		胡林	男	汉	2008.12—2010.12	
	副书记	郭志清	男	藏	1972.05—1975.05	
		钟纬麒	男	汉	1972.05—1975.01	
		巴排根	男	藏	1972.05—1979.10	1976.10—1979.09主持工作
		格桑卓玛	女	藏	1973.03—1976.10	
		张锡坤	男	汉	1975.01—1980.09	
		胡恩华	男	汉	1975.01—1978.10	
		昂强巴	男	藏	1977.02—1980.09	
		陈朝礼	男	汉	1979.03—1984.04	
		格桑占堆	男	藏	1979.03—1984.04	
		耿根喜	男	汉	1979.06—1980.09	
		阿塔	男	藏	1980.10—1984.04	
		旺根	男	藏	1980.10—1984.04	
		布旦巴	男	藏	1987.04—1993.07	
		永地	男	藏	1987.04—1990.05	
		杨宗占	男	汉	1987.10—1991.09	
		贡桑	男	藏	1990.05—1993.07	
		唐振华	男	汉	1992.10—1995.05	
		罗布顿珠	男	藏	1993.07—1995.07	
		张卫东	男	汉	1995.05—2002.12	
		布永忠	男	藏	1995.05—1996.12	
		次仁朗公	男	藏	1996.12—2000.12	

续表 2

机构名称	职务	姓名	性别	民族	任职时间	备注
中共聂荣县委（1972. 05—2010. 12）	副书记	江措拉姆	女	藏	1996. 12—2000. 10	
		杨绪卿	男	汉	2000. 01—2001. 11	
		次仁朗公	男	藏	2001. 01—2004. 10	
		江建武	男	汉	2002. 08—2004. 10	
		才旦扎西	男	藏	2002. 10—2005. 03	
		白玛占堆	男	藏	2003. 01—2005. 03	
		苗俊明	男	汉	2004. 08—2006. 12	
		谢军	男	汉	2005. 02—2006. 12	
		农军	男	藏	2005. 03—2007. 10	
		赤琼	男	藏	2005. 03—2010. 12	
		德吉卓嘎	女	藏	2007. 12—2010. 12	
	常委	张金德	男	汉	1972. 05—1979. 10	
		王维俭	男	汉	1972. 05—1976. 04	
		班久	男	藏	1972. 05—1975. 01	
		格桑卓玛	女	藏	1972. 05—1975. 01	
		杜俊杰	男	汉	1973. 05—1976. 06	
		洛桑欧珠	男	藏	1978. 02—1980. 10	
		祁纬均	男	土	1978 年 2 月任命	未到职
		李仁前	男	汉	1979. 10—1984. 04	
		陈小苟	男	汉	1979. 10—1980. 09	
		哥松	男	藏	1982. 02—1984. 04	
		徐大治	男	汉	1982. 05—1984. 04	
		杨培	男	藏	1987. 04—1987. 10	
		吴喜照	男	汉	1987. 04—1987. 10	

续表3

机构名称	职务	姓名	性别	民族	任职时间	备注
中共聂荣县委（1972.05—2010.12）	常委	贡桑	男	藏	1987.04—1987.10	
		才仁多吉	男	藏	1987.04—1987.10	
		索朗	男	藏	1987.04—1990.05	
		其根	男	藏	1987.04—1990.05	
		格桑	男	藏	1987.04—1990.05	
		德庆多吉	女	藏	1987.04—1990.05	
		王瑞泉	男	汉	1987.04—1990.05	
		永忠塔	男	藏	1987.04—1987.10	
		央宗	女	藏	1987.04—1987.10	
		楚次仁	男	藏	1987.04—1987.10	
		旦增	男	藏	1987.04—1990.05	
					1996.06—2000.12	
		袁国忠	男	汉	1987.06—1987.10	
		贡桑	男	藏	1987.10—1990.05	
		方向	男	汉	1994.10—1998.12	
		白群发	男	汉	1994.10—1997.10	
		次仁多吉	男	藏	1995.05—1998.05	
		阿穷	男	藏	1995.05—1998.12	
		吾约	男	藏	1995.08—2000.10	
		李文清	男	汉	1995.08—2000.10	
		布嘎雨	男	藏	1995.08—2000.12	
		古鲁坚才	男	藏	1995.08—2000.10	
		金多	男	藏	1995.08—2000.10	
		王银学	男	藏	1996.12—2000.10	

续表4

机构名称	职务	姓名	性别	民族	任职时间	备注
中共聂荣县委（1972.05—2010.12）	常委	达土	男	藏	1996.12—1999.06	
		江措拉姆	女	藏	1996.12—2000.12	
		桑珠	男	藏	1997.09—2000.08	
					2000.12—2004.02	
		陈国友	男	藏	1998.05—2000.12	
		白玛占堆	男	藏	1999.10—2000.12	
		旦巴热杰	男	藏	2001.01—2003.04	
		琼达	男	藏	2004.02—2006.03	
		热布嘎	男	藏	2005.10—2010.12	
		索朗旺姆	女	藏	2005.10—2010.12	
		边巴	男	藏	2005.12—2010.12	
		段邦华	男	汉	2006.05—2007.12	
		米玛次仁	男	藏	2006.07—2007.10	
		顿彪然	男	汉	2006.03—2009.02	
		达娃次仁	男	藏	2007.07—2010.12	
		阿恰	男	藏	2007.07—2010.12	
		宋世珍	男	汉	2007.07—2009.06	
		车明军	男	汉	2008.10—2010.12	
		袁明	男	汉	2008.07—2010.12	
		王海涛	男	汉	2008.11—2010.12	
		洛色	男	藏	2009.07—2010.12	
		史长辉	男	汉	2010.04—2010.12	
		南培	男	藏	2010.04—2010.12	

1961—2010 年中共聂荣县委办公室领导名录①

表 3－1－9

机构名称	职务	姓名	性别	民族	任职时间	备注
中共聂荣县委办公室（1961.05—2010.06）	主任	李怀成	男	汉	1961.05—1961.12	
		王玺	男	汉	1962.01—1975.03	
		李业禄	男	汉	1980.08—1983.07	
		潭元国（果）	男	汉	1981.01—1982.02	
		史廉太	男	汉	1984.09—1987.06	
		王瑞泉	男	汉	1987.06—1987.10	
		高国祥	男	汉	2001.03—2007.09	
		戚万辉	男	汉	2008.10—2010.06	
	副主任	张运平	男	汉	1961.05—1962.10	
		李业禄	男	汉	1976.04—1980.08	主持工作
		史廉太	男	汉	1983.04—1984.09	
		德吉	女	藏	1998.06—2007.06	
		戚万辉	男	汉	2007.09—2008.09	
		付仕副	男	汉	2007.11—2009.12	

第二节 区乡（公社）乡（镇）党组织

一、区委

1960 年起，聂荣县委先后在所辖行政区域内建立 5 个区委，即中国共

① 因未能查找到相关史实资料，聂荣县委办公室 1987 年 11 月至 2001 年 2 月的办公室主任领导名录未收录。

产党彭河区委员会（简称“彭河区委”）、中国共产党下河区委员会（简称“下河区委”）、中国共产党措阳区委员会（简称“措阳区委”）、中国共产党扎玛区委员会（简称“扎玛区委”）、中国共产党查吾区委员会（简称“查吾区委”）。1962 年 7 月将彭河区、下河区分别改为白雄区和尼玛区。

1969 年 2 月，聂荣县革委会成立，各区陆续成立区革委会，总揽各区党政工作。

1970 年 4 月，在建立人民公社的同时，逐渐建立公社党支部。当年，尼玛区有 3 个公社党支部，白雄区有 1 个公社党支部，措阳区有 3 个公社党支部，扎玛区有 1 个公社党支部，查吾区有 1 个公社党支部。

1972 年 5 月 21—26 日，召开中共聂荣县第一次代表大会，中共聂荣县委成立。

1984 年，实行社改乡后，公社党支部遂称乡党支部。尼玛区有 8 个乡党支部，白雄区有 5 个乡党支部，措阳区有 5 个乡党支部，扎玛区 7 个乡党支部，查吾区有 6 个乡党支部。

1987 年，撤区并乡，撤销了尼玛、白雄、措阳、扎玛、查吾 5 个区。

（一）下河（尼玛）区委

1959 年 7 月 30 日，中国共产党聂荣县委员会成立。

1960 年 6 月，建立中国共产党下河区委，后改名为尼玛区委。

1969 年 4 月 19 日，聂荣县革命委员会成立，随即建立区革委会，替代区党委、区公所职能。

1970 年起，聂荣县在建立人民公社的同时，逐步建立了公社党支部。尼玛区革委会辖尼玛公社党支部、下曲公社党支部、吉岗公社党支部。

1972 年 5 月 26 日，召开中共聂荣县第一次委员会，恢复设立中共聂荣县委员会，随即区委作为县委的派出机构得到恢复。

1984 年，实行改社建乡后，公社党支部遂称乡党支部。尼玛区委辖 8 个乡党支部，即尼玛乡党支部、尼龙乡党支部、格色乡党支部、下曲乡党支部、吉岗乡党支部、下茶乡党支部、玉寨乡党支部、左龙乡党支部。

1987 年，撤区并乡，撤销尼玛区。

1960—1987 年下河（尼玛）区委领导名录见表 3 - 1 - 10；1970—1987

年下河（尼玛）区委公社（乡）党支部领导名录见表3－1－11。

1960—1987年下河（尼玛）区委领导名录①

表3－1－10

机构名称	职务	姓名	性别	民族	任职时间	备注
下河（尼玛）区委（1960.10—1965.05）	书记	王维检	男	汉	1960.10—1964.04	
	副书记	文昌太	男	藏	1960.10—1962.08	
		拉麻次仁	男	藏	1964.04—1965.05	
尼玛区委（1972.09—1987.10）	书记	文太昌	男	藏	1972.09—1973.04	
		布其久	男	藏	1973.06—1976.04	
		旺根	男	藏	1978.07—1980.01	
		阿南	男	藏	1981.01—1984.09	
		旦巴益西	男	藏	1984.09—1987.06	
		格桑	男	藏	1987.06—1987.10	
	副书记	李子玉	男	汉	1972.09—1974.01	
		仓珠	女	藏	1981.11—1983.04	
		阿穷	男	藏	1981.03—1983.04	
		宗嘎	男	藏	1984.09—1987.10	
		格桑	男	藏	1984.09—1987.10	
		阿南	男	藏	1974.10—1978.07	
		旺根	男	藏	1974.10—1978.07	

① 因未能查找到相关史实资料，聂荣县下河（尼玛）区委1965年6月至1972年8月的领导名录未收录。

1970—1987 年下河（尼玛）区委公社（乡）党支部领导名录

表 3-1-11

<table>
<tr><th colspan="2">机构名称</th><th>职务</th><th>姓名</th><th>性别</th><th>民族</th><th>任职时间</th></tr>
<tr><td rowspan="5">尼玛区委（1970.09—1972.05）</td><td rowspan="2">尼玛公社党支部</td><td>书记</td><td>索朗</td><td>男</td><td>藏</td><td>1970.09—1972.05</td></tr>
<tr><td>副书记</td><td>嘎珠</td><td>男</td><td>藏</td><td>1971.05—1972.05</td></tr>
<tr><td rowspan="2">下曲公社党支部</td><td>书记</td><td>扎旺</td><td>男</td><td>藏</td><td>1970.09—1972.05</td></tr>
<tr><td>副书记</td><td>西热达吉</td><td>男</td><td>藏</td><td>1971.05—1972.05</td></tr>
<tr><td>吉岗公社党支部</td><td>书记</td><td>国达</td><td>男</td><td>藏</td><td>1970.09—1972.05</td></tr>
<tr><td rowspan="19">尼玛区委（1972.05—1976.10）</td><td rowspan="4">尼玛公社党支部</td><td rowspan="2">书记</td><td>索朗</td><td>男</td><td>藏</td><td>1972.05—1975.04</td></tr>
<tr><td>扎扎</td><td>男</td><td>藏</td><td>1975.04—1976.10</td></tr>
<tr><td rowspan="2">副书记</td><td>噶珠</td><td>男</td><td>藏</td><td>1972.05—1974.07</td></tr>
<tr><td>扎扎</td><td>男</td><td>藏</td><td>1974.07—1975.04</td></tr>
<tr><td rowspan="2">下曲公社党支部</td><td>书记</td><td>扎旺</td><td>男</td><td>藏</td><td>1972.05—1976.10</td></tr>
<tr><td>副书记</td><td>西热达吉</td><td>男</td><td>藏</td><td>1972.05—1976.10</td></tr>
<tr><td rowspan="3">吉岗公社党支部</td><td rowspan="2">书记</td><td>国达</td><td>男</td><td>藏</td><td>1972.12—1976.10</td></tr>
<tr><td>扎江</td><td>男</td><td>藏</td><td>1972.12—1976.10</td></tr>
<tr><td>副书记</td><td>国达</td><td>男</td><td>藏</td><td>1972.05—1972.12</td></tr>
<tr><td rowspan="2">下荣公社党支部</td><td>书记</td><td>布珠</td><td>男</td><td>藏</td><td>1972.06—1976.10</td></tr>
<tr><td>副书记</td><td>加布日</td><td>男</td><td>藏</td><td>1972.10—1976.10</td></tr>
<tr><td rowspan="2">尼龙公社党支部</td><td>书记</td><td>多罗</td><td>男</td><td>藏</td><td>1973.10—1976.10</td></tr>
<tr><td>副书记</td><td>扎扎</td><td>男</td><td>藏</td><td>1973.09—1976.10</td></tr>
<tr><td rowspan="2">格色公社党支部</td><td>书记</td><td>日卡</td><td>男</td><td>藏</td><td>1973.10—1976.10</td></tr>
<tr><td>副书记</td><td>才央</td><td>男</td><td>藏</td><td>1973.09—1976.10</td></tr>
<tr><td rowspan="2">玉寨公社党支部</td><td>书记</td><td>色巴</td><td>男</td><td>藏</td><td>1974.08—1976.10</td></tr>
<tr><td>副书记</td><td>平措</td><td>男</td><td>藏</td><td>1974.10—1976.10</td></tr>
<tr><td rowspan="2">左龙公社党支部</td><td>书记</td><td>色色</td><td>男</td><td>藏</td><td>1975.07—1976.10</td></tr>
<tr><td>副书记</td><td>扎西罗布</td><td>男</td><td>藏</td><td>1974.10—1976.10</td></tr>
</table>

续表 1

机构名称		职务	姓名	性别	民族	任职时间
尼玛区委（1976.10—1987.10）	尼玛公社（乡）党支部	书记	扎扎	男	藏	1976.10—1985.05
			索朗	男	藏	1985.05—1987.10
		副书记	索朗	男	藏	1976.10—1985.05
	尼龙公社（乡）党支部	书记	多罗	男	藏	1976.10—1983.12
			边扎	男	藏	1983.12—1987.10
		副书记	边扎	男	藏	1976.10—1983.12
			旺庆尼玛	男	藏	1984.10—1987.10
	格色公社（乡）党支部	书记	日卡	男	藏	1976.10—1982.07
			扎塔	男	藏	1982.07—1987.10
		副书记	才央	男	藏	1979.10—1986.10
			阿色	男	藏	1979.10—1987.10
	下曲公社（乡）党支部	书记	扎旺	男	藏	1976.10—1982.07
			朗卡	男	藏	1982.07—1987.10
		副书记	西热达吉	男	藏	1976.10—1987.10
	吉岗公社（乡）党支部	书记	扎江	男	藏	1976.10—1987.10
		副书记	国达	男	藏	1976.10—1981.10
			木达	男	藏	1981.10—1987.10
	下茶公社（乡）党支部	书记	布珠	男	藏	1976.10—1983.12
			加布日	男	藏	1983.12—1987.10
		副书记	加布日	男	藏	1976.10—1983.12
			那尼	男	藏	1983.12—1987.10
	玉寨公社（乡）党支部	书记	色巴	男	藏	1976.10—1983.10
			达洛	男	藏	1983.10—1987.10
		副书记	平措	男	藏	1976.10—1987.10

续表 2

机构名称		职务	姓名	性别	民族	任职时间
尼玛区委（1976.10—1987.10）	左龙公社（乡）党支部	书记	色色	男	藏	1976.10—1987.10
		副书记	扎西罗布	男	藏	1976.10—1980.10

（二）彭河（白雄）区委

1959 年 7 月 30 日，中国共产党聂荣县委员会成立。

1960 年 6 月，建立中国共产党彭河区委员会，后改名为尼玛区委。

1969 年 4 月 19 日，聂荣县革命委员会成立，随即建立区革委会，替代区党委、区公所职能。

1970 年起，聂荣县在建立人民公社的同时，逐步建立公社党支部。白雄区革委会辖解放公社党支部。

1972 年 5 月 26 日，召开中共聂荣县第一次委员会，恢复设立中共聂荣县委员会，随即区委得到恢复。

1984 年，实行改社建乡后，公社党支部遂称乡党支部。白雄区委辖 5 个乡党支部，即果雄公社党支部、索雄公社党支部、白雄公社党支部、彭色公社党支部、彭尼公社党支部。

1987 年，撤区并乡，撤销白雄区。

1960—1987 年彭河（白雄）区委领导名录见表 3－1－12；1970—1987 年彭河（白雄）区委公社（乡）党支部领导名录见表 3－1－13。

1960—1987 年彭河（白雄）区委领导名录

表 3－1－12

机构名称	职务	姓名	性别	民族	任职时间
彭河（白雄）区委（1960.06—1967.02）	书记	李怀成	男	汉	1960.06—1960.10
		刘文治	男	汉	1960.11—1963.05
		胡恩华	男	汉	1963.06—1967.02

续表

机构名称	职务	姓名	性别	民族	任职时间
彭河（白雄）区委（1960.06—1967.02）	副书记	品康	男	藏	1960.06—1960.10
		邓永亮	男	汉	1960.06—1961.02
		张夫禄	男	汉	1965.09—1966.05
彭河（白雄）区委（1973.02—1987.06）	书记	胡恩华	男	汉	1973.02—1974.01
		多杰	男	藏	1974.02—1976.10
		洛桑朗加	男	藏	1976.11—1981.01
		阿穷	男	藏	1981.02—1987.06
	副书记	崩古鲁	男	藏	1973.02—1974.01
		穷玛	男	藏	1979.04—1983.04
		布旦巴	男	藏	1981.01—1983.04
		阿穷	男	藏	1983.04—1984.09
		楚理	男	藏	1984.09—1987.06
		楚格	男	藏	1984.09—1987.10
		布达玛	男	藏	1987.06—1987.10
		洛桑朗加	男	藏	1976.04—1976.10

1970—1987年彭河（白雄）区委公社（乡）党支部领导名录

表3－1－13

机构名称		职务	姓名	性别	民族	任职时间
白雄区（1970.09—1972.05）	解放公社党支部	书记	阿旺	男	藏	1970.09—1972.05
白雄区（1972.05—1976.10）	解放公社党支部	书记	阿旺	男	藏	1972.05—1973.06
	白雄公社党支部	书记	东珠	男	藏	1973.06—1976.10
		副书记	加托	男	藏	1973.10—1976.10

续表1

机构名称		职务	姓名	性别	民族	任职时间
白雄区（1972.05—1976.10）	索雄公社党支部	书记	吕古	男	藏	1973.11—1976.10
		副书记	罗松	男	藏	1973.11—1976.10
	彭色公社党支部	书记	朱加	男	藏	1974.10—1975.11
			布扎	男	藏	1975.11—1976.10
		副书记	布扎	男	藏	1974.10—1976.10
	彭尼公社党支部	书记	边巴	男	藏	1974.10—1976.10
		副书记	加措	男	藏	1974.10—1976.10
	果雄公社党支部	书记	益西	男	藏	1974.10—1976.10
		副书记	艾四	男	藏	1974.10—1976.10
白雄区（1976.10—1987.10）	果雄公社（乡）党支部	书记	益西	男	藏	1976.10—1984.10
			才嘎	男	藏	1981.10—1984.10
		副书记	艾四	男	藏	1976.09—1981.10
			才嘎	男	藏	1981.10—1984.10
	索雄公社（乡）党支部	书记	吕古	男	藏	1976.10—1983.10
			洛珠平措	男	藏	1983.10—1987.10
		副书记	罗松	男	藏	1976.10—1981.10
			洛珠平措	男	藏	1981.10—1983.10
			木布	男	藏	1983.10—1987.10
	白雄公社（乡）党支部	书记	东珠	男	藏	1976.10—1987.10
		副书记	加托	男	藏	1976.10—1987.10
	彭色公社（乡）党支部	书记	布扎	男	藏	1976.10—1987.10
		副书记	朱江	男	藏	1976.10—1981.10
			江长	男	藏	1981.10—1984.10
			江那	男	藏	1984.10—1987.10

续表2

机构名称		职务	姓名	性别	民族	任职时间
白雄区（1976.10—1987.10）	彭尼公社（乡）党支部	书记	边巴	男	藏	1976.10—1979.05
			加措	男	藏	1979.05—1987.10
		副书记	加措	男	藏	1976.10—1979.05

（三）措阳区委

1959 年 7 月 30 日，中国共产党聂荣县委员会成立。

1960 年 6 月，中国共产党措阳区委员会建立。

1969 年 4 月 19 日，聂荣县革命委员会成立，随即建立区革委会，替代区党委、区公所职能。

1970 年起，聂荣县在建立人民公社的同时，逐步建立了公社党支部。措阳区革委会辖八一（色贡）公社党支部、扎西公社党支部、红旗公社党支部。

1972 年 5 月 26 日，召开中共聂荣县第一次委员会，恢复设立中共聂荣县委员会，随即措阳区委得到恢复。

1984 年，实行改社建乡后，公社党支部遂称乡党支部。措阳区委辖 5 个乡党支部，即扎西乡党支部、色贡（八一）乡党支部、楚勤乡党支部、大众乡党支部、桑荣乡党支部。

1987 年，撤区并乡，撤销措阳区。

1960—1987 年措阳区委领导名录见表 3－1－14；1970—1987 年措阳区委公社（乡）党支部领导名录见表 3－1－15。

1960—1987 年措阳区委领导名录

表 3－1－14

机构名称	职务	姓名	性别	民族	任职时间
措阳区委（1960.10—1967.02）	书记	张运平	男	汉	1960.10—1967.01
	副书记	张夫禄	男	汉	1966.05—1967.02

续表

机构名称	职务	姓名	性别	民族	任职时间
措阳区委 （1973.05—1987.06）	书记	巴珠	男	藏	1973.05—1976.10
		闵春	男	汉	1976.11—1980.09
		布嘎	男	藏	1980.10—1983.04
		才巴	男	藏	1983.04—1984.09
		阿南	男	藏	1984.09—1987.06
	副书记	多吉	男	藏	1973.05—1974.01
		杨培	男	藏	1973.05—1975.07
		安龙	男	藏	1974.01—1975.07
		桑布	男	藏	1976.10—1981.03
		西热	男	藏	1980.02—1987.06
		穷玛	男	藏	1981.03—1987.06
		建国锋	男	藏	1974.10—1976.10

1970—1987年措阳区委公社（乡）党支部领导名录

表3-1-15

机构名称		职务	姓名	性别	民族	任职时间
措阳区 （1970.09—1972.05）	八一（色贡）党支部	书记	朗卡	男	藏	1970.09—1972.05
	扎西公社党支部	书记	巴秋	男	藏	1970.09—1972.05
		副书记	朗卡	男	藏	1970.09—1972.05
	红旗公社党支部	书记	瓦达	男	藏	1970.09—1972.05
措阳区 （1972.05—1976.10）	八一公社党支部	书记	朗卡	男	藏	1972.05—1972.09
			嘎旦	男	藏	1972.09—1973.03
		副书记	永查	男	藏	1971.05—1972.06

续表 1

机构名称		职务	姓名	性别	民族	任职时间
措阳区（1972.05—1976.10）	扎西公社党支部	书记	巴秋	男	藏	1972.05—1972.06
			旦措	男	藏	1973.03—1976.10
		副书记	朗卡	男	藏	1972.05—1976.10
	红旗公社党支部	书记	瓦卡	男	藏	1972.05—1972.09
			阿加	男	藏	1972.09—1973.03
	色贡公社党支部	书记	朗卡	男	藏	1973.03—1976.08
		副书记	永查	男	藏	1972.05—1976.10
	大众公社党支部	书记	阿加	男	藏	1973.03—1976.10
		副书记	永忠	男	藏	1972.08—1976.10
	楚勤公社党支部	书记	措登	男	藏	1973.11—1976.10
		副书记	穷扎	男	藏	1974.08—1976.10
	桑荣公社党支部	书记	美多措姆	女	藏	1974.10—1976.10
措阳区（1976.10—1987.10）	扎西公社（乡）党支部	书记	旦措	女	藏	1976.10—1983.09
		副书记	朗卡	男	藏	1983.09—1987.10
			朗卡	男	藏	1976.10—1983.09
			扎南	男	藏	1983.10—1987.10
	色贡（八一）公社（乡）党支部	书记	郎加	男	藏	1976.10—1977.08
			强巴	男	藏	1977.08—1984.10
			永忠塔	男	藏	1984.10—1987.10
		副书记	永杳	男	藏	1976.10—1982.05
	楚勤公社（乡）党支部	书记	措登	男	藏	1976.10—1987.10
		副书记	穷扎	男	藏	1976.10—1987.10

续表2

<table>
<tr><th colspan="2">机构名称</th><th>职务</th><th>姓名</th><th>性别</th><th>民族</th><th>任职时间</th></tr>
<tr><td rowspan="5">措阳区
（1976. 10—1987. 10）</td><td rowspan="3">大众公社（乡）党支部</td><td>书记</td><td>阿加</td><td>男</td><td>藏</td><td>1976. 10—1984. 10</td></tr>
<tr><td rowspan="2">副书记</td><td>阿卡</td><td>男</td><td>藏</td><td>1984. 10—1987. 10</td></tr>
<tr><td>罗桑</td><td>男</td><td>藏</td><td>1976. 10—1987. 10</td></tr>
<tr><td rowspan="2">桑荣公社（乡）党支部</td><td rowspan="2">书记</td><td>美多措姆</td><td>女</td><td>藏</td><td>1976. 10—1983. 10</td></tr>
<tr><td>旺松</td><td>男</td><td>藏</td><td>1984. 10—1987. 10</td></tr>
</table>

（四）扎玛区委

1959 年 7 月 30 日，中国共产党聂荣县委员会成立。

1960 年 6 月，中国共产党扎玛区委员会建立。

1969 年 4 月 19 日，聂荣县革命委员会成立，随即建立区革委会，替代区党委、区公所职能。

1970 年起，聂荣县在建立人民公社的同时，逐步建立了公社党支部。措阳区革委会辖东方红公社党支部。

1972 年 5 月 26 日，召开中共聂荣县第一次委员会，恢复设立中共聂荣县委员会，随即扎玛区委得到恢复。

1984 年，实行改社建乡后，公社党支部遂称乡党支部。措阳区委辖 7 个乡党支部，即江左乡党支部、萨色乡党支部、江沙乡党支部、那格乡党支部、色庆乡党支部、扎洛乡党支部、下日乡党支部。

1987 年，撤区并乡，撤销扎玛区。

1962—1987 年扎玛区委领导名录见表 3－1－16；1970—1987 年扎玛区委公社（乡）党支部领导名录见表 3－1－17。

1962—1987年扎玛区委领导名录

表3-1-16

机构名称	职务	姓名	性别	民族	任职时间
扎玛区委（1962.02—1967.02）	书记	杨永生	男	汉	1963.09—1967.02
	副书记	文昌	男	藏	1962.02—1963.09
		张夫禄	男	汉	1963.10—1966.05
		杜俊杰	男	汉	1963.10—1967.02
扎玛区委（1973.07—1987.06）	书记	郝吉发	男	藏	1973.07—1976.04
		杨培	男	藏	1978.07—1979.10
		旦巴益西	男	藏	1981.08—1984.09
		布旦巴	男	藏	1983.04—1987.04
		德庆多吉	男	藏	1987.06—1987.10
	副书记	格桑卓玛	女	藏	1973.02—1973.04
		安龙	男	藏	1973.02—1974.01
		崩古鲁	男	藏	1976.10—1981.01
		穷玛	男	藏	1976.10—1979.04
		布旦巴	男	藏	1980.02—1981.01
		次仁平措	男	藏	1981.03—1984.03
		阿江	男	藏	1984.09—1986.12
		德庆多吉	男	藏	1984.09—1987.06
		杨培	男	藏	1975.07—1976.10

1970—1987年扎玛区委公社（乡）党支部领导名录

表3-1-17

机构名称		职务	姓名	性别	民族	任职时间
扎玛区委（1970.09—1972.05）	东方红公社党支部	书记	罗措	男	藏	1970.09—1972.05
		副书记	洛央	男	藏	1970.09—1972.05

续表 1

机构名称		职务	姓名	性别	民族	任职时间
扎玛区委（1972.05—1976.10）	东方红公社党支部	书记	罗措	男	藏	1972.05—1973.03
	色庆乡公社党支部	书记	罗措	男	藏	1973.03—1974.07
			洛央	男	藏	1974.07—1976.10
		副书记	次成旦增	男	藏	1974.10—1976.11
	下日公社党支部	书记	索才	男	藏	1973.11—1976.10
		副书记	曲松加	男	藏	1973.09—1976.10
	那格公社党支部	书记	才多	男	藏	1974.07—1976.10
		副书记	旦增平措	男	藏	1974.07—1976.10
	扎洛公社党支部	书记	罗措	男	藏	1974.10—1976.10
		副书记	索朗	男	藏	1974.10—1976.10
	萨色公社党支部	书记	达吉	男	藏	1974.09—1976.10
		副书记	次仁央	男	藏	1974.11—1976.10
	江色公社党支部	书记	嘎尔玛	男	藏	1974.09—1976.10
		副书记	金多	男	藏	1974.11—1976.10
	江左公社党支部	书记	措达	男	藏	1974.10—1976.10
		副书记	昌巴	男	藏	1974.11—1976.10
扎玛区委（1976.10—1987.10）	江左公社（乡）党支部	书记	措达	男	藏	1976.10—1987.10
		副书记	昌巴	男	藏	1976.10—1979.05
			热地	男	藏	1979.05—1987.10
	萨色公社（乡）党支部	书记	达吉	男	藏	1976.10—1987.10
		副书记	次仁央	男	藏	1976.10—1984.10
			吉如江才	男	藏	1984.10—1987.10
	江沙公社（乡）党支部	书记	嘎尔玛	男	藏	1976.10—1987.10
		副书记	金多	男	藏	1976.10—1987.10

续表 2

机构名称		职务	姓名	性别	民族	任职时间
扎玛区委（1976. 10—1987. 10）	那格公社（乡）党支部	书记	才多	男	藏	1976. 10—1987. 10
		副书记	旦增平措	男	藏	1976. 10—1981. 10
			央德	男	藏	1981. 10—1987. 10
	色庆公社（乡）党支部	书记	洛央	男	藏	1976. 10—1987. 10
	扎洛公社（乡）党支部	书记	罗措	男	藏	1976. 10—1983. 10
			旦增彭措	男	藏	1983. 10—1987. 10
		副书记	索朗	男	藏	1976. 10—1984. 10
			旦增平措	男	藏	1976. 10—1984. 10
	下日公社（乡）党支部	书记	索才	男	藏	1976. 10—1984. 10
			曲桑加	男	藏	1976. 10—1984. 10
		副书记	曲松加	男	藏	1976. 10—1981. 10
			欧多	男	藏	1981. 10—1987. 10

（五）查吾区委

1959 年 7 月 30 日，中国共产党聂荣县委员会成立。

1960 年 6 月，中国共产党查吾区委员会建立。

1969 年 4 月 19 日，聂荣县革命委员会成立，随即建立区革委会，替代区党委、区公所职能。

1970 年起，聂荣县在建立人民公社的同时，逐步建立了公社党支部。查吾区革委会辖立新公社党支部。

1972 年 5 月 26 日，召开中共聂荣县第一次委员会，恢复设立中共聂荣县委员会，随即查吾区委得到恢复。

1984 年，实行改社建乡后，公社党支部遂称乡党支部。查吾区委辖 6 个乡党支部，即多木江乡党支部、果当乡党支部、查当乡党支部、加布龙乡党支部、康格乡党支部、永曲乡党支部。

1987 年，撤区并乡，查吾拉区保留，只对乡进行调整。

1962—1987 年查吾区委领导名录见表 3－1－18；1971—1987 年查吾区委公社（乡）党支部领导名录见表 3－1－19。

1962—1987 年查吾区委领导名录

表 3－1－18

<table>
<tr><th>机构名称</th><th>职务</th><th>姓名</th><th>性别</th><th>民族</th><th>任职时间</th></tr>
<tr><td rowspan="3">查吾区委
（1962.08—1967.02）</td><td>书记</td><td>文昌太</td><td>男</td><td>藏</td><td>1964.04—1967.02</td></tr>
<tr><td rowspan="2">副书记</td><td>文昌太</td><td>男</td><td>藏</td><td>1962.08—1964.03</td></tr>
<tr><td>李超民</td><td>男</td><td>汉</td><td>1963.10—1967.02</td></tr>
<tr><td rowspan="11">查吾区委
（1973.03—1987.10）</td><td rowspan="5">书记</td><td>刘文跃</td><td>男</td><td>藏</td><td>1973.03—1974.01</td></tr>
<tr><td>才巴</td><td>男</td><td>藏</td><td>1980.08—1983.04</td></tr>
<tr><td>其根</td><td>男</td><td>藏</td><td>1984.09—1987.10</td></tr>
<tr><td>甲鲁</td><td>男</td><td>藏</td><td>1974.01—1976.10</td></tr>
<tr><td>旦巴益西</td><td>男</td><td>藏</td><td>1976.04—1976.10</td></tr>
<tr><td rowspan="6">副书记</td><td>张运平</td><td>男</td><td>藏</td><td>1973.03—1974.01</td></tr>
<tr><td>旦巴益西</td><td>男</td><td>藏</td><td>1973.03—1976.03</td></tr>
<tr><td>合珠</td><td>男</td><td>藏</td><td>1983.08—1984.09</td></tr>
<tr><td>索朗次仁</td><td>男</td><td>藏</td><td>1984.09—1987.10</td></tr>
<tr><td>达瓦</td><td>男</td><td>藏</td><td>1984.09—1987.10</td></tr>
<tr><td>布嘎</td><td>男</td><td>藏</td><td>1976.04—1980.08</td></tr>
</table>

1971—1987 年查吾区委公社（乡）党支部领导名录

表 3－1－19

<table>
<tr><th colspan="2">机构名称</th><th>职务</th><th>姓名</th><th>性别</th><th>民族</th><th>任职时间</th></tr>
<tr><td>查吾区委
（1971.04—1972.05）</td><td>立新公社
党支部</td><td>书记</td><td>木日</td><td>男</td><td>藏</td><td>1971.04—1972.05</td></tr>
</table>

续表 1

机构名称		职务	姓名	性别	民族	任职时间
查吾区委（1972. 05—1976. 10）	立新公社党支部	书记	木日	男	藏	1972. 05—1973. 03
	当木江乡公社党支部	书记	色目	男	藏	1973. 03—1976. 10
		副书记	木日	男	藏	1973. 07—1976. 10
	果当公社党支部	书记	布吕吉	男	藏	1973. 10—1976. 10
		副书记	朗龙	男	藏	1973. 10—1976. 10
	查当公社党支部	书记	旦增	男	藏	1973. 10—1976. 10
		副书记	加培	男	藏	1973. 10—1976. 10
	加布龙公社党支部	书记	吉确	男	藏	1973. 10—1976. 10
		副书记	吉确	男	藏	1972. 05—1973. 10
	康格公社党支部	书记	康沙	男	藏	1975. 05—1976. 10
		副书记	巴地	男	藏	1975. 05—1976. 10
	永曲公社党支部	书记	永忠	男	藏	1975. 05—1976. 10
		副书记	旺庆	男	藏	1975. 06—1976. 10
查吾区委（1976. 10—1987. 10）	当木江公社（乡）党支部	书记	色巴	男	藏	1976. 10—1987. 10
		副书记	木日	男	藏	1976. 10—1981. 10
			彭措	男	藏	1981. 10—1987. 10
	果当公社（乡）党支部	书记	布吕吉	男	藏	1976. 10—1979. 05
			朗龙	男	藏	1979. 05—1987. 10
		副书记	朗龙	男	藏	1976. 10—1981. 10
			增拉	男	藏	1981. 10—1987. 10
	查当公社（乡）党支部	书记	旦增	男	藏	1976. 10—1979. 12
			欧前	男	藏	1979. 12—1987. 10
		副书记	加培	男	藏	1976. 10—1979. 12
			俄果	男	藏	1979. 12—1987. 10

续表2

机构名称		职务	姓名	性别	民族	任职时间
查吾区委（1976.10—1987.10）	加布龙公社（乡）党支部	书记	杰确	男	藏	1976.10—1987.10
		副书记	嘎珠	男	藏	1976.10—1987.10
	康格公社（乡）党支部	书记	康沙	男	藏	1976.10—1987.10
		副书记	巴地	男	藏	1976.10—1981.10
			欧苏	男	藏	1981.10—1987.10
	永曲公社（乡）党支部	书记	永忠	男	藏	1976.10—1987.10
		副书记	旺庆	男	藏	1976.10—1984.08
			穷扎	男	藏	1984.08—1987.10

二、乡（镇）党组织

1970年4月起，各区在建立人民公社的同时，逐步建立公社党支部。尼玛区委辖尼玛公社党支部、下曲公社党支部、吉岗公社党支部；白雄区有解放公社党支部；措阳区有八一（色贡）公社党支部、扎西公社党支部、红旗公社党支部；扎玛区有东方红公社党支部；查吾区有立新公社党支部。

1984年10月，实行改社建乡后，全县31个乡党支部重新组建为13个乡党支部。

1994年11月，13个乡党支部已升格为党总支。

1999年9月，13个党总支全部升格为乡党委。

2001年，根据自治区关于撤区并乡精神，13个乡党委重新组建为10个乡党委。

2010年，聂荣县辖10个乡党委，142个村居党支部，即尼玛乡党委、色庆乡党委、聂荣镇党委、下曲乡党委、桑荣乡党委、索雄乡党委、白雄乡党委、当木江乡党委、查当乡党委、永曲乡党委。

（一）尼玛乡党委

1970年，建立尼玛公社党支部。

1984年，改社建乡后，公社党支部更名为乡党支部。

1987 年撤区并乡时，原尼玛乡党支部与格色乡党支部和尼龙乡党支部重新组建为尼玛乡党支部。

1994 年 11 月，乡党支部升格为党总支。

1999 年 9 月，党总支全部升格为乡党委。

2001 年，根据自治区关于撤区并乡精神，尼玛乡党委与玉则乡党委重新组建成为查曲乡党委。

2008 年，开展乡镇村居整合后，查曲乡党委组建为尼玛乡党委。

2010 年，设置基层党委 1 个，即中国共产党尼玛乡委员会，下设机关党支部 1 个，学校党支部 1 个，村级党支部 21 个，全乡正式党员 436 名，预备党员 23 名，入党积极分子 23 名。

2005—2010 年聂荣县尼玛乡党委领导名录见表 3－1－20。

2005—2010 年聂荣县尼玛乡党委领导名录

表 3－1－20

机构名称	职务	姓名	性别	民族	任职时间
尼玛乡党委（2005. 07—2010. 12）	书记	索南益西	男	藏	2005. 07—2009. 12
		魏刚	男	汉	2010. 05—2010. 12

（二）色庆乡党委

1970 年，建立公社党支部。

1984 年，改社建乡后，公社党支部更名为乡党支部。

1987 年撤区并乡，原朗格乡党支部、扎洛乡党支部、下日乡党支部重新组建为色庆乡党支部，原萨色乡党支部、江珠乡党支部重新组建为萨色乡党支部。

1994 年 11 月，乡党支部升格为党总支。

1999 年 9 月，党总支全部升格为乡党委。

2001 年，根据自治区关于撤区并乡精神，萨色乡党委与色庆乡党支部重新组建为色庆乡党委。

2010 年，设置基层党委 1 个，即中国共产党色庆乡委员会，下设机关党支部 1 个，学校党支部 1 个，村级党支部 14 个，全乡正式党员 274 名，预备党员 16 名，入党积极分子 21 名。

1987—2010 年聂荣县色庆乡党委领导名录见表 3－1－21。

1987—2010 年聂荣县色庆乡党委领导名录

表 3－1－21

机构名称	职务	姓名	性别	民族	任职时间
色庆乡党委（1987.05—2010.12）	书记	阿普	男	藏	1987.05—1996.06
		德白	男	藏	1996.07—1997.05
		西热达杰	男	藏	1997.05—1999.06
		赤列旺曲	男	藏	1999.07—2002.05
		阿央次仁	男	藏	2002.06—2004.05
		朗吉	男	藏	2004.06—2008.05
		杰达	男	藏	2008.06—2010.12

（三）聂荣镇党委

1960 年，建立措央区委。

1971 年，成立色康乡，建立色康公社党支部。

1984 年，改社建乡后，公社党支部更名为乡党支部。

1987 年撤区并乡，扎西乡党支部、色康乡党支部、达宗乡党支部重新组建为达众乡党支部。

1994 年 11 月，乡党支部升格为党总支。

1999 年 9 月，党总支全部升格为乡党委。

2001 年，达众乡党委组建为大众镇党委。

2008 年，大众镇党委组建为聂荣镇党委。

2010 年，设置基层党委 1 个，即中国共产党聂荣镇委员会，下设机关党支部 1 个，村级党支部 13 个，全镇正式党员 267 名，预备党员 13 名，入党积极分子 21 名。

1996—2010 年聂荣县聂荣镇党委领导名录见表 3－1－22。

1996—2010 年聂荣县聂荣镇党委领导名录

表 3－1－22

机构名称	职务	姓名	性别	民族	任职时间
聂荣镇党委（1996. 01—2010. 12）	书记	旦增平措	男	藏	1996. 01—1999. 05
		次旺罗布	男	藏	1999. 06—2001. 12
		忠恰	男	藏	2002. 01—2003. 12
		穷达	男	藏	2004. 01—2005. 12
		索朗	男	藏	2006. 01—2007. 12
		米玛玉珍	女	藏	2008. 01—2009. 12
		侯仕明	男	汉	2010. 01—2010. 12

（四）下曲乡党委

1972 年，建立下曲公社党支部。

1984 年，改社建乡后，公社党支部更名为乡党支部。

1987 年撤区并乡，下曲乡党支部、下茶乡党支部和吉岗乡党支部重新组建为下曲乡党支部。

1994 年 11 月，乡党支部升格为党总支。

1999 年 9 月，党总支全部升格为乡党委。

2010 年，设置基层党委 1 个，即中国共产党下曲乡委员会，下设机关党支部 17 个，学校党支部 1 个、寺管会支部 1 个、村级党支部 15 个，全乡正式党员 187 名，预备党员 24 名。

2001—2010 年聂荣县下曲乡党委领导名录见表 3－1－23。

2001—2010年聂荣县下曲乡党委领导名录

表3－1－23

机构名称	职务	姓名	性别	民族	任职时间
下曲乡党委（2001.01—2010.12）	书记	洛珠平措	男	藏	2001.01—2003.05
		巴桑	男	藏	2003.05—2005.10
		罗布	男	藏	2005.05—2008.10
		杰达	男	藏	2008.10—2010.05
		伦祖	女	藏	2010.05—2010.12
	副书记	崩玛	男	藏	2002.02—2008.05
		索朗	男	藏	2002.05—2004.03
		尼玛	男	藏	2005.05—2006.05
		刘建峰	男	藏	2006.07—2008.10
		嘎玛扎西	男	藏	2010.09—2010.12

（五）桑荣乡党委

1972年，建立桑荣公社党支部。

1984年，改社建乡后，公社党支部更名为乡党支部。

1987年撤区并乡，原桑荣乡党支部和楚勤乡党支部组建为桑荣乡党支部。

1994年11月，乡党支部升格为党总支。

1999年9月，党总支全部升格为乡党委。

2010年，全乡共有12个党支部，全乡党员242人，其中预备党员31人。

1987—2002年聂荣县桑荣乡党委领导名录见表3－1－24。

1987—2002年聂荣县桑荣乡党委领导名录①

表3－1－24

机构名称	职务	姓名	性别	民族	任职时间
桑荣乡党委（1987.06—2002.10）	书记	嘎次	男	藏	1987.06—1993.08
		赤列旺琼	男	藏	1996.07—1999.10
		阿珠	男	藏	1999.10—2002.09
	副书记	嘎桑次仁	男	藏	1996.08—1999.07
		嘎加	男	藏	1999.08—2002.10

（六）白雄乡党委

1973年，建立白雄公社党支部。

1984年，改社建乡后，公社党支部更名为乡党支部。

1987年撤区并乡，原朋尼乡党支部、朋色乡党支部组建成白雄乡党支部。

1994年11月，乡党支部升格为党总支。

1999年9月，党总支全部升格为乡党委。

2010年，设置基层党委1个，即中国共产党白雄乡委员会，下设机关党支部1个，学校党支部1个，村级党支部14个，全乡正式党员274名，预备党员16名，入党积极分子21名。

1987—2010年聂荣县白雄乡党委领导名录见表3－1－25。

① 因未能查找到相关史实资料，聂荣县桑荣乡2002年11月至2010年12月的乡党委领导名录未能收录。

1987—2010 年聂荣县白雄乡党委领导名录

表 3 - 1 - 25

机构名称	职务	姓名	性别	民族	任职时间
白雄乡党委（1987.05—2010.12）	书记	罗浩	男	汉	1962.09—1971.12
		多吉	男	藏	1972.01—1975.10
		洛桑南加	男	藏	1975.11—1977.10
		布古如	男	藏	1977.10—1979.08
		布旦巴	男	藏	1979.08—1982.07
		阿琼	男	藏	1982.08—1986.10
		布达玛	男	藏	1986.10—1989.09
		嘎松	男	藏	1989.09—1995.01
		扎塔	男	藏	1995.01—1998.04
		瓦加	男	藏	1998.04—2000.10
		索朗尼玛	男	藏	2000.10—2002.07
		朗杰加	男	藏	2002.07—2006.07
		达瓦罗布	男	藏	2006.07—2007.12
	副书记	次旺罗布	男	藏	2007.12—2010.10

（七）索雄乡党委

1973 年，建立索雄公社党支部。

1984 年，改社建乡后，公社党支部更名为乡党支部。

1994 年 11 月，乡党支部升格为党总支。

1999 年 9 月，党总支全部升格为乡党委。

2010 年，全乡共有 9 个党支部，全乡党员 209 人，其中预备党员 17 人，入党积极分子 21 人。

1990—2010 年聂荣县索雄乡党委领导名录见表 3 - 1 - 26。

1990—2010年聂荣县索雄乡党委领导名录

表3-1-26

机构名称	职务	姓名	性别	民族	任职时间
索雄乡党委（1990.01—2010.10）	书记	洛古	男	藏	1990.01—1993.10
		催格	男	藏	1993.10—1997.04
		洛珠平措	男	藏	1997.10—2001.04
		洛旦	男	藏	2001.04—2004.10
		布加	男	藏	2004.10—2006.10
		阿央	男	藏	2006.10—2010.10
	副书记	格加	男	藏	2004.04—2010.12

（八）当木江乡党委

1973年，建立当木江公社党支部。

1984年，改社建乡后，公社党支部更名为乡党支部。

1987年，撤区并乡，当木江乡党支部、果雄乡党支部重新组建为当木江乡党支部。

1994年11月，乡党支部升格为党总支。

1999年9月，党总支全部升格为乡党委。

2001年，组建当曲乡党委。

2008年，当曲乡党委组建为当木江乡党委。

2010年，设置基层党委1个，即中国共产党当木江乡委员会，下设机关党支部1个，学校党支部1个，村级党支部14个，全乡正式党员274名，预备党员16名，入党积极分子21名。

2000—2010年聂荣县当木江乡党委领导名录见表3-1-27。

2000—2010 年聂荣县当木江乡党委领导名录

表 3 - 1 - 27

机构名称	职务	姓名	性别	民族	任职时间
当木江乡党委（2000. 04—2010. 10）	书记	次旺江才	男	藏	2000. 04—2003. 09
		加庆	男	藏	2003. 10—2010. 10

（九）查当乡党委

1973 年，建立查当公社支部。

1984 年，改社建乡后，公社党支部更名为乡党支部。

1987 年，撤区并乡，原查当乡党支部、加布龙乡党支部、果当乡党支部组建为查当乡党支部。

1994 年 11 月，乡党支部升格为党总支。

1999 年 9 月，党总支全部升格为乡党委。

2001 年，组建查吾中心乡党委。

2008 年，查吾中心乡党委组建为查当乡党委。

2010 年，设置基层党委 1 个，即中国共产党查当乡委员会，下设机关党支部 1 个，学校党支部 1 个，村级党支部 9 个，全乡正式党员 184 名，预备党员 16 名，入党积极分子 21 名。

2001—2010 年聂荣县查当乡党委领导名录见表 3 - 1 - 28。

2001—2010 年聂荣县查当乡党委领导名录

表 3 - 1 - 28

机构名称	职务	姓名	性别	民族	任职时间
查当乡党委（2001. 01—2010. 12）	书记	索朗多吉	男	藏	2001. 01—2006. 12
		索朗平措	男	藏	2007. 01—2008. 05
		次旺加才	男	藏	2008. 06—2010. 12

（十）永曲乡党委

1975 年，建立永曲公社党支部。

1984 年，改社建乡后，公社党支部更名为乡党支部。

1987 年，撤区并乡，原康格乡党支部、永曲乡党支部组建为永曲乡党支部。

1994 年 11 月，乡党支部升格为党总支。

1999 年 9 月，党总支全部升格为乡党委。

2010 年，全乡有党支部 12 个，党员 168 人，其中女党员 11 人。

1987—2010 年聂荣县永曲乡党委领导名录见表 3 - 1 - 29。

1987—2010 年聂荣县永曲乡党委领导名录

表 3 - 1 - 29

机构名称	职务	姓名	性别	民族	任职时间
永曲乡党委（1987. 05—2010. 12）	书记	康萨	男	藏	1987. 05—1996. 05
		增拉	男	藏	1996. 06—1999. 04
		堆加	男	藏	1999. 05—1999. 12
		洛桑旦增	男	藏	2000. 01—2004. 11
		次旺坚才	男	藏	2004. 12—2007. 10
		索南平措	男	藏	2007. 11—2010. 08
		嘎增	男	藏	2010. 09—2010. 12

第三节　会议

一、党代会

1972 年 5 月 21—26 日，中共聂荣县第一次代表大会召开。会议应到代表 82 名，实到 77 名。大会主席团由李祝英等 19 人组成。李祝英代表县革委会党的核心小组向大会作工作报告。经过认真讨论，代表们通过该报告，选举产生中共聂荣县第一届委员会及其组成人员。

1987年4月25—28日，中共聂荣县第二次代表大会召开。会议应到代表114人，实到代表110人。大会主席团由阿塔等15人组成。杨宗占致开幕词，阿塔代表上届县委向大会作工作报告，大会讨论通过该报告；选举产生中共聂荣县第二届委员会和中共聂荣县纪律检查委员会。中共聂荣县第二届委员会第一次全委会选举产生县委常委、书记和副书记。

1990年5月11日，中共聂荣县第三次代表大会召开。县委书记杨培代表上届县委作工作报告，报告回顾了第二次党代会以来的工作情况，肯定了成绩，找出了差距。大会讨论通过该报告，选举产生中共聂荣县第三届委员会和中共聂荣县纪律检查委员会组成人员。中共聂荣县第三届委员会第一次全委会选举产生县委常委、书记和副书记。

1995年5月20日，中共聂荣县第四次代表大会召开。大会应到代表101人，实到90人。大会主席团由杨培等共31人组成。经过认真讨论，代表们讨论通过县委工作报告，并选举产生中共聂荣县委员会和纪律检查委员会组成人员。

2000年10月21—24日，中共聂荣县第五次代表大会在县礼堂召开。会议应到代表169人，实到140人。代表的产生采取等额选举无记名投票的方式，在169名代表中，各级领导干部代表93人，占代表总数的55%；企业代表3人，占代表总数的1.8%；牧民代表34人，占代表总数的20%；专业技术人员代表13人，占代表总数的8%；解放军代表4人，占代表总数的2%；妇女代表34人，占代表总数的21%；年龄在45岁以下的96人，占代表总数的56.8%；中专以上文化程度的47人，占代表总数的29.4%。大会主席团由罗布顿珠等共计19人组成。罗布顿珠代表县委作题为《迎接大开发，迈向新世纪，全面推进聂荣县各项事业的快速发展》的工作报告，经过认真讨论，代表们一致通过该报告。会议选举产生中共聂荣县委员会和聂荣县纪律检查委员会及其组成人员。

2006年8月16—19日，中共聂荣县第六次代表大会在县礼堂召开。会议应到代表179人，实到150人。代表的产生采取等额选举无记名投票的方式，在179名代表中，各级领导干部代表97人，占代表总数的54%；牧民代表36人，占代表总数的20%；专业技术人员代表16人，占代表总数的9%；各条战线先进人物代表26人，占代表总数的15%；解放军、武警部队代表4人，占代表总数的2%。当选的179名代表中，年龄在45岁以下的126人，占代表总数的70.3%；妇女代表33人，占代表总数的18.4%；汉族和其他少数民族代表26名，占代表总数的14.5%。大会主席团由黄云素、农军、赤琼、谢军等共计14人组成。黄云素代表县委作题为《坚持以“三个代表”重要思想为指导 为实现聂荣“十一五”经济社会发展目标而努力奋斗》的工作报告，经过认真讨论，代表们一致通过该报告。会议选举产生中国共产党聂荣县第六届委员会常务委员12人，选举产生书记1人，副书记4人。

二、县委扩大会议

1964年6月20日至7月1日，召开县委扩大会议。会议传达学习中央有关领导的指示等精神，研究讨论相关文件，对下半年工作作出安排部署等。

1964年7月9—20日，召开县委扩大会议。对下半年生产生活、牧业生产、干部困难补助等工作进行具体安排部署。

1966年4月10—18日，召开县委扩大会议。会议对当前生产中存在的问题和群众反映的问题进行研究解决等。

1966年4月21—29日，召开县委扩大会议。会议学习了毛主席著作，研究解决县委工作中存在的问题等。

1966年9月15日至10月11日，召开县委扩大会议。对当前聂荣县牧业等各项工作进行研究，对下步工作进行安排部署。

1998年11月30日至12月4日，中共聂荣县委四届二次全委（扩大）会议召开。会议传达学习了区党委五届四次全委（扩大）会议精神。

2003年7月8—16日，召开县委扩大会议。对当前聂荣县项目建设等各项工作进行研究，对下步工作进行安排部署。

2010年8月16—22日，召开县委扩大会议。听取党风廉政建设等工作开展情况，对下步工作进行安排部署。

三、三级干部会议

1964年3月1—21日，召开聂荣县三级干部会议。会议传达学习了中央有关文件精神，对上一年工作进行总结，研究讨论相关事宜，并对下一步工作进行安排部署。

1975年9月26日至10月3日，召开聂荣县三级干部会议。会议传达学习了国务院副总理华国锋和区党委书记任荣在庆祝西藏自治区成立10周年干部大会上的讲话，全国人大常委会、国务院的贺电及有关讲话、社论和文章等；吕殿臣代表县委对聂荣县近几年来工作中存在的问题作了初步检查，组织到会人员帮助县委整风、找差距、提措施，进行路线分析，提出改进意见；根据上级指示精神，制定了1975年10月至1976年10月草场基本建设规划，研究讨论了行动措施；安排部署了相关工作。

四、其他相关重大会议

2002年4月6—7日，召开聂荣县经济工作会议。11月16—17日，聂荣县召开五届二次全委（扩大）会议。

2003年3月31日，聂荣县召开2002年全县经济指标联席会议。8月4日，聂荣县召开五届三次全委（扩大）会议。10月20日，聂荣县召开县级干部民主生活会。

2004年3月1日，聂荣县召开议军会议。同日，聂荣县召开联席会议，就调整县级领导及部分科级干部包干通讯费标准进行专题研究。7月27日，聂荣县委召开五届四次全委（扩大）会议。

2005年3月21日，聂荣县召开经济工作会议。23日，聂荣县召开“普六”攻坚动员会。

2007年4月26日，聂荣县召开县级党员领导干部专题民主生活会。11月14日，聂荣县委、聂荣县人民政府召开关于2008年援藏项目资金建议会议。12月15日，召开聂荣县关于转变干部作风暨2007年社会经济目标责任细化分解会议。

2008 年 1 月 24 日，召开聂荣县经济工作会议。4 月 22 日，聂荣县召开“反对分裂、维护稳定、促进发展”主题教育活动动员会。

2009 年 3 月 6 日，聂荣县召开经济工作会议。7 月 1 日，聂荣县召开庆祝中国共产党成立 88 周年纪念大会。

2010 年 3 月 23 日，聂荣县召开经济工作会议。11 月 8 日，聂荣县召开第六次联席会议。

第二章　党务工作

第一节　组织工作

一、机构

1959年7月30日，设立县委组宣部。当时未设置专职领导，由县委兼管。

1969年4月，县革委会政治工作组成立，负责全县组织人事工作。

1976年4月，撤销县革委会政治工作组，恢复设立县委组织部。

1981年1月，县委组织部、县委宣传部合并为县委组宣部。

1983年4月，县委组宣部又分设为县委组织部和县委宣传部。

1987年6月，县委组织部、县委宣传部再次合并为县委组宣部。

1990年5月，县委组宣部再次分设，成立组织部和宣传部，独立办公。随后，县委组织部增设县委机构编制委员会办公室。

2000年12月，聂荣县委组织部核定行政编制7人，下设老干局、编制委员会办公室，人事局仍和组织部合署办公。

2010年，县委组织部核定行政编制7名，实有工作人员5人。

1964—2010年聂荣县委组织部门领导名录见表3-2-1。

1964—2010 年聂荣县委组织部门领导名录①

表 3－2－1

机构名称	职务	姓名	性别	民族	任职时间	备注
聂荣县组宣部（1964. 05—1967. 02）	部长	王仰杰	男	汉	1964. 05—1967. 02	
	副部长	王仰杰	男	汉	1963. 03—1964. 05	
聂荣县委组织部（1978. 07—1981. 01）	部长	洛桑欧珠	男	藏	1978. 07—1980. 10	
	副部长	盛祖炜	女	汉	1976. 04—1980. 09	
		达娃普赤	女	藏	1980. 01—1981. 01	
聂荣县委组宣部（1981. 03—1983. 04）	部长	达娃普赤	女	藏	1981. 03—1983. 04	
	副部长	李作荣	男	汉	1981. 03—1983. 04	
聂荣县委组织部（1983. 04—1987. 06）	部长	达娃普赤	女	藏	1983. 04—1984. 09	
		贡桑	男	藏	1984. 09—1987. 06	
	副部长	贡桑	男	藏	1983. 04—1984. 09	
		李作荣	男	汉	1981. 03—1984. 09	
聂荣县委组宣部（1987. 06—1990. 04）	部长	贡桑	男	藏	1987. 06—1990. 04	
	副部长	方向	男	汉	1987. 06—1990. 04	
聂荣县委组织部（1990. 05—2010. 12）	部长	贡桑	男	藏	1990. 05—1991. 12	
		方向	男	汉	1991. 12—1996. 12	
		达士	男	藏	1996. 12—1999. 05	
		旦增	男	藏	1999. 05—2006. 10	
		索朗吐姆	女	藏	2006. 11—2010. 12	
	副部长	方向	男	汉	1990. 05—1990. 11	
		张学东	男	汉	1989. 04—1990. 05	
		旺姆	女	藏	1990. 06—1994. 12	

① 1969 年 4 月至 1976 年 4 月，县革委会政治工作组成立，负责全县组织人事工作，因未查找到相关史实资料，此时间段领导名录未收录。

续表

机构名称	职务	姓名	性别	民族	任职时间	备注
聂荣县委组织部（1990.05—2010.12）	副部长	楚理	男	藏	1990.06—1994.12	
		达士	男	藏	1994.12—1995.05	
		达杰	男	藏	1995.06—1995.07	
		顿彪然	男	汉	1998.09—2000.01	
		热布嘎	男	藏	1998.09—2000.12	
		吉确	男	藏	1995.08—1997.01	
		琼达	女	藏	1995.08—1997.01	
		张华磊	男	汉	2005.05—2008.06	
		魏刚	男	汉	2008.10—2010.12	

二、干部管理及队伍建设

（一）干部调配任免

1959年7月30日，经中共西藏工委批准，中国共产党聂荣县委员会成立（简称中共聂荣县委），组建以丹珍为书记的县委领导班子，中共聂荣县委领导机构正式履职。

20世纪60年代，聂荣县委按照分级分部门管理办法，根据干部管理体制和审批权限，对拟担任区级干部以上领导职务的干部，呈报中共黑河地区分工委批准任命；区级以下干部由县委批准和任命。对政府机关、群团组织的负责人，则由县委组织部（组宣部）考察、推荐，并依照相关法律和程序的规定进行选举和任命。

1972年5月，随着聂荣县第一次代表大会的召开，县委相关部门逐渐恢复。1976年4月，撤销县革委会政治工作组，恢复设立县委组织部。

1984年4月、1987年6月进行机构改革，区级单位减至22个，县级干部12人，平均年龄25—39岁。

从1980年开始，陆续内调3批汉族干部，共计61人，其中县级干部2

人、区级干部 22 人、一般干部 37 人。

1984 年 7 月，西藏自治区党委下发《关于修改干部管理制度的通知》，实行分级分部门管理干部制度。县委书记、人大常委会主任、政府县长、政协主席等正县级干部的任免、提拔、调动由区党委审批。地委管理县委副书记、常委、委员，县人大常委会副主任、委员，县政府副县长，党组副书记、成员，政协副主席、委员，县纪检委副书记、县委各部长，县政府各局（科）长、各委主任、区委书记、区长，该类干部的提拔、任免、调动，由地委研究决定，属县级干部的，报区党委组织部备案；属区级及以下干部提拔副县级的，报区党委组织部备案。同年 10 月，区党委对《关于修改干部制度的通知》精神进行修改，将干部管理部分权限下放，区党委原则上只管理县委书记、县长，其他县级干部的任免、考核等，由地委研究决定。

1984 年 4 月，根据上级指示，进行县级领导班子大调整。

1986 年，县委书记、县长的工作调动，收归区党委审定；副县级干部的提拔和正县级干部的调动，收归区党委组织部审批；科级干部管理权限由自治区党委组织部区别情况下放至地委和县委。

1990 年起，聂荣县副科级干部提拔由县委负责考察、办理呈报事项，报请地委组织部审批。

1991 年，根据西藏自治区纪检委、组织部联合下发的《关于地、市、县纪委和区直、中直纪检组（纪委）领导干部任免审批的通知》，规定县纪委换届时，纪委书记候选人由县委提出，征得地区纪委和自治区纪委同意后，报自治区党委组织部审批，选举结果上报自治区党委组织部的同时抄报自治区纪委。党代会闭幕期间，县纪委书记的提拔任免由同级党委提出人选，征得地区纪委和自治区纪委同意后，报区党委组织部任免，任免名单抄送区纪委。

从 1993 年 11 月起，聂荣县在研究干部任免、奖惩等问题时，将干部个人抓社会治安治理工作的能力和实绩作为一个重要参考条件。

1998 年，根据《党政领导干部选拔任用工作暂行条例》和《中共中央关于抓紧培养选拔年轻干部的通知》，有计划地对年轻干部进行交流或轮岗，加强后备干部队伍建设。

1999年11月，中共那曲地委组织部制定下发《关于以领导班子为重点，全面加强干部队伍建设的实施意见》，就大力加强干部队伍建设、党员队伍建设、专业技术队伍建设，进一步充实和优化基层组织等进行安排部署，提出具体目标和要求。

2000年8月22日，中共那曲地委批准地委组织部《关于选派优秀青年干部到基层充实加强乡镇领导班子》的请示，按照“稳定队伍、调整结构、充实加强”的原则，开始从地直各部门选派优秀青年干部到乡镇工作。

2000年底，聂荣县共有干部293名，其中藏族干部258名，占干部总人数的88.05%；汉族干部35名，占干部总人数的11.95%。

2010年，认真学习四项监督制度①，组织各级干部举办四项监督制度专题考试，提高选人用人公信度。

（二）干部教育培训

1951年5月西藏和平解放后，中国共产党在聂荣宗的工作重点是贯彻执行《十七条协议》，广泛开展反帝爱国统一战线工作。

1965年，遵照中共西藏工委指示，县机关抽调干部，组织“三大教育”工作组，分赴各乡开展以阶级教育、社会主义前途教育和爱国主义教育为内容的“三大教育”运动。

1978年，聂荣县委落实党的十一届三中全会精神，开展加强民族团结思想教育工作。

1987年，聂荣县各级党委举办党训班34期，参加培训的党员达386人次。

1990年，聂荣县根据西藏自治区和那曲地委有关指示精神，开展民主评议党员活动，聂荣县委对党员评议的时间、步骤和条件、具体的评议内容作了具体安排。把反分裂斗争、艰苦奋斗、清正廉洁和全心全意为人民服务作为机关党员评议的重点；把增强商品经济意识，带领群众治穷致富作为牧

---

① 即《党政领导干部选拔任用工作责任追究办法（试行）》《党政领导干部选拔任用工作有关事项报告办法（试行）》《地方党委常委会向全委会报告干部选拔任用工作并接受民主评议办法（试行）》《市县党委书记履行干部选拔任用工作职责离任检查办法（试行）》。

区党员评议的重点。在此基础上进行党员登记，评选出先进党支部和优秀党员。

1997年，聂荣县委带头在全县范围内开展学习党的十五大精神、《党章》《廉政准则》以及学习孔繁森等活动。定期召开县级干部民主生活会，不断加强班子自身建设，完善党的各项建设制度，各级党组织开展了民主评议党员活动。结合中国共产党成立76周年纪念活动，普遍在党员中进行了一次党的光荣传统和优良作风的再教育，重温党的辉煌诗篇，使广大党员进一步树立正确的人生观、世界观和价值观，提高思想政治素质，增强抵御资产阶级腐朽思想的能力，涌现出了一批廉政无私的好干部。

1999年，在党管干部原则的指导下，组织党员学习《党章》《中国共产党农村基层组织工作条例》《中国共产党基层选举工作暂行条例》等有关党内法律、法规；同时，全面落实《西藏农牧区乡（镇）村基层党组织十项制度》的执行和建设。在全县范围内广泛开展“三先两优”评比活动，以发挥党员的先锋模范作用和各级党组织的战斗堡垒作用，提高组织工作的重要性。

2000年，聂荣县严格要求各级党组织加强对“三个代表”重要思想的学习和宣传教育，在工作中，进一步贯彻实施“三个离不开”和“三个有利于”的指导方针，坚持“五湖四海”的原则，真正把“三个代表”的重要思想运用到正确执行党的路线、方针、政策中去，积极开展创建乡党委“六个好”和村党支部“五个好”活动，抓好典型，以点带面地进行全面推广。同时，聂荣县借助“三讲”教育的强劲东风，在全县党员干部中开展“讲政治、讲正气、讲学习”的“三讲”教育，要求广大党员干部要树立正确的马克思主义“祖国观、民族观、宗教观、文化观”的“四观”意识。

2003年，聂荣县结合实际，从政治、思想、作风等方面入手，加强党员队伍的建设。狠抓党员发展工作，按照“坚持标准、保证质量、改善结构、慎重发展”的方针和坚持“成熟一个发展一个”的原则，不断壮大基层党组织队伍。狠抓党员教育和管理工作，定期进行集中教育培训。抓好党员生活会，对照党章，进行民主评议，开展批评与自我批评，增强广大党员的约束力。

从2005年4月份起，在全县范围内开展保持共产党员先进性教育活动，各方面取得了显著的成绩。通过开展保持共产党员先进性教育活动，广大党员和基层党组织努力在工作中创新观念、创新手段、创新方法，真正加深对各项工作的规律性认识，真正提出一些符合实际的工作思路，真正拿出一些解决问题的办法。通过保持共产党员先进性教育活动，不断增强党员队伍和党组织的创造力、凝聚力和战斗力，不断巩固党的阶级基础和扩大党的群众基础，不断提高党的执政能力。

2010年，聂荣县各乡镇以创先争优活动和主题教育活动为契机，结合各自实际，在抓好牧业生产、解决各种矛盾纠纷的同时，把学习贯彻党的十七届四中、五中全会精神作为正在开展的创先争优活动的一项重要内容，精心组织，周密部署，以多种方式开展乡村基层干部培训工作，共培训基层干部762人。

三、组织建设与党员发展

（一）组织建设

1951年7月中共三十九族分工委成立后，11月向聂荣宗派出军事代表，负责督导宗内工作，并建立1个党小组。当时尚不对外公开，党委派出的工作人员均以军事代表的名义开展活动。

1956年10月，根据中共西藏工委《对各宗不派宗代表而改派党委书记的意见》，建立聂荣宗党委，隶属中共昌都分工委丁青中心县委领导。

1957年8月，鉴于昌都地区地方上层的反动分子叛乱活动加剧，导致社会治安日益恶化的情况，根据中央决定，撤销聂荣宗党委。

1959年7月30日，中国共产党聂荣县委员会成立。

1960年6月起，聂荣县委先后在所辖行政区域内建立5个区委，即彭河区委、下河区委、措阳区委、扎玛区委、查吾区委。

1964年6月24日，聂荣县人民政府党组成立。

1966年5月，聂荣县委有机关党支部7个、区委党支部5个、县级党委1个，全县共有13个党支部。

1967年初，县委被夺权，党建工作受到极“左”路线干扰和破坏。

1967年3月，聂荣县革委会成立。

1970年2月，经那曲地区革命委员会党的核心小组批准，聂荣县革命委员会党的核心小组成立。

1970年4月，聂荣县措阳区建立全区第一个党支部（八一公社党支部），党支部共有党员5名。

1972年召开中共聂荣县第一次代表大会，选举产生聂荣县第一届委员会。此后，县直机关、区和乡各党组织逐渐恢复。

1976年4月，根据自治区党委相关文件精神，聂荣县撤销党政不分的“四大组”，按党、政等系统设立相应工作机构。到1976年底，全县共建立县委2个、区委5个、党支部41个（牧区党支部31个）。该时期，虽然党建工作还未完全走上正轨，但党的各级组织得到巩固和发展，人民公社基本建立了党组织。

1983年11月，对全县31个基层党支部进行整顿、加强和充实，对228名党员进行一次以新党章为主的培训和党风党纪教育，着重解决了党内思想、组织、作风不纯的问题，实现了党风的根本好转。

1984年10月，实行社改乡后，全县各公社党支部遂改称乡党支部。

1987年6月，根据上级进行机构改革的指示精神，进行撤区并乡工作。全县共有党总支12个，党支部19个（其中牧区党支部13个）。

1989年，召开全县党务工作会议，开展民主评议党员工作，全县各乡党委书记、县直机关党支部负责人从思想、组织、制度、作风等方面抓党的建设，做到以经济建设为中心，发展和稳定不动摇，抓好反分裂斗争，搞好社会治安综合治理等工作。会议传达学习那曲地区《关于坚持党员标准认真做好党员发展工作的意见》，对全县党建工作进行安排部署。

1996年开始，根据那曲地区《整顿农牧区基层组织工作方案》，下大力气开展乡镇党委“六个好”、村党支部“五个好”整顿工作，做好后进党组织转化工作。

1998年7月1日，建立了色庆、下曲、白雄、萨色4个乡党委，同时，果雄、当木江两乡由党支部升格为党总支。

1999年9月，大众、玉则、色庆、桑荣、索雄、查当、永曲、当木江8

个乡分别由党总支升格为乡党委。

2003 年，全县有党组织 223 个，其中基层党委 11 个，农牧区党支部 142 个。

2009 年 3 月，聂荣县人民法院党组和人民检察院党组成立。

2010 年，全县有党组织 220 个，其中基层党委 11 个，党总支 5 个，农牧区党支部 142 个。

1959—2010 年聂荣县党组织发展情况统计见表 3 -2 -2。

1959—2010 年聂荣县党组织发展情况统计表

表 3 -2 -2　　单位：个

年份	合计	支部		总支	党组	区委	党委
		总数	其中牧区支部				
1959	1						1
1960	1						1
1961	6	3				2	1
1962	12	6				5	1
1963	12	6				5	1
1964	12	6			1	5	1
1965	12	6			1	5	1
1966	14	7			1	5	1
1967	7				1	5	1
1968	7				1	5	1
1969	6					5	1
1970	13	7				5	1
1971	6					5	1
1972	23	16				5	2
1973	31	24				5	2

续表 1

年份	合计	支部		总支	党组	区委	党委
		总数	其中牧区支部				
1974	45	37	29	1		5	2
1975	43	35	31	1		5	2
1976	49	41	31	1		5	2
1977	51	43	31	1		5	2
1978	51	43	31	1		5	2
1979	45	37	31	1		5	2
1980	46	38	31	1		5	2
1981	46	37	31	1	1	5	2
1982	45	36	31	1	1	5	2
1983	51	42	31	1	1	5	2
1984	51	42	31	1	1	5	2
1985	59	50	31	1	1	5	2
1986	49	45	30	1	1		2
1987	35	19	13	12	1	1	2
1988	72	56	45	12	1	1	2
1989	97	81	70	12	1	1	2
1990	109	93	77	12	1	1	2
1991	119	103	89	12	1	1	2
1992	125	109	93	12	1	1	2
1993	137	121	101	12	1	1	2
1994	157	141	129	12	1	1	2
1995	143	127	113	12	1	1	2
1996	152	136	125	12	1	1	2

续表 2

年份	合计	支部		总支	党组	区委	党委
		总数	其中牧区支部				
1997	165	149	136	12	1	1	2
1998	183	167	130	12	1	1	2
1999	176	160	140	12	1	1	2
2000	219	198	142	5	5		11
2001	219	198	142	5	5		11
2002	219	198	142	5	5		11
2003	233	212	142	5	5		11
2004	221	200	142	5	5		11
2005	233	212	142	5	5		11
2006	217	196	142	5	5		11
2007	216	195	142	5	5		11
2008	230	209	142	5	5		11
2009	221	201	142	5	5		11
2010	230	209	142	5	5		11

（二）党员队伍建设

1951 年 7 月，中共三十九族分工委成立，11 月向聂荣宗派出军事代表，并建立 1 个党小组，有党员 1 名。

1955 年 5 月，聂荣宗解委会主任刘立梓介绍金巴入党，金巴为聂荣宗最早的藏族党员。

1959 年 7 月 30 日，中国共产党聂荣县委员会成立，有党员 6 名。根据党员人数少的实际情况，县委组宣部根据县委意见，加强对少数民族党员和干部的培训和发展力度。至 1965 年底，全县有党员 36 名，其中藏族 22 名，汉族 14 名，有少数人民干部 58 名，民族干部力量壮大，促进了民族团结，巩固了党在聂荣的基础。

至1976年底，全县有党员340名，其中妇女党员55名，比1965年底增加49名。

1985年5—7月，根据党的十二届二中全会关于整党的决定，聂荣县分期分批进行了整党工作。当时共有党员408名，参加整党400人，准予登记405人，不予登记3人。整党工作的重点是对聂荣县、区两级领导干部的思想和作风进行整顿，其次对牧、农区的党员进行马克思主义理论正面教育。在整党过程中，组织广大党员学习《中共中央关于整党的决定》、新《党章》和党的基本知识等内容。整党后期，聂荣县重新履行党员登记手续，全县参加整党的党员中有1人缓期登记、1人被开除党籍，其余均按期进行了登记。聂荣县通过整党，加强了党的领导，提高了广大党员的思想政治觉悟，党风、党纪有所好转。

1987年，全县共有党总支12个，党支部19个，其中牧区支部13个，全县共有党员425名。

1997年底，聂荣县共有党员670名，其中机关党员118名，牧民党员552名。

2010年，全县共有党员977名，其中妇女党员155名，藏族党员864名。

1951—2010年部分年份聂荣县党员基本情况见表3－2－3。

1951—2010年部分年份聂荣县党员基本情况表

表3－2－3　　单位：人

年份	总数	性别		民族	
		男	女	藏族	汉族
1951	1	1			1
1952	2	2		0	2
1953	2	2		0	2
1954	2	2		0	2
1955	4	4		2	2

续表1

年份	总数	性别		民族	
		男	女	藏族	汉族
1956	4	4		2	2
1957	1	1		1	
1958	1	1		1	
1959	6	6		2	4
1960	15	11	4	10	5
1961	20	18	2	6	14
1962	33	23	10	9	24
1963	37	29	8	10	27
1964	34	30	4	23	31
1965	50	40	10	24	26
1966	36	30	6	22	14
1967	42	32	10	30	12
1968	45	35	10	35	10
1969	51	31	20	41	10
1970	66	53	13	35	31
1971	79	65	14	43	36
1972	148	125	23	115	33
1973	219	184	35	184	34
1974	291	243	48	256	35
1975	318	266	52	279	39
1976	340	285	55	240	100
1977	346	291	55	308	38
1978	357	300	57	250	107

续表 2

年份	总数	性别		民族	
		男	女	藏族	汉族
1979	402	339	63	260	142
1980	408	346	62	380	28
1981	390	330	60	363	27
1982	375	318	57	365	10
1983	358	298	60	343	15
1984	427	367	60	414	13
1985	408	357	51	395	13
1986	419	364	55	405	14
1987	425	368	57	402	23
1997	670	470	200	620	50
1998	715	415	300	660	55
1999	775	475	300	710	65
2000	833	728	105	780	53
2001	839	539	300	769	70
2002	850	670	180	770	80
2003	860	690	170	770	90
2004	865	690	175	785	80
2005	890	700	190	800	90
2006	896	763	133	807	89
2007	902	720	182	810	92
2008	911	810	101	820	91
2009	920	820	100	810	110
2010	977	822	155	864	113

四、编办和老干部工作

（一）编办工作

1990年5月，县委组织部增设县委机构委员会办公室，由县委组织部副部长负责。

2002年，根据《中共那曲市委员会办公室关于印发〈聂荣县县、乡（镇）机构改革方案〉的通知》和《那曲市机构编制委员会办公室关于印发〈聂荣县县、乡（镇）机构改革实施意见〉的通知》精神，确定了乡（镇）和19家县直单位机构职责。

2004年，全国已开展事业单位人员聘用制度，自治区作试点工作。聂荣县大力推进事业单位人事制度改革工作。上半年，聂荣县调整职称评审委员会，把懂专业、懂业务的人选进评审委员会，从根本上保证聂荣县职称工作步入正规化、专业化。

2005年，聂荣县在机构编制管理和事业单位管理登记工作中根据地区要求，为全面加强公务员工作和提高机构改革的步伐，认真做好事业单位法人登记工作。

2008年，根据相关文件精神对全县村（居）进行整合，全县158个行政村整合为139个行政村、3个居委会。

2009—2010年，聂荣县按照地区编办批准的机构改革方案要求和“三定”规定，认真落实各项职责，严格按照县委、县政府和地区编办的要求做好政府机构改革工作。

（二）老干部工作

1996年机构改革时，聂荣县委组织部内设立老干部科，由县委组织部管理，县委组织部1名副部长具体管理老干部工作。

1980年，国务院颁布《关于老干部离职休养规定》，聂荣县严格执行规定。

1982年，中共中央制定《关于建立老干部退休制度的决定》。同年4月，国务院颁布《关于老干部离职休养制度的几项规定》。聂荣县委组织人事部门严格按照各项规章制度办理离、退休手续，干部职工在年老丧失工作能力后，按年龄为干部办理离、退休手续，由国家按月发放退休金，发给建房补贴3000、4000、5000元不等。聂荣县干部离、退休工作步入制度化、规范化、合理化轨道。

1995年，聂荣县离、退休人员退休金按新规定执行，享受退休生活补贴、地区补贴、物价补贴、医疗补贴等。聂荣县退休干部党支部成立，经常组织老干部开展学习、娱乐等活动。

从1998年开始，聂荣县委、县政府在每年“三大节日”等重要节日时，都在聂荣县城、拉萨、成都召开老干部座谈会，进行走访慰问，听取离退休人员的意见和要求。

第二节 宣传工作

一、机构

1959年7月30日，设立县委组宣部，负责全县思想宣传工作。

1969年，县革委会政治工作组成立，负责全县思想宣传工作。

1976年4月，根据区党委文件精神，设立县委宣传部。

1981年1月，县委宣传部与县委组织部合并为县委组宣部。

1983年4月，县委组宣部又分设为县委宣传部和县委组织部。

1987年6月机构改革时，县委宣传部和县委组织部再次合并为县委组宣部。

1990年5月，县委组宣部再次分设为县委宣传部和县委组织部，宣传教育工作与经济建设同步推进。

1998年，增设聂荣县精神文明建设办公室。

2000年，县委宣传部核定行政编制6名。

2010年，县委宣传部核定行政编制7名，实有工作人员4人。下设聂荣县精神文明建设指导委员办公室和聂荣县文化市场综合执法大队。

1976—2010年聂荣县委宣传部领导名录见表3－2－4。

1976—2010 年聂荣县委宣传部领导名录①

表 3 - 2 - 4

机构名称	职务	姓名	性别	民族	任职时间	备注
聂荣县组宣部（1963.04—1967.02）	部长	王仰杰	男	汉	1964.05—1967.02	
	副部长	王仰杰	男	汉	1963.03—1964.05	
聂荣县委宣传部（1976.04—2010.12）	部长	丁平山	男	汉	1976.04—1976.10	殉职
		范海涛	男	汉	1979.06—1980.09	
		顾龙涛	男	汉	1983.04—1984.09	
		李作荣	男	汉	1984.09—1987.06	
		张学东	男	汉	1990.06—1992.08	
		德庆多吉	女	藏	1992.08—1993.09	
		格地	女	藏	1994.01—1995.05	
		达土	男	藏	1995.07—1996.12	
		方向	男	汉	1996.01—1997.09	
		桑珠	男	藏	1997.09—2002.12	
		琼达	男	藏	2003.01—2004.03	
		顿彪然	男	汉	2004.04—2007.10	
		王海涛	男	汉	2009.06—2010.12	
	副部长	仲嘎	女	藏	1976.04—1981.03	
		赤桑	男	藏	1990.06—1994.12	
		阿恰	男	藏	1995.01—1998.09	
		顿彪然	男	汉	2000.01—2000.12	
		史长辉	男	汉	2002.01—2007.11	
		陈端华	男	汉	2007.12—2009.05	主持工作

① 1969 年 4 月至 1976 年 4 月县革委会负责全县宣传工作，因未查找到相关史实资料，此期间聂荣县负责宣传工作的领导名录未收录。

二、宣传教育

（一）宣传教育活动

1951年11月，聂荣宗解委会成立，主要进行宣传《十七条协议》精神工作。

1959年3月，主要宣传平叛改革方针政策，发动群众投入平叛改革的斗争。

1959年7月30日县委组宣部成立后，多次组织工作组深入农牧区发动群众，广泛宣传党在农村开展的“三反双减”和牧区开展“三反两利”运动，在寺庙进行的“三反三算”和实行的土地改革政策。在翻身农奴中以诉苦方式，启发阶级觉悟教育，并在此基础上组建各乡（镇）基层农民协会，教育群众在共产党的领导下走社会主义道路。

1963年，聂荣县电影队成立。

1976年4月，根据区党委文件精神，撤销“四大组”，恢复设立县委宣传部。党的十一届三中全会召开后，宣传十一届三中全会精神和中共中央确立的改革开放方针政策，教育全县干部群众团结一心，把工作重点转移到经济建设上来。

1982年，那曲地委下发《关于开展“全民文明礼貌月”活动的联合通知》，并确定每年3月为“全民文明礼貌月”。主要任务是搞好环境卫生，解决一个“脏”字；整顿公共秩序，解决一个“乱”字；提高服务质量，解决一个“差”字。聂荣县结合实际，制定下发了《关于开展“全民文明礼貌月”活动的通知》，要求把开展文明礼貌月活动同“学雷锋、树新风”结合起来，把树新风和破旧俗、刹歪风结合起来，大力提倡和引导群众制定乡规民约，抵制旧俗歪风，树立社会主义新风尚。

1983年，自治区和那曲地区下发《关于在那曲地区开展“两爱三有四讲”活动的通知》。聂荣县委、县政府认真学习通知精神，结合实际，进行研究，提出贯彻落实意见并制定下发《聂荣县关于开展“两爱三有四讲”活动的通知》。活动分三个阶段进行，一是学习动员，大造声势；二是广泛发动群众，及时总结活动经验；三是结合单位实际，采取措施，治理脏乱差，修订制定各类规章制度。

1983年8—11月，深入宣传邓小平、陈云在党的十二届二中全会上的讲话精神。

1986年8月，聂荣县电视台成立。

1987年4月聂荣县第二次党代会召开后，随着党的工作重心的转移，经济体制改革的不断深入，县委宣传部大力宣传中央第一、二次西藏工作座谈会精神，宣传党在农牧区的一系列方针政策，号召全县人民按照邓小平理论，围绕中央“一个中心、两个基本点”的基本路线和自治区“一个中心、两件大事、三个确保”的方针开展工作。

1987年9月23日，拉萨发生少数分裂分子骚乱事件，县委宣传部以大量事实宣传西藏是祖国不可分割的一部分，宣传西藏自民主改革以来，中国共产党带领全区人民艰苦创业，经济社会各方面所取得的伟大成就，揭露分裂分子的阴谋，组织干部群众学习《西藏的主权归属与人权状况》白皮书，抓好党的思想建设工作。

1989年，县委宣传部组织干部群众学习国务院总理李鹏等党和国家领导在首都干部大会上的重要讲话精神，大力宣传坚持四项基本原则，旗帜鲜明地教育干部群众坚定地与中共中央保持一致，坚守岗位，做好工作，为维护社会安定作贡献。中央政治局常委会对西藏工作的指示发表后，县委宣传部按照县委的指示，组织干部群众进行学习讨论。

1990—1993年，县委宣传部按照江泽民总书记在全国宣传工作会议上的讲话精神，加强宣传工作力度，组织全县干部群众学习《邓小平文选》，宣传学习邓小平同志南方谈话、江泽民总书记在中华人民共和国成立40周年大会上的讲话精神。

1994年中央第三次西藏工作座谈会召开后，县委宣传部宣传会议精神，开展对党的知识、马克思主义哲学、社会主义市场经济理论、党的十五大精神等的宣传和学习，进行以爱祖国、爱人民、爱劳动、爱科学、爱社会主义为主要内容的社会主义道德教育。

20世纪90年代后期，结合寺庙教育工作，印发《关于在全县进一步深入开展爱国主义教育的实施意见》，在全县干部职工群众中开展揭批达赖集团分裂祖国罪行的活动，组织干部群众开展“学雷锋”“学孔繁森”等学英模的活动。

1995年10月20日中共十四届五中全会召开，根据那曲地委《关于学习贯彻十四届五中全会精神的安排》，在全县广大党员干部中开展学习邓小平建设有中国特色社会主义理论和党纪党规活动，加强马克思主义“四观”“两论”宣传教育。

1995年12月，聂荣县宣传工作围绕中央制定的《爱国主义教育实施纲要》，在全县广大干部群众中宣传党的十一届三中全会以来改革开放和现代化建设的巨大成就和成功经验，特别是培养青少年的爱国主义感情，提高爱国主义觉悟，引导他们树立正确的理想、信念和人生观、价值观，进一步振奋了广大干部群众的民族精神，增强了民族凝聚力，树立了民族自尊心和自豪感。

1997年5月中旬至6月底，按照那曲地委的指示精神，聂荣县加强寺庙爱国主义教育工作力度，组织寺庙僧侣全面系统学习西藏历史、民族宗教政策、反分裂宣传提纲等，采取学习与讲座相结合、集中交流和分组讲座相结合的办法，切实提高学习效率，达到了预期目标。

1998年，大力宣传同“法轮功”邪教组织斗争的重要性，揭露“法轮功”反政府、反社会、反科学的邪教本质，教育全社会自觉抵制“法轮功”邪教思想的侵袭。

2003年，高举邓小平理论伟大旗帜，全面贯彻“三个代表”重要思想，坚持党的基本路线、基本纲领，深入学习宣传贯彻落实党的十六大精神。围绕中心、服务大局、解放思想、实事求是，以科学理论武装头脑，以正确的舆论引导群众，扎实做好宣传思想和精神文明创建工作。

2004年，贯彻落实党的十六大、十六届三中全会精神和区党委六届五次全委（扩大）会议精神。以邓小平理论和“三个代表”重要思想为指导，坚持党的新时期西藏工作指导方针，认真贯彻区党委六届五次全委（扩大）会议精神，围绕中心、服务大局，解放思想、开拓创新，把握导向、提高质量，把全县干部群众的思想统一到党的十六大精神和区党委六届五次全委（扩大）会议上来，为聂荣县全面建设小康社会，提供强大的舆论支持。

2004年4月，按照自治区党委、那曲地委相关安排部署，聂荣县成立了党政一把手任组长的学教活动领导小组，集中利用两个月在全县党政机关、企事业单位中开展马克思主义祖国观、民族观、宗教观、文化观和唯物论、无神论的学习教育活动，整体学教活动分为动员部署、学习提高、对照检查、考核验收、总结等5个阶段。另外县级宣讲团还深入各村居、寺管会开展马克思主义祖国观、民族观、宗教观、文化观的宣讲。经过两个月的学习教育活动，全县干部职工普遍受到一次较为系统的马克思主义“四观”“两论”教育，进一步打牢了维护祖国统一、增强民族团结、推动社会进步的思想基础，政治立场进一步鲜明，理论素养进一步提高，工作作风更加扎实。

2004年11月7日，中共中央下发《中共中央关于在全党开展以实践“三个代表”重要思想为主要内容的保持共产党员先进性教育活动的意见》。2005年1月，聂荣县按照上级要求，坚持以实践“三个代表”重要思想为主线，全面落实科学发展观，以学习贯彻党章为重点，坚持用马克思主义武装党员，开展第一批保持共产党员先进性教育活动，主要对象为县级以上党政机关和企事业单位。7月，聂荣县着眼于取得实效和群众满意，在提高党员素质、加强基层组织、服务人民群众、促进各项工作上狠下功夫，开展第二批保持共产党员先进性教育活动，主要对象为乡镇机关。2006年1月，聂荣县坚持以正面教育、自我教育为主，实行开门搞教育，广泛发扬民主，走群众路线，开展第三批保持共产党员先进性教育活动，主要对象为各村和部分党政机关。通过开展保先教育活动，聂荣县广大党员干部的思想觉悟有了新提升，受到了一次深刻的马克思主义教育；基层党组织的创造力、凝聚力、战斗力进一步提高，党组织和党员服务群众的行动更加自觉，党员干部的作风进一步改进；进一步推动了保持共产党员先进性长效机制建设。

2006年，聂荣县按照自治区党委和那曲地委安排部署，深入开展社会主义荣辱观教育活动，与保持共产党员先进性教育活动相结合，引导广大党员干部增强党的观念，发扬优良传统，不断提高思想道德素质；在广大牧民群众中发放《认真遵守公民道德　全面建设小康社会》宣传画，引导牧民群众不断提高自身道德修养；在广大学生中开展未成年人思想道德教育和

“以热爱祖国为荣，以危害祖国为耻”的社会主义荣辱观教育，让“八荣八耻”进教材、进课堂、进学生头脑。同时，认真贯彻党的十六大精神和中央的重大决策部署，围绕中心、服务大局，宣传党的理论创新成果，大力宣传聂荣县经济社会发展的辉煌成就，大力宣传中央关怀、全国支援及祖国大家庭的温暖，大力宣传各行各业、各条战线先进典型和先进事迹。累计开展各类宣传活动1897场次，受教育群众7万人次。

2007年，紧紧围绕建党85周年、建军80周年、香港回归10周年以及围绕党的十六大、十七大和区党委第七次党代会等重要会议，围绕社会主义精神文明建设，认真开展新闻宣传报道和教育引导工作，形成正面宣传的强势舆论。

2008年，认真学习宣传贯彻党的十七大精神，高举中国特色社会主义伟大旗帜，以邓小平理论和“三个代表”重要思想为指导，深入贯彻落实科学发展观、坚持围绕中心、服务大局，坚持解放思想、实事求是、与时俱进，坚持贴近实际、贴近生活、贴近群众，着力建设社会主义核心价值体系，着力巩固壮大主流思想舆论，着力推进改革创新，推动文化大发展大繁荣，为继续解放思想、坚持改革开放、推动科学发展、促进社会和谐营造良好氛围。一是深入学习党的十七大报告，广泛开展中国特色社会主义理论体系宣传普及活动，使党的创新理论走进生活贴近百姓。2008年，农牧民、寺庙僧尼和青少年学生平均参加主题教育学习率为96%。二是通过舆论引导、文化传播、典型示范等形式，把社会主义核心价值观体系融入宣传思想文化工作各个方面，大力弘扬以爱国主义为核心的伟大民族精神和以改革创新为核心的时代精神。

2009年，聂荣县紧紧围绕全面贯彻党的十七大和十七届三中全会精神，深入贯彻落实自治区第七次党代会、七届四次全委会精神，高举中国特色社会主义伟大旗帜，坚持以邓小平理论和“三个代表”重要思想为指导，深入贯彻落实科学发展观，按照“高举旗帜、围绕大局、服务人民、改革创新”的总要求，坚持解放思想、实事求是、与时俱进，坚持贴近实际、贴近生活、贴近群众，以纪念新中国成立60周年和西藏民主改革50周年为重要契机，紧紧围绕推动科学发展、促进社会和谐，在统一思想、鼓舞斗志上下功夫，在凝魂聚气、强基固本上下功夫，在提高传播能力、壮大主流舆论上下功夫，在抵御渗透、维护意识形态安全上下功夫，为坚定不移走有中国特色、西藏特点、适合聂荣县发展的路子提供有力思想保证、舆论支持、精神动力。

2010年，高举中国特色社会主义伟大旗帜，以邓小平理论和“三个代表”重要思想为指导，深入贯彻落实科学发展观，认真学习贯彻中央第五次西藏工作座谈会精神，牢牢把握推进跨越式发展和长治久安这一主题，坚持解放思想、实事求是、与时俱进，坚持贴近实际、贴近生活、贴近群众，切实推进马克思主义学习型党组织建设，切实推动文化大发展大繁荣，切实提高舆论引导能力和水平，切实加强社会主义核心价值体系建设，维护聂荣县意识形态安全，加强中国特色社会主义教育、爱国主义教育、民族团结教育，加强宣传思想文化工作，着力在把方向、抓班子、带队伍、促工作、上水平狠下功夫，增强宣传思想文化工作的针对性和实效性，引导和激励全县各族人民为建设团结、民主、富裕、文明、和谐的社会主义新聂荣县努力奋斗。

（二）“三个代表”重要思想教育活动

2000年7月，自治区党委发出《关于学习贯彻江泽民同志“三个代表”重要思想的决议》。2000年7月底，那曲地委下发《关于学习贯彻江泽民同志“三个代表”重要思想的决议》。聂荣县委根据中央和自治区党委、那曲地委的部署，制定《聂荣县关于开展“三个代表”重要思想学习教育活动的通知》，成立以县委书记为组长的聂荣县“三个代表”重要思想教育活动领导小组，在全县范围内大力宣传“三个代表”重要思想。

2001年2月28日，中共那曲地委下发《中共那曲地区委员会关于在农牧区开展“三个代表”重要思想学习教育活动的意见》，聂荣县按照要求，坚持学习教育与推动牧区工作相结合，坚持以正面教育、自我教育为主，坚持从实际出发、分类指导，在全县领导班子和基层干部中开展“三个代表”重要思想学习教育活动，进一步提高基层干部素质，增强基层党组织的凝聚力和战斗力，为做好牧业发展工作提供坚强有力的思想和组织保证。

2003年6月下旬，党中央再次下发《关于在全党兴起学习贯彻“三个代表”重要思想新高潮的通知》，聂荣县于2003年7月召开学习贯彻“三个代表”重要思想动员大会，在两次深入学习贯彻“三个代表”重要思想的活动中，聂荣县以学习交流会、研讨会、讲座为载体，召开学习交流会、研讨会、讲座21场，参加人数1354人次。成立“三个代表”重要思想教育活动督导组，到县直各单位、各乡（镇）督促和指导“三个代表”重要思想学习教育活动。

（三）开展“三讲”教育和“回头看”活动

1999年1月14日，中共那曲地委为认真贯彻落实《中共中央关于在县级以上党政领导班子、领导干部中深入开展以“讲学习、讲政治、讲正气”为主要内容的党性党风教育的意见》（中发〔1998〕17号）和《中共西藏自治区委员会关于贯彻〈中共中央关于在县级以上党政领导班子、领导干部中深入开展以“讲学习、讲政治、讲正气”为主要内容的党性党风教育的意见的通知〉》（藏党发〔1998〕7号）精神，下发了《中共那曲地区委员会关于贯彻落实中发〔1998〕17号和藏党发〔1998〕7号文件精神的意见》，聂荣县立即响应，坚持以党的基本路线、邓小平理论和党的十五大、区党委五届三次全委（扩大）会议精神为指导，通过学习提高、自我剖析、认真整改等，全县干部思想有了明显提高，政治上明显进步，作风上明显转变，纪律上明显增强。

自2000年12月开始，聂荣县开展领导班子及领导干部“三讲”教育“回头看”活动，分为自看自查、深入整改、通报情况、接受监督四个阶段。在“三讲”教育“回头看”活动中，聂荣县委坚持以江泽民总书记“三个代表”重要思想为指导，继续坚持整风精神，紧紧围绕讲政治这个核心，高标准，严要求，扎扎实实地进行自查自看，深化整改措施，注重活动实效，不断巩固和发展“三讲”教育成果。

宣讲活动分三个阶段进行。搞好“三讲”教育“回头看”活动，要从统一思想，提高认识入手，把开展“三讲”教育“回头看”作为一项严肃重大的政治任务来对待。聂荣县迅速成立领导小组，制定《“三讲”教育“回头看”活动实施方案》。立足于学习提高，强化理论武装，为“三讲”教育“回头看”活动顺利开展打下坚实的思想基础。坚持把加强学习、搞好理论武装，作为“三讲”教育“回头看”活动的首要任务来抓，采取以自学为主，集中学习与分散学习相结合的方式，融入各乡（镇）、村（居），共学习45场次，受教育人数达32012余人。坚持走群众路线，深入调查研究，广泛征求意见。认真对待群众意见，自觉接受群众监督，是搞好“回头看”活动的基本保证。

（四）科学发展观教育实践活动

2008年10月25日，正式启动聂荣县科学发展观教育实践活动，至2009年8月25日结束。聂荣县委及时成立以县委书记为组长的活动领导小组。

聂荣县认真对照学习内容编排时间表，把学习任务按天进行分解，在学习内容上确定学习重点，深入学习中央关于科学发展观的一系列重要论述，包括2004年3月10日胡锦涛总书记在中央人口资源环境工作座谈会上的讲话，2006年8月31日温家宝总理在省部级主要领导干部“树立和落实科学发展观”专题研究班结业式上的讲话，2006年10月中共十六届六中全会通过的《中共中央关于构建社会主义和谐社会若干重大问题的决定》等。

在学习方法上，聂荣县坚持“分层次、有重点、重实效”的原则，努力做到集中学习与个人自学相结合，党组织书记宣讲与撰写心得体会相结合，党员干部集中学习时间不少于40小时。

聂荣县广大党员干部紧紧围绕“为民、务实、清廉”的要求，做到把领导带头贯穿学教活动始终、把学习贯穿学教活动始终、把坚持群众路线贯穿学教活动始终、把开展批评与自我批评贯穿学教活动始终、把创新工作贯穿学教活动始终等“五个始终”，进一步增强广大党员、干部和群众的发展意识、大局意识、服务意识和科学发展的自觉性，做到学习到位、查摆到位、整改到位。

对照科学发展观和“为民、务实、清廉”的要求，广大党员干部结合各自实际，在自我剖析、征求意见、召开民主生活会三个环节上狠下功夫，认真检查过去的工作，查摆问题不遮不盖。在自我剖析中突出一个“深”字，着重从贯彻落实科学发展观的实践和群众反映强烈的问题深入进行自我剖析，查找思想根源，明确努力方向。通过发放征求意见表、召开座谈会、个别沟通等形式，广泛征求有关部门、本单位党员干部、服务对象和普通群众的意见，并认真细致地进行收集、梳理，及时反馈给相关部门和党员干部，激发广大党员干部和基层群众科学发展的积极性。

（五）中国特色社会主义主题教育活动

2008 年 2 月，那曲地委作出在全地区开展中国特色社会主义主题教育活动的重要决定。3 月，聂荣县启动中国特色社会主义主题教育活动，成立以县委书记为组长的聂荣县活动领导小组，并下设专门办公室。

2009 年，聂荣县按照上级安排部署，积极开展中国特色社会主义主题教育活动，围绕庆祝新中国成立 60 周年、西藏民主改革 50 周年特别是改革开放 30 周年辉煌成就，以广大干部、牧民群众和青少年学生、宗教界人士和广大僧尼为重点，全县上下贯彻落实科学发展观，深入开展群众性爱国主义教育、民族团结教育活动，深入开展热爱中国共产党、建立新中国重大历史意义、建立社会主义制度、实行民族区域自治制度重大历史意义宣传教育活动，深入开展中国特色社会主义和走中国特色、西藏特点发展路子的宣传教育，深入开展国情区情地情县情乡情和形势政策的宣传教育，深入开展反分裂、维护稳定的宣传教育，进一步弘扬爱国主义光荣传统，激发全县广大党员干部群众的爱国热情、民族团结精神。

聂荣县主题教育活动紧紧围绕中国特色社会主义这一主题，以思想教育为主线，以推动农牧区发展、维护农牧区稳定为中心，以加强基层党组织建设为重点，综合施策，多措并举，点面结合，整体推进。通过集中教育整治，中国特色社会主义理想信念更加深入人心，农牧区社会秩序、治安状况明显好转，基层基础工作全面加强、党群干群关系更加密切、人民群众得到更多实惠，确保经济社会又好又快发展，社会局势持续和谐稳定。活动中，进行中国特色社会主义制度教育、成果教育、反分裂斗争教育、法制宣传教育、和谐文明教育和“两情一观”（国情、区情，科学发展观）教育，广泛宣传中央第五次西藏工作座谈会和区党委工作会议精神。同时，通过采取集中整治重点乡村，治理影响发展稳定的热点难点问题，实施惠民项目，加强基础设施建设，加强基层组织建设，夯实基层基础等综合措施，在全社会进一步唱响共产党好、社会主义好、改革开放好、伟大祖国好、各族人民好的主旋律，进一步夯实中国特色社会主义的思想基础、群众基础、组织基础、稳定基础和发展基础。活动取得显著成效，得到广大干部群众的衷心拥护，受到社会各界的好评。

三、精神文明建设

从1982年开始，聂荣县在各学校中开展“五讲四美”活动。

1983年5月，根据那曲地区关于《开展全民文明礼貌月活动》的通知要求，聂荣县结合实际，制定下发了《聂荣县关于开展全民文明礼貌月活动实施方案》。

1987年8月，根据那曲地区《那曲市1987年至2000年社会主义精神文明建设规划》的通知要求，聂荣县根据那曲地区通知要求，制定了《聂荣县1987年至2000年社会主义精神文明建设规划》。

1996年，根据《中共中央关于社会主义精神文明建设指导方针的决议》精神，在全县范围内广泛开展创建文明单位、文明村、文明家庭等活动。

2001年4月，聂荣县当木江乡4村荣获那曲地区精神文化建设“先进集体”称号。

2003年，聂荣县根据区党委和地委关于在全社会开展以“在社会做个好公民、在单位做个好建设者、在家庭做个好成员”为主题的道德实践活动。

截至2006年底，深入开展各类文明创建活动，精心组织“青年文明号”以及“文明单位”“文明村”和“文明户”创建活动，全县涌现出国家级精神文明创建工作先进村镇1个（当木江乡），地区级或地区级以上文明行业6个，自治区级文明户10户，地区级文明户30户，县级文明户301户。

2007年，深入开展“改陋习、树新风、促和谐”和“四下乡”活动。6月，开展“大手牵小手、同做文明人”主题实践活动。

2009年，聂荣县当木江乡荣获“全国文明村镇”称号。

2010年，制定了《聂荣县文化、科技、卫生、法律、爱国爱教宣传服务五下乡活动方案》，确定每年6—10月份，组织县卫生、司法、广电、文化等相关单位深入各乡镇、村（居）开展“五下乡”活动。

第三节　统战工作

一、机构

1962 年 12 月 17 日，聂荣县委统战部成立，但未设专职领导，由县委兼管。

1968 年 3 月，聂荣县革委会成立政工组，负责全县统战工作。

1984 年 9 月，恢复设立聂荣县委统战部。

1998 年 1 月 1 日，与县委统战部合署办公的民宗局分离出去，县委统战部成为独立的党委工作机构。

2000 年，县委统战部核定行政编制 7 人，实际工作人员 5 人。

2007 年，县委统战部核定行政编制 4 人，实际工作人员 4 人。

2010 年，县委统战部核定行政编制 7 人，实际工作人员 6 人。宗教办核定编制 5 人，有工作人员 4 人。

1984—2010 年聂荣县委统战部领导名录见表 3－2－5。

1984—2010 年聂荣县委统战部领导名录

表 3－2－5

机构名称	职务	姓名	性别	民族	任职时间	备注
聂荣县委统战部（1984.09—2010.12）	部长	索朗次仁	男	藏	1987.06—1989.07	
		格桑	男	藏	1989.01—1993.07	
		热布嘎	男	藏	1993.07—1998.09	
		阿恰	男	藏	1998.12—2010.12	
	副部长	合珠	男	藏	1984.09—1987.06	主持工作
		永忠塔	男	藏	1995.08—1998.06	
		阿塔	男	藏	1995.08—1998.01	

续表

机构名称	职务	姓名	性别	民族	任职时间	备注
聂荣县委统战部（1984.09—2010.12）	副部长	阿恰	男	藏	1998.02—1998.11	
		吴朝荣	男	汉	2000.01—2000.12	
		忠加	男	藏	2002.12—2004.06	
		索朗多杰	男	藏	2004.07—2006.05	
		格桑旦增	男	藏	2006.07—2007.05	
		张华磊	男	汉	2008.06—2010.12	

二、统战工作

1951年11月，中国共产党三十九族分工委向聂荣宗派出军事代表，组建聂荣宗解放委员会，积极开展统战和群众工作。根据《共同纲领》和《十七条协议》精神，聂荣宗解委会团结民族、宗教界上层人士，培养积极分子，争取中间分子。通过上层进步人士和广大群众的支持，完成了物资运输、筑路支前、为群众发放无息贷、防病治病等各项任务。

1959年3月，西藏地方上层反动集团发动武装叛乱，中国共产党西藏工委及驻藏人民解放军奉命执行平叛任务。聂荣县主要开展宣传《十七条协议》、团结大多数上层人士、积极实施民主改革工作。

1978年12月，党的十一届三中全会后，聂荣县认真贯彻执行党的路线，全面落实党的民族、宗教和统战政策。

1979年，在上级党委的正确领导下，聂荣县委狠抓真理标准问题的讨论，认真贯彻党的民族、宗教、统战政策，在全县广大干部群众中宣讲党的民族、宗教政策。

1984年9月，聂荣县健全统战部机构，完善统战部班子。

1990年8月，聂荣县人民医院院长孟林荣获自治区党委、政府授予的民族团结先进个人称号。

1991年5月，在纪念西藏和平解放40周年时，聂荣县在全县各寺庙中深入进行西藏历史回顾、形势政策、爱国主义和法制宣传教育。

1993 年，聂荣县认真贯彻执行《民族区域自治法》，在全县广大干部、群众、僧侣中广泛开展民族政策和民族团结的宣传教育。

1995 年，聂荣县委荣获自治区党委、政府授予的第二批全区民族先进集体称号。

1998 年，萨色乡 4 村村委会副主任亚达荣获全国民族团结进步先进个人称号。

1996—1999 年，聂荣县向统战人士宣传党的方针政策，发挥统战爱国人士的积极作用。1999 年，聂荣县委荣获那曲地委、行署授予的第三批民族团结先进集体称号。

2000 年，萨色乡 4 村村委会副主任亚达荣获国务院表彰的第三批全国民族团结进步模范个人称号。

2004—2007 年，聂荣县加强对宗教事务和宗教活动的管理，依法维护广大人民群众的宗教信仰自由和正常的宗教活动，深入对僧尼开展道德、文化和法制教育。

2008 年，聂荣县在全县广大干部、群众、僧侣中开展西藏历史、新旧西藏对比、党的民族宗教政策、社会主义法制、反分裂斗争、形势政策教育等活动。

2010 年，聂荣县统战部不定期深入寺庙开展检查指导工作，对寺庙僧尼进行爱国主义教育。

三、归国藏胞安置

1978 年后，中央政府制定“爱国一家，爱国不分先后”“来去自由，既往不咎”等欢迎藏胞归国的方针政策。

从 1979 年开始，在党中央政策的感召下，以及西藏社会进步、经济发展、人民生活水平不断提高等情况的吸引下，许多境外藏胞纷纷返回西藏探亲访友、朝佛、参观、办事。

20 世纪 90 年代末，聂荣县桑荣乡境外藏胞曲央、聂荣镇境外藏胞拉松（已于 2007 年初去世）归国，分别定居于老家桑荣乡 10 村、聂荣镇 5 村。

第四节　政法协调

一、机构

1994年，聂荣县委政法委员会成立。同年，聂荣县社会治安综合治理委员会成立。

2008年3月，聂荣县维稳指挥部成立，下设办公室。

2010年，县委政法委下设维稳办、综治办、610办。

1994—2010年聂荣县委政法委领导名录见表3-2-6。

1994—2010年聂荣县委政法委领导名录

表3-2-6

机构名称	职务	姓名	性别	民族	任职时间
聂荣县委政法委	书记	布永忠	男	藏	1994.12—1996.11
		次仁郎公	男	藏	1996.11—2005.03
		谢军	男	汉	2005.04—2009.11
		史长辉	男	汉	2009.12—2010.12
	副书记（综治办主任）	嘎旦	男	藏	1994.11—1996.06
		恰如	男	藏	1996.07—2002.05
		侯仕明	男	汉	2002.06—2010.04
		张进辉	男	汉	2010.05—2010.10

二、维护稳定

20世纪80年代末，聂荣县进一步重视反对分裂、维护稳定的工作。始终坚持围绕维护稳定和经济发展开展各项工作，始终把维护政治局势稳定作为头等大事来抓，组织和带领全县各族人民坚持不懈地开展反分裂斗争，以稳定保发展、以发展促稳定。

1987年9月到1990年，聂荣县委召开专题会议，传达学习自治区党委、政府以及那曲地委有关指示，揭露拉萨几次“骚乱事件”的真相，教育干部群众充分认识拉萨骚乱事件的性质是分裂祖国、破坏民族团结的行为，充分认识骚乱事件的根源和危害，认识到反分裂斗争的长期性、复杂性和尖锐性，增强反分裂斗争的自觉性和坚定性。

1989年，聂荣县“稳定局势、综合治理”领导小组成立，加强对反分裂斗争的领导。

1996年开始，聂荣县政法委抽调干警，深入农牧区和寺庙开展调查研究，掌握社会动态，加大打击危害国家安全案件和非法出入境活动的力度。

2008年，拉萨“3·14”打砸抢烧严重暴力犯罪事件发生后，聂荣县及时传达自治区党委、政府及那曲地委有关指示，揭露事件真相，教育干部群众充分认识拉萨骚乱事件的性质、根源和危害。

2009年，聂荣县坚持“主动出击、露头就打、先发制敌”的方针和标本兼治、重在治本的原则，始终保持对“藏独”分裂势力的严打高压态势，始终保持高度警惕，严密防范和严厉打击敌对势力的各种分裂破坏活动，加强军警民联防联控，维护社会稳定。建立县维稳指挥部周一例会、维稳形势分析制度以及风险评估等规章制度，加强寺庙管理和寺庙僧尼爱国主义教育，建立完善寺庙规章制度，把寺庙纳入各级党委、政府管理的轨道。

2010年，做好3月份敏感时段、国庆长假、虫草采集、上海世博会和广州亚运会期间的安全防范工作。

三、社会治安综合治理

1995年，那曲地委下达聂荣县综治委机构的人员编制，聂荣县综治机构从组织和人员上得到加强。对寺庙突出问题进行重点整治。同时，每年与地区签订《那曲地区1995年社会治安综合治理目标管理责任书》，并制定考评办法。

1996年，按照“条块结合、以块为主”的属地管理原则，切实落实社会治安综合治理领导责任制和任期目标责任制，层层签订社会治安责任书，强化县（区）、各部门领导和每一位公民的责任，加强督促检查，总结评比和兑现奖惩，使社会治安不仅有人抓、有人管，而且形成自我管理、自我约束的群防群治网络和体系。

1997年，试点开展“安全文明乡、村、单位”和“三无”的评比工作。全面实施“三五”普法规划。抓好基层综治组织机构建设。做好庆祝香港回归和党的十五大召开期间的安全保卫工作。

2003年，为全县各学校配备法制副县长。

2010年，推行社会治安综合治理责任制，坚持“谁主管、谁负责”的原则，使群防群治等一系列综合治理措施落实到基层。在全县范围广泛开展反对分裂、维护祖国统一和民族团结的思想教育。狠抓社会治安综合治理、内部安全保卫、流动人口服务管理工作，定期不定期地清理整顿社会上存在的事故隐患，加强法制宣传教育。

四、政法协调

1994年，根据党的路线、方针、政策和县委的部署，组织、协调、指导政法机关，围绕全县社会大局稳定，定期分析形势，提出具体措施，把维护社会稳定任务层层落实到各乡（镇）、各单位；充分发挥公检法部门的职能作用，依法严厉打击少数分裂分子和其他犯罪分子的破坏活动。

至2010年，聂荣县政法委从本县实际出发，制定政法各部门执法的具体措施，大力支持、严格监督政法各部门依法行使职权；督促办理大案要案，推动大案要案的查处工作；研究协调有争议的疑难案件；指导和协调政法各部门在依法相互制约的同时，密切配合，互相支持。协助党组织做好政法部门领导干部的考察与管理工作，加强政法队伍建设和领导班子建设。配合普法办、社会治安综合治理委员会做好法制宣传教育工作。

五、平安建设

2005年，聂荣县以创建“平安聂荣”为载体，积极开展“创平安迎大庆”和“平安乡镇”“零犯罪村”“零犯罪乡镇”“零犯罪单位”创建活动，营造“五个环境”，即稳定的政治环境，良好的治安环境，规范的法制环境，诚信的发展环境，安全的生产环境。

同年7月，聂荣县政法领导赶赴西宁召开青藏两省区共建平安边界座谈会议，深入走访边界地区。

2006年，出台《中共聂荣县委、聂荣县人民政府关于建设“平安聂荣”的决定》及《聂荣县创建平安单位、乡（镇）、村（居）、校园、寺庙实施方案及创建标准》。

2007年，本年为“平安创建”落实年，提出年内100%单位完成创建工作的目标。

2009年，那曲地区授予聂荣县“地区级平安县（区）”荣誉称号。

2010年，西藏自治区授予聂荣县“自治区级平安县（区）”荣誉称号。同年，按照建设“小康聂荣、平安聂荣、和谐聂荣”的要求，通过采取启动“平安百村工程”“平安商铺”“平安家庭”“平安企业”等方式，在各乡（镇）、村（居）、寺庙、学校、企事业单位和家庭、行政区域交界地、部队驻地周边、工地等广泛深入开展各种形式的基层平安创建活动。

六、专题活动

2005年，开展“规范执法行为，促进执法公正”专项政治活动，并制定相应的实施意见。

2006年，按照中央、区、地区政法委关于开展社会主义法治理念教育活动的要求，聂荣县委政法委于7月下旬开始全面动员、周密部署，启动聂荣县政法系统社会主义法治理念教育。

2007年，开展“落实年”机关作风整顿月活动，通过学习提高、查摆剖析、整顿查处、建章立制等四个阶段，整治作风问题。

2009年，聂荣县政法干警参加“保先”活动，参学率达100%。

2010年，聂荣县政法系统“效能建设年”活动领导小组成立，下设办公室，同年3月26日召开动员大会，启动政法系统效能建设年活动。同年，开展创先争优活动，在全县政法系统部署开展公正廉洁执法主题教育实践活动。

第五节　保密工作

一、机构

1972年3月2日，聂荣县县直机关保密委员会成立。

1980年11月18日，聂荣县保密领导小组成立。

1987年，聂荣县保密委员会成立，办公室设在县委办，与县委办合署办公，聂荣县保密委员会主任由分管县委办的县级领导干部担任。

2010年，聂荣县保密办工作人员共有3人。

二、主要工作

（一）组织开展保密教育和培训

组织开展保密法规、保密形式和保密基本知识的学习教育。从保密委员会成立至2010年，共召开保密工作会议58次，以会带训人员34次。

（二）组织开展保密检查活动

每年保密委员会对全县各单位、各乡镇保密制度，文件、会议、电脑等涉密载体管理、涉密信息传输管理情况进行保密工作检查。

（三）负责涉密人员的上岗审查和离岗管理工作

规定上岗人员必须要政治立场坚定，热爱保密工作，直系亲属无分裂分子、无境外居住情况；涉密人员调离岗位时，接受3个月的脱密教育管理。监督指导要害保密部门和部门管理制度制定情况，不断加强保密防范设备配备。

（四）涉密载体管理

规定各涉密载体必须确定和标明密级、保密期限；涉密载体的使用人员都实行申请、审批和登记；借阅密级载体要履行严格的审批、登记手续。

（五）涉密信息传输管理

规定党政办公系统计算机不得连接国际互联网，对附有涉密信息的软件、光盘以及其他便携式储存设备均严格管理。

（六）重要涉密会议和活动保密管理

凡是涉密活动和涉密会议（场所）由专人负责，严格控制参会人员范围，涉密会议文件、资料的印发、清退、销毁等环节实行专人管理。会场的扩音、录音设备由专人负责检查。对会议记录严格管理。新闻部门报道会议的重要消息，必须经过会议主管领导审查批准。

第六节　档案工作

一、机构

1959 年民主改革后建立档案室，隶属县委办公室领导，工作人员 1 人。

1987 年，档案工作划归县政府系统，隶属县政府办领导，工作人员 3 人。

2000 年，建立县档案馆，有工作人员 2 人。2003 年，档案馆有工作人员 3 人。2007 年，档案馆有工作人员 2 人。2010 年，档案馆有工作人员 2 人。

二、档案室建设

档案室成立初期，只有 2 间房屋。1996 年，新建土木结构、面积 80 平方米的档案库。2000 年，档案馆面积达到 90 平方米。2003 年，档案室更换地砖，更换防盗门 1 道。2007 年，档案馆更换 30 米的防护栏。2010 年，档案馆配备密集架 3 架。

三、收集保管

档案资料主要是县委、人大、政府和县直各单位以及原 5 个区（9 乡 1 镇）的文书档案、资料。

1959 年，县委、人大、政府文书档案每年立卷归档后直接进馆。

到2010年，档案馆共库存档案3131卷，其中永久档案618卷，长期档案796卷，短期档案17卷。

四、档案利用

2003—2010年，档案室共接待查阅利用320人次，提供利用档案953卷。

第三章　纪检监察

第一节　机构

1979 年 8 月，聂荣县委纪律检查委员会成立，为正科级单位，配有书记 1 名，副书记 1 名。

1982 年，县委纪检委工作人员增加到 3 人。

1999 年，在各乡镇配备专（兼）职纪检员。

2000 年，聂荣县纪律检查委员会核定编制 5 人，下设办公室、监察局。

2010 年，聂荣县纪委监察局核定编制为 6 人（领导职数为 3 人）。县纪委监察局实有干部职工 10 人，平均年龄 31 岁。有大学本科学历 7 人、专科 3 人。全县各乡镇纪委书记均为乡镇人大主席兼任。全县相关案件由县级纪委监察机关办理。

1979—2010 年聂荣县纪委领导名录见表 3－3－1；2006—2010 年聂荣县监察局领导名录见表 3－3－2。

1979—2010 年聂荣县纪委领导名录

表 3－3－1

机构名称	职务	姓名	性别	民族	任职时间	备注
聂荣县纪委（1979. 08—2010. 12）	书记	陈小苟	男	汉	1979. 08—1980. 09	
		旺根	男	藏	1982. 01—1985. 01	兼任

续表

机构名称	职务	姓名	性别	民族	任职时间	备注
聂荣县纪委（1979.08—2010.12）	书记	顾小涛	男	汉	1985.01—1987.04	
		永地	男	藏	1987.04—1987.06	兼任
		袁国忠	男	汉	1987.06—1987.10	
		阿琼	男	藏	1993.09—1998.10	
		王银学	男	汉	1998.10—2000.10	
		白玛占堆	男	藏	2000.11—2005.03	
		热布嘎	男	藏	2005.04—2007.06	
		洛色	男	藏	2007.07—2010.12	
	副书记	洛桑欧珠	男	藏	1979.08—1980.10	
		贡桑	男	藏	1982.01—1983.01	
		刘克强	男	汉	1983.01—1984.04	
		彭学文	男	汉	1984.09—1987.06	
		阿琼	男	藏	1987.06—1993.09	主持工作
		古鲁坚才	男	藏	1993.10—1994.12	
		才旦朗杰	男	藏	1999.05—2003.01	
		吴朝荣	男	汉	2003.02—2004.12	
		扎西旺堆	男	藏	2005.07—2007.06	

2006—2010年聂荣县监察局领导名录

表3-3-2

机构名称	职务	姓名	性别	民族	任职时间
聂荣县监察局（2006.03—2010.04）	局长	阿布	男	藏	2006.03—2010.10
	副局长	旦增索朗	男	藏	2006.05—2010.04

第二节　党风廉政建设

一、制度建设

20 世纪 80 年代，按照《中国共产党章程》等有关规定和要求，狠抓端正党风工作，党内生活逐步走上正规化轨道。

1989 年，出台《县级领导干部“六不”生活标准》，不搞特殊化、不以权谋私、不搞权钱交易、不接受馈赠、不贪污受贿、不准领导干部家属经商。

1992 年，聂荣县纪委组织开展专项监督举报工作。

1993 年，聂荣县开展党内若干政治生活制度等规章制度学习工作。

1995 年，执行那曲地区纪检委制定的《关于在全地区党员干部中开展民主集中制教育的意见》。

2000 年，执行那曲地区纪检委制定的《那曲市关于领导干部任期经济责任审计的规定》《关于那曲地区纠正行业不正之风，制止“三乱”的监督办法》《关于在全地区党员干部中进行无神论教育，坚决清除达赖像，逐步消除宗教影响的意见》《进一步落实好对中小学生各种收费实行监督的制度》。

2001 年，按照那曲地区纪委的通知要求，全县 10 个乡镇组织任命和配备 10 名兼职纪检员。

截至 2010 年，聂荣县每年与各乡镇、县直各单位签订《党风廉政建设目标责任书》，做到把党风廉政建设、反腐败工作与各乡镇、各部门的日常业务紧密结合起来，齐部署、共检查、同考核。

二、宣传教育

1979 年，纪委牵头开展关于党的十一届三中全会精神专项思想宣传教育工作。

1990年，纪委牵头开展抓党性、党风、党纪教育，以民主生活会、党员支部会和党小组会等形式，对党员的党性、党风、党纪方面存在的问题进行剖析、反思。

1992年，在牧区党员中开展党风党纪教育，巩固农牧区社会主义阵地。开展党风党纪教育，重点宣传党的十三届七中、八中全会和自治区党委四届二次全委会扩大会议精神，在广大党员中广泛深入开展党的纪律基本知识、反腐倡廉、优良传统作风以及模范遵守国家法律等教育。

1993年，随着党纪条规等相关制度的制定和颁布，在全县开展以新的《中国共产党章程》为主要内容的党规党纪教育，把1993年作为学习、宣传、执行以《中国共产党章程》《廉政准则（试行）》《中国共产党纪律处分条例（试行）》为主要内容的党纪、党规宣传年。同年，对县乡机关干部的思想作风、工作作风、组织纪律进行全面整顿，重点解决部分干部党性观念淡薄，工作不扎实、不深入等问题。

1994年，在全县重点抓好党政机关特别是领导干部的教育，除采取举办党训班、以会代训、上党课等形式外，凡有条件的单位还播放党风党纪电视录像，对党员进行直观和形象化教育。

1995年，加强党风廉政教育和反腐败舆论宣传工作，注重用廉洁奉公、执法为民的模范人物、先进集体和查处的违法乱纪典型案例开展正反两方面教育。

1996年，在全县着重抓中纪委第二次全会以来制定的关于党政机关县（处）级以上领导干部廉洁自律的“三十一个不准”、关于党政机关县（处）级以上干部收入申报三项制度以及《关于党政机关县（处）级以上领导干部报告个人重大事项的规定》等各项规章制度的宣传贯彻工作。

1997年和1998年，学习宣传那曲地区纪检委汇编的以《廉政准则（试行）》《中国共产党纪律处分条例（试行）》为主要内容的教育读本。

1998年，在全县党员中开展学《党章》、学《准则》双学活动，参加党员达400余人。

1999年，在全县着重宣传党风廉政建设责任制的有关文件和规定，为2000年全面推行党风廉政建设责任制打好基础。

2000 年，结合“三讲”教育，在全县进一步落实和深化领导干部廉洁自律工作，在党员干部中广泛开展反腐倡廉宣传教育活动，着重抓领导干部“六不准”的宣传落实工作。根据中央纪委会议精神，认真抓好贯彻落实，狠抓国家机关及党员干部的纪律建设、作风建设，利用正反典型事件进行党风教育，组织观看警示片，抵制各种歪风邪气，弘扬正气，从而达到端正党风政风目的。

2001 年，坚持教育为先、预防为主的方针，在抓党员领导干部及干部管理方面突出“三教育”和“四严格”，对全县党员领导干部开展理想信念、根本宗旨、廉洁从政教育。

2002 年，开展“严禁党员干部、国家公职人员借节假日和婚丧喜庆等事宜大操大办聚敛钱财”的专项检查，着力解决部分干部作风问题。

2003 年，把反腐倡廉教育列入干部教育培训计划，贯穿于干部的培养、选拔、管理、使用各个环节，实现岗位廉政教育的制度化和经常化，扎实开展中国特色社会主义理论体系和党性党风党纪教育，充分发挥廉政教育的示范带动作用。

2008 年，积极开展社会主义主题教育活动，传达《关于在反分裂斗争中做到不信谣不传谣的通知》，学习《达赖的二十三个谎言》《揭批达赖集团的实质》《牢牢掌握反分裂斗争主动权》等论述。

2009 年，以开展“中国特色社会主义主题教育活动”“深入学习实践科学发展观活动和领导干部作风建设年活动”为契机，以领导干部为重点，深入开展反分裂斗争教育，继续进行正确权力观、政绩观和科学发展观教育，继续深入开展艰苦奋斗、廉洁从政教育，坚持立党为公，执政为民，努力做到权为民所用，情为民所系，利为民所谋。

2010 年，着重加强党的纪律教育，特别是党的政治纪律、组织纪律、工作纪律和生活纪律的教育，重点查办违反党的政治纪律案件，深入推进对《准则》《条例》等党内法规的学习与贯彻，加强广大党员干部的党性修养和政治觉悟。

三、领导干部廉洁自律

2000年以来，聂荣县不断建立完善领导干部廉政档案、提拔任用领导干部公示制度、领导干部诫勉谈话制度、领导干部任前谈话制度和领导干部述职述廉制度等制度。

始终坚持教育为主、预防在先的原则，切实加强党员干部特别是党员领导干部的廉政教育；严格执行重大事项报告制度，认真贯彻执行“三谈两述”制度，在年底举办述职述廉大会，切实抓好党员领导干部的监督管理；针对领导干部调整实际，严格进行离任审计，认真审计领导干部在任职期间经济目标完成情况、国有资产管理使用情况、财务收支管理情况等，有效确保领导干部廉洁离任、廉洁从政；严格执行党内监督条例，进一步完善民主生活会制度，每年坚持召开县级领导干部民主生活会，进行批评与自我批评，促进领导干部廉洁自律。

2001年，通过“三个代表”学习教育活动，着力提升党员领导干部廉洁自律意识，规范领导干部从政行为。

2003年，组织开展纪检监察干部理论学习。

2005年，开展纪委监察局党员先进性教育活动，认真学习《关于维护党的纪律严肃处理党风方面若干突出问题的意见》等政策规定。

2006年，组织县纪委干部深入学习《江泽民文选》《公务员法》。

2007年，深入学习《党员违纪处理程序》《中共中央纪律检查委员会关于审理党员违纪案件工作程序的规定》《党的纪律检查机关案件审理工作条例》《行政机关公务员处分条例》。

2008年，开展学习《新编纪检监察业务教材》等业务知识，进一步提高纪检监察干部业务能力和水平。

2009年，认真学习先进纪检监察干部代表王瑛同志事迹，组织纪检监察干部观看先进党员事迹专题片《永不凋零的巴山红叶》。

2010年，组织全县正科级以上干部集中学习《中国共产党党员领导干部廉洁从政若干准则》，听取专题辅导报告。

第三节 查办案件与执法纠风

一、查办案件

2000年，共受理违纪违法案件19起，其中渎职类7件，违反社会道德案件9件，违反廉洁自律案件1件。在违纪案件查处和来信来访的办理工作中，突出办案要点，加大办案力度，着力查办领导机关和领导干部贪污受贿、失职渎职案件，认真研究做好查办案件工作的思路、措施和方法，不断提高协作办案，独立办案的能力。

2001—2010年，始终保持查办案件高压态势，突出案件查办工作，充分发挥信访举报作用，认真受理各类来信来访案件，共收到来信来访及转办案件22件，给予党纪政纪处理7人，开除公职1人，勒令8人退赔经济损失，共挽回经济损失5.94万元。

二、执法纠风工作

从1990年开始，狠抓制止奢侈浪费“八条规定”的落实，巩固“耳朵腐败”① 治理工作的成果。

2001年，加大教育乱收费治理力度。加大对中小学收费“一费制”和高中招收择校生“三限”政策执行情况的检查力度，先后3次对此项工作进行监督检查，全面规范学校收费行为，进一步健全教育收费管理和监督制度，重申对学校乱收费和挤占、挪用、截留教育经费等行为进行严肃查处的有关规定，特别是加强对农牧区学校“三包”经费的监管，防止违规违纪行为的发生。

2002年，加强农牧民“减负”监督管理和公路“三乱”治理工作。派出专门工作组，深入各乡镇进行调查了解，加强监督工作，有效防止任何单

---

① “耳朵腐败”：指滥用公款购置手机，安装住宅电话、报销电话费用等。

位以任何名义增加农牧民负担，确保各项支农惠农政策落实到位。同时继续对公路检查站（点）实行规范管理，加强对临时设立点撤除落实情况的监督检查，重点排查对机动车乱收费、以罚代纠、只罚不纠和借执法之名牟取私利的行为，进一步规范公路执法人员的行为。

2003年，深化政务公开工作。着重在扩大公开内容、深化公开范围和提高关键环节透明度上下功夫，向社会公开工作职责、工作纪律、办事程序、监督措施，特别是办事时限、办理结果、收费依据、收费标准等。同时召开部分涉及群众切身利益事项的听证会，对收费标准进行听证。进一步加大对社会关注、群众关心的热点难点问题，如土地资源管理、人事制度、专项经费使用、环境保护的公开力度，有效杜绝了乱收费现象。

2004年，加强对农牧民安居工程建设项目政策落实情况的监督检查。为保证自治区安居工程建设的惠民政策全面落实，在上级部门的安排部署下，对全县安居工程专项检查工作进行周密部署，成立领导小组，制定下发工作方案，联合财政、审计、国土、农牧等单位组成专项检查工作组，进行全面细致检查，检查面达到100%，对存在的问题及时进行纠正处理。

2005年，开展支农惠农政策专项资金大检查。联合财政、审计、民政、农牧等单位成立联合督查组，利用一个月时间开展监督检查，针对存在的问题，督查组及时提出整改意见。

2006年，开展财政专项资金监督检查工作。联合财政、审计、民政、教育等单位，抽调精干力量组成工作组，深入10个乡镇和部分村（居），通过实地走访、检查核实账本、查阅支付凭证等方式，以税费改革资金、惠民专项资金、“小金库”为重点，对专项资金落实情况进行全面检查和深入调研，对存在的问题及时提出整改建议，并全程跟踪督促整改落实情况。

2007年，认真落实行政审批制度改革。针对地区卫生局将个人诊所审批权限下放至各县卫生行政主管部门，导致部分县乡的个体药店、个体诊所泛滥的问题，及时进行检查，确保个体诊所审批程序明确、被审批对象资质审查、后续管理工作规范。

2008年，继续开展“四个坚决纠正”专项工作。参与监督征收征用土地工作，杜绝损害群众利益事件的发生。进一步清理拖欠农民工工资问题，保障农民工的合法权益。

2009 年，强化对扩大内需促进经济增长政策落实的检查。聂荣县纪委监察局及时成立领导小组，制定工作方案，细化工作任务，明确工作职责，对达到招投标限额的工程项目进行归口管理。

2010 年，坚决反对铺张浪费、提倡厉行节约要求。联合工商部门不定期明察暗访餐饮和娱乐场所，突击检查公款消费和高消费娱乐活动，狠刹歪风邪气。

第四章　群众团体

第一节　工会

一、机构

1989年12月，聂荣县总工会筹备领导小组成立。

1991年8月，召开聂荣县总工会成立暨第一次会员大会，聂荣县总工会成立。

1996年9月，在机构改革中，聂荣县青妇办公室和县总工会合署办公，聂荣县工青妇办公室成立。

2002年，根据机构改革“三定”工作方案，县工青妇办公室编制5名，实有工作人员4名。

2010年底，聂荣县共有26家工会组织，其中11家县直机关工会组织，即县委、县政府、公安、法院、检察院、人民医院、粮油公司、电站、贸易公司、寺管会、藏医院；10家乡镇工会组织；5家独立工会组织，即教育、电信、移动、农行、邮政。

1991—2010年聂荣县总工会领导名录见表3-4-1。

1991—2010 年聂荣县总工会领导名录

表 3－4－1

机构名称	职务	姓名	性别	民族	任职时间
聂荣县总工会（1991. 08—2010. 12）	主席	索朗次仁	男	藏	1991. 08—1994. 01
		宗嘎	男	藏	1995. 07—2000. 10
		巴桑	男	藏	2000. 11—2001. 06
		格桑旦增	男	藏	2009. 07—2010. 12

二、工会工作

20 世纪 90 年代，聂荣县工会加大劳动纠纷调处工作，切实维护职工的切身利益；深入企业安抚慰问困难职工、离退休职工和伤残职工。

1997 年冬至 1998 年春，聂荣县 13 个乡均遭受到百年不遇的雪灾侵袭，聂荣县工会为 1 户残疾困难职工送去生活必需品，帮助渡过难关；筹措 1. 08 万元的资金，慰问企业退休职工；举行 1 次冬季运动会，以增强干部职工的身体素质；联合团委和妇联举办 1 期英语培训班，参加培训人数 30 多人。

1998 年，聂荣县工会干部职工和全县广大干部职工积极投入牧区开发示范项目建设中，为项目建设出谋划策。

2008 年，为全县困难企业、困难职工、县总工会和基层工会建立档案，实行动态管理，及时给予帮扶。在“三大节日”来临之际，专门成立“三大节日”慰问领导小组，并从财政拨付 3 万余元慰问金，走访慰问居住在拉萨、那曲和聂荣县的企业特困职工、企业退休职工 61 人，生活有困难的临时工 49 人。

2010 年，开展“关心人、理解人、帮助人”的送温暖活动，看望职工 5 次，对生活确有困难的县粮站退休职工和电站职工、色庆乡供销社职工病故家属给予了补助和慰问，共发放补助金 3500 元。为 1 名学生争取到一次性就学资助金 5000 元。将县电站 3 名职工安排到拉萨疗养。

第二节　共青团

一、机构

1963年9月23日，中国共产主义青年团聂荣县委员会成立（简称“团县委”），有1名干事。

1964年6月25日，中共那曲分工委任命甲鲁为团县委副书记，团县委工作逐步进入正轨。

1973年开始，根据上级指示精神，团县委恢复活动。

1991年，全县基层团组织基本健全，在13个乡中有15个团支部，各支部的组成人员基本齐全，大部分乡的团支部书记由乡党委书记或副书记担任。全县共有团员231人。

1999年，全县有1个团县委、2个乡团委、10个团总支、94个团支部，发展团员365人，全县有团员926人。推荐优秀团员7名入党。

2010年，聂荣县团委有1名团委书记，与县妇联、工会合署办公；无专职工作人员。

1976—2010年共青团聂荣县委领导名录见表3－4－2。

1976—2010年共青团聂荣县委领导名录

表3－4－2

机构名称	职务	姓名	性别	民族	任职时间	备注
共青团聂荣县委（1964.06—2010.12）	书记	昂青拉姆	女	藏	1976.04—1976.10	
		达娃普赤	女	藏	1976.10—1980.01	
		潘汉荣	男	汉	1984.09—1987.06	
		那切	男	藏	1991.10—1994.01	
		德庆多吉	女	藏	1994.02—1996.10	
		巴桑	男	藏	1996.11—1997.01	

续表

机构名称	职务	姓名	性别	民族	任职时间	备注
共青团聂荣县委（1964.06—2010.12）	书记	苟新民	男	汉	1997.02—2006.06	
		扎西永青	女	藏	2006.07—2009.05	
		刘建锋	男	藏	2009.06—2010.12	
	副书记	甲鲁	男	藏	1964.06—1966.05	主持工作
		达娃普赤	女	藏	1973.09—1976.10	主持工作
		昂青拉姆	女	藏	1980.01—1982.03	
		潘永州	女	汉	1980.02—1982.11	
		央宗	女	藏	1981.05—1982.10	
		次杰拉曲	女	藏	1982.11—1987.10	

二、团组织发展

1964 年 3 月 21 日，在格色乡牧民中发展了第一名团员。

1965 年 3 月 30 日，格色乡团支部成立，是聂荣县最早的团支部。

1966 年 5 月，全县共有团支部 7 个，有团员 52 人。

1970 年，根据地区部署，对全县团组织进行整顿。

1994 年 6 月，聂荣县共青团第二次代表大会召开，选举产生共青团聂荣县第二届委员会。全县建立团组织 22 个，其中，机关团支部 1 个、完小团支部 1 个、县中队团支部 1 个，各乡团支部 16 个，全县团员人数达 435 人。

2010 年，团县委新发展团员 1600 名，团员总数达 4800 名，并推荐 186 名团员入党。

三、青少年工作

1963 年 9 月 23 日，共青团聂荣县委成立后，积极培育农牧区青年，为在基层建立团组织创造条件。同年，全国开展“向雷锋同志学习”的活动，团县委组织召开团员、青年座谈会，创办“向雷锋同志学习”专刊，掀起

“向雷锋同志学习”的热潮，广大团员、青年争先恐后做好事、办实事，发扬助人为乐精神，利用休息时间参加义务劳动，帮助困难户捡牛粪等，受到群众好评。

1979年，团县委广泛开展宣传、贯彻、落实党的十一届三中全会和共青团十七大精神，各区团支部举办学习班和宣传小组，扎马区团支部举办宣传党的方针政策和学习团章的学习班57次，参加团员3000人。

1983年，团县委开展学英雄、赶先进、表彰先进的活动，成立6个学雷锋小组，参加人数72人，做好事40次。县完小的少先队员为全县小学的同学缝补衣服6次，并组织2个送温暖小组，参加人数20人，看望慰问五保户、孤寡老人。在“五四”青年节期间表彰6名优秀团员。

1984年，团县委在广大团员中开展学习教育活动，要求各支部抓好每个团员、青年的思想教育工作，整顿好三、四两类团支部，使一些软弱涣散的支部活跃起来，加强对全县团组织建设和团员的思想教育。团县委组织团员青年在“五四”期间演出文艺节目22个。在“五四”青年节新团员入团仪式上，对7名优秀团员和3名优秀青年进行了表彰。

1985年，团县委认真学习贯彻共青团十届三中全会通过的决定和共青团自治区委召开的全区团工作会议精神，做到服从于经济建设，服从于党的中心工作。

1989年，团县委积极参加抗灾救灾工作，组织青年团员积极前往抗灾前线，为灾区捐款捐物等，发扬了“一方有灾，八方支援”的高尚品德。

20世纪90年代，团县委在团员青年中开展学习江泽民在建党70周年纪念会上的讲话、邓小平南方谈话、《邓小平文选》（第三卷）活动；结合西藏反分裂实际，开展对《西藏的主权状况与人权归属》白皮书的学习；学习中国共产党十四大、十五大精神，加深团员青年对党在新时期各项方针、政策的掌握和理解，进一步解放思想、更新观念，积极投身到改革开放和各项建设事业中去。

1997年，团县委组织举办“五四”入团仪式、篮球比赛、“迎七一、迎回归”、升国旗、唱国歌、学英雄等活动；组织团员、青年志愿者清理全县球场和饮水水渠附近以及县城内的垃圾；在尼玛乡举办一期“星火带头人”培训班，对20名青年团员进行兽医知识培训；对10名团员青年进行手工艺培训。

1997年，团县委在尼玛乡建立“青年乡村小康行动”扶贫攻坚点，扶贫点共有牦牛338头、绵羊715只、山羊22只、马22匹，在雪灾来临前，提前准备过冬的粮食和燃料，在雪灾时遭受损失较小。在“五四”期间表彰8名优秀团员，向党组织推荐36名优秀团员。8月，联合县组织部召开1997新学员座谈会，组织团员进行郊游。县完小少先队与桑荣乡小学开展“手拉手”活动，并赠送价值520元的各种物品。为加强少先队的组织纪律性，开展为期3天的军训。

1998年，大众乡6村一位贫困牧户的住房倒塌，县团委组织30多名青年为该牧户转运石头，重新修建住房。1998年，青年志愿者为民服务12次，参加人数182人。团县委在大众乡举办实用科技培训班，参加人数23人；在县完小举办英语培训班，参加人数32人。各乡团组织积极举办扫盲班，参加扫盲人数达2421人，脱盲1741人。

1999年，尼玛乡开展的“青年乡村小康行动”扶贫项目取得较好成效，共有426头牛、722只绵羊，人均14.9头（只、匹），同比1998年增长两倍。同年，由公益基金会援助的尼玛乡新村小学建成，有学生41名，配有1名老师。为提高牧民群众的科学技术知识，团县委举办1期科技知识培训班，培训内容主要为兽医技术，参加人数60人。各乡团组织也继续举办扫盲班，参加扫盲的人数达141人，脱盲51人。

四、志愿者工作

1990年，从县机关到乡村全面开展一系列青年志愿者活动。在“五四”期间举办以团章知识为主要内容的竞赛活动。

1995年，在达众乡开展以脱贫致富、扫盲、培养“致富带头人”、创办民族手工业为主要内容的“青年乡村小康行动”活动。达众乡建立21个扫盲班、14个扫盲夜校，到1995年底，全乡457名青年文盲中已有210人脱盲，脱盲率46%。

1999年，举办扫盲夜校35所，参加学习的团员青年达454人。

在2005年10月至2006年6月，开展“增强共青团员意识”主题教育活动，以进一步增强工作的主动性和创造热情，活跃了青年组织，提高了广大团员对团组织的认同感和归属感。

第三节 妇联

一、机构

1963年9月20日，聂荣县妇联成立。

1973年3月，召开聂荣县第一次妇女代表大会，选举产生新一届妇联组成人员。

1987年6月，团县委、县妇联合并为聂荣县青妇办公室。

1995年，根据国务院妇女儿童工作委员会和区、地妇女儿童委员会的文件精神，为推动全县妇女儿童事业的发展，聂荣县成立县妇女儿童工作委员会，办公室设在县妇联。

1996年9月，在新一轮机构改革中，聂荣县妇联与工会、团委合署办公。

2010年，聂荣县妇联有1名主席，与团县委、工会合署办公；无专职工作人员。

1973—2010年聂荣县妇联领导名录见表3-4-3。

1973—2010年聂荣县妇联领导名录

表3-4-3

机构名称	职务	姓名	性别	民族	任职时间	备注
聂荣县妇联（1973.06—2010.12）	主任	曲吉	女	藏	1973.06—1976.10	
		潘汉荣	男	汉	1987.06—1987.10	
		尼玛潘多	女	藏	2001.01—2002.11	
		措吉	女	藏	2002.12—2010.12	

续表

机构名称	职务	姓名	性别	民族	任职时间	备注
聂荣县妇联（1973.06—2010.12）	副主任	曲吉	女	藏	1963.09—1966.05	
		刘云	女	汉	1973.09—1978.10	
		夏长英	女	汉	1979.03—1980.05	
		昌珍	女	藏	1982.12—1984.04	
		格桑卓玛	女	藏	1984.09—1987.07	
		强巴曲珍	女	藏	1987.10—2000.10	主持工作
聂荣县妇女联合会（1992.02—1996.12）	副主席	央宗	女	藏	1992.02—1995.11	
		兰英	女	汉	1995.12—1996.12	
聂荣县工青妇办公室（1998.09—2010.12）	主任	巴桑	男	藏	1998.09—2000.12	
		巴桑	女	藏	2000.12—2004.04	
		措吉	女	藏	2004.01—2010.12	

二、组织建设

1983 年，聂荣县有 5 个区、31 个公社、178 个生产队。全县妇女 10008 人，占总人口的 51.2%。其中女党员 59 名，占妇女总数的 0.6%；女团员 147 人，占妇女总数的 1.5%。获得“全国三八红旗手”称号 1 人。在“三八妇女节”期间表彰了“三八红旗手”3 人和“五好文明家庭”1 人。

1990 年，全国人口普查时，县妇联对全县妇女、儿童人数进行分类统计，妇女 11345 人，其中女职工 86 人、女党员 54 人、女团员 83 人，大专以上的妇女 3 人、中专 33 人、高中 3 人。乡妇联主任 33 人，副主任 26 人，委员 164 人。

2010 年，聂荣县妇女总数为 17340 人。县、乡镇、村三级妇女组织健全。各乡镇妇联主任均为兼职，且均为党员，平均年龄 36 岁。在 139 个行政村均配备一名妇代会主任。妇代会主任由女性担任和进“两委”比例均为 100%。其中，18—30 岁为 30 人，占 21%；党员 64 人，占 41%。各级妇联组织通过充实调整、强化学习、加强实践锻炼等措施，不断提高妇联干部队伍的综合素质。

三、妇联工作

1978年，组织广大妇女学习贯彻党的十一届三中全会以来党的路线、方针、政策，教育广大妇女坚持四项基本原则，积极走改革开放、治穷致富的道路。妇女工作围绕搞好经济体制改革、推行和巩固生产承包责任制展开；开展计划生育宣传教育和其他法制教育，积极宣传《婚姻法》；办好幼儿教育，解放妇女劳动力；开展精神文明建设，动员妇女从家庭到社会，发挥妇女应有的作用。

1979年，组织妇女认真学习贯彻执行妇女"四大"会议精神和自治区召开的一系列妇女会议精神，共举办专题学习班10次，与会人员达88人。

1979年，表彰5个先进集体和48名妇联先进工作者。查吾拉区妇联主任查果被评为"全国三八红旗手"。县医院杨中和尼玛区下曲公社4队的达措被评为自治区"三八红旗手"。

1985年10月，县域部分区遭受严重雪灾，在抗灾工作中广大妇女积极投入抗灾工作，主动给灾区人民捐款捐物，共捐款92元人民币、捐衣服9件、茶叶52.5公斤、青稞54公斤、大米30公斤。

1988年，青年办在妇女节开展"四自"（自尊、自信、自立、自强）宣传教育活动。各基层妇代会每年组织妇女为五保户及困难群众做好事；组织妇女义务维修道路、捡牛粪等，积极参加扫盲教育和实用技术教育。

1990年，全县妇女、儿童138人向灾区捐款、捐粮，共捐款1423.5元、捐粮食532.5公斤。

1994年为"国际家庭年"，从1994年起，每年的5月15日为"国际家庭日"。为迎接第四次世界妇女代表大会1995年在我国召开，帮困扶贫献爱心活动在聂荣全面展开，县妇联号召并发动全县妇女干部为贫困户捐款捐物。

2000年，聂荣县妇联在全县广大妇女中加强马列主义、毛泽东思想和邓小平理论以及党的十五大、十五届三中和四中全会，自治区党委五届四次、五次全委会扩大会议的宣传和学习，大力宣传《婚姻法》《未成年人保护法》《妇女权益保障法》《义务教育法》等法律、法规。组织妇女开展“巾帼建功”“巾帼扫盲”“巾帼扶贫”“双学双比”及“五好家庭”等活动。

2001年，县妇联在全县妇女中开展“双学双比”（学文化、学技术，比成绩、比贡献）活动。举办各种科技培训班4期，参加培训的妇女42人次。

2002年，全县各级妇女组织积极配合县普法办公室，利用墙报、专栏、标语、电影、广播、图片、宣传车、法制课、法律知识竞赛、咨询和办培训班等多种形式，在妇女中开展普法宣传教育活动。

2003年3月，聂荣县妇联开展庆祝“三八”国际妇女节系列活动。

2004年，聂荣县妇联与多家单位联合组织开展普法宣传月、“三八”维权周以及“妇女学法律、家庭创平安”“法律进万家”等活动，向全社会大力宣传男女平等和维护妇女权益的法律法规。

2005年，县妇联积极推进妇女创业就业调研，完善妇女创业人才数据库，创建妇女创业就业示范基地。

2006年，县妇联深化“巾帼建功”活动创建。通过岗位练兵、岗位竞赛、岗位成才等活动，丰富巾帼文明岗创建内容，提高创建质量，增强创建能力。

2007年，县妇联实施“贫困妇女两癌救助行动”，与卫生系统共同实施“两癌”免费筛查，为23名牧区妇女进行免费体检。

2008年，各级妇联结合先进性教育，开展“三八”“六一”等系列庆祝活动和扶贫帮困活动，选出3名基层妇女党员榜样。

2009年9月，县妇联结合“不让黄赌毒进我家”“美在家庭”“绿色家庭”等系列宣传教育活动，开展“远离毒品，不让艾滋病进我家”宣传教育活动。

2010年3月8日，县妇联召开庆祝“三八”妇女节座谈会以及表彰大会，60余名来自县各中直单位的妇女参加活动，5名先进妇女受到表彰。

第四节 贫协

1965 年 8 月 9 日，为进一步树立贫下中牧（农）的政治优势，带头办好人民公社，发扬其在社会主义革命和建设中的艰苦奋斗精神，促进全县农牧业生产发展，实现全县人民公社化，聂荣县成立贫苦农牧民协会（简称“贫协”）。

在社会主义建设新时期，“贫协”组织作用逐渐减弱，1979 年 12 月，按照上级指示，予以撤销。

1974—1979 年聂荣县贫协领导人名录见表 3－4－4。

1974—1979 年聂荣县贫协领导人名录

表 3－4－4

机构名称	职务	姓名	性别	民族	任职时间
贫协（1974.06—1979.11）	主任	吕殿臣	男	藏	1975.01—1976.07
		巴排根	男	藏	1976.08—1979.10
	副主任	阿努	男	藏	1974.06—1976.05
		昂强巴	男	藏	1977.07—1979.11

第四篇

政权　政务

第一章　人民代表大会

第一节　机构

1965 年 7 月 26 日，聂荣县召开第一届人民代表大会，选举产生聂荣县人民政府组成人员，虽未成立人大机构，但行使人大职权。

1977 年 6 月 15 日，聂荣县召开第二届人民代表大会。

1981 年 12 月，聂荣县召开第三届人民代表大会，聂荣县人大常委会成立。

1984 年 9 月，聂荣县人大常委会下设人大办公室，办公室编制为 3 人。

2000 年，聂荣县人大常委会及其办公室干部人数为 3 人，其中县人大常委会领导职数为一正一副。

2010 年，聂荣县人大常委会领导职数为一正四副，县人大常委会办公室核定行政编制 4 名，实有工作人员 4 名。

1981—2010 年聂荣县人大常委会领导名录见表 4 – 1 – 1；1987—2010 年聂荣县人大常委会办公室领导名录见表 4 – 1 – 2。

1981—2010 年聂荣县人大常委会领导名录

表 4 - 1 - 1

机构名称	职务	姓名	性别	民族	任职时间
聂荣县人大常委会（1981. 12—2010. 12）	主任	格桑占堆	男	藏	1981. 12—1984. 10
		旺根	男	藏	1984. 11—1987. 11
		杨培	男	汉	1987. 12—1993. 08
		贡桑	男	藏	1993. 09—2002. 11
		次仁多吉	男	藏	2002. 12—2005. 03
		赤琼	男	藏	2005. 04—2010. 12
	副主任	小达瓦	男	藏	1981. 12—1987. 11
		达瓦	男	藏	1987. 12—1997. 09
		袁国忠	男	汉	1987. 12—1993. 08
		李文清	男	汉	1993. 09—2000. 12
		央宗	女	藏	1997. 10—2000. 12
		阿恰	男	藏	2002. 11—2005. 03
		欧约	男	藏	2002. 11—2005. 03
		热旦巴	男	藏	2005. 03—2010. 12
		玛努	女	藏	2007. 12—2010. 12
		巴桑	男	藏	2005. 03—2010. 12
		阿布夏	男	藏	2005. 03—2010. 12

1987—2010 年聂荣县人大常委会办公室领导名录

表 4 - 1 - 2

机构名称	职务	姓名	性别	民族	任职时间
聂荣县人大常委会办公室（1987. 12—2010. 12）	主任	师程远	男	汉	1987. 12—1990. 10
		初次仁	男	藏	1990. 11—1993. 08
		才旦朗加	男	藏	1993. 09—1997. 09

续表

机构名称	职务	姓名	性别	民族	任职时间
聂荣县人大常委会办公室（1987.12—2010.12）	主任	琼达	女	藏	1997.10—2000.12
		史长辉	男	汉	2001.06—2005.03
		付仕福	男	汉	2007.10—2010.09
	副主任	李文清	男	汉	1981.12—1987.11
		师程远	男	汉	1987.06—1990.10
		布永忠	男	藏	1990.11—1993.08
		史长辉	男	汉	1997.10—2000.12
		扎西	男	藏	2000.04—2004.11
		付仕福	男	汉	2004.11—2007.10
		王宏	男	汉	2008.11—2010.12

第二节　聂荣县人民代表大会

一、人民代表大会

1965 年 7 月 26 日，聂荣县召开第一届人民代表大会，选举产生聂荣县人民政府组成人员。

“文化大革命”期间，县革委会代行人民代表大会权力。

1977 年 6 月 15 日，聂荣县召开第二届人民代表大会，会议选举产生聂荣县新的革委会组成人员，选出主任 1 人，副主任 4 人。

1981 年 12 月 21—27 日，聂荣县召开第三届人民代表大会，聂荣县人大常委会成立，选举格桑占堆为人大常委会主任，小达瓦为人大常委会副主任。会议根据《中华人民共和国地方各级人民代表大会和地方各级人民政府组织法》规定，撤销了聂荣县革委会。选举产生聂荣县第三届人大常委会、县人民政府、县人民法院和县人民检察院组成人员。会议审议通过《聂荣县政府工作报告》《聂荣县人民法院工作报告》《聂荣县人民检察院工作报告》；第一次审查批准《聂荣县财政预决算情况的报告》。

1984年11月25—29日，聂荣县召开第四届人民代表大会。会议审议通过政府、人大常委会、法院和检察院的工作报告，审查批准县财政决算及县国民经济和社会发展情况的报告；选举旺根为县人大常委会主任，小达瓦为县人大常委副主任，选举产生聂荣县第四届人大常委会组成人员，选举产生县政府县长、副县长和县人民法院院长和县人民检察院检察长。大会号召全县人民坚定不移地贯彻党的十二大精神，开创社会主义现代化新局面。

1987年11月26日至12月3日，聂荣县召开第五届人民代表大会，应到代表123名，实到代表113名，其中妇女代表4名。会议审议通过政府、人大常委会、法院、检察院、财政、纪委六大报告；选举杨培为县人大常委会主任，小达瓦为县人大常委会副主任。选举产生县政府、县人大常委会组成人员；选举产生县法院院长、县检察院检察长；选举产生出席西藏自治区人民代表大会代表。

1990年10月21—26日，聂荣县召开第六届人民代表大会，应到代表81名，实到代表65名。选举杨培为县人大常委会主任，小达瓦为县人大常委会副主任。大会审议通过政府、人大、法院、检察院、财政、纪委的工作报告；选举产生政府、人大领导班子；选举产生法院院长、检察院检察长。

1993年8月7日，聂荣县召开第七届人民代表大会，会议应到代表81名，实到代表68名。会议审议通过政府、人大、法院、检察院、财政、计委工作报告，选举贡桑为县人大常委会主任，小达瓦为县人大常委会副主任；选举产生县政府、人大领导班子；选举产生法院院长、检察院检察长。

1997年9月25日，聂荣县召开第八次人民代表大会，选举产生贡桑为县人大常委会主任，央宗、李文清、次仁多吉为县人大常委副主任。

20世纪80年代，聂荣县每3年人大代表进行换届选举。90年代以后，每5年换届选举时选举人大代表，并处理人大代表提出的议案。

2002年11月18日，召开聂荣县第九届人民代表大会第一次会议。大会选举产生由13名成员组成的新一届人大和“一府两院”领导班子，其中县人大常委会主任1名、副主任2名，县政府县长1名、副县长7名，县人民法院院长1名，县人民检察院检察长1名，以及8名县九届人大常委会委员和4名自治区八届人大代表。

2003年3月28日，召开聂荣县第九届人民代表大会第二次会议。

2004年3月14日，召开聂荣县第九届人民代表大会第三次会议。

2005年3月18—21日，召开聂荣县第九届人民代表大会第四次会议，选举县人大常委会主任1名，副主任3名。

2006年11月7日，召开聂荣县九届人大常委会第二十三次会议，以举手表决的方式通过对2名干部的任命。任命米玛次仁为聂荣县人民政府副县长，任命边巴扎西为聂荣县人民法院副院长。

2007年12月4日，召开聂荣县第十届人民代表大会第一次会议。选举产生县十届人大常委会组成人员17名（其中主任1名、副主任4名、委员12名）和“一府两院”领导班子成员。

2010年4月15日，经县第十届人民代表大会第四次会议第三次全体代表大会选举，尼玛塔杰当选为县第十届人民代表大会常务委员会委员。

二、人大常委会

2008年11月25日，召开县十届人大常委会第二次会议，以举手表决方式一致通过对12名同志的免职和任命，决定免去魏刚县民政局局长职务，索朗尼玛县民宗局局长职务，索朗达瓦县教育体育局局长职务；任命魏刚任县人事局局长，次巴珠任县农牧局局长，索朗多吉任县民政局局长，琼达任县教育体育局局长，罗布任县民宗局局长，王宏周任县卫生局局长，张进辉任县司法局局长，巴桑拉姆任县扶贫办主任，王宏任县人大办公室副主任。

2009年4月17日，县十届人大常委会第六次会议研究决定，任命李月锋为聂荣县人民检察院副检察长（正科），同意索朗多吉辞去聂荣县第十届人大常委会委员职务。

2010年9月15日，经县十届人大常委会第十四次会议研究，决定免去宋世珍的常务副县长职务，罗布的县民族宗教事务局局长职务，江海波的县人民政府办公室主任职务，张进辉的县司法局局长职务，索朗多吉的县民政局局长职务，付仕福的县人大办公室主任职务，索朗的县劳动和社会保障局局长职务，边巴扎西的县人民法院副院长职务，魏刚的县人事局局长职务，索朗达瓦的桑荣乡人大主席职务，次旺罗布的白雄乡人大主席职务，伦珠的白雄乡乡长职务，刘宝杰的县国土资源局局长职务，苟新民的县文化广播电影电视局局长职务，杰达的下曲乡人大主席职务，其地的聂荣镇人大主席职务，朗杰的色庆乡人大主席职务，布罗布的桑荣乡乡长职务。

任命李永明为常务副县长，罗布为县交通运输局局长，江海波为县人大办公室主任，索朗多吉为县安全生产监督管理局局长，索朗为县环境保护局局长，商海江为县人民法院副院长，潘多为县民政局局长，米玛玉珍为县文化局（旅游局）局长，次旺罗布为县民族宗教事务局局长，扎西永青为县人民政府办公室主任，王永杰为县人力资源和社会保障局局长，陈端华为县广播电影电视局局长，忠加为县司法局局长，白多为县住房和城乡建设局局长。

2010 年 11 月 5 日，经县十届人大常委会第十五次会议研究，决定免去达瓦的聂荣县副县长职务。

2010 年 12 月 23 日，经县十届人大常委会第十六次会议研究，决定免去王宏周的县卫生局局长职务。任命刘建峰为县监察局局长，巴多为县国土资源局局长，申志信为县卫生局局长，阿央次仁为县统计局局长。

第三节　各乡镇人大机构

一、尼玛乡

（一）机构

2002—2011 年尼玛乡人大领导名录见表 4 - 1 - 3。

2002—2011 年尼玛乡人大领导名录

表 4-1-3

机构名称	职务	姓名	性别	民族	任职时间
尼玛乡人大（2002.07—2011.08）	主席	索朗	男	藏	2002.07—2006.12
		旺杰	男	藏	2007.10—2011.08

（二）会议

1. 尼玛乡第八届人民代表大会

2002 年 12 月，尼玛乡召开第八届人民代表大会第一次会议。2003 年 11 月，召开第八届人民代表大会第二次会议。2005 年 1 月，召开第八届人民代表大会第三次会议。2005 年 11 月，召开第八届人民代表大会第四次会议。2006 年 11 月，召开第八届人民代表大会第五次会议。

2. 尼玛乡第九届人民代表大会

2007 年 12 月，尼玛乡召开第九届人民代表大会第一次会议。2008 年 12 月，召开第九届人民代表大会第二次会议。2009 年 8 月，召开第九届人民代表大会第二次会议。2010 年 8 月，召开第九届人民代表大会第四次会议。

二、色庆乡

（一）机构

2000—2010 年色庆乡人大领导名录见表 4-1-4。

2000—2010 年色庆乡人大领导名录

表 4-1-4

机构名称	职务	姓名	性别	民族	任职时间
色庆乡人大（2000.04—2010.08）	主席	阿央次仁	男	藏	2000.04—2002.08
		朗杰	男	藏	2002.08—2006.12
		杰达	男	藏	2007.01—2008.10
		德宗	男	藏	2008.10—2010.08

（二）会议

1. 色庆乡第八届人民代表大会

2002年12月，色庆乡召开第八届人民代表大会第一次会议。2003年11月，召开第八届人民代表大会第二次会议。2005年1月，召开第八届人民代表大第三次会议。2005年11月，召开第八届人民代表大会第四次会议。2006年11月，召开第八届人民代表大会第五次会议。

2. 色庆乡第九届人民代表大会

2007年12月，色庆乡召开第九届人民代表大会第一次会议。2008年12月，召开第九届人民代表大会第二次会议。2009年8月，召开第九届人民代表大会第三次会议。2010年8月，召开第九届人民代表大会第四次会议。

三、聂荣镇

（一）机构

1999—2011年聂荣镇人大领导名录见表4-1-5。

1999—2011年聂荣镇人大领导名录

表4-1-5

机构名称	职务	姓名	性别	民族	任职时间
聂荣镇人大（1999.12—2011.10）	主席	旦增平措	男	藏	1999.12—2009.04
		其地	男	藏	2009.04—2010.08
		雷措	男	藏	2010.08—2011.10

（二）会议

1. 聂荣镇第八届人民代表大会

2002年12月，聂荣镇召开第八届人民代表大会第一次会议。2003年11月，召开第八届人民代表大会第二次会议。2005年1月，召开第八届人民代表大会第三次会议。2005年11月，召开第八届人民代表大会第四次会议。2006 年 11 月，召开第八届人民代表大会第五次会议。

2. 聂荣镇第九届人民代表大会

2007 年 12 月，聂荣镇召开第九届人民代表大会第一次会议。2008 年 12 月，召开第九届人民代表大会第二次会议。2009 年 8 月，召开第九届人民代表大会第三次会议。2010 年 8 月，召开第九届人民代表大会第四次会议。

四、下曲乡

（一）机构

2000—2011 年下曲乡人大领导名录见表 4－1－6。

2000—2011 年下曲乡人大领导名录

表 4－1－6

机构名称	职务	姓名	性别	民族	任职时间
下曲乡人大（2000.07—2011.05）	主席	洛珠平措	男	藏	2000.07—2002.12
		巴桑	男	藏	2002.12—2006.11
		罗布	男	藏	2006.11—2008.12
		杰塔	男	藏	2008.12—2010.08
		伦祖	男	藏	2010.8—2011.05

（二）会议

1. 下曲乡第八届人民代表大会

2002 年 12 月，下曲乡召开第八届人民代表大会第一次会议，会议听取并审议政府工作报告、人大工作报告，审查批准财务工作报告，并通过对上述报告的决议；选举产生人大主席 1 名、乡长 1 名、副乡长 2 名。

2003 年 11 月，下曲乡召开第八届人民代表大会第二次会议，会议听取并审议政府工作报告、人大工作报告，审查批准财务工作报告，并通过对上述报告的决议；选举产生人大主席 1 名、乡长 1 名、副乡长 2 名。

2005年2月，下曲乡召开第八届人民代表大会第三次会议，会议听取并审议政府工作报告、人大工作报告，审查批准财务工作报告，并通过对上述报告的决议；选举产生人大主席1名、乡长1名、副乡长2名。

2005年12月，下曲乡召开第八届人民代表大会第四次会议，会议听取并审议政府工作报告、人大工作报告，审查批准财务工作报告，并通过对上述报告的决议；选举产生人大主席1名、乡长1名、副乡长1名。

2006年11月，下曲乡召开第八届人民代表大会第五次会议，会议听取并审议政府工作报告、人大工作报告，审查批准财务工作报告，并通过对上述报告的决议；选举产生人大主席1名、乡长1名、副乡长2名。

2. 下曲乡第九届人民代表大会

2007年12月，下曲乡召开第九届人民代表大会第一次会议，应到代表46名，因事因病请假6名，实到40名。会议听取并审议政府工作报告、人大工作报告，审查批准财务工作报告，并通过对上述报告的决议；选举产生人大主席1名、乡长1名、副乡长1名。

2008年12月，下曲乡召开第九届人民代表大会第二次会议，应到代表46名，因事因病请假6名，实到40名。会议听取并审议政府工作报告、人大工作报告，审查批准财务工作报告，并通过对上述报告的决议；选举产生乡长1名、副乡长1名。

2009年8月，下曲乡召开第九届人民代表大会第三次会议，应到代表46名，因事因病请假1名，实到45名。会议听取并审议政府工作报告、人大工作报告，审查批准财务工作报告，并通过对上述报告的决议；选举产生人大主席1名、乡长1名。

2010年8月，下曲乡召开第九届人民代表大会第四次会议，应到代表48名，因事因病请假8名，实到40名。会议听取并审议政府工作报告、人大工作报告，审查批准财务工作报告，并通过对上述报告的决议；选举产生人大主席1名、乡长1名、副乡长3名。

五、桑荣乡

（一）机构

1999—2010 年桑荣乡人大领导名录见表 4 - 1 - 7。

1999—2010 年桑荣乡人大领导名录

表 4 - 1 - 7

机构名称	职务	姓名	性别	民族	任职时间
桑荣乡人大（1999. 11—2010. 06）	主席	阿珠	男	藏	1999. 11—2003. 11
		伟托	男	藏	2003. 11—2005. 11
		索朗尼玛	男	藏	2005. 11—2007. 12
		朗加加	男	藏	2007. 12—2009. 08
		索朗达瓦	男	藏	2009. 08—2010. 06

（二）会议

1. 桑荣乡第八届人民代表大会

2002 年 12 月 5 日，桑荣乡召开第八届人民代表大会第一次会议。会议听取并审议政府工作报告、人大工作报告，审查批准财政工作报告，并通过对上述报告的决议。选举产生人大主席 1 名、乡长 1 名、副乡长 1 名。

2003 年 11 月，桑荣乡召开第八届人民代表大会第二次会议，会议听取并审议政府工作报告、人大工作报告，审查批准财政工作报告，并通过对上述报告的决议。选举产生人大主席 1 名、乡长 1 名、副乡长 1 名。

2005 年 1 月，桑荣乡召开第八届人民代表大会第三次会议，会议听取并审议政府工作报告、人大工作报告，审查批准财政工作报告，并通过对上述报告的决议。

2005 年 11 月，桑荣乡召开第八届人民代表大会第四次会议，会议听取并审议政府工作报告、人大工作报告，审查批准财政工作报告，并通过对上述报告的决议。选举人大主席 1 名、乡长 1 名、副乡长 1 名。

2006 年 11 月，桑荣乡召开第八届人民代表大会第五次会议，会议听取并审议政府工作报告、人大工作报告，审查批准财政工作报告，并通过对上述报告的决议。

2. 桑荣乡第九届人民代表大会

2007 年 12 月 4 日下午，桑荣乡召开第九届人民代表大会第一次会议，应到代表 32 名，因事因病请假 4 名，实到 28 名。会议听取并审议政府工作报告、人大工作报告，并通过对上述报告的决议。会议选举产生乡长 1 名、人大主席 1 名、副乡长 1 名。

2008 年 12 月 9 日下午，桑荣乡召开第九届人民代表大会第二次会议，应到代表 32 名，因事因病请假 7 名，实到 25 名。会议听取并审议政府工作报告、人大工作报告，并通过对上述报告的决议。会议选举产生乡长 1 名、人大主席 1 名、副乡长 1 名。

2009 年 8 月 12 日，桑荣乡召开第九届人民代表大会第二次会议，应到代表 30 名，因事因病请假 7 名，实到 23 名。会议听取并审议政府工作报告、人大工作报告，并通过对上述报告的决议。

2010 年 6 月 4 日，桑荣乡召开第九届人民代表大会第四次会议，应到代表 30 名，因事因病请假 5 名，实到 25 名。会议听取并审议政府工作报告、人大工作报告，并通过了对上述报告的决议。

六、白雄乡

（一）机构

1991—2010 年白雄乡人大领导名录见表 4－1－8。

1991—2010 年白雄乡人大领导名录

表 4－1－8

机构名称	职务	姓名	性别	民族	任职时间
白雄乡人大（1991. 11—2010. 12）	主席	朗杰加	男	藏	1991. 11—2005. 11
		达瓦罗布	男	藏	2005. 12—2006. 11
		次旺罗布	男	藏	2006. 12—2007. 04
		索朗多吉	男	藏	2007. 05—2010. 12

（二）会议

1. 白雄乡第八届人民代表大会

2002 年 12 月 5 日，白雄乡召开第八届人民代表大会第一次会议。会议听取并审议政府工作报告、人大工作报告，审查批准财政工作报告，并通过对上述报告的决议。选举产生人大主席 1 名、乡长 1 名、副乡长 2 名。

2003 年 12 月 15 日，白雄乡召开第八届人民代表大会第二次会议。会议听取并审议政府工作报告、人大工作报告，审查批准财政工作报告，并通过对上述报告的决议。

2005 年 1 月 10 日，白雄乡召开第八届人民代表大会第三次会议，会议听取并审议政府工作报告、人大工作报告，审查批准财政工作报告，并通过对上述报告的决议。

2005 年 11 月 8 日，白雄乡召开第八届人民代表大会第四次会议，会议听取并审议政府工作报告、人大工作报告，审查批准财政工作报告，并通过对上述报告的决议。

2006 年 11 月 23 日，白雄乡召开第八届人民代表大会第五次会议，会议听取并审议政府工作报告、人大工作报告，审查批准财政工作报告，并通过对上述报告的决议。

2. 白雄乡第九届人民代表大会

2007 年 12 月 4 日下午，白雄乡召开第九届人民代表大会第一次会议，应到代表 46 名，因事因病请假 8 名，实到 38 名。会议听取并审议政府工作报告、人大工作报告，并通过对上述报告的决议。会议选举产生政府乡长 1 名、人大主席 1 名、人大副主席 1 名、副乡长 2 名。

2008 年 11 月 13 日下午，白雄乡召开第九届人民代表大会第二次会议。会议听取并审议政府工作报告、人大工作报告，并通过对上述报告的决议。

2009 年 9 月 17 日，白雄乡召开第九届人民代表大会第三次会议。会议听取并审议政府工作报告、人大工作报告，并通过对上述报告的决议。

2010 年 8 月 25 日，白雄乡召开第九届人民代表大会第四次会议。会议听取并审议政府工作报告、人大工作报告，并通过对上述报告的决议。

七、索雄乡

（一）机构

1999—2010年索雄乡人大领导名录见表4-1-9。

1999—2010年索雄乡人大领导名录

表4-1-9

机构名称	职务	姓名	性别	民族	任职时间
索雄乡人大（1999.10—2010.12）	主席	嘎桑次仁	男	藏	1999.10—2004.12
		阿央次仁	男	藏	2005.01—2007.08
		嘎恰	男	藏	2007.08—2009.07
		王宏周	男	藏	2009.07—2010.12

（二）会议

1. 索雄乡第八届人民代表大会

2002年4月至2006年4月，召开索雄乡第八届人民代表大会第一次、二次、三次、四次、五次等会议。第一次大会应到人数21名（其中县级代表4名），因病因事请假4名，实到17名，乡直单位负责人共3人列席会议。大会审议通过三大报告，并先后选举产生索雄乡人大主席1名、乡长2名、副乡长1名。

2. 索雄乡第九届人民代表大会

2007—2010年，召开索雄乡第九届人民代表大会第一次、二次、三次、四次等会议。第一次大会应到人数21名（其中县级代表4名），因病因事请假6名，实到15名，乡直单位负责人共3人列席会议。大会审议通过三大报告，并先后选举产生乡长2名、副乡长3名。

八、当木江乡

（一）机构

2002—2011年当木江乡人大领导名录见表4-1-10。

2002—2011 年当木江乡人大领导名录

表 4－1－10

机构名称	职务	姓名	性别	民族	任职时间
当木江乡人大（2002. 10—2011. 12）	主席	次旺参见	男	藏	2002. 10—2009. 02
		朗琼扎西	男	藏	2009. 02—2011. 12

（二）会议

1. 当木江乡第八届人民代表大会

2002 年 12 月，当木江乡召开第八届人民代表大会第一次会议。2003 年 11 月，召开第八届人民代表大会第二次会议。2005 年 1 月，召开第八届人民代表大会第三次会议。2005 年 11 月，召开第八届人民代表大会第四次会议。2006 年 11 月，召开第八届人民代表大会第五次会议。会议听取并审议政府工作报告、人大工作报告，审查批准财政工作报告，并通过对上述报告的决议。

2. 当木江乡第九届人民代表大会

2007 年 12 月，当木江乡召开第九届人民代表大会第一次会议。2008 年 12 月，召开第九届人民代表大会第二次会议。2009 年 8 月，召开第九届人民代表大会第三次会议。2010 年 8 月，召开第九届人民代表大会第四次会议。会议听取并审议政府工作报告、人大工作报告，审查批准财政工作报告，并通过对上述报告的决议。

九、查当乡

（一）机构

1999—2011 年查当乡人大领导名录见表 4－1－11。

1999—2011 年查当乡人大领导名录

表 4－1－11

机构名称	职务	姓名	性别	民族	任职时间
查当乡人大（1999. 08—2011. 07）	主席	朗杰加	男	藏	1999. 08—2002. 09
		索朗多杰	男	藏	2002. 09—2006. 12
		次旺坚才	男	藏	2007. 01—2009. 08
		康玉	男	藏	2009. 08—2011. 07

（二）会议

1. 查当乡第八届人民代表大会

2002—2006 年，召开查当乡第八届人民代表大会，大会应到代表 38 名，审议通过乡人民政府的工作报告及人大主席团工作报告，修改完善乡规民约，传达学习上级文件精神。选举乡长 1 名、副乡长 2 名、人大副主席 1 名，人大主席由乡党委书记兼任。2002 年 12 月，召开第八届人民代表大会第一次会议。2003 年 11 月，召开第八届人民代表大会第二次会议。2005 年 1 月，召开第八届人民代表大会第三次会议。2005 年 11 月，召开第八届人民代表大会第四次会议。2006 年 11 月，召开第八届人民代表大会第五次会议。

2. 查当乡第九届人民代表大会

2007—2010 年，召开查当乡第九届人民代表大会，大会应到代表 38 名，审议通过乡人民政府的工作报告及人大主席团工作报告，修改完善乡规民约，传达学习上级文件精神。选举乡长 1 名、副乡长 2 名、人大副主席 1 名，人大主席由乡党委书记兼任。2007 年 12 月，召开第九届人民代表大会第一次会议。2008 年 12 月，召开第九届人民代表大会第二次会议。2009 年 8 月，召开第九届人民代表大会第三次会议。2010 年 8 月，召开第九届人民代表大会第四次会议。

十、永曲乡

（一）机构

1999—2011年永曲乡人大领导名录见表4－1－12。

1999—2011年永曲乡人大领导名录

表4－1－12

机构名称	职务	姓名	性别	民族	任职时间
永曲乡人大（1999.02—2011.03）	主席	堆加	男	藏	1999.02—2002.12
		洛桑旦增	男	藏	2002.12—2003.11
		次旺坚参	男	藏	2003.11—2007.12
		索朗平措	男	藏	2007.12—2011.03

（二）机构

1. 永曲乡第八届人民代表大会

2002年12月，永曲乡召开第八届人民代表大会第一次会议。会议听取并审议政府工作报告、人大工作报告，审查批准财务工作报告，并通过对上述报告的决议。选举产生人大主席1名、副主席1名、乡长1名、副乡长1名。

2003年11月，永曲乡召开第八届人民代表大会第二次会议。会议听取并审议政府工作报告、人大工作报告，审查批准财务工作报告，并通过了对上述报告的决议。选举产生人大主席1名、乡长1名、副乡长1名。

2005年2月，永曲乡召开第八届人民代表大会第三次会议。会议听取并审议政府工作报告、人大工作报告，审查批准财务工作报告，并通过对上述报告的决议。选举产生人大主席1名、乡长1名、副乡长2名。

2005年12月，永曲乡召开第八届人民代表大会第四次会议。会议听取并审议政府工作报告、人大工作报告，审查批准财务工作报告，并通过对上述报告的决议。选举产生人大主席1名、乡长1名、副乡长1名。

2006年11月，永曲乡召开第八届人民代表大会第五次会议。会议听取并审议政府工作报告、人大工作报告，审查批准财务工作报告，并通过了对上述报告的决议。选举产生人大主席1名、乡长1名、副乡长4名。

2. 永曲乡第九届人民代表大会

2007年12月，永曲乡召开第九届人民代表大会第一次会议。会议听取并审议政府工作报告、人大工作报告，审查批准财务工作报告，并通过对上述报告的决议。选举产生了人大主席1名、乡长1名、副乡长2名。

2008年12月，永曲乡召开第九届人民代表大会第二次会议。会议听取并审议政府工作报告、人大工作报告，审查批准财务工作报告，并通过对上述报告的决议。选举产生乡长1名、人大主席1名、副乡长2名。

2009年8月，永曲乡召开第九届人民代表大会第三次会议。会议听取并审议政府工作报告、人大工作报告，审查批准财务工作报告，并通过了对上述报告的决议。选举产生乡长1名。

2010年8月，永曲乡召开第九届人民代表大会第四次会议。会议听取并审议政府工作报告、人大工作报告，审查批准财务工作报告，并通过了对上述报告的决议。选举产生人大主席1名、乡长1名、副乡长3名。

第四节　履行职能

聂荣县人大常委会自成立以来，在县委领导下，在上级人大常委会的指导下，加强与人民代表的联系，解决人民群众中存在的实际问题，紧密配合党的中心工作，坚持一靠法律、二靠人民的原则，认真行使职能。

一、执法监督

2004年10月23—25日，组织区、县人大代表对下曲、尼玛、色庆三乡的合作医疗、免费医疗和学生“三包”经费使用管理情况进行持证检查。

2008年12月5—9日，组织县、乡人大代表深入各乡镇进行持证视察，主要了解全县农牧民安居工程建设及中小学校舍建设、农牧民增收及维护稳定、重点项目建设等存在的问题，以及各执法单位工作情况及存在的问题等。

2009 年 5 月 15—12 月 30 日，对如何深入学习实践科学发展观，努力做好人大工作；充分发挥人大作用，推进依法治县进程；提高代表素质，发挥代表作用；充分发挥乡镇人大作用，推进基层民主政治建设；强化新型农民工培训，着力增加牧民收入等进行专题调研，并撰写专题调研报告。

2009 年 7 月 20—21 日，对县文化广播电影电视中心、县幼儿园、县廉租房、县藏医院、县中学改扩建和县城 85 户安居房等六大重点在建工程，以实地察看的方式进行集中持证视察。

2009 年 10 月 24—26 日，组织区、县、乡镇人大代表深入聂荣县中学等 4 所中小学，对“三包经费”管理和使用情况，“三保经费”领导小组组成情况，“三包经费”采购物资的管理、发放和使用情况，“三包经费”使用对象、范围等情况，“三包经费”账册管理情况，“三保经费”是否被挤占、挪用，“三公经费”账账核对、账实核对情况，“三包经费”财务公开等相关情况进行了持证视察。

2009 年 11 月 7—8 日，组织区、县、乡镇人大代表深入县农牧局、色庆乡 28 村奶制品加工销售点和下曲乡 5 村牦牛育肥基地，对聂荣县特色牧业项目建设情况、投资与收益情况、建设中存在的问题，牧民经济合作组织运行等相关情况进行持证视察。

2009 年 11 月 18—20 日，组织县人大代表开展聂荣县草原生态建设情况专题调研。

2010 年 6 月 30 日，组织县人大代表对聂荣县发改委办公楼、县公安局附属设施建设工程、县周转房 4 个标段等 6 项在建重点工程进展情况进行持证视察。

2010 年 9 月 25—27 日，县人大常委会深入尼玛乡、色庆乡和聂荣镇 3 个乡镇进行集中持证视察。

2010 年 9 月 29 日，组织区、县、乡人大代表对全县农牧民安居工程和灾后重建工程建设、农牧区医疗管理制度等项目落实情况及资金管理使用，以及当前开展维稳工作情况、群众反映的热点难点问题进行持证视察。

二、县、乡换届选举工作

1964年7月，开始在大众乡开展普选试点工作。

2002年，县级划分选区52个，选民总数16739人，依法选举产生县级代表94人（预留1名），其中，少数民族代表92人，占97.87%；汉族代表2人，占2.13%。年龄结构方面，代表中35岁以下的有18人，占19.15%；36—55岁的有67人，占71.28%；56岁以上的有9人，占9.57%。政治素质方面，党员有65人，占69.15%；民主党派有7人，占7.45%；群众有22人，占23.40%。乡镇级划分选区159个，选民总数16101人，依法选举产生乡镇级人大代表448人。

2007年，县级划分选区54个，选民总数19409人，依法选举产生县级代表91人（预留4名），其中妇女代表20名，占当选代表的21.98%；牧民代表33名，占当选代表的36.26%；宗教界爱国人士7名，占当选代表的7.69%。从文化结构来看，中专以上文化程度的31名，占当选代表的34.07%；初中文化程度的27名，占当选代表的29.67%；小学文化程度的33名，占当选代表的36.26%。从年龄结构来看，代表平均年龄42岁。乡镇级划分选区173个，选民总数18595人，依法选举产生乡镇级人大代表456人（预留2名）。

三、民族区域自治

聂荣县人大及其常委会认真贯彻执行党的民族宗教政策，尊重县内各族群众风俗习惯。县人大重视选拔民族干部，在县直机关、企事业单位中，藏族干部仍占有相当大的比重；各级人民代表中，藏族代表占绝大多数。

2002年，县级人大换届，人大代表共94人。其中，少数民族代表92人，占97.87%；汉族代表2人，占2.13%。

第二章　历史上的部落及地方政权

第一节　部落

大约在数万年前，那曲地区就有人类在活动，后来，逐渐形成大大小小的部落。隋唐以前，聂荣境域属象雄、苏毗管辖。在隋唐时期，聂荣境域属吐蕃地方政权管辖。9 世纪，吐蕃地方政权崩溃，西藏地方陷入分裂割据状态。

宋代，蒙古王子阔端派遣多达那波率军攻入西藏，蒙古军队从青海打到藏北，包括聂荣在内的藏北地区被蒙古军队收降。

13 世纪，元朝中央在西藏地方建立萨迦地方政权，管理西藏地方事务。元朝末期，元朝中央在西藏地方建立帕竹地方政权，取代萨迦政权，掌握西藏地方统治大权。

在和平解放前，聂荣宗属于"霍尔三十九族"，境域内有阿扎买马（阿美）、阿扎多马（又称阿斗）、扎马等大小部落。

一、霍尔部落

"霍尔"为藏语的汉文音译，历史上藏族人民习惯于把蒙古人称为"霍尔"，早期泛指北方民族，元代时此词专指蒙古人，明清时代用来指蒙古人或青海、甘肃的土族人，在这里是指蒙古人。"霍尔三十九族"，由大小不等的 39 个部落组成，聂荣县域属于"三十九部落"。

14世纪30年代，元文宗之弟古润乌轮台（也叫额尔德觉拉，第一代霍尔王）带属从在索县和巴青县交界处的强曲河下游定居，之后不断扩张。到第八代霍尔王时，取代琼布家族的统治。到第九代霍尔王衮秋吉时期，形成“霍尔三十九族”。

明朝末期，和硕特部汗王固始汗在青海打败却图汗部，将西藏地方归入蒙古和硕特部管辖，此时期，聂荣境内逐渐形成阿扎买马、阿扎多马和扎马3个部落，为三十九族部落的重要组成部分。

1723年（雍正元年），藏历第十二饶迴木虎年，和硕特部首领罗卜藏丹津公开谋逆作乱，反对清政府，隶属罗卜藏丹津的三十九族地区一时纷乱四起。清政府遣西藏地方政府噶伦颇罗鼐率藏军随清军一道经那曲卡一带进剿，招抚霍尔部落。

1725年（雍正三年），藏历第十二饶迴木蛇年，清中央政府委任第十二代霍尔王赤加吉饮管理三十九族地区，直属理藩院夷情衙门。

1731年（雍正九年），藏历第十二饶迴铁猪年，清中央政府派西宁办事大臣和驻藏大臣勘定西藏与青海边界，将三十九族地区划归西藏管辖。

1916年（民国五年），藏历第十五饶迴火龙年，清朝驻藏大臣和清军撤走后，三十九族归属西藏地方政府管辖，设霍尔基。

1942年（民国三十一年），藏历第十六饶迴水马年，西藏地方政府废除霍尔基，设立绛曲基巧（即藏北总管，又称黑河总管），设立聂荣（阿扎白索）宗。

1959年4月3日，黑河军事管制委员会成立，撤销绛曲基巧。

历史上聂荣县县域所属部落见表4－2－1。

历史上聂荣县县域所属部落表

表4－2－1

序号	部落名称		1942年	1959年	今日名称
	《卫藏通志》记载	《西藏志》记载	宗属	有关资料记载	
1	扎麻尔族	扎麻尔	聂荣宗	杂玛尔300户	扎麻尔

续表

序号	部落名称		1942年	1959年	今日名称
	《卫藏通志》记载	《西藏志》记载	宗属	有关资料记载	
2	阿扎克族	上阿扎克	聂荣宗	阿堆202户	阿尔堆
3	下阿扎克族	下阿扎克	聂荣宗	阿美209户	阿尔麦
4	无记载	夥尔孙提麻尔	聂荣宗	索德1000户	索德

二、聂荣县域历史上的大小部落

（一）阿扎部落

琼布米居扎巴有对其敬重无比的九大施主，他们是藏巴、格巴、白擦、曲如、仲擦、白热、绛如、坚萨、达巴等，他们一起来到今比如地区的色扎地方居住，至今仍能看见琼布家族搭建帐篷所用过的石头和灶台等遗迹。那时，他们先后建立赤嘎寺和仁钦碉堡，并用自己祖先琼阿喇扎巴的名字为部落命名即阿扎部落。琼布米居扎巴是阿扎部落的第一任头领，其大臣是藏巴曲本。第二任头领为琼布本杰扎巴，晚年由于多次遭到盗匪的袭击，不得不搬迁至其他地方，赤嘎寺由此败落。第三任头领丹杰扎巴时期，阿扎部落迁徙至唐古拉琼宗、当琼牟毛夏嘎等地居住，当时大臣为坚萨杰尼。第四任阿扎部落头领为赤德贡扎。第五代阿扎部落头领为琼布本朗。后来，因内部不和，于是根据居住地划分，最终分成阿多和阿麦两大部落。

（二）阿多部落

阿多部落的第一任头领为永仲嘎巴，其大臣是格巴多杰。第二任头领为琼布杰吉扎巴，大臣为琼那丹增。第三任头领为米居扎巴，大臣为琼那丹增。第四任头领为琼布拉色扎巴，大臣是白热牟赤，仲益为琼那班觉。第五任头领为琼布赞加，大臣为念嘎和白热桑嘎。森色赤本为阿多部落第六任头领。

（三）阿麦部落

原为阿扎部落的一部分，现在聂荣所属之下曲乡就是以前的阿麦部落所在地。第一任头领为琼布曼日扎巴。第二任头领是辛色扎巴。第三任头领为朗萨扎巴。第四任头领为丹增扎巴，大臣是拉如嘎布和琼布查甘、琼布那盖等。第五任头领为格群培，大臣为琼布罗热，什长为格格旺、格玛杰等。第六任头领为格旺加，其大臣是琼布拉纪，列恰是门杰瓦，什长是格丹杰、查丹玛、查贡加、坚萨艾斯、查阿桑、达甘日等。第八任头领丹巴达吉，其大臣是拉纪，差头为门加瓦，什长为央牟、艾央、知塔、索珠、秋丹、玛荣鲁旺等。丹巴达吉在西藏和平解放后，充分认识到共产党政策的正确性，光荣地加入中国共产党。

（四）杂玛部落

第一任头领为索南多布杰。第二任至第六任及第十六任头领无法考证。第七任头领为杂玛额玛世系。第八任头领为索南班桑。第九任头领为考如智美却杰。第十任头领为考如索南旺杰。第十一任头领为考如瓦琼加。第十二任头领为考如格巴。第十三任头领为考如杰布，其大臣是谢秀达瓦东珠。第十四任头领为谢秀达瓦东珠。第十五任头领为考如洛追。第十七任头领为鲁赤旺杰平措。第十八任头领为鲁赤贡却仁钦。第十九任头领为鲁赤次丹扎巴，其大臣是夏札永仲次仁，差头是考如杰瓦丹增和禅堪索南旺堆。第二十任头领为夏札永仲次仁（高瓦）。第二十一任头领为夏札其米。

（五）札噢部落

原是杂玛部落的一部分。14 世纪时期创建。第一任头领为嘎多。第二任头领为札布查尼。第三任头领为札布查尼之子次仁旺。第四任头领为札布布仲。第五任头领为平措扎西。第六任头领为札布恰多。第七任头领为阿贡次嘎。第八任头领为白尼贡扎。第九任头领为热希阿嘎。第十任头领为札布格桑杰。第十一任头领为札布琼杰。第十二任头领为郭孜朗秀。札布部落共有 12 任头领，大臣有阿德、阿桑、坚白、恰多、鲁赤、郭须达真等。

（六）格姆部落

14 世纪初期，格姆部落建立。第一任头领为格姆巴玉。第二任头领为阿达，大臣是达甘查玉，差头为格姆达杰和嘎热吴坚。第三任头领为侃巴格考。西藏和平解放时期，侃巴格考积极响应共产党的号召，不仅多次参加昌都解放委员会召开的会议，还努力帮助解放军，向百姓宣传共产党的政策。进军西藏的人民解放军代表到达后，在成立聂荣县解放委员会时，他担任解放委员会的副主任一职，坚持爱国立场，直到1959年1月去世。

（七）白热部落

隶属聂荣县的白热部落是多麦玛多地区董氏家族以扎果东赞为主的一部分。1942年（藏历第十六饶迴水马年），在将霍尔三十九族划分为6个宗时，白热部落被划分到聂荣宗的管辖范围内。从白热部落形成到民主改革以前，经历了17代部落头领，分别为扎果东赞、东白热尼玛坚参、阿培杰、顿月杰、龙珠杰、卡瓦土吉、杰措本雅、扎德噶玛吉吉、白热喇聂、阿布活佛、坚央嘉措、贡朗、巴拉、丹巴云丹、德热、昭须班本、阿旺格勒。著名的大臣有本雅、昭须次成、阿尼旺丹、阿尼堆朵、次朗、扎拉贡、白央。民主改革时期，在划分行政区域时，白热部落被划分到安多县。

（八）索德部落

15世纪时期，索德部落建立。索德部落现为聂荣县的索雄乡、当木江乡、永曲乡、查当乡。

第一任头领为阿尼杰，大臣为加仁喜洛、郭瓦洛扎、巴擦却杰。第二任头领为热丹。第三任头领为米甘洛桑。第四任头领是罗布坚参，大臣为加仁朗色、郭巴次仁旺杰和巴擦鲁本。第五任头领为贡布朗杰，大臣是加仁热培和郭巴姆绛。第六任头领是次旺杰钦，大臣是奥钦敖宗、加仁次旺永仲和巴擦玉姆。第七任头领为索朗扎巴，大臣是巴擦阿甘。第八任头领为次旺热丹，大臣是巴擦夏嘎。第九任头领为本杰扎巴，大臣是巴擦日杰、达果琼杰和郭巴拉杰。第十任头领为朝布杰，大臣是巴擦罗布桑珠。第十一任头领为扎巴占德，大臣是郭巴米旺扎巴和加仁扎巴旺堆。第十二任头领为噶玛东珠，大臣为巴擦吐杰。第十三任头领为扎巴朗杰，大臣是珠达扎巴和巴擦木朗。第十四任头领为罗布旺杰。第十五任头领为巴杂旺堆，大臣是珠达次成。第十六任头领为赤赞旺堆。西藏和平解放后，在三十九部落地区成立解放委员会时，赤赞旺堆为解放委员会委员。

（九）鲁苏部落

1929年（民国十八年），藏历第十六饶迴土蛇年，鲁苏部落建立，位于现在的聂荣县白雄乡。第一任头领为巴多布杰。第二任头领为果那东珠坚参和鲁苏任森。第三任头领为仁森、南拉和赤多布。

西藏和平解放时，在鲁苏部落头领的带领下，属民百姓极力坚持爱国主义立场，支持解放军的和平解放事业。西藏和平解放以后，第三任头领仁森和赤多布两人先后担任那曲地区的政协委员，仁森的儿子罗布拉孜和赤多布的儿子拉尼嘎布曾担任那曲地区政协常委。

第二节 聂荣宗

1941 年（民国三十年），藏历第十六饶迥铁蛇年，阿扎白索（聂荣）宗成立，驻曲那格，后因宗址太偏僻，遂移到宗中心的色贡，称为聂荣宗。宗领导机构为总差（相当于县府），宗差下属 8 个部落，宗差配备宗本（相当于县长），直接由西藏地方政府任命。

除一小块地方后来划归安多县外，聂荣宗辖域基本上就是今聂荣县境，全宗约 1750 余户，8700 余人。

1950 年 10 月，昌都解放后，三十九族地区也随之解放，聂荣宗即归昌都地区人民解放委员会管辖。

1959 年 5 月，聂荣宗改称聂荣县，划归黑河专区管辖。1960 年 8 月 1 日，聂荣县人民政府成立。

第三章　人民政府

第一节　县级政权

一、军事代表组

1959 年 3 月，西藏地方上层反动集团发动全面武装叛乱，聂荣宗的一些寺庙及牧主遥相呼应，亦参加叛乱。宗办事处于同年 4 月 20 日奉命撤销，由黑河军管会派出的军事代表负责全县的平叛改革工作。

1960 年 8 月 1 日，聂荣县人民政府成立，撤销军代组。

1959—1961 年聂荣县军代组领导名录见表 4－3－1。

1959—1961 年聂荣县军代组领导名录

表 4－3－1

机构名称	职务	姓名	性别	民族	任职时间
聂荣县军代组（1959. 08—1961. 06）	副军代表	才朗加	男	藏	1959. 08—1961. 06

二、聂荣县革命委员会

1967 年 3 月，聂荣县政府职权被“抓革命、促生产”办公室所取代。

1969 年 4 月 19 日，聂荣县革命委员会成立。设立办事组、政工组、生产组、人保组。1973 年 7 月，人保组改为公安局。

1976 年 4 月，撤销“四大组”，恢复政权系统的聂荣县人民政府下设办公室、经计委、财金科、民政科、商业科、粮食科、农牧科、牧场、卫生科、卫生院、文教科、工交科、公安局。

1979 年 7 月，根据第五届全国人民代表大会第二次会议通过的《中华人民共和国地方各级人民代表大会和地方各级人民政府组织法》，革委会的名称被取消，但是聂荣县革委会这一政权一直维持到 1981 年 12 月。

1969—1981 年聂荣县革委会领导名录见表 4－3－2。

1969—1981 年聂荣县革委会领导名录

表 4－3－2

机构名称	职务	姓名	性别	民族	任职时间	备注
聂荣县革委会（1969.04—1981.12）	主任	吴家胜	男	汉	1969.04—1971.06	军队代表
		孙清杰	男	汉	1971.06—1972.01	干部代表
		吕殿臣	男	汉	1972.01—1976.07	1972.01—1972.04 代理
		巴根排	男	藏	1976.07—1980.07	1976.07—1977.06 主持工作
	副主任	刘国良	男	汉	1969.04—1971.06	军队代表
		孙清杰	男	汉	1970.02—1971.06	
		柳殿贵	男	汉	1969.04—1971.06	干部代表
		巴排根	男	藏	1972.05—1977.06	1976.10—1977.06 主持工作
		陈运杰	男	汉	1969.04—1971.06	
		成崇山	男	汉	1971 年 6 月任命	未到任
		郭志清	男	汉	1971.07—1974.12	
		朱丽曾	女	汉	1972.08—1974.12	
		王维俭	男	汉	1972.08—1975.12	

续表

机构名称	职务	姓名	性别	民族	任职时间	备注
聂荣县革委会（1969. 04—1981. 12）	副主任	钟维麒	男	汉	1971. 06—1975. 12	
		昂强巴	男	藏	1975. 01—1977. 02	
		大达瓦	男	藏	1976. 02—1978. 04	
		张锡坤	男	汉	1977. 06—1980. 07	
		格桑卓玛	女	藏	1977. 06—1980. 04	
		格桑占堆	男	藏	1977. 06—1981. 12	
		阿塔	男	藏	1978. 04—1981. 12	
		歌松	男	藏	1978. 04—1981. 12	
		洛桑欧珠	男	藏	1978. 04—1981. 12	
		祁维均	男	土	1978 年 4 月任命	未到职
		陈小苟	男	汉	1979. 08—1980. 09	
		常海山	男	汉	1979. 08—1980. 09	
		扬培	男	藏	1979. 10—1980. 10	
		小达瓦	男	藏	1980. 10—1981. 12	

三、聂荣县人民政府

1960 年 8 月 1 日，聂荣县人民政府成立。

从 1960 年 6 月起，聂荣宗原辖有的 8 个部落先后划分成 5 个区公所，即下河区公所、彭河区公所、措阳区公所、扎玛区公所、查吾区公所。

1965 年 7 月 26 日至 8 月 1 日，召开聂荣县第一届人民代表大会，选举产生聂荣县第一届人民政府委员会（简称“人委会”）。

1967 年 3 月，县政府职能由“抓革命、促生产办公室”代替行使。

1981 年 12 月 21—27 日，聂荣县召开了第三届人民代表大会，会议根据《中华人民共和国地方各级人民代表大会和地方各级人民政府组织法》规定，撤销县革委会。

1984年9月，进行机构调整，将科改为局，撤销县牧场，农机科改为多种经营管理局，文教卫生科分设为文教局、卫生局，成立编译局。这时，政权系统工作机构有18个。

1987年6月，根据中央机构改革精神，对政权系统工作机构进行合并。改革后政府机构有县政府办公室、经计委、财政局、县支行、民政局、商业局、畜牧局、兽防站、卫生局、医院、防疫站、文教局、县小学、公安局、邮电局。

1987年9月，根据自治区党委撤区并乡的决定，将原来的31个乡减少为13个乡。

2001年，大众乡改为大众镇；萨色乡与色庆乡合并为色庆乡；尼玛乡与玉则乡合并为查曲乡；查当乡南部、当木江乡南部、果雄乡合并为查吾中心乡；查当乡北部与当木江乡北部合并为当曲乡。保留桑荣乡、下曲乡、白雄乡、索雄乡、永曲乡。全县辖9乡1镇、158个行政村。

2008年，开展乡镇村居整合后，全县辖9个乡、1个镇（大众镇改名为聂荣镇、查曲乡改名为尼玛乡、查吾中心乡改名为查当乡、当曲乡改名为当木江乡）。全县158个行政村整合为139个行政村、3个居委会（聂荣镇团结居委会、扎西居委会、塔杰居委会）

2010年，聂荣县辖9乡1镇，即尼玛乡、下曲乡、色庆乡、桑荣乡、白雄乡、索雄乡、永曲乡、查当乡、当木江乡、聂荣镇，142个村（居）。

1964—2010年聂荣县人民政府领导名录见表4－3－3；1960—2010年聂荣县人民政府办公室领导名录见表4－3－4。

1964—2010年聂荣县人民政府领导名录

表4－3－3

机构名称	职务	姓名	性别	民族	任职时间
聂荣县人民政府（1964.05—2010.12）	县长	才郎加	男	藏	1964.05—1965.03
		阿塔	男	藏	1981.12—1984.11
		康金	男	藏	1984.11—1987.04

续表1

机构名称	职务	姓名	性别	民族	任职时间
聂荣县人民政府（1964.05—2010.12）	县长	布旦巴	男	藏	1987.05—1993.07
		罗布顿珠	男	藏	1993.08—1996.12
		江措拉姆	女	藏	1997.01—2000.09
		杨绪卿	男	汉	2000.01—2001.12
		才旦扎西	男	藏	2002.11—2005.03
		农军	男	藏	2005.04—2007.11
		德吉卓嘎	女	藏	2007.12—2010.12
	副县长	柳殿贵	男	汉	1962.06—1966.05
		文昌	男	汉	1954.07—1967.02
		康金	男	藏	1981.12—1984.11
		李焕庭	男	汉	1981.12—1987.04
		歌松	男	藏	1981.12—1984.11
		木达	男	藏	1981.12—1984.11
		才央	男	藏	1984.11—1987.10
		吴喜照	男	汉	1987.04—1990.07
		旦增	男	藏	1987.04—1990.08
		嘎雨	男	藏	1990.05—1992.03
		三木才	男	藏	1992.03—1993.07
		索多	男	藏	1992.03—1995.04
		白群发	男	汉	1990.07—1997.07
		布达玛	男	藏	1990.05—1994.03
		永扎	男	藏	1993.04—1997.09
		扎西达旺	男	藏	1993.12—1997.11
		杨孝民	男	汉	1996.12—1999.08

续表 2

机构名称	职务	姓名	性别	民族	任职时间
聂荣县人民政府 （1964. 05—2010. 12）	副县长	加多	男	藏	1993. 09—2000. 09
		次仁多吉	男	藏	1993. 08—2000. 10
		王俊彪	男	汉	1999. 04—2000. 12
		陈渝	男	汉	1997. 08—2000. 07
		罗杰	男	藏	1999. 07—2000. 07
		旺扎	男	藏	1999. 07—2000. 05
		麦京生	男	汉	2004. 01—2006. 12
		次旦伦珠	男	藏	2004. 05—2007. 05
		米玛次仁	男	藏	2004. 05—2007. 05
		庄银正	男	汉	2007. 06—2010. 10
		秦贵萍	女	汉	2007. 06—2010. 11
		王新宇	男	汉	2008. 06—2010. 12
		旦增扎西	男	藏	2008. 06—2010. 12

1960—2010 年聂荣县人民政府办公室领导名录

表 4 – 3 – 4

机构名称	职务	姓名	性别	民族	任职时间
聂荣县人民政府 办公室 （1960. 08—2010. 12）	主任	李怀成	男	汉	1960. 08—1961. 12
		加布	男	藏	1981. 09—1981. 12
		顾龙涛	男	汉	1981. 12—1983. 04
		布嘎	男	藏	1983. 04—1987. 06
		强巴公觉	男	藏	1987. 06—1987. 10
		阿布夏	男	藏	1998. 04—2004. 10
		努穷	男	藏	2004. 10—2007. 05

续表

机构名称	职务	姓名	性别	民族	任职时间
聂荣县人民政府办公室（1960.08—2010.12）	主任	江海波	男	汉	2007.05—2009.12
		扎西永青	女	藏	2009.12—2010.12
	副主任	张夫禄	男	汉	1981.03—1983.04
		顾龙涛	男	汉	1981.11—1981.12
		鲁志强	男	汉	1981.11—1987.06
		王瑞泉	男	汉	1984.09—1987.06
		郭林豫	男	蒙古	1987.06—1987.10
		江洋	男	藏	1987.06—1987.10

注：因未查找到相关资料，聂荣县政府办1962年1月至1981年8月、1987年11月至1998年3月的办公室主任和1987年10月至2010年12月的办公室副主任领导名录未能收录。

第二节　区、乡（镇）政权

一、区公所

1960年6月起相继建立5个区公所，作为县人民政府的派出机构，即下河区公所、彭河区公所、措阳区公所、扎玛区公所、查吾区公所。1962年7月，将下河区、彭河区分别改为尼玛区和白雄区。

1969年4月19日，聂荣县革命委员会成立，各区陆续成立区革命委员会。

1973年初，对公社行政区划进行调整，在原有23个公社的基础上，增设8个公社，共有31个公社。

1979年7月，根据第五届全国人民代表大会第二次会议通过的《中华人民共和国地方各级人民代表大会和地方各级人民政府组织法》，革委会名称被取消。聂荣县革委会一直维持到1981年12月被取消。

1987年，撤区并乡，撤销尼玛区、白雄区、措阳区、扎玛区、查吾区5个区。

（一）下河（尼玛）区

1959年8月1日，聂荣县人民政府成立。

1959年冬，在进行民主改革运动中，逐步建立牧民协会（简称“牧协会”）。

1960年6月，建立下河区公所，后改名为尼玛区公所。

1962年7月，在全县普遍建立牧协会的基础上，逐步建立乡人民政府。尼玛区辖5个乡政府，即尼玛乡政府、尼龙乡政府、玉寨乡政府、下曲乡政府、吉岗乡政府。

1969年4月19日，聂荣县革命委员会成立，随即建立区和乡革委会，代行党委、政府职能。

1970年起，聂荣县实行“乡改社”。

1973年初，对公社行政区划进行调整，尼玛区辖11个公社，即尼玛公社、尼龙公社、下曲公社、团结公社、吉岗公社、胜利公社、玉寨公社、下荣公社、各色公社、前进公社、左龙公社。

1981年，恢复设立聂荣县人民政府，撤销区革委会，恢复区公所。

1984年，实行改社建乡后，尼玛区公所辖8个乡政府，即尼玛乡政府、尼龙乡政府、格色乡政府、下曲乡政府、吉岗乡政府、下茶乡政府、玉寨乡政府、左龙乡政府。1987年，撤区并乡，撤销尼玛区。

1960—1987年下河（尼玛）区公所及革委会领导名录见表4－3－5；1959—1987年下河（尼玛）区、公社（乡）领导名录见表4－3－6。

1960—1987 年下河（尼玛）区公所及革委会领导名录

表 4－3－5

机构名称	职务	姓名	性别	民族	任职时间
下河（尼玛）区公所（1960.01—1967.02）	区长	文昌太	男	藏	1960.01—1962.07
		拉麻才让	男	藏	1962.07—1964.04
		安龙	男	藏	1964.07—1967.02
	副区长	洛桑	男	藏	1960.11—1962.07
尼玛区革委会（1970.07—1981.10）	主任	布其久	男	藏	1973.06—1978.04
		才珠	男	藏	1978.04—1981.11
	副主任	鲁志强	男	汉	1970.07—1972.08
		郝吉发	男	汉	1970.08—1972.08
		刘文治	男	汉	1972.06—1976.10
		洛桑	男	藏	1972.03—1979.04
		达瓦普赤	女	藏	1972.09—1973.09
		阿南	男	藏	1974.10—1981.12
		合珠	男	藏	1976.04—1979.04
		仓珠	女	藏	1979.04—1981.04
		阿穷	男	藏	1980.07—1981.12
尼玛区公所（1981.11—1987.10）	区长	格桑	男	藏	1984.09—1987.06
		宗嘎	男	藏	1987.06—1987.10
	副区长	阿穷	男	藏	1981.12—1984.09
		索朗次仁	男	藏	1983.08—1984.09
		初次仁	男	藏	1984.09—1987.10
		彭措	男	藏	1984.09—1987.10

1959—1987 年下河（尼玛）区、公社（乡）领导名录

表 4－3－6

机构名称		职务	姓名	性别	民族	任职时间
尼玛区（1959.11—1964.04）	尼玛乡牧协会	主任	扎扎	男	藏	1959.11—1962.09
	下河乡牧协会	主任	巴卡	男	藏	1960.10—1964.04
	玉寨乡牧协会	主任	布古如	男	藏	1959.10—1962.09
尼玛区（1962.09—1967.02）	尼玛乡政府	乡长	扎扎	男	藏	1962.09—1967.02
		副乡长	旦巴益西	男	藏	1962.09—1967.02
	尼龙乡政府	乡长	多罗	男	藏	1962.09—1967.02
		副乡长	旦巴益西	男	藏	1962.09—1967.02
	玉寨乡政府	乡长	布古如	男	藏	1964.05—1967.02
		副乡长	色巴	男	藏	1964.05—1967.02
	下曲乡政府	乡长	巴恰	男	藏	1964.05—1967.02
		副乡长	边要	男	藏	1964.05—1967.02
	吉岗乡政府	乡长	国达	男	藏	1964.05—1967.02
		副乡长	布珠	男	藏	1964.05—1967.02
尼玛区（1969.04—1969.12）	尼玛乡（公社）革委会	主任	扎扎	男	藏	1969.04—1969.12
			索朗	男	藏	1970.01—1975.04
			扎扎	男	藏	1975.04—1976.10
		副主任	旦巴益西	男	藏	1969.04—1976.10
			嘎珠	男	藏	1970.01—1976.10
			布根根	男	藏	1970.01—1976.10
	尼龙乡（公社）革委会	主任	多罗	男	藏	1969.04—1976.10
		副主任	扎扎	男	藏	1969.06—1976.10
			扎塔	男	藏	1969.04—1976.10

续表 1

机构名称		职务	姓名	性别	民族	任职时间
尼玛区（1969.04—1969.12）	团结乡（公社）革委会	主任	扎旺	男	藏	1970.09—1973.03
	吉岗乡（公社）革委会	主任	国达	男	藏	1969.04—1970.09
			扎江	男	藏	1973.03—1976.10
		副主任	郎卡	男	藏	1969.04—1976.10
			罗吉	男	藏	1969.04—1976.10
	胜利乡（公社）革委会	主任	扎江	男	藏	1970.09—1973.03
	玉寨乡（公社）革委会	主任	布古如	男	藏	1969.04—1974.08
			色巴	男	藏	1974.08—1976.10
		副主任	根堆	男	藏	1974.08—1976.10
			索朗杰	男	藏	1975.08—1976.10
			色巴	男	藏	1969.04—1974.08
	下荣乡（公社）革委会	主任	扎旺	男	藏	1970.01—1970.09
			布珠	男	藏	1973.03—1976.10
		副主任	阿布	男	藏	1970.09—1976.10
			嘎宗	男	藏	1970.09—1976.10
	格色乡（公社）革委会	主任	日卡	男	藏	1973.10—1976.10
		副土任	拉加	男	藏	1973.09—1976.10
			才央	男	藏	1973.09—1976.10
	前进乡（公社）革委会	主任	布珠	男	藏	1974.07—1976.10
	左龙乡（公社）革委会	主任	扎西罗布	男	藏	1974.07—1976.10
		副主任	根堆	男	藏	1974.08—1976.10
			德庆多杰	男	藏	1974.10—1976.10

续表 2

机构名称	机构名称	职务	职务	姓名	性别	民族	任职时间
尼玛区（1976. 10—1984. 10）	尼玛区公社	革委会	主任	扎扎	男	藏	1976. 10—1981. 10
尼玛区（1976. 10—1984. 10）	尼玛区公社	革委会	副主任	嘎珠	男	藏	1976. 10—1981. 10
尼玛区（1976. 10—1984. 10）	尼玛区公社	管委会	主任	干珠	男	藏	1981. 10—1984. 10
尼玛区（1976. 10—1984. 10）	尼玛区公社	管委会	副主任	布哥	男	藏	1981. 10—1984. 10
尼玛区（1976. 10—1984. 10）	尼龙公社	革委会	主任	多罗	男	藏	1976. 10—1981. 10
尼玛区（1976. 10—1984. 10）	尼龙公社	革委会	副主任	多扎	男	藏	1976. 10—1981. 10
尼玛区（1976. 10—1984. 10）	尼龙公社	管委会	主任	边扎	男	藏	1981. 10—1984. 10
尼玛区（1976. 10—1984. 10）	尼龙公社	管委会	副主任	索朗	男	藏	1981. 10—1984. 10
尼玛区（1976. 10—1984. 10）	格色公社	革委会	主任	日卡	男	藏	1976. 10—1981. 10
尼玛区（1976. 10—1984. 10）	格色公社	革委会	副主任	拉加	男	藏	1976. 10—1981. 10
尼玛区（1976. 10—1984. 10）	格色公社	管委会	主任	扎塔	男	藏	1981. 10—1984. 10
尼玛区（1976. 10—1984. 10）	格色公社	管委会	副主任	阿色	男	藏	1981. 10—1984. 10
尼玛区（1976. 10—1984. 10）	下曲公社	革委会	主任	扎旺	男	藏	1976. 10—1981. 10
尼玛区（1976. 10—1984. 10）	下曲公社	革委会	副主任	郎卡	男	藏	1976. 10—1981. 10
尼玛区（1976. 10—1984. 10）	下曲公社	管委会	主任	西热达杰	男	藏	1981. 10—1984. 10
尼玛区（1976. 10—1984. 10）	下曲公社	管委会	副主任	巴洛	男	藏	1981. 10—1984. 10
尼玛区（1976. 10—1984. 10）	下荣公社	革委会	主任	布珠	男	藏	1976. 10—1981. 10
尼玛区（1976. 10—1984. 10）	下荣公社	革委会	副主任	嘎宗	男	藏	1976. 10—1981. 10
尼玛区（1976. 10—1984. 10）	下荣公社	管委会	主任	加布	男	藏	1981. 10—1984. 10
尼玛区（1976. 10—1984. 10）	下荣公社	管委会	副主任	那尼	男	藏	1981. 10—1984. 10
尼玛区（1976. 10—1984. 10）	吉岗公社	革委会	主任	扎江	男	藏	1976. 10—1981. 10
尼玛区（1976. 10—1984. 10）	吉岗公社	革委会	副主任	朗嘎	男	藏	1976. 10—1981. 10
尼玛区（1976. 10—1984. 10）	吉岗公社	管委会	主任	嘎日	男	藏	1981. 10—1984. 10
尼玛区（1976. 10—1984. 10）	吉岗公社	管委会	副主任	罗吉	男	藏	1981. 10—1984. 10

续表 3

机构名称		职务		姓名	性别	民族	任职时间
尼玛区（1976.10—1984.10）	玉寨公社	革委会	主任	色巴	男	藏	1976.10—1981.10
			副主任	平措	男	藏	1976.10—1984.10
		管委会	主任	达洛	男	藏	1981.10—1984.10
			副主任	赤来旺穷	男	藏	1976.10—1984.10
				索朗杰	男	藏	1976.10—1984.10
	左龙公社	革委会	主任	生色	男	藏	1976.10—1981.10
			副主任	根堆	男	藏	1976.10—1981.10
				扎洛	男	藏	1981.10—1984.10
		管委会	主任	扎朗	男	藏	1981.10—1984.10
			副主任	德庆多杰	男	藏	1976.10—1981.10
				嘎塔	男	藏	1983.09—1984.10
尼玛区（1984.10—1987.10）	尼玛乡政府	乡长		干珠	男	藏	1984.10—1987.10
		副乡长		布格	男	藏	1984.10—1987.10
				要嘎	男	藏	1984.10—1987.10
	尼龙乡政府	乡长		旺庆	男	藏	1984.10—1987.10
		副乡长		边扎	男	藏	1984.10—1987.10
				旺庆尼玛	男	藏	1984.10—1987.10
	格色乡政府	乡长		阿色	男	藏	1984.10—1987.10
		副乡长		那穷	男	藏	1984.10—1987.10
	下曲乡政府	乡长		西热达吉	男	藏	1984.10—1987.10
		副乡长		索朗尼玛	男	藏	1984.10—1987.10
				旦桑	男	藏	1984.10—1987.10

续表 4

机构名称		职务	姓名	性别	民族	任职时间
尼玛区（1984. 10—1987. 10）	下荣乡政府	乡长	朗尼	男	藏	1984. 10—1987. 10
		副乡长	旺松	男	藏	1984. 10—1987. 10
			措朗	男	藏	1984. 10—1987. 10
	玉寨乡政府	乡长	嘎玛	男	藏	1984. 10—1987. 10
		副乡长	旺久罗布	男	藏	1984. 10—1987. 10
	吉岗乡政府	乡长	木达	男	藏	1984. 10—1987. 10
		副乡长	罗吉	男	藏	1984. 10—1987. 10
			朗嘎	男	藏	1984. 10—1987. 10
	左龙乡政府	乡长	扎洛	男	藏	1984. 10—1987. 10
		副乡长	艾地	男	藏	1984. 10—1987. 10
			嘎卡	男	藏	1984. 10—1987. 10

（二）彭河（白雄）区

1959 年 8 月 1 日，聂荣县人民政府成立。

1959 年冬，在进行民主改革运动中，逐步建立牧民协会。

1960 年 6 月，建立彭河区公所，后改名为白雄区公所。

1962 年 7 月，在全县普遍建立牧协会的基础上，逐步建立乡人民政府。白雄区辖 5 个乡政府，即彭河乡政府、果雄乡政府、吾比乡政府、白雄乡政府、索雄乡政府。

1969 年 4 月 19 日，聂荣县革命委员会成立，随即建立区和乡革委会，代行党委、政府职能。

1970 年起，聂荣县实行“乡改社”。

1973 年初，对公社行政区划作了调整，彭河区辖 7 个公社，即果雄公社、索雄公社、白雄公社、解放公社、吾比乡公社、彭色乡公社、彭尼乡公社。

1981 年，恢复设立聂荣县人民政府，撤销区革委会，恢复区公所。

1984 年，实行改社建乡后。彭河区委辖 5 个乡政府，即果雄乡政府、索雄乡政府、白雄乡政府、彭色乡政府、彭尼乡政府。

1987 年，撤区并乡，撤销白雄区。

1960—1987 年彭河（白雄）区公所及革委会领导名录见表 4 －3 －7；1960—1987 年彭河（白雄）区公社（乡）领导名录见表 4 －3 －8。

1960—1987 年彭河(白雄)区公所及革委会领导名录

表 4 －3 －7

机构名称	职务	姓名	性别	民族	任职时间	备注
彭河(白雄)区公所(1960. 11—1967. 02)	第一副区长	拉麻才让	男	藏	1960. 11—1962. 07	主持工作
	第二副区长	阿达	男	藏	1960. 11—1961. 05	
	副区长	堪布	男	藏	1962. 11—1965. 08	
		仓珠	男	藏	1964. 11—1965. 04	
		阿达	男	藏	1966. 05—1967. 02	主持工作
白雄区革委会(1970. 01—1981. 12)	主任	胡恩华	男	汉	1970. 01—1974. 01	
		多杰	男	藏	1976. 10—1978. 09	
	副主任	彭振海	男	藏	1970. 01—1973. 05	
		李子玉	男	藏	1970. 01—1976. 10	
		阿达	男	藏	1970. 01—1980. 07	
		仓珠	女	藏	1972. 08—1979. 04	
		崩古鲁	男	藏	1973. 02—1974. 01	
		多杰	男	藏	1974. 01—1976. 10	
		旦增排吉	男	藏	1979. 04—1980. 04	
		楚格	男	藏	1980. 04—1981. 12	
		楚理	男	藏	1981. 11—1981. 12	

续表

机构名称	职务	姓名	性别	民族	任职时间	备注
白雄区公所（1981.12—1987.10）	区长	阿达	男	藏	1981.12—1984.09	
		楚理	男	藏	1984.09—1987.06	
		达穷	男	藏	1987.06—1987.10	
	副区长	楚格	男	藏	1981.12—1984.09	
		楚理	男	藏	1981.12—1984.09	
		阿达	男	藏	1984.09—1987.06	

1960—1987年彭河（白雄）区公社（乡）领导名录

表4-3-8

机构名称		职务	姓名	性别	民族	任职时间
彭河区（1960.10—1964.07）	桑龙乡牧协会	主任	阿布	男	藏	1960.10—1961.05
	沿城乡牧协会	主任	边巴	男	藏	1960.10—1961.05
	东产乡牧协会	主任	吕古	男	藏	1960.10—1964.07
	多龙乡牧协会	主任	才达	男	藏	1960.10—1961.05
	解放乡牧协会	主任	卓沙	男	藏	1960.10—1961.05
	吾亚乡牧协会	主任	根巴	男	藏	1960.10—1962.10
白雄区（1960.10—1966.05）	彭河乡政府	乡长	阿珠	男	藏	1960.10—1961.05
		副乡长	益布西	男	藏	1961.05—1964.07
	果雄乡政府	乡长	益布西	男	藏	1964.07—1966.05
		副乡长	木地	男	藏	1964.07—1966.05
	吾比乡政府	乡长	查岗	男	藏	1962.11—1966.05
		副乡长	吉拉	男	藏	1962.11—1966.05

续表 1

机构名称		职务	姓名	性别	民族	任职时间
白雄区（1960.10—1966.05）	白雄乡政府	乡长	东珠	男	藏	1962.11—1966.05
		副乡长	才塔	男	藏	1962.11—1966.05
	索雄乡政府	乡长	洛松	男	藏	1964.07—1966.05
		副乡长	聂扎	男	藏	1964.07—1966.05
白雄区（1969.04—1976.10）	果雄公社革委会	主任	益布西	男	藏	1969.04—1969.12
			艾色	男	藏	1970.01—1974.10
			益布西	男	藏	1974.10—1976.10
		副主任	索培	男	藏	1969.04—1976.10
			旺扎	男	藏	1969.04—1976.10
	索雄公社革委会	主任	洛松	男	藏	1969.04—1969.12
			吕古	男	藏	1970.01—1976.10
		副主任	楚欣	男	藏	1969.03—1976.03
			罗布	男	藏	1969.04—1976.10
			罗珠平措	男	藏	1972.07—1976.10
	白雄公社革委会	主任	东珠	男	藏	1969.04—1969.12
			塔嘎	男	藏	1970.01—1970.09
			东珠	男	藏	1973.03—1976.10
		副主任	朗日	男	藏	1969.04—1976.10
			培仁	男	藏	1969.04—1976.10
	解放公社革委会	主任	查岗	男	藏	1969.04—1969.12
			路地	男	藏	1972.10—1974.10
		副主任	加措	男	藏	1969.04—1974.10
			朱吉	男	藏	1970.02—1976.10

续表2

<table>
<tr><th colspan="2">机构名称</th><th colspan="2">职务</th><th>姓名</th><th>性别</th><th>民族</th><th>任职时间</th></tr>
<tr><td rowspan="5">白雄区
（1969.04—
1976.10）</td><td rowspan="3">彭色公社
革委会</td><td colspan="2">主任</td><td>朱加</td><td>男</td><td>藏</td><td>1974.10—1976.10</td></tr>
<tr><td colspan="2" rowspan="2">副主任</td><td>朱吉</td><td>男</td><td>藏</td><td>1974.10—1976.10</td></tr>
<tr><td>加那</td><td>男</td><td>藏</td><td>1974.10—1976.10</td></tr>
<tr><td rowspan="2">彭尼公社
革委会</td><td colspan="2" rowspan="2">主任</td><td>边巴</td><td>男</td><td>藏</td><td>1974.10—1976.10</td></tr>
<tr><td>路地</td><td>男</td><td>藏</td><td>1974.10—1976.10</td></tr>
<tr><td rowspan="18">白雄区
（1976.10—
1984.10）</td><td rowspan="4">果雄公社</td><td rowspan="2">革委会</td><td>主任</td><td>益西</td><td>男</td><td>藏</td><td>1976.10—1981.10</td></tr>
<tr><td>副主任</td><td>艾四</td><td>男</td><td>藏</td><td>1976.10—1981.10</td></tr>
<tr><td rowspan="2">管委会</td><td>主任</td><td>才嘎</td><td>男</td><td>藏</td><td>1981.10—1984.10</td></tr>
<tr><td>副主任</td><td>旺扎</td><td>男</td><td>藏</td><td>1981.10—1984.10</td></tr>
<tr><td rowspan="6">索雄公社</td><td rowspan="4">革委会</td><td>主任</td><td>吕古</td><td>男</td><td>藏</td><td>1976.10—1981.10</td></tr>
<tr><td rowspan="3">副主任</td><td>洛松</td><td>男</td><td>藏</td><td>1976.10—1981.10</td></tr>
<tr><td>洛珠平措</td><td>男</td><td>藏</td><td>1976.10—1981.10</td></tr>
<tr><td>洛布</td><td>男</td><td>藏</td><td>1976.10—1981.10</td></tr>
<tr><td rowspan="2">管委会</td><td>主任</td><td>洛珠平措</td><td>男</td><td>藏</td><td>1981.10—1984.10</td></tr>
<tr><td>副主任</td><td>国洛</td><td>男</td><td>藏</td><td>1981.10—1984.10</td></tr>
<tr><td rowspan="4">白雄公社</td><td rowspan="2">革委会</td><td>主任</td><td>东珠</td><td>男</td><td>藏</td><td>1976.10—1981.10</td></tr>
<tr><td>副主任</td><td>罗嘎</td><td>男</td><td>藏</td><td>1976.10—1981.10</td></tr>
<tr><td rowspan="2">管委会</td><td>主任</td><td>噶尔玛</td><td>男</td><td>藏</td><td>1981.10—1984.10</td></tr>
<tr><td>副主任</td><td>嘎桑</td><td>男</td><td>藏</td><td>1981.10—1984.10</td></tr>
<tr><td rowspan="4">彭色公社</td><td rowspan="2">革委会</td><td>主任</td><td>朱杰</td><td>男</td><td>藏</td><td>1976.10—1981.10</td></tr>
<tr><td>副主任</td><td>朱加</td><td>男</td><td>藏</td><td>1976.10—1981.10</td></tr>
<tr><td rowspan="2">管委会</td><td>主任</td><td>朱杰</td><td>男</td><td>藏</td><td>1981.10—1984.10</td></tr>
<tr><td>副主任</td><td>热力</td><td>男</td><td>藏</td><td>1981.10—1984.10</td></tr>
</table>

续表 3

<table>
<tr><th colspan="2">机构名称</th><th colspan="2">职务</th><th>姓名</th><th>性别</th><th>民族</th><th>任职时间</th></tr>
<tr><td rowspan="4">白雄区
（1976. 10—
1984. 10）</td><td rowspan="4">彭尼公社</td><td rowspan="2">革委会</td><td>主任</td><td>边巴</td><td>男</td><td>藏</td><td>1976. 10—1981. 10</td></tr>
<tr><td>副主任</td><td>加措</td><td>男</td><td>藏</td><td>1976. 10—1981. 10</td></tr>
<tr><td rowspan="2">管委会</td><td>主任</td><td>巴巴</td><td>男</td><td>藏</td><td>1981. 10—1984. 10</td></tr>
<tr><td>副主任</td><td>才巴</td><td>男</td><td>藏</td><td>1981. 10—1984. 10</td></tr>
<tr><td rowspan="14">白雄区
（1984. 10—
1987. 10）</td><td rowspan="3">果雄乡
政府</td><td colspan="2">乡长</td><td>朗堆</td><td>男</td><td>藏</td><td>1984. 10—1987. 10</td></tr>
<tr><td colspan="2" rowspan="2">副乡长</td><td>旺扎</td><td>男</td><td>藏</td><td>1984. 10—1987. 10</td></tr>
<tr><td>才仁嘎互</td><td>男</td><td>藏</td><td>1984. 10—1987. 10</td></tr>
<tr><td rowspan="3">索雄乡
政府</td><td colspan="2">乡长</td><td>木布</td><td>男</td><td>藏</td><td>1984. 10—1987. 10</td></tr>
<tr><td colspan="2" rowspan="2">副乡长</td><td>国洛</td><td>男</td><td>藏</td><td>1984. 10—1987. 10</td></tr>
<tr><td>珠加</td><td>男</td><td>藏</td><td>1984. 10—1987. 10</td></tr>
<tr><td rowspan="3">白雄乡
政府</td><td colspan="2">乡长</td><td>嘎桑</td><td>男</td><td>藏</td><td>1984. 10—1987. 10</td></tr>
<tr><td colspan="2" rowspan="2">副乡长</td><td>才塔</td><td>男</td><td>藏</td><td>1984. 10—1987. 10</td></tr>
<tr><td>罗嘎</td><td>男</td><td>藏</td><td>1984. 10—1987. 10</td></tr>
<tr><td rowspan="2">彭色乡
政府</td><td colspan="2">乡长</td><td>热力</td><td>男</td><td>藏</td><td>1984. 10—1987. 10</td></tr>
<tr><td colspan="2">副乡长</td><td>嘎桑</td><td>男</td><td>藏</td><td>1984. 10—1987. 10</td></tr>
<tr><td rowspan="3">彭尼乡
政府</td><td colspan="2">乡长</td><td>巴巴</td><td>男</td><td>藏</td><td>1984. 10—1987. 10</td></tr>
<tr><td colspan="2" rowspan="2">副乡长</td><td>才巴</td><td>男</td><td>藏</td><td>1984. 10—1987. 10</td></tr>
<tr><td>罗地</td><td>男</td><td>藏</td><td>1984. 10—1987. 10</td></tr>
</table>

（三）措阳区

1959 年 8 月 1 日，聂荣县人民政府成立。

1959 年冬，在进行民主改革运动中，逐步建立牧民协会。

1960 年 6 月，建立措阳区公所。

1962 年 7 月，在全县普遍建立牧协会的基础上，逐步建立乡人民政府。措阳区辖 5 个乡政府，即扎西乡政府、色贡乡政府、楚勤乡政府、大众乡政府、桑荣乡政府。

1969 年 4 月 19 日，聂荣县革命委员会成立，随即建立区和乡革委会，代行党委、政府职能。

1970 年起，聂荣县实行“乡改社”。

1973 年初，对公社行政区划进行调整，措阳区辖 8 个公社，即扎西公社、反修乡公社、色贡公社、八一公社、楚勤公社、桑荣公社、大众公社、红旗公社。

1981 年，恢复设立聂荣县人民政府，撤销区革委会，恢复区公所。

1984 年，实行改社建乡后，措阳区委辖 5 个乡政府，即扎西乡政府、色贡乡政府、大众乡政府、桑荣乡政府、楚勤乡政府。

1987 年，撤区并乡，撤销白雄区。

1964—1987 年措阳区公所及革委会领导名录见表 4－3－9；1960—1987 年措阳区公社（乡）领导名录见表 4－3－10。

1964—1987 年措阳区公所及革委会领导名录

表 4－3－9

机构名称	职务	姓名	性别	民族	任职时间	备注
措阳区公所（1964.06—1967.02）	副区长	仲嘎	女	藏	1964.06—1967.02	主持工作
		堪布	男	藏	1965.08—1967.02	
措阳区革委会（1970.06—1981.12）	主任	王保升	男	汉	1972.08—1973.01	
	副主任	杨永生	男	汉	1970.06—1971.11	
		洛桑	男	藏	1979.04—1981.11	未到职
		王保升	男	汉	1970.12—1972.08	
		多杰	男	藏	1972.08—1974.01	
		李超民	男	汉	1972.09—1974.11	
		杨培	男	藏	1972.10—1975.02	
		安龙	男	藏	1974.01—1975.01	

续表

机构名称	职务	姓名	性别	民族	任职时间	备注
措阳区革委会（1970.06—1981.12）	副主任	建国峰	男	藏	1971.03—1974.10	
		拉麻才让	男	藏	1974.10—1980.12	主持工作
		次仁康沙	男	藏	1979.12—1981.12	
措阳区公所（1981.12—1987.10）	区长	西热	男	藏	1984.09—1987.06	
	副区长	次仁康沙	男	藏	1981.12—1983.04	
		初次仁	男	藏	1983.09—1984.09	
		嘎才	男	藏	1984.09—1987.06	
		扎西顿珠	男	藏	1987.06—1987.10	

1960—1987 年措阳区公社（乡）领导名录

表 4－3－10

机构名称		职务	姓名	性别	民族	任职时间	备注
措阳区（1960.07—1964.07）	大众乡牧协会	主任	才巴益西	男	藏	1960.07—1962.07	
	朝阳乡牧协会	主任	塔嘎	男	藏	1960.11—1963.05	
	桑龙乡牧协会	主任	阿布	男	藏	1961.05—1964.07	
	楚勤乡牧协会	主任	土登	男	藏	1961.05—1964.03	
措阳区（1962.07—1967.02）	扎西乡政府	乡长	旦措	男	藏	1962.07—1967.02	
		副乡长	巴确	男	藏	1962.07—1967.02	
	色贡乡政府	乡长	朗卡	男	藏	1962.07—1967.02	
		副乡长	索朗仁青	男	藏	1962.07—1967.02	
	楚勤乡政府	乡长	土登	男	藏	1962.07—1967.02	
		副乡长	嘎才	男	藏	1962.07—1967.02	

续表1

机构名称		职务	姓名	性别	民族	任职时间	备注
措阳区（1962.07—1967.02）	桑荣乡政府	乡长	布穷	男	藏	1964.07—1967.02	
		副乡长	达洛	男	藏	1964.07—1967.02	
措阳区（1969.04—1976.10）	扎西公社革委会	主任	旦措	男	藏	1969.04—1969.12	
						1973.03—1976.10	
			巴桥	男	藏	1970.01—1970.09	
		副主任	巴要	男	藏	1969.04—1976.10	
			欧珠	男	藏	1969.04—1976.10	
	反修（扎西）公社革委会	主任	巴桥	男	藏	1970.09—1972.07	
	色贡公社革委会	主任	朗卡	男	藏	1973.03—1976.10	
		副主任	朗卡	男	藏	1969.04—1973.03	
			嘎旦	男	藏	1969.04—1976.10	
	八一公社革委会	主任	强巴	男	藏	1970.04—1970.09	1973年3月改为色贡乡
			嘎旦	男	藏	1970.09—1971.11	
			杨培	男	藏	1971.11—1972.02	
			朗卡	男	藏	1972.02—1973.03	
	楚勤公社革委会	主任	土登	男	藏	1969.04—1969.12	
			嘎才	男	藏	1971.12—1973.11	
			粗旦	男	藏	1973.11—1976.10	
		副主任	康龙	男	藏	1969.04—1976.03	
			扎西次仁	男	藏	1969.04—1976.10	
	桑荣公社革委会	主任	布琼	男	藏	1969.04—1969.12	
			达尼	男	藏	1970.01—1971.09	
			达洛	男	藏	1971.09—1974.10	
			美朵拉姆	女	藏	1974.10—1976.10	

续表 2

机构名称		职务		姓名	性别	民族	任职时间	备注
措阳区（1969. 04—1976. 10）	桑荣公社革委会	副主任		东旺	男	藏	1969. 04—1969. 10	
				东思	男	藏	1969. 04—1969. 10	
	大众公社革委会	主任		瓦加	男	藏	1973. 03—1976. 10	
		副主任		罗桑	男	藏	1970. 09—1976. 10	
				巴要	男	藏	1970. 09—1976. 10	
	红旗公社革委会	主任		瓦加	男	藏	1972. 09—1973. 03	1973 年 3 月改为大众乡
措阳区（1976. 10—1984. 10）	扎西公社	革委会	主任	旦措	男	藏	1976. 10—1981. 10	
		管委会	主任	索朗	男	藏	1981. 10—1984. 10	
			副主任	巴确	男	藏	1981. 10—1984. 10	
	色贡公社	革委会	主任	朗卡	男	藏	1976. 10—1981. 10	
			副主任	强巴	男	藏	1976. 10—1981. 10	
		管委会	主任	永忠塔	男	藏	1981. 10—1984. 10	
			副主任	塔确	男	藏	1971. 10—1984. 10	
	大众公社	革委会	主任	瓦加	男	藏	1976. 10—1981. 10	
			副主任	朗杰	男	藏	1976. 10—1981. 10	
		管委会	主任	罗桑	男	藏	1981. 10—1984. 10	
			副主任	巴要	男	藏	1981. 10 1984. 10	
	桑荣公社	革委会	主任	美朵拉姆	女	藏	1976. 10—1981. 10	
			副主任	达洛	男	藏	1976. 10—1981. 10	
		管委会	主任	达旺	男	藏	1981. 10—1984. 10	
			副主任	阿多	男	藏	1981. 10—1984. 10	

续表 3

机构名称		职务		姓名	性别	民族	任职时间	备注
措阳区（1976.10—1984.10）	楚勤公社	革委会	主任	粗旦	男	藏	1976.10—1981.10	
			副主任	扎西次仁	男	藏	1976.10—1981.10	
		管委会	主任	曲加	男	藏	1981.10—1984.10	
			副主任	穷扎	男	藏	1981.10—1984.10	
措阳区（1984.10—1987.10）	扎西乡政府	乡长		索朗	男	藏	1984.10—1987.10	
		副乡长		旦培	男	藏	1984.10—1987.10	
				扎朗	男	藏	1984.10—1987.10	
	色贡乡政府	乡长		永忠塔	男	藏	1984.10—1987.10	
		副乡长		罗登	男	藏	1984.10—1987.10	
				塔确	男	藏	1984.10—1987.10	
	大众乡政府	乡长		罗桑	男	藏	1984.10—1987.10	
		副乡长		朗杰	男	藏	1984.10—1987.10	
				巴要	男	藏	1984.10—1987.10	
	桑荣乡政府	乡长		罗登	男	藏	1984.10—1987.10	
		副乡长		达旺	男	藏	1984.10—1987.10	
				阿多	男	藏	1984.10—1987.10	
	楚勤乡政府	乡长		曲加	男	藏	1984.10—1987.10	
		副乡长		穷加	男	藏	1984.10—1987.10	
				卓加	男	藏	1984.10—1987.10	

（四）扎玛区

1959 年 8 月 1 日，聂荣县人民政府成立。

1959 年冬，在进行民主改革运动中，逐步建立牧民协会。

1960 年 6 月，建立扎玛区公所。

1962 年 7 月，在全县普遍建立牧协会的基础上，逐步建立乡人民政府。

扎玛区辖 5 个乡政府，即萨色乡政府、那格乡政府、色庆乡政府、下日乡政府、江左乡政府。

1969 年 4 月 19 日，聂荣县革命委员会成立，随即建立区和乡革委会，代行党委、政府职能。

1970 年起，聂荣县实行“乡改社”。

1973 年初，对公社行政区划作了调整，扎玛区辖 7 个公社，即江左公社、江色公社、那格公社、色庆公社、下日公社、扎洛公社、东方红公社。

1981 年，恢复成立聂荣县人民政府，撤销区革委会，恢复区公所。

1984 年，实行改社建乡后。扎玛区委辖 7 个乡政府，即江左乡、萨色乡、江沙乡、那格乡、色庆乡、扎洛乡、下日乡。

1987 年，撤区并乡，撤销扎玛区。

1962—1987 年扎玛区公所及革委会领导名录见表 4 – 3 – 11；1960—1987 年扎玛区公社（乡）领导名录见表 4 – 3 – 12。

1962—1987 年扎玛区公所及革委会领导名录

表 4 – 3 – 11

机构名称	职务	姓名	性别	民族	任职时间	备注
扎玛区公所（1962. 04—1967. 02）	区长	文昌	男	藏	1962. 04—1963. 09	
		旦增排吉	男	藏	1965. 08—1967. 02	
	副区长	拉麻才让	男	藏	1962. 02—1962. 07	
		阿达	男	藏	1964. 02—1965. 08	
扎玛区革委会（1970. 08—1981. 12）	主任	郝吉发	男	汉	1972. 08—1976. 04	
	副主任	布其久	男	藏	1970. 02—1973. 06	
		格桑卓玛	女	藏	1970. 08—1972. 05	
		安龙	男	藏	1972. 06—1974. 01	
		旦巴益西	男	藏	1972. 08—1976. 10	

续表

机构名称	职务	姓名	性别	民族	任职时间	备注
扎玛区革委会（1970.08—1981.12）	副主任	崩古鲁	男	藏	1974.01—1981.12	1976.10—1981.12 主持工作
		杨培	男	藏	1975.02—1980.11	
		次仁平措	男	藏	1979.08—1981.12	
扎玛区公所（1983.08—1987.10）	区长	德庆多吉	男	藏	1984.09—1987.10	
	副区长	阿江	男	藏	1983.08—1986.12	
		吾约	男	藏	1984.09—1987.10	

1960—1987 年扎玛区公社（乡）领导名录

表 4－3－12

机构名称		职务	姓名	性别	民族	任职时间
扎玛区（1960.07—1963.10）	江左乡牧协会	主任	措达	男	藏	1960.07—1963.10
	日玛乡牧协会	主任	登增加布	男	藏	1960.10—1962.08
	红旗乡牧协会	主任	用才	男	藏	1960.10—1961.05
	曲那格乡牧协会	主任	嘎桑	男	藏	1961.02—1962.11
扎玛区（1962.08—1967.02）	萨色乡政府	乡长	阿口	男	藏	1962.08—1967.02
		副乡长	达吉	男	藏	1962.08—1967.02
	那格乡政府	乡长	才旦	男	藏	1962.11—1967.02
		副乡长	桑珠	男	藏	1962.11—1967.02
	色庆乡政府	乡长	巴达	男	藏	1963.06—1967.02
		副乡长	罗央	男	藏	1963.06—1967.02

续表 1

机构名称		职务	姓名	性别	民族	任职时间
扎玛区（1962.08—1967.02）	下日乡政府	乡长	索才	男	藏	1963.06—1967.02
		副乡长	索才	男	藏	1962.11—1963.06
			多拉	男	藏	1966.05—1967.02
	江左乡政府	乡长	措达	男	藏	1963.10—1967.02
		副乡长	旦巴	男	藏	1963.10—1967.02
扎玛区（1969.04—1976.10）	江左公社革委会	主任	措达	男	藏	1969.04—1976.10
		副主任	旺才	男	藏	1969.04—1976.10
			国地	男	藏	1969.04—1976.10
	江色公社革委会	主任	阿江	男	藏	1969.04—1971.12
			嘎玛	男	藏	1971.12—1974.09
			达古	男	藏	1974.09—1976.10
		副主任	次仁央	男	藏	1969.04—1976.10
			古如江才	男	藏	1969.04—1976.10
	那格公社革委会	主任	才旦	男	藏	1969.04—1969.12
			才多	男	藏	1970.01—1976.10
		副主任	才多	男	藏	1969.04—1970.01
			日登	男	藏	1970.01—1976.10
	色庆公社革委会	主任	巴达	男	藏	1969.04—1969.10
			洛措	男	藏	1970.01—1974.04
			罗央	男	藏	1974.04—1976.10
		副主任	罗央	男	藏	1969.04—1974.04
			布多	男	藏	1969.04—1976.10

续表 2

机构名称		职务		姓名	性别	民族	任职时间
扎玛区（1962.08—1976.12）	下日公社革委会	主任		索才	男	藏	1969.04—1976.10
		副主任		朗托	男	藏	1969.04—1974.03
				沙旺	男	藏	1969.04—1976.10
	扎洛公社革委会	主任		洛措	男	藏	1974.04—1976.10
		副主任		扎西曲典	男	藏	1974.07—1976.10
				索朗	男	藏	1974.07—1976.10
	东方红公社革委会（扎洛公社）	主任		洛措	男	藏	1970.09—1973.03
扎玛区（1976.10—1984.10）	江左公社	革委会	主任	措达	男	藏	1976.10—1981.10
			副主任	旦巴	男	藏	1976.10—1981.10
		管委会	主任	热地	男	藏	1981.10—1984.10
			副主任	布卓果	男	藏	1981.10—1984.10
	萨色公社	革委会	主任	达吉	男	藏	1976.10—1981.10
			副主任	次仁央	男	藏	1976.10—1981.10
		管委会	主任	古如江增	男	藏	1981.10—1984.10
			副主任	顿珠	男	藏	1981.10—1984.10
	江沙公社	革委会	主任	嘎玛	男	藏	1976.10—1981.10
		管委会	主任	金多	男	藏	1981.10—1984.10
			副主任	曲嘎	男	藏	1976.10—1984.10
	那格公社	革委会	主任	才多	男	藏	1976.10—1981.10
			副主任	阿穷	男	藏	1976.10—1981.10
		管委会	主任	阿穷	男	藏	1981.10—1984.10
			副主任	阿卡	男	藏	1981.10—1984.10

续表 3

机构名称		职务		姓名	性别	民族	任职时间
扎玛区（1976. 10—1984. 10）	色庆公社	革委会	主任	罗央	男	藏	1976. 10—1981. 10
			副主任	布多	男	藏	1976. 10—1981. 10
		管委会	主任	东珠	男	藏	1981. 10—1984. 10
			副主任	次成	男	藏	1981. 10—1984. 10
	扎洛公社	革委会	主任	洛措	男	藏	1976. 10—1981. 10
			副主任	扎西曲典	男	藏	1976. 10—1981. 10
		管委会	主任	阿布	男	藏	1981. 10—1984. 10
			副主任	索朗	男	藏	1981. 10—1984. 10
	下日公社	革委会	主任	索才	男	藏	1984. 10—1987. 10
			副主任	布玛	男	藏	1984. 10—1987. 10
		管委会	主任	布玛	男	藏	1984. 10—1987. 10
			副主任	多拉	男	藏	1984. 10—1987. 10
扎玛区（1984. 10—1987. 10）	江左乡政府	乡长		热地	男	藏	1984. 10—1987. 10
		副乡长		旦巴	男	藏	1984. 10—1987. 10
				布卓果	男	藏	1984. 10—1987. 10
	萨色乡政府	乡长		古如坚曾	男	藏	1984. 10—1987. 10
	江沙乡政府	乡长		金多	男	藏	1984. 10—1987. 10
		副乡长		曲嘎	男	藏	1984. 10—1987. 10
	那格乡政府	乡长		阿穷	男	藏	1984. 10—1987. 10
		副乡长		阿卡	男	藏	1984. 10—1987. 10
	色庆乡政府	乡长		东珠	男	藏	1984. 10—1987. 10
		副乡长		次成	男	藏	1984. 10—1987. 10
				楚加	男	藏	1984. 10—1987. 10

续表 4

<table>
<tr><th colspan="2">机构名称</th><th>职务</th><th>姓名</th><th>性别</th><th>民族</th><th>任职时间</th></tr>
<tr><td rowspan="7">扎玛区
（1984. 10—1987. 10）</td><td rowspan="4">扎洛乡政府</td><td>乡长</td><td>东珠</td><td>男</td><td>藏</td><td>1984. 10—1987. 10</td></tr>
<tr><td rowspan="3">副乡长</td><td>阿布</td><td>男</td><td>藏</td><td>1984. 10—1987. 10</td></tr>
<tr><td>扎西曲典</td><td>男</td><td>藏</td><td>1984. 10—1987. 10</td></tr>
<tr><td>索朗</td><td>男</td><td>藏</td><td>1984. 10—1987. 10</td></tr>
<tr><td rowspan="3">下日乡政府</td><td>乡长</td><td>布玛</td><td>男</td><td>藏</td><td>1984. 10—1987. 10</td></tr>
<tr><td rowspan="2">副乡长</td><td>多拉</td><td>男</td><td>藏</td><td>1984. 10—1987. 10</td></tr>
<tr><td>曲多</td><td>男</td><td>藏</td><td>1984. 10—1987. 10</td></tr>
</table>

（五）查吾区

1959 年 8 月 1 日，聂荣县人民政府成立。

1959 年冬，在进行民主改革运动中，逐步建立牧民协会。

1960 年 6 月，建立查吾区公所。

1962 年 7 月，在全县普遍建立牧协会的基础上，逐步建立乡人民政府。查吾区辖 5 个乡政府，即沿城乡政府、查吾拉乡政府、加布龙乡政府、康格拉乡政府、永曲乡政府。

1969 年 4 月 19 日，聂荣县革命委员会成立，随即建立区和乡革委会，替代党委、政府职能。

1970 年起，聂荣县实行“乡改社”。

1973 年初，对公社行政区划作了调整，查吾区辖 8 个公社，即多木江公社、立新乡公社（多木江乡）、查吾公社、果当公社、加布龙公社、康格公社、永曲公社、查当公社。

1981 年，恢复设立聂荣县人民政府，撤销区革委会，恢复区公所。

1984 年，实行改社建乡后，查吾区辖 6 个乡政府，即多木江乡、果当乡、查当乡、加布龙乡、康格乡、永曲乡。

1987 年，撤区并乡，撤销了查吾区。

1962—1987 年查吾区公所及革委会领导名录见表 4－3－13；1961—

1987 年查吾区公社（乡）领导名录见表 4 -3 -14。

1962—1987 年查吾区公所及革委会领导名录

表 4 -3 -13

机构名称	职务	姓名	性别	民族	任职时间	备注
查吾区公所（1962.07—1967.02）	区长	文昌太	男	藏	1962.07—1964.07	兼
	副区长	洛桑	男	藏	1962.07—1967.02	
		李超民	男	藏	1962.11—1963.10	
查吾区革委会（1970.07—1981.12）	主任	刘文跃	男	汉	1972.08—1974.01	
		甲鲁	男	藏	1974.01—1976.04	
		旦巴益西	男	藏	1976.04—1980.08	
		郑占奇	男	藏	1979.06—1980.09	
	副主任	巴珠	男	藏	1970.02—1976.10	
		杜俊杰	男	汉	1970.07—1976.04	
		郑聚宝	男	汉	1970.07—1976.04	
		仲嘎	女	藏	1970.07—1973.09	
		张运平	男	藏	1972.08—1974.01	
		旦巴益西	男	藏	1972.10—1974.10	
		才巴	男	藏	1972.11—1980.09	
		布嘎	男	藏	1976.04—1980.09	
		李焕庭	男	汉	1976.04—1979.04	
		合珠	男	藏	1979.04—1981.12	
		达吉	男	藏	1980.07—1981.12	
		袁国忠	男	汉	1980.07—1981.12	
		达瓦	男	藏	1981.11—1981.12	

续表

机构名称	职务	姓名	性别	民族	任职时间	备注
查吾区公所（1981.12—1987.10）	区长	达瓦	男	藏	1984.09—1987.10	
	副区长	合珠	男	藏	1981.12—1983.08	
		达吉	男	藏	1981.12—1984.02	
		袁国忠	男	汉	1981.12—1983.04	
		达瓦	男	藏	1981.12—1984.09	
		索多	男	藏	1984.09—1987.06	
		扎嘎	男	藏	1984.09—1987.06	
		热旦巴	男	藏	1987.06—1987.10	

1961—1987 年查吾区公社（乡）领导名录

表 4-3-14

机构名称		职务	姓名	性别	民族	任职时间
查吾区（1961.05—1965.05）	加布龙乡牧协会	主任	嘎珠	男	藏	1962.05—1964.10
	查吾乡牧协会	主任	布吕古	男	藏	1961.06—1964.05
	解放乡牧协会	主任	卓沙	男	藏	1961.05—1965.05
	沿城乡牧协会	主任	边巴	男	藏	1961.05—1963.05
查吾区（1963.08—1967.02）	沿城乡政府	乡长	边巴	男	藏	1963.08—1967.02
		副乡长	白米	男	藏	1963.08—1967.02
	查吾拉乡政府	乡长	布吕古	男	藏	1964.05—1967.02
		副乡长	要角	男	藏	1964.05—1967.02
	加布龙乡政府	乡长	嘎珠	男	藏	1964.10—1967.02
		副乡长	阿卡	男	藏	1964.10—1967.02
	康格拉乡政府	乡长	康沙	男	藏	1964.07—1967.02
		副乡长	日登	男	藏	1966.07—1967.02

续表 1

机构名称		职务	姓名	性别	民族	任职时间
扎玛区（1970.09—1976.10）	多木江公社革委会	主任	达巴	男	藏	1969.04—1969.12
扎玛区（1970.09—1976.10）	多木江公社革委会	主任	色巴	男	藏	1973.03—1976.10
扎玛区（1970.09—1976.10）	立新公社（多木江乡）革委会	主任	东部	男	藏	1970.09—1971.12
扎玛区（1970.09—1976.10）	立新公社（多木江乡）革委会	主任	尼玛	男	藏	1971.12—1972.10
扎玛区（1970.09—1976.10）	立新公社（多木江乡）革委会	主任	木日	男	藏	1970.09—1973.10
扎玛区（1970.09—1976.10）	立新公社（多木江乡）革委会	副主任	木日	男	藏	1970.09—1972.10
扎玛区（1970.09—1976.10）	立新公社（多木江乡）革委会	副主任	国古	男	藏	1970.09—1976.10
扎玛区（1970.09—1976.10）	查吾乡（公社）革委会	主任	布吕古	男	藏	1969.04—1973.10
扎玛区（1970.09—1976.10）	查吾乡（公社）革委会	副主任	要角	男	藏	1969.04—1973.10
扎玛区（1970.09—1976.10）	查吾乡（公社）革委会	副主任	色扎	男	藏	1969.04—1973.10
扎玛区（1970.09—1976.10）	果雄乡（公社）革委会	主任	布吕古	男	藏	1973.10—1976.10
扎玛区（1970.09—1976.10）	果雄乡（公社）革委会	副主任	朗龙	男	藏	1973.10—1976.10
扎玛区（1970.09—1976.10）	果雄乡（公社）革委会	副主任	嘎珠	男	藏	1973.10—1976.10
扎玛区（1970.09—1976.10）	加龙乡（公社）革委会	主任	嘎珠	男	藏	1969.04—1969.12
扎玛区（1970.09—1976.10）	加龙乡（公社）革委会	主任	阿卡	男	藏	1970.02—1973.10
扎玛区（1970.09—1976.10）	加龙乡（公社）革委会	主任	吉确	男	藏	1973.10—1976.10
扎玛区（1970.09—1976.10）	加龙乡（公社）革委会	副主任	多加	男	藏	1969.04—1973.10
扎玛区（1970.09—1976.10）	加龙乡（公社）革委会	副主任	吉确	男	藏	1969.04—1973.10
扎玛区（1970.09—1976.10）	康格乡（公社）革委会	主任	康沙	男	藏	1969.04—1976.10
扎玛区（1970.09—1976.10）	康格乡（公社）革委会	副主任	扎西索朗	男	藏	1969.04—1976.10
扎玛区（1970.09—1976.10）	康格乡（公社）革委会	副主任	布嘎	男	藏	1969.04—1976.10
扎玛区（1970.09—1976.10）	永曲乡（公社）革委会	主任	洛沙	男	藏	1969.04—1969.12
扎玛区（1970.09—1976.10）	永曲乡（公社）革委会	主任	永忠	男	藏	1970.02—1976.10
扎玛区（1970.09—1976.10）	永曲乡（公社）革委会	副主任	路达	男	藏	1969.04—1975.05
扎玛区（1970.09—1976.10）	永曲乡（公社）革委会	副主任	旺庆	男	藏	1969.04—1976.10

续表 2

机构名称		职务		姓名	性别	民族	任职时间
扎玛区（1970.09—1976.10）	查当乡（公社）革委会	主任		旦增	男	藏	1973.10—1976.10
		副主任		色扎	男	藏	1973.10—1976.10
				加培	男	藏	1973.10—1976.10
查吾区（1976.10—1987.10）	多木江公社	革委会	主任	色巴	男	藏	1976.10—1981.10
			副主任	木日	男	藏	1976.10—1981.10
		管委会	主任	则古	男	藏	1981.10—1984.10
			副主任	白米	男	藏	1981.10—1984.10
	果当公社	革委会	主任	布吕古	男	藏	1976.10—1981.10
			副主任	朗龙	男	藏	1976.10—1981.10
		管委会	主任	木措	男	藏	1981.10—1984.10
			副主任	口地	男	藏	1981.10—1984.10
	查当公社	革委会	主任	旦增	男	藏	1976.10—1981.10
			副主任	加培	男	藏	1976.10—1981.10
		管委会	主任	俄前	男	藏	1981.10—1984.10
			副主任	欧桑	男	藏	1981.10—1984.10
	加布龙公社	革委会	主任	金求	男	藏	1976.10—1981.10
		管委会	主任	才旺	男	藏	1981.10—1984.10
			副主任	嘎珠	男	藏	1976.10—1984.10
	康格公社	革委会	主任	康沙	男	藏	1976.10—1981.10
			副主任	俄要	男	藏	1976.10—1984.10
		管委会	主任	康沙	男	藏	1981.10—1984.10
			副主任	欧苏	男	藏	1981.10—1984.10

续表 3

机构名称		职务		姓名	性别	民族	任职时间
查吾区（1976. 10—1987. 10）	永曲公社	革委会	主任	永忠	男	藏	1976. 10—1984. 10
			副主任	曲扎	男	藏	1976. 10—1984. 10
		管委会	主任	央沙	男	藏	1981. 10—1984. 10
			副主任	旺庆	男	藏	1981. 10—1984. 10
查吾区（1984. 10—1987. 10）	多木江乡政府	乡长		彭措	男	藏	1984. 10—1987. 10
		副乡长		白米	男	藏	1984. 10—1987. 10
	果当乡政府	乡长		增拉	男	藏	1984. 10—1987. 10
		副乡长		木措	男	藏	1984. 10—1987. 10
				口地	男	藏	1984. 10—1987. 10
	查当乡政府	乡长		嘎登	男	藏	1984. 10—1987. 10
		副乡长		嘎旦	男	藏	1984. 10—1987. 10
	加布龙乡政府	乡长		才旺	男	藏	1984. 10—1987. 10
		副乡长		嘎珠	男	藏	1984. 10—1987. 10
				江嘎	男	藏	1984. 10—1987. 10
	康格乡政府	乡长		物苏	男	藏	1984. 10—1987. 10
		副乡长		欧苏	男	藏	1984. 10—1987. 10
				贡桑	男	藏	1984. 10—1987. 10
	永曲乡政府	乡长		穷扎	男	藏	1984. 10—1987. 10
		副乡长		央沙	男	藏	1984. 10—1987. 10
				其地	男	藏	1984. 10—1987. 10

注：因资料缺失，部分乡政府领导名录未收录。

二、乡（镇）政权

1959 年冬，根据群众居住环境、历史习惯，在全县范围内普遍建立牧民协会的基础上，逐步建立乡人民政府。

1960年6月起相继建立5个区公所，作为县人民政府的派出机构，即下河区公所、彭河区公所、措阳区公所、扎玛区公所、查吾区公所。1962年7月，将下河、彭河区公所分别改为尼玛区和白雄区。

1962年7月，又对各乡的行政区划作了调整。1966年，全县由原来的17个乡增加到23个乡。

1970年9月，将部分乡改为带有浓厚政治色彩的名称。1973年初，恢复原名；并对各乡（公社）行政区划作了调整，在原有23个乡（公社）的基础上，增设8个公社，共31个公社。

1976年10月至1981年10月，为“政社合一”的革委会；1981年10月至1984年10月为“政社合一”的公社管委会；1984年10月至1987年10月为乡人民政府。1987年9月，根据自治区党委撤区并乡的决定，将原来的31个乡减少到13个乡。

2001年，大众乡改为大众镇；萨色乡与色庆乡合并为色庆乡；尼玛乡与玉则乡合并为查曲乡；查当乡南部、当木江乡南部、果雄乡合并为查吾中心乡；查当乡北部与当木江乡北部合并为当曲乡。保留桑荣乡、下曲乡、白雄乡、索雄乡、永曲乡。全县辖9乡1镇、158个行政村。

2008年，开展乡镇村居整合后，全县辖9个乡、1个镇（大众镇改名聂荣镇、查曲乡改名为尼玛乡、查吾中心乡改名为查当乡、当曲乡改名为当木江乡），全县158个行政村整合为139个行政村、3个居委会（聂荣镇团结居委会、扎西居委会、塔杰居委会）。

至2010年底，聂荣县人民政府共辖10个乡（镇）人民政府，即聂荣镇人民政府、色庆乡人民政府、尼玛乡人民政府、下曲乡人民政府、桑荣乡人民政府、白雄乡人民政府、当木江乡人民政府、索雄乡人民政府、永曲乡人民政府、查当乡人民政府和142个村（居）委会。

（一）尼玛乡

1962年建尼玛乡。1968年，各区成立“革委会”，取代原区公所的职能；各乡建立后，陆续成立人民公社，取代乡人民政府。

1982年复改乡。1987年撤区并乡时，原尼玛乡、格色乡和尼龙乡合并建现在尼玛乡。

2007 年进行区划调整，全乡 18 个行政村调整为 21 个行政村。

至 2010 年底，全乡下辖 21 个村委会、95 个自然村。

1984—2010 年尼玛乡领导名录见表 4 -3 -15。

1984—2010 年尼玛乡领导名录

表 4 -3 -15

机构名称	职务	姓名	性别	民族	任职时间
尼玛乡人民政府（1984. 10—2010. 12）	乡长	干珠	男	藏	1984. 10—1987. 10
		洛桑次仁	男	藏	1988. 03—1995. 01
		嘎旦	男	藏	1996. 04—2001. 08
		其美	男	藏	2001. 09—2005. 06
		索朗多杰	男	藏	2005. 07—2007. 10
		扎西旺堆	男	藏	2007. 11—2010. 12
	副乡长	拉姆	女	藏	1985. 02—1988. 10
		次仁桑珠	男	藏	1989. 03—1995. 09
		贡布	男	藏	1996. 10—2003. 05
		坚才	男	藏	2004. 01—2009. 10

（二）色庆乡

1962 年设乡。1972 年改公社。1987 年撤区并乡，原朗格乡、扎落乡、下日乡合并为色庆乡，原萨色乡、江珠乡合并为萨色乡。

1996 年，色庆乡辖东吉昂、责让国、曲月波、来波、崩青、降仓、降仓多、那日、我姆雄、康树、纯报布、曲那格、达龙、朗青、彭青、县边卓库、责庆、格那、巴仁布玛、嘎列、巴日 21 个行政村，乡政府驻崩吉地。萨色乡人口约 0.2 万人，辖松果、菜布、玛果、玛布、江卓、巴日孔玛、下青、商秀、土楚昔、则有毛、其波、曲波其、西嘎姆、加色、多嘎地等 16 个行政村。

2002 年，撤销萨色乡，并入色庆乡。

至2010年，色庆乡下辖28个行政村。

1984—2010年色庆乡领导名录见表4－3－16。

1984—2010年色庆乡领导名录

表4－3－16

机构名称	职务	姓名	性别	民族	任职时间
色庆乡人民政府（1984.10—2010.12）	乡长	阿布	男	藏	1984.10—1987.10
		阿恰	男	藏	1987.10—1996.10
		阿达	男	藏	1996.10—2002.12
		朗杰	男	藏	2002.01—2004.05
		琼达	男	藏	2004.06—2006.05
		格桑玉珠	男	藏	2006.06—2009.05
		尼玛央增	男	藏	2009.06—2010.12
	副乡长	强巴	男	藏	1991.04—1996.05
		那切	男	藏	1996.07—2001.06
		加旺	男	藏	2001.07—2007.03
		扎西顿珠	男	藏	2007.05—2010.11

（三）聂荣镇

1960年，措阳区成立，当时下辖乡包括桑荣乡、戳庆乡、扎西乡、色康乡、大众乡。

1970年，达宗乡改名为大众公社，扎西乡改名为扎西公社。

1971年，成立色康乡，并改称色康公社。

1984年，公社复改乡。

1987年，撤区并乡，将桑荣乡、戳庆乡合并成桑荣乡。

1988年，扎西乡、色康乡、大众乡合并成立大众乡。

2002年，改名为聂荣镇人民政府，当时下辖15个村。

2008年，将15个村合并成3个居委会、10个村。

1984—2010 年聂荣镇（大众乡）领导名录见表 4－3－17。

1984—2010 年聂荣镇（大众乡）领导名录

表 4－3－17

机构名称	职务	姓名	性别	民族	任职时间
聂荣镇（大众乡）人民政府（1984. 10—2010. 12）	镇长	罗桑	男	藏	1984. 10—1987. 10
		桑珠	男	藏	1996. 10—1999. 10
		松拉	男	藏	1999. 10—2001. 12
		其地	男	藏	2002. 01—2005. 12
		次巴珠	男	藏	2006. 01—2007. 12
		尼玛央增	男	藏	2008. 01—2010. 12
	副镇长	扎嘎	男	藏	1996. 03—2000. 12
		旺杰	男	藏	2001. 03—2004. 05
		甘措	男	藏	2004. 06—2007. 05
		罗布顿珠	男	藏	2007. 06—2010. 10

（四）下曲乡

1962 年，建下曲乡。1972 年，改公社。1982 年，公社复改乡。

1987 年，下曲乡、下茶乡和吉岗乡整合为下曲乡。

至 2010 年底，下曲乡辖日入格觉、娘玛、桑玉、康荣、白嘎、江勒、巴果、嘎玛娘、其布、那空、曲布日、恰青雄、多赤雄、尼玛隆、措崩 15 个行政村，共 84 个自然村。

1984—2010 年下曲乡领导名录见表 4－3－18。

1984—2010年下曲乡领导名录

表4-3-18

机构名称	职务	姓名	性别	民族	任职时间
下曲乡人民政府（1984.10—2010.12）	乡长	西热塔吉	男	藏	1984.10—1987.10
		阿达	男	藏	1987.11—1990.10
		索朗尼玛	男	藏	1990.11—1997.09
		巴巴	男	藏	1997.10—1999.08
		伟托	男	藏	1999.09—2002.05
		索朗	男	藏	2002.05—2004.03
		罗布	男	藏	2004.03—2005.02
		加玉那托	男	藏	2005.02—2007.10
		杰达	男	藏	2007.11—2008.01
		尼玛次旺	男	藏	2008.02—2010.12
	副乡长	索朗尼玛	男	藏	1984.10—1987.10
		旦桑	男	藏	1984.10—1987.10
		罗布	男	藏	2002.04—2004.04
		扎西	男	藏	2002.05—2004.07
		加布日	男	藏	2002.05—2005.05
		旺松	男	藏	2002.05—2007.05
		那切	男	藏	2004.05—2007.05
		斯曲	男	藏	2005.05—2010.05
		扎西永青	男	藏	2006.05—2007.08
		尼玛扎西	男	藏	2006.05—2010.05
		尼玛占堆	男	藏	2007.05—2010.12

（五）桑荣乡

1963 年，桑荣乡人民政府成立。1972 年改公社。1982 年复改乡。

1987 年，撤区并乡时原桑荣乡和楚勤乡合并成桑荣乡。

至 2010 年底，桑荣乡辖 10 个行政村，即玛杂村、多康巴村、格日村、加龙村、亚龙村、康绰村、措扎村、绰穷村、达龙村、绰雄村，共 38 个自然村。

1987—2002 年桑荣乡领导名录见表 4－3－19。

1987—2002 年桑荣乡领导名录

表 4－3－19

机构名称	职务	姓名	性别	民族	任职时间	备注
桑荣乡人民政府（1987. 07—2002. 10）	乡长	扎西次仁	男	藏	1987. 07—1990. 10	
		罗旦	男	藏	1990. 10—1996. 03	
		顿加	男	藏	1996. 04—1999. 10	
		吉美塔	男	藏	1999. 10—2002. 08	
	副乡长	罗旦	男	藏	1987. 07—1990. 08	
		忠加	男	藏	1990. 09—1993. 10	
		旺松	男	藏	1996. 10—1999. 08	
		次仁白宗	女	藏	1999. 08—2002. 10	
		那庆	男	藏	1999. 08—2002. 10	

注：因未查找到相关史实资料，聂荣县桑荣乡人民政府 2002. 09—2010. 12 乡长名录未能收录。

（六）白雄乡

1962 年建白雄乡，辖区原属本塔部落和罗索部落。1972 年改公社。1981 年复改乡。

1987 年，撤区并乡时原朋尼乡、朋色乡并入现在的白雄乡。

至 2010 年底，下辖水木村、查庆村、帕曲通村、别仓村、果庆村、查组村、巴果村、伟微村、康果村、噶格朗村、康切村、央日巴玛村、央日俄玛村、西合14个行政村，共63个自然村。

1984—2010年白雄乡领导名录见表4－3－20。

1984—2010年白雄乡领导名录

表4－3－20

机构名称	职务	姓名	性别	民族	任职时间
白雄乡政府（1984.10—2010.10）	乡长	嘎珠	男	藏	1984.10—1987.10
		达琼	男	藏	1987.10—1999.10
		巴巴	男	藏	1990.10—1996.11
		索南尼玛	男	藏	1996.11—1998.10
		次培	男	藏	1998.10—2003.10
		次旺罗布	男	藏	2003.10—2007.11
		达瓦罗布	男	藏	2007.11—2009.10
		伦珠	男	藏	2009.10—2011.12
	副乡长	国洛	男	藏	1984.10—1987.10
		珠加	男	藏	1984.10—1987.10
		巴巴	男	藏	1987.10—1990.10
		次巴	男	藏	1990.10—1996.11
		色久	男	藏	1996.11—1998.10
		陪陪	男	藏	1996.11—1998.10
		伦珠	男	藏	1998.10—2000.04
					2003.10—2008.04
		达瓦罗布	男	藏	2000.04—2001.12
		尼玛次仁	男	藏	2001.12—2003.10
		格加	男	藏	2008.04—2010.10

（七）索雄乡

1962年索雄乡政府成立。1972年改公社。1984年，索雄乡人民政府成立。

2010年，索雄乡辖央庆布吉卡村、提玛村、拉中村、瓦培色库村、巴让村、杂龙那曲村、格布村等7个行政村，共29个自然村。

1984—2011年索雄乡领导名录见表4－3－21。

1984—2011年索雄乡领导名录

表4－3－21

机构名称	职务	姓名	性别	民族	任职时间
索雄乡人民政府（1984.10—2011.10）	乡长	木布	男	藏	1984.10—1988.10
		次仁多杰	男	藏	1988.10—1993.10
		洛桑丹增	男	藏	1993.10—1997.10
		格桑	男	藏	1997.10—2000.12
		旦增	男	藏	2000.12—2003.10
		索朗平措	男	藏	2003.10—2009.12
		津路有	男	藏	2009.12—2010.12
	副乡长	国洛	男	藏	1984.10—1987.10
		珠加	男	藏	1984.10—1987.10
		罗布	男	藏	2001.10—2003.12
		布罗布	男	藏	2003.12—2009.10
		桑珠	男	藏	2009.10—2011.10

（八）当木江乡

1963年建当木江乡，辖区原属索德部落。1974年改公社。1981年复改乡。

1987年撤区并乡时，当木江乡、国雄乡合并为当木江乡。

至2010年底，当木江乡辖玛岗村、雪龙村、拔卓村、奎如村、唐加村、玛地村、多拿村、松庆村、曲擦村、帕格村、列玛村、多珍俄玛村、贡墨米村、桑果村14个行政村，共58个自然村。

1984—2011年当木江乡领导名录见表4-3-22。

1984—2011年当木江乡领导名录

表4-3-22

机构名称	职务	姓名	性别	民族	任职时间
当木江乡人民政府（1984.01—2011.08）	乡长	彭措	男	藏	1984.01—1987.10
		多多	男	藏	1987.10—1996.06
		平措	男	藏	1996.07—1999.07
		加庆	男	藏	1999.07—2003.09
		杰达	男	藏	2003.09—2006.10
		成桑	男	藏	2006.10—2009.06
		那土	男	藏	2009.06—2011.08
	副乡长	康布	男	藏	1987.02—1991.03
		索多	男	藏	1991.04—1995.06
		格桑次仁	男	藏	1995.07—2002.08
		旦增	男	藏	2002.09—2006.08
		次仁达吉	男	藏	2006.09—2010.10

（九）查当乡

1962年建查当乡，辖区原属索德部落。1972年改公社。1982年复改乡。

1987年，查吾区撤区设乡，原查当公社、加布龙公社、果当公社整合为查当乡。

至2010年12月，查当乡辖格仓村、加龙村、波青村、色拉俄玛村、玛布村、嘎方村、色古龙巴村、索康那加村、龙年玛村等9个行政村，共72个自然村。

1984—2010 年查当乡领导名录见表 4－3－23。

1984—2010 年查当乡领导名录

表 4－3－23

机构名称	职务	姓名	性别	民族	任职时间
查当乡人民政府（1984.10—2010.09）	乡长	嘎登	男	藏	1984.10—1987.10
		嘎珠	男	藏	1987.10—1989.12
		攒拉	男	藏	1989.12—1993.06
		伟庆	男	藏	1993.06—1995.03
		布古索朗	男	藏	1995.03—1999.02
		康玉	男	藏	1999.02—2007.05
		巴桑次仁	男	藏	2007.05—2010.09
	副乡长	彭措	男	藏	1993.09—1996.04
		拉玛才让	男	藏	1996.05—1999.07
		次仁平措	男	藏	2000.08—2004.09
		嘎桑	男	藏	2004.10—2010.05

（十）永曲乡

1965 年建永曲乡，辖区原属索德部落。1975 年改公社。1980 年复改乡。

1987 年撤区并乡时，原康格、永曲乡合并为永曲乡。

截至 2010 年底，永曲乡辖康库村、夏聂村、索格村、纽雄村、康绰村、索普村、加日尼瓦村、夏杰村、帮来嘎布村、阿玛那促村、朵那村 11 个行政村，共 59 个自然村。

1984—2010 年永曲乡领导名录见表 4－3－24。

1984—2010 年永曲乡领导名录

表 4－3－24

机构名称	职务	姓名	性别	民族	任职时间
永曲乡人民政府（1984. 10—2010. 12）	乡长	穷扎	男	藏	1984. 10—1987. 10
		加瓦	男	藏	1987. 10—1994. 10
		琼扎	男	藏	1994. 10—1996. 10
		堆加	男	藏	1996. 10—1999. 10
		朗琼加	男	藏	1999. 10—2000. 12
		布罗布	男	藏	2001. 01—2008. 12
		嘎增	男	藏	2009. 01—2010. 12
	副乡长	央沙	男	藏	1984. 10—1987. 10
		其地	男	藏	1984. 10—1987. 10
		姆措	女	藏	2001. 01—2007. 11
		次仁珠杰	男	藏	2007. 12—2010. 12

第四章　政务

第一节　施政纪要

在西藏民主改革之前，由于三大领主的残酷压迫和剥削，加之自然条件恶劣，各种灾害频繁，牧业生产发展十分缓慢，人民群众生活极为悲惨。聂荣县当时80%以上较好的牧场和85%的牲畜被宗政府、贵族、寺庙所占有，全县40%的牧民没有牲畜，形成牧奴对领主的人身依附关系。

1960年，经过民主改革，彻底废除了封建农奴制度，长期以来遭受剥削的聂荣广大牧民群众翻身解放，当家做了主人。

这一时期，聂荣县委、政府根据中央“边平叛、边改革”的指示，积极带领广大翻身牧民开展以“三反两利”“三反三算”为主要内容的民主改革运动。遵照“休养生息，稳定发展”的方针，广大牧民群众努力恢复牧业生产，走互助协作发展的生产道路。季节性、常年性的互助组，如雨后春笋般纷纷出现。

1967年，那曲军分区派出军代表组进驻聂荣县。

1969年4月，聂荣县革委会成立。由军队代表、干部代表和群众代表“三结合”组成，作为县里的最高权力机关。后为加快完成对牧业的社会主义改造，成立社改办公室。

1970—1975年，聂荣县经济持续较快增长，保持增长率10%，经济收入达到30万元。

党的十一届三中全会以后，工作重心转移到经济建设方面，进行了经济体制改革和政治体制改革，全国步入新的历史发展时期。1980 年以来，党中央对西藏实行了一系列特殊政策，广大农牧民得到休养生息，生活逐年改善，全县各项事业稳定发展。

1976—1980 年，全县经济持续较快增长，保持 20% 的增长率，经济收入达到 80 万元

1980 年，中共中央在北京召开第一次西藏工作座谈会，会议明确了西藏一个时期的工作任务和方针政策，确定了“减免放”政策，聂荣县坚持实事求是的思想路线，坚决贯彻执行党中央、自治区党委、那曲地委的各项安排部署。

1984 年 5 月，实行“土地归户使用，自主经营、长期不变；牲畜归户，私有私养、长期不变”的“两个归户、长期不变”政策，废除人民公社。聂荣县不断解放思想，不断更新观念，抓经济工作的力度不断加大，群众的生产积极性真正得到发挥，经济发展加快。

1981—1985 年，聂荣县经济持续较快增长，保持 20% 的增长率，经济收入达到 150 万元。

1984 年中央召开第二次西藏工作座谈会后，县人民政府把工作重心进一步转移到经济建设上来，并按照“九五”计划的要求，大力发展社会主义市场经济，推动经济发展。

1994 年中央第三次西藏工作座谈会召开后，聂荣县领导班子进一步解放思想、转变观念，开拓进取，积极探索发展经济新路子。为搞好新形势下的牧业和牧区工作，确保牧业增产、增收和牧区稳定，县委、县政府采取有效措施，认真贯彻落实全区农牧区工作的会议精神，组织工作组深入牧区进行生产指导。

2001 年，中央召开第四次西藏工作座谈会，为西藏发展确定了两个转变：经济从加快发展到跨越式发展，社会稳定从局部稳定到长治久安。聂荣县委、政府认真贯彻此次会议精神，解放思想、实事求是，带领广大干部群总艰苦奋斗、开拓创新，党的建设不断加强，党组织的凝聚力和战斗力得到增强。

2008 年，聂荣县在那曲地委、行署的正确领导下，在神华集团的援助

下，在自治区政协办公厅、自治区农科院等区、地对口扶贫单位的大力支持下，始终坚持以邓小平理论、“三个代表”重要思想和党的十七大精神为指导，深入贯彻落实科学发展观，围绕“中国特色、西藏特点、符合那曲实际、立足聂荣县情”的发展思路，团结带领全县各族干部群众一手旗帜鲜明抓稳定，一手坚定不移谋发展，做到了“两手抓，两手都要硬”“两不误，两促进”，保持了社会局势的持续稳定，推动了全县经济社会的稳步发展。生产总值完成24065.43万元，同比增长6.4%。税收收入完成290万元，同比增加40万元，增长率为16%。全县各类牲畜存栏达458622头（只、匹），成活率90.7%，同比上升1.68%。牲畜出栏178274头（只、匹），出栏率37.36%。成功举办聂荣县首届活畜展销会，销售牲畜513头（只、匹），实现现金收入181.6万元。

2009年，聂荣县全面贯彻落实上级党委、政府的各项重大决策部署，紧紧围绕走“中国特色、西藏特点、符合那曲实际、立足聂荣县情”的发展路子，牢固树立“牛头羊头就是拳头，牛头羊头就是品牌”的思想，大力实施聂荣县“12345”① 和“科技兴县促一产，项目富县带二产，产业强县兴三产，生态固县谋发展”的发展战略，团结带领全县各族人民群众，顽强拼搏、艰苦奋斗，努力克服风灾雪灾连发等诸多困难，扎实推动全县经济社会又好又快发展，社会局势保持持续稳定，人民群众安居乐业。2009年全县生产总值完成28178.19万元，同比增长17.09%。税收收入完成325万元，同比增长7.4%。全县牲畜存栏417865头（只、匹）。各类牲畜出栏达162364头（只、匹），出栏率34.91%。

2010年，聂荣县高举中国特色社会主义伟大旗帜，坚持以邓小平理论和“三个代表”重要思想为指导，深入贯彻落实科学发展观，全面贯彻落

① “12345”：即“围绕一个目标”，以增加群众收入、提高群众生活水平为目标；“抓准两大机遇”，抓住中央第四次西藏工作座谈会和青藏铁路建成通车机遇；“加大三大力度”，加大交通建设力度、项目争取力度、产业结构调整力度；“启动四项工程”，启动小康富民工程、扶贫开发工程、培育市场工程、高原生态建设工程；“实施五大战略”，实施教育优先战略、打基础促发展战略、小城镇带动战略、发展特色经济战略、开放引进战略。

实中央第五次西藏工作座谈会和区、地两级经济工作会议精神，坚定不移地走“中国特色、西藏特点、符合那曲实际、立足聂荣县情”的发展路子，继续实施以“科技兴县促一产，项目富县带二产，产业强县兴三产，生态固县谋发展”的发展战略，坚定发展信心，抢抓发展机遇，着力深化牧区改革，加强社会建设，促进牧民增收，保护草原生态，巩固执政基础，提高机关效能，推动“十一五”规划目标顺利完成。全县生产总值完成3.25亿元，同比增长18.74%，比2005年增加1.6亿元，增长99.71%。财政收入完成432万元，同比增长12.21%。全县各类牲畜存栏405881头（只、匹），新生仔畜成活101864头（只、匹），成活率89.6%，同比上升7.22%。成畜死亡7749头（只、匹），死亡率1.85%，同比下降2.64%。牲畜出栏14.18头（只、匹），出栏率33.95%；畜产品商品率65.79%。

第二节　扶贫

一、机构

1997年，扶贫办成立，挂靠在县民政局，有2名工作人员。

2002年，扶贫办从县民政局独立出来，主要承担扶贫开发各项工作，有工作人员2名。

截至2010年，扶贫办共有工作人员3人。

2003—2011年聂荣县扶贫办领导名录见表4－4－1。

2003—2011年聂荣县扶贫办领导名录

表4－4－1

机构名称	职务	姓名	性别	民族	任职时间	备注
聂荣县扶贫办（2003.12—2011.04）	主任	汪智治	男	汉	2003.12—2008.12	
		巴桑拉姆	女	藏	2009.12—2011.04	

续表

机构名称	职务	姓名	性别	民族	任职时间	备注
聂荣县扶贫办（2003.12—2011.04）	副主任	汪智奇	男	汉	2002.01—2003.12	主持工作
		阿央次仁	男	藏	2003.02—2005.11	
		津路	男	藏	2003.08—2005.10	
		黄建军	男	汉	2008.12—2009.12	主持工作
					2009.12—2011.04	

二、扶贫开发

和平解放，特别是民主改革后，党和政府为了解决贫困户的生产、生活等问题，发放了大量贷款、种子和农具。经过稳定发展，聂荣县贫困群众的生产不断发展，人民生活水平不断提高。

1979年2月，聂荣县扶贫工作领导小组成立。

1982—1983年，聂荣县认真贯彻落实党的扶贫救灾政策，两年共发放扶贫款8.20万元，妥善安排五保老人的晚年生活，同时还安排了部分困难户的生活。

1984年，聂荣县有困难户455户1876人，兑现救济下放款1.60万元。有五保户61户69人，从6月起除按供养标准每人每年发给330元外，还做好吃穿住等保障工作。

1994年，聂荣县广泛开展送温暖活动，把党的温暖带进千家万户，为全县特困户236户1193解决购买一个月的定粮经费1.5万元。

1994年，国家实施“八七”扶贫攻坚计划以来，聂荣县委、政府把扶贫工作作为经济指标的一项重要任务来抓，不断加大扶贫投入力度，在上级有关部门的支持下，认真落实扶贫工作中的各项措施，有计划、有步骤地完成扶贫攻坚的各项任务。1999年全县牧民人均收入1440.76元，比1995年增长30%。5年内全县累计解决温饱350户1926人，分别完成脱贫任务的77.8%和73.8%。

1996年，聂荣县仍有449户2542人处于生活困难状态，占全县人口的 17.82%。

1997 年初，聂荣县开展对口承包扶贫工作，把任务分解到县各党政机关、企事业单位、驻军部队、群团组织和乡村基层组织，做到每个贫困户都有扶持单位，每个单位和个人都有扶持对象。

1998 年，聂荣县有扶贫户 267 户 1545 人，脱贫任务 138 户 816 人，分别占 52% 和 53%，五保户 42 户 49 人，长期救济户 73 户 317 人；懒散户 26 户 40 人。实际解决温饱 147 户 790 人；人均牲畜达 30.6 头（只、匹），人均 4 个月口粮 181 公斤；发放扶贫贷款 115 万元，实现效益 54.28 万元。

1998 年，聂荣县发生特大雪灾，在原有的贫困户的基础上进行调查摸底，确定贫困户 444 户 2251 人，五保户 40 户 46 人。

1998 年 2 月，聂荣县制定关于实施 1998—2000 年扶贫工作措施。

2000 年，贫困户每年每户发放贫困补助 1800 元左右。

2003 年，聂荣县按照开发式扶贫要求开展扶贫工作，贫困群众生产资料得到改善。

2005 年，聂荣县实施查当乡、永曲乡光伏电源建设，当木江乡人工种草等项目。

2006 年，聂荣县扶贫办投入资金约 80 万元，实施牲畜扶持、面上扶贫①等工作，扎实推进开发式扶贫各项工作，群众生产生活条件明显好转。

2010 年，聂荣县扶贫办投入资金约 120 万元，实施整村推进、面上扶贫等项目，积极发挥贫困群众的主观能动性，在牲畜、草场等生产资料方面大量投劳，开发式扶贫工作取得初步实效，群众生产生活水平进一步提高。

第三节　援藏

一、援藏决策

2001 年 6 月 25—27 日，中央召开第四次西藏工作座谈会，确定由神华

① 面上扶贫：与精准扶贫相对，面上扶贫是指一对一整个群体都帮扶；精准扶贫是点对点，针对收入低的困难人群。

集团援助聂荣县。从2002年开始，神华集团公司选派援藏工作组支援聂荣的经济社会发展。

二、干部援藏

2002年，神华集团选派2人为援藏队员。2004年，神华集团增派1人为援藏队员。2007年，神华集团选派2人为援藏队员进驻聂荣县。截至2019年，神华集团共派驻7批援藏工作组。

2002—2019年聂荣县援藏干部名录见表4－4－2。

2002—2019年聂荣县援藏干部名录

表4－4－2

时间	姓名	性别	民族	职务
2002.08—2004.07	江建武	男	汉	县委副书记、地委副秘书长
2002.08—2004.07	苗俊明	男	汉	县委常委、常务副县长、行署副秘书长
2004.08—2007.07	麦京生	男	汉	县委副书记、地委副秘书长
2004.08—2007.07				县委常委、常务副县长、行署副秘书长
2007.08—2010.07	宋世珍	男	汉	县委副书记、地委副秘书长
2007.08—2010.07				县委常委、常务副县长、行署副秘书长
2010.08—2013.07	李永明	男	汉	县委副书记、地委副秘书长
2010.08—2013.07	刘伟	男	汉	县委常委、常务副县长、行署副秘书长
2013.08—2016.07	岳权	男	汉	县委副书记、地委副秘书长
2013.08—2016.07				县委常委、常务副县长、行署副秘书长
2016.08—2019.07	孙宇龙	男	汉	县委副书记、市委副秘书长
2016.08—2019.07				县委常委、常务副县长、市政府副秘书长
2019.08—	闫楠	满	汉	县委副书记、市委副秘书长
2019.08—	周欢	男	汉	县委常委、常务副县长、市政府副秘书长

三、经费与项目援藏

2002年8月至2004年7月，第一批援藏项目投入资金3052万元，建设16个项目。

2003年4月，先后投资1176.07万元建设聂荣县神华大道，全长1.2千米，主干道宽12米，人行通道宽6米，历时15个月建成，成为聂荣县主干道；投资729.86万元建设聂荣县神华小学，可同时容纳600多名师生学习和住宿。还建设了聂荣县尼玛乡太阳能电站（10千瓦）、聂荣县有线电视网络技术改造及扩容、聂荣县政府住宅大院改造、聂荣县职工生活基地及职工食堂、聂荣县小康示范村、县城排洪渠道等重点工程。

2004年7月至2007年8月，第二批援藏项目投入资金4767万元，建设项目34个。建成总建筑275平方米、整体两层、65个标准间的县委综合办公楼，改善了办公条件。还建设了小康示范村、市政设施二级道路、排洪渠、职工生活基地等新建、续建项目。

2004年8月17日，神华集团向聂荣县捐赠价值200万元的防灾抗灾设备和用于乡村运输的车辆。

2005年，神华集团出资设立“神华集团大中专及高中在校贫困生助学基金”，每年投入20万元资助聂荣籍升入高中及大中专学校的贫困学生，使他们不再因为经济困难而辍学，基金按照学校所在地和高中、大专、本科区分资助标准。截至2010年，基金共资助了463名聂荣籍大中专及高中学生。

2007年，神华集团投资47万元用于聂荣县中学操场修缮。投资15万元，新建18户教职工的燃料房。

2007年7月至2010年8月，第三批援藏工作组按照胡锦涛总书记关于“援藏项目应向农牧区倾斜，应突出改善农牧民生产、生活条件”的指示精神，先后投入资金6788万元，实施农牧民安居工程、县文化活动中心、交通、卫生等26个项目。其中投资3700余万元建设安居工程，共3460户农牧民喜迁新居。

2008年，神华集团投资200万元为神华小学新建学生运动场、校内道路、粉刷外墙、处理屋顶等。

2009 年，投资 300.97 万元新建聂荣县神华幼儿园；2010 年，投资 347.78 万元续建幼儿园基础设施。

2009—2010 年，神华集团每年援助 25 万元专门用于资助聂荣县籍贫困大学生上学，共资助学生 529 名。

截至 2010 年 7 月，神华集团累计投入援藏资金 1.46 亿元，建设完成援藏项目 52 个。

2002—2010 年神华集团支援聂荣县情况见表 4－4－3。

2002—2011 年神华集团支援聂荣县情况

表 4－4－3

序号	项目名称	投资（万元）	建设年份	建设性质	主要建设内容	备注
1	聂荣县防抗灾救灾款	85	2002	捐赠	为防止和抵抗雪灾、震灾而储备的帐篷、棉被、大衣、食品、除雪设备等物资	神华计字〔2003〕114 号批复为 170 万元
		60.83	2004			神华计字〔2003〕114 号批复为 170 万元
		40	2005			神华规划〔2006〕94 号批复为 40 万元
		30	2008			神华规划〔2008〕152 号批复
		100	2009			李东副总经理赴聂荣代表集团捐赠
		200	2010			王晓林副总经理赴聂荣代表集团捐赠
		300	2011			神华规〔2011〕267 号批复
2	聂荣县神华大道	846.19	2003	新建	1200 米长、18 米宽的混凝土路	神华计字〔2003〕114 号批复为 882.61 万元
		329.88	2004	续建		神华基字〔2004〕187 号批复为 1185.28 万元

续表 1

序号	项目名称	投资（万元）	建设年份	建设性质	主要建设内容	备注
3	聂荣县神华小学	590.45	2003	新建	综合教学楼 1300 平方米，学生宿舍楼 1300 平方米，学生食堂 600 平方米，教师宿舍楼 280 平方米	神华计字〔2003〕114 号批复为 590.45 万元
		193.55	2004	续建		神华计字〔2004〕186 号批复为 729.86 万元
4	聂荣县尼玛乡太阳能电站	160	2003	新建	在尼玛乡建设 10 千瓦太阳能电站	神华计字〔2003〕408 号批复为 160 万元
5	聂荣县县乡桥梁公路建设项目前期规划	80	2003	新建	对县境内的桥梁公路的建设进行前期规划与初步设计	神华计字〔2003〕114 号批复为 80 万元
6	聂荣县有线电视网络改造	75	2003	新建	400 户居民收看 30 套电视节目	神华计字〔2003〕114 号批复为 75 万元
7	聂荣县草原宾馆还贷	230	2004	捐赠	用于为县政府偿还购买草原宾馆产权时所贷贷款	神华计字〔2004〕579 号批复为 240 万元
8	聂荣县治理山泉水	50	2004	新建	保护县城道路，防止冻害	神华计字〔2004〕579 号批复为 50 万元
9	聂荣县职工生活基地	466.5	2005	新建	总建筑面积 3718.56 平方米，36 户人居住	神华规划〔2005〕587 号批复为 466.56 万元
10	聂荣县委综合办公大楼	99.98	2005	新建	进行前期准备、勘察、设计等工作	神华规划〔2005〕163 号批复为 650 万元
		550	2006	续建	主体工程、内外装修	神华规划〔2005〕163 号批复为 650 万元
11	聂荣县聂荣镇小康示范村建设	317.45	2005	新建	24 户，每户 40 平方米商用房，60 平方米住房，70 平方米暖房，15 平方米杂物间及厕所，并配套道路及 3 口水井	神华规划〔2005〕588 号批复为 321.35 万元

续表 2

序号	项目名称	投资（万元）	建设年份	建设性质	主要建设内容	备注
12	聂荣县政府住宅大院改造	163.29	2005	改扩建	住房内外墙体加固，上下水、道路、照明及卫生设施的改造，部分建筑的翻修	神华规划〔2005〕163 号批复为 200 万元
13	聂荣县小型太阳能供电系统及卫星地面接收站	291.6	2005	新建	为集中居住的牧民安装 250 套太阳能供电系统及卫星地面接收站	神华规划〔2005〕163 号批复为 300 万元
14	聂荣县县政府食堂	48	2005	新建	建筑面积 200 平方米，可同时容纳 150 人就餐，并配备必要的餐具、厨具	神华规划〔2005〕163 号批复为 48 万元
15	聂荣县办公楼场地拆迁	17	2005	捐赠	临时工程	2005 年 8 月 4 日第四次申请拨款的签报批准
16	聂荣县有线电视网络扩容	16	2005	捐赠	临时工程	2005 年 8 月 4 日第四次申请拨款的签报批准
17	聂荣县综合办公楼设备购置	90	2006	购置	县委办公自动化配备的网络设施、办公设备、电脑等	神华规划〔2006〕94 号批复为 90 万元
18	聂荣县市政二级道路	250	2006	新建	完成市政二级道路 1200 米，路宽 13 米的路基铺垫以及给排水工程、电力照明工程	神华规划〔2005〕498 号批复为 583 万元
		333	2007	续建		
19	聂荣县排洪渠工程	189	2006	新建	对水坝坝体进行维护，完成排洪渠道 369.5 米的块石浆砌、周边建筑（取水台阶、人行天桥）及渠道栏杆工程	神华规划〔2005〕498 号批复为 189 万元

续表3

序号	项目名称	投资（万元）	建设年份	建设性质	主要建设内容	备注
20	聂荣县色庆乡政府办公楼建设	168	2006	新建	办公楼、周转房、总体电、水井、围墙、旗台及旱厕建设，建筑面积690平方米，围墙500米	神华规划〔2005〕498号批复为168万元
21	那曲地委行署老干部活动中心	15	2006	捐赠	那曲地委行署修建驻拉萨老年人活动中心	神华规划〔2006〕94号批复为15万元
		20	2008	捐赠	那曲地委行署老干部活动中心购置配套设施	神华规划〔2008〕152号批复
22	聂荣县光伏电站搬迁	100	2007	新建	将色庆乡的太阳能电站整体搬迁至聂荣县目前人口密集地区的查乌拉老区，满足当地的用电需求	神华规划〔2007〕169号批复为100万元
23	聂荣县政法系统办公场所附属设施建设	80	2007	新建	修建政法系统办公楼围墙、院大门、旗杆、厕所、水井及室外地面硬化	神华规划〔2007〕169号批复为80万元
24	聂荣县聂荣镇政府办公用房修缮	60	2007	维修	对镇办公用房进行主体维修，新建内外装饰、附属设施	神华规划〔2007〕169号批复为60万元
25	聂荣县中学场地平整	47	2007	修缮	对校区内的场地进行平整、排水系统进行完善	神华规划〔2007〕169号批复为47万元
26	聂荣县教育配套资金	38	2007	捐赠	完善个别学校的基础工作，以达到全国“普六”验收标准	神华规划〔2007〕169号批复为38万元
27	聂荣县教职工燃料房建设	15	2007	新建	新建18户教职工的燃料房，共252平方米	神华规划〔2007〕169号批复为15万元
28	聂荣县委办公楼太阳能采暖工程	300	2008	新建	新建县委办公楼的配套太阳能供暖系统	神华规划〔2008〕152号批复

续表 4

序号	项目名称	投资（万元）	建设年份	建设性质	主要建设内容	备注
29	聂荣县河东家属区配套工程	260	2008	新建	修建挡土墙、小区道路、排水管道、安装太阳能路灯等	神华规划〔2008〕152 号批复
30	聂荣县河西家属区配套工程	220	2008	新建	修建围墙、公用厕所、停车场，硬化小区道路、安装太阳能路灯等	神华规划〔2008〕152 号批复
31	神华小学维修工程	200	2008	维修	维修学生运动场、校内道路，粉刷外墙、处理屋顶、更换阳光棚、增设路灯、更换教学黑板等	神华规划〔2008〕152 号批复
32	聂荣县政府办公楼改造工程	155	2008	改扩建	室内维修、新铺设排水管道、室外道路硬化、室外草坪绿化等	神华规划〔2008〕152 号批复
33	神华援藏项目维护工程	45	2008	维修	对已经交付聂荣县人民政府使用的援藏项目进行维护修缮	神华规划〔2008〕152 号批复
34	聂荣县文化活动中心（一期）	564. 71	2009	新建	新建会议室、广电中心室、娱乐活动室、展览室、影剧院等，总建筑面积 4240. 32 平方米	神华规划〔2009〕106 号批复
		709. 27	2010	续建		神华规〔2010〕242 号批复
35	聂荣县幼儿园	300. 97	2009	新建	总建筑面积 1156. 04 平方米	神华规划〔2009〕106 号批复
		347. 78	2010	续建		神华规〔2010〕242 号批复
36	聂荣县白雄乡政府办公用房	168. 13	2009	新建	白雄乡办公用房、干部职工周转房及温室蔬菜大棚，总建筑面积 1589. 13 平方米	神华规划〔2009〕106 号批复
		206. 83	2010	续建		神华规〔2010〕242 号批复
37	聂荣县委、政府家属区浴室	28. 3	2009	新建	县委、县政府家属区干部职工浴室，总建筑面积 78. 8 平方米	神华规划〔2009〕106 号批复
		31. 7	2010	续建		神华规〔2010〕242 号批复

续表5

序号	项目名称	投资（万元）	建设年份	建设性质	主要建设内容	备注
38	聂荣县白雄乡村委会办公用房	54.76	2009	新建	白雄乡的3个偏远村修建3个村委会，总建筑面积115平方米	神华规划〔2009〕106号批复
		64.04	2010	续建		神华规〔2010〕242号批复
39	太阳能电站搬迁工程	75	2009	新建	将尼玛乡、夏曲乡的太阳能供电设备搬迁到聂荣县北部的当木江乡4村和7村	神华规划〔2009〕106号批复
		74	2010	续建		神华规〔2010〕242号批复
40	聂荣县下曲乡政府办公用房	369.77	2011	新建	办公用房502平方米，花岗岩铺地，实心围墙、砼道路、旗杆旗台、土方工程及总体电器	神华规〔2011〕267号批复
41	聂荣县文化活动中心（二期）	727	2011	新建	配电房、大门、门房、水泵房、旱厕、舞台音响和暖通	神华规〔2011〕267号批复
42	那曲地委办公楼维修	244.75	2011	维修	室内外装饰维修	神华规〔2011〕267号批复
43	聂荣县神华援藏项目工程维修	290.91	2011	维修	对已经交付聂荣县人民政府使用的援藏项目进行维护修缮	神华规〔2011〕267号批复
44	聂荣县县城总体规划	40	2011	新建	对县城基础设施建设、发展布局编制总体规划	神华规〔2011〕267号批复
45	援藏项目前期费	40	2011	经费	用于援藏项目的前期科研工作	神华规〔2011〕267号批复
46	聂荣县干部、职工培训、考察费	27.2	2003	培训	组织县医疗、教育、文化、畜牧等系统的专业人员和管理干部到内地学校、厂矿、机构进行专业培训等	神华计字〔2003〕114号批复为140.4万元
		20	2003			神华计字〔2003〕114号批复为140.4万元
		20	2004			神华计字〔2003〕114号批复为140.4万元
		20	2004			神华计字〔2003〕114号批复为140.4万元

续表 6

序号	项目名称	投资（万元）	建设年份	建设性质	主要建设内容	备注
46	聂荣县干部、职工培训、考察费	20	2005	培训	组织县医疗、教育、文化、畜牧等系统的专业人员和管理干部到内地学校、厂矿、机构进行专业培训等	神华计字〔2003〕114 号批复为 140.4 万元
		20	2005			神华计字〔2003〕114 号批复为 140.4 万元
		13.2	2006			神华计字〔2003〕114 号批复为 140.4 万元
		90	2011			神华规〔2011〕267 号批复
47	聂荣县车辆购置费	83.24	2004	购置	为聂荣县 10 个乡镇购置 10 辆吉普车	神华计字〔2004〕579 号批复为 85 万元
		160	2007		援藏工作组更换工作用车 1 部（07 款雅阁），为县政府购置工作用车 2 部（07 款雅阁），为 10 个乡镇配备高原型东风自卸车 10 辆	神华规划〔2007〕169 号批复为 160 万元
		80	2008		购置丰田霸道越野车 1 辆	神华规划〔2008〕53 号批复
		30	2011		聂荣县驻拉萨办事处购置公务车	神华规〔2011〕267 号批复
48	聂荣县牧民安居工程	400	2006	捐赠	400 户，每户配套 1 万元	神华规划〔2006〕317 号批复为 400 万元
		600	2007		600 户，每户配套 1 万元	神华规划〔2007〕169 号批复为 600 万元
		900	2008		900 户，每户配套 1 万元	神华规划〔2008〕152 号批复
		1000	2009		1000 户，每户配套 1 万元	神华规划〔2009〕106 号批复
		800	2010		800 户，每户配套 1 万元	神华规〔2010〕242 号批复
		1320	2011		400 户，每户配套 3.3 万元	神华规〔2011〕267 号批复

续表7

序号	项目名称	投资（万元）	建设年份	建设性质	主要建设内容	备注
49	神华扶贫助学金	20	2004	捐赠	资助聂荣县贫困家庭的部分大、中专学生求学	神华计字〔2004〕579号批复为20万元
		20	2005			神华规划〔2005〕163号批复为20万元
		20	2006			神华规划〔2006〕94号批复为20万元
		20	2007			神华规划〔2007〕169号批复为20万元
		20	2008			神华规划〔2008〕152号批复
		20	2009			神华规划〔2009〕106号批复
		20	2010			神华规〔2010〕242号批复
		30	2011			神华规〔2011〕267号批复
50	赛马节、那曲地委资助，刊物费、集团考察费	44.65	2004	捐赠	资助那曲市及聂荣县赛马节等事项	未查找到相关资料
	赛马节	20	2011		资助那曲市及聂荣县赛马节	神华规〔2011〕267号批复
51	民生建设捐赠	500	2011	捐赠	资助聂荣县民生建设与教学改善	神华集团领导赴聂荣考察慰问代表集团捐赠
52	宣传费	7	2007	经费	宣传介绍神华援藏成果和贫困乡镇致富经验	神华规划〔2007〕169号批复为7万元
		8	2011			神华规〔2011〕267号批复
53	援藏干部包乡支助费	8	2011	经费	支助援藏干部	神华规〔2011〕267号批复

续表 7

序号	项目名称	投资（万元）	建设年份	建设性质	主要建设内容	备注
54	神华集团驻藏援藏工作组办公费	100	2003	经费	驻藏援藏工作组日常办公费用	未查找到相关资料
		20	2004			神华计字〔2004〕579 号批复为 20 万元
		20	2005			神华规划〔2005〕163 号批复为 20 万元
		30	2006			神华规划〔2006〕94 号批复为 30 万元
		40	2007			神华规划〔2007〕169 号批复为 40 万元
		40	2008			神华规划〔2008〕152 号批复
		40	2009			神华规划〔2009〕106 号批复
		40	2010			神华规〔2010〕242 号批复
		50	2011			神华规〔2011〕267 号批复
55	总计	19004. 93				

第四节　安监工作

一、机构

2003 年，聂荣县安全生产监督管理局成立，挂靠在聂荣县人民政府办公室，编制 3 人，实有 3 人。

2010 年，聂荣县安监局仍然挂靠在聂荣县政府办，编制 3 人。

2003—2010 年聂荣县安监局领导名录见表 4 –4 –4。

2003—2010 年聂荣县安监局领导名录

表 4－4－4

机构名称	职务	姓名	性别	民族	任职时间	备注
聂荣县安监局（2003. 04—2010. 12）	局长	索朗多吉	男	藏	2006. 01—2009. 12	
		赤列	男	藏	2010. 01—2010. 12	
	副局长	索朗多吉	男	藏	2003. 04—2005. 12	主持工作
		拉珍	女	藏	2007. 01—2010. 12	

二、安全生产工作开展情况

2003—2010 年，聂荣县全面落实安全责任，加大投入，有效地减少了安全生产事故发生，全县安全生产领域呈现出良好发展态势。

通过采取综合检查、专项排查、突击检查、整改复查等多种措施，切实将各类安全生产隐患消除在萌芽状态。累计开展安全生产执法检查 500 次，查处隐患 344 起，现场整改 177 处，限期整改 167 处，并根据情节轻重，追究相关责任人的责任。

突出施工监管。每年初同每个施工队签订安全生产相关责任书；经常性地组织开展建筑领域“打非治违”专项行动大检查，严厉打击非法违法生产经营建设行为、不落实安全生产主体责任、施工秩序混乱的施工队，针对少数施工队不戴安全帽、不拉安全警示牌和安全防护网、不设置安全员、安全员不在施工现场等情况，进行及时、有效整改，下发整改指令书；及时排查和消除施工安全隐患 175 项，保持了施工安全生产事故“零记录”。

突出道路管理。在县城、尼玛乡和查当乡重点检查的基础上，开展道路交通专项整治行动；强化对聂那公路、各乡镇交通要道的检查、巡逻力度，共巡逻 241 次，查处超速行为 145 起、无证驾驶 38 起、未系安全带 295 起、超载 20 起、违章停车 36 起、客货混载 8 起。严查客货混载、农用车不按规定载人、摩托车超载和在县城道路高速行驶等交通违法行为，共查处摩托车违章行为 35 起，教育群众 78 人次。设立警示标志，下雪期间等在聂那公路转弯处组织人员及时清理道路积雪，在县城河西区人流、车流较大时，及时安排便民警务站疏导交通秩序和整治人行道上乱停车、随意摆摊等现象，消除了交通安全隐患。

突出火灾防治。深入推进消防安全管理，各乡镇、行政村、公安派出所均确定消防安全人员；组派由消防、安监、教育、民宗等部门人员组成的检查组，深入到各乡镇、学校、寺庙及县（中）直各单位开展执法检查。全县以易燃易爆场所、公众聚集场所、寺庙及文物保护单位、油气领域等重点区域、重点行业消防安全隐患整治为重点，全面开展火灾隐患排查工作，全面实施消防安全管理。8 年来，全县共检查单位、场所 494 家次，发现火灾隐患 234 处，督促整改火灾隐患 227 处，依法下发《责令改正通知书》118 份，下发《行政处罚决定书》6 份，下发《临时查封决定书》2 份，责令“三停”2 家，拘留 0 人，查处了一大批消防违法行为，整改了一大批火灾隐患设施，极大改善了社会消防安全环境。

突出宣传引导。采取举办消防安全培训、在街头设立咨询点、发放消防安全知识宣传彩页等形式，向群众宣传防火、灭火和逃生自救常识。2010 年以来，共组织开展消防宣传 8 次，发放各类消防宣传资料 1600 余份，营造了浓厚的“消防安全人人参与”的社会氛围。

突出应急处突。成立突发公共事件应急工作领导小组，主要由县安委会各成员单位的干部职工以及民兵组成，负责突发性事件救援的指挥和协调。

第五节　信访工作

一、机构

聂荣县人民政府来信来访工作由纪检委、县委办公室和政府办公室负责。

2006 年之后，全县信访工作由政府办下属部门信访办承担。

二、信访工作情况

2006 年，聂荣县信访办共接待受理群众来信来访 25 批（件）75 人次，无集体来访，其中个体来访 8 批 12 人次，来信 17 件 63 人次。

2007 年，全县各级调解组织共受理大小矛盾 45 起，调处和化解 45 起。县信访办共接受办理信访事件 5 起；县政府处理 2 起上访事件，已办结。2008 年，全县共受理各类矛盾纠纷 12 起，调处化解 12 起。2009 年，全县共受理各类矛盾纠纷 14 起。2010 年，全县共受理各类矛盾纠纷 25 起，调处化解 25 起。

第六节　编译工作

一、机构

1996 年 12 月，聂荣县编译室成立，负责全县编译任务。

2000—2007 年，聂荣县编译室挂靠在政府办，由政府办一名副主任负责，工作人员临时抽调。2008 年，编译室单独设立。2010 年，编译室共有工作人员 3 名。

2002—2010 年聂荣县编译室领导名录见表 4 -4 -5。

2002—2010 年聂荣县编译室领导名录

表 4 -4 -5

机构名称	职务	姓名	性别	民族	任职时间
聂荣县编译室（2002. 01—2010. 12）	主任	尼玛次仁	男	藏	2002. 01—2010. 12
	副主任	扎西	男	藏	2003. 01—2010. 12

二、编译工作

编译室主要承担全县的编译任务，负责县委、人大、政府、政协文件的翻译工作。20 世纪 90 年代起，随着编译室的成立，全县编译工作开始进入正规化，翻译质量逐步提升。

2001—2010 年，编译室在全县发放《国家关于少数民族语言文字的基本政策》和《西藏自治区学习、使用和发展藏语文的规定》藏汉双语宣传单 1000 余份。先后开展各单位、学校门牌和公章统一工作，规范了全县党政机关、企事业单位的门牌和公章、红头文件、信笺纸、会议座签、会议证件、横幅、宣传标语、交通路标、户外广告、宣传栏统一使用藏汉双语工作。负责每年全县“两会”及经济会议相关材料的翻译工作。

第七节　地方志工作

一、机构

1997 年 5 月，聂荣县地方志编纂委员会成立，负责县地方志编纂的领导、指导、协调工作，编纂委员会成员由县委、人大、政府、政协、人武部和县直各单位负责人及各乡（镇）长组成。聂荣县地方志编纂委员会下设办公室（临时机构），挂靠县政府办公室。

2010 年 12 月，单独成立聂荣县地方志办公室，有工作人员 5 名。

2011 年 5 月，县政府划拨办公经费购置办公设备电脑 3 台、打印机 1 台，并制定了修志原则。

至 2020 年 6 月，聂荣县地方志办公室有工作人员 4 名。

1997—2018 年聂荣县地方志编纂委员会领导名录见表 4 - 4 - 6；1997—2018 年聂荣县地方志编辑部领导名录见表 4 - 4 - 7。

1997—2018 年聂荣县地方志编纂委员会领导名录

表 4 －4 －6

机构名称	职务	姓名	性别	民族	任职时间
聂荣县地方志编纂委员会（1997. 02—2018. 12）	主任	罗布顿珠	男	藏	1997. 02—2000. 09
		江措拉姆	女	藏	2000. 10—2001. 07
		杨绪卿	男	汉	2001. 08—2006. 07
		黄云素	男	汉	2006. 08—2010. 04
		胡林	男	汉	2010. 05—2012. 01
		德吉卓嘎	女	藏	2012. 02—2013. 08
		曹永寿	男	汉	2013. 09—2015. 01
		占堆	男	藏	2015. 02—2018. 12
	副主任	江措拉姆	女	藏	1997. 02—2000. 09
		杨绪卿	男	汉	2000. 10—2001. 07
		才旦扎西	男	藏	2001. 08—2006. 07
		农军	男	汉	2001. 08—2010. 04
		德吉卓嘎	女	藏	2010. 05—2012. 01
		母兴斌	男	汉	2012. 02—2014. 10
		李成统	男	汉	2014. 11—2018. 12

1997—2018 年聂荣县地方志编辑部领导名录

表 4 －4 －7

机构名称	职务	姓名	性别	民族	任职时间
聂荣县地方志编辑部（1997. 02—2018. 12）	主编	江措拉姆	女	藏	1997. 02—2000. 09
		杨绪卿	男	汉	2000. 10—2001. 07
		才旦扎西	男	藏	2001. 08—2005. 03
		农军	男	汉	2005. 04—2007. 12

续表

机构名称	职务	姓名	性别	民族	任职时间
聂荣县地方志编辑部（1997.02—2018.12）	主编	德吉卓嘎	女	藏	2008.01—2012.01
		母兴斌	男	汉	2012.02—2014.10
		李成统	男	汉	2014.11—2018.12
	副主编	桑珠	男	藏	1997.02—2000.09
		顿彪然	男	汉	1997.02—2000.09
		张卫东	男	汉	2000.10—2001.07
		贡桑	男	藏	2000.10—2001.07
		次仁多杰	男	藏	2005.04—2007.12
		赤琼	男	藏	2008.01—2012.01
		扎西平措	男	藏	2012.02—2015.01
		玛努	男	藏	2012.02—2017.01
		嘎桑	男	藏	2016.02—2018.12

二、培训工作

1997 年，自治区方志办举办全区地方志培训工作，聂荣县选派 1 名人员参加。2000—2009 年，自治区方志办和那曲地区方志办多次组织方志编写工作培训，聂荣县均积极组派人员参加，为地方志工作的顺利开展打下基础。2010 年，那曲地区区委方志办主任高平带队前往辽宁省开展方志编写培训工作，聂荣县派遣 1 名人员参加。

三、志书编纂

1998 年，根据那曲地区区委、政府的安排部署，聂荣县组织人员编写《〈聂荣县志〉编纂大纲》和《〈聂荣县志〉编修工作计划》。编纂大纲确定后，着手进行篇目设计，收集资料、图片，查阅、抄录档案资料，编写征求意见稿。同时，编纂人员严格按照方志的地方性、连续性、广泛性、资料性、可靠性等基本特征，做到述而不作，突出时代特点，反映出地方特色，坚持详今明古、详近略远的原则，根据党的民族政策，以全国各民族一律平等的精神，正确地反映聂荣县各方面情况。

1997年5月，按照西藏自治区全区地方志工作会议精神和那曲市关于地方志工作的要求，成立以县委书记罗布顿珠为主任和以县委副书记、政府县长江措拉姆任副主任的聂荣县地方志编纂委员会，下设办公室（临时机构），挂靠县政府办公室，负责地方志编修工作，《聂荣县志》编纂工作正式启动。

1999年8月，那曲地区召开首届地方志工作会议，聂荣县随即召开首届地方志工作会议，全县各单位和各乡镇负责人参加会议。会议传达了那曲地方志工作会议精神，向县直各单位及乡镇布置了工作任务，地方志办公室专门负责收集汇总资料。

2001年9月，聂荣县借鉴其他县区的经验做法，在结合县情实际的基础上，开始起草《聂荣县志》篇目，下发给各承编单位核对。同时，县委副书记、政府县长杨绪卿予以审核，先后经过3次修改完善，经聂荣县地方志编纂委员会审核通过，《聂荣县志》编目基本确立。

2005年3月，《聂荣县志》编纂工作仍由政府办负责，工作人员从办公室抽调，在全县各乡镇、各单位供稿的基础上，去粗取精，去伪存真，删繁补遗，尽量做到横不缺项、竖不断线。在志稿初撰阶段，为保证质量，工作人员分批次征求各单位意见建议，对需要核实的内容提出明确要求。

2006年，根据那曲地区第二次地方志工作会议精神，聂荣县委、政府对地方志编纂委员会进行调整充实，由县委书记黄云素任主任，县委副书记、政府县长农军任副主任，县委各常委、政府各副县长和各乡镇、各单位负责人为成员。

2010年，聂荣县委、政府加强对地方志工作的重视程度，对地方志编纂委员会进行调整充实，由县委书记胡林任主任，县委副书记、政府县长德吉卓嘎任副主任。同时，单独成立聂荣县地方志办公室，明确机构、编制，安排经费，购置办公场所，有工作人员5名。2010年底，《聂荣县志》第一轮编纂基本形成，初稿20万字左右，另附图片等资料30余张。

四、年鉴编修

自年鉴编修工作开展以来，聂荣县地方志办公室按照西藏自治区地方志办公室、那曲市地方志办公室关于做好《西藏年鉴》《那曲市年鉴》稿件编纂和图片征集工作的通知精神，组织县志编修人员每年按照通知要求对《西藏年鉴》《那曲市年鉴》中聂荣县供稿内容进行整理、补充与修改。

第五篇

人事　劳动　民政

第一章　人事劳动

第一节　机构

一、人事管理机构

1961 年 7 月，聂荣县委设立组宣部，负责人事工作。

1997 年，根据自治区规定，聂荣县人事局成立，与县委组织部合署办公。

2002 年，成立劳动和社会保障局，正科级建制。

2009 年 10 月，根据那曲地委决策部署，成立聂荣县人力资源和社会保障局。

至 2010 年 12 月，聂荣县人力资源和社会保障局办公室核定编制 6 人，实有工作人员 5 人。

1997—2002 年聂荣县人事局领导名录见表 5 – 1 – 1；2002—2012 年聂荣县人力资源和社会保障局领导名录见表 5 – 1 – 2。

1997—2002 年聂荣县人事局领导名录

表 5 – 1 – 1

机构名称	职务	姓名	性别	民族	任职时间
聂荣县人事局（1997. 05—2002. 08）	局长	次仁多吉	男	藏	1997. 05—2000. 01
		扎巴	男	藏	2000. 02—2002. 08
	副局长	尼玛	男	藏	1997. 02—2002. 07

2002—2012 年聂荣县人力资源和社会保障局领导名录

表 5 - 1 - 2

机构名称	职务	姓名	性别	民族	任职时间	备注
聂荣县劳动和社会保障局（2002. 03—2009. 10）	局长	仁青措姆	女	藏	2002. 03—2006. 04	主持工作
		津路	男	藏	2006. 04—2007. 10	
		索朗	男	藏	2007. 10—2009. 10	
聂荣县人力资源和社会保障局（2009. 10—2012. 10）	局长	王永杰	男	藏	2009. 10—2012. 10	
	副局长	成立至 2012 年 10 月无副局长				

第二节　人事管理

一、干部来源

1951 年 11 月，聂荣宗解委会成立之初，中共西藏工委三十九族分工委向聂荣宗派出的 1 名军事代表，为聂荣县首批干部。

1956 年 10 月，聂荣宗党委成立，进一步健全党委班子，有干部 4 名。

在民主改革中，大批贫苦农牧和奴隶出身的积极分子，投身于平叛和民主改革之中，为聂荣的平叛和民主改革提供了人力、物力支持。根据中央“稳定发展”的方针，聂荣县委在巩固平叛成果的同时，加强培养民族干部。至 1960 年底，聂荣县共有干部 53 名，其中藏族干部 28 名，占干部总数的 52. 83%。至 1966 年 5 月，聂荣县有干部 120 名，其中藏族干部 57 名，比 1960 年多 29 名，占干部总数的 47. 50%。

1972 年 5 月，聂荣县第一次党代会召开，组织机构得以恢复。到 1973 年，全县干部数量达到 183 名。1976 年，全县干部有 220 名。

党的十一届三中全会召开后，聂荣县认真贯彻干部队伍“革命化、年轻化、知识化、专业化”（“四化”）方针，树立新的用人理念，开阔视野，广开门路，按照“四化”建设的要求培养和选拔干部，把大批优秀人才选拔到各级领导岗位上来，经过不断调整、充实、提高，使聂荣各级领导班子的整体素质和结构有了较大变化。按照中央历次西藏工作座谈会精神，加大对少数民族干部的选拔培养，逐步建设了一支以藏族干部为主体的干部队伍。至 1986 年，全县干部 218 名，其中藏族干部 183 名，占干部总数的 83.94%。

1987 年，聂荣县委按照中央确定的“四化”和“德才兼备”的干部标准及“三个离不开”（汉族离不开少数民族、少数民族离不开汉族、各少数民族之间也互相离不开）的原则，在乡村聘用了一批工作能力强、有开拓精神的干部职工，充实到各乡政府工作。

20 世纪 90 年代，按照“公开、公平、竞争、择优”的录取原则，采取考试、考评及推荐办法，录用和招聘干部到县直各部门工作。

1991 年，那曲地区制定《那曲地区人事局干部调配工作暂行规定》，聂荣县按照规定执行。

2001—2010 年聂荣县高校毕业生分配情况见表 5－1－3。

2001—2010 年聂荣县高校毕业生分配情况表

表 5－1－3

时间	分配总数（人）	公务员	事业单位	本科	大专	中专
2001	8	7	1	1	5	2
2002	18	10	8	2	7	9
2003	18	15	3	4	6	8
2004	15	13	2	2	7	6
2005	67	41	26	9	17	41
2006	28	27	1	18	8	2
2007	39	31	8	17	22	0
2008	49	29	20	28	20	1
2009	72	37	35	45	27	0
2010	51	41	10	30	21	0

二、干部调配

2001 年，全县调入干部 5 名，调出 3 名，县内调动 12 名。2002 年全县调入干部 3 名，调出 1 名，县内调动 8 名。2003 年从县外调入干部 10 名，调往县外 7 名，县内调动 21 名。2004 年，县外调入 13 名，调往县外 9 名，县内调动 15 名。2005 年办理干部调动 69 人。2006 年干部调动 35 人，其中跨县调动 7 人，办理乡镇干部交流 28 名。2007 年干部交流 50 人。2008 年交流 73 人。2009 年干部交流 80 人。2010 年干部交流 73 人。

三、人事任免

1981 年，聂荣县严格执行西藏自治区人民政府下发的《西藏自治区县级以上地方各级人民政府任免工作人员暂行条例》，按照相关要求开展干部人事任免工作。

1982 年，聂荣县严格按照西藏自治区党委组织部、自治区人事局下发的规定，任免各级人民政府（含国家行政机关）、人民法院、人民检察院及各企、事业单位的行政领导职务（不含各级人民法院、人民检察院的办公室正、副主任，人民检察院的正、副处长，正、副科长），在党内审批后，按照《地方组织法》《人民法院组织法》《人民检察院组织法》的规定，报请本级人大常委会或人民政府决定或批准任命后，分别下达党内和行政干部任免通知。

从 20 世纪 80 年代起，聂荣县在干部人事制度改革中，建立并实行党政领导班子和领导干部任前公示制、考核预告制、考核责任制、干部试用制等各项规章制度。在干部培养选拔中，认真贯彻《党政领导干部选拔任用暂行条例》，坚持按干部队伍“四化”“三个离不开”方针原则选拔任用干部。

1996 年，聂荣县加强干部队伍建设工作，按照在改革开放、经济发展和维护稳定的实践中培养选拔干部的原则，将一批德才兼备、政绩突出的中青年干部充实到各级领导班子，重点选拔一批年轻同志担任各部分领导职务，使县乡各级领导班子力量不断得到加强，增强了党的战斗力、凝聚力。

2007 年，聂荣县组织广泛走访基层干部，广泛在基层群众中征求意见，认真听取基层干部意见，经过近1个月的酝酿、考察，对全县10个乡镇的领导班子进行一次较大的调整，把一批政治上靠得住、工作上有能力、作风上过得硬的同志选拔到基层党政领导岗位。同时，将素质高、能力强的优秀年轻干部充实到基层，将年富力强的优秀大中专毕业生充实到各乡镇。

四、公务员考核与奖惩

聂荣县公务员考核的对象是列入县目标管理考核范围的县级机关各单位的工作人员。三类人员不参加考核：受到行政开除留用察看处分时间未满人员；正在接收组织上立案审查尚未结案的人员；病事假累计超过半年以上的人员。考核内容为德、能、勤、绩（后又增加“廉”）4个方面。重在德、绩。考核结果分优秀、称职、不称职3个等次，其中优秀等次的比例为各单位工作人员总数最高不超过20%，称职和不称职不定比例。机关工作人员年考核结果与奖惩挂钩。坚持精神鼓励和物质奖励相结合、教育和惩处相结合。考核评定优秀者，记嘉奖一次。连续3年考核评定为优秀者，记三等功一次。考核评定为称职者，享受年奖，不称职者和不参加考核者，取消年奖。

聂荣县对在本职工作中表现突出、有显著成绩和贡献的，给予奖励。一般结合年考核进行，年考核被评为优秀的，予以嘉奖，连续3年被评为优秀等次的，记三等功；记二等功、记一等功和“人民满意的公务员”“人民满意的公务员集体”荣誉称号的，一般每5年评选一次。

公务员奖励种类有嘉奖、三等功、二等功、一等功、授予荣誉称号，奖金分别为800元、1500元、3000元、6000元、10000元。

公务员处分种类经历了一个发展变化的过程。1957年公布实施的《国务院关于行政机关工作人员的奖惩暂行规定》规定了警告、记过、记大过、降级、降职、撤职、开除留用察看、开除8种纪律处分，适用对象是各级国家行政机关中经地方各级人民代表大会选举担任国家行政职务的人员，各级行政机关任命的工作人员以及企业、事业单位中由国家行政机关任命的工作人员。1993年公布实施的《国家公务员暂行条例》规定了警告、记过、记大过、降级、撤职、开除6种行政处分，适用对象是各级国家行政机关中除工勤人员以外的工作人员。

2005年4月27日发布，自2006年1月1日起实施的《公务员法》确定行政机关公务员处分种类为：警告、记过、记大过、降级、撤职、开除。

五、劳动就业

2009年，聂荣县的劳动就业工作坚持实践是检验真理的唯一标准，主动适应现代化建设的需要，积极破除“大锅饭”的传统管理模式，以经济建设为中心，抓好人才和改革两大主题，促进人才人事工作在市场经济条件下的顺利转型。进入21世纪以来，劳动就业工作按照科学发展观的要求，树立科学人才观和以人为本理念，强调人才资源是第一资源，把深入实施人才强县战略作为一项根本战略，大力推进人才队伍建设，迎来新的快速发展时期。人才人事公共服务和人事法治建设成效明显。临时工、公益性人才招聘活动、就业信息发布等人才服务项目积极开展，大中专毕业生就业服务、军转干部安置卓有成效。

同时，聂荣县在全县逐步推行以劳动合同制为中心的用工制度改革，建立劳动力市场和人才市场，完善以就业培训、劳动就业服务为主要内容的就业服务体系，宣传劳动法规，在劳动用工、劳动监管等改革中加强服务、监督和指导职能，保障企业和劳动者的基本权益，劳动管理部门的职能转向以指导、服务、监督为重点。

2009年，聂荣县成立县乡劳动力素质培训和转移就业工作领导小组，负责全县富余劳动力素质培训和转移就业工作。

2010年，聂荣县招录临时工和公益性岗位人员共23人，投入培训资金350万元培训牧区劳动力200余人，转移劳动力180余人，培训后学员转移就业率达到90%以上。

第三节　工资福利

一、工资

1982年工资改革前，聂荣县属于四类工资区，地区补贴30%。1965年干部职工月平均工资43元，六七十年代正县级干部18级的工资加补贴（下同）180余元；副县19级的160余元；区科级23级的72.8元；一般工作人员24级月工资最低只有28元，高中毕业的定25级，中专毕业的定24级，大专毕业的定23级，本科毕业的定22级；下乡补助由每日0.1元，逐步提高到0.3元、0.5元。70年代后期开始，干部职工工资津贴和地区补贴逐步增加。

1983年工资改革，将原级别工资进行套改，实行基础工资、职务工资、工龄工资和奖励工资相结合的新的工资制度，地区补贴由原来的30%提高到71.82%，并且实行高原临时补贴，逐步增加津贴，干部职工收入水平有了提高。1990年，人均月工资为304元。

聂荣县在增加干部职工工资过程中，实行对具有大中专毕业学历的干部职工定级高定一级，干部职工参加工作满5年浮动一级，满20年固定一级工资，对有专业技术职称的干部高套一级工资的规定。大中专毕业和有专业技术职称人员的工资收入水平，高于无文凭、无职称人员的工资水平，领导干部的工资水平高于平均工资水平，党政机关干部职工工资水平低于事业单位干部职工工资收入水平。

1999年1月，聂荣县按照上级要求进行公务员考核，实行公务员工资，2000年月平均工资达到1092元。国营和集体企业工资收入按经营情况好坏有所差别，经营好的月收入可达千元以上，经营差的月收入500元左右。

20世纪90年代中期，大米、糌粑、菜油、酥油、猪肉、牛肉一般价格每500克分别为1.4元、2元、4.5元、12元、7.5元、8元。2000年个人月平均生活费按350元计算，占党政机关干部职工月平均收入1092元的32%。

2000年，机关公务员（含参照、依照公务员制度管理人员）各层次职务工资起点标准最低为50元，最高为480元。

2001年11月19日，《西藏自治区人事厅财政局关于调整机关事业单位工作人员工资标准和增加离退休人员退休费实施意见的通知》文件实施后，从2001年10月1日起，机关公务员（含参照、依照公务员制度管理人员）各层次职务工资起点标准由最低50元至最高480元提高到最低100元至最高850元。在调整机关公务员职务工资标准的同时，适当调整机关工人的岗位（职务）工资标准。机关工人奖金部分按照其在工资构成中的比例相应提高。离休人员按同职务在职人员的增资额增加离休费（含西藏特殊津贴），四类区每人每月增资凡不足240元的，按240元增加。

2003年11月27日，聂荣县根据西藏自治区文件精神，从2003年7月1日起，机关公务员（含参照、依照公务员制度管理人员）各层次职务工资标准由现行的最低100元、最高850元提高到最低130元、最高1150元。在调整机关公务员职务工资标准的同时，适当调整机关工人的岗位（职务）工资标准。机关工人奖金部分按照其在工资构成中的比例相应提高。离休人员按同职务在职人员的增资额增加离休费（含西藏特殊津贴），四类区每人每月增资凡不足150元的，按150元增加。

2006年，经党中央、国务院批准，改革公务员和事业单位现行的工资制度，实行国家统一的职务与级别相结合的公务员工资制度，建立符合事业单位特点、体现岗位绩效和分级分类管理的收入分配制度。工资改革主要有四个方面：一是机关公务员实行职务与级别相结合的工资制度；二是事业单位实行岗位绩效工资制度；三是完善机关事业单位的津补贴制度；四是调整机关事业单位离退休人员待遇。

公务员职级工资制度改革的特点是：一是改革工资制度和清理规范津贴补贴（中央纪委等六部委联合发文要求公务员津补贴按人均不超过300元增资）相结合。通过规范收入分配秩序促进严肃纪律，建立起新的收入分配机制，为今后继续深化改革奠定基础。二是简化基础工资结构，增强工资的激励功能。将公务员现行基本工资结构由职务工资、级别工资、基础工资、工龄工资4项构成简化为职务工资、级别工资两项构成。职务工资主要体现公务员的工作职责大小，一个职务对应一个工资标准，未体现岗位职责的差别，领导职务和非领导职务对应不同的职务工资标准。级别工资主要体现公务员的资历、职务和工作实绩，每一级别设若干个工资档次，公务员根据所任职务、德才表现、工作实绩和资历确定级别（各职务对应级别：科员26—18级、副科24—17级、正科22—16级、副处20—14级、正处18—12级、副厅15—10级、正厅13—8级）和级别工资档次。三是适当向基层倾斜。为了鼓励广大基层公务员安心本职工作，适当加大不同职务对应级别的交叉幅度，将公务员对应的级别数由现行15个增加到27个，给低职务公务员提供充分的级别晋升空间。加大级别工资的比重，使晋升级别对提高工资发挥更大的作用。实行级别与工资等待遇挂钩，使公务员不晋升职务也能提高待遇，在任职期间和级别达到规定条件后，可以享受上一职务层次非领导职务的工资、住房、医疗等生活待遇。四是完善正常增资办法，实现工资调整的制度化、规范化。公务员晋升职务后，相应提高职务工资和级别工资；累计两年和5年年度考核合格，可以晋升一个工资档次和级别工资等级。

事业单位岗位绩效工资制度改革的特点：一是与深化事业单位体制改革相适应。事业单位收入分配制度改革是事业单位整体改革的重要组成部分，与事业单位分类管理（正高1—4级、副高5—7级、中级8—10级、助理11—12级、员级13级）、人事制度、财务制度、养老保险制度等改革密切相关。二是建立体现事业单位特点的收入分配制度。新的岗位绩效工资制度在制度模式上，突出岗位（正高一级2800元、二级1900元、三级1630元、四级1420元，副高五级1180元、六级1040元、七级930元，中级八级780元、九级730元、十级680元，助理十一级620元、十二级590元，技术员十三级550元）、绩效（绩效工资方案中央正在制定中，2008年1月事业单位临时补贴已经明确列入绩效工资管理）的激励功能，工作人员的收入与其岗位职责、工作业绩和实际贡献相联系，充分调动工作人员积极性，促进事业单位不断提高公益服务水平。岗位工资主要体现工作人员所聘岗位的职责和要求，是基本工资的主体部分。薪级工资主要体现工作人员的工作表现和资历，实行“一级一薪，定期升级”。绩效工资是事业单位收入分配中的部分，主要体现工作人员工作业绩和实际贡献。三是完善工资正常调整机制，一年升一薪级。四是完善高层次人才的分配激励约束机制。在继续执行行政特殊津贴的同时，采取一次性奖励、建立特殊津贴、建立重要人才国家投保制度等措施，对部分急需人才实行协议工资、项目工资等灵活多样的分配办法，实现一流人才、一流业绩、一流报酬，充分调动高层次人才的积极性、主动性和创造性。

2006 年工资改革后聂荣县各行业、各职务（职称）享受最低级别工资标准、退休人员增资标准和工改时最高工资和最低工资情况见表 5 – 1 – 4。

2006 年工资改革后聂荣县各行业、各职务（职称）享受最低级别工资标准、退休人员增资标准和工改时最高工资和最低工资情况表

表 5 – 1 – 4

<table>
<tr><th colspan="8">行政（公务员）</th></tr>
<tr><th colspan="2">职务</th><th>职务工资（元）</th><th>最低级别工资标准（元）</th><th>金额（元）</th><th>津贴补贴标准（元）</th><th>工改后聂荣县最高工资（元）</th><th>工改后聂荣县最低工资（元）</th></tr>
<tr><td rowspan="2">县处级正职</td><td>领导职务</td><td>830</td><td rowspan="2">18 级 1 档</td><td rowspan="2">658</td><td>1244</td><td>7772</td><td>7772</td></tr>
<tr><td>非领导职务</td><td>760</td><td>1244</td><td>无</td><td>无</td></tr>
<tr><td rowspan="2">县处级副职</td><td>领导职务</td><td>640</td><td rowspan="2">20 级 1 档</td><td rowspan="2">551</td><td>1181</td><td>6671</td><td>5429</td></tr>
<tr><td>非领导职务</td><td>590</td><td>1181</td><td>无</td><td>无</td></tr>
<tr><td rowspan="2">乡科级正职</td><td>领导职务</td><td>510</td><td rowspan="2">22 级 1 档</td><td rowspan="2">461</td><td>1056</td><td>6540</td><td>4524</td></tr>
<tr><td>非领导职务</td><td>480</td><td>1056</td><td>6360</td><td>4434</td></tr>
<tr><td rowspan="2">乡科级副职</td><td>领导职务</td><td>430</td><td rowspan="2">24 级 1 档</td><td rowspan="2">386</td><td>1031</td><td>5189</td><td>3659</td></tr>
<tr><td>非领导职务</td><td>410</td><td>1031</td><td>5825</td><td>3869</td></tr>
<tr><td rowspan="2">科员</td><td>博士学位研究生</td><td>380</td><td>22 级 1 档（新录用）</td><td>461</td><td>956</td><td rowspan="2">4367</td><td>无</td></tr>
<tr><td>硕士学位研究生</td><td>380</td><td>24 级 3 档（新录用）</td><td>446</td><td>956</td><td>无</td></tr>
</table>

续表 1

行政（公务员）

职务		职务工资（元）	最低级别工资标准（元）	金额（元）	津贴补贴标准（元）	工改后聂荣县最高工资（元）	工改后聂荣县最低工资（元）
科员	双学士、研究生	380	25 级 3 档（新录用）	408	956	4367	无
	本科	380	25 级 2 档（新录用）	380	956		3488
	大专	380	26 级 2 档（新录用）	347	956		3380
办事员	高中、中专	340	27 级 2 档（新录用）	316	956	3704	3158
	初中		27 级 1 档（新录用）	290	956	无	无

机关工人

技术等级	技术等级工资标准（元）	最低岗位工资标准	金额（元）	津贴补贴标准（元）	工改后聂荣县最高工资（元）	工改后聂荣县最低工资（元）
高级	195	岗位工资 1 档	650	956	5537	4298
中级	155	岗位工资 1 档	570	956	3866	3299
初级	125	岗位工资 1 档	500	956	3317	2831
普工		岗位工资 1 档	610	956	3644	无

事业（专业技术人员）

职称	岗位及岗位工资标准	最低薪级工资标准	不同学历享受薪级标准	津贴补贴标准（元）	工改后聂荣县最高工资（元）	工改后聂荣县最低工资（元）
中级	10 级 680 元	10 级 197 元		1106	6698	5000

续表 2

事业（专业技术人员）

职称	岗位及岗位工资标准	最低薪级工资标准	不同学历享受薪级标准	津贴补贴标准（元）	工改后聂荣县最高工资（元）	工改后聂荣县最低工资（元）
初级		5 级 125 元	双学士、研究生 9 级（新录用）181 元	956	6076	3317
	12 级 590 元		本科 7 级（新录用）151 元	956		
员级		1 级 80 元	大专 5 级（新录用）125 元	956	4535	2981
	13 级 550 元		高中、中专 2 级 91 元	956		
			初中 1 级 80 元	956		

事业（工人）

技术等级	技术等级工资标准（元）	最低岗位工资标准	金额（元）	津贴补贴标准（元）	工改后聂荣县最高工资（元）	工改后聂荣县最低工资（元）
高级工（技术工三级）	615	薪级工资 14 级	232	956	4826	3890
中级工（技术工四级）	575	薪级工资 8 级	148	956	3641	3581
初级工（技术工五级）	545	薪级工资 2 级	80	956	无	无
普工	540	薪级工资 1 级	70	956	3368	无

退休人员退休费

机关单位退休人员退休费		事业单位退休人员退休费	
职务	增加标准（元）	职务	增加标准（元）
副地	2250	中级	825
正县	1350	助理级	540
副县	1350	员级	540
正科	825	技师	825

续表 3

职务	增加标准（元）	职务	增加标准（元）
副科	825	高级工	540
科（办）员	540	中级工	540
技师	825	初级工	540
高级工	540	普工	540
中级工	540	–	–
初级工	540	–	–
普工	540	–	–

注：表中“事业（专业技术人员）”部分，因当年不涉及中级职称的 8 级、9 级，故未列出。

机关、事业单位职工的年度考核与奖励相结合，对年度考核为优秀、称职（合格）的工作人员，发放以本年度本人最后一个月基本工资为标准的一次性奖金。对年度考核为基本称职、不称职（不合格）的人员，不发放年终一次性奖金。

二、福利

（一）生育待遇

西藏和平解放以来，聂荣县按照《西藏自治区计划生育暂行管理办法》《关于独生子女学杂费、入托（园）费报销有关问题的通知》及《补充意见》、人事部《关于机关、事业单位女职工产假期间工资计发问题的通知》等规定，女职工在怀孕和生育期间，检查费、接生费、手术费、住院费和药费报销待遇，按自治区计划生育委员会 1992 年和人事厅 1994 年有关文件执行。

（二）退休及退职人员待遇

1. 退休

西藏和平解放后，聂荣县对年老和丧失劳动力的职工，按照国务院

《退休处理暂行规定》，实行退休养老。1978 年，那曲地区退休职工待遇按照国务院《关于安置老弱病残干部的暂行办法》和《关于工人退休退职的暂行办法》的规定执行。1981 年，自治区根据国务院《关于工人退休退职的暂行办法》，结合西藏情况作出规定：凡参加革命工作年限满 10 年，在藏工作年限累计满 9 年或在海拔 4500 米以上地区工作累计满 8 年，男满 55 周岁、女满 50 周岁的可以退休。个别未到退休年龄，但因身体不好，难以坚持正常工作的，经组织批准，可以提前退休。退休安家补助费的发放标准，按自治区 1980 年规定执行，即在海拔 3500 米以上地区工作 1 年的，按 15 个月每月 5 元计算；在海拔 4500 米以上地区工作 1 年的，按 18 个月每月 5 元计算，安家补助费计发至 1981 年 9 月 30 日止。随后，规定退休安置在农牧区的安家补助费少于 600 元的，按 600 元发给；退休安置在城镇的安家补助费少于 300 元的，按 300 元发给。工人离休、退休、退职安置以分散、就地安置为主，跨省和在藏异地安置的，坚持从哪里调来回哪里去或回原籍的原则。退休后凡符合在那曲安置的，按规定划给地皮建房；跨省或在藏异地安置的，发给一次性建房补助费。1982 年起，对国家机关、事业单位办理离、退休的职工，按国家和自治区的有关规定，先后 6 次增加离退休费，5 次为离退休职工增发生活补贴。2000 年，根据《西藏自治区人民政府关于印发〈西藏自治区政府机关机构改革人员分流办法〉的通知》规定，机关工作人员符合《国家公务员暂行条例》第七十九条规定，男满 55 周岁、女满 50 周岁，且工作年限满 30 年或工作年限满 20 年的，本人提出要求，经任免机关批准，可以提前退休。提前退休人员，按在职推算到正常退休年龄（根据《国家公务员暂行条例》第七十八条规定，男计算到 60 周岁，女计算到 55 周岁）应晋升的职务工资、级别工资和工龄工资档次一并计入基数，增发退休费。其中 2000 年 12 月 31 日前连续任副地（厅）级及以下职务满 8 年的，可享受上一级的工资和医疗费待遇，并按上一级职务工资标准推算到正常退休年龄应晋升的工资档次计入基数增发退休费。

2. 退职

西藏和平解放后，聂荣县凡列入行政编制的工作人员参加工作满 3 年，因年老（55 周岁以上）或长期病弱确实不能继续工作的，按国家《退职处理暂行办法》办理退职手续，介绍回原籍安置，发给路费、生活补助费、生产补助费。1952 年，规定参加工作满 2 年，年龄 55 周岁以上，因病不能继续坚持工作的，可申请退职。1955 年后，退职分为 3 种情况：自愿退职，年老体弱不能坚持继续工作又不符合退休条件，不适应现职工作又不服从调任其他工作。1957—1965 年，那曲地区精简人员均按退职处理。1978 年，工人退职后，按月发给相当于本人标准工资 40% 的生活费，低于 20 元的，按 20 元发给。1988 年，根据自治区《关于工人退休、退职工作中若干问题》的规定，工人经批准退职的，发给退职生活费，在区内安置的按安置地区的工资标准和生活补助费之和的 50% 发给，除肉价补贴、副食品价格补贴照发外，其他补贴停发。生活费低于 75 元的，按 75 元发。到区外安置的，按本人的 11 类地区的工资标准及生活补助费 8 元之和的 50% 发给，总额低于 50 元的按 50 元发给。企业工人退职由劳动保险基金按月付给退职补助费，其标准为：工龄已满 5 年未满 10 年者付给本人工资的 50%；已满 10 年未满 15 年者，付给本人工资的 60%；已满 15 年者，付给本人工资的 70%。1993 年，《西藏自治区机关事业单位工资制度改革实施意见》中规定，1993 年 9 月 30 日前退职的人员，按同职务人员平均增资额的 40% 增发退职费；1993 年 10 月 1 日后退职的人员，按本人原基本工资的 40% 计发退职生活费。未参加 1985 年工资改革的机关、事业单位退职人员，月增发 100 元退职生活费。1994 年，根据西藏自治区人民政府《关于印发机关、事业单位工资制度改革实施意见的通知》，对 1985 年 7 月 1 日至 1993 年 12 月 31 日经批准退职的人员，年增发 100 元的退职费。1999 年，根据自治区人事厅、财政厅《关于增加机关、事业单位离退休人员离退休费的实施意见》，那曲地区对退职人员每人每月增加 80 元退职生活费。

（三）职工休假、事假、病假待遇

1. 休假

根据西藏自治区人民政府 1981 年文件规定，凡国家机关、人民团体和全民所有制、事业单位以及集体单位中的国家正式职工，均可享受休假、探亲待遇。2003 年以来，按照西藏自治区统一标准，在聂荣县工作的内地干部职工每年可享受探亲假一次，假期为 2 个月。确因工作需要不能休假者，可在下次合并休假，工资照发。家不在聂荣县的区内干部职工，每年可享受探亲假一次，假期为45天，工资照发。（1）聂荣县区外进藏职工凡在藏连续工作满一年半可回内地休假1次。一般职工假期为6个月，以上假期包括路途时间。假期时间已到，如因工作需要经组织批准推迟休假者，可按在藏连续多工作半年增加1个月假期计算。（2）职工在休假期间因病伤需治疗，女干部、职工生育，不再另批休假时间，从回单位之日起计算下一次休假时间。（3）区外进藏职工享受休假待遇后，不再享受探亲假。但在休假期内，可同时探望配偶和父母（包括岳父母或公婆）。（4）区外进藏职工因工作需要，经组织批准在藏连续在岗3年以上，又不延长休假期限者，其在藏无工作的家属（子女）如随同回家探亲，可报销其中1人往返路费。2001—2007年干部职工请销假制度：7天以内，乡主要领导审批；超过7天，县主要领导审批。2007年以后，聂荣县实行统一规定请销假备案制度，动态管理。

2. 探亲

聂荣县区内职工（指西藏自治区范围内，下同）与配偶、父母不居住在一起，又不能在公休假日团聚的，可以享受探亲假待遇。（1）未婚职工探望父母的，每年给假1次，假期45天，如因生产、工作需要或本人自愿两年探亲1次的，一般职工为两个月。（2）已婚职工探望父母等直系亲属的，每两年给假1次。一般干部、职工假期两个月，因工作、生产需要并经组织批准推迟5年探亲1次的，假期在上述标准基础上增加最多不得超过两个月。根据往返路途的长短及交通条件，单位可给予适当延长时间，但在本地区内不得超过15天。

3. 事假

聂荣县干部职工享受休、探亲假待遇后，原则不再给事假。但特殊原因需请事假者，须经组织批准。凡请事假1个月以上者，其下次休假、探亲假，应从最后1个事假返回原单位之日始计算。职工休假、探亲期间的工资待遇：（1）职工按规定批准的休假、探亲假（包括往返路途），在假期内发给本人现行全月工资。（2）国家机关和事业单位的职工休假、探亲假期已满，未经组织批准续假而超假不归者，超假16—30天停发半个月的工资，超假 31—45 天停发 1 个月工资，以此类推。(3) 职工休假、探亲假期已满后需请事假，经组织批准事假者，应按规定报销回程交通费；干部、职工经批准请事假，可凭据报销其直线往返交通费的 50%。

4. 病假期间的生活待遇

为适当解决企事业单位工作人员病假期间的生活困难，有利于病休人员身体恢复，聂荣县按照那曲地区有关规定，规定病假期间生活待遇按照职工工作的时间长短，享受不同数额的待遇。职工因病需治疗，须经县以上人民医院证明，卫生部门签署意见后，本单位方可批准病假。并明确去向、途径，鼓励利用休假、探亲假期间治疗。职工病假期间的工资待遇，按下列标准执行：(1) 病假在两个月以内的照发原工资。(2) 病假超过两个月的，从第三个月按下列标准发给工资：1) 工作年限不满 10 年的，发给本人工资的 90%；2) 工作年限满 10 年以上者工资照发；(3) 病假超过 6 个月的，从第七个月始按下列标准执行：1) 工作年限不满 10 年的，发给本人工资的 70%；2) 工作年限满 10 年以上的，发给本人工资的 80%。(4) 根据有关规定，结合那曲实际，1945 年 9 月 20 日前参加革命工作的人员，病假期间工资照发。上述几条规定中获得国家级劳动英雄、劳动模范称号，仍然保持荣誉的，病假期间工资照发，可以适当提高有关待遇。

(四) 丧葬抚恤

根据自治区民政厅、人事局、财政厅《关于工资制度改革后国家机关、事业单位工作人员死亡一次抚恤金计发问题的通知》精神，1993 年第三次工资改革后，聂荣县根据那曲地区规定：(1) 国家机关在职人员死亡后，实行职级工资制的人员，为本人职务工资、级别工资、基础工资和工龄工资；技术工人为本人岗位工资、技术等级（职务）工资及按国家规定比例计算的奖金；普通工人为本人岗位工资及按国家规定比例计算的奖金。(2) 国家机关离退休人员死亡后实行职级工资制的离退休人员，按本人离退休时的职务工资、级别工资、基础工资、工龄工资之和计发；退休技术工人，按本人退休的岗位工资、技术等级（职务）工资以及按国家规定比例计算的奖金之和计发；退休普通工人，按本人退休时的岗位工资及按国家规定比例计算奖金之和计发。工资制度改革后，凡国家规定增加的国家机关工作人员的工资，离退休人员的离退费，也应计入一次性抚恤金的范围。死亡一次性抚恤金的发放标准如下：（1）批准为革命烈士的，为本人生前40个月工资；（2）因公牺牲的，为本人生前20个月工资；3. 病故的，为本人生前10个月工资，同时取消1986年对国家机关工作人员病故后一次性抚恤金最高数额不得超过3000元的规定。

三、住房保障

聂荣县的县机关干部在20世纪60年代住旧式平房，70年代时陆续建铁皮顶平房。1989年，聂荣县新建2栋3层钢筋混凝土楼房，干部职工的住房条件得到改善。2000年，全县干部职工人均居住面积为22平方米。

第四节 人事制度改革

聂荣县人事管理工作坚持用制度管理，严格人事管理，把好人事调配关，从聂荣经济社会发展大局出发，按照人事管理原则，按照德才兼备的用人原则，搞好人事调配工作。聂荣县人事制度改革从公务员队伍建设、事业单位人事制度改革方面扎实推进，逐步形成了人尽其才、能上能下、公平公正、充满活力的人事管理制度。

一、公务员队伍建设

聂荣县深入贯彻实施《公务员法》，坚持“凡进必考”制度。不断完善管理制度，先后出台了考核、竞争上岗、职位管理、轮岗、回避、新录公务员岗前培训等实施办法。不断创新管理形式，建立以绩效考核为重点的考核机制，完善体现科学发展观和正确政绩观要求的公务员考核评价体系，对公务员的年度考核做到常态化、公开化、规范化、制度化，公务员考核与奖惩工作进一步规范。大力加强公务员职业道德建设。截至2010年底，公务员参加年考核率达100%。

二、事业单位人事制度改革

聂荣县严格按照2000年7月21日中共中央组织部、人社部《关于印发〈关于加快推进事业单位人事制度改革的意见〉的通知》，破除干部身份终身制，引入竞争机制，在事业单位全面建立和推行聘用制度，把聘用制度作为事业单位一项基本用人制度。实现用人上的公开、公平、公正，促使单位自主用人，保障职工自主择业，维护单位和职工双方合法权益。

第五节　劳动与社会保障

聂荣县委、政府成立以来，积极引导群众克服等靠要思想，加强与上级劳动部门沟通，做好群众职业技能培训、失业人员登记、失业人员再就业职业介绍、就业岗位的开发、牧区劳动力转移就业等工作。

一、劳动就业

1951年，黑河分工委派出藏族青年去区内外院校学习。毕业后，有部分藏族青年由黑河分工委分配至聂荣县工作。

1960年，聂荣县政府成立后，开始在干部职工家属、农牧群众、部队复员战士中招收部分工人，政府成立初期以工人队伍为主。20世纪90年代末以来，以“国家政策指导下的市场就业”新机制为指导，引导劳动者克服单纯依赖政府安排就业的思想，加强就业培训工作和对外来劳动力的管理，推行劳动用工制度改革，进行就业、上岗、转正职工再就业培训；开展劳动监察、劳动保护和就业指导；组织协调劳务输出工作。

1984年，改革劳动用工制度，实行劳动合同制，取消子女“接班”制度，并从全县群众中招收合同制工人。

1994年，开始在大中专优秀毕业生中招录并由上级分配至全县。

2004年，组织农牧民劳务输出2076人次。

2006年，分别举办了摩托车修理、汽车驾驶、科技知识等方面的培训，参加人数达165人，极大地激发了群众学、用实用技术的热情。

2007年，聂荣县积极开展城镇失业人口统计工作，并发放失业证、就业和再就业优惠证。

2008年，聂荣县就业工作取得历史性成就，发生历史性变革，实现了劳动就业制度由“统包分配”向市场化引导转变，就业政策与就业服务体系日趋完善。

2010年，培训城镇失业人员87人，增设公益性岗位25个，困难群体就业得到缓解。

二、社会保险

国务院于1998年12月下发《国务院关于建立城镇职工基本医疗保险制度的决定》，在全国范围内部署全面推进职工医疗保险制度改革工作，要求在1999年内全国基本建立新的职工基本医疗保险制度，实行城镇职工基本医疗保险制度。《决定》颁布以来，全县以“低水平、广覆盖，双方负担，统账结合”为原则，加紧城镇职工基本医疗保险体系的建设工作，并取得重大进展。根据实际建立起城镇职工基本医疗保险的基本框架，建立了基本医疗保险基金的社会统筹基金和个人账户，由那曲地区人社局社保基金办负责审核并选定定点医疗服务机构和定点药店。在基本医疗保险之外，还建立了大额医疗费用互助制度，以解决社会统筹基金最高支付限额之外的医疗费用。

2001年，聂荣县严格按照《自治区劳动和社会保障厅〈关于工人退休年龄条件问题的意见〉的通知》，那曲地区工人退休年龄条件正常应为男年满55周岁、女年满45周岁，连续工龄满10年以上。

2002年，按照西藏自治区劳动和社会保障厅转发《关于进一步规范基本养老保险社会发放工作的通知》的精神，企业退休人员养老金实行社会化发放，企业职工养老保险费实行按月征缴。西藏自治区劳动和社会保障厅转发《关于进一步规范企业职工养老保险费个人账户管理有关问题的通知》，为企业职工基本养老保险参保职工建立和补建养老保险个人账户，严格养老保险个人账户记账和对账制度，做好个人账户的续接、清理和转移。

西藏自治区劳动和社会保障厅、财政厅、人事厅，西藏军区政治部、后勤部转发《关于转移到企业工作的军官、文职干部养老金有关问题处理意见的通知》精神，军官和文职干部从转业到企业工作的当月起参加企业职工的基本养老保险，建立基本养老保险账户，其军龄视同缴费年限。

（一）养老保险

2001 年，聂荣县全年参加企业职工养老保险共 46 人，其中企业干部职工 16 人，机关合同制工人 30 人，参保率 96%；全年征缴养老保险费共 29. 8 万元。失业保险参保人数 216 人，参保率 97%；征收失业保险金 5. 1 万元，征收率达 100%。

2004 年，全年参加企业职工养老保险共 54 人，其中企业干部职工 18 人，机关合同制工人 36 人，参保率 96%；全年征缴养老保险费共 34. 99 万元。失业保险参保人数 247 人，参保率 97%；征收失业保险金 7. 4 万元，征收率达 100%。

2010 年，聂荣县不断形成和完善各项适应县情及社会市场要求的社会保障体系构架，社会保障覆盖范围不断扩大，社会保障资金多方共担的机制逐步建立，养老、失业、医疗、工伤、生育五大保险正在稳步推进。全年参加企业职工养老保险共 203 人，其中公益性岗位 130 人，企业干部职工 33 人，机关合同制工人 40 人，参保率 96%；全年征缴养老保险费共 139. 14 万元。失业保险参保人数 400 人，参保率 97%；征收失业保险金 16. 8 万元，征收率达 100%。医疗保险参保 1109 人，参保率 100%，征收医疗保障金 465. 78 万元。

（二）城镇居民基本医疗保险

聂荣县的城镇职工基本养老保险与全国、全自治区同步进行。到 2010 年，单位缴费达到 98%，参保覆盖率达到 96%。

2010 年，《中华人民共和国社会保险法》颁布，失业保险范围不断扩大，保障对象不断增加。随着失业保险制度的完善，国有企业下岗职工的基本生活制度逐步纳入失业保险。到 2010 年底，全县参保职工超过 0. 05 万人。

截至 2010 年底，全县参保职工和居民 0. 08 万人，实现了制度性全覆盖。全县生育保险参保人数 635 人，生育保险基金收入 9.8 万元，支出 23 万元，共有 49 人享受生育保险待遇。

聂荣县城乡居民养老保险比全国先行 5 年。那曲地区推行新农保，聂荣县被定为试点县，农村社会养老保险开端良好。截至 2010 年底，全县有 1400 人参加新农保，在覆盖范围和保障水平上比老农保有较大提高。

三、劳动保护与法规监察

聂荣县人力资源和社会保障局成立以来，法规监察工作未单独设立，一直隶属于人社局，主要负责劳动用工监督、劳资纠纷调解。截至 2010 年底，成功调解劳资纠纷 39 起，为 263 名农民工追回工资 320 余万元，有力维护了广大劳务工作者的合法权益。

第二章　民政

第一节　机构

1972 年 6 月，民教科成立。配科长与副科长 1 名。负责全县的文教、卫生、民政等工作。

1976 年 4 月，成立聂荣县民政科，负责民政工作。

1983 年 8 月，聂荣县民政科更名为聂荣县民政局。

1984 年之后，按照正科级建制单位编制，配备 5 名人员，其中，局长 1 人，副局长 2 人，工作人员 2 人。

2000—2010 年，按照民政厅机构改革要求，县民政局在人员编制不变的情况下，主要工作为救灾救济、优抚安置、基层政权和社区建设、区划地名管理、社会福利和社会事务、民间组织管理、计划财务等。

1966—2010 年聂荣县民政部门领导名录见表 5－2－1。

1966—2010 年聂荣县民政部门领导名录

表 5－2－1

机构名称	职务	姓名	任职时间	备注
民教科 （1966. 05—1976. 02）	副科长	王维俭	1966. 05—1976. 02	主持工作

续表

机构名称	职务	姓名	任职时间	备注
民政科（1976.04—1987.11）	科长	王宝升	1976.04—1977.12	
		多杰	1978.09—1981.11	
		洛桑	1981.12—1984.09	
		土珠	1984.09—1987.11	
民政局（1987.12—2003.04）	局长	西热	1987.12—1992.04	
		平措	1992.05—1998.04	
		次旦朗杰	1998.05—2000.04	
		楚理	2000.05—2003.04	
民政局（2003.05—2010.12）	局长	魏刚	2003.05—2008.11	
		索多	2008.12—2009.12	
		格珍	2010.01—2010.12	
	副局长	成立至2010年12月无副局长		

第二节　基层政权建设

一、基层政权建设

（一）建立基层政权

1959年3月，西藏地方上层反动集团为维护封建农奴制度，发动全面武装叛乱，人民解放军在广大群众和爱国上层人士支持配合下迅速采取措施，平息叛乱。

1959年底，在进行民主改革运动中，为便于领导和管理，根据群众居住环境、历史习惯，在全县范围建立牧民协会21个。

1960年，聂荣县开展“三反两利”运动，在全县普遍建立牧民协会的基础上，逐步建立乡人民政府。1962 年 7 月，又对各乡行政区划进行调整，共建立 17 个乡。

1966 年 5 月，全县共有 5 个区公所，23 个乡。

（二）开展县乡选举

民主改革建立人民政权初期，村委会干部基本由乡（镇）党委安排。

1965 年，聂荣县县乡两级选举工作于 4 月底 5 月初展开，8 月 1 日结束。聂荣县召开第一届人民代表大会，相关乡召开乡人民代表大会。

1984 年 11 月份，结束换届工作，共建立 13 个乡，173 个村民委员会。

到 2010 年，聂荣县共开展 10 次县乡人大选举工作。

（三）建立人民公社和革命委员会

1964 年 7 月 17 日，中共西藏工委在林芝召开工作会议，提出到 1970 年基本完成社会主义改造。

1969 年 3 月，根据西藏自治区革命委员会相关通知精神，聂荣县的区、乡管委会和人民政府改为革命委员会。

1970 年 4 月，聂荣县成立第一个人民公社，即八一公社。

1973 年初，聂荣县共建立 31 个公社，实现人民公社化，基本完成对牧业的社会主义改造。

二、政社分开与基层群众自治组织

（一）政社分开

1982 年 12 月，第五届全国人民代表大会第五次会议决定改变农村人民公社政社合一的体制，设立乡政府。

1984 年 6 月 24 日，西藏自治区建立乡政府试点工作会议在拉萨召开。1984 年 10 月后，聂荣县相继建立起 31 个乡人民政府。

截至 2010 年底，聂荣县共辖 10 个乡镇。

（二）建立村民委员会

民主改革建立人民政权初期，村委会干部基本由乡（镇）党委安排。

1984 年 11 月，结束换届工作，共建立 13 个乡，173 个村民委员会，

1996 年，根据民政部《关于做好村民委员会换届工作的通知》，按照民

主选举、民主决策、民主管理、民主监督的原则，完成全县73个村的村委会换届工作，其中中青年干部96人，占总数的43.6%；党员91人，占总人数的41.4%。

2005年，全县158个村（居）委会全部完成第五届换届选举工作，其中155个村委会、3个居委会，村民563户29364人，选民18515人。此次换届选举共产生新一届村（居）委会成员474人，其中妇女干部13人，占2.7%；党员246人，占51.9%；平均年龄41岁。

2008年，完成第六届村（居）"两委"换届选举。

（三）民主决策

1992年，在贯彻实施《中华人民共和国村民委员会组织法》和《西藏自治区村民自治条例》工作中，动员和组织村民积极参与村级事务的决策与管理。

各村委会建立村民大会或村民代表大会制度、议事制度、民主决策和民主管理制度，同时还建立了民主理财组和村务监督组。

（四）民主管理

1992年开始村民自治建设后，各村委会结合实际，制定了一系列规章制度，并做到村务、村组财务每年定期向村民公开，村级财务账目乡（镇）领导和村民代表参与审查，村民小组的账目由村委会领导及村民代表参与审查，并定期向村民公开，做到往来账目清楚。

村干部补贴标准、村道路建设、村办学校的建设和管理、水利建设等公益事业经费筹集和劳务摊派，救灾救济款物发放以及牧区合作医疗款、草场有偿承包费等，凡需由村民会议决定的，均由村委会召开村民会议决定。村委会能决定的事项，决定后及时向村民公布，并接受村民查询、监督。对公布不真实、不清楚的，村民有权要求村委会重新决定、公布。

到2010年底，全县各行政村组设有财务、村务公开专栏，并定期张榜公布，接受群众监督，增加工作透明度。

第三节　救济救灾与最低生活保障

一、社会救济

在封建农奴社会，广大牧民在封建农奴制的残酷统治下，处于极端贫困境地，贫困群众到处流浪乞讨。

和平解放后，国家采取紧急措施对缺口粮的发放救济粮；对无帐篷、无住房的解决帐篷或住房；对流落他乡的发放路费返回原籍；对无依靠孤儿及老弱病残进行收容；对生活有困难的发放无息贷款；对无业游民进行安置，发给生产资料。

民主改革后，社会救济工作不断完善。1964 年累计发放救济金 15400 元，其中查吾拉区 2300 元，白雄区 1900 元，尼玛区 1900 元，扎玛区 1400 元，措阳区 1800 元。

1985 年 4 月 19 日，西藏自治区民政厅、财政厅提高城镇社会救济标准，从原来执行的城镇社会救济对象每人每月 18—20 元，提高到 33—35 元（包括被装费和零用费）。此后根据物价上涨情况，国家采取粮差补助的办法为城市困难群众提供粮差补助。

1994 年，粮差补助为每人每月 14 元，同时对城镇中的困难户给予临时救济。

2005 年，全年发放临时救济 15.74 万元，解决 106 名群众无钱看病、房屋维修、生活困难等问题。按时发放五保户生活补助费 15.6 万元。

2006 年，全年发放临时救济 9.43 万元，解决 88 名群众无钱看病、房屋维修、生活困难、子女上学等问题。按时发放五保户生活补助费 16.77 万元；按时发放灾民救助卡 1179 张。

2007 年，发放临时救济 10.52 万元，解决 345 名群众无钱看病、房屋维修、生活困难等问题。按时发放五保户生活补助费 16.9 万元。

2008 年，制定《聂荣县农牧区特困群众医疗救助制度实施方案》，搭建牧区特困群众医疗救助平台。解决 37051 人次困难群众的缺粮断粮问题，发放临时救济 11.62 万元。

2009 年，为 100 余人及时落实医疗救助政策，解决医疗救助款 8.72 万元，发放临时救助金 81.36 万元。

2010 年，为 150 余人及时落实医疗救助政策，解决医疗救助款 25.55 万元，发放临时救助金 83.37 万元。

二、抗灾救灾

2006 年，制定出台《聂荣县自然灾害救助应急预案》。聂荣县委、政府筹措 30 万元资金，购置 100 吨青稞，储备到各抗救灾仓库，做好防抗灾工作。

2007 年 1 月，发放 6.5 吨救济粮。5 月底，又下发了 6.5 吨救济粮。

2007 年上半年，对发生熊灾的查当乡、永曲乡、索雄乡的受灾家庭进行慰问，并发放慰问金 2 万元。

2008 年冬春期间，聂荣县向缺粮、断粮群众发放 51.23 吨救济粮（青稞），解决 1100 户 4755 人的冬春季生活问题。筹措资金 7.70 万元购买青稞 282.08 吨，粮食全部存放在各乡（镇）仓库及易灾点。

2009 年上半年，为困难群众就医、房屋维修、购买生活必需品等解决资金 7.95 万元。

2010 年，聂荣县境发生两次 5 级以上地震，对 266 受灾户的房屋进行了重建。

三、最低生活保障

城乡居民最低生活保障，是以家庭为单位，家庭人均收入低于当地最低生活保障标准，才能申请享受城乡最低生活保障，城乡低保工作实行的是动态管理下的“应保尽保”“按标施保”“按户施保”。

2002 年，西藏自治区人民政府办公厅转发自治区民政厅《西藏自治区城市居民最低生活保障制度操作规范（试行）的通知》，全区正式开展城镇居民最低生活保障工作。城镇居民低保标准为每年 180 元。

2005 年，有城镇低保 129 户 322 人，共落实低保资金 30.8 万元。

2006 年，有城镇低保对象 296 户 552 人，每月支出保障金 9.3 万元，共落实低保金 67.2 万元。农牧区特困群众生活救助（农村低保前身）共有 750 户 3325 人兑现，全年兑现资金 39.9 万元。

2007 年 4 月，按照《西藏自治区人民政府批转自治区民政厅、自治区财政厅〈关于西藏自治区农村居民最低生活保障实施办法（试行）的通知〉的通知》文件精神，聂荣县 7 月份正式实施农村居民最低生活保障工作，按照8∶1∶1的比例进行兑现，2007 年农村最低生活保障标准为每人每年 800 元。当年，聂荣县农牧区特困群众生活救助（农村低保前身）共有 808 户 3531 人兑现，全年兑现资金 43.52 万元。

2008 年，农村低保进行分类提标，对全县农村低保 808 户 3531 人进行 A、B、C 分类（A 为特殊人群、B 为重点人群、C 为一般人群），按照分类享受不同等级的低保金额。

2009 年，城镇低保对象 164 户 420 人，按时发放城镇低保一次性生活补贴 32.24 万元，下半年城镇低保金 55.39 万元以粮食的形式兑现给低保户；按时发放农村低保一次性生活补贴 46.87 万元，下半年农村低保金 70.29 万元以粮食形式兑现给低保户。

2010 年，及时兑现农村低保对象临时补助 31.25 万元，城镇低保对象临时补助 24.42 万元；共发放农村低保对象低保金 184.38 万元，共兑现城镇低保资金 120.90 万元。

四、城乡医疗救助

自 2007 年 1 月 1 日起，自治区凡参加农牧区医疗制度人员，因病支出在按规定报销后，自费超过 300 元部分由政府实施救助。按照《西藏自治区农牧区特困群众医疗救助办法实施细则》《西藏自治区城镇特困群众医疗救助办法实施细则》精神，农牧区特困群众医疗救助最高限额为年度 8000 元，在最高限额以内，符合救助条件的，按自费总额减去 300 元后其余部分的 50% 给予救助。对患大病或长期支付高额医药费，在享受最高额度医疗救助后，基本生活仍无法维持的，经县（市）人民政府批准，最高救助限额可提高到30000元。

五、高校特困生救助

根据自治区教育厅、民政厅、总工会、财政厅、监察厅制定的《西藏自治区高校特困生资助金管理办法》，高校特困生资助金标准为：凡考入区外重点高校本科生资助5000元，区外一般高校本科生资助4000元，区内高等院校本科生资助1000元。

第四节　拥军优属与优抚安置

一、拥军优属

聂荣县对革命残疾军人、烈士军属、现役军人家属等优抚对象，实行“群众优待与国家补助相结合”的方针，给予优待和特殊照顾。国家发放定期定量补助金、抚恤金、临时救济费、贷款等。群众优待主要是在劳力上给予帮助，以解决其生产、生活困难。

人民公社时期，全县主要采取优待劳动工分办法，由所在社队制定适宜的优待标准，并在口粮分配上给予适当照顾。“两个长期不变”政策落实后，该优待劳动工分为优待金，扩大优抚对象的优待面，除烈士军属外，对农村复原退伍军人，在生活上有困难或生产上缺乏劳力的，也同样给予适当照顾，发放优待金。

每逢元旦、藏历年、春节之际，聂荣县人民政府将酥油、大米、服装等物品和优待抚恤金送到优待对象家中。在“八一”建军节和重大节日之际，县政府专门成立慰问组分赴驻军、武装部队慰问，并带去慰问品和慰问金。

1998年，聂荣县共发放抚恤金10242元、优抚款3000元，全部落实到25人优抚对象（25人）中，同时发放遗属病故抚养费22227元。

2008年，聂荣县兑现优待金18133元，并为驻县官兵送去16600元的慰问金。

2010 年，在“三大节日”来临之际及节日期间，聂荣县委、政府开展各种形式的双拥活动，共向驻军部队发放慰问金 7300 元。

2001—2004 年革命伤残（军人）人员抚恤金发放标准见表 5－2－2；2005—2010 年革命伤残（军人）人员抚恤金发放标准见表 5－2－3；2001 年烈属、因公牺牲与病故的军人家属定期抚恤金标准见表 5－2－4；2002 年烈属、因公牺牲与病故的军人家属定期抚恤金标准见表 5－2－5；2003—2008 年烈属、因公牺牲与病故的军人家属定期抚恤金标准见表 5－2－6。

2001—2003 年革命伤残（军人）人员抚恤金发放标准表

表 5－2－2　　单位：元/年

伤残等级	残疾性质	标准					
		在乡			在职		
		2001 年	2002 年	2003 年	2001 年	2002 年	2003 年
特等	因战	7000	8400	9960	1500	1800	2140
	因公	6840	8240	9800	1470	1770	2110
一等	因战	5400	6480	7680	1200	1440	1720
	因公	5270	6350	7550	1160	1400	1680
	因病	5140	6220	7420	1150	1390	1670
二等甲级	因战	2900	3330	3880	600	690	810
	因公	2790	3220	3770	580	670	790
	因病	2700	3130	3680	560	650	680
二等乙等	因战	1940	2230	2600	500	580	680
	因公	1860	2150	2520	480	560	660
	因病	1820	2110	2480	470	550	650
三等甲级	因战	1180	1360	1560	380	440	510
	因公	1160	1340	1540	360	420	490

续表

伤残等级	残疾性质	标准					
		在乡			在职		
		2001 年	2002 年	2003 年	2001 年	2002 年	2003 年
三等乙等	因战	1050	1210	1390	320	370	430
	因公	1050	1210	1390	310	360	420

2005—2008 年革命伤残（军人）人员抚恤金发放标准表

表 5 - 2 - 3 单位：元/年

伤残等级	残疾性质	2005 年	2006 年	2007 年	2008 年
一级	因战	11200	14560	18900	22680
	因公	10800	14040	18300	21960
	因病	10440	13570	17700	21240
二级	因战	10080	13100	17100	20520
	因公	9600	12480	16200	19440
	因病	9200	11960	15600	18720
三级	因战	8960	11650	15000	18000
	因公	8400	10920	14100	16920
	因病	7800	10140	13200	15840
四级	因战	7280	9470	12300	14760
	因公	6600	8580	11100	13320
	因病	6000	7800	10200	12240
五级	因战	5600	7280	9600	11520
	因公	5040	6550	8400	10080
	因病	4560	5930	7800	9360

续表

伤残等级	残疾性质	2005 年	2006 年	2007 年	2008 年
六级	因战	4480	5820	7500	9000
	因公	4200	5460	7080	8520
	因病	3600	4680	6000	7200
七级	因战	3360	4350	5700	6840
	因公	3000	3880	5100	6120
八级	因战	2240	2880	3600	4320
	因公	1920	2480	3300	3960
九级	因战	1680	2180	3000	3600
	因公	1440	1870	2400	2880
十级	因战	1120	1460	2100	2520
	因公	960	1250	1800	2160

2001 年烈属、因公牺牲与病故的军人家属定期抚恤金标准表

表 5－2－4　　单位：元/月

居住地/对象	烈属、因公牺牲军人家属	病故军人家属
农村	135—140	130—135
小城镇	145—150	140—145
大中城市	150—155	145—150

2002 年烈属、因公牺牲与病故的军人家属定期抚恤金标准表

表 5－2－5　　单位：元/月

居住地/对象	烈属、因公牺牲军人家属	病故军人家属
农村	160—165	155—160
小城镇	185—190	180—185
大中城市	190—195	185—190

2003—2008 年烈属、因公牺牲与病故的军人家属定期抚恤金标准表

表 5 -2 -6　　　　单位：元/月

年份	居住地	烈属	因公牺牲军人家属	病故军人家属
2003 年	城镇	255	250	240
	农村	195	190	185
2004 年	城镇	4200	3900	2440
	农村	2640	2520	2340
2006 年	城镇	4980	4620	2560
	农村	3120	2940	2760
2008 年	城镇	6900	6180	5820
	农村	4140	3960	3780

二、复退军人安置

民主改革以来，聂荣县按照“从哪里来，回哪里去”的原则，对复原、退伍军人进行安置，应该回原籍的回原籍，应该安排工作的安排工作。地区安置办公室按政策规定进行安置工作，聂荣县再根据地区的安排，将其分别介绍回籍或分配到县乡机关、企事业单位工作。

1968 年冬季，开始安排藏族退伍军人参加地方工作。安排工作的对象是城镇退伍战士和在部队超期服役两年以上，并荣立三等功的退伍兵。对于回乡退伍军人，在做好思想工作的同时，在生产、生活上给予适当的帮助，发挥军地两用人才作用，安排部分复原退伍军人担任乡村干部。

2006 年，聂荣县共接收退伍军人 6 人，其中城镇 1 人，牧区 1 人。对符合低保的及时纳入低保，符合农牧区特困群众生活救助的及时纳入救助对象。

2008 年，共接收退伍士兵 5 人，其中士官 1 人，符合安置条件的 1 人，安排其到乡镇工作。对不符合安置条件的 4 人，鼓励其自谋职业。

三、复员军人安置

2000—2010 年聂荣县复员军人安置情况见表 5 －2 －7。

2000—2010 年聂荣县复员军人安置情况表

表 5 －2 －7

年份	复员军人数量	符合安置条件人数	不符合安置条件人数
2000	6	1	5
2001	2	1	1
2002	7	2	5
2003	4	2	2
2004	6	6	0
2005	2	2	0
2006	6	5	1
2007	5	3	2
2008	5	1	4
2009	6	1	5
2010	6	1	5

四、国家机关工作人员死亡抚恤

2002 年，国家机关工作人员死亡抚恤根据国家民政部、财政部《关于调整一次性抚恤金发放办法的通知》精神，结合西藏自治区实际，自治区调整西藏机关工作人员牺牲病故后一次性抚恤金、遗属生活困难补助费、丧葬补助费。一次性抚恤金发放标准为：1. 革命烈士，为本人生前 40 个月工资；2. 因公牺牲，为本人生前 10 个月工资。遗属生活困难补助标准为：按照当地城镇居民最低保障标准计发。丧葬补助标准为：西藏自治区国家机关工作人员、离退休人员牺牲病故后丧葬补助费用实行定额管理、包干使用、超支不补、结余归家属。其开支标准按照本人牺牲病故当月的基本工资额和基本离退休费计发1个月。

2008年，自治区人民政府办公厅转发民政厅、人事厅、财政厅、劳动保障厅《关于调整国家机关工作人员牺牲病故后一次性抚恤金、遗属生活困难补助、丧葬补助费标准意见的通知》，一次性抚恤金从2002年革命烈士的40个月调整为80个月工资或离退休金，因公牺牲的由20个月调整为40个月的工资或离退休金，病故的由生前的10个月调整为20个月的工资或离退休金。遗属生活困难补助费在2002年按照当地城镇居民最低生活保障标准的基础上适当提高标准，具体为：1. 烈士家属每人每月在病故遗属保障标准基础上每人每月增加70%；2. 因公牺牲遗属每人每月在病故遗属补助标准基础上每人每月增加35%。

第五节　婚姻登记

一、婚姻宣传

和平解放前，在封建农奴制度下，婚姻多为父母包办，早婚较多。

和平解放后，继续延续传统婚姻的同时，新的婚姻家庭观念逐步树立。

1960年，聂荣县政府成立后，在全县范围内开展婚姻法的宣传工作，积极倡导新婚姻制度。

1982年，《中华人民共和国婚姻法》《中华人民共和国婚姻法变通条例》颁布实施后，聂荣县组织学习《婚姻法》《变通条例》。通过开展宣传教育，农牧民群众树立了依法办理婚姻登记手续的意识。

1986年3月5日，聂荣县严格执行民政部颁布的新《婚姻登记办法》。

1990年，聂荣县的婚姻登记工作及《婚姻法》的宣传和普及向着规范化、制度化、法制化的方向蓬勃发展。结婚登记必须男女双方共同到婚姻登记处提出申请；当事人男满22周岁，女满20周岁（少数民族男满20周岁，女满18周岁）；当事人双方均无配偶（未婚、离婚、丧偶）；当事人双方没有直系血亲和三代以内旁系血亲关系。双方自愿结婚，提交双方有效身份证与户口簿复印件、结婚照后方可办理结婚登记手续。

1992 年，全县结合农牧区开展的社会主义教育工作，对不登记就以夫妻关系同居和早婚、重婚等违法婚姻进行清理，并根据不同情况作出处理。

1999 年，聂荣县民政局按照自治区党委五届四次全委扩大会议提出的坚决废除一妻多夫、一夫多妻婚姻陋习的要求，在牧区群众中重点开展一妻多夫、一夫多妻现象调查，深入广泛地开展《婚姻法》《婚姻登记办法》《西藏自治区施行〈婚姻法〉的变通条例》宣传活动，让广大农牧民群众认识到落后婚姻的危害性和废除落后婚姻的必要性，逐步增强婚姻法制观念。

2000 年，聂荣县强化婚姻登记工作，开展婚姻登记执法检查，严防婚姻登记中“搭车收费”现象的发生，通过检查，全县未发现婚姻登记“搭车收费”现象。

2003 年，聂荣县根据民政部下发的关于印发《婚姻登记工作暂行规范》文件精神，面向广大干部职工和群众进行宣传，规范全县婚姻登记工作。

2004 年，聂荣县按照西藏自治区民政厅下发的《关于婚姻登记证书收费标准的批复》文件规定执行结（离、复）婚登记证收费标准。当事人一方或双方系国家机关、企事业单位干部、职工，部队和武警官兵，每对 9 元；城镇居民双方无固定生活来源或是残疾人、低保户及优抚对象，每对 2 元，生活严重困难的免费办理；当事人双方系农民的每对 2 元，生活严重困难的免费办理。新的《婚姻登记条例》颁布实施后，县民政局设立婚姻登记管理处。申请婚姻登记的男女不再由村委会、居民委员会出具结婚证明，持本人身份证、户口本即可登记结婚。

2008 年 5 月，为进一步宣传、普及《婚姻法》，提高牧民群众的法律意识，聂荣县开展《婚姻法》宣传活动，通过悬挂横幅、摆放宣传板、发放宣传册等方式，广泛宣传《婚姻法》，设立咨询处，对来往群众提出的问题逐一解答，切实提高了《婚姻法》的普及率和宣传度。

二、婚姻登记

民主改革之后，聂荣县贯彻《婚姻法》，逐步取消父母包办婚姻和强迫买卖婚姻，逐步废除一夫多妻、一妻多夫等不合理的婚姻制度，提倡移风易俗，新事新办，婚姻自由，一夫一妻，男女平等，建立起新型的婚姻家庭关系。

由于历史原因，婚姻登记工作先是在党政机关、企事业单位实行，随后逐步在城乡居民、广大牧区中实行。1978—2000 年，聂荣县结婚登记 1532 对，申办离婚 160 对。2001—2010 年，聂荣县结婚登记 241 对，申办离婚 32 对。

1978—2010 年聂荣县婚姻登记情况见表 5－2－8。

1978—2010 年聂荣县婚姻登记情况表

表 5－2－8

项目 年份	结婚		离婚
	初婚	复婚	申办
1978	56		3
1979	66		9
1980	63		4
1981	72		12
1982	74		8
1983	78		7
1984	80		6
1985	83	1	10
1986	85		7
1987	76		5
1988	78		3
1989	62		2
1990	86	2	12
1991	89		9

续表

项目 年份	结婚		离婚
	初婚	复婚	申办
1992	90		7
1993	93	1	14
1994	85		9
1995	78		11
1996	91		16
1997	11		1
1998	14		1
1999	22		2
2000	18		2
2001	7		1
2002	22		2
2003	23		1
2004	15		0
2005	11		6
2006	16		0
2007	16		7
2008	43		4
2009	35		3
2010	35		6

第六节　社会福利与老龄工作

一、社会福利基础设施建设

2000年9月，聂荣县建敬老院，占地面积为500余平方米，住房面积196平方米。2009年，聂荣县投资100万元，实施社会福利院项目建设。2010年，根据西藏自治区福利彩票开展的“霞光计划”，尼玛乡建乡镇敬老院。

二、五保供养工作

五保对象为60岁以上农村老年、残疾，或者未满16周岁的村民，无劳动能力、无生活来源又无法定赡养、抚养、抚养义务人，或者其法定赡养、抚养、抚养义务人无赡养、抚养、抚养能力的，享受农村五保供养待遇，即保吃、保穿、保住、保医、保葬，简称“五保”。

西藏自治区五保户的供养一直由各级财政负担。自2003年实施农村税费改革后，五保户供养全额纳入自治区财政负担的范围。随着西藏自治区农村税费改革的进一步深入，2002年和2005年，先后将五保户供养标准分别提高为500元和1300元。2006年3月1日，开始施行经2006年1月11日国务院第121次常务会议通过公布的《农村五保户供养工作条例》。

2005年12月22日，根据自治区人大常委会颁布施行的《西藏自治区实施〈中华人民共和国老年权益保障法〉办法》，聂荣县人民政府将五保供养经费纳入财政预算。同时，将五保人员全部纳入农村医疗救助范围，生病住院全年最高可获得6万元的医疗救助。免费为全县60岁以上老年人办理《老年人优待证》，为80、90、100岁老年人办理寿星老年人优待证，分别享受300、500、800元的健康补贴。

2001—2009年聂荣县老年人数统计情况见表5-2-9。

2001—2009年聂荣县老年人数统计表

表5-2-9　　单位：人

年份	60岁以上	60—69岁	70—79岁	80—89岁	90—99岁	100岁以上
2001	1931	1181	589	154	5	2
2004	1916	1178	570	160	6	2
2007	1970	1190	595	163	19	3
2008	2092	1241	603	227	20	1
2009	2077	1215	612	229	20	1

2005年，五保户125户130人（其中8户8人在县敬老院），全年发放五保金15.6万元（人均1200元）。

2006年，五保户125户129人（其中8户8人在县敬老院），共发放五保金16.77万元（人均1300元）。集中供养在县敬老院的有8位五保户，每年为他们解决2万元的生活补助费。

2007年，有五保对象269人，调整供养经费，从原有的每人每年1300元提高到1500元，共落实40.35万元。

2008年，有五保对象255人，共落实补助金38.25万元。

2009年，有五保户223户223人，其中集中供养8户8人。及时发放生活补贴44.27万元（人均1900元），补发资金购买粮食发放。

2010年，及时足额兑现各项惠民资金，其中发放分散供养五保户补助金44.4万元。

三、孤儿养育

2008年，全县有孤儿80人，其中集中供养8人，分散供养72人。集中供养的8人由那曲地区第三小学负责。

第七节 区划地名管理

2008 年前，聂荣县在乡（镇）、村未设立路牌；2009 年开始，聂荣县在县城设立 11 个路牌。

2009 年聂荣县路牌统计情况见表 5 - 2 - 10。

聂荣县路牌统计情况表

表 5 - 2 - 10

序号	路名	机构	编号	邮政编码
1	中心路	人民医院	8	853500
2		粮油公司	10	853500
3		职校	14	853500
4	神华路	加油站	1	853500
5		县级大院	5	853500
6		法院	8	853500
7		检察院	9	853500
8		财政局	11	853500
9		法院	12	853500
10		养路段	15	853500
11		公安局	14	853500

第八节　界线勘定与争议调处

一、行政区划界线勘定

1991 年 1 月 24 日，自治区勘界工作协调领导小组发出《关于全区勘界试点工作安排意见》。

1991 年 4 月，在那曲地区县级试点勘界工作协调领导小组的指导下，聂荣县开展边界勘界工作。

1995 年，那曲地区被西藏自治区列为全面勘定地区。

1999 年，聂荣县完成边界勘定工作。

2000 年 12 月，那曲地区的勘界工作转入室内，地区勘界办对成果资料进行 3 次整理，通过自治区勘界办初步验收。为加强边界管理，制定《那曲地区行政区域界线管理试行办法》，经行署批转至聂荣县。

2000 年底，聂荣县县级行政区域界线勘定工作在上级指导下基本完成。

2004 年 2 月 3 日，西藏自治区政府第一次常务会议审议通过聂荣县勘界工作。

二、边界争议与调处

（一）县区边界争议调处

2005 年，聂荣县成立以政府县长为组长的领导小组，调解比如县下曲镇 22 村与聂荣县白雄乡 2 村之间的草场纠纷。

2007 年 5 月 23 日，聂荣县由副县长史长辉带队，与巴青县常务副县长次仁龙培带队的工作组共同商议处理边界纠纷，双方最终达成协议。

2009 年 8 月 17—18 日，比如、聂荣两县边界线联合工作组，对比如县夏曲镇察曲村与聂荣县夏曲乡 13 村（原 15 村）争议地段，进行边界纠纷处理工作，最终双方协商后达成调解协议。

（二）乡村边界争议调处

2005 年，聂荣县分别调解了聂荣镇与色庆乡、白雄乡与索雄乡两乡相关村之间的草场纠纷。

2008 年，索雄乡与当木江乡是聂荣县边界纠纷比较突出的两个乡。聂荣县成立由县委常委、副县长担任组长，两乡联系点县级干部担任副组长，并从公安、民政、农牧等单位抽调骨干组成的工作组，于 12 月 29 日解决了两乡长期以来的边界争议。

2009 年上半年，聂荣县组织工作组开展对当木江乡与查当乡、白雄乡与桑荣乡边界资源的纠纷工作，经过与双方群众沟通，在实地勘测的基础上进行了边界裁决。

2010 年，解决当木江乡曲擦村和查当乡格仓村之间的边界纠纷，索雄乡拉中村和当木江乡松庆村之间的边界纠纷，色庆乡和尼玛乡之间的边界纠纷。

第六篇
法　治

第一章　公安

第一节　机构

1962 年 3 月，聂荣县公安局成立。

1967 年 2 月，县革委会人民保卫组成立，负责全县公安工作。

1969 年 5 月，聂荣县各级公安机关由军事管制委员会（简称军管会）实行军事管制。

1973 年 4 月，撤销县革委会人民保卫组，恢复成立县公安局。

2000 年，聂荣县公安局下设刑侦科、国保大队等 5 个科室。

2010 年，聂荣县公安局成立国内安全保卫大队。公安局下设办公室等 5 个科室。

1962—2010 年聂荣县公安局领导名录见表 6 - 1 - 1。

1962—2010 年聂荣县公安局领导名录

表 6 - 1 - 1

机构名称	职务	姓名	性别	民族	任职时间
聂荣县公安局（1962. 05—2010. 02）	局长	黄大庆	男	汉	1962. 05—1967. 02
		大达瓦	男	藏	1973. 06—1978. 02
		木达	男	藏	1978. 04—1979. 04
		张志海	男	汉	1979. 04—1980. 08

续表

机构名称	职务	姓名	性别	民族	任职时间
聂荣县公安局（1962.05—2010.02）	局长	木达	男	藏	1981.12—1984.09
		索朗	男	藏	1984.09—1987.06
		嘎旦	男	藏	1987.06—1990.08
		布嘎雨	男	藏	1990.08—2000.12
		恰如	男	藏	2001.01—2005.12
		才超英	男	藏	2006.01—2007.06
		次罗	男	藏	2007.07—2009.04
		普布顿珠	男	藏	2009.05—2010.12
	政委	布嘎雨	男	藏	1987.10—1990.08
					2001.01—2005.12
		恰如	男	藏	1995.08—2000.12
		赵多希	男	汉	2006.01—2007.12
		史长辉	男	汉	2008.01—2010.12
	副局长	汪兆启	男	汉	1979.04—1979.12
		索朗	男	藏	1979.04—1981.12
		嘎旦	男	藏	1982.12—1987.06
		田健东	男	汉	1987.06—1987.10
	副教导员	卿致昌	男	汉	1976.10—1982.07

第二节 治安管理

1962 年，根据维护社会稳定的工作要求，确定尼玛区、白雄区、查吾拉区、扎玛区等 4 个区 20 个乡为联防组织。

1971年，深入开展打击反革命破坏活动、反对贪污盗窃、反对投机倒把、反对铺张浪费的“一打三反”运动。

1983年，对所有警用、民用枪支全部登记，收缴不属于配枪范围内的枪支15支。

1998年起，定期召开治保人员座谈会，接受汇报并检查部署工作，组织学习和进行一些业务训练，不断提高治保人员的工作能力。

2000年，在全县范围内开展“三共”（共建、共管、共保安全）活动。

2002年，开展治爆缉枪专项行动，先后收缴各类枪支21支、子弹2000余发。

2006年，侦破一批赌博案件，有效震慑了赌博犯罪，净化了社会环境，维护了良好的社会治安秩序。

2009年，紧密围绕中华人民共和国成立60周年大庆，坚持多策并举，夯实责任，确保了社会大局稳定、治安秩序有序。

第三节　刑事侦查

聂荣县以爱国主义教育为核心，紧紧围绕维护祖国统一和民族团结这一主题，紧密结合“三讲”“四观”“两论”教育活动、寺庙整顿教育工作，把精神领域作为反分裂斗争的重要战场，旗帜鲜明地反对分裂，维护祖国统一和民族团结。

1962年3月，经县委研究决定，于3月13日召集群众在达仲乡召开首次宣判大会，开展了一次人民民主专政、提高革命警惕性和加强对敌斗争的教育。

1962年4月底，聂荣县清案工作基本结束。

1971—2000年，聂荣县社会局势稳定，广大干部群众能够旗帜鲜明地反对分裂，同党中央保持一致，为促进全县稳定奠定了坚实基础。

2001年，聂荣县开展建党80周年和西藏和平解放50周年大庆活动安保工作。

2002 年，县公安局深入开展打击盗窃专项行动，共破获盗窃案 1 起，抓获犯罪嫌疑人 1 名。

2003 年，聂荣县公安局成立公安机关防范非典型肺炎工作领导小组，开展疫情防控工作。全年受理各类案件 4 起，立案 4 起，破案 4 起，其中妨碍公务案 1 起，故意伤害案 1 起，抓获犯罪嫌疑人 6 人。

2004—2010 年，县公安局共受理各类案件 33 起，共抓获犯罪嫌疑人 46 人。

1968—2010 年部分年份聂荣县稳定局势工作情况见表 6－1－2。

1968—2010 年部分年份聂荣县公安局稳定局势工作情况表

表 6－1－2　　单位：件

年份	刑事案件	破获	治安案件	破获
1968	3	3		
1972	6	3	25	25
1996	5	4		
1999	2	1	19	19
2000	3	3	21	21
2001			2	2
2002	1	1	6	6
2003	5	4	3	3
2004	1	1	10	10
2005	3	2	7	7
2006	9	9	5	5
2007	8	8	12	12
2008	3	3	16	16
2009	6	5	6	6
2010	7	5	21	21

第四节　户政管理

一、常住人口管理

1962 年，聂荣县公安局成立后，逐步建立人口常住、暂住、迁入、出生、死亡和变更等 7 项制度。

1963 年，在“五反运动”① 中，对县直、各区和国营牧场的集体户进行集中清理查实。据部分统计数据，1963 年办理迁移证 39 人，1973 年办理迁移证 45 人，1975 年办理迁移证 47 人。1987 年，全县有 5 个区，31 个乡，176 个自然村，总人口为 2. 17 万人，其中牧业人口 2. 1 万人。

1969 年，聂荣县是叛乱较为突出的地区，户口管理工作遭到破坏，无法正常开展工作。

从 1980 年 7 月 1 日起，按照规定使用统一格式的准予迁入证明。同年，自治区公安厅发布《自治区关于对西藏工作汉族干部、职工计划生育暂行规定》，强化和规范了户籍管理工作。

2000 年，聂荣县开展全国第五次人口普查。

2001 年，解决户籍管理中存在的双重户口、多重户口、空头户口、虚假户口、户籍信息与本人实际不相符、随意变更信息、户口登记或注销不及时、无户人员上户等问题。

2003 年，根据《那曲地区公安机关关于换发第二代居民身份证工作方案》，开展换发第二代居民身份证工作。

2005 年，根据公安部要求，完成二代身份证换领 5636 张。

① “五反运动”：1963 年，全国各城市相继开展了以增产节约为中心的反对贪污盗窃、反对投机倒把、反对铺张浪费、反对分散主义、反对官僚主义的五反运动。

二、暂住人口和外来人口登记

1985年起，聂荣县加强对外来人员的登记和管理等各项工作，对外来人员发放暂住证。至2010年底，聂荣县一直为全县干部群众开展办理第二代居民身份证工作。

第五节　监所管理

1987年，建立聂荣县看守所，位于聂荣县中心路。

2007—2008年，新建县看守所，位于聂荣县文化路，未投入使用，仍使用旧看守所。

1987—2010年聂荣县看守所领导名录见表6－1－3。

1987—2010年聂荣县看守所领导名录

表6－1－3

机构名称	职务	姓名	性别	民族	任职时间
聂荣县看守所（1987.06—2010.12）	所长	国来	男	藏	1987.06—1990.08
		那口	男	藏	1990.08—2003.04
		次仁	男	藏	2003.03—2007.05
		郑云红	女	汉	2007.05—2009.12
		其美达	男	藏	2009.12—2010.12

看守所自成立以来，把教育人、改造人、挽救人放在第一位，坚持处罚与教育相结合的原则，对在押人员开展以法律、道德、行为养成为主要内容的知错、认错、改错教育，建立严明的押解、值班、提审、接见、送物、通信等一整套制度。坚持人防、物防、技防相结合，严格落实安全管理职责，实行监区责任制和安全大检查制度，发现安全隐患及时处理，维护了监所的

监管安全和正常秩序。

第六节　消防管理

聂荣县公安消防大队成立之前，由县公安局负责消防工作。

2008 年 4 月，聂荣县公安消防大队成立，主要职责为灭火救援、抢险救灾、维稳处突、消防监督等。

2010 年，聂荣县公安消防大队有编制 2 人，分别为大队长和教导员。

2008—2010 年聂荣县公安消防大队领导名录见表 6－1－4。

2008—2010 年聂荣县公安消防大队领导名录

表 6－1－4

机构名称	职务	姓名	性别	民族	任职时间	备注
聂荣县公安消防大队（2008. 04—2010. 12）	副大队长	许铮	男	汉	2008. 04—2009. 05	浙江援藏干部
		秦建	男	汉	2009. 06—2009. 12	
	参谋	封信勇	男	汉	2010. 01—2010. 12	

一、消防设施及营房建设

聂荣县公安消防大队成立之初，配备 6 吨消防水罐车 1 辆。2008 年，公安消防大队修建两排平房，建筑面积 1474 平方米。

二、历年火灾隐患及灭火情况

2008 年发现火灾隐患 89 处，整改 87 处。2009 年发现火灾隐患 106 处，整改 106 处。2010 年发现火灾隐患 112 处，整改 111 处。

第二章　检察

第一节　机构

1978 年 5 月，聂荣县人民检察院成立。

2000 年底，县检察院共有 18 名工作人员。

2010 年，县检察院编制为 12 人，实有人数为 18 人，其中检察长 1 人、副检察长 2 人。

1976—2010 年聂荣县人民检察院领导名录见表 6－2－1。

1976—2010 年聂荣县人民检察院领导名录

表 6－2－1

机构名称	职务	姓名	性别	民族	任职时间
聂荣县人民检察院（1976.10—2010.12）	检察长	昂强巴	男	藏	1976.10—1977.06
		索朗次仁	男	藏	1984.11—1993.12
		次仁占堆	男	藏	1995.01—1997.03
		达瓦次仁	男	藏	1997.04—2002.12
		格桑强巴	男	藏	2002.11—2005.02
		杨丽君	女	汉	2005.03—2010.12

第二节　检察制度改革

一、检务公开

“检务公开”是指检察机关依法向社会和诉讼参与人公开与检察职权相关的、不涉及国家秘密和个人隐私等有关的活动和事项。

自 1999 年起，聂荣县人民检察院把检务公开作为接受监督、保证执法、实行公开办案的一项重大举措。及时制定人大监督制度，定期或不定期地向人大汇报检察工作，邀请人大代表、政协委员对检察院工作提出建议、意见。同时，聂荣县检察院根据检务公开内容要求和公开原则，以及新形势下的检务公开方式，充分利用广播、报纸、电视等媒体进行检务公开。

二、主诉、主办检察官制度

聂荣县检察院刑检部门办案一直沿用的是承办人审查、部门负责人审核、检察长或者检察委员会决定的三级办案程序。

三、人事制度改革

2000—2010 年，聂荣县检察院开始逐步实施以竞争上岗、双向选择、民主评议、科级干部任前公示为主要内容的干部制度改革，在选人、重用人才方面逐渐打破过去干部制度上论资排辈的局面，将是否通过司法考试、思想品质、政治立场等因素作为选用干部的标准。

第三节　刑事检察

自聂荣县人民检察院 1978 年成立至 2010 年，共受理批捕 94 件 132 人，批准逮捕 82 件 121 人。

1980—2010 年聂荣县刑事检察案件情况见表 6 -2 -2。

1980—2010 年聂荣县刑事检察案件统计表

表 6 -2 -2　　　　单位：件

年份	受理批捕	批准逮捕	审查起诉	出庭公诉
1980	1	1	1	1
1983	5	5	6	0
1985	1	1	1	1
1986	3	3	3	3
1987	3	3	3	3
1989	2	2	2	2
1990	5	5	5	5
1991	4	4	3	3
1992	5	5	4	4
1993	3	3	3	3
1994	2	3	3	3
1995	3	0	3	3
1996	9	0	8	8
1997	1	1	1	1
1998	1	1	1	1
1999	7	6	6	5
2000	2	2	3	1
2001	0	2	0	1
2002	6	6	8	7
2003	5	5	5	5
2004	2	2	4	4

续表

年份	受理批捕	批准逮捕	审查起诉	出庭公诉
2005	3	3	3	3
2006	5	7	5	3
2007	7	7	9	8
2008	3	2	3	3
2009	5	4	4	4
2010	2	0	0	0

注：因资料缺失，部分年份未收录。

第四节　检察和法律监督

一、经济检察

20 世纪 80 年代，随着改革开放的不断深入和市场经济的高速发展，各类经济犯罪逐渐出现，严重影响了社会正常的经济秩序。

20 世纪 80—90 年代，聂荣县共发生两起贪污案件，1996—2000 年，共发生 7 起贪腐案件，均依法依规查处。

二、法律监督

（一）立案监督

聂荣县检察院对于侦查机关应当立案而不立案侦查的案件依法开展立案监督；对侦查机关不应当立案的案件依法提出纠正意见；将有罪不究、以罚代刑作为立案监督的重点。

1980—2010 年，共审查公安机关移送的治安案件和收容审查案件 80 多件，对群众反映的突出案件进行重点检查。

（二）执行监督

聂荣县检察院做好对保外就医、判处缓刑、监外执行人员的检察工作，共检察30多人次。针对保外就医的犯罪嫌疑人或被告人，认真核实基本情况，开展羁押必要性的审查，对于确系需要保外就医的犯罪嫌疑人或被告人，及时按照法律规定和程序予以执行。

（三）职务犯罪监督

职务犯罪监督是指人民检察院依法对国家工作人员利用职权实施的贪污贿赂犯罪、渎职侵权犯罪等行使侦查权，通过立案侦查、提起诉讼等追究犯罪嫌疑人的刑事责任，使国家工作人员利用职务之便实施的犯罪依法得到惩处。聂荣县人民检察院依据《刑事诉讼法》第十八条规定，依法对此类案件进行立案侦查，自1980年以来共自行侦查6件。

第三章　审判

第一节　机构

1976 年 5 月 8 日，聂荣县人民法院成立。

1992 年 5 月，组建聂荣县人民法院审判委员会。

2010 年，县法院核定编制 18 人，实有工作人员 13 人。

2010 年，查当乡法庭成立。

1976—2010 年聂荣县人民法院领导名录见表 6－3－1。

1976—2010 年聂荣县人民法院领导名录

表 6－3－1

机构名称	职务	姓名	性别	民族	任职时间
聂荣县人民法院（1976.05—2010.12）	院长	布其久	男	藏	1976.05—1980.10
		强巴克珠	男	藏	1984.11—1987.10
		索朗	男	藏	1987.11—1993.07
		次仁多吉	男	藏	1993.08—1997.10
		扎西朗加	男	藏	1997.11—2002.07
		玛努	女	藏	2002.09—2006.10
		李景超	男	汉	2007.12—2008.09
		冯智奇	男	汉	2009.11—2010.12

续表

机构名称	职务	姓名	性别	民族	任职时间
聂荣县人民法院（1976.05—2010.12）	副院长	李焕庭	男	汉	1979.12—1981.12
		强巴克珠	男	藏	1981.12—1984.09
		赤加	男	藏	1983.01—1991.05
		张继任	男	汉	1987.11—1989.02
		次仁占堆	男	藏	1990.11—1993.08
		玛努	女	藏	1993.08—2002.07
		古鲁旦巴	男	藏	2002.12—2010.09

第二节　刑事审判

聂荣县人民法院建院后，依据《中华人民共和国宪法》《中华人民共和国人民法院组织法》规定的人民法院性质、任务、体制、审判原则以及审判工作制度等相关条例，依法开展开庭审判各项工作。

1980 年《刑事诉讼法》公布后，县法院开始恢复审判合议庭制度。

1980—1990 年，受理刑事案件 20 起。

1991—1996 年，受理刑事案件 32 起。

1997 年，受理刑事案件 1 起 3 人，其中 1 人被判刑 6 年并处罚金 1000 元，1 人被判刑 5 年并处罚金 1000 元，1 人被判刑 1 年 6 个月，缓期 2 年执行。

1998 年，受理刑事案件 1 起 3 人，1 人被判刑 2 年，缓刑 3 年执行并处罚金 1000 元；2 人判处有期徒刑 1 年 6 个月，缓刑 2 年并处罚金 1000 元。

1999 年，受理刑事案件 3 起 3 人，1 人判处有期徒刑 1 年 6 个月并处罚金 1000 元；1 人判处有期徒刑 1 年，缓刑 2 年并处罚金 1000 元；1 人判处有期徒刑 7 年。

2000 年，受理刑事案件 2 起 2 人，其中 1 人判处有期徒刑 2 年并处罚金 1000 元，1 人判处有期徒刑 5 年并处罚金 1000 元。

2001—2005 年，受理刑事案件 21 起。

2006—2010 年，受理刑事案件 20 起。

2000—2010 年，共受理民事案件 125 件。具体为：2000—2003 年，共受理民事案件 28 件；2004—2006 年，共受理民事案件 34 件；2007—2010 年，共受理民事案件件 63 件；2007—2010 年，共受理执行案件 7 件。

第三节　民事与行政审判

聂荣县人民法院自 1976 年成立以来，紧紧围绕“司法为民、公正司法”的审判工作主线，充分履行民事审判职责，狠抓执法办案第一要务，严格落实司法为民举措，为全县的社会经济法发展、化解社会矛盾纠纷作出了贡献。

1980—2010 年聂荣县人民法院民事与行政审判统计情况见表 6 – 3 – 2。

1980—2010 年聂荣县人民法院民事与行政审判统计情况表

表 6 – 3 – 2　　　　　　　　　　　　　　　　　　　　单位：件

年份	受理民事案件	其中											
		债务纠纷	赔偿纠纷	离婚纠纷	婚姻家庭纠纷	非婚抚养纠纷	财产纠纷	损害赔偿纠纷	买卖赔偿纠纷	解除同居关系	丧葬费纠纷	劳务纠纷	抚养纠纷
1979	2	1	1										
1980	2	1		1									
1982	4			4									
1983	4			1	3								
1984	5					1	2	2					
1985	7	1	1		1	2	1		1				
1986	4			1			3						

续表1

年份	受理民事案件	其中											
		债务纠纷	赔偿纠纷	离婚纠纷	婚姻家庭纠纷	非婚抚养纠纷	财产纠纷	损害赔偿纠纷	买卖赔偿纠纷	解除同居关系	丧葬费纠纷	劳务纠纷	抚养纠纷
1987	12	2		2	2	2	1		2	1			
1988	6	1	2		2	1							
1989	4	1			2							1	
1990	8			5	1	1							1
1991	10	1		8	1								
1992	10			4			1		2			1	2
1993	17	1	1	9		1							5
1994	27	7		7	3	6	1					1	2
1995	8	2		1	2				1	1	1		
1996	11	2		2	3	1				1			2
1997	10	2		3	2				3				
1998	10	2		2		1	1					3	1
1999	8	2		3		1	2						
2000	5	2					1			1			1
2001	5		2		2		1						
2002	11	2		1	2	3		1		1			1
2003	7	1	2		1		3						
2004	12	5		1		1			2	2			1
2005	3	2	1										
2006	18	5		1	3	2			2		2		3
2007	20	4		3	2		1			5			5

续表 2

年份	受理民事案件	其中											
		债务纠纷	赔偿纠纷	离婚纠纷	婚姻家庭纠纷	非婚抚养纠纷	财产纠纷	损害赔偿纠纷	买卖赔偿纠纷	解除同居关系	丧葬费纠纷	劳务纠纷	抚养纠纷
2008	7			4				1		2			
2009	13	3		4		1		2		3			
2010	22	3		1	2			1	10	1			4

第四节　人民调解

人民调解是指在人民调解委员会的主持下，依照法律、政策及社会主义道德规范，对纠纷当事人进行说服规劝，促其彼此互谅互让，在自主自愿情况下，达成协议，消除纠纷的活动。广大人民调解组织、人民调解员，认真贯彻落实各级党委、政府关于加强人民调解工作的决策部署，推动人民调解工作创新发展，大力排查化解社会矛盾纠纷，为维护社会和谐稳定作出了重要贡献。

2001—2010 年，全县各级人民调解员调解草场、虫草采挖、矿产资源、婚姻家庭、财产遗产等各类矛盾纠纷 963 件，帮助失足青少年 300 余人，把大量矛盾纠纷化解在基层，消除在萌芽状态，筑牢了维护社会和谐稳定的“第一道防线”。

第四章　司法

第一节　机构

一、机构

2008 年 1 月，聂荣县司法局成立。

2008 年，正式成立法律援助中心，办公室设在司法局，未设置人员编制。

2009 年，正式启动刑满释放和解除劳教工作。

2010 年，县司法局有编制 4 人，共有工作人员 4 人。

2008—2011 年聂荣县司法局领导名录见表 6－4－1。

2008—2011 年聂荣县司法局领导名录

表 6－4－1

机构名称	职务	姓名	性别	民族	任职时间
聂荣县司法局（2008.02—2011.05）	局长	张景辉	男	汉	2008.02—2009.08
		忠加	男	藏	2009.08—2011.05
	副局长	东知项杰	男	藏	2008.02—2010.09

二、乡镇司法机构

2009 年之前，聂荣县各乡镇虽有司法助理员，但全部为兼职。

2010 年开始，聂荣县专职乡镇司法助理员编制逐步落实，分批通过招录高校毕业生，配备专职乡镇司法助理员。

第二节　法制宣传

一、普法机构

司法局成立以来，聂荣县将原设在政法委的普法办移到县司法局，并配备专职副主任协调普法依法治理工作。

2010 年，聂荣县有县级法制宣传机构 1 个，乡镇法制宣传工作领导小组 10 个，每个行政村都有法制宣传小组，并配备 1 名普法联络员。

二、普法规划

（一）“一五”普法教育

聂荣县从 1985 年底至 1991 年开展“一五”普法活动。

1986 年 1 月，根据中共中央、国务院转发的《关于向全体公民基本普及法律常识的五年规划》和西藏自治区《关于向全区各族公民基本普及法律常识的规划》的要求，聂荣县成立普法领导小组，制定了《关于向全县各族公民基本普及法律常识的规划》。先后举办干部法律知识讲座 5 场次，并举办《刑法》《婚姻法》《宪法》及《治安管理处罚条例》等法律知识宣传活动，参加宣讲人数达 1890 人次。

（二）“二五”普法教育

“二五”普法时间为 1991—1995 年。

1992—1995 年，聂荣县开展“二五”普法活动，通过各种形式，向全县各族干部群众普及法律知识。通过普法大会、法制讲座、“法律下乡”、文艺演出等集中进行法制宣讲教育，大力宣传与群众的生产生活密切相关的法律法规，把学法用法、依法治理与农牧区精神文明建设、社会治安综合治理结合起来，与解决农牧区存在的突出问题结合起来，与农牧区扫盲工作结合起来，贴近群众，面对面地进行法制宣传教育。

“二五”普法期间，聂荣县共举办各类法制培训班45期，参加人数达2652人，学习了《宪法》《刑法》《草原法》《婚姻法》《社会治安处罚条例》等法律法规。

（三）“三五”普法教育

“三五”普法的时间为1996—2000年。

1996年5月，在总结“二五”普法工作的基础上，对全县“三五”普法启动工作进行安排部署，结合全县实际制定出聂荣县第三个五年法制宣传教育工作规划，成立“三五”普法领导小组及办公室。落实全县每年每人0.5元的普法专项资金，并纳入财政预算。1997年，全县各乡镇、县级各部门落实“三五”普法工作人员160名。

“三五”普法的重点对象是副科级以上领导干部、司法人员、行政执法人员、企业经营管理人员、农村基层干部和青少年，特别是各级领导干部。“三五”普法的总体目标主要是：通过在全体公民中开展《宪法》和社会主义市场经济法律知识普及教育，使全体公民特别是广大干部增强法律意识和法制观念，提高各级干部依法办事、依法行政的自觉性与能力。

1996—2000年，聂荣县普法宣传教育主要以《宪法》为核心，采取各种方式，有重点、有组织、有计划地开展法制宣传教育；共举办各种形式的法制讲座132期、法制培训班321期，张贴法制宣传标语1623张，使广大群众普遍受到教育。

（四）“四五”普法教育

2001年，根据全国“四五”普法总体要求，制定《聂荣县“四五”普法五年规划》。整个规划坚持深化地方、行业、基层三大治理工作，明确各部门的工作责任，为普法依法治理工作的顺利开展提供依据，并成立了普法领导小组。

2001—2005年，聂荣县广泛开展《宪法》《刑法》《民法通则》《治安管理处罚条例》《草原法》《婚姻法》《妇女权益保障法》《未成年人保护法》和《老年人权益保障法》等法律法规的宣讲学习，累计散发宣传资料2

万余份，制作展板50余块。

（五）“五五”普法教育

“五五”普法的起止时间是2006—2010年。

2006年，聂荣县召开“五五”普法依法治理工作动员大会，会后，普法经费由原来年人均0.5元调为1元。同时，组建普法讲师团、法律顾问团，调配普法联络员、聘任法制副校长。根据普法规划要求，将普法依法治理工作纳入政府工作目标。

2006—2010年，制定公务员法制宣传教育培训工作计划，分期分批进行培训，干部学法逐步制度化、规范化。结合每年的综治培训工作，对各乡（镇）和县直各单位450多名综治干部进行培训，对推动各乡镇的法制宣传工作起到积极的作用。开展法制教育活动，经常组织党员干部学习、培训，每年累计学法都在100学时以上，全体干部每年学法不少于20学时，参学率达到98%。

聂荣县通过开展形式多样的法制宣传教育活动，发放法制宣传资料10万余份，赠送法律书籍620册，悬挂、张贴横幅标语500条，接待群众各种法律咨询200次，组织普法工作人员深入乡镇、学校、社区开办法制法律知识宣传场次100多次，受教育人数10万人次。

三、重点对象法制宣传教育

重点加强领导干部、公务员、青少年学生、农牧民、寺庙僧尼、企业经营管理人员和外来经商务工人员的法制宣传教育。

（一）机关学法

1. 以领导干部学法用法为先导，领导干部依法行政、依法决策、依法管理的自觉性明显增强。始终把领导干部学法用法作为普法工作的重中之重，推进依法治理的关键环节。

2. 以提高司法和行政执法人的执法水平为重点，行业依法治理水平明显提高。积极探索建立、健全领导干部理论中心组学法制度、干部职工集中学法制度、法律知识培训制度、学法登记制度等学法用法机制，建立健全执法责任制、执法公示制、执法过错责任追究制等。同时，加大执法监督力度，把法律监督、人大监督、群众监督、媒体监督有机结合起来，保障依法行政和公正司法。

（二）城乡普查

聂荣县以“送法下乡，进村入户”和“法律进社区”为主要形式，开展一系列卓有成效的城乡普法工作。

1. 加大农牧区普法工作力度，大力宣传与农牧民生产生活密切相关的法律法规常识，充分结合农牧区各个阶段的重点工作，通过集中宣讲、咨询服务、以案释法等形式对农牧民进行法制宣传教育；利用年初工作安排和召开专门会议的机会，对乡镇和机关干部进行不少于2次的法律培训；各乡镇还将机关干部、村干部作为普法宣讲员，定期和不定期地进村入户宣讲法律知识；开展培养“法律明白人”活动，基本实现每户有一名法律明白人；通过农牧区大量民间纠纷调解、以案说法、以案释法的形式向农牧民开展法制宣传教育。通过一系列行之有效的方式，农牧民的法律意识进一步增强，基本建立起农牧区立体普法网络。

2. 社区普法，逐步推进，以“法律进社区”为载体，重点抓好青少年、刑释解教人员、个体工商户的法制宣传教育工作。充分利用各种有利时机，通过举办法制培训班、张贴标语、上街咨询、巡回法制宣传、法律知识竞赛、送法进社区等形式开展法制宣传教育，积极营造健康向上、文明和谐的社区法制氛围，使法律宣传进入每个家庭。

（三）校园普法

配齐配强全县中小学校的法制副校长，并定期给学生上法制课，每所学校每学期上法制课都不少于5次。各学校根据学生的心理和生理特点，有针对性和实效性地开展各种形式的法制教工作，充分利用学校专栏、黑板报、班会、队会、挂图进行法制宣传教育，在德育室的基础上建立法制教育室，利用法制教育室在学生中开展法制宣传教育。

（四）寺庙普法

聂荣县坚持在各寺庙、拉康等活动场所大力宣传党的民族宗教政策和法律法规，向广大僧尼讲明：国家尊重和保障西藏各族人民按照自己的意愿进行正常的宗教活动，打击一切非法宗教活动，一切宗教都不得干预政治、干预行政事务。引导僧尼依照宗教发展规律，自觉地对宗教教规、教义作出符合社会进步的阐释，积极与社会主义社会相适应。认真指导各寺庙积极开展平安寺庙、和谐寺庙创建活动，建立健全寺庙管理、僧尼管理、法制学习、佛事活动、综合治理、财务管理的一系列规章制度，并积极督促各寺庙抓好落实工作。

（五）企业普法

聂荣县切实抓好企业经营管理人员和职工的普法工作，由普法办牵头，大力宣传社会主义市场经济、经济贸易、企业管理等方面的法律知识，各企业按不同的工种和岗位，有针对性地组织企业人员学习相关法律，广大企业职工的法律意识不断增强。

第三节　法律援助

法律援助是指由政府设立的法律援助机构组织法律援助人员和法律援助志愿者，为规定范围内的经济困难公民或刑事指定辩护案件当事人提供无偿法律帮助，以保障其合法权益得以实现的一项法律保障制度。

2008 年，聂荣县法律援助中心成立，未设置人员编制，主要开展代写法律文书、协议及提供相关法律咨询工作，共代写诉讼文书十余份，开展法律咨询 70 余人次。2009 年，代写法律文书 20 余份，开展法律咨询 100 余人次。2010 年，代写法律文书 20 余份，开展法律咨询 150 余人次。

第四节　平安建设

聂荣县始终贯彻落实中央第四次、第五次西藏工作座谈会，全区政法会议、地区政法工作会议和县经济工作会议精神，坚持中央关于西藏工作的指导思想不动摇，紧紧围绕推进跨越式发展和长治久安这个主题，突出深入开展反分裂斗争维护社会稳定这个核心，立足现实斗争，强基固本，下好先手棋、打好主动仗，不断深化三项重点工作，扎实推进平安聂荣建设，着力加强执法维稳能力建设，努力构建国家安全屏障，实现全面稳定。

2008年，聂荣县被评为“自治区级平安县”。全县坚持“严打”方针不动摇，严厉打击各类违法犯罪活动。公安机关共立治安案件19起，破19起，破案率为100%，与2007年同期相比，治安案件下降27%。审判机关受理刑事案件4件，结案4件，结案率为100%。县人民法院共审结民事案件10件，结案标的23.84万元。积极开展清理执行积案活动，全年执结案件2件，执结标的2.9328万元。

2009年，全县的综治和平安建设工作，遵照“打防结合、预防为主、标本兼治、重在治本”的综合治理工作方针，不断建立和完善社会治安综合治理各项工作机制，狠抓社会治安综合治理各项工作措施。全县共有乡（镇）综治服务站点10个，学校服务站点15个，村服务站点142个，寺庙（拉康）服务站点11个。群防群治组织健全，全县治安联防队189个945人，其中专职治安联防队1个5人，义务联防队188个940人；治保小组168个840人；县（中）直单位共有内保人员41人，县城综治服务站点10个；有142个护村队和15个护校队；“110”接出警率100%，见警率100%，综治服务站点建设覆盖面进一步扩大。2009年发生治安案件14起，同2008年的19起相比，下降26.3%；2009年发生刑事案件4起，同2008年8起相比，下降50.0%。

2010年，聂荣县以学习贯彻中央第五次西藏工作座谈会精神为动力，做好重点部位、目标的安全防范工作，积极创新社会管理，扎实调处矛盾纠纷，大力加强队伍建设，为确保全县社会局势持续稳定，实现“十一五”收官之年全面稳定的工作目标作出了积极贡献。公安政法机关全年共出动警力2150余人次、车辆165台次，开展整治行动6次，全县参与执勤巡逻的群众达3350人次、机关干部达1800人次，发动民兵800人次。县公安局全年共立刑事案件5起，侦破3起，撤销2起（比去年同期下降25%）；治安案件30起，侦破30起，破案率为100%（比去年同期上升48%）。平安乡（镇）覆盖面达到100%，平安村（居）达95%，平安家庭达90%，平安商户达90%，平安寺庙达100%，平安学校达100%，平安单位达100%。

第七篇
经济综合管理

第一章　发展和改革委员会

第一节　机构

1976 年以前，聂荣县没有综合性经济管理部门，经济管理各项工作由县委、县政府负责。

1976 年 4 月，聂荣县经济计划委员会成立，隶属“四大组”的生产组。

1976 年 10 月，聂荣县经计委更名为聂荣县计划经济委员会，负责经济计划工作。

1984 年 11 月，聂荣县计划经济委员会更名为聂荣县经济计划委员会。

1987 年 6 月，聂荣县经济计划委员会再次更名为聂荣县计划经济委员会。

1999 年，县计经委与工商局、统计局、工交科、商业局、物价局等合署办公，核定编制 10 人，实有工作人员 6 人。

2003 年，聂荣县计划经济委员会更名为聂荣县发展和改革委员会，与工信局、商务局、物价局、粮食局等合署办公，核定编制 4 人，实有工作人员 6 人。

2005 年，聂荣县发展和改革委员会核定编制 4 人，实有工作人员 6 人。

2010 年，聂荣县发展和改革委员会核定编制 4 人，实有工作人员 8 人。

1976—2010 年聂荣县计划管理部门领导名录见表 7 -1 -1。

1976—2010年聂荣县计划管理部门领导名录

表7－1－1

机构名称	职务	姓名	性别	民族	任职时间
经计委（1976.4—1976.10）	主任	郝吉发	男	汉	1976.04—1976.10
计经委（1976.11—1984.11）	主任	郝吉发	男	汉	1976.11—1979.09
计经委（1976.11—1984.11）	主任	史永明	男	汉	1979.09—1980.05
计经委（1976.11—1984.11）	主任	甲鲁	男	藏	1981.03—1981.03
计经委（1976.11—1984.11）	主任	旺杰	男	藏	1981.03—1983.04
计经委（1976.11—1984.11）	主任	旦巴益西	男	藏	1983.04—1984.11
经计委（1984.11—1987.06）	主任	宋兴强	男	汉	1984.11—1987.06
经计委（1984.11—1987.06）	副主任	郑聚宝	男	汉	1976.04—1979.05
经计委（1984.11—1987.06）	副主任	贡桑	男	藏	1976.04—1980.05
计经委（1987.06—2003.07）	主任	宋兴强	男	汉	1987.06—1995.10
计经委（1987.06—2003.07）	主任	布阿布	男	藏	1995.10—2003.07
计经委（1987.06—2003.07）	副主任	次仁桑珠	男	藏	1987.06—1995.10
计经委（1987.06—2003.07）	副主任	杨孝民	男	汉	1987.06—1995.10
发改委（2003.07—2010.12）	主任	塔尔祖	男	藏	2003.07—2010.12
发改委（2003.07—2010.12）	副主任	杨春生	男	汉	2002.07—2004.04
发改委（2003.07—2010.12）	副主任	张愈	男	汉	2004.05—2006.12
发改委（2003.07—2010.12）	副主任	龙江	男	汉	2007.01—2010.12
发改委（2003.07—2010.12）	副主任	白多	男	藏	2007.06—2010.07
发改委（2003.07—2010.12）	副主任	旦增罗布	男	藏	2010.05—2010.12
发改委（2003.07—2010.12）	副主任	焦志锋	男	汉	2010.05—2010.12

第二节　规划编制

聂荣县按照计划经济的要求制定年发展计划、中长期计划。年计划为指令性计划，主要是粮食、油料播种面积、产量和收购等任务，主要下达给乡（镇），直到20世纪90年代前期，都将完成情况作为对乡（镇）干部年终奖罚的依据。

一、“四五”规划（1971—1975年）

1970年，聂荣县根据全国计划会议精神和有关编制“四五”规划的要求，编制聂荣县“四五”规划。

1970—1975年，聂荣县经济持续较快增长，保持10%的增长率，经济收入达到30万元。城乡人民生活水平改善，城乡居民收入持续增加，社会生产力不断发展。精神文明建设和民主法治建设取得明显进展。社会事业全面进步，实现经济社会协调发展。

二、“五五”规划（1976—1980年）

1975年，聂荣县结合县域实际，制定“五五”规划。

“五五”期间，全县经济持续较快增长，保持20%的增长率，经济收入达到80万元。经济增长质量和效益显著提高。城乡居民收入持续增加，物质文化生活有较大改善，生态建设和环境保护得到加强，精神文明建设和民主法治建设取得明显进展。

三、“六五”规划（1981—1985年）

1981年，聂荣县根据自治区、那曲地区编制“六五”规划的要求和指示，编制聂荣县“六五”规划，继续贯彻执行调整、改革、整顿、提高方针，以适应在公有制基础上有计划地发展商品经济要求的、充满生机和活力的新体制。

“六五”期间，经济持续较快增长，保持20%的增长率，经济收入达到150万元。全县经济保持较快发展速度，经济结构战略性调整，经济增长质量和效益显著提高。城乡居民收入持续增加，物质文化生活有较大改善，生态建设和环境保护得到加强，精神文明建设和民主法治建设取得明显进展。

四、“七五”规划（1986—1990年）

1985年，聂荣县根据自治区关于编制《二十年设想和“七五”规划》的要求，编制了“七五”规划。

到1990年，全县经济持续较快增长，保持20%的增长率，经济收入达到400万元。进一步为经济体制改革创造良好的经济环境和社会环境，改革更加顺利地展开。畜牧业与旅游业结合开发，促进社会经济全面发展。推动畜产品深加工，增加农牧民收入。

五、“八五”规划（1991—1995年）

1991年，聂荣县按照《那曲地区国民经济和社会发展第八个五年计划及“九五”设想》，编制了“八五”规划。

规划以1992年邓小平重要讲话精神和中共十四大精神为指导，大力推进改革开放，为经济发展注入新活力。到1995年，全县经济持续较快增长，保持20%的增长率，经济收入达到550万元。继续改善城乡人民生活水平，强化牧业基础，加强草原建设和搞好防抗灾工作。

六、“九五”规划（1996—2000年）

1995年，按照《西藏自治区人民政府办公厅关于抓紧制定“九五”计划和2010年长远规划的通知》，聂荣县编制了“九五”规划。

坚持规划带动、投资拉动、政策推动、各方互动的原则。坚持高起点规划，充分利用国家、自治区、地区关于支持聂荣特色城镇化建设的若干政策，形成政府引导推动、多元化投资、市场化运作多方面促进经济社会发展的良好局面。到2000年，全县经济持续较快增长，保持20%的增长率，经济收入达到700万元。

七、"十五"规划（2001—2005年）

2000年，聂荣县制定了"十五"规划，规划坚持把发展作为主题，发展是硬道理，坚持以经济建设为中心不动摇。

到2005年，全县经济持续较快增长，经济收入达到900万元。经济结构战略性调整，经济增长质量和效益显著提高。城乡居民收入持续增加，物质文化生活有较大改善，生态建设和环境保护得到加强，精神文明建设和民主法治建设取得明显进展。

八、"十一五"规划（2006—2010年）

2005年，聂荣县制定了"十一五"规划。规划按照中央和区地的战略部署，以创建和谐平安聂荣为契机，坚持走"中国特色、西藏特点、符合那曲实际、立足聂荣县情"的发展路子。坚持稳中求进的工作总基调，调整产业结构，加速产业升级，突出产业支撑和带动作用，提升县城综合承载能力，完善基础设施，提升县城综合服务功能。规划的重点与任务是：1. 推进经济社会健康发展。2. 突出产业支撑带动县城发展，推动现代畜牧业发展，将畜牧业与旅游业结合开发，积极培育各类牧民专业合作组织。3. 积极推动聂荣城乡各项基础设施建设。4. 加强生态环境建设。5. 切实加强基础教育，大力发展文化体育事业，公共卫生和医疗服务体系进一步完善。

第三节　重大项目投资和管理

一、项目投资

20世纪60年代初至70年代中期，聂荣县基本建设项目较少，城镇及农牧业基础设施建设主要依靠机关干部、职工义务劳动或群众投劳，国家给予一定的建筑材料补助资金完成。

20世纪70年代末，随着国家对西藏投入资金的增多，基本建设项目开始列入聂荣县国民经济和社会发展计划。各种新建、改建、扩建项目由县人民政府根据国家在不同时期的资金投向、产业政策、境域内社会经济发展的实际需要提出，县计划管理部门按程序和要求，编制基本建设项目，逐步上报下达。

20世纪90年代，随着市场经济体制的不断完善，基本建设纳入国家宏观调控管理范畴。基本建设项目编制工作逐步规范，建立预可研、可研、初步设计、施工设计等制度。项目范围不断扩大，以农牧业基础设施为主，兼有社会事业发展及能源、交通、通讯等基础设施项目。聂荣县基本建设主要依靠国家投入。

“十五”期间，全县主要实施了聂查公路、聂查大道、乡村小学、乡卫生所等建设项目。

“十一五”期间，聂荣县累计投入建设资金13096.51万元，共完成农牧民安居工程建设4760户，比地区下达的指标多出895户，占2005年底全县牧业总户数5734户的83%，受益人口达25139人，实现现金收入1595.75万元。

（一）交通方面

2001—2005年，主要实施了聂荣县至永曲乡公路及尼布公路建设项目，总投资7017万元。2006—2010年，主要实施了聂那油路及萨色公路，总投资2.087亿元。

（二）教育方面

2001—2005年，主要实施了尼玛乡完小、色庆乡完小、桑荣乡初小、下曲乡完小、索雄乡初小、当木江乡初小、查当乡初小、白雄乡完小及附属设施等建设项目，总投资1641万元。2006—2010年，主要实施了尼玛乡完小教室、学生和教师宿舍、水井建设，查当乡初小教室、教师宿舍、水井建设，索雄乡初小食堂、学生和教师宿舍、教室和水井建设，当木江乡初小水井建设，桑荣乡初小学生宿舍建设，色庆乡学校水井建设，向雄乡教室、教工宿舍、学生宿舍建设等项目，总投资1199.5万元。

（三）卫生方面

2005—2010年，主要实施了尼玛乡、白雄乡及查当乡卫生院建设项目，总投资96万元。

（四）其他方面

2010年聂荣县基本建设项目立项率逐步提升，实施了聂荣县检察院技侦业务用房（项目总投资332.41万元）、聂荣县救灾物资储备仓库（项目总投资139.05万元）、聂荣县人民法院审判用房（项目总投资292.30万元）、聂荣县尼玛乡、白雄乡、查当乡3个乡镇卫生院（总投资96万元）、聂荣县物价监管物业用房（总投资223.73万元）等重点项目。

二、项目管理

2000年以来，聂荣县的项目前期手续（立项、可研批复、两证一书、土地预审、能评、风评、环评）由县发改委在地（市）及以上单位办理，项目开（复）工、施工、竣工由各职能单位管理。

2008年，聂荣县基建领导小组成立，设立项目管理办公室。前期工作仍然由县发改委办理，项目开（复）工由项目管理办公室下达开（复工）工通知，施工分项验收由项目管理办公室统筹各职能单位共同验收，项目竣工由各项目单位请示县基建领导小组，项目管理办公室统筹协调，安排组织验收，项目验收合格后交付使用。

全县的基本建设项目管理由项目管理办公室统筹协调，督促和协调完成全县中长期规划、年度项目和建设计划申报，完成年度确定的投资和项目建设任务，综合协调项目有关审批及前置手续办理等，以及开复工与建设管理中出现的其他问题；综合协调、监管全县所有建设项目，协调、组织县基本建设项目领导小组对全县项目进行全方位、多层次、全过程的监督检查工作，确保项目保质保量按期完工，确保项目效益；负责对项目承建单位的资质审查，包括营业执照、企业资质证书、法人授权委托书等；负责工程建设项目资料的收集和整理归档工作。

三、物资管理

20 世纪 70 年代和 80 年代由于物资紧缺，县计经委负责钢筋、炸药、雷管等物资的保管、购进、发放工作。

20 世纪 90 年代初，县计经委加强了全县物资管理，明确了物资管理制度。

2003 年，聂荣县发展和改革委员会进一步完善了物资管理制度。

2005 年，全县加大总体供需调运力度，全力保障牧民群众的生活需要。聂荣县粮油库存处于基本饱和状态。

2008 年，在改善民生方面，聂荣县加强了蔬菜、食品等生活必需品运输，以保障群众生活。

2010 年，聂荣县制定并实施保供稳价预案，加强与那曲地区的生活必需品供需及物价调控的对接，对聂荣县粮油公司物资供应和价格情况实行日监测报告制度，不断建立健全供应保障线。

第二章　物价管理

第一节　机构与体制

一、管理机构

和平解放后，聂荣县物价工作由聂荣宗工作委员会管理。1965 年起，聂荣县物价工作由县经济计划委员会管理。1976 年 4 月，设立物价局，归属聂荣县经济计划委员会管理。

2010 年，聂荣县物价局归属县发改委管理，有职工 2 人，均为工人。

二、价格体制

历史上，畜产品主要通过以物易物的民间自由贸易实现。

和平解放初期，长期实行高度集中的计划经济价格，即国家定价。只有极少数商品由出售者定价，随行随市。

1984 年，聂荣县设立畜产品成本收益调查点，在国家控制主要商品价格的同时，放开部分商品价格的管理权限，共开放 473 个品种，其中：棉织品 63 个、百货类 122 个、文化用品类 88 个、五金类 33 个、日用杂品类 79 个、副食品类 12 个。

1989 年，按照国家对重要生产资料实行最高限价，重要商品提价申报的制度，聂荣县制定了相关措施并严格执行。

1990—1991 年，聂荣县对肉、蛋、蔬菜及畜产品价格实行季节性最高限价，制定了柴油、粮油、邮电器材等商品的销售价格。

1992—1993 年，聂荣县制定了邮电、交通、运输、电信等部门服务标准。

1994 年，粮食价格由国家定价改为国家指导价。国家计划委员会发布《关于商品和服务实行明码标价的通知》，聂荣县开始推行商品明码标价制度。

1995—1996 年，聂荣县对“米袋子”“菜篮子”和牧业生产资料、服务项目价格实行稳定政策。

1998 年，国家颁布《中华人民共和国价格法》，聂荣县遵照执行。

2009 年，聂荣县认真贯彻国家和自治区以及那曲地委、行署的各项政策措施，突出加强与群众生活密切相关的重要商品价格（粮食、肉禽蛋、蔬菜）以及其他重点商品价格的应急监测。

2010 年，聂荣县根据国家和自治区物价局、地区物价局要求，对本区域内涉及刑事、民事、行政案件以及其他单位和个人委托的国家资产、无形资产等商品价格进行价格签证、价格认证、价格评估。

第二节　物价调整

1969—1978 年，聂荣县青稞销售价每市斤由 0. 25 元调整到 0. 20 元，面粉每斤由 0. 31 元调整为 0. 26 元，酥油的收购价每斤由 1. 30 元调整为 1. 00 元。

1980—1984 年，聂荣县对畜产品收购和牛羊肉销售价格进行调整，并制定汽车运输费价格，对畜产品中纯绵羊毛的收购价每斤由 1. 49 元调整为 3. 25 元，提价幅度为 136. 24%；白山羊绒（含绒量 70% 以上），每斤由 6. 4 元调整为 50 元，提价幅度为 681. 25%；牛绒（含绒量 70% 以上），每斤由 2. 3 元调整为 4. 8 元，提价幅度为 108. 69%；牦牛皮每斤由 1. 2 元调整为 1. 4 元，提价幅度为 16. 67%；绵羊皮每张由 4. 56 元调整为 17 元，提价幅度为272.81%；一等牦牛肉的销售价每斤由0.5元调整为1.9元，提价幅度为280.00%；二等牦牛肉由每斤0.45元调整为每斤1.7元，提价幅度为277.78%；一等绵羊肉有每斤0.49元调整为每斤1.6元，提价幅度为226.53%。

1984—1987年，是调价和放开价格并重时期，聂荣县有计划地调整了部分商品价格。

1988年，聂荣县实行国家指导价的商品有红糖、白糖、火柴、肥皂、进口电冰箱、进口录音机、洗衣机等8种，国家定价的品种有食盐、民茶，国家实行价格监控的商品有39种。

1989年，聂荣县整顿和疏导棉织品、毛线、铝锅、保温瓶等商品价格，提高部分成本粮、油价和公路运输价格，涨价风得到遏制，抢购风得到平息，市场趋于平稳。

1990年，聂荣县按照“既要稳定物价，又要振兴经济”的原则，先后调整石油、邮费、洗衣粉等价格，再次提高了畜产品、中药材的收购价格，调整医疗费、电话费及电话初装费，以及公路运输费、物资运输费、酥油、牛羊肉等50种商品价格，邮票由发往外地每枚0.08元提高到0.20元，发往本地由0.04元提高到0.10元。

1995年，按照国家制定的中小学收费标准，聂荣县相应调整了中小学收费项目及标准。

1996年，聂荣县对客运服务、邮电资费、国税局新版发票价格、粮食销售价格、成品油批发价格、民茶价格等进行了调整。

1997年，聂荣县调整石油价、粮油价、邮电资费、户口本工本费、中小学学杂费等29项。

1999年，聂荣县机关团体、行政事业单位、驻军单位、个体、工商业用电，夏季由原来的每千瓦0.48元降至每千瓦0.38元，冬季由原来的每千瓦0.62元调至0.8元。

2001—2004年，根据那曲地区部署，聂荣县有计划地对全县部分商品进行了价格调整。

2010年，聂荣县根据国家和自治区、地区物价局的有关精神，陆续取消经贸、交通、劳动、环保、司法、工商、教育等部分行政收费项目并调整收费标准。

2005 年和 2010 年聂荣县部分生活所需物品价格见表 7－2－1。

2005 年和 2010 年聂荣县部分生活所需物品价格

表 7－2－1　　单位：元

序号	产品	销售价格	
		2005 年	2010 年
1	牛肉	13—16	23—25
2	羊肉	8—10	13—16
3	食油	4.5—5.5	6.7
4	糌粑	2.2	2.8
5	大米	1.3	2
6	面粉	1.2	1.8
7	青稞	0.8	1.1
8	酥油	20—25	30
9	奶渣	12—13	16—17
10	藏砖茶	2	3

第三节　物价监督

1982 年，聂荣县贯彻执行国务院《关于坚决稳定市场物价的通知》，稳住农产品收购和主要商品的零售价格，刹住涨价风和抢购风，价出多门、随意定价等违反价格政策和纪律的现象大大减少，私人商贩欺行霸市、抢购、套购、哄抬市价、转手倒卖等行为得到制止。国营公司带头制定规章制定，贯彻执行物价政策，各行各业恢复民主秤、民主尺，并制定价格表、意见簿，设立监督岗、意见箱等，接受群众监督。

1985年以后，国务院和国家物价管理局及国家计委相继发布《中华人民共和国价格管理条例》《对违反物价纪律实行经济制裁的暂行规定（修订）》《中华人民共和国价格法》《价格违法行为行政处罚规定》《制止牟取暴利的暂行规定》《中华人民共和国行政处罚法》以及有关物价违纪审理、物价检查工作暂行规定，物价监督行为办法等法规、条文，聂荣县均遵照执行。

2001—2004年，根据那曲地区物价局的安排，聂荣县对全县的各类商品价格的执行情况进行专项检查，市场秩序逐步得到规范。

2001—2010年聂荣县居民消费价格指数见表7－2－2。

2001—2010年聂荣县居民消费价格指数表

表7－2－2

年份	居民商品零售价格总水平	居民消费价格指数
2001	101.7	103
2002	101.5	102.1
2003	101.6	102.2
2004	101.5	102.4
2005	101.1	103
2006	101.32	103.22
2007	105.2	109
2008	98.8	101.3
2009	98.8	101.3
2010	98.6	101.5

第三章　工商行政管理

第一节　机构

1959 年 5 月，聂荣县工商行政管理事务由县委财贸部和县贸易公司负责。

1968 年，全县工商行政管理事务由县供销合作社联社负责。

1975 年，全县工商行政管理事务由县商业科（局）负责。

1984 年，聂荣县成立工商行政管理所（简称工商所）。业务属地区工商局领导。

1993 年 5 月，聂荣县工商所更名为县工商行政管理局（简称工商局），区（科）级建制，业务由那曲地区工商局领导，配局长 1 名、副局长 2 名。

2000 年，聂荣县工商局编制 4 人，实有工作人员 3 人。

2005 年，县工商局编制 5 人，实有工作人员 4 人。

2010 年，县工商局行政编制 5 人，实有人数 5 名。

1984—2010 年聂荣县工商行政管理部门负责人名录见表 7－3－1。

1984—2010 年聂荣县工商行政管理部门负责人名录

表 7-3-1

机构名称	职务	姓名	性别	民族	任职时间
聂荣县工商行政管理所（1984.04—1993.05）	所长	才加	男	藏	1984.04—1987.12
	所长	布群	男	藏	1988.01—1993.05
聂荣县工商行政管理局（1993.05—2010.10）	局长	徐启云	男	汉	1993.08—1995.09
		班觉	男	藏	1999.09—2004.10
		阿达	男	藏	2004.10—2010.08
	副局长	阿达	男	藏	1995.10—1999.08（主持工作）
		平措	男	藏	2002.07—2010.10

第二节　市场与管理

一、传统集贸市场

聂荣县自古以来就进行以物易物的交换。传统贸易是将牧区的畜产品、酥油、肉食品运往农区进行交换。羊毛、牛毛、牛绒、酥油、牛羊肉等运往山南、林芝等地，交换青稞、小麦、圆根等产品，形成一种跨区域的贸易往来。同时聂荣县的食盐运往拉萨、山南等地交换，即称为盐粮交换。另外，聂荣县还和那曲的其他县交换活畜，主要是用牛、马交换所需的日用品。

聂荣县赛马节是融艺术活动、物资交换、赛马于一体的活动，客商从四面八方来到聂荣，在赛马场所在地进行以物易物，形成一种自然性的交易场所，外来商品主要是从云贵川经过“茶马古道”进入的茶叶、红糖等，从印度、尼泊尔购进的日用商品。

二、物资交流会

1956年底，聂荣县有大小商店20家、小商贩30余户。此时生产关系隶属封建农奴制，市场萧条，加之分裂势力的经济封锁，市场商品供应困难。

1960年1月，聂荣县举办首届物资交流会，有近2万人参加。以后每隔3—4年举行一次，利用文艺搭台、经贸唱戏的形式，组织各乡（镇）之间进行交易。同时县里的集体、个体商户把销售点也搬至赛马场进行交易。

1987年7月5—9日，聂荣县举办物资交流会，40余户个体工商户和2.3万多人参加。本届物交会以日用商品、畜产品和民族特色产品交易为主，进一步促进了个体工商户的发展，为推广民族特色产品起到了很大作用。

1999年7月18—22日，聂荣县举办物资交流会，60余户个体工商户和2万余名群众参加，本届物资交流会以畜产品、民族手工艺品交易为主。

2005年7月23—27日，聂荣县举办物资交流会，30余家食品经营店、20余家餐饮店、20余家服装销售店、20余家娱乐经营户和2万余人参加。

2009年7月22—26日，聂荣县举办物资交流会，共有80余家区内外商家参加，参加人数2万余人。

三、市场监管

（一）民族商品市场监管

过去，聂荣县由于市场发展缓慢，加之市场整体发育的层次低，同时受自然环境的影响，无专门的民族商品市场，民族用品在其他市场中零散经营。

（二）农副产品市场监督

1959—1980年，聂荣县畜牧副产品市场实行统购统销、统购包销制度，从管理上基本采取行政手段，即政府指令性和高度计划性的管理。

1966—1976年期间，畜牧副产品市场逐步形成，聂荣县管理方式和方法从原来的高度集中、高度计划的行政管理模式转变为计划与市场相结合的管理方法，放宽和调整了牧副产品的购销政策，放开市场、集市交易。

1985 年，聂荣县取消了统购、统销，实行合同订购和市场收购的双轨制管理模式，行政手段与经济手段相结合的方法。

1992 年后，畜牧副产品交易全部放开，不受计划的约束，由市场来调节，基本采用法律的手段来监督，即依法交易、遵守交易规则、规范市场交易行为，工商行政管理部门直接监督和管理牧副产品市场。

1998 年，市场在资源配置中的基础性作用显著增强，畜牧副产品生产、加工和销售环节逐步实现有机结合和相互促进，农牧民收益逐步提高。

2003 年，聂荣县畜产品加工发展迅速，是牧民主要收入来源，但是加工技术落后、卫生条件不达标等缺点也凸显出来。

2007 年，聂荣县畜牧副产品市场发展迅速，供求关系趋于缓和，逐渐开始注册登记农牧民合作社，实现畜牧产品生产从“家庭”到“作坊”的转变。

2009 年，聂荣县工商行政管理局开始对个体工商户进行登记注册，同时加大对各类市场违法行为查处力度，不断优化市场发展环境。

（三）土特产品市场监督

以前的聂荣县土特产品主要以肉食品、奶产品和毛品等畜产品为主，根据经济发展的规律性自发进行交易，无固定交易场所。2006 年底，聂荣县开始逐步对以牦牛、羊肉为主的产品交易进行监管，对县农贸市场内的肉摊和菜市场进行登记，对肉类的质量、规格、价格进行全面检查及统计。

第三节　个体工商户管理

聂荣县传统的民族手工业者主要有银匠、铜匠、铁匠以及木匠，还有从事编织、缝纫等民族手工业的人员。民族手工业产品包括日常用品、宗教活动用品、藏式建筑用品、民族服饰用品等。

20 世纪 80 年代后，青海、甘肃、四川以及自治区其他地区的经商人到聂荣县从事个体经商活动，商品主要有百货、粮油、副食、餐饮等。

党的十一届三中全会后，在支持农牧民经商办企业的政策下，全县个体工商户快速发展。

改革开放之初，全县市场上的商品全靠贸易公司和各区、乡所在的供销社供应。1980 年，开始对个体工商户进行登记注册，由聂荣县工商局负责登记发证。

20 世纪 90 年代开始，全县个体经商户发展迅速，个体经商户遍及全县城乡各个角落，经营形式从过去的以流动性为主转为以固定场所的店面性经营为主。在行业上，个体私营经济经营领域也由过去的单一商业零售拓展到文化、餐饮、娱乐、加工、运输等领域。

一、登记注册

1982 年，聂荣县工商机关登记的个体商户有 32 户。1985 年有 41 户。1989 年有 68 户。1993 年有 87 户。1998 年有 115 户。2000 年，聂荣县个体工商户有 143 户，从业人员达 364 人，年销售商品 376 万元。2005 年有 152 户。2010 年，聂荣县有个体工商户 168 户，从业人员 184 人。

二、收费

工商行政管理部门核发营业执照，向从事个体经营活动的城乡个体工商户收取一定的工商管理费、登记费和工本费。个体工商户管理费按月收取，对从事购销活动的，按营业额的 0.5—1.5% 收取。个体工商户管理费主要用于个体劳动者协会的经费开支，主要是常设机构工作人员的工资、福利、办公费，以及对个体工商户的宣传教育、技术培训、工资补贴、奖励等支出。

根据有关规定，聂荣县除收取工商管理费外，还收取个体工商户登记费，包括开业登记、变更登记，开业登记一次性收费 20 元，个体工商户营业执照遗失、损坏，需要重新补办的收取 10 元。变更营业执照收取 3 元工本费、10 元变更费。

第四节　经济检查

一、打击投机倒把

1982年，聂荣县按照中央和自治区、地区统一部署，重点打击倒卖国家计划内生产资料和生活资料的投机倒把行为。

1984年12月，根据国家经济工作会议精神，聂荣县在商品流通体制改革中，重点把握三个方面的关系，即计划为主与市场调节的关系，国营商业的主渠道与多渠道关系，搞活流通与市场管理的关系。

1987年9月，聂荣县严格执行国务院发布的《投机倒把行政处罚暂行条例》，条例明确规定11种投机倒把行为。

1990年8月17日，国家工商行政管理总局发布《投机倒把行政处罚暂行条例施行细则》，为工商行政管理机构维护市场经济秩序系提供了详细的法律依据。

1992年，党的十四大明确了建立市场经济体制的目标模式，投机倒把的概念越来越难以适应社会经济的发展，投机倒把罪渐趋淡出。

1997年3月，聂荣县严格执行八届全国人大五次会议修订的《中华人民共和国刑法》，将投机倒把罪除名，并分解出几种常见罪，分别是合同诈骗罪，非法经营罪，强迫交易罪，倒卖车票、船票罪，非法转让、倒卖上地使用权罪等。

2008年1月23日，聂荣县严格执行国务院发布的《关于废止部分行政法规的决定》，92件行政法规被废止或宣布失效，其中《投机倒把行政处罚暂行条例》在列。

二、查处经济违章违法

1984年以来，聂荣县将查处和打击假冒伪劣产品重点放在牧民生产资料和城镇居民耐用消费品，特别是对人民群众生命安全有直接关系的药品、医疗器械、保健药品和食品、化妆品、饮料等方面，以及与广大牧民群众财产安全有直接关系的牧业生产资料方面。

1984—2010年，聂荣县共查处经济违法违章案件365件。

三、反不正当竞争

1993年，聂荣县按照国务院发布的《中华人民共和国反不正当竞争法》，重点开展对利用行业垄断和行业优势进行不正当竞争行为的查处，同时对假冒他人注册商标的，擅自使用知名商品特有的名称、包装、装潢或者使用与知名商品近似的名称、包装、装潢，造成和他人将其与知名商品混淆，使购买者认为是知名商品的，按《反不正当竞争法》的条款查处。

第五节　计量管理

在封建农奴制社会，聂荣县计量单位和度量衡器不统一，普遍存在藏制、市制、公制计量混用。牧区主要使用藏制计量单位，度量衡有升、两、合、勺、钱、分、厘、毫等单位。直到1955年国务院发布“市制16两为1斤一律改为10两1斤”的计量单位。聂荣县内仅有一些简易的杆秤出现，以牛皮、木板、皮绳做秤盘，削光滑的小木杆为秤杆，卵石为砣，但秤杆上无斤、两标记，称一次为一藏斤。一藏斤的差异很大，可折合2—3.5斤不等。

1959年，国务院发布《关于统一计量制度的命令》，聂荣县逐步推广和使用全国统一的计量器具和计量单位，如杆秤、磅秤、市尺、米尺、量杯等，使用市斤、两、尺、寸、厘米、米、华里等作为计量单位。

1984年，聂荣县按照国务院发布的《关于在我国统一实行法定计量单位的命令》《全面推行我国法定计量单位的意见》和《中华人民共和国法定计量单位使用办法》，市场开始推行市斤、两、公斤（千克）、吨等单位。在计算面积使用平方千米、平方米等单位，长度单位使用米、厘米、千米等，容量单位使用升、毫升等。

2000年底，聂荣县境内通用计重器具有杆秤、台秤、磅秤，测量长度的器具有直尺、卡尺、皮卷尺、钢卷尺等，容积器具有刻度量杯、量筒、量瓶。聂荣县在推广各种计量器具和标准单位的同时，加强市场计量器具和计量单位管理，采取群众监督、政府监管的办法，对市场计量器具和计量标准进行定期和不定期检查，发现使用不标准的度量器具，一律没收，并进行处罚。

2010年后，聂荣县各类市场以中华人民共和国统一制定的度量衡进行交易。

第六节　工商体制

1949年10月21日，中央人民政府政务院财政经济委员会成立，下设私营企业局，主要管理私营工商业。

1949—1952年，国民经济恢复期间，聂荣县积极监管私营、个体工商户和外资企业，没收官僚资本，扶持濒临困境的民族资本主义工商业恢复生产经营，组织物资交流，平抑市场价格，保证经济的恢复与发展。

1954年，政务院改称国务院，中央工商行政管理局成为国务院的直属局。工商局也先后将对国营商业领导、管理的任务交给商业局，并改称工商行政管理局，专门负责工商行政管理工作。

1956年社会主义改造基本完成后，我国开始实行高度集中的计划经济体制。工商行政管理职能仅局限在管理农村集市贸易上，工商行政管理职能被削弱，许多地方工商行政管理机关被撤销、合并。

1969年，工商行政管理部门机构相继被撤销。1978年9月25日，国务院恢复成立工商行政管理总局（1982年改称国家工商行政管理局，2001年又改称国家工商行政管理总局），为国务院直属局。

1978—2010年，聂荣县工商行政管理伴随社会主义市场经济的建立和完善不断发展。

第四章　统计

第一节　机构

民主改革前，聂荣县未设立专职统计机构，由原生产组代理，全面负责临时的统计工作。民主改革后，政府部门相继设置统计机构，企业配备统计专业人员或兼职统计人员。

1976 年，聂荣县经济计划委员成立，负责全县统计工作。

1999 年 10 月 25 日，经那曲地区机构编制委员会批准，成立聂荣县统计局，为副科级行政建制，隶属县计经委管理。

2001 年，县统计局隶属经济计划委员会，为副科级行政建制，由县发改委主任兼任统计局负责人。

2010 年底，县统计局人员编制 6 人，实有工作人员 4 人。办公室仍隶属县计委管理。

第二节　统计工作

一、统计报表

聂荣县统计局成立后，执行国家统计局及上级业务部门制定的报表制度，从事农牧业、工业、建筑业、商业、物资、劳动工资、固定资产等资料的搜集、整理、归档工作，对“社会总产值”“城乡人均收入”等指标进行准确的计算和统计，及时上报到地区统计业务部门。

1995—2010年聂荣县生产总值情况见表7－4－1。1995—2010年聂荣县人均纯收入情况见表7－4－2。

1995—2010年聂荣县生产总值情况表

表7－4－1　　单位：万元

年份	生产总值	第一产业	第二产业	其中建筑业	第三产业
1995	3670.09	3032.86	8.66	8.66	628.57
1996	2839.85	1898.78	14.93	14.93	926.14
1997	3644.31	3057.97	44.36	15.19	541.98
1998	3259.50	1899.21	312.19	284.95	1048.09
1999	4886.08	3060.40	470.24	434.62	1355.44
2000	5220.20	2994.83	607.76	590.36	1617.61
2001	5907.97	4055.27	380.72	370.25	1471.97
2002	7700.23	4292.61	671.31	590.23	2736.31
2003	8904.08	4203.17	1453.28	1125.32	3247.63
2004	12612.05	3819.16	1332.25	1256.54	7460.64
2005	16299.25	4119.28	2877.97	2563.21	9302.00
2006	19337.81	4336.00	5679.08	4789.58	9322.73
2007	22509.31	4657.21	7377.21	6982.58	10474.83
2008	24065.43	5257.90	7120.11	6974.14	11687.42
2009	27413.15	5565.48	9429.76	8865.25	12417.91
2010	29540.34	5981.63	10626.08	9987.46	12931.91

1995—2010年聂荣县人均纯收入情况表

表7-4-2 单位：元

年份	人均纯收入	年份	人均纯收入
1995	822.43	2003	1271.25
1996	828.43	2004	1463.49
1997	905.13	2005	1651.49
1998	816	2006	1982.96
1999	1002.05	2007	2213.14
2000	972.24	2008	2468
2001	1106.22	2009	2731
2002	1199.99	2010	3338

二、统计资料与公报

聂荣县统计局统计人员经过搜集社会经济各项数据和相关数据，精心整理统计后汇总造册，上报那曲地区统计局和县委、政府领导。每年年底，召集各乡（镇）统计人员开展统计工作培训会，与实际结合，讲解统计数据的相关知识，统计汇总聂荣县经济发展情况年报表和县、乡（镇）基本情况统计表，从而反映和体现聂荣县社会经济各项事业的发展状况。

第三节　行业统计

一、建筑业统计

1959年，聂荣县建筑业统计是建设统计的组成部分。

1964年，聂荣县将施工单位的财务成本和劳动生产率、劳动时间等表列入定期报表一并统计。

1982年9月，国家统计局和国家经委联合发出《关于改进和加强建筑业统计工作的通知》。聂荣县的建筑业由聂荣县计经委汇总后上报统计表。

1997—1998 年，聂荣县对统计年报、定期统计报表制度作出修订。

1998—2000 年，定期统计报表的综合范围由国有建筑企业改为资源等级，将国有建筑企业生产情况表、国有建筑企业财务状况表的表名分别改为建筑业企业生产情况、建筑业企业财务状况，取消“中央企业”“地方企业”两个指标。报告期由季报改为半年报。

2004 年，第一次全国经济普查开始，建筑现价增加值按生产法和分配法（收入法）两种方法计算，以收入法的计算结果为准，即从收入的角度出发，根据生产要素在生产过程中应得收入份额计算。

2005 年，聂荣县建筑业开始执行网上直报制度。

二、邮电通信统计

聂荣县的邮电统计主要采取“单轨制”，即邮电通信业的统计由邮电通信机构按照其上级部门的要求统一执行。在上报时，为地方统计机构提供有关数据资料。

2000 年，聂荣县邮电通信部门的统计包括邮电业务量、邮电局、邮路、电报电路、长途电话电路。

2010 年，聂荣县邮电通信部门的统计包括邮电局数、长途电话，主要指标内容有邮电局数、牧区投递路线总长度、电报电路总数、长途电话路总数、市话交换机容量、邮电业务总量等。

三、批发零售贸易、餐饮业和物价统计

（一）批发零售贸易、餐饮业统计

1977 年，聂荣县调整商业统计综合年报，恢复社会商品零售量、农村产品收购量、主要消费产品生产与消费平衡 3 种报表。

1979 年，聂荣县恢复商业、饮食业、服务业机构人员统计。有商业人员统计年报，商业零售机构人员统计年报和事业、服务业机构人员统计年报。社会消费品零售量年报设粮食、食用油、猪肉、鲜蛋、食盐、烟、酒、布等 38 种主要消费品零售量。

1986 年，聂荣县建立重点城市商业、饮食业、居民服务业主要经济指

标年报，设商品销售（营业）收入、毛利、费用、销售（营业）税金、经营利润、利润总额、上缴所得税等20个指标。

1987年，聂荣县建立社会商业商品购、销、存数量年报及电讯月报，取消全民所有制商业和供销合作社商品购、销、存总额和数量2个报表。

1993—2000年，聂荣县商业统计改为批发零售贸易业、餐饮业统计，逐步改革不适合经济体制需要的报表及统计范围，制定完善基层统计报表，取消原有的社会商品购买力等报表。

2003年，聂荣县开始统计批发零售贸易业商品流转、餐饮业销售情况年报，采用以定期报表代替年报的方式。

（二）物价统计

1994年，聂荣县开始统计居民商品价格总水平、居民消费价格指数、农资价格指数等。

1998年，聂荣县设立专人负责物价调查，分14个大类计算消费、零售、农资等物价指数和商品零售价格等指数。

1999—2010年，聂荣县重新确定多个物价调查点，建立和完善符合聂荣县实际的物价指数、价格台账和物价指数调查体系。

四、固定资产投资统计

20世纪70年代，自治区统计局发出《关于精简基本建设定期统计报表的通知》，停止向自治区统计局报送《基本建设完成情况主要指标》表中的自年初至本季累计完成投资额中的生产性建设指标，其他指标仍按原规定不变。

1981年，根据国家计划委员会、国家统计局的要求，聂荣县基本建设投资统计扩展为包括更新改造措施在内的固定资产投资统计。

1982年，聂荣县在上报原有年报（半年报）的基础上，增报两次措施项目定期报表，增报范围为公交系统全民所有制企业计划总投资5万元以上的独立措施项目（不包括其他投资）。

1987年，聂荣县开始建立全民所有制单位其他固定资产投资以及集团和个体固定资产投资统计半年报制度。对《基本建设》《更新改造》《全民所有制其他投资》《城镇集体所有制固定资产投资》4 套年报进行分级汇总。

1988 年，聂荣县将全民、集体所有制单位购买的商品房或其他商品建筑纳入各自的投资规模，将购买的商品房分别列入基本建设、更新改造或 5 万元以下的零星购置统计报表报送。

1990 年起，聂荣县调整商品房屋建设统计制度，按全民所有制固定资产投资计划管理规定，其统计方法由原来的买房单位按购买房屋的实际支出计算完成投资额，改为由商品房开发公司按建设进度统计投资完成额，同时报送商品房屋的投资额和施工、竣工、销售建筑面积及销售额指标。

1991—2000 年，聂荣县将《基本建设大中型建设项目》的报告期由季报改为月报，与基本建设月报同时报送。

2001—2010 年，聂荣县固定资产投资报送方式为月报，采取联网直报的方式报送相关数据。

五、教育、卫生统计

（一）教育统计

1965 年，聂荣县开始对公办小学发展情况进行统计。当时统计指标体系比较简单，主要是学校、学生、教职工人数等基本统计。

1985 年，聂荣县增加行业管理需要的统计项目和指标，根据有关统计指标计算学龄儿童入学率、巩固率、升学率、毕业率等分析指标。

2001—2010 年，聂荣县教育统计的内容主要是开展各级各类普通全日制教育统计，统计范围包括中专、职高、普通中学、小学等，统计指标有学校数、在职教职工人数、在校学生人数。

（二）卫生统计

卫生统计方面，1963 年，聂荣县主要统计卫生机构、床位、卫生技术人员、其他技术人员、行政管理人员、勤杂人员等。

2000 年，聂荣县进行基本情况统计，包括各级各类卫生事业机构数、床位数、工作人员及各类卫生技术人员分类情况。医院工作情况包括诊疗总次数、门诊急诊分科情况，疾病防治工作情况，预防接种情况，妇幼保健及计划生育等统计。

2001—2010 年，聂荣县主要进行基本情况统计，包括各级各类卫生事业机构数、床位数、工作人员及各类卫生技术人员分类情况。

六、国民经济核算

国民经济核算统计内容包括国民经济主要指标和人口经济指标。国家统计局下发《国民生产总值统计报表制度》，要求各地按制定的《国民收入、国民生产总值统计指标解释》编报国内生产总值，共有 4 张综合表，即按当年价格计算的国民生产总值表、按可比价格计算的国民经济生产总值表、国内生产总值构成项目表、按支出法计算的国民生产总值表。

聂荣县根据自治区统计局的要求和国民经济发展情况，取消国民收入的核算。国民经济综合情况只通过国内生产总值的核算来反映。

聂荣县对生产总值（GDP）进行核算，按照新国民经济核算要求，采用 3 种不同的表现形式，采用生产法、收入法、支出法分别计算生产总值完成情况，采用以反映物质产品生产为主要内容的物质产品平衡表体系，其核心指标是“国民收入”。国民收入资料构成分为国民收入积累和消费综合表，国民经济总额和国民收入，国民收入生产、积累与消费等部分。

至 2010 年，聂荣县按照新国民经济核算要求，对国民生产总值进行核算。根据国内生产总值 3 种不同的表现形式，采取生产法、收入法和支出法分别核算国内生产总值完成情况。

第四节　普查调查

一、经济普查

1982 年以前，聂荣县统计局并未成立，也无单独的机构，由县委、政府统筹组织实施 2004 年的聂荣县第一次经济普查和第二次经济普查，相关数据由县发改委上报和保存。

经济普查，主要是全面掌握我国第二产业和第三产业的发展规模、结构和效益等信息，建立健全覆盖国民经济各个行业的基本单位名录库（含编码）及其数据库系统。认真搞好经济普查，对研究制定聂荣县国民经济和社会发展规划，优化经济结构，改进宏观调控，开拓新的就业渠道，提高人民生活水平，全面建设小康社会，具有重要意义；对改革统计调查体系，完善国民经济核算制度，健全统计监测和预警、预报系统，发挥着重要作用。

二、人口普查

1982 年，全国进行第三次人口普查时，聂荣县成立第三次人口普查工作领导小组及办公室，从 1982 年 7 月 1 日零时起对全县人口进行普查，普查记录 7 项指标，即姓名、性别、年龄、出生地、民族、文化程度、职业（内部划分行业和职业 2 项）；户记录 2 项指标，即户别和该户人口。

1989 年底，聂荣县成立第四次全国人口普查领导小组及办公室。普查登记时间为 1990 年 6 月 1 日零时，普查对象是具有中华人民共和国国籍，并在中华人民共和国境内常住的人（指自然人），按常住地进行登记。

1998 年 6—9 月，国务院和西藏自治区、那曲地区行署先后发出 2000 年进行第五次全国人口普查的通知。聂荣县根据上级相关部门精神成立普查领导小组和普查办公室，2000 年 12 月底初步完成汇总任务，取得第五次全国人口普查的阶段性数据资料。

2010 年，全国进行第六次人口普查时，聂荣县成立第六次人口普查工作领导小组及办公室，以 11 月 1 日零时为标准进行第六次全国人口普查。本次普查的对象是具有中华人民共和国国籍，并在中华人民共和国境内常住的人，按常住地进行登记。

三、基本单位普查

1996 年，聂荣县根据《国务院关于开展第一次全国基本单位普查的通知》精神，开展首次基本单位普查工作，普查范围为辖区内的除个体经济以外的所有法人单位和产业活动单位。

2001 年，聂荣县进行第二次全国基本单位普查。这次普查的标准时点为 2001 年 12 月 31 日，普查对象为中华人民共和国境内除城乡住户和个体工商户以外的所有法人单位及其所属活动单位。

第五章　土地管理

第一节　机构

2002 年 9 月 10 日，经县机构改革领导小组审核后，报经县委、县政府及地区编办批准，聂荣县国土资源局成立。行政编制 3 人，其中局长 1 名、副局长 1 名。

2010 年，聂荣县国土资源局有行政编制 4 人，其中局长 1 名、副局长 1 名。

2002—2010 年聂荣县国土资源局领导名录见表 7 -5 -1。

2002—2010 年聂荣县国土资源局领导名录

表 7 -5 -1

机构名称	职务	姓名	性别	民族	任职时间
聂荣县国土资源局（2002. 09—2010. 08）	局长	刘宝杰	男	汉	2002. 09—2010. 12
	副局长	洛桑加央	男	藏	2002. 09—2010. 08

第二节　土地利用与地籍管理

一、土地利用管理

聂荣县土地由国土资源局管理。在基层，乡级人民政府负责本行政区村内的土地管理工作。其主要内容有：农用地、牧草地、建设用地、未利用地的开发、利用、保护以及对各类土地开发利用保护进行的管理。其目标是在保障土地可持续利用的前提下，不断提高土地利用的生态效益、经济效益和社会效益。土地管理的运作受到社会制度、人口状况、经济制度与政策、科技水平、法制建设等诸多因素影响。

1984—1990 年，根据国务院批转农牧渔业部、国家计委等部门《关于进一步开展土地资源调查工作的报告的通知》，聂荣县制定了土地利用分类面积、土地利用结构汇总表，并撰写土地资源的评价报告。

1996 年起，依据《土地登记管理办法》《确定土地所有权和使用的若干规定》等，对聂荣县县城土地及使用情况进行初始登记。

1997 年，聂荣县开展土地详查数据变更工作，对土地分类基础数据进行汇总。

二、地籍管理

2002 年，聂荣县国土资源管理局成立以来，按照上级有关土地基准地价相关文件精神开展地籍管理工作，按照相关法律法规要求，先后 3 次调整地籍地价管理的文件。

第三节　土地使用

一、国有土地使用权划拨

2001 年，国土资源部发布的《关于改革土地估价结果确认和土地资产处置审批办法的通知》为国有划拨用地的价值认定及其估价提供了政策和法律依据。根据《中华人民共和国土地管理法》和《中华人民共和国城市房地产管理法》的规定，国有划拨用地是指国家机关用地，军事用地，城市基础设施用地，公益事业用地，国家重点扶持的能源、交通、水利等基础设施用地，法律、行政法规规定的其他用地，等等。划拨土地使用权，是指土地使用者通过除出让土地使用权以外的其他各种方式依法取得的国有土地使用权，同时也是国家在一定年限内，继续向土地使用者无偿提供生产经营的场地。

2001—2010 年，聂荣县县城区域内国有土地划拨使用权土地用地共 763 宗。

二、土地调查

2007 年全国第二次土地调查工作开展以来，聂荣县根据国务院 2006 年下发的《关于开展第二次全国土地调查工作的通知》（国发〔2006〕38 号），自治区人民政府办公厅《关于开展第二次全国土地调查工作的通知》的部署，根据《西藏自治区第二次土地调查实施细则》（城镇地籍调查部分）和自治区第二次土地调查办公室批准的《西藏那曲地区技术设计书》制定的工作方案和技术路线，开展城镇地籍调查。聂荣县第二次土地调查总面积 8990. 81 平方千米。包括聂荣镇、尼玛乡、色庆乡、桑荣乡、下曲乡、白雄乡、索雄乡、当木江乡、查当乡、永曲乡 10 个乡域，其中：草地面积 7961. 42 平方千米，城镇村及工矿用地 9. 7 平方千米，交通运输用地 6. 51 平方千米，水域及水利设施用地 234. 84 平方千米，其他用地 778. 34 平方千米。主要包括准备工作、权属调查、地籍勘丈、数据组建、面积汇总、文字总结、资料整理、检查验收。完善土地登记制度，坚持执行每月、每季度土地巡逻检查及巡查登记制度，认真开展土地登记规范化建设工作，建立土地登记管理系统，实现土地登记工作的规范化、现代化。

第八篇
工商粮贸

第一章　工业

第一节　民族手工业

聂荣县的民族手工业制品主要有：藏毯、藏装、藏式腰带、藏式帐篷等。

聂荣县的藏毯分为卡垫、地毯、靠垫、坐垫、马具垫、挂毯等。藏毯的原料为藏系绵羊毛，以纤维长、软硬度适中、弹性强为特点，图样设计别致、色彩鲜艳，美观大方，毯面柔软、细腻，洗涤不褪色、不掉毛，经久耐用，民族色彩浓厚的图案花纹，具有很高的使用和欣赏价值。

藏装，一般来说有藏袍、便装和衬衫等。藏袍是最常见的，男式宽大带袖，女式稍窄，分有袖、无袖两种。城镇居民喜用高级毛料制作藏袍，农区用氆氇，牧区用毛皮。男女藏袍都比较长，穿时要提起下摆并束以腰带，天热时只穿左袖不穿右袖。衬衫也是大襟式，男式多白色、高领、有扣，女式多花色、翻领、无扣。另外女式衬衫袖子要比衣服长约 40 厘米，在跳起舞蹈时放下，舞姿特别优美。

藏式腰带原料为藏系绵羊毛，不掉毛，经久耐用。以纤维长、软硬度适中、弹性强为特点。

藏式帐篷原料为藏系布料，图样设计具有民族特色，有吉祥八宝等图案，具有收藏和欣赏价值。

第二节 电力

1997年5月，聂荣县电站开工建设，电站装机1500千瓦，工程投资9865万元。水电站坝址地理坐标为东经92°12′、北纬32°12′，位于县城以东约10千米的下秋曲河左岸，坝址海拔高4605.5米。电站附近有聂荣县通往白雄乡的乡级公路经过，通过新建的长5千米的进厂公路，将聂荣电站接入那曲公路网。

聂荣县水电站水库正常高水位为4615.5米，设计水头为5.7米，设计流量为7.82立方米/秒，水库总库容为171万立方米。电站有机组3台。工程主要建筑物按8级地震设防。

由于聂荣特殊的地理位置、环境以及水文特征，聂荣县水电站只能季节性发电。自1997年建设以来，在满足聂荣县、聂荣镇党政机关、企事业单位及附近农牧民的用电需求，促进当地农牧民的经济发展方面发挥着巨大的作用。

2010年藏东电网建设至聂荣后，电站停用。

第二章　商贸

第一节　机构

1960 年，聂荣设立县农牧财贸部，为最初的商业管理机构。

1963 年，聂荣县在下辖的各区公所所在地设立供销社。

1968 年，全县商业管理工作由生产指挥组负责。

1975 年，设立聂荣县商业科。

1985 年，商业科更名为商业局。

2000 年，商业局和乡（镇）企业管理局合署办公。

2001 年，聂荣县成立供销合作社，有职工 38 人，其中 10 个乡（镇）分社 20 人。

2001—2010 年聂荣县供销合作社负责人名录见表 8－2－1。

2001—2010 年聂荣县供销合作社负责人名录

表 8－2－1

机构名称	职务	姓名	性别	民族	任职时间
县供销合作社（2001. 04—2010. 04）	经理	旺堆	男	藏	2001. 04—2004. 04
		才仁扎巴	男	藏	2004. 04—2010. 04
	副经理	扎西	男	藏	2003. 04—2009. 04
		罗布次仁	男	藏	2004. 04—2010. 04

第二节　商业

一、商品运输及销售

聂荣县自建立供销社后，从那曲地区及其他地区（拉萨、日喀则）调运各种日用工业品，主要有粮食、食用油、酥油、藏砖茶、白糖、哈达、锅、碗等商品。

2010 年聂荣县供销社各分社收入情况见表 8－2－2。

2010 年聂荣县供销社各分社收入情况表

表 8－2－2　　单位：元

乡（镇）	收入	乡（镇）	收入
尼玛乡分社	5089.45	白雄乡分社	5128.47
色庆乡分社	5327.03	索雄乡分社	4986.13
聂荣镇分社	6214.05	当木江乡分社	5513.04
桑荣乡分社	5321.55	查当乡分社	4652.29
下曲乡分社	5474.65	永曲乡分社	4325.81

二、乡镇企业

随着市场经济的多样化，供销合作社的作用逐步减弱，收益逐年减少。

2000 年以来，聂荣县根据那曲地委、行署的安排部署，按照“近奶远肉”的牧业产业发展思路，大力发展牧民专业经济合作组织，推进聂荣县畜牧业现代化发展。

2008 年，投资 160 万元在尼玛乡、色庆乡实施 2 个牧业项目。

2009 年，投资 100 万元在色庆乡 28 村实施奶制品加工销售项目。

2010 年，聂荣县委、政府出台《关于加快发展牧民专业合作经济组织、促进牧业产业化示范点建设的决定》。截至 2010 年底，全县共有 17 家牧民专业合作经济组织，实现收入 1894 万元。

三、多种经营

1960 年，聂荣县多种经营开始起步。

1961 年，聂荣县根据中央“稳定发展”的方针和中共西藏工委《关于整顿巩固农业生产互助组和停止试办农牧业生产合作社的方案》精神，在牧区贯彻“牧区三十条”政策，促进多种经营生产的发展。

1972 年，公社纷纷组建副业生产组、商人组、银匠组、石匠组，多种经营在区域上、规模上、人员上、结构上都有所扩大或增多。同时，还对农牧民群众发放贷款，扶持经济困难的农户发展多种经营。

党的十一届三中全会以后，在市场经济引导下，聂荣县全面贯彻“农、工、商”综合经营方针，统筹兼顾发展建筑业、商业饮食业及其他服务性行业，全县多种经营生产进入一个新的发展时期。

20 世纪 90 年代，聂荣县通过国家贷款、职工集资等形式，加大多种经营生产发展资金投入，全县多种经营生产发展迅速。

截至 2010 年，聂荣县有餐饮行业、畜产品加工销售、采砂采石、建筑施工等经营行业。

第三章　粮食

第一节　机构

1960 年 6 月，聂荣县建立粮食管理站，设立粮油门市部。

1964 年，设立财粮科。

1969 年 4 月 19 日，聂荣县革命委员会成立，全县粮油工作由县革委会生产指挥组负责。

1973 年，恢复设立县财粮科，有职工 2 名。

1976 年，聂荣县财粮科更名为聂荣县粮食科，有干部职工 3 名。

1984 年，聂荣县粮食科更名为聂荣县粮油公司，有职工 5 名。

1993 年，聂荣县粮油公司建设占地面积 460 平方米的办公楼，有职工 10 人。

2000 年，聂荣县粮油公司在聂荣县城建立占地面积 900 平方米的商品房，有职工 15 名。

2010 年，聂荣县粮油公司有职工 25 名，其中退休 15 名。

1964—2010 年聂荣县粮油部门领导名录见表 8 –3 –1。

1964—2000 年聂荣县粮油部门领导名录

表 8－3－1

机构名称	职务	姓名	性别	民族	任职时间
聂荣县财粮科（1964.07—1976.04）	科长	董太印	男	汉	1964.07—1976.04
聂荣县粮食科（1976.04—1984.09）	科长	刘文跃	男	汉	1976.04—1979.04
		强巴	男	藏	1979.04—1984.09
聂荣县粮油公司（1984.09—2010.12）	经理	扎西顿珠	男	藏	1984.09—1987.11
		加宗	男	藏	1987.11—1996.08
		古央	男	藏	1996.08—2010.12

第二节　管理

一、财务管理

和平解放初期，粮食由财政管理，实行统收统支的管理方式，年终决算后利润全部逐级上缴，亏损逐级拨补，由自治区筹委会粮食局统一对财政结算。

1960 年，自治区筹委会粮食局、财政处确定粮食局（科）行政支出预算，包括批准编制人员经费及行政部分公用经费、购置费，划归各专署财政部门管理，粮食业务方面的人员经费及业务性开支、购置费、建仓投资、流动资金和计划盈亏等，仍由自治区筹委员会粮食局管理。

1962 年，自治区粮食局将流动资金核定到专区粮食局，并对内部粮食调拨由划账办法改为调出、调入双方直接办理款项结算，自治区粮食局在宏观上起监督指导作用。

1985 年，聂荣县按照地区财政要求，对粮食企业的政策性亏损，实行按商品流转计划计算补贴总额，实行费用总额包干、超亏部分由粮食企业自负、减亏部分由粮食企业全留、盈利不收的管理办法。

1986年，自治区人民政府将粮食财务体制下放，改自治区统一管理为自治区、地、县三级管理，分级核算粮食企业的政策性亏损补贴，聂荣县财政按上级下达的粮食经营计划，核定粮食亏损指标。

1987年，聂荣县开始实行粮食销售调拨和财务包干办法。

1993年，聂荣县实行一年一定的财务包干办法，因粮食价格上涨，区内运价偏高，经营费用大幅增加。

1994年，聂荣县对储备库实行费用包干、超亏不补、减亏全留的办法，并依据包干定额拨放补贴指标。固定资金和流动资产实行谁使用谁管理的办法，分设账户单独核算。

1995年起，聂荣县贯彻实行自治区根据国务院《关于粮食部门深化改革实行两条线运行的通知》精神制定的两线运行的实施方案，对政策性业务和经营性业务进行划分，从事政策性业务产生的亏损，由财政采取定额包干、超亏不补、结余归己的办法予以补贴。

2010年，根据国家和自治区物价局、地区物价局要求，对县域内涉及刑事、民事、行政案件以及其他单位和个人委托的国家资产、无形资产等商品价格进行价格签证、价格认定、价格评估。

二、价格管理

（一）收购价格

1960年，聂荣县收购青稞每公斤由0.2元调为0.13元，下调0.07元，降幅为35%。

1964年，聂荣县收购青稞每公斤由0.13元调为0.10元，下调0.03元，降幅为23%。

1981年，全区粮油实行免征免派政策，聂荣县采取自愿交售和加价收购办法，将青稞、蚕豆、豌豆加价60%，油菜籽、酥油加价50%，小麦加价30%。

1982年，聂荣县为保证粮食入库质量，鼓励多售纯粮，少卖混和粮。青稞、豌豆混合粮加价60%，小麦、豌豆混合粮和小麦、青稞混合粮加价 30%。

2010 年，聂荣县大米 1.70 元 1 斤、面粉 1.39 元 1 斤、糌粑 2.15 元 1 斤、菜籽油 56.5 元 1 桶（25 升）。

（二）销售价格

1979 年，聂荣县定量批售酥油，按购销同价和保本经营原则，酥油执行当地粮油收购价加 50% 价格。

1985 年，根据那曲地区粮食部门要求，聂荣县粮食部门由管理转向经营，对供应牧民的粮食销售价格作适当调整。

1990 年，聂荣县因粮油进价提高，费用上升，适当调整成本粮油价格。

1991 年，聂荣县对牧区三包学生、牧场职工及家属小孩，粮油按牧区价格执行销售，调剂供应粮油价格为青稞 0.30 元/公斤、小麦 0.24/公斤、糌粑 0.35 元/公斤。

2010 年，聂荣县大米 1.52 元 1 斤，面粉 1.47 元 1 斤、糌粑 2.02 元 1 斤、菜籽油 57.7 元 1 桶（25 升）。

第三节　粮油购销

一、城镇粮食供应

1964 年，为解决城镇居民、驻军部队、县直机关、学校及企事业单位用粮问题，聂荣县开展城镇粮油供应工作。粮油供应纳入全县重要工作计划，按照统一经营管理、定额按月分配的原则进行粮食的管理与分配。单位供应实行单位编制粮食计划，按月进行供应。城镇居民粮食供应采取发购粮证、按月凭证购买粮食的方式。

民主改革以后，为满足全县干部职工粮食需求，更好地分配粮食，促进市场消费，在干部职工中实行粮票制。当时干部职工每月供应粮食 15 公斤。粮票一般有 20 斤、10 斤、5 斤、2 斤、1 斤、半斤 6 种面值。

二、牧区粮食供应

1964 年，聂荣县人民政府对全县牧区缺粮户实行国家扶持、价格从优的优惠政策。

20 世纪 90 年代，随着市场经济的不断发展，逐步取消粮油供应制度，农牧民粮食供应主要通过财粮科征收公粮予以解决。由于库存粮食数量有限，粮食运输难度大，再加上群众粮食需求量大，当地牧民群众需要先到财粮科备案以后，再从库存里购买粮食。当时主要销售粗粮，即青稞、小麦，群众很少购买肉类、酥油和糌粑，牧民群众每人每月供应粮约为 8 公斤。

2003 年，在开展非典疫病防治的工作中，聂荣县粮油公司在认真抓好粮食储备工作的同时，加强各乡（镇）的粮食运送，确保粮食储备，共储备各类粮食 4073 吨，其中青稞 3112 吨，大米 413 吨，面粉 548 吨。

2004 年，聂荣县粮油公司完成粮食调入 100 吨，占年计划的 100%；完成粮食销售 100 吨，年末粮食库存 82 吨。

2005 年，聂荣县粮油公司调入粮食 23 吨，销售 39 吨，年末粮食库存 4.54 吨，销售额 64.7 万元。

2010 年，聂荣县粮油公司和县教育局签订三包粮食合同，为全县学校供应大米 59 吨，供应面粉 45 吨，供应糌粑 5 吨，供应菜籽油 16438 桶（每桶 10 斤）。

三、资产运营

1998 年 5 月末，聂荣县粮油公司资产总额达 807 万元，年购销数量为 68 吨，销售金额 60 万元，年库存量 448 吨，年库存金额 538 万元。

2000 年，聂荣县粮油公司粮油收购资金为 715 万元。

2005 年，聂荣县粮油公司流动资产净损失 5 万元，为自然灾害造成的净损失。

第九篇

畜牧　林业　水利

第一章　畜牧业

第一节　机构

1965 年，聂荣县农牧局成立，下设畜牧兽医站。

1969 年，成立聂荣县革命委员会，农牧局归属革委会管理。

1989 年，聂荣县农牧局更名为畜牧局，编制 8 人，设有局长 1 名、副局长 1 名。

2005 年起，聂荣县开始建设乡镇兽防所，2010 年全部建设完成并通过西藏自治区验收。

2010 年，县畜牧局编制 8 人，实有 8 人。辖科技局、林业局和乡企局 3 个单位。

1965—2010 年聂荣县畜牧部门领导名录见表 9－1－1；1960—2011 年聂荣县畜牧兽医站领导名录见表 9－1－2；1960—2010 年聂荣县畜牧兽医站领导职称见表 9－1－3。

1965—2010 年聂荣县畜牧部门领导名录

表 9－1－1

机构名称	职务	姓名	性别	民族	任职时间
聂荣县农牧局（1965. 08—1992. 08）	局长	张伯乐	男	藏	1965. 08—1970. 10
		洛桑	男	藏	1970. 10—1977. 07

续表

机构名称	职务	姓名	性别	民族	任职时间
聂荣县农牧局（1965.08—1992.08）	局长	罗布	男	藏	1977.07—1982.10
		索多	男	藏	1982.10—1992.08
	副局长	1982—1992 无副局			
聂荣县畜牧局（1992.08—2010.12）	局长	其根	男	藏	1992.08—1996.10
		热旦巴	男	藏	1996.10—2001.11
		次仁斯曲	男	藏	2001.11—2008.10
		次巴珠	男	藏	2008.10—2010.10
	副局长	次央	女	藏	1989.03—1995.08
		多吉次仁	男	藏	1995.08—2001.10
		次仁	男	藏	2001.10—2003.09
		尼玛扎西	男	藏	2005.10—2008.12
		郭潮水	女	汉	2009.02—2010.12

1960—2011 年聂荣县畜牧兽医站领导名录

表 9－1－2

机构名称	职务	姓名	性别	民族	任职时间
聂荣县畜牧兽医站（1960.04—2011.07）	站长	宋幸焦	男	汉	1960.04—1969.02
		唐高义	男	汉	1969.02—1973.09
		强巴贡觉	男	藏	1973.09—1990.10
		王生任	男	汉	1990.10—1992.08
		强抗	男	藏	1992.08—1998.09
		卓罗	男	藏	1998.07—2000.09
		古达	男	藏	2000.09—2001.10
		桑珠	男	藏	2001.10—2011.07

1960—2010 年聂荣县畜牧兽医站领导职称表

表 9－1－3

年份	姓名	职称	备注
1960—1969	宋幸焦	初级	已退休
1969—1973	唐高义	初级	已退休
1973—1990	强巴贡觉	中级	已退休
1990—1992	王生任	初级	已退休
1992—1998	强抗	中级	已退休
1998—2000	卓罗	初级	已退休
1998—2001	古达	初级	已退休
2001—2011	桑珠	中级	已退休

第二节　牧业经济发展

畜牧业是聂荣的支柱产业，是牧民群众赖以生存和发展的唯一产业，在县域经济中占有相当大的比重。西藏民主改革前，由于受封建牧奴制度、牧主所有制的影响，牧业生产发展受到限制，牲畜饲养管理粗放，靠天吃饭，自然游牧，无棚圈，冬春季极少补饲，遇到天灾、缺草、疾病等会造成牲畜大量死亡，畜牧业发展缓慢。

1959 年，全县因叛乱损失的牲畜占牲畜总量的 30%—40%。民主改革后，随着一系列有利于畜牧业发展的措施施行，畜牧业逐渐发展。

20 世纪 60 年代，随着“三反两利”运动的开展，解决了一部分没有牲畜和牲畜少的贫苦牧民户在生产和生活上的困难，通过组织运输和拾牛粪、割草，也增加了牧民群众一部分收入。

1961 年，聂荣县根据中央“稳定发展”的方针和中共西藏工委《关于整顿巩固农业生产互助组和停止试办农牧业生产合作社的方案》精神，在牧区贯彻“牧区三十条”政策，县牧场有牛334头，其中奶牛117头，驮牛170头，种公牛4头，小牛43头；有绵羊530只，山羊64只。

1963年，全县牲畜头数共计228247头（只、匹）。

1972年，县牧场共有牛羊949头（只），同比增长12%，死亡率降低到6%。

1980年，全县各类牲畜总存栏595100头（只、匹），牧业总收入401.47万元，牧民人均收入200.76元，牲畜承包责任制激发了广大群众的生产积极性。

20世纪90年代，通过国家支持、职工集资等形式，不断加大畜牧业投资力度，聂荣县牧区开发示范工程、草场改良及围栏工程等项目相继实施。

2008年，那曲地委、行署在班戈县召开了农牧民合作经济组织暨农牧业产业化示范点现场会，聂荣县结合实际，提出了“近奶远肉”的牧业产业发展思路，大力发展牧民专业经济合作组织。2008年，聂荣县总投资160万元实施奶制品加工项目，该项目加工点当年共销售牛奶268公斤、“拉拉”35公斤、酥油78公斤、酸奶452公斤，实现现金收入3.5万元。

2009年，聂荣县尼玛乡牧民经济合作社销售牛奶1976公斤、拉拉13133.5公斤、酥油237.5公斤、酸奶2506.5公斤，实现现金收入12.2万元。同年，投资100万元实施奶制品加工销售项目，其中群众自筹50万元，在色庆乡28村实施，修建了一处248平方米的奶制品加工销售用房，并购买冷藏车等相关设备，共销售牛奶406公斤、“拉拉”75公斤、酥油97.5公斤、酸奶816.5公斤，实现现金收入4.1万元。

到2010年，聂荣县出台了《关于加快发展牧民专业合作经济组织、促进牧业产业化示范点建设的决定》，不断推进牧业发展。聂荣县17家牧民专业合作经济组织共收入189.4万元，其中，畜产品加工销售收入108.7万元，采石收入17万元，采砂收入13.2万元，牦牛育肥销售收入50.5万元。

2010年聂荣县畜牧场收入预计明细见表9－1－4；1979—2000年聂荣县牧民经济效益分配情况见表9－1－5。

2010 年聂荣县畜牧场收入预计明细

表 9－1－4

项目	名称	单位	估产数	产品估价（元）		备注
				单价	合计	
畜产品	牛毛	斤	442	0.20	88.40	
	绵羊毛	斤	1140	0.41	467.40	
	牛绒	斤	331.50	0.42	149.23	
	山羊绒	斤	16	1.60	25.60	
	绵羊羔皮	张	43	0.50	21.50	
	山羊羔皮	张	3	0.30	0.90	
	酥油	斤	910	1.10	1001	
	鲜奶	斤	6000	0.15	900	
	牛皮	张	4	3.40	13.60	
运输	运输	头	1400	2.40	3360	
副业	牛粪	担	50	1	50	每担 100 市斤

1979—2010 年聂荣县牧民经济效益分配情况表

表 9－1－5

年份	总收入（万元）	总费用（万元）	纯收入（万元）	提留（万元）	牧民所得（万元）	人均收入（元）
1979	352.17	2.15	350.02	49.55	300.47	168.89
1980	401.47	8.32	393.15	20.09	364.06	200.76
1981	371.12	11.37	359.75	29.47	330.28	179.27
1982	460.52	0.16	460.36	31.66	428.70	225.52
1983	481.44	5.72	475.72	20.22	455.50	232.41
1984	837.43	61.53	775.90		775.91	386.52
1985	1128.50	149.62	978.88		978.88	476.80
1986	1084.89	169.91	914.98		914.98	437.29

续表

年份	总收入（万元）	总费用（万元）	纯收入（万元）	提留（万元）	牧民所得（万元）	人均收入（元）
1987	1090.95	122.03	968.92		968.92	452.72
1988	1296.38	156.36	1140.02		1140.02	520.25
1989	1225.66	157.35	1068.31		1068.31	472.85
1990	1055.95	160.07	895.88		895.88	386.89
1991	910.50	179.67	730.83		730.83	311.27
1992	1848.87	330.12	1518.75		1518.75	672.77
1993	1945.29	244.55	1700.74		1700.74	690.88
1994	3053.92	1152.17	1901.75		1901.75	754.78
1995	3694.34	1577.17	2117.17		2117.17	822.43
1996	3052.19	892.30	2159.89		2159.89	828.43
1997	3742.69	1347.09	2395.60		2395.60	905.13
1998	3343.87	1159.07	2184.80		2184.80	816
1999	4281.64	1564.29	2717.35		2717.35	1002.05
2000	4316.29	1677.63	2638.66		2638.66	972.24
2001	4738.38	1702.25	3036.13		3036.13	1106.22
2002	5022.37	1786.36	3236.01		3236.01	1199.99
2003	5368.31	1790.89	3577.42		3577.42	1271.25
2004	6128.89	1952.53	4176.36		4176.36	1463.49
2005	6825.59	2015.45	4808.14		4808.14	1651.49
2006	7925.71	2126.35	5799.36		5799.36	1982.96
2007	9085.48	2359.31	6726.17		6726.17	2213.14
2008	10011.71	2388.56	7623.15		7623.15	2468
2009	11108.52	2564.32	8544.20		8544.20	2731
2010	11380.78	2780.22	8600.56		8600.56	2822

第三节 畜牧业经济体制

一、封建农奴制

7世纪前，聂荣境域内的人和土地均为部落首领占有。

吐蕃时期，聂荣境域内极少数平民私人占有土地、草原和牲畜等生产资料，但绝大部分仍属贵族所有。

元朝时期，聂荣境域内土地、草原和牲畜等生产资料归地方首领及寺庙占有。

明清时期至1959年初，西藏地区绝大多数财富被西藏地方政府、贵族、寺院和宗教上层僧人“三大领主”所占有。

“三大领主”是草场的实际掌控者，领主拥有部落，同时拥有部落的土地。聂荣属三十九族地区，部落头人在接受“三大领主”委任的部落统治职务后，成为领主在部落内部的代理人，部落牧民是领主的庶民，领主通过部落给予牧民草场的使用权，作为使用草场的条件，部落要集体承担“三大领主”的乌拉差役。

“三大领主”占有草场的同时，也占有居住在草场上的部落牧民人身。牧民除了承担各种劳役，还要交纳酥油、牛羊肉、皮张、羊毛和藏银，广大牧民创造的财富大部分为“三大领主”所占有。

在“三大领主”统治下，贫富差距极为悬殊，等级森严，部落头人和富裕户可以拥有上千只牛羊，占有成千上万平方千米的草场，贫穷人家只能拥有极少量的草场。

牲畜是当时牧民主要的生产资料和生活资料，一些牧民只拥有少量的牲畜，不足以维持生存，必须从牧主、寺院、贵族、地方政府处租借牲畜，主要是“计美其美”① 这种租借方式，是典型的封建剥削关系。

---

① “计美其美”：藏语意为“不生不死”。封建领主将牲畜强制发放给牧奴，每年按牲畜数量定额收取财物。所生幼畜归牧奴所有，如果死亡由牧奴负责，租额不增不减，不许退还牲畜。

在封建农奴制度下，穷苦百姓基本上沦为寺院、部落头人的奴隶，很多百姓在寺院、部落头人的“计美其美”制度下，世代为奴隶。

二、个体所有制

1959年7月，根据西藏工委《关于废除封建农奴主所有制，实行农民土地所有制决议》《关于西藏地区土地制度改革的实施办法》等政策规定，聂荣县进行民主改革，彻底废除封建农奴主的统治，改变原有的生产资料私有制和旧的生产关系。

依据中央“边平叛，边改革”的指示，聂荣县开展了以“三反两利”和“三反三算”为主要内容的民主改革运动。对三大领主的牲畜财产，区别叛与未叛，分别实行没收和赎买政策。对参叛领、牧主的牲畜予以没收，分配给广大牧奴，实行“谁放牧归谁所有”的政策；对未叛牧主的牲畜，仍归牧主所有，实行牧工、牧主两利政策。彻底废除封建农奴主对广大农奴的剥削压迫和对生产资料的占有制度，确立牧民个体所有制。

1962年，根据西藏工委“在生产中要强调互助合作，干部要学习有关互助合作的政策、办法，积极领导组织群众搞互助合作”的指示，及时引导组织广大牧民群众在自愿的前提下成立互助组，开展畜牧业生产的互助合作，但生产资料仍实行个人所有制形式。

三、集体所有制

1968年，根据那曲地区《关于少数民族地区整顿和建立人民公社》的政策指示精神，聂荣县有步骤、有计划地开始建立人民公社的工作。

1970年4月，聂荣县第一个人民公社，即八一公社建立，兴起办社热潮。1973年初，全县建立人民公社31个，全县实现人民公社化。

人民公社的体制核心是“三级所有，队为基础”，生产资料归集体所有，社员经营少量自留畜和家庭副业。实行按劳分配的分配制度，全县的畜牧业活动统一由公社安排管理，分配实行劳力定级、干活评分制度，由队长和会计打分。生产的肉、奶、酥油、毛绒等产品除按照规定上缴国家外，其余的拿出40%按人口分，60%按劳力所持的工分分配。

1984 年，撤销人民公社，各乡建立管理委员会。

四、家庭承包责任制

1980 年，聂荣县按照自治区党委、政府关于一系列休养生息、治穷致富的政策方针，逐步开展联产承包责任制的试点工作，全县牧业承包到养畜户或牧工，超产部分奖励给养畜户或牧工。

1981 年，聂荣县在承包试点的基础上，普遍推行以家庭联产承包为主的牧业生产责任制。

1982 年，全县牧业推行统一包干到户、牲畜下放到户的政策，深受广大牧民群众的拥护。

1985 年，按照自治区党委、政府的指示要求，全县实行“牲畜归户、私有私养、自主经营、长期不变”政策，聂荣县结合实际，采取因地制宜，分期、分批、分类指导的办法，逐步实行、落实牧区生产责任制。

1988 年，“牲畜归户、私有私养、自主经营、长期不变”政策的实施，充分调动了牧民群众的生产积极性，畜牧业生产水平大幅度提高，全县肉、奶、毛、皮等主要畜产品产量持续增加。

1990 年，聂荣县根据草场质量、载畜量，人、畜兼顾的原则，禁止使用平均分配或按人口、按牲畜数量单一的划分方法，实行人畜各半的比例划分。鼓励经营能力差的贫困户、困难户与有养畜经验、有能力的家庭组成经营联合体，或以自己承包的草地牲畜等入股合作经营。

1999 年 10 月，按照那曲地区《关于草场承包责任制落实到户的试行意见》《那曲地区进一步完善草场承包责任制工作实施细则》的政策指示，聂荣县开展草场承包责任制落实到户试点工作。草场承包责任制 50 年不变，人畜比例为 6∶4。

2000 年起，聂荣县分 3 次在全县范围内实施草场承包到户工作。根据不同类型的草场，科学核定载畜量，增强牧民群众对草原的保护和建设意识，“草原无主、放牧无界、使用无偿、破坏无责”的传统观念进一步得到转变。

2005 年，聂荣县坚持“发展山羊、绵羊，稳定牛，控制马”的原则，对草场有偿承包进行明确规定。

由于草原的退化，草场界线界定不明确，且草原经营权证和草原使用权证丢失现象严重，2010 年，聂荣县开展废旧证换新证工作，并针对有草场界线纠纷的 14 个村重新划分草场，颁发草原承包经营权证。

第四节 家畜和生产管理

一、家畜

聂荣县是纯牧业县，家畜在全县国民经济中占有重要地位，畜产品是牧民群众的主要生活资料，也是经济收入的主要来源，主要家畜有牦牛、绵羊、山羊、马。

（一）家畜品种

1. 牦牛

牦牛是高原特有家畜，也是西藏牧民饲养的主要畜种。牦牛体型庞大健硕，耐饥寒，适于高山雪地生活，是牧区优良的驮运工具，肉质细嫩，色泽鲜红，肉味鲜美，其肉和奶制品是农牧区的重要食物，牛粪是牧区的主要燃料，毛可用来编织帐篷。

聂荣县牦牛属于高原草地型牦牛，成年公牛平均体高 118.96 厘米、体长 140.48 厘米、体重为 280.71 公斤，成年母牦牛平均体高 63.33 厘米、体长 125.17 厘米、体重 210.8 公斤。

牦牛产肉一般在 200—280 公斤之间。母牦牛一般日产奶在 1—1.5 公斤，每年总挤奶天数平均为 305—356 天，总挤奶量 137.73—230.18 公斤，每只酥油率为 8.85%—11.52%。成年牦牛剪毛时间在 6—8 月份，犊牛只折绒不剪毛，牦牛毛粗硬、富有光泽，一般毛长 20—30 厘米，尾毛长达 60 厘米，全身毛蓬松下垂。平均每年每只牦牛产毛 10.25 公斤、绒 0.5 公斤。牦牛可驮载 50—80 公斤，可行路程 30—40 千米，耐劳持久，平均每小时可走 4—5 千米。

2. 绵羊

绵羊是聂荣县饲养历史悠久、数量最多且分布广的畜种，距今已有4600多年的历史。聂荣县绵羊有2个品种，一种是土种藏羊（又称藏系绵羊），体质结实，发育良好，体型呈长方形，公母都有角。另一种是茨藏羊，是1972年那曲地区从内蒙古自治区国营种羊场引进的茨盖细毛羊与本地土种藏羊杂交而成。茨藏羊能攀高远牧，体重、产毛量、毛长等各项指标比藏羊高。1980年7月，聂荣县牧场引进茨盖细毛羊，1981年3月生产新品种茨藏羊280只。

成年公绵羊一般体高66—73厘米，体长67—84厘米，胸围82—100厘米，体重25—40千克；母绵羊体高52—71厘米，体长59—82厘米，胸围65—94厘米，体重20—35千克。

绵羊毛粗而长，是良好的地毯用品，每年剪毛一次，公羊每年平均产毛量1.08公斤，母羊每年平均毛产量为0.89公斤，日挤奶0.13—0.22公斤。一只公绵羊可产肉16—18公斤，母绵羊可产肉13—16公斤，藏羊肉质好，无膻味。成年绵羊皮厚耐磨，绒多毛长，保温性强，羔皮极薄，柔软毛长，是牧区藏民藏袍的主要原料之一。

3. 山羊

聂荣山羊长期生活在高寒地区，体型小，结实，体躯结构紧凑匀称，耳较长，额较宽，鼻梁平直，公母山羊均有角。绒毛较多，生存能力强。擅爬陡坡、石山，食谱广而多，耐粗放，抗逆性强。

成年公山羊平均体重为23.95公斤，母山羊平均体重21.56公斤，每只平均产肉10千克左右，日产奶0.09—0.32公斤。山羊每年剪毛一次，成年公山羊平均年产毛绒0.52—0.15公斤，自然绒长5厘米左右，弹性强，拉力大，富有光泽，品质优良。

4. 马

聂荣马属高原型马，体格中等，体质结实，头长适中且略重，耳小灵活，颈肩结合良好，颈毛长短厚度适中，四肢结实有力，后肢呈刀状姿势，关节清晰，蹄踵低。成年公马平均体长128.5厘米，体高127.6厘米，胸围143.2厘米，管围15.4厘米，体重360公斤。成年母马平均体长123.7厘米，体高125.6厘米，胸围139.6厘米，管围12.6厘米，体重347公斤。

马能适应高原严酷环境，历史上就是重要交通工具之一，负重1人可日行50千米。母马一般在2—3岁成熟，3周岁开始配种，公马4岁开始配种，每年4—7月为最佳配种季节，2年一胎。

二、生产方式

（一）传统放牧

游牧是聂荣县草原畜牧业独特而基本的生产方式，依其游牧的范围大小、时间长短、季节变化大体上可分为三种模式：一是逐水草而居的游牧方式；二是半定居半游牧的方式；三是季节性游牧。

1. 游牧

历史上，聂荣县的牧民大部分采用游牧方式。离开冬季游牧地的时间是由部落头人规定的，因为每年出发的时间大体不变，已约定俗成，所以头人不必每年都发布迁徙命令。到每年藏历三四月间，分散于各处冬季牧场的牧民都在大致相同的时间开始向南迁徙，但具体路线各不相同。“如本”（官名）是迁徙活动的直接指挥者，一般是两三户人家一起搬迁，也有一家一户单独搬迁的，搬迁的交通运输工具是牦牛和马。离开冬季游牧地前，要煨桑，到达新的宿营地时，要将刚熬好的第一道茶用勺子向天空洒三次，据说这道茶是敬奉卓格神山的。从冬季游牧地向南迁徙时，正值接羔育幼的季节，因此走得很慢，往往是走走停停，从冬季牧场到夏季草场往往需要两三个月。到达夏季牧场后，“居本”（官名）要将自己管辖的牧民点一次名，然后在七月份交税时，再点一次名。除这两次点名外，牧民们什么时间到什么地方放牧，他们基本概不过问。每年藏历八月后，牧民们逐渐向冬季草场迁徙，最迟也要在十月份开始向冬季草场搬迁。次年二三月间，牧民又从冬季游牧地向夏季草场迁徙。

2. 半定居半游牧

牧户都有固定的居住地，基本上处于居宗游牧状态，几家牧民聚在一起成为一个居民点，每年冬季住在这个居民点。春夏之间，大约三分之一的牧民开始搬迁，因为这时住地附近的草已被牲畜吃光，新草又未长出，所以要换新的草场，这个新的草场一般离居民点不远，等到居民点新草长出来时他们再搬迁回来。

3. 季节性游牧

牧民们有组织、有计划、有纪律、有时间地随冬、春、夏、秋季节的变化，从一个放牧点到另一个放牧点，一年少则搬迁两次，多则4次，这主要看各部落的草场划分情况。有的部落把草场划分为较为明确的四季草场；有的部落只划分冬春、夏秋两季草场。无论春、夏、秋三季去何处游牧，冬天总是回到原来的住所。冬季营地一般都建有许多坚固的小房子，周围附以畜栏，整个冬季甚至包括春季，牧民们都居住在这个居民点上，直到夏季来临时，才开始按户或按畜群小组向四周移动，从过冬的基地，向夏季草场、秋季草场次第移动。季节性迁移的规模和范围依据草场的大小及牛羊的多少而定，迁移的时间主要依据植物发芽、开花、结果的时间确定。

藏历三四月间，第一次迁徙开始，大部分的牧草还没有返青，水草缺少，天气寒冷，牲畜瘦弱，正当母畜产羔产犊时期，是决定牧民全年生产的关键时刻，因此牧民对第一次搬迁草场格外小心谨慎。

（1）春季放牧

春季是接羔育幼的重要季节。牧民在天气温和、少风或无风时，将牛羊放牧在离居住地较近的山上有水草的地方，这时牲畜瘦弱，放牧时边走边散。遇到阴沉、寒冷、大风天气时，牧民将牲畜赶到背风的山坡和平川放牧。下雪时，将牲畜放在“拿淌”（平川）、“拿圾”（坑坑洼洼的草皮）等水草较好的地方。那曲地区冬春两季多大风，“邦杂”（矮嵩草类）多被吹刮到背风山坡或低洼之处，牛羊主要吃这种草。一般都在太阳出来、霜已晒化、温度升高时出去放牧，太阳落山时赶回来。

（2）夏季放牧

夏季是牲畜开始上膘的时期。天刚破晓牧民将牛放出去，中午赶回来休息片刻，以便挤奶。挤完奶后再赶出去，太阳落山前赶回，再次挤奶。夏天一般在山坡、山顶水草丰盛的地方放牧。

羊也在天未亮时放出，中午赶回来休息片刻。挤完奶后又放出去，日落赶回，晚上不再挤奶。藏历六月份在太阳出来时放出去，一放便是一天，日落前赶回，不挤奶，主要在山坡、山顶水草丰盛的地方放牧。

（3）秋季放牧

秋季是牲畜抓膘配种的季节。牛羊在太阳未出来前放出，太阳落山时赶回，使牛羊吃饱喝足，尽量多上膘。主要放牧地点在山坡山顶较好处。不在“拿淌”放牧，将此处草留下作为冬春的饲草。

（4）冬季放牧

冬季的生产任务是保膘保胎。冬天在太阳出来、霜已晒化、温度升高时，牧民群众才将牛羊放出去，太阳刚落山就赶回来，中午找水源给牲畜饮水。放牧时慢走慢赶，边赶边散，不让牛羊挤在一起，以免吃不饱。为防止因拥挤造成母畜流产，主要在背风的山坡或山沟里、离帐篷较近的地方放牧。

从藏历一月至五月，将公畜与幼畜、母畜分群放牧。这个季节牧草不好，公畜吃草走得比较急，母畜和幼畜跟不上。五月底以后，将幼畜并入公畜群放牧，母畜仍单独放，便于挤奶。在牲畜较少时，将绵羊和公牦牛合放。放牧时的畜群规模，羊群一般在200—300只之间，牛群一般在100头左右。

（二）现代放牧

聂荣县自成立专合组织后，放牧模式逐渐产生转变，专合组织的经营模式为以“人、畜、草”三大因素入股，劳力统一分配，草地自愿集体共享，牲畜集体放牧是集体合作的新型牧区发展之路。专业组织的牲畜放牧方式与个体户传统的放牧方式有所区别，是按照牲畜大小、公母、老弱分级组群放牧，产奶的母畜及适龄母畜一般在较近的草场放牧。

三、饲养管理

（一）管理方式

人民公社以前，以户饲养牲畜，牲畜多的户独自成群放牧，少的一般多为联户放牧。

人民公社成立后，牲畜由集体统一饲养管理，留给社员的少量自留畜也统一放牧，分户喂养。

聂荣县牲畜属于野外放牧，靠草场供草补给，基本处于“靠天养畜、靠草维畜”的状况，山羊、绵羊以放牧为主，草场条件好的羊群较大，山羊、绵羊单独组群，也有的山绵羊混合组群。很少补饲，白天派人放牧，晚上赶回羊厩，羊厩一般为土墙，另加棚顶，为半开放式棚厩。

（二）绵山羊饲养管理

绵山羊的饲养管理方式为分群放牧，分群按照季节和生产性能进行。夏天根据挤奶与否分群，春秋季根据配种分娩分群，哺乳按公、母分群。冬天除病残羊单独管理外，一般不分群。

本地绵山羊根据自然环境和草地生产能力条件，采取自由放牧方式让羊自由采食，每天早出晚归。根据季节划分冬春草场和夏秋草场，夏秋多游牧在高山草场。适当结合草甸子放牧，以利于抓膘。冬春季节天气寒冷，草料缺乏，多放牧于环境、草场条件较好的专门划定的冬春草场。放牧过程中因管理不善而出现的饿死、摔死、中毒、狼害等现象较为严重。

每年2—4月是接羔育幼期。牧民群众科技知识匮乏，没有先进的接产、助产技术，只是在羊生产期间安排有经验的老牧民守护待产母羊，羔羊出生后，用干土抹遍羔羊全身，吸干黏液，防止羔羊受冻。对于难产母羊，助产成功率不高。羔羊出生后，多用人工辅助让其吃上“初乳”，以后随母羊就近放牧，自行哺乳。奶水不足的母羊，辅助羔羊找奶水充足的其他母羊哺乳，15天以后用糌粑等饲料进行补饲。山羊羔羊出生时适应能力弱，牧区常用专用的羔宫或人工缝制的羊皮袋子养育，人工辅助其哺乳及精心管理。

羔羊出生后2个月左右，公羔中除选留几只长势良好的留作种羊外，其余全部阉割。牧民常用的方法：用大铁针挑破阴囊，挤出睾丸，连同精索一起扯断。

牧区常在公历7月底8月初剪毛。剪毛后发现羊躯体上有虱子，则用杀虫剂等药剂在专门的药浴池中对其进行药浴，以杀死虱子。

本地绵羊泌乳期短，一般只有5—7月3个月时间。山羊泌乳期长，10月份还会泌乳。绵羊、山羊奶量均极低。挤奶时间是每天中午牧归时，用人工方式挤奶。

牧区一般不对羊只编号，而是在羔羊左右耳朵的某个部位上剪出某一种符号作为标记，方便辨识。

抓绒在山羊当中进行，时间一般随膘和青草长势而定，膘情好、青草长势好，则抓绒时间提前，反之则推后。用手工方式抓绒。

配种时间为9—10月份，配种公母羊比例为3∶100，自然交配，不能参加配种的公羊分群放牧，或配种季节时在其下身挂一块布。

牧区资源匮乏，补饲来源少，草料储存量小，精料多用糌粑、乳糖等，价格昂贵，茶叶渣也成为补饲饲料。所以，补饲范围小、分量少，一般在母羊产羔羊前及暂不能出栏的弱病羊中进行。遇特大雪灾，因羊补饲严重不足，无法自然采食，绵山羊死亡严重。

历史上牧民群众中“惜杀”“惜售”思想严重，使得牲畜总数剧增，草畜矛盾突出。近年来政府采用行政手段，根据当年的生产形势、气象预报等，确定当年牲畜出栏数量，牲畜出栏率一般在25%左右。

（三）家畜饲养管理

聂荣县牧民都养有牦牛、马两个品种，牦牛素有“高原之舟”的美称，马历来就是运输工具，二者对恶劣环境的适应性都极强。传统饲养管理较为粗放。近年来，随着牦牛经济利益的增多和草场承包的实施，牦牛的管理才有所改变。牦牛和马性成熟年龄是4—5岁，牦牛在发情季节，用精心挑选的种公牛与之自然交配，一般公牛去势育肥后出售。公牦牛自由放牧，犊牛随母牛放牧，早出晚归。马自然放牧，发情季节用公马与之配种。除使用时极少进行专门管理。

四、畜种改良

聂荣县畜种改良始于1965年，覆盖率为78%。

1965年，根据那曲行署决定，开展对藏系品种绵羊的改良工作，计划培育适应聂荣县高寒地理环境的毛肉兼用的半细毛羊。

聂荣县利用本地母羊与边区来思特羊、茨盖羊公羊培育出生产、踢打、役用性能好的绵羊。

20世纪70年代末，为保护原生态牦牛的种群品质，防止畜种退化，通过人工授精的方式，进行内部品种改良。

2000 年以来，聂荣县按照“因地制宜、分类指导、持续稳定发展”的方针，引进和培育优良畜种，在繁殖方面，普遍实行选种选配，采用人工授精，提高优良种畜精子的利用率。开展畜种改良和饲草饲料加工，引进先进的饲养管理技术，走数量和质量并重的路子。

五、技能培训

1985 年以前，牧业的技术培训班主要由业务部门负责。1985 年以后，牧业技术培训工作由地区畜牧局以及科技部门、县畜牧局负责。培训内容以牧区实用技术为主，包括牲畜疾病的预防和治疗、抓绒技术、乡级兽医骨干培训等。

1999 年 3 月，县畜牧局在开展培训工作时，首次将传染性疫情防控列入培训内容。

2000 年起，由县畜牧局牵头，每年定期举办农牧业生产技术及乡村兽医培训，上下半年各一期，培训人员为乡、村兽医骨干力量，培训范围覆盖至全县 10 个乡镇。

2009 年，为树立群众勤劳致富的观念，聂荣县将全县最贫困的 9 户 44 名群众统一搬迁到交通便利、区位优势凸显的县牧场集中定居，并组建嘎确牧民专业经济合作组织，由合作组织管理经营牧场。

第五节　草场

聂荣县草场植被分布在聂荣县海拔 4700 米的山地垂直带中，植被以高原草甸草为主，伴生苔草、针茅、为绒草等，覆盖度 80%，鲜草产量 60 公斤/平方千米，可利用率 98%，分为两个类型。

紫花针茅—嵩草型：该型分布在山地的低海拔处，是高山草原向高寒草甸过渡的一种植被类型。以紫花针茅为主，伴生高山嵩草等。植被覆盖度在 30% 左右，草被较薄、不连续，鲜草产量 60 公斤/平方千米，可利用率 80%。

高山垫状型：分布在4500米海拔左右的山地，植被以垫状点地梅、垫状蚤缀、高山嵩草为主，覆盖度20%以下，鲜草产量平均80公斤/平方千米，可利用率50%。

从20世纪80年代开始，为了合理利用天然草场，聂荣县结合气候、地形、水源等自然条件，将草场按季节划分使用。天然草场分为冷季草场、暖季草场和四季草场，一般将背风、向阳、水源较好、居民点集中、低海拔、宽谷、缓坡草场作为冷季草场，将向风、背阳、水源较差、居民点分散、高海拔、窄谷、陡坡草场作为暖季草场。冷季草场放牧时间一般为10月至次年4月左右，暖季草场放牧时间一般为5—9月。

为防治过度放牧，对草场造成生存性伤害，确保草场的可持续性发展，全县1985年就建设了40245平方千米网围栏，长13.8万米。

2010年，聂荣县实施草原生态保护奖励制机制，发放以草定畜奖励、薪柴替代补贴，实施牲畜电子耳标制度，建立草原生态检测制度，根据实施草场承包牧户原定载畜量、新的以草定畜平衡点以及年底牲畜存栏情况，共有2955户可以享受以草定畜补贴，享受减畜补贴的有263082个绵羊单位，每个绵羊单位奖励50元。

2010年聂荣县季节草场分布情况见表9－1－6；2010年聂荣县草场分布利用情况见表9－1－7。

2010年聂荣县季节草场分布情况表

表9－1－6　　单位：亩

乡镇名	暖季草场	冷季草场
聂荣镇	514203.0066	342802.0044
下曲乡	1005708.564	670472.376
白雄乡	2018234.682	1345489.788
索雄乡	1247103.618	831402.412
当木江乡	849027.294	566018.196
查当乡	2423766.654	1615844.436

续表

乡镇名	暖季草场	冷季草场
永曲乡	2039316.438	1359544.292
桑荣乡	1168263.792	778842.528
尼玛乡	1786627.032	1191084.688
色庆乡	3393796.758	2262531.172

2010年聂荣县草场分布利用情况表

表9－1－7　　单位：亩

乡镇名	天然草地		
	冬春放牧草场	夏秋放牧草场	严重退化草场
聂荣镇	447785.118	366369.642	10258.35
尼玛乡	1555854.37	1272971.76	35643.21
色庆乡	2955431.34	2418080.19	67706.25
下曲乡	875804.54	716567.351	20063.89
白雄乡	1757546.03	4137992.21	40263.78
索雄乡	1086019.4	888561.326	24879.72
当木江乡	739361.269	604931.947	16938.09
查当乡	2110696.79	1726933.74	48354.14
永曲乡	1775904.73	1453012.96	40684.36
桑荣乡	1017363.05	832387.95	23306.86
合计	14344866.6	11736709.1	328627.9

第六节 牧业基础设施建设

和平解放前，聂荣县放牧方式是“逐草水而居的自然游牧”，草场利用率低。

1985 年，全县开始草地建设，试验性开发人工草地 174 平方千米，产草能力较好，提高了群众的积极性。

1987 年，聂荣县共建有人工草地 500 平方千米，种植有一年生青稞、牧草，补充了冬春季畜补饲料。

1998 年，聂荣县在色庆乡种植人工草地 700 平方千米。

2006 年，聂荣县投资 181 万元实施牦牛育肥项目，出售育肥牦牛 566 头，人均实现增收 500 元，改善和提高了牧民群众的生活水平。

2007 年，聂荣县投资 271.7 万元实施牦牛育肥项目，出售育肥牦牛 1012 头，人均实现增收 825 元，牧民群众的积极性不断提高。

2008 年，聂荣县投资 300 万元建设牦牛育肥项目，封育草地 8000 平方千米，育肥牦牛 1000 头。

2009 年，聂荣县投资 200 万元实施牦牛育肥改扩建项目，集中育肥牦牛 500 头；投入 40 万元在下曲乡 5 村修建畜圈隔离、饲草料储备库、饮水井等基础设施。投资 1120 万元实施退牧还草项目，共实施草地禁牧 20 万平方千米，草地休牧 20 万平方千米，草地补播 12 万平方千米，不断提高生产性能，缩短饲养周期，加快畜群周转，减轻草地压力，缓解草畜矛盾。

2010 年，投资 1120 万元实施退牧还草项目，共实施草地禁牧 20 万平方千米，草地休牧 20 万平方千米，草地补播 12 万平方千米。

（一）暖棚建设

1990 年，聂荣县修建暖棚 15 个。有土石和土木结构两种类型，属永久性暖棚。冬春季节主要用于晚上圈养大小牲畜和接羔育幼，夏秋季节主要用于晚上圈养大牲畜。1996 年，聂荣县修建暖棚 60 个，为牲畜提供了安全的避风场所，提高了牲畜的越冬能力。2010 年，全县修建暖棚 150 个。

（二）畜圈建设

畜圈的作用是方便对牲畜的管理，有一定的避风作用，畜圈在聂荣县是自古以来就有的一种牲畜管理方式，但规模小，数量少。民主改革后，随着牧民群众生产积极性的提高，牲畜数量不断增多，畜圈的规模、数量和质量上有了较大的提高。截至2010年，聂荣县牲畜圈数量达到7324个。

（三）羔宫建设

羔宫主要在接羔育幼时使用，目的是保护山羊、绵羊羔的生长发育。2010年底全县有1786个羔宫。

第七节 嘎确牧场

聂荣县嘎确牧场位于聂下公路沿线，距县城14千米，平均海拔4700米。

2000年，嘎确牧场由3名工人负责管理。

2005年，牧场开始由个人承包，每年向县财政上缴10万元。

2009年，嘎确牧场牧民专业经济合作组织正式成立，纳入群众37户86人，合作组织总收入达到35.88万元。

2010年，嘎确牧场牲畜存栏达1055头（只），其中牦牛649头（其中查吾拉牛183头、新生48头），绵羊406只（新生羊羔90只）。牧场项目建设总面积达9775.81平方米，合作组织总收入达到45万元。

一、管理模式

嘎确牧民专业经济合作社属牦牛育肥农牧民专业合作社，牧民贫困户自愿以劳力入股方式加入合作社，入社自愿，退社自由。设立了领导小组、理事长、会计、妇女主任、组长等，主要发展奶制品、糌粑、蔬菜销售等产业。

合作社设立放牧、种菜、挤奶、劳务输出、服务5个职能小组。采用每人每日放牧7头牛（9头小牛）计1分、给3头牛挤奶计2分、管理草场计

4 分、加工奶制品计 4 分、打扫卫生计 4 分、运送畜产品计 6 分的劳动记分办法。

2009 年开始科学养殖牦牛，手工制作畜产品，种植绿色蔬菜。建设牦牛养殖场、绵羊养殖场及贫困户安置点，蔬菜大棚、畜饲料加工、畜产品加工销售点等基础设施，在抓好以牦牛育肥、奶制品加工销售主业的同时，积极发展糌粑加工、大棚蔬菜种植、商品零售等多种经营，多渠道增加群众收入。结合牧业产业化发展，创新思维，丰富“公司 + 专合组织 + 扶贫基地 + 科研基地 + 牧户”的发展模式和内涵。

二、股权结构和组织结构

（一）股权结构

按照政府借草借畜、群众劳动入股的发展思路，将嘎确牧场 3.78 万平方千米可利用草场和 24 头牦牛无偿借给进入合作组织的贫困户，明确提出三年实现脱贫的目标要求，三年后在原借畜基数上新增的牲畜按照 7∶3 的比例进行分配，将 7 成的新增牲畜分给成员，剩余 3 成牲畜留在扶贫基地作为下一批扶贫对象的扶持资本。

（二）组织结构分红模式

通过召开村民大会，民主选举产生合作组织的理事会、监事会，选出理事长 1 名、经理 1 名、理事 1 名、监事长 3 名、会计 1 名、出纳 1 名，合作组织设放牧、种菜、挤奶、劳务输出、服务 5 个职能小组。以按劳分配和按生产要素分配相结合的方式进行分红。

三、销售

销售点销售。在合作组织销售点上进行散卖，2009 年通过销售点销售合作组织产品 6 万余元，2010 年销售产品 10 万余元。

赛马节销售。通过市赛马节进行销售，2009 年在赛马节期间销售合作组织畜产品 7 万余元，2010 年销售畜产品 12 万元。

供给学校。将酸奶、牛奶、酥油、肉等定期定量供给县城学校进行销售，2009 年供给学校畜产品约 1.8 万元，2010 年供给学校畜产品约 2.3 万元。

第八节　畜产品

聂荣县畜产品主要有绒毛、牛羊皮张、酥油、(牛、羊)肉、“拉拉”、酸奶、奶渣、“退”等。

一、皮张

牛羊皮产品，是牧民日常生活和衣着的主要用品。聂荣县皮张主要有牛皮、羊皮、山羊皮、羔皮。牛羊皮具有板厚、毛被厚、耐磨的特点，是制作大衣、皮鞋等的优质原料。

2000—2010 年聂荣县皮张产量情况见表 9－1－8。

2000—2010 年聂荣县皮张产量情况

表 9－1－8

年份	牛皮（张）	羊皮（张）
2000	31797	74065
2001	19693	77321
2002	27124	95920
2003	33596	107438
2004	31610	77276
2005	32589	88080
2006	36570	83022
2007	22403	56726
2008	51749	93776
2009	23804	52186
2010	15345	39149

二、毛绒

牛毛（绒）和绵、山羊毛（绒）是牧民生产和生活的必需品，如藏被是用羊毛织成的被子，既是日常生活用品，又是传代的家财之一，具有细洁、平整柔软，密度紧，质地厚，使用久远等特点。此外，帐篷、毡毯，毛绳等生活用品，也都是牛羊毛制成的。牛毛、绵羊毛、山羊毛是聂荣县主要产品。

2000—2010 年聂荣县毛绒产量情况见表 9－1－9。

2000—2010 年聂荣县毛绒产量情况表

表 9－1－9

年份	牛毛（吨）	绵羊毛（吨）	山羊毛（吨）	牛绒（吨）
2000	178.65	62.73	3.91	18.74
2001	187.46	67.48	186.47	20.25
2002	206.19	75.27	4.63	22.59
2003	191	79.04	5.26	46.25
2004	384.34	83.72	5.26	25.14
2005	199.32	88.67	5.62	27.6
2006	206.44	95.88	5.51	28.75
2007	320.67	96.92	5.39	52.84
2008	321.42	102.05	5.48	45.07
2009	170.65	105.58	13.63	40.99
2010	160.11	101.43	11.73	66.23

三、酥油

酥油是从牛奶和羊奶中提取的，手工制作方法是将牛奶煮沸腾，待冷却至温度合适时提取上面的奶油，放入适量酸奶搅拌均匀，盖上被子发酵后形成酸奶，把酸奶倒入高约1米、直径20厘米左右的木桶中，用力上下抽打，直至油水分离，上面浮起黄色物质，将其舀出放在水里，捏成团块，凝固之后装进皮口袋，就形成酥油。20世纪70年代后，牧民逐步开始使用电动酥油桶。

2000—2010年聂荣县酥油产量情况见表9-1-10。

2000—2010年聂荣县酥油产量情况表

表9-1-10　　单位：斤

年份	2000	2001	2002	2003	2004	2005	2006	2007	2008	2009	2010
酥油	2500	2540	2520	2650	2560	2622	2645	3580	2680	3675	3650

四、风干肉

风干肉基本上都是用牛肉和羊肉制作的。每年的藏历十一月底气温零度以下时把牛肉或羊肉割成条块，挂在阴凉处冰冻风干，到第二年藏历三月就可以食用。在风干过程中，按照自己的口味不同，可以添加不同的调料。聂荣牧民群众接待客人时，少不了当地风干肉。

2000—2010年聂荣县风干肉产量情况见表9-1-11。

2000—2010年聂荣县风干肉产量情况表

表9-1-11　　单位：斤

年份	2000	2001	2002	2003	2004	2005	2006	2007	2008	2009	2010
风干肉	1105	1125	1156	1139	2162	2121	2126	2138	2178	2203	3213

五、酸奶

酸奶是将鲜奶煮沸腾后放至温凉，把奶皮去掉，再倒入少许酸奶，盖上被子放置7—8个小时，直至形成酸奶。

2000—2010年聂荣县酸奶产量情况见表9-1-12。

2000—2010 年聂荣县酸奶产量情况表

表 9－1－12　　单位：斤

年份	2000	2001	2002	2003	2004	2005	2006	2007	2008	2009	2010
酸奶	756	780	734	886	856	989	787	890	912	926	859

六、奶渣

奶渣是鲜奶提取酥油后，将剩余物质经烧煮、水分蒸发、晒干后制成的细渣，味酸，具有助消化的作用。

2000—2010 年聂荣县奶渣产量情况见表 9－1－13。

2000—2010 年聂荣县奶渣产量情况表

表 9－1－13　　单位：斤

年份	2000	2001	2002	2003	2004	2005	2006	2007	2008	2009	2010
奶渣	1402	1416	1434	1446	1452	1439	2465	2448	2464	2468	2478

七、“拉拉”

“拉拉”，一种奶制品，聂荣县南部一带的牧民称其为“俄聂”。条状，柔韧耐嚼。

聂荣的“拉拉”质量上乘。一般是先将牛奶里的酥油提炼出来，再用来制作“拉拉”，聂荣县制作的“拉拉”则不提炼牛奶中的酥油，所以营养更加丰富、口感更好。制作“拉拉”时先把发酵的牛奶倒入锅里，用小火慢慢熬，牛奶里的水分逐渐蒸发，牛奶由稀变稠，最后变成糊状，富有韧性，然后把稠牛奶拉成一根根“拉拉”，这时候的“拉拉”还比较柔弱，为便于收藏，一般要把长长的“拉拉”来回进行对折，最后晒干。

2000—2010 年聂荣县“拉拉”产量情况见表 9－1－14。

2000—2010 年聂荣县“拉拉”产量情况表

表 9 – 1 – 14　　单位：斤

年份	2000	2001	2002	2003	2004	2005	2006	2007	2008	2009	2010
拉拉	690	656	745	786	690	789	887	790	876	885	959

八、“退”

“退”，一种奶制品，做法是用奶渣加红糖、白糖、酥油揉成一团，不加水，均匀做成块状物，最后用刀切块，口感甜酸爽口。

2000—2010 年聂荣县“退”产量情况见表 9 – 1 – 15。

2000—2010 年聂荣县“退”产量情况表

表 9 – 1 – 15　　单位：斤

年份	2000	2001	2002	2003	2004	2005	2006	2007	2008	2009	2010
“退”	256	280	234	286	256	289	287	290	312	326	359

第九节　疫病防治与抗灾保畜

一、兽防机构

1951 年前，聂荣县未设置兽疫防治机构，只有少数兽医。

1960 年，聂荣县建立兽防畜牧兽医站，逐步开展疫病普查工作，

1979 年 10 月，全县有半脱产兽医人员 36 人

2002 年 5 月，聂荣县兽防站有正式干部 7 人，各乡镇有 19 名兽医。

2005 年起，全县开始建设 10 个乡镇兽防所。

2008 年 4 月，聂荣县兽防站有干部 21 人，各乡镇有兽防工作人员 86 人。

2010 年，聂荣县乡镇兽防所全面建成，通过自治区验收。

二、家畜主要疾病

聂荣县历史上无兽疫防治机构，只有少数兽医，但缺少药物，疫病流行，每年牲畜大批死亡，造成严重的经济损失。1960 年聂荣县畜牧兽医站成立后，兽防人员按走访与现场观察相结合、调查与治疗相结合、调查与培训相结合的原则，开展疫病普查工作，发现全县主要流行的牲畜疫病有 15 种，包括炭疽病、羊大肠杆菌病、羊链球菌病、牲畜流感等。

（一）疫病及分布

1. 羔羊痢疾

为烈性传染病，直接危害羔羊，发病时间为每年 1—5 月份。发病特征为患畜弓背、腹泻、卧地、精神不振、不吃奶、呻吟，发病后 1—2 天死亡。

2. 羊肠毒血症

传染病，患羊有神经症状，发病时间为每年 6—9 月份。发病时患畜精神沉郁、食欲减退、废绝、离群呆滞、头下垂、磨牙，体温高达 41℃—42℃。分布于全县 9 乡 1 镇。

3. 牲畜流产

每年 12 月至翌年 1 月份流行，山羊较常见。

4. 炭疽病

由炭疽杆菌引起的人畜共患的一种急性败血型传染病，是突发性病。发病时患畜高热不安、呼吸困难、结膜发红，体表出现严重肿胀，此病在县内北部 3 乡最多。

5. 结核病

人畜共患的一种慢性传染病。患畜体温稍有升高，体质逐渐消瘦，常有短促干咳，心跳加快，最后衰竭而死。

6. 肉毒梭菌中毒病

多发生于奶牛中。

7. 牛出血性败血病

由巴化杆菌引起的急性败血型传染病。

8. 羊传染性脓疮口膜炎

俗称羊口疮，是绵羊常见的一种散发性传染病。

（二）寄生虫病

1. 种类

全县牲畜可引发疾病的寄生虫有十余种，危害性大，分布广，易发病，主要有如下四种：(1)牛羊消化道线虫，主要寄生于牛、羊的胃、大小肠内。消化道绦虫病为聂荣县牲畜发病率高、危害性大的寄生虫病。(2)牛羊绦虫，主要是寄生于牛、羊小肠内的莫尼茨绦虫。该绦虫主要传染 8 个月的羔羊和牛犊，也传染成年牛、羊。(3)牛、羊肺丝虫，本病是由网尾线虫和原圆科线虫所引起的。聂荣县属高寒地区，春季 4—5 月份为该病高发季节，肺丝虫病会引起传染、支气管炎、咳嗽，导致病牛羊消瘦等。(4)脑包虫，本病是由多头幼虫寄生在牛、羊等的大脑、角内引起的一种寄生虫病。主要危害绵羊（2 岁以内的幼龄羊）和小牛、马，人也容易感染。

2. 发病周期

成年绵羊一般在冬季，在天气变冷、饲草质量低下的环境下，消化系统易受感染而发生线虫病。11 月份左右，线虫病明显增加，一般平均每只羊有 1700 余条；1 月份达到高峰，一般平均每只羊有 4500 余条；2 月份一般平均每只发病羊有 3800 条左右。此后，随着天气逐渐变暖，饲草品质好转，发病率逐步下降。幼年绵羊，一般在 4 月份达到高峰，平均有 9000 余条，此后随天气好转而下降。

（三）传染病及其防治

羊传染性口膜炎是羊的一种直接性传染病，主要危害羔羊，其特征是在口腔黏膜及嘴唇出现红疹，眼生疮，发病部位溃烂，能传染人。

（四）普通病及防治

聂荣县牲畜普通病种类较多，有 70 余种，内科病主要以消化系统疫病和呼吸系统疾病为主，呼吸系统疾病发病率较高，主要有感冒、支气管炎、幼畜肺炎等。产科疾病主要以流产疾病最为常见，其次是母畜产仔时因难产而发生的疾病。

三、疫病防治

1967年，聂荣县白雄乡发生口蹄疫疫情，覆盖到以格色村为中心的8个行政村，患病牲畜达1000余头。当时，兽防物资缺乏，对牲畜传染性疾病的防控主要以传统救治方法为主，致使235牦牛病死。

1976年，聂荣县桑荣乡4村发生大面积肉毒梭菌病，患病牲畜达600余头。全县积极组织力量防疫，使死亡率降低到25%以内。

1983年，聂荣县尼玛乡3村发生人畜共患性疾病炭疽杆菌病，患病牲畜达200余头。县、乡两级技术人员竭尽全力医治病畜，最终将病死率控制在20%以内。

1986年，全县基本控制了炭疽病、羊大肠杆菌病（俗称“拟古病”）、羊链球菌病、牲畜流感等疫病，消灭了6号病（猪烂脚病）、5号病（口蹄疫）、牛蹄疫等传染病。

1990年起，聂荣县每年6月、12月进行两次预防性驱虫，减少消化道虫的危害。

1997年，聂荣县桑荣乡1村发生羊大肠杆菌病，患病牲畜达1500余只。技术人员对患病牲畜实施分区域隔离，同时对圈舍、活动场及周边草场严密消毒，对患病牲畜的粪便做深埋处理，有效降低了被感染的风险，治愈率达80%以上。

到2000年，聂荣县在全县完成免疫注射约30万头（只），使家畜侵袭病和其他疫病的损失大大减少。

到2010年，全县共计完成牲畜免疫注射约70万头（只），家畜大规模患疫病的情况基本消失。

四、抗灾保畜

（一）抗灾保畜措施

1. 贮备饲草料

20世纪70年代，聂荣县开展打草贮草，进行饲草调剂，实行有灾防灾、无灾补饲措施。

2. 优化畜群结构

聂荣县每年在冬季前都要清理各类牲畜，调整畜群结构，优化群体组合。在清理畜群时，将无法过冬春的老、弱、病畜或将群体组合不合理的多余牲畜淘汰出栏，以减轻冬春草场压力，减少牲畜因缺草造成的生长不良或死亡。

3. 合理利用草场

为使草场牧草得到充分利用，聂荣县建立了草场保护管理和合理利用制度，责任制落实到户到人。留足产羔草场和围栏抗灾草场，以备羔羊和受灾使用。围栏草场不得随意使用，一般只能在灾情出现之后或春季缺草时开放使用。

（二）基础设施建设

历史上，聂荣县牧区牧业生产条件较差，漫长的冬季，持续的低温，持久的风沙，使畜牧业生产摆脱不了靠天放牧的被动局面，普遍缺草、缺水。2000年底，聂荣县累计人工种草900公顷，2010年聂荣县人工种草达到1.89万平方千米，以弥补牧区饲草不足。同时，利用国家投资、群众出工出力等途径修建人畜饮水池，改善牧业生产条件。牲畜基础设施的逐步改善，为防灾、抗灾保畜奠定了坚实的基础。

第二章 林业

第一节 机构

1969 年 4 月 19 日，聂荣县革命委员会成立，农牧局归属革委会管理，林业工作也由革委会生产指挥组负责。

1989 年，县农牧局更名为畜牧局，负责全县林业工作。编制 8 人，设有局长 1 名、副局长 1 名。

2010 年以前，聂荣县未成立林业局。

第二节 野生动物保护

一、分布情况

聂荣县在西藏动物地理区划中位于西藏羌塘高原动物地理小区与藏东山地动物地理小区的过渡地带。分布的野生动物主要是古北界动物地理区域我国北方动物的物种，同时也包含许多高原特有野生动物。

至 2010 年，聂荣县境内已记录的野生脊椎动物有 150 种，分属于 25 目 53 科 105 属。其中，鸟类 16 目 34 科 76 属 115 种，哺乳类 6 目 13 科 21 属 24 种，两栖类 1 目 3 科 3 属 3 种，爬行类 1 目 1 科 1 属 2 种，鱼类 1 目 2 科 4 属 6 种。聂荣县境内有国家和西藏自治区一级重点保护陆生野生动物 13

种，国家和西藏自治区二级重点保护陆生野生动物20种。

聂荣县主要野生动物中，鸟类有高山兀鹫、胡兀鹫、金雕、鸢、红隼、雕鸮、藏雪鸡、高原山鹑、西藏毛腿沙鸡、岩鸽、百灵鸟以及雪雀类、鸦类、山雀类等；由于湖泊、河流、沼泽较多，湿地鸟类黑颈鹤、斑头雁、赤麻鸭、普通秋沙鸭、牛背鹭、苍鹭和鸥类、鹬类等高原水鸟也较多，大部分是夏季季节性来繁殖或是迁徙路过本县境内的鸟类。兽类有雪豹、棕熊、狼、赤狐、藏狐、香鼬、水獭、岩羊、藏原羚、西藏野驴、高原兔、喜马拉雅旱獭以及鼠类、鼠兔类等；高原特有两栖类动物高山倭蛙、西藏蟾蜍、高原齿突蟾等在聂荣县也有分布；聂荣县的爬行动物较少，高海拔的草原、草甸地区偶见有西藏沙蜥。聂荣县境内河流属于怒江上游水系，主要鱼类有怒江内特有的怒江裂腹鱼以及裸腹叶须鱼、热裸裂尻鱼、拟硬刺高原鳅等。

二、野生动物保护

从1984年开始，那曲地区制定规章制度，建立健全野生动物保护机构，依法对野生动物进行保护。同时，行署向全地区发出《关于保护野生动物的通知》，要求加强对枪支弹药的管理，坚决制止乱捕滥猎、倒卖走私野生动物及其产品的行为。聂荣县野生动物保护工作按《通知》精神执行。

1987年，聂荣县设立禁猎区。禁猎区都是野生动物配种、育幼的地区。禁猎区外，允许群众适量猎取一些动物以增加部分经济收入，但严禁捕杀黑颈鹤、野牛等国家一类保护动物。在禁猎区内，则禁止一切捕猎活动。违法猎取保护动物者，按国家有关规定处理。

1990年，聂荣县根据野生动物保护法的精神，结合实际，在原规定的基础上，重新制定了保护野生动物的具体规定，同时，增划了狩猎禁区，禁止任何人捕猎。

1992年，西藏自治区第五届人大常委会第十八次会议通过并公告《西藏自治区〈中华人民共和国野生动物保护法〉实施办法》。聂荣县对《实施办法》进行广泛宣传，严格贯彻落实。

1993年7月，自治区人民政府正式批准建立羌塘自治区级自然保护区，聂荣县在此保护区范围内。

1999年，聂荣县为切实加强野生动物资源的保护管理工作，成立野生动物保护领导小组，这为更进一步做好野生动物保护工作，严防非法偷猎活动，使野生动物能有一片快乐的生存净土提供了有力保障。

2000年4月4日，经国务院批准，原羌塘自治区级自然保护区升格为羌塘国家级自然保护区，聂荣县在此保护区范围内。

2003—2010年，聂荣县共发放《中华人民共和国野生动物保护法》《西藏自治区〈野生动物保护法〉实施办法》等藏、汉版宣传单共计2000余份，张贴、散发宣传画册6000余张，宣传工作普及到各乡、各村、各户。

第三节　湿地和灌木林保护

一、湿地保护

聂荣县境内湿地较多，重点湿地有4处，属于典型的寒冷半干旱高原季风气候区。湿地内野生动物众多，按西藏动物地理区划，位于古北界—青藏区—羌塘高原小区。

聂荣重点沼泽湿地地理位置为北纬31°58′—32°52′、东经91°27′—93°0′。湿地总面积127381.04公顷（包括安多县一部分），其中，河流湿地3520.77公顷、湖泊湿地1103.84公顷、沼泽湿地122756.43公顷。湿地所在区大地貌主要为高原湖盆、山川地貌，属高原河源地带沼泽区，平均海拔4500—5200米。地形相对平缓，沼泽辽阔，河流蜿蜒延伸。主要土壤类型为泥炭土、泥炭沼泽土、草甸沼泽土和腐殖质沼泽土等。属于高原亚寒带季风气候。水源补给主要为雪山冰川融水，还有地表径流、大气降水和地下水。

该重点湿地区内已记录有野生动物30科70种，其中哺乳类10科16种和鸟类17科48种，两栖类1科1种，爬行类1科2种，鱼类1科3种。聂荣县大力开展湿地保护工作，保护水源，避免其被污染，加强湿地及周边环境的保护力度。以“2.2”湿地保护宣传日、3月综治宣传月、“9.16”法制宣传日等多种宣传方式开展湿地资源保护宣传工作，加大湿地保护的宣传力度，提高湿地保护意识。同时建立了湿地管理制度，提高广大牧民群众对保护湿地重要性的认识。

二、灌木丛林保护

聂荣县灌木林面积共505.446公顷，全部为天然灌木林，分布在当木江乡、聂荣镇、索雄乡3个乡镇的6个行政村中。灌木林资源在藏北地区非常珍贵和稀少，是聂荣县最主要的原生植被。经过长期自然演替和竞争，绝大部分土地演变成牧草地，只有少量的土地由于小气候、小环境影响演变成了灌木林地。这些灌木林本身具有保持水土、涵养水源、防风固沙和改良土壤的作用，丰富了聂荣县的生物多样性，具有十分重要的生态意义和社会意义。

第三章 水利

第一节 机构

2007 年之前，聂荣县未设立水利局，各项工作由县农牧局组织开展。

2007 年，设立县水利局，属正科级单位，编制 4 名，实有工作人员 4 名。

2010 年，聂荣县水利局实有工作人员 4 名，其中局长 1 名，副局长 1 名，工作人员 2 名。

2007—2010 年聂荣县水利局领导名录见表 9 - 3 - 1。

2007—2010 年聂荣县水利局领导名录

表 9 - 3 - 1

机构名称	职务	姓名	性别	民族	任职时间
聂荣县水利局（2007.03—2010.12）	局长	杜海银	男	汉	2007.03—2008.01
		汪志智	男	汉	2008.02—2010.12
	副局长	雷措	女	藏	2007.03—2010.12

第二节　水利工程建设

一、人畜饮水工程

20 世纪 60 年代，聂荣县主要开发利用浅层地下水和少量地表水，以打井、挖泉、修渠等方式解决供水问题。

20 世纪 80 年代，为解决聂荣县农牧民的饮水困难和饮水安全问题，在全县范围内调研勘测，寻找水源点。

20 世纪 90 年代，聂荣县实施聂荣镇人工打井、管道饮水工程。

1995 年，聂荣县逐步在尼玛乡、色庆乡、桑荣乡等 13 个乡建设人畜饮水安全工程。

1998 年，聂荣县投资 40 万元建成人畜饮水安全工程，修建供水设施以及配套建筑物 25 座，80 吨进水调节池 1 个，解决了约 3200 人的饮水安全问题。

到 2000 年，聂荣县 70 余个村建成大口井，极大地缓解了人畜饮水难的问题。县城和当木江乡建成管道供水工程 3 处，基本解决了所在地干部群众吃水难的问题。

2005 年，聂荣县建保暖井 61 眼，总投资 248. 4 万元，解决了 2667 人的饮水安全问题。

2007 年，聂荣县投资 230 万元建设“十一五”第一批农村饮水工程，安排管道饮水工程 2 处，位置在朗色寺、查吾拉丁俄贡苯寺，建设管道 2000 米。

2008 年，聂荣县实施“母亲水窖”项目，建设 2 眼保暖井，实施人畜饮水安全工程保暖井 25 眼。

2009 年，聂荣县投资 696 万元实施人畜饮水安全工程，建设保暖井 77 眼，在尼玛乡、色庆乡、聂荣镇、当木江乡、永曲乡 5 个乡镇实施；建设管道饮水工程 2 处，在当木江乡和色庆乡实施。

2010年，聂荣县投资658万元实施农村饮水安全工程，建设保暖井80眼，在尼玛乡、桑荣乡、色庆乡、下曲乡、白雄乡、聂荣镇、永曲乡等7个乡镇实施，解决了5700余人的饮水安全问题。

二、牧区水利工程

2008年，聂荣县投资45万元实施小型农田水利建设项目，在桑荣乡曲果查仁铺设灌溉渠道3.5千米。

2009年，聂荣县投资900万元在当木江乡实施防抗灾饲草料基地建设项目，灌溉草场6000平方千米，其中人工种草3000平方千米。同年，投资980万元实施当木江乡水土保持生态修复项目，治理水土流失面积80平方千米。

第十篇
财税金融

第一章　财政

第一节　机构与体制

一、机构

1964 年，聂荣县财粮科成立，设科长 1 名，兼管财政和粮食，但分开办公。

1966—1976 年，县财政科机构工作由县革委会生产指挥组行使职能。

1976 年 4 月，撤销县革委会生产指挥组，设立县财金科，设科长 1 名，负责全县财政和金融工作，业务分开办理。

1984 年 9 月，聂荣县进行机构改革和人员调整，将县财金科更名为县财政局。有局长 1 名，副局长 2 名。

1995 年，聂荣县财政局有行政编制 4 名，实有工作人员 5 名。

2000 年，聂荣县财政局有编制 5 名，实有工作人员 7 名，其中临时工 2 名。

2005 年，聂荣县财政局有行政编制 6 名，实有工作人员 8 名，其中临时工 2 名。

2010 年，聂荣县财政局有行政编制 6 名，实有工作人员 7 名，其中局长 1 名，副局长 2 名。设有核算中心、工资科、国库科等业务室。

1964—2010 年聂荣县财政部门领导名录见表 10 – 1 – 1。

1964—2010 年聂荣县财政部门领导名录

表 10－1－1

机构名称	职务	姓名	性别	民族	任职时间
聂荣县财粮科（1964. 07—1967. 02）	科长	董太印	男	汉	1964. 07—1967. 02
聂荣县财金科（1976. 04—1984. 09）	科长	潘仁发	男	汉	1976. 04—1980. 09
聂荣县财政局（1984. 09—2010. 12）	局长	永忠	男	藏	1984. 09—1987. 10
		周晴	女	汉	1987. 11—2002. 06
		布琼	男	藏	2002. 07—2010. 12
	副局长	黄永香	女	汉	1984. 09—1987. 10
		吕殿芳	女	汉	1984. 09—1986. 09
		甘措	女	藏	1987. 06—1987. 10
		桑吉卓玛	女	藏	2003. 05—2004. 09
		刘利伟	男	汉	2009. 09—2009. 11
		白玛曲吉	女	藏	2008. 08—2010. 12
		徐燕	女	汉	2010. 09—2010. 12

注：因未能找到相关资料，聂荣县革委会生产指挥组相关领导名录未能收录。

二、财政体制

平叛与民主改革后，聂荣县政权逐步建立起来，县财政机构随之成立并开展工作。聂荣县贯彻中共西藏工委制定的“发展生产，繁荣经济，稳定金融物价，逐步改善人民生活”方针，一切政策力求稳妥、防“左”、防急的指示。聂荣县农牧业生产连年丰收，保证了民主改革和各项建设事业发展的资金需要。本着“从轻从简，合理负担”的原则，先后开征农业税和牧业税。

1961 年，经中央批准，将西藏的商业、外贸划归地方预算管理。

1964 年，中央决定对西藏实行“收支两条线”的预算管理体制。

1971 年，实行“定收定支、收支包干、保证上缴（或差额补助）、结余留用，一年一定”的预算管理办法，即每年由中央根据国民经济计划规定指标，核定地方财政收入和支出总额，收入大于支出的地区，按计划收入额包干上交，支出大于收入的地区差额由中央政府补贴，包干使用，年终超计划收入和支出结余，全部留归地方。

1973 年，实行“固定比例留成，超收另定比例分成，支出按指标包干”的办法。

1978 年，在实行“收支两条线”管理体制的同时，在增收分成体制上，取消原来按固定比例留结地方预算收支指标，实行收支挂钩，确定留成比例，一年一定体制。

1980 年，聂荣县实行“划分收支，分级包干”的新体制（“分灶吃饭”）。同时，对行政事业单位实行“预算包干，超支不补，结余留用”的办法。

1983 年，对财政收支办法进行改革，对行政单位正常经费，实行“全额预算包干、结余留用”；对事业主管部门和所属的事业单位，实行“全额预算包干、结余留用，一年一定”或“定项预算包干、结余留用，一年一定”；“对差额预算管理的单位，实行定收、定支、定补助、定上缴，结余留用，超支不补，一年一定或（三年一定）”的办法。

1984 年，聂荣县在试点的基础上，全面推行第一步利改税。

1985 年，聂荣县实行“划分税种，核定收支，分级包干”的预算管理体制。

1987 年 1 月，中央对西藏实行核定收支、差额予以补助的办法后，根据社会经济发展的需要逐年核定，逐年增加。

1994 年，聂荣县实行分税制，划分税种，核定收支，定额补助，分级包干。

1998 年 7 月，全国财政工作会议决定，停止发放财政周转金，清理回收的财政周转金，可用于弥补财政赤字，增加预算周转金等。

2001 年，中央召开第四次西藏工作座谈会，确定实行“核定基数、定额递增、专项扶持”财政补贴政策。

2003 年，聂荣县加强财政预算管理，财政一般预算收入完成 189 万元，完成年度计划的 101.61%。

2005 年，聂荣县在原管理体制基础上，实行会计集中核算、政府采购等机制。

2010 年，财税方面继续执行并完善“收入全留，补助递增，专项扶持”的财政政策。

三、财务管理

1959 年，财政对各行政事业单位正常开支实行预算包干。

1961 年，实行包管结合，只包公用经费和工资等，个人生活部分不包。专项资金，分级管理，专款专用。

1980 年，实行“预算包干，超支不补，结余留用”管理办法，并进行一系列的改革。一是对全额预算单位实行预算包干办法；二是对一些专项经费，如会议费、接待费等制定一系列管理办法；三是将教育经费切块划归自治区教委管理。

党的十一届三中全会后，预算管理制度逐步得到恢复和完善。

1981 年开始，县财政每年的财政预算、决算都要经过县人民代表大会审议通过，财政季、年度报表都要送人大等有关部门审查。实行各级领导主管财政工作责任制和会计岗位责任制以及“一支笔”审批制度。在做好平时监督检查的基础上，每年进行一次财务大检查，对存在问题的单位进行审计，发现问题及时处理。

1986 年，自治区和地区对各县的财政定额补助由机关上报改为指定基数，重新划分收支范围，每年的预算指标由地区统一下达。县财政按照地区的预算指标，制定县级财政预算，并下达县直各预算单位，预算执行上基本实行划分收支、分级包干的办法。聂荣县财政局为提高在职干部职工的文化素质及业务水平，以适应经济改革的需要，根据本单位的实际情况，采取有效措施，举办短期业务培训班，积极培训在职干部职工。

1987 年，聂荣县财政局对经费开支精打细算，严格把关，本着少花钱、多办事、办实事的原则，对各单位的经费开支实行包干，使过去有些单位乱购、乱买、乱开支现象杜绝，经费开支大大下降。每年都从县财政收入中拿出一定的资金，用于教育事业发展。

1993 年，聂荣县、乡人民政府收支编入预算草案，建立月份会计报表制度，预算外资金纳入县财政预算和建立详细单位预算。

1994 年初，国有资产管理工作由县财政局负责。

20 世纪 90 年代，单位年初有预算，每月有计划，年终有决算，按预算进度拨款，一般不追加。

聂荣县根据《中华人民共和国预算法》《中华人民共和国预算法实施条例》《西藏自治区预算草案》和其他相关法律法规，按照上级的预决算任务、收支范围，认真编制好年度预算；坚持“统筹安排、综合平衡、量力而行、留有余地”的原则，编制预算；按规定科目、表式编制预算，按规定程序报批；预算经审批后必须严格执行，加强管理，追加或调整预算按规定程序办理，以保持预算执行的严肃性；决算编制做到内容全面、数据真实、上报及时；预算管理工作做到程序化、规范化。同时抓好乡级财政建设，帮助企业加强经营管理，做好扭亏为盈工作，做好财会人员的培训、辅导工作，共同管理好、用好各项资金。

（一）会计管理

1951 年，聂荣县执行财政部规定的总预算会计制度。

1978 年 12 月，聂荣县执行国家《会计人员权利条例》，财会机构和规章制度逐步得到恢复和健全，并开展了财会人员技术职称评定工作。

1990 年，聂荣县按照《会计证管理办法实施细则》，对发证对象、取得会计证的基本条件、会计人员的权利和任免等方面作出具体规定。

1995 年，聂荣县共有会计人员 12 名。

2000 年，聂荣县按照《西藏自治区会计工作规范化考核标准》，强化会计基础工作，建立健全会计工作管理的各项规章制度。

2005 年，聂荣县财政局实行会计轮岗制度，确保财政工作的正常运转。

2010 年，聂荣县按照《西藏自治区会计工作规范化考核分标准》，制定了聂荣县教育事业财务制度、会计档案管理制度、财务人员管理制度。

（二）职称管理

1978 年 12 月，县财政部门按照《会计人员职权条例》，开展会计人员技术职称评定授予工作。职称分为总会计师、会计师、助理会计师。通过调查，经过技术测定、竞赛评比、组织互查等考核工作，聂荣县为2名财务人员评定职称。

1980年后，总会计师改名为“高级会计师”，总会计师不再作为技术职称，只作为行政职称。

（三）政府采购管理

2001年，聂荣县财政局依据《西藏自治区政府采购管理办法（暂行）》，加强对政府采购的管理和监督，提高财政资金的使用效益。

2010年，聂荣县主要实行分级管理和集中采购等方式，进行采购管理。县人民政府监察、审计部门结合实际，不断加强政府采购事前、事中、事后检查和监督。

（四）文教财务管理

1986年西藏自治区和教育厅对教育经费管理体制进行改革后，聂荣县教育经费（中央财政拨款部分）由地区教育行政主管部门进行统一管理和预算安排。

（五）国有资产管理

1994年，聂荣县国有资产管理按照“统一政策，分级管理”的原则进行管理。

1994年4月，国家国有资产管理局《股份制试点企业国有股权管理的实施意见》中明确规定，国有股权管理的专职机构是国有资产管理部门。

1996年7月，自治区国有资产管理局转发国家国有资产管理局《关于印发〈国有资产流失案件查处工作试行规则〉的通知》，组织临时查处小组对国家资产流失情况进行查处。

第二节　财政收入

聂荣县的财政收入有国家补助、税收收入、罚没收入和其他收入4项，以国家补助为主要来源。

1980 年起，聂荣县按照中央第一次西藏工作座谈会精神免征农牧业税。随着改革开放的深入和经济的逐步发展，建筑税源逐年增加。

2010 年，全县公共财政收入完成 15463 万元，其中上级补助收入为 15031 万元，县本级收入 432 万元。

1996—2010 年聂荣县财政收入情况见表 10－1－2。

1996—2010 年聂荣县财政收入情况表

表 10－1－2　　单位：万元

年份	收入总计	收入			预算调拨收入			
		合计	税收	其他	合计	上年结余	其他	上级补助收入
1996	1191.50	50.60	45.50	5.10	1140.90	59.30	14.40	1067.20
1997	907.20	44.10	39.50	4.60	863.10	81.30	3.00	778.80
1998	1783.30	62.20	54.30	7.90	1721.10	201.80		1519.30
1999	1367.50	100.80	62.90	37.90	1266.70	194.20		1072.50
2000	1664.30	108.60	75.40	33.20	1555.70	217.40		1338.30
2001	2081	114	68	46	1967	196		1771
2002	2671	133	76	57	2538	196		2342
2003	2811	130	89	41	2681	181		2500
2004	3723	157	96	61	3566	181		3385
2005	4347	189	122	67	4158	90		4068
2006	4522	221	149	72	4301	90		4211
2007	7314	286	171	115	7028	92		6936
2008	9797	324	215	109	9473	92		9381
2009	13113	385	271	114	12728	93		12635
2010	15463	432	323	109	15031	93		14938

第三节　财政支出

和平解放前，聂荣县乌拉差役繁重，所收差税的大部分上缴西藏地方政府，供三大领主享用和从事佛事活动，少数留宗政府开支。

1964年，县财政科建立初期，在财政支出上，按照“一要吃饭，二要建设”“量入为出”的原则，加强对资金的管理，做到“以收定支、量入为出”，严格按照支出预算和财务制度办事。

20世纪70年代后期，聂荣县先后实行“定收定支、收支包干”等管理办法；对企业进行改革，采取单位集体承包、班组承包等办法。

20世纪80年代中期开始，预算经县政府审定后，必须报县人民代表大会审议通过后方能实施。

1995年起，聂荣县实行每年度一次财务大检查的工作机制；对干部职工医疗费实行包干管理，住院按相关比例报销的办法。

2010年，聂荣县财政支出15369万元，其中农牧水利支出1279万元，文教支出4771万元。

1996—2000年聂荣县财政支出情况见表10－1－3。

1996—2010年聂荣县财政支出情况表

表10－1－3　　　　单位：万元

年份	总计	基本建设	农牧水利	支援牧区	行政管理	年中滚存结余	救济	文教	其他	结转下年使用
1996	1191.5		94.6	15.7	531.5		62.8	143.9	285.5	857.5
1997	907.2		71.8	49.6	365		32.9	109.9	176	102
1998	1783.3		93.5	17.7	451		602.2	133.2	299	386.7
1999	1367.3		111.5	36.3	534.8		30.3	167.9	288.7	197.8
2000	1664		99.7	28	561.8		71	226.9	452.4	224.2
2001	2521		325		517		206	1115	358	

续表

年份	总计	基本建设	农牧水利	支援牧区	行政管理	年中滚存结余	救济	文教	其他	结转下年使用
2002	3500		394		787		290	1643	386	
2003	5085		465		1208		410	2210	792	
2004	6516		509		1806		552	2629	1020	
2005	8046		539		2772		627	2884	1224	
2006	9432		582		3547		676	3398	1229	
2007	10867		652		3989		917	3898	1411	
2008	11987		679		4229		805	4483	1791	
2009	13020		622		4435		1061	5320	1582	
2010	15369		1279		3890		323	4771	5106	

第二章　税收

第一节　机构与体制

一、机构

1995 年，聂荣县国家税务局成立。

1998 年，经自治区国家税务局批复，聂荣县政府划拨土地，聂荣县国家税务局职工周转房和办公综合用房新建项目正式动工，占地面积 3900 多平方米。

2000 年，聂荣县国税局核定编制人数为 4 人，实际工作人员为 3 人。

2001 年起，聂荣县国家税务局由那曲地区国家税务局垂直领导管理，核定编制 4 人，实际工作人员 3 人。

2010 年，聂荣县国家税务局核定编制人数为 4 人，实际工作人员 4 人。

2001—2010 年聂荣县国税局领导名录见表 10－2－1。

2001—2010 年聂荣县国税局领导名录

表 10－2－1

机构名称	职务	姓名	性别	民族	任职时间
聂荣县国税局（2001. 08—2010. 12）	局长	扎西罗布	男	藏	2001. 08—2004. 08
		仁增朗加	男	藏	2004. 08—2010. 03
		达瓦次仁	男	藏	2010. 03—2010. 12

续表

机构名称	职务	姓名	性别	民族	任职时间
聂荣县国税局（2001.08—2010.12）	副局长	扎西罗布	男	藏	2001.08—2004.08
		达瓦	男	藏	2005.05—2010.12

二、税收体制

1959 年，开展“三反双减”活动，废除宗政府税收制度。

1959 年 11 月，根据《西藏自治区 1959 年征收爱国公粮暂行办法》的规定，聂荣县开始征收“爱国公粮”。

1960 年，聂荣县根据西藏自治区筹备委员会颁布的《西藏自治区工商业税暂行办法（草案）》及《实施细则》，开始建立社会主义新工商业税制。

1963 年 7 月，聂荣县进行第一次工商税制改革。

1964 年，聂荣县对牧民牲畜交易纳税作出具体规定。

1966—1972 年，聂荣县开始落实《西藏自治区农牧区工商业税暂行办法》。

1975 年，聂荣县开始第二次工商税制改革。

1985 年，聂荣县其他税制逐步开始建立。

1994 年，国家新税制颁布实施后，聂荣县停止征收个人收入调节税，按照个人所得税法执行。

至 2010 年，聂荣县按照区、地两级税收管理部门的相关要求，全面推进依法治税，制定和完善相关制度，严格执行“税制一致、适当变通、从轻从简”的税收政策。

第二节 税收种类

在封建农奴制社会，聂荣人民承担的主要赋税有乌拉差役、“三大领主”的高利贷等。

一、差税

唐代至民国，西藏地方政府先后制定《六法典》《十五法典》《十三法典》《十六法典》《十二法典》《正直明镜》等，法典对征收差税作出具体规定。其中17世纪初藏巴汗噶玛丹迥旺布时期制定的《十六法典》和五世达赖喇嘛时期制定的《正直明镜》对差税的规定较为详细。

（一）《六法典》对差税的规定

首次以法律的形式作出“百姓经营的田地、牲畜所应纳之税，及时上缴给‘国王’”的规定，并划分了差民应支的力役差徭，较为详细地规定了各种度量的换算单位，使征集差税的计量单位得到统一。

（二）《十六法典》对差税的规定

税官准则：未经批准，税官不得私自前往各地征税；除政府派遣专人外，不许擅自领人前往征税。

（三）《正直明镜》对农业差税的规定

税官在征收农业税时不得按旧估计粮食产量，必须按当年的实际收成征收五分之二，剩余的五分之三留归官府使用。

（四）清朝中央政府对西藏差税制度的整顿和改革

乾隆十六年（1751年，藏历第十三饶迥铁羊年），清朝中央政府颁发《钦定藏内善后章程》十三条，对西藏地方差税进行改革。

1. 禁止私占差民。“全藏人民均为达赖喇嘛之庶民，并按地方的大小、人户的多寡，各有一定差徭，以供佛事之用”。

2. 颁发乌拉牌票。“所有乌拉牌票应禀请达赖喇嘛颁发；噶伦、代本等买卖差遣不得私自发牌票；公事必须支派乌拉，务必禀明达赖喇嘛，由噶伦出票办理。”

二、农牧业税

（一）农业税

1959年1月1日起，聂荣县在全县范围内征收爱国公粮，即农业税。在农牧区征收爱国公粮的原则是少征少收，年人均产粮在100千克以下免征。

1961 年，聂荣县根据自治区筹委会颁布的《西藏自治区爱国公粮征收办法》及其《实施细则》，实行“增产不增税”政策，调整爱国公粮征收的起征点，并制定相应减免政策。

1976 年 4 月 5 日，聂荣县根据自治区财政局制定的《关于改革农牧税征收办法的意见》，本着“从轻从简，合理负担，藏粮于民，增产不增税”的原则，对农业税实行“一定五年”政策。

1979 年 11 月 12 日，聂荣县根据自治区人民政府批转财政厅《关于减轻农牧区税收负担问题的报告》《关于减轻农牧区税收负担的通知》，规定农区口粮 187.5 千克以下者，边境区 189 千克以下者，半农半牧区在 120 千克以下者，免征农业税。

1980 年 6 月 20 日，根据自治区人民政府布告，那曲地区在两年内免征农业税。后经中央批准，将免征农业税的期限延长至 2000 年。

（二）牧业税

1963 年 9 月，根据中共西藏工委、自治区筹委会下发的《关于试征爱国牧业税的规定》，决定自 1963 年起开征爱国牧业税。初步确定牧业税负担面不超过全区总牧户的 60%，并按当年牲畜头数评定常年畜产品产量，1963—1965 年内增产不增税。

1964 年，在试行征收办法的基础上，自治区筹备委员会颁布《西藏自治区征收牧业税试行办法》。

1970 年，自治区革委会转发区革委会生产指挥组《关于征收 1970 年农牧业税问题的报告》，决定在 1970 年征收牧业税时，重新登记牲畜，按现行牧业税办法规定，分户计算应纳税额。

1972 年 4 月，自治区党委批转自治区财金局党的核心小组《关于改进农牧业税征收办法问题的报告》，对 1964 年的《试行办法》进行必要改进。

1976 年 4 月，根据自治区革委会批转的《关于改进农牧业税征收办法的意见》，以 1972 年核定的应征数为基准，到 1980 年不变，并从当年起 5 年内给予减征 5% 的照顾。

1980 年，根据中央召开的第一次西藏工作座谈会精神，牧业税免征至

2000年。

三、工商业税

1960年5月，自治区颁布《西藏自治区工商业税暂行办法（草案）》及《实施细则》，聂荣县认真贯彻执行。

1961年7月，聂荣县开始执行免征供销社和生产组的税收，停征屠宰税，只征收营业税。凡是企业、个人经营运输的车辆，除对运输收入征收工商业税外，还必须征收车辆牌照税。

1980年起，按照自治区人民政府规定，聂荣县城乡集体企业、个体工商户的工商税与农牧业税一并免征。

1982年7月，按照上级规定，聂荣县对集体、个体工商户免征工商业税3年。

1983年7月1日，聂荣县按照西藏自治区人民政府发布的《西藏自治区工商业税试行办法》，对工商业税恢复征收，并扩大征收范围，规定从事工业生产、交通运输、畜产品采购、工商经营、服务业的单位和个人都应交纳工商税和所得税，但降低了部分税率。

四、营业税

1994年，按照国家税制改革方案，在贯彻国务院颁布的《中华人民共和国营业税暂行条例》和财政部制定的《中华人民共和国营业税暂行条例实施细则》的基础上，结合西藏实际情况，4月13日，自治区人民政府发出《关于贯彻〈中华人民共和国营业税暂行条例〉的通知》，在全区开征营业税，自1994年5月1日起执行。

第三节　税收收入

一、增值税

1994 年，按照全国税制改革要求，西藏自治区开始推行规范化的增值税。

1994 年 4 月 13 日，西藏自治区人民政府下发《关于贯彻中华人民共和国增值税暂行条例》的通知，聂荣县按照此条例实施。

1994 年以来，聂荣县增值税收入主要来源于零售行业，其中网围栏购销项目所占比例较大，其余增值税收入来源于临时药品零售和个体工商户，所占比例较小。

1994—1995 年，聂荣县增值税收入 3. 79 万元。1996—1998 年，增值税收入 10. 97 万元。1999—2000 年，增值税收入 14. 75 万元。2001—2005 年，增值税收入 28. 63 万元。2006—2008 年，增值税收入 207. 78 万元。2009—2010 年，增值税收入 180. 56 万元。

二、营业税

1994 年 4 月 13 日，西藏自治区人民政府发布《关于贯彻〈中华人民共和国营业税暂行条例〉的通知》，在全区开征营业税。

20 世纪 90 年代以来，随着国家投资力度的不断加大，聂荣县国民经济水平不断提高，税收收入日益增加，其中建筑行业是聂荣县的主要税收收入来源。

1994—1999 年，聂荣县营业税收入 134. 58 万元。2000—2005 年，营业税收入 349. 32 万元。2006—2008 年，营业税收入 424. 54 万元。2009 年，营业税收入 222. 27 万元（包含畜产品营业税收入 0. 4 万元）。2010 年，营业税收入 255. 21 万元。

三、教育费附加税

20世纪90年代以来，随着聂荣县在教育方面投资的增加，教育费附加税也逐年增加。

1998—2000年，聂荣县教育费附加税收入5.6万元。2001—2005年，教育费附加税收入14.02万元。2006—2008年，教育费附加税收入18.95万元。2009—2010年，教育费附加税收入15.13万元。

四、企业所得税

企业所得税是聂荣县税收收入主要来源的税种之一。

1993年12月28日，西藏自治区人民政府下发《关于贯彻〈中华人民共和国企业所得税暂行条例〉的通知》，决定自1994年1月1日征收企业所得税。

1994—1998年，聂荣县企业所得税收入61.7万元。1999—2000年，企业所得税收入38.39万元。2001—2005年，企业所得税收入135.49万元。2006—2008年，企业所得税收入102.39万元。2009年，企业所得税收入69.61万元。2010年，企业所得税收入109.72万元。

1994—2010年来聂荣县国家税务局税收情况见表10－2－2。

1994—2010年聂荣县国家税务局税收情况表

表10－2－2　　单位：万元

年份	金额	年份	金额
1994	46	1999	71
1995	60	2000	89
1996	55	2001	79
1997	46	2002	100
1998	62	2003	124

续表

年份	金额	年份	金额
2004	128	2008	303
2005	152	2009	330
2006	209	2010	409
2007	254		
合计	2517		

第四节　税收管理

一、税收管理制度

和平解放前，聂荣县由寺庙、宗本派出税收官执行收税任务。

1964 年，聂荣县财粮科成立，负责全县税收工作。

1995 年，聂荣县国家税务局挂牌成立，与县财政局合署办公。

1998 年，县税务局建立税收和征收工作管理制度，在税务稽查、公开办税、挂牌上岗等方面逐步规范化，并实行“征、管、查”三分离。

1999 年，聂荣县税收以每年 13% 的速度递增，到 1999 年底，税收达到 71 万元左右。

2001 年 1 月 1 日起，《中华人民共和国车辆购置税暂行条例》施行，聂荣县在全国范围内开征车辆购置税。

2005 年起，西藏自治区开始由税务机关征收车辆购置税。

2006 年 1 月 1 日起，根据第十届全国人大常委会第十八次会议审议通过的《中华人民共和国个人所得税法（修正案)》，个人所得税减除费用标准提高到 1600 元。

2007 年 1 月 1 日起，《中华人民共和国车船税暂行条例》正式实施，取代 1986 年 9 月 15 日国务院发布的《中华人民共和国车船使用税暂行条例》。

2008 年 1 月 1 日起，根据《西藏自治区人民政府关于贯彻〈中华人民共和国车船税暂行条例〉的通知》，西藏自治区开征车船税，车船税由保险公司代为收缴。

2008 年 1 月 1 日起，《中华人民共和国企业所得税法》正式实施。

2008 年 3 月 1 日起，根据中华人民共和国国务院令（第 519 号），即《国务院关于修改〈中华人民共和国个人所得税法实施条例〉的决定》，个人所得税减除费用标准提高到 2000 元。

2009 年 1 月 1 日起，新《中华人民共和国增值税暂行条例》正式实施，新《中华人民共和国营业税暂行条例》正式实施。

2009 年 1 月 1 日起，《西藏自治区人民政府关于调整和完善城市维护建设税政策的通知》正式施行，西藏自治区城市维护建设税不再划分行政区域，统一执行 7% 的税率。

二、税收票证管理

（一）票证种类和使用范围

1992 年，根据自治区国家税务局制定的税收票证管理办法，聂荣县税收票证种类为：税收完税证、涉外税收完税证、工商税收专用缴款书、国营企业所得税缴款书等 14 个。

1994 年，《西藏自治区国家税务局税收计划、会计、统计工作制度》再次对税收票证的种类和范围进行了明确规定。

1998 年，自治区国家税务局印发《全区税收票证管理办法》，对现行税收票证的种类和使用范围进行更新和补充。

1998 年 7 月，启用税收定额完税证。

1999 年 7 月，启用新版税收票证。

（二）税收票证的管理

1992 年，聂荣县执行自治区制定的《全区税收票证管理办法》，按照税收票证的领发、保管、使用、缴销、作废等开展票证管理。

1998 年，聂荣县执行《全区税收票证管理实施办法》，对税收票证的领发、保管、填用、作废和停用、盘点、损失处理等进行严格规范。

三、税务登记

税务登记是税务机关对纳税人的开业、变动、歇业以及生产经营范围实行法定登记的一项管理制度。聂荣县税务登记各项规定随着经济社会的发展逐渐得到完善，这一过程经过6个阶段，分别为1963年《西藏自治区工商业税暂行办法》，1974年修订后的《西藏自治区工商业税暂行办法》，1982年《关于办理税务登记有关问题的通知》，1983年《西藏自治区工商业税试行办法》，1986年《中华人民共和国税收征收管理条例》，1992年《中华人民共和国税收征收管理办法》。

第三章　金融

第一节　机构

1961 年，中国人民银行聂荣专区支行成立。

1965 年，更名为中国人民银行聂荣县支行。

1971 年 6 月，中国人民银行聂荣县支行与县财政合并。

1984 年，国务院决定中国人民银行脱离具体业务，独立行使中央银行职能，但由于西藏不具备成立工商银行和农业银行的条件，人民银行聂荣县支行在行使中央银行职能的同时，兼办农业银行业务。

1995 年 7 月 1 日，中国农业银行聂荣县支行正式成立，是为聂荣县唯一家金融机构。下辖尼玛、色庆、白雄、查吾、措阳 5 个乡营业所。

1998 年，按照农业银行总行倡导减员增效管理办法，措阳区营业所撤销，合并到县支行。

2010 年，聂荣县有 1 个县支行，4 个乡营业所，在职员工 30 人，具有大专以上文凭的 15 人。

1995—2010 年聂荣县金融部门领导名录见表 10 -3 -1。

1995—2010 年聂荣县金融部门领导名录

表 10－3－1

机构名称	职务	姓名	性别	民族	任职时间	备注
中国人民银行聂荣县支行（1995. 07—2001. 06）	行长	名错	男	藏	1995. 07—1996. 07	
		欧水	男	藏	1996. 07—1997. 07	
		旺加热旦	男	藏	1997. 07—2001. 06	
	副行长	欧水	男	藏	1995. 07—1996. 07	
		叶秋红	女	汉	1996. 07—1997. 09	
		达瓦	男	藏	1999. 07—2001. 06	
中国农业银行聂荣县支行（2001. 06—2010. 12）	行长	白玛旦增	男	藏	2007. 09—2010. 12	
	副行长	达瓦	男	藏	2001. 06—2004. 09	主持工作
		白玛旦增	男	藏	2004. 09—2007. 09	主持工作
		格桑次仁	男	藏	2004. 09—2010. 12	
	纪检监察员	白玛旦增	男	藏	2001. 08—2004. 09	副科级

第二节　货币

一、实物货币

西藏历史上多种物品曾充当过交换媒介，如早期的贝壳、石质串珠、食盐、哈达、丝绸，以及牲畜的畜产品等，都曾从商品中脱离出来，充当过一般等价物，聂荣县人民使用的一般等价物有牲畜、畜产品、食盐、哈达等。

（一）牲畜

聂荣地处青藏高原腹地，草原广袤，以牧业为主，牲畜充当一般等价物占有特殊的地位。唐朝时期，内地与吐蕃的交往和贸易不断发展，内地汉民族以丝绸、茶叶等物与藏民族交换马、牛、羊、皮张、药材等。到了宋代，由于长久的传统贸易引起生活习惯的改变，藏民族已是“不可一日无茶”，上自王公贵族，下至庶民百姓，皆饮茶成风。北宋前期，连年战争，急需吐蕃各部战马，而吐蕃各部则需要内地的茶叶，这种互相依存的关系，促成“茶马交易”。吐蕃各部与内地的贸易交往虽名为“茶马交易”，而实际远不止以马易茶，其中还有很大数量是用马匹交换金银、刀枪、弓箭、丝绸、瓷器等物。

西藏地方政府、贵族、寺庙向农牧民征收实物租税，时常以牲畜折算，把牛作为计价单位，马、山羊、绵羊等牲畜都要折算成牛，如1匹马折3头牦牛，10只绵羊折1头牦牛，20只山羊折1头牦牛。从中可以看出，牛曾作为实物货币的痕迹。

藏语中的“诺”意为牛，又是钱、财产、宝贝之意，“诺堪”意为“富人”，“诺达”意为财产，如殷商时代曾以“贝”为货币而在汉字中留下踪迹一样，反映出“牛”在西藏历史上曾经充当过等价物。

（二）食盐

藏北高原西部内陆湖泊星罗棋布，有许多矿化度极高的盐湖，旱季完全干涸，湖底沉积着很厚的白色盐晶，无须加工即可食用。食盐是人类日常生活必需品，具有广泛的使用价值，且便于衡量、易储存，具备充分交换媒介的一般条件。那曲是西藏以及尼泊尔北部地区食盐的主要来源地。每到秋季，聂荣牧民用牦牛和绵羊驮着食盐、畜产品长途跋涉，与西藏农区交换粮食等生活、生产物品。这种农、牧区之间的盐粮交换一直延续到20世纪80年代。

二、金属货币

唐代，松赞干布统一西藏各部落后，开始用黄金（主要是沙金）作为交换媒介，广泛用于大宗交易。为创制文字，松赞干布授予吞弥·桑布扎黄金、财物等，遣其前往天竺。吐蕃使臣前往长安向唐朝求婚时，曾“献黄金五千两作为聘礼以迎娶文成公主”。及至猴年（公元708年），对“平民”征集黄金赋税颇多。

元代，中央政府大量调入白银，不仅加强了对西藏的治理，而且改变了西藏的币制，西藏上下全部遵行中央政府颁行的货币制度。从此，黄金在西藏逐渐退出流通领域，白银成为主要的流通货币。

16 世纪中叶，西藏小额商品贸易使用碎银，大宗贸易主要使用银锭。在和尼泊尔商人的交易过程中，西藏商民发现使用尼泊尔银币比使用本地碎银和银锭方便得多，因为银币具有固定的重量和比价，可免去每次交易银锭的称量、分割和必要的成色鉴定。因此，有些商人就用碎银和银锭兑换尼泊尔银币，在小额贸易中使用，大大方便了交换和流通。随着这种银钱交易规模的不断扩大，西藏方面需要的尼泊尔银币日渐增多，出现了西藏商人请尼泊尔商人代理铸币的现象。后来发展到西藏商人直接请尼泊尔驻藏商团代铸，尼泊尔为西藏地方铸造的银币（称代铸币）开始在藏北广泛流通。后来，由于尼泊尔商人在代铸币中不断降低银钱成色，严重影响银钱交易，引起藏尼银钱纠纷。

乾隆五十八年（1793 年，藏历第十三饶迥水牛年），清朝颁布《钦定藏内善后章程二十九条》，授权驻藏大臣会同达赖喇嘛委任人员设铸钱局铸造货币。正规币制建立后，铸钱局先后铸造“乾隆宝藏”“嘉庆宝藏”“道光宝藏”“甘丹颇章”等银币；宣统元年（1911 年，藏历第十五饶迥土鸡年）后，铸造了“嘎钦”“卡冈”“雪阿”等铜币。这些银币、铜币都曾在聂荣流通，其中银币“甘丹颇章”“久果”“桑松果木”“桑岗雪阿”“久阿尼西”和铜币“嘎钦”“七杰”“秀松”“秀阿”等使用较多。

民国时期，随着中央官员进藏、西藏地方官员赴内地及经商所需，“袁大头”银元在聂荣开始流通。

1951 年 5 月 23 日，中央人民政府和西藏地方政府签订《十七条协议》。中国人民解放军按照协议规定进驻西藏，巩固国防，遵照中央“进军西藏、不吃地方”的指示，尊重西藏人民使用银币的习惯，带进大量袁大头银元，用于采购、布施、支付劳务等费用开支。

1952 年 2 月中国人民银行西藏办事处成立时，以袁大头银元为本位币，以存款方式将解放军战士随身携带进藏的银元作为铺底资金，开展业务。接着，又从内地调入大量银元，充实库存。袁大头银元通过部队和银行的投放，流通量进一步加大，形成袁大头银元、藏币混合流通市场。

1954 年 5 月中国人民银行黑河支行成立时，仍以袁大头银元为本位币。

1959 年 7 月发行人民币后，人民币中有 1 分、2 分、5 分等面值的金属币；20 世纪八九十年代，出现 1 元等面值的金属币，材质有金、铜、银等。

三、纸币

（一）藏钞

民国十五年（1926 年，藏历第十五饶迥火虎年）起，西藏地方政府印刷发行的 5 种面额机器印刷套色藏钞在黑河（那曲）流通使用，但不及藏银币流通广泛。

1959 年 7 月 15 日，西藏自治区筹委会发出在全区普遍发行使用人民币的布告，人民币在全区流通，藏钞急剧贬值，少数投机商借机将藏钞带到农牧区使用，欺骗和坑害农牧民群众。8 月 10 日，西藏自治区筹委会发布《关于在全区废除和收兑藏币的布告》，藏币正式退出流通领域。

（二）人民币

1. 统一货币市场

1959 年 7 月 15 日，西藏自治区筹委会发布《关于在全区普遍发行使用人民币的布告》，规定中国人民银行发行的人民币为法定本位币，任何人不得拒绝收受和贬值使用，禁止任何人采取任何方式携带和私运人民币出入中国国境，准许袁大头银元继续流通，银元与人民币的比价暂定为 1∶1.5。

同年 8 月 10 日，西藏自治区筹委会发布《关于在全区废除和收兑藏币的布告》，规定藏币为非法货币，自即日起作废，禁止使用。自即日起，由各级地方政府和军事管制委员会以人民币限期收兑藏币，具体收兑期限由各地区自行规定，禁止任何人采取任何方式携带和私运藏币出入中国国境，有关收兑藏币的比价及兑换手续等办法，由中国人民银行西藏分行规定发布。中国人民银行聂荣支行根据中国人民银行西藏分行的有关精神，成立工作小组，设立藏币兑换站。

1962 年 5 月 10 日，西藏自治区筹委会发布《西藏自治区金银管理和禁止外币、银元流通暂行办法》，标志着西藏币制与内地币制完全统一，建立起人民币统一流通的货币市场。

2. 人民币流通

自 1948 年 12 月 1 日中国人民银行成立以来，中国人民银行被授权在全国范围内发行人民币，到 2000 年，共发行 5 套人民币，其中第一套在西藏未发行。

（1）第二套人民币

1955 年 3 月 1 日，中国人民银行发行第二套人民币，共 11 种，当天发行 1 分、2 分、5 分、1 角、2 角、5 角、1 元、2 元、3 元和 5 元 10 种券别。

1957 年 12 月 1 日，发行 10 元券 1 种，同时，由于人民币纸质分币收付频繁，容易磨损破烂，为便于流通，国务院发布发行金属分币的命令，同日发行 1 分、2 分、5 分 3 种金属分币，与纸分币等值，混合流通。

1958 年，经国务院批准，在西藏机关干部及部队指战员中少量使用金属分币，但仅限于内部使用。

1959 年 8 月 10 日自治区筹委会《关于在全区废除和收兑藏币的布告》发布以后，第二套人民币所有券别在聂荣流通。

1961 年 3 月 25 日和 1962 年 4 月 20 日，分别发行黑色 1 元券和棕色 5 元券，使第二套人民币所的券别由 11 种增加到 16 种，共 18 种版面。

（2）第三套人民币

1962 年 4 月 20 日，中国人民银行开始发行第三套人民币。第三套人民币在第二套人民币的基础上，对版别进行全面调整、更换，取消第二套人民币的 3 元券，增加 1 角、2 角、5 角和 1 元 4 种金属币。

从 1962 年 4 月 20 日发行枣红色 1 角券开始，到 1980 年 4 月 15 日发行 1 角、2 角、5 角、1 元 4 种金属币为止，陆续发行第三套人民币 13 种，其中 10 元券 1 种、5 元券 1 种、2 元券 1 种、1 元券（币）2 种、5 角券（币）2 种、2 角券（币）2 种、1 角券（币）4 种，共收回第二套人民币（除 6 种纸、硬分币外）10 种。第三套人民币和第二套人民币比价为 1∶1，在市场上混合流通。

自 1963 年 12 月 1 日起，银行内部开始回收苏联代印的第二套人民币 1953 年版中的深绿色“井冈山”图景 3 元券、棕色“各民族大团结”图景

5 元券、黑色“工农”图景 10 元券 3 种。1964 年，根据上级指示，中国人民银行聂荣支行开始公开收兑这 3 种券别。

（3）第四套人民币

自 1987 年 4 月 27 日起，陆续发行第四套人民币。第四套人民币的主币有 1 元、2 元、5 元、10 元、50 元和 100 元 6 种，辅币由 1 角、2 角和 5 角 3 种，与第三套人民币等值，混合流通。

1987 年 4 月 27 日，在那曲发行 50 元券和 10 元券；1988 年 5 月 10 日，在那曲发行 100 元券、2 元券、1 元券和 2 角券。同年 9 月 22 日，在那曲发行 10 元券、5 元券和 1 角券。

1992 年 8 月 20 日，在那曲发行 1990 版 50 元券和 100 元券。

1995 年 3 月 1 日，在那曲发行 1990 版 1 元券。

1996 年 4 月 10 日，在那曲发行 1990 版 2 元券。

1997 年 4 月 1 日，在那曲发行 1996 年版 1 元券。至此，第四套人民币所有券别和版面的人民币，全部在聂荣市场上流通。为实现第四套人民币的单一流通，银行自 1996 年 3 月 1 日起，对第三套人民币纸币所有券别实行只收不付。

1999 年 1 月 1 日起，停止流通第二套人民币（分币除外）。

2000 年 1 月 1 日至 6 月 30 日，收兑第三套人民币。7 月 1 日起，第三套人民币停止流通。同时，国家为维护人民币信誉，保证人民群众的利益不受损失，将第三套人民币兑付时间延长至 2000 年 12 月 31 日。

（4）第五套人民币

1999 年 10 月 1 日开始，在全国范围内陆续发行第五套人民币，当日发行第五套人民币 100 元券，采取公布、分批发行的办法。

（三）人民币管理

1960 年，中国人民银行聂荣支行开始执行中国人民银行《发行库制度及发行基金保管点暂行规定及处理手续》。

1965 年，中国人民银行聂荣支行执行人民银行总行公布的残缺人民币兑换标准，无偿为群众兑换残缺、污损的人民币。

1971 年，中国人民银行聂荣支行执行新的损伤人民币挑剔标准，具体标准为：票面缺去一块，已经损坏花边、行名、号码及其字头、少数民族文字之一者；纸张质量较旧，裂口超过纸幅三分之一，或票面多处裂口，已损伤图案者；纸张质量虽新，但裂口已达纸幅二分之一者。

1988年，中国人民银行聂荣支行贯彻执行《中国人民银行货币发行管理》及《全国银行出纳基本制度》，进一步规范库房、库款的安全管理。

1989年，中国人民银行聂荣支行执行《中国人民银行西藏自治区分行关于发行库规范化管理的实施细则（试行）》。

从1995年开始，中国人民银行聂荣支行根据有关内审工作要求，每年均组织金融机构进行集中复点损伤人民币工作。

至2010年，中国人民银行聂荣支行积极推进流通人民币“七成新”工作。

第三节　金融业务

一、存款

1961年以后，随着全县经济发展和人行聂荣县支行的成立以及农村信用社的逐步建立，聂荣县支行坚持“存款自愿、取款自由、存款有息、为储户保密”的基本原则，鼓励广大牧民群众到银行存款，存款业务发展迅速。

各项存款分为个人存款和对公存款两大类，聂荣县由于经济发展长期处于比较落后状态，金融部门的各项存款比其他地区少。在改革开放前后一段时期，聂荣县群众收入来源比较单一，金融部门的存款任务只能依靠县财政国库拨款资金。

2010年，全县各项存款1.2565亿元。

2001—2010年中国农业银行聂荣县支行各项存款余额见表10-3-2。

2001—2010 年中国农业银行聂荣县支行各项存款余额表

表 10－3－2　　单位：万元

年份	存款余额	年份	存款余额
2001	1328	2006	3888
2002	2137	2007	6522
2003	1716	2008	9198
2004	2086	2009	11686
2005	3562	2010	12565

二、贷款

历史上，聂荣县人民受“三大领主”压迫，遇到灾荒、疫病流行、婚丧嫁娶等，只能向寺庙、领主、头人借高利贷或者实物，由于最终偿还不清而沦为“三大领主”的奴隶。

聂荣县人民政府成立后，随即向农牧民发放农牧区贷款，帮助农牧民渡过生产、生活难关。

1980 年起，聂荣县贯彻执行中央第一次西藏工作座谈会议精神，执行特殊优惠的金融政策，支持农牧民休养生息，发展商品生产，在贷款利率上实行优、减、免的优惠政策。

2000 年，根据《农业银行西藏分行信用乡（镇）、村评定办法》等上级要求，农业银行聂荣县支行开始信用乡（镇）、村的评定工作。同年，农行聂荣县支行执行农行西藏分行《农牧民贷款管理办法》，通过资信评估，对被评定为优秀、良好、一般信用等级的农牧户，分别给予金卡、银卡、铜卡的贷款证，一户一证，并按照“金卡 10000 元、银卡 6000 元、铜卡 3000 元”的授信周转使用。

2010 年，各项贷款余额 7383 万元。

2001—2010 年聂荣县各项贷款余额见表 10－3－3。

2001—2010 年聂荣县各项贷款余额表

表 10－3－3　　　　　　　　　　　　　　　　　　　　单位：万元

年份	贷款余额	年份	贷款余额
2001	1344	2006	2533
2002	1681	2007	4292
2003	1517	2008	2017
2004	2011	2009	6670
2005	2519	2010	7383

三、现金管理

1962 年，人行聂荣县支行贯彻执行《中共中央 国务院关于切实加强银行工作集中统一严格控制货币发行的决定》，严格执行现金管理制度。

1964 年，人行聂荣县支行执行人行那曲中心支行下发的《关于贯彻执行压缩社会集团购买力的通知》，进一步控制现金投放。

1965 年，人行聂荣县支行执行《关于干部职工工资改发为全发现金的通知》，全县开展爱国储蓄运动。

1968 年，那曲交通运输中断，聂荣商品短缺，货币回笼差，现金净投放大幅增加。

1974 年，根据自治区财金局《1974 年财政、金融、税收工作安排意见》，聂荣县采取措施，加强现金管理工作。

1976 年，聂荣县财金局按照上级要求，开展农牧区非现金结算和储蓄宣传工作。

1978 年，人行聂荣县支行贯彻执行国务院《关于实行现金管理的决定》，加强库存限额管理，开展牧区生产队的现金管理试点工作。

1981 年，人行聂荣县支行贯彻执行国家加强信贷管理、控制货币发行的决定，规定一切机关、企事业单位超过库存限额的资金必须及时存入银行。

1988年，人行聂荣县支行按照上级要求，开展全县信贷、现金大检查，整顿金融秩序。

1995年，聂荣县严格执行《工商基金管理手册》。聂荣县农业银行对开户单位提取现金实行计划供应，各单位根据聂荣县农业银行制定的库存限额提取备用金。同年，在人民银行那曲地区中心支行的帮助下，对聂荣县企事业单位、机关、团体的账户进行一次全面清理，规范和加强账户管理工作。

1996年，中国农业银行聂荣县支行货币投放同比减少156万元。

1997年，中国农业银行聂荣县支行按照上级要求，严格实施《西藏自治区大额现金支付登记备案规定实施办法》《大额现金支付登记备案规定》，加强对聂荣县支行分支机构大额现金支付情况的检查，个体工商户作为大额现金管理对象首次被纳入现金管理范围。

至2010年，农行聂荣县支行认真履行国家赋予银行的对一切机关团体和企事业单位进行金融管理的职能，对现金进行有效管理。

第十一篇

交通　邮电
城建　环保

第一章　交通运输

第一节　机构

1979 年 4 月，县工交科成立，隶属于“四大组”，负责管理县内交通运输工作。

1984 年 9 月，聂荣县进行机构改革和人事调整，交通局和养路队成立。养路队为事业单位，行政上由县计委会管理，业务上由交通局指导。

2000 年，县交通局有行政编制 7 人，事业编制 5 人，实际工作人员 6 人，养护队工作人员 12 人。

2001—2003 年，县交通局由计委会主管。

2004 年，聂荣县机构改革，县交通局单设。

2010 年，聂荣县进行机构改革，交通局改为交通运输局，核定编制 12 名，实有工作人员 8 名。

1979—2010 年聂荣县交通部门领导名录见表 11－1－1。

1979—2010 年聂荣县交通部门领导名录

表 11－1－1

机构名称	职务	姓名	性别	民族	任职时间	备注
聂荣县工交科（1979. 08—1984. 11）	科长	巴珠	男	藏	1979. 08—1984. 11	
	副科长	张夫禄	男	汉	1976. 04—1979. 10	主持工作
		贡桑	男	藏	1979. 09—1981. 03	

续表

机构名称	职务	姓名	性别	民族	任职时间	备注
聂荣县交通局（1984. 11—2010. 12）	局长	次仁桑珠	男	藏	1984. 11—1987. 06	
		宋兴强	男	汉	1987. 06—1995. 10	
		布阿布	男	藏	1995. 10—2004. 08	
		杨春生	男	汉	2004. 09—2009. 12	
		罗布	男	藏	2010. 01—2010. 12	
	副局长	旺杰	男	藏	1984. 11—1987. 06	
		安庆	男	汉	2004. 01—2005. 12	
		任平	男	汉	2004. 01—2008. 12	
		任开蓉	女	汉	2006. 06—2009. 10	
		扎西旦巴	男	藏	2010. 05—2010. 12	

第二节　道路桥梁

一、古道（驿道）

在唐代，随着吐蕃与内地的交往交流日趋频繁，逐渐形成唐蕃古道。唐蕃古道西段由唐古拉山口至聂荣经黑河（那曲）当雄直抵拉萨。通过古道实现和亲、报丧、朝贺、报聘等。除唐蕃古道外，还有途经青海玉树州杂多县进聂荣到那曲抵拉萨的古驿道。

1260 年（藏历第四饶迥铁猴年），忽必烈派大臣达门自西宁入藏清查户口，在西藏设立道路驿站，聂荣县境内有多处驿站。

明代，经过聂荣驿道的主要有川藏线、青藏线。

清代，入藏驿道有 3 条，其中川藏驿道、青藏驿道经过聂荣。

民国时期，基本沿袭清代驻藏大臣在藏期间所督修的驿站，中央派员赴藏多走进藏大道，其路线以川藏、青藏线为主，出藏人员多取道青藏线。

二、公路与桥梁

(一) 公路

和平解放前，聂荣县的交通运输条件落后，没有公路，仅有几条人畜踩踏出的小道与外界沟通，货物运输全靠人背畜驮。

民主改革后，修建了那曲至聂荣的85千米公路。

1985年，聂荣县政府投资280多万元修通聂荣到唐古拉山麓查吾区的公路155千米，架设钢架桥6座。

2000年底，修通安多—聂荣公路，总里程73千米，聂荣县—永曲乡公路279千米。其中主线64千米，桥梁38座，涵洞256道，已初步形成以县城为中心，聂那公路、聂永公路为主干，辐射聂荣县1区13乡123个村的自然公路网络。

2001—2010年，聂荣县共实施聂色、聂永等10个公路项目，总投资约2.58亿元，公路建设里程达804.42千米。

聂荣县国道见表11－1－2；聂荣县省道见表11－1－3；聂荣县县道见表11－1－4；聂荣县乡道见表11－1－5；聂荣县主要干道情况见表11－1－6；2006—2010年聂荣县主要交通项目建设情况见表11－1－7。

聂荣县国道

表11－1－2

路线编码	路线名称	路线总里程（千米）	
		那曲—聂荣	聂荣—青海杂多县
G345	国道345	85	224.65

聂荣县省道

表11－1－3

序号	路线编码	路线名称	路线总里程（千米）	备注
1	S205	G345老查吾交界处至巴青线边界	19.748	

续表

序号	路线编码	路线名称	路线总里程（千米）	备注
2	S301	巴青硼砂边界至安多边界	境内总长约 96.7	其中 G345 重复 45.4 千米
3	S506	比如县边界至安多边界	境内总长约 57.57	其中 G345 重复 17.368 千米

聂荣县县道

表 11－1－4

序号	路线编码	路线名称	路线总里程（千米）
1	X616	克白线	30.327
2	X617	苍琼线	208.067
3	X618	白马线（茶马古道线）	138.651
4	X619	当唐线	175.821
5	X620	桑可线	17.613
6	X621	江尼线（茶马古道线）	46.108
7	X626	尼果线	16.127
8	X627	色森线	65.456

聂荣县乡道

表 11－1－5

序号	路线编码	路线名称	路线总里程（千米）
1	Y021542424	色萨线	20.417
2	Y022542424	嘎帕线	37.086
3	Y023542424	嘎格朗线	30.369
4	Y024542424	索拉线	28.477
5	Y025542424	果雄线	70.462
6	Y026542424	多当线	10.719

续表

序号	路线编码	路线名称	路线总里程（千米）
7	Y027542424	聂卡线	19.139
8	Y028542424	桑康线	24.887
9	Y106542424	聂嘎线	23.078
10	Y107542424	下外线	15.889

聂荣县主要干道情况表

表 11－1－6

道路名称	里程（千米）	道路宽度（米）	道路级别	备注
聂荣—那曲	85	3.5	沥青路	国道
聂荣—安多	73	3.5	砂石路	县道
聂荣—永曲乡	279	3.5	砂石路	县道

2006—2010 年聂荣县主要交通项目建设情况表

表 11－1－7

序号	建设年份	项目名称	建设规模	总投资	公路等级
1	2006	聂荣县至永曲乡公路和 5 条支线工程项目	279.8 千米、涵洞 52 道、盖板涵 55 道、圆管涵 186 道	1006.1260 万元	四级砂石路面
2	2007	白雄乡央日巴玛村央曲河桥项目	钢架桥 90 米、1 座	209.4840 万元	
3	2007	白雄乡白热公路等 11 个通村公路项目	87.84 千米路段、钢架桥长 129 米共 11 座、盖板涵洞 10 米共 4 道、管涵 58 米共 58 道、铸铁管 5.4 米共 18 道	499.2802 万元	四级砂石路面
4	2008	聂色公路等 3 条公路项目	118 千米路段、桥梁长 138 米共 12 座、管涵 84 道、盖板涵 12 道	948.77 万元	四级砂石路面

续表

序号	建设年份	项目名称	建设规模	总投资	公路等级
5	2008	那聂公路改扩建项目	主线 85.236 千米、支线 7.999 千米、盖板涵 30 道，那曲至尼玛乡、聂荣至色庆乡路段路面宽度 6.5 米，尼玛乡至色庆乡路面宽度 4.5 米	1.947 亿元	四级沥青路面
6	2009	帮嘎等 6 个通村公路项目	40.5 千米路段、桥梁 41 米共 4 座、波纹管涵 343.7 米共 44 道、盖板涵 18 米共 8 道	493.4021 万元	四级砂石路面
7	2009	当木江乡佐当河桥梁项目	桥梁 60 米、1 座	350.0327 万元	
8	2010	当木江乡嘎日玛小桥工程项目	桥梁 26 米、1 座	102.5252 万元	
9	2010	尼布公路工程项目	146.018 千米路段、波纹管涵 783 米共 97 道、盖板涵 128 米共 22 道、空心板桥 13 米共 1 座、钢架桥 132 米共 16 座	2145.3103 万元	四级砂石路面
10	2010	色庆乡 26 村公路工程项目	39.023 千米路段、波纹管涵 180 米共 28 道、钢架桥 69 米共 6 座、盖板涵 84 米共 14 道	622.4796 万元	四级砂石路面

（二）桥梁

2001—2010 年，建设桥梁 53 座，管涵 549 道、盖板涵 145 道、铸铁管 5.4 米共 18 道。

2001—2010 年聂荣县桥梁建设情况见表 11－1－8。

2001—2010 年聂荣县桥梁建设情况表

表 11－1－8　　　　单位：米

序号	路线编码	路线名称	桥梁名称	建成年份	桥梁长度	桥梁宽度	跨越地物名称
1	S301542524	丁青木塔—斯潘古尔	崩曲桥梁	2000	54.39	5.8	崩曲河
2	X618542424	白尼线(茶马古道线)	夏日河桥	2000	60	6	夏日河
3	Z067542424	聂荣县聂荣镇朗色寺天葬台线	夏日河桥梁	2002	26	4.5	夏日河
4	S301542524	丁青木塔—斯潘古尔	桑曲 2 号桥梁	2002	108	8.2	桑曲河
5	S301542524	丁青木塔—斯潘古尔	桑曲 1 号桥梁	2002	43.6	8	桑曲河
6	S301542524	丁青木塔—斯潘古尔	果庆村曲格河桥梁	2003	9	6.2	曲格河
7	S301542524	丁青木塔—斯潘古尔	果庆窝玛河桥梁	2003	12.85	5.8	果庆窝玛河
8	G345542424	启东—那曲	夏曲河桥梁	2003	78.8	6	夏曲河
9	C172542424	聂荣县色庆乡其波村线	江珠河桥梁(老萨色点)	2003	21	8	江珠河
10	S301542424	丁青木塔—斯潘古尔	龙色河桥梁	2006	12.2	5.5	龙色河
11	S301542424	丁青木塔—斯潘古尔	龙桑达河桥梁	2006	12	5.5	龙桑河
12	S301542424	丁青木塔—斯潘古尔	欧吉河桥梁	2006	6.2	5.9	欧吉河
13	S301542424	丁青木塔—斯潘古尔	龙亚玛河桥梁	2006	21	5.5	龙亚玛河
14	S301542424	丁青木塔—斯潘古尔	西合村曲桑河桥梁	2006	9	5.9	曲桑河
15	S301542424	丁青木塔—斯潘古尔	西合村多仓达果曲河桥梁	2006	6	5.9	果曲河
16	C944542424	伟微村贡玛自然村线	贡玛河桥梁	2006	21.5	5.5	贡玛河
17	C995542424	帕格村加德自然村线	果曲桥梁	2006	30	5	果曲河
18	Y023542424	嘎格朗线	查曲桥梁	2006	21.2	5.8	查曲河
19	Y023542424	嘎格朗线	嘎格河桥梁	2006	12	5.95	嘎格河
20	Y023542424	嘎格朗线	嘎格河桥梁	2006	9.1	5.8	嘎格河

续表 1

序号	路线编码	路线名称	桥梁名称	建成年份	桥梁长度	桥梁宽度	跨越地物名称
21	Y023542424	果雄线	就千河 1 号桥梁	2006	24	5	就千河
22	Y023542424	果雄线	就千河 2 号桥梁	2006	24	5	就千河
23	Y023542424	果雄线	就千河 3 号桥梁	2006	24	4.7	就千河
24	X617542424	仓琼线	索格钢架桥	2007	9.6	4.4	索格河
25	X617542424	仓琼线	康库钢架桥	2007	6	4.4	康库河
26	X619542424	当唐线	热琼钢架桥	2007	30	5.3	热琼河
27	X619542424	当唐线	杂京钢架桥	2007	7	4.4	杂京河
28	X619542424	当唐线	多庞钢架桥	2007	7	4.4	多庞河
29	X619542424	当唐线	色雄钢架桥	2007	6	4.4	色雄河
30	X619542424	当唐线	龙年玛钢架桥	2007	31	5.3	龙年玛河
31	X619542424	当唐线	萨玛扎钢架桥	2007	9	4.4	萨玛扎河
32	X619542424	当唐线	帕卡扎日钢架桥	2007	6	4.4	帕卡扎日河
33	X619542424	当唐线	忠琼钢架桥	2007	9	4.4	忠琼河
34	X619542424	当唐线	忠庆钢架桥	2007	15	4.4	忠庆河
35	X619542424	当唐线	观龙钢架桥	2007	9	4.4	观龙河
36	X619542424	当唐线	夏阔钢架桥	2007	60	5.3	夏阔河
37	X619542424	当唐线	索康那加钢架桥	2007	9	4.4	索康那加河
38	X619542424	当唐线	郭曲钢架桥	2007	30	5.3	郭曲河
39	X619542424	当唐线	扭曲钢架桥	2007	35	5.3	扭曲河
40	G345542424	国道 345	30 米钢架桥	2008	30	5.9	河流
41	G345542424	国道 345	12 米钢架桥	2008	12	5.9	河流
42	G345542424	国道 345	12 米钢架桥	2008	12	5.9	河流
43	G345542424	国道 345	12 米钢架桥	2008	12	5.9	河流
44	G345542424	国道 345	66 米钢架桥	2008	66	5.9	河流

续表 2

序号	路线编码	路线名称	桥梁名称	建成年份	桥梁长度	桥梁宽度	跨越地物名称
45	G345542424	国道 345	6 米钢架桥架	2008	6	5.9	河流
46	G345542424	国道 345	帕曲 21 米钢架桥梁	2008	21	5.9	河流
47	G345542424	国道 345	12 米钢架桥梁	2008	12	5.9	河流
48	G345542424	国道 345	30 米钢架桥梁	2008	30	5.9	河流
49	G345542424	国道 345	12 米钢架桥梁	2008	12	5.9	河流
50	G345542424	启东—那曲	央日俄玛达 9 米钢架桥梁	2008	9	5.9	河流
51	G345542424	国道 345	崩曲河桥梁	2008	80	5.9	河流
52	G345542424	国道 345	6 米钢架桥梁	2008	6	5.9	河流
53	G345542424	国道 345	6 米钢架桥梁	2008	6	5.9	河流
54	G345542424	国道 345	78 米钢架桥梁	2008	78	5.9	河流
55	G345542424	国道 345	12 米钢架桥梁	2008	12	5.9	河流
56	G345542424	国道 345	12 米桥梁	2008	12	5.9	河流
57	G345542424	国道 345	9 米钢架桥梁	2008	9	5.9	河流
58	G345542424	国道 345	13 米水泥桥	2008	13	5.9	河流
59	G345542424	启东—那曲	扎布河桥梁	2008	53.7	7	扎布河
60	CA24542424	查吾区完小线	丁曲钢架桥	2008	16	4.4	丁曲河
61	X618542424	白尼线（茶马古道）	帕曲桥梁	2008	48	5.56	帕曲河
62	X618542424	当唐线	色拉俄玛钢架桥	2008	6.6	4.4	色拉俄玛河
63	X627542424	色森线	堆龙河桥梁	2008	23	5	堆龙河
64	X627542424	色森线	森亚河桥梁	2008	23	5	森亚河
65	X627542424	色森线	切纳河桥梁	2008	8.6	5	切纳河
66	X627542424	色森线	多卡自然村江珠河桥	2008	14	5	江珠河

续表 3

序号	路线编码	路线名称	桥梁名称	建成年份	桥梁长度	桥梁宽度	跨越地物名称
67	X627542424	色森线	尼龙河桥	2008	13.65	5	尼龙河
68	Z068542424	色庆乡珠曲寺线	色庆河桥	2008	8.8	8	色庆河
69	Z068542424	色庆乡擦曲拉康线	江珠河桥梁	2008	9	5	江珠河
70	S205540528	老查吾—隆子玉麦	丁曲桥梁	2009	26	5.9	丁曲河
71	S506542430	夏曲卡—措折罗玛	多坡河桥梁	2009	8	5.5	多坡河
72	S506542430	夏曲卡—措折罗玛	孜泥河桥梁	2009	13	5.5	孜泥河
73	C164542424	聂荣镇色康村线	郭雄河桥梁	2009	10	5.6	郭雄河
74	C208542424	下曲乡尼玛隆村线	阿荣河桥梁	2009	12.2	6.2	阿荣河
75	C703542424	查荣村央恰自然村线	桑曲河桥	2009	36	3.9	桑曲河
76	X617542424	仓琼线	桑荣河钢架桥	2009	9.6	4.4	桑荣河
77	X617542424	仓琼线	5号钢架桥	2009	21.6	4.4	河流
78	X617542424	仓琼线	格日钢架桥	2009	6.6	4.4	格日河
79	X617542424	仓琼线	卡罗龙巴钢架桥	2009	7	4.4	卡罗龙巴河
80	X617542424	仓琼线	杂扎孔玛钢架桥	2009	30.6	5.3	杂扎孔玛河
81	X617542424	仓琼线	杂扎爬玛钢架桥	2009	6.6	4.4	杂扎爬玛河
82	X617542424	仓琼线	杂扎俄玛钢架桥	2009	12.6	4.4	杂扎俄玛河
83	X617542424	仓琼线	索普河桥	2009	24.6	4.4	索普河
84	X617542424	仓琼线	康绰钢架桥	2009	9.6	4.4	康绰河
85	X617542424	仓琼线	康凯拉桥	2009	9.6	4.4	康凯河
86	X617542424	仓琼线	钢架桥	2009	12.6	4.4	康凯河
87	X617542424	仓琼线	钮雄钢架桥	2009	27.6	5.3	钮雄河

续表 4

序号	路线编码	路线名称	桥梁名称	建成年份	桥梁长度	桥梁宽度	跨越地物名称
88	X621542424	江尼线（茶马古道线）	查仓河桥梁	2009	15.05	7.9	查仓河
89	Y024542424	索拉线	康切河桥梁	2009	6	5.8	康切河
90	Y024542424	索拉线	加龙河桥梁	2009	6.2	5.8	加龙河
91	Y024542424	索拉线	央崩河桥梁	2009	51	5.2	央崩河
92	Y106542424	聂嘎线	扎布河桥	2009	30	5.5	扎布河
93	Y106542424	聂嘎线	热塔河桥	2009	10	5.5	热塔河
94	Y106542424	聂嘎线	郭雄河桥梁	2009	15	5.5	郭雄曲
95	Y106542424	聂嘎线	夏日河桥梁	2009	34	8	夏日河
96	C184542424	色庆乡爬玛村线	夏日河桥梁	2010	12	4.4	夏日河
97	C185542424	色庆乡尼斜村线	夏日河桥梁	2010	15	4.3	夏日河
98	C185542424	色庆乡尼斜村线	尼斜河桥梁	2010	6	4.3	尼斜河
99	C807542424	楚口村甲庆自然村线	夏日河桥梁	2010	15	4.4	夏日河
100	C811542424	尼斜村同龙松贡自然村线	爬玛河桥梁	2010	6	4.4	爬玛河
101	CA07542424	桑果村俄唐自然村线	果曲 6 号桥梁	2010	19.8	5.85	果曲河
102	X617542424	仓琼线	格日村桥	2010	33	5	龙益玛河
103	X617542424	仓琼线	龙益玛钢架桥	2010	9.6	4.4	龙益玛河

第三节 运输

历史上，聂荣县只有骡马驿道和人行道，物资运输主要靠人背畜驮。人力运输较为普遍，多为领主、部落头人、官府支应运输差，全靠人背。西藏民主改革后，随着驮牛、驮羊数量的增多，人力运输逐渐被取代。1951—1994年，聂荣至那曲各县、乡村的运输均靠民间牲畜驮运。

1995年，聂荣县有大小车辆132台（包括政府公车），私人拥有汽车63台。

1998年，聂荣县车辆运输队成立，当年运送物资量达2.4万吨。

2000年，聂荣县有载重车辆258辆，当年运送粮油81.5万公斤，运送抗灾物资105吨。

2001—2005年，聂荣县大部分牧民群众普遍选择马作为出行交通工具，只有政府及少数经济宽裕的家庭把汽车作为出行工具。

至2010年，聂荣县有大车314辆，小车459辆，手扶拖拉机459辆，摩托车4994辆，群众在运输和出行方面有了较大改观。

第四节　公路养护

一、养护队伍

20世纪80年代初，聂荣县至那曲公路成立聂荣县养护队，共设5个道班，有21名工作人员，负责聂那公路段的养护工作。

2001年至2004年3月，聂荣县养护队由县计委会管理，有职工17人，临时工22人。2004年之后由地区交通局管理。

2001年，经地区交通局和聂荣县人民政府协商决定，聂荣县养护队从河西那聂公路交叉路口处搬迁至河东神华路15号地段。

2002年，将那聂等外公路改扩建为四级砂石路，新增30个涵洞，对桥梁进行维修，2003年竣工。

2004年起，聂荣公路养护队由地区交通运输局全面接管，成立养护段，全称为“那曲地区交通局聂荣公路段”。

2008年，那聂油路开工建设。

2009年，县养护队有养护机械设备长丰猎豹1辆、东风自卸车1辆、

40 装载机 1 台。

2010 年，配备装载机 4 台、轮式推土机 1 台、东风自卸车 4 辆、英田牌农用车 4 辆、小型压路机 2 台、南京依维柯 3 辆、福田皮卡车 2 辆、尼桑皮卡车 1 辆、普拉多 1 辆。同年，在尼玛乡和色庆乡成立了工区。

1983—2010 年聂荣县养护队领导名录见表 11 -1 -9。

1983—2010 年聂荣县养护队领导名录

表 11 -1 -9

机构名称	职务	姓名	性别	民族	任职时间
养护队 （1983. 08—2010. 12）	瓦扎	男	藏	队长	1983. 08—2010. 12

二、养护工作

1997 年 10 月至 1998 年 3 月，聂荣县遭遇百年罕见的特大雪灾，聂荣县交通系统和各公路养护段全体工作人员全力以赴抗灾保通，保证了救灾物资及时安全送到受灾群众手中。

2000 年，聂荣县养护公路里程 200 余千米，拥有大小型养护机具 6 台，养护工作人员 21 人。

2002 年，聂荣县养护公路里程 300 余千米，拥有大小型养护机具 7 台，养护工作人员 25 人。

2005 年，聂荣县养护公路里程 400 余千米，拥有大小型养护机具 10 台，养护工作人员 25 人

2009 年，聂荣县养护公路里程 550 千米，拥有大小型养护机具 22 台，养护工作人员 31 人。

三、路政管理

1988 年，聂荣县车辆安全管理领导小组成立，主要抓全县的车辆安全管理工作；协同地区车辆管理部门做好车辆年度审验及其他管理工作。

1989 年，县车辆安全管理领导小组和县公安局联合组织举办交通安全

管理学习班。

1992 年，调整和充实领导小组，建立健全了管理制度。

1995 年，为确保路政执法人员素质和业务质量，对聂荣县 3 名路政执法人员进行了上岗考核。

2010 年，聂荣县在路政管理中，利用法律、行政与经济手段，加强对公路的管理。

第二章　邮电

第一节　机构

一、机构

1960 年 10 月 20 日，聂荣县邮电所成立。

1964 年 7 月，聂荣县邮电所改称为聂荣县邮电局。

1970 年 1 月，聂荣县邮电局分为邮政、电信两部分，电信局由县人民武装部管理，邮政局由县革命委员会管理。合署营业，互相代办业务，对外仍称县邮电局。

1973 年 9 月，那曲地区革命委员会、那曲军分区决定，各县邮政、电信合并，恢复成立各县邮电局。

1998 年，聂荣邮电进行分营，聂荣县电信局成立，共有干部职工 4 人。

1998 年 12 月，聂荣县邮政局成立，共有干部职工 4 人。

2004 年 5 月，中国邮政集团西藏自治区聂荣县分公司成立，主要经营邮政寄递、报刊等出版物发行、邮政汇兑、邮政发行等业务，共有 4 名工作人员。

2010 年 5 月，聂荣县邮政分公司共设 4 个部门，分别为办公室、营业部、投递部、计财部。

1973—2010 年聂荣县邮政部门领导名录见表 11－2－1；2000—2010 年

聂荣县电信局领导名录见表11－2－2。

1973—2000年聂荣县邮政部门领导名录

表11－2－1

机构名称	职务	姓名	性别	民族	任职时间	备注
聂荣县邮电局（1973.09—1998.12）	局长	自成立以来未配备局长				
	副局长	齐明	男	汉	1973.09—1975.02	
		扎西边巴	男	藏	1975.02—1987.07	主持工作
		任次成	男	藏	1987.07—1991.09	主持工作
		加色	男	藏	1991.09—1994.09	主持工作
		立新	男	藏	1994.09—1998.12	主持工作
聂荣县邮政局（1998.12—2010.12）	副局长	次仁	男	藏	1998.12—2000.12	主持工作
		加罗	男	藏	2000.12—2010.12	

2000—2010年聂荣县电信局领导名录

表11－2－2

机构名称	职务	姓名	性别	民族	任职时间	备注
聂荣县电信局（2000.01—2010.05）	局长	郎君	男	藏	2000.01—2000.05	主持工作
		尼玛才让	男	藏	2000.05—2001.05	主持工作
		普尼玛	男	藏	2001.05—2002.05	主持工作
		次仁旺堆	男	藏	2002.05—2003.05	主持工作
		杨涛	男	汉	2003.03—2008.12	主持工作
		拉穷	男	藏	2009.01—2010.05	主持工作
	副局长	自成立以来未配备副局长				

第二节　邮路

邮路是邮政通信运输的交通路线，也是联系各邮政局、所和农村运递邮件的路线。境内的邮路按范围分为干线邮路、二级邮路和农村邮路；按运输工具分为马步班邮路、自行车邮路、汽车邮路。

一、传统通信

古代，部落征战时出现军事通信，藏北先民以语言、声响、火光或动物示意等方式交流信息。通过敲羊皮鼓、吹牛角号，聚众议事，围猎野兽，攻防外敌。在大道旁、山巅水洼处垒砌石碓，以指引行人路径，寻找水源，后演变成堆砌刻制经文的“嘛呢堆”，上面高高竖起挂有各色彩布的“经幡”，用以指引道路，识别方向。

二、邮驿

7 世纪初，松赞干布实现西藏高原的统一，藏北开始出现邮驿。

唐蕃古驿道经过聂荣县。元朝时期设置 3 条入藏驿路。明朝时期，地方性邮驿机构从玉树地区开始，派沿途部落牧民传递官署及部落头人之间往来信件。

1959 年 3 月，西藏上层反动集团发动全面武装叛乱，国务院下令解散西藏地方政府，随即解散了“扎康”（专门送信息的机构），驿站退出历史舞台。

三、马班、步班邮路

2000 年，仅留存有一部分马班邮路。

四、自行车邮路

20 世纪 60 年代，聂荣县开辟自行车邮路。由于道路崎岖，加之恶劣的气候条件，给邮政通信工作造成严重困难，因此，自行车邮路只能作为汽车、步班邮路之补充。

1980 年，聂荣县有自行车邮路 5 千米。1982 年，有自行车邮路 8 千米。1984 年，自行车开始退出邮运。

五、汽车邮路

20 世纪 60 年代，开辟聂荣县至那曲镇的二级汽车邮路。

70 年代初，聂荣县至那曲镇通邮，那曲镇至聂荣 100 千米，一周两班。

1981 年，聂荣县开办了汽车邮路，有邮运汽车 1 辆。

1991 年，聂荣县有新旧邮运汽车 2 辆。

2000 年，聂荣县城至各乡镇开通汽车邮路 8 条，通邮里程（邮路单程总长度）595 千米。

2008 年，更改邮路，由原来的 8 条改为 3 条，分别为经下曲乡一条单程 35 千米的邮路，经桑荣乡一条单程 35 千米的邮路，经白雄乡、索雄乡、查当乡、当木江乡、永曲乡一条单程 369 千米的邮路。

第三节　邮政业务

一、邮政业务发展

1960 年 10 月 20 日，聂荣县邮电所成立，开始办理电报和部分邮政业务。

1964 年 8—9 月，在聂荣试点采用赤工赤农乡邮员投递县至区的报刊、邮件。

1967 年 9 月，县人民武装部奉命派出军事管制委员会、军事代表小组或军事代表，对县邮电部门实行军事管制。

1970 年元月，邮、电分设。1973 年 9 月，邮电合并，聂荣县邮电局恢复成立。

20 世纪 70 年代起，自行车、摩托车等作为邮件投递的重要交通工具逐步在聂荣县使用。

1979 年，邮电体制进行改革，由西藏自治区邮电管理局直接管理和任免干部。

20 世纪 90 年代起，电子秤等运用于邮政营业之中。

1998 年 11 月 27 日，聂荣县邮电分营。聂荣邮政营业窗口全部实现电子化作业（微机处理），邮政电子汇兑实现全国联网，实现全区、地市联网，提高了聂荣县邮政通信现代化程度。

2000 年，聂荣县开始办理邮政代收货款业务。

2001 年 8 月 1 日，聂荣县开办国内快递包裹业务，提供陆运快递服务。

2004 年 5 月，中国邮政集团西藏自治区聂荣县分公司成立。

2006 年，开通汇兑账到账及转账业务

至 2010 年 6 月 10 日，拥有二级干线邮路 1 条，单程 98 千米，农村投递线路里程 904 千米，乡镇通邮率达 80%，139 个行政村全部通邮。

二、函件

1960 年 10 月 20 日，设立聂荣邮电所，开始办理收寄函件业务。

1963 年，聂荣县邮电所收寄的函件种类有平常函件、挂号函件、特种挂号、明信片、保价信函、印刷品等。

1986 年 5 月，邮电部与国家物价局联合发文，规定国内印刷品邮件的准寄范围，以经过出版行政机关批准，印有统一书号、证号的书籍、报纸、期刊和教材为限。

1992 年起，县邮电局开办邮政贺年（有奖）明信片业务，对烈属、义务兵和残疾人实行邮资减免政策。

2000 年，聂荣县邮电局平信基本资费为 80 分，明信片 60 分，挂号信 2 元。

2004 年 1 月 1 日，按照国家要求，聂荣县对国内邮件挂号信资费进行调整，将国内挂号信资费从 2 元调整为 3 元，为第 12 次国内邮资调整。

2006 年 1 月 1 日，按照国家要求，聂荣县对国内印刷品资费进行调整，将国内印刷品资费调整为本埠0.4元、外埠0.7元。

2006年11月15日，聂荣县按照上级要求对国内印刷品资费进行调整，信函本埠为0.8元、外埠为1.2元，明信片的资费为0.8元。

三、包件

1960年，聂荣县邮政正式开办包裹收寄业务。

1961年，聂荣县邮政包裹每件最高重量由15公斤增至20公斤。

1998年邮电分营后，包裹种类有普通包裹和快递包裹两种，普通包裹最高限重35公斤，快递包裹最高限重40公斤。

2006年，聂荣县邮政普通包裹和快递包裹最高限重为20公斤。

四、汇兑

20世纪五六十年代，由于西藏交通不便，从那曲发往全国各地的汇票需要一个月左右到达，因而电报汇款占一半以上。

1973年1月6日，西藏自治区邮政局革命委员会同意聂荣县邮政局自3月1日起开办进、出口经转电汇业务，聂荣县邮政局发汇局专号仍核为30056。

1998年7月，国家邮政局停办快件业务，快件汇票业务亦停办。

1999年3月1日，聂荣县开办普通汇款、电报汇款、加急汇款业务，每笔汇款最低汇费为2元，最高50元。

2002年6月18日，聂荣县邮政电子汇兑系统建设完成，结束纸质传递汇票历史。

2005年5月20日，邮政汇兑、储蓄联网互通。

2007年，邮政汇兑全国大集中系统建成。

2010年10月28日，聂荣县开办密码汇款、按址汇款、入账汇款、商务汇款及加办短信业务。

五、报刊发行

报刊发行是中国人民邮政在藏北地区开办较早的一项邮政业务。

1956 年，黑河邮电局开办报刊订阅业务，主要发行党报党刊，面向党政军机关。

1960 年以后，出现个人订户。

1965 年，聂荣县邮电局所开办报刊订阅业务。

1999 年底，聂荣县邮政局开办报刊订阅和零售业务。

2010 年以后，聂荣县企事业单位及个人、团体党报党刊、杂志等都在邮政订阅。

六、特快专递

1998 年邮电分营后，聂荣邮政局广泛开展业务宣传，业务量、业务收入逐渐增长，当年收寄邮件 20 余件。

2004 年，新开办 EMS 业务。

2008 年，新开办法院专递业务。

2010 年，实行一周 3 班，加快了那曲地区至聂荣县的运输速度。

七、集邮

1984 年 8 月 1 日，那曲地区局设立集邮门市部。

1985 年 7 月 17 日，那曲地区集邮协会成立。

2005 年，那曲地区邮政局开发制作《藏北风情》邮册，同时被评选为“全国最佳集邮品”。

2010 年，中国邮政开通中国邮政集邮网上营业厅。

八、分发运递

（一）普通邮件分拣封发

1998 年，聂荣县邮政生产楼建成投产，分拣封发作业环境得到改善。

2000 年，那曲到聂荣邮运班期由原来的一周 2 班调整为一周 3 班，提升进出邮件传递时限。

2001—2007 年，那曲至聂荣县邮路班期从原来的一周 1 班改为一周

2 班。

（二）邮件投递

20 世纪 70 年代，聂荣城镇邮件投递开始使用自行车。

20 世纪 80 年代起，聂荣县城镇邮件投递工作的管理逐步得到加强，确定了频次班期、投递区域的划分以及段道的设置和人员的配备等。

1998 年邮电分营后，根据邮政规章制度要求，逐步建立健全城镇投递管理的规章制度。

2000—2004 年，开始使用三轮摩托车投递邮件及包裹。

2007 年，开始使用投递汽车投递。

2010 年，县邮政局拥有两台投递汽车，全县雇用 10 名藏族乡邮投递员，负责所在乡镇及所辖行政村的邮件投送业务。

第四节　通信

一、传输网络

（一）电信发展和无线通信

和平解放前，聂荣县无电信业务。

1960 年 10 月 20 日，聂荣县邮电所成立，办理电报和部分邮政业务。

1964 年 7 月，邮电所统一改称为邮电局。

1978 年，开通那曲—聂荣的无线电报电路。

1993 年，聂荣县年内完成那曲地区内电话外线工程，解决了地区各县不通电话和打长途电话难的问题。

1997 年 5 月，开始对县城程控交换机进行改制，换装上海贝尔 500 门程控交换机。

1998 年 11 月 27 日，聂荣县邮电分营，邮电分营后聂荣电信正式步入正规企业化的运行模式。

1999 年 5 月，聂荣县开通 S1240 程控电话交换机。

1999 年 8 月 8 日，聂荣县新建电信综合大楼，改善了电信服务环境。

2000 年 4 月，西藏自治区电信公司那曲分公司聂荣县电信局成立。

2002 年开始，聂荣县电信分公司年业务收入达到 300 万元以上。

2003 年，聂荣县电信开通无线市话“好易通”，7 月初成功开通聂荣县所有乡镇的语音及数据业务。

2010 年，聂荣县电信局移动和固网分营，开办 20 多种业务。

（二）卫星通信网络

1990 年，聂荣县开通卫星长途电话。

1991 年，聂荣县建设 VSAT 站（甚小口径话音卫星通信地球站）。

1995 年，有 VSAT 系统话路 9 路。

1997 年，聂荣县对 VSAT－TES 卫星通信地球站实施扩容工程。

二、电报电路

20 世纪 70 年代，开通那曲至聂荣电报电路。

1980 年起，聂荣县先后开办了电报传送、特级电报、加急电报、邮送，真迹、文件传真，礼仪电报、哈达电报等业务。

1999 年，聂荣县办理的国内电报业务种类有天气电报、水情电报、公益电报、政务电报、新闻电报、普通电报、汇款电报、传真电报、礼仪电报和公务电报 10 种。按用户需要，特别业务种类有特急、加急、邮送等。

2000 年底，聂荣县共有电报电路 1 条。

三、市话交换机

1991 年，聂荣县开通 738 厂 JMN－30 型 200 门市话交换机。

1997 年 5 月，聂荣县改制换装上海贝尔 500 门程控交换机。

1999 年 5 月，聂荣县升级 S1240 程控电话交换机。

2001—2010 年，聂荣县在县域内共建 45 座通信基站，其中 4G 基站 6 个、3G 基站 31 个、卫星基站 6 个、卫波基站 2 个，从原有 300 多个电信用户发展到 4000 多个用户。

2010 年，聂荣县 9 乡 1 镇基本成立乡镇电信便民营业所。

第三章 城建与环保

第一节 城建工作

一、机构

1983年，聂荣县办事处经计委成立，负责基建项目的申请、施工中的质量检查、项目验收等工作，由那曲地区经计委进行业务指导。

1992年8月，更名为聂荣县经计委，进一步加强基本建设管理，所有建设项目都按照国家规定的立项、论证、申报、审批、开工程序办理。

2003年，组建聂荣县建设局，与县发展计划委员会合署办公。基建工作由县建设局负责。

2010年3月，聂荣县住房和城乡建设局成立。

2010—2013年聂荣县住房和城乡建设局领导名录见表11－3－1。

2010—2013年聂荣县住房和城乡建设局领导名录

表11－3－1

机构名称	职务	姓名	性别	民族	任职时间
聂荣县住房和城乡建设局（2010.03—2013.06）	局长	白多	男	藏	2010.03—2013.05
	副局长	白玛拉姆	女	藏	2010.11—2013.06

二、县城规划

1999 年，开始编制县城规划，用地发展以新城区为主，发展方向主要以新城区东、东南方向为主。

2000 年，规划编制主要以聂查、聂那路为主要发展轴，结合县城现状，合理布局。从本地的建设现状和自然条件出发，本着社会、经济、环境效益相统一的原则，综合确定县城的发展方向、结构和功能布局。

（一）规划范围

县城规划范围为县城城区包括北部湿地范围，在现有基础上东延南扩 500—1000 米，规划控制面积约为 4.83 平方千米，东至供暖站，南至环城南路，西至水源地，北至湿地，总面积为 2.37 平方千米。

（二）人口规模

2000 年，县城人口达到 0.4 万人。2005 年，达到 0.5 万人。2010 年，达到 0.8 万人。

（三）用地规模

2000 年，县城用地规模达到 45 公顷，人均建设用地 112.5 平方米。2005 年，县城用地规模达到 60 公顷，人均建设用地 120 平方米。2010 年，县城用地规模达到 91.27 公顷，人均建设用地 114 平方米。

三、县城总体布局

规划布局上大致分为：扎布曲以西为河西区，扎布曲以东为河东区。

2000 年之前，聂荣县委、政府办公及职工住宿基本集中在河西区域，办公大楼为 2 层砖混结构，职工住宿房为砖混结构的平房。

河西区以中直单位和企业、居住用地为主，河东区以机关为主。

至 2010 年，县委、县政府办公楼，公检法办公楼，财政、文化、税务、发改委等办公室迁移至河东区域，大多数干部职工住房修建到河东区域，均为砖混结合。县委、县政府办公楼修建为 3 层，其余部门办公楼均为 2 层，属砖混结构，占地面积 13840 平方千米。

四、基础设施规划

（一）道路规划

县城道路由干路和支路组成。干路：道路红线宽度控制在25—30米，车行道宽度12—15米；支路：道路红线宽度控制在15米，车行宽度为7米。

（二）电力

2010年，聂荣县实现乡乡通电，80%以上的村有电。县城按照合理的供电半径设置配电所，供电半径不小于3000米。35千伏、10千伏线路均采用架空铺设，按规范要求设保护高压线走廊。

（三）排水

1999年，县城人均综合生活用水量确定为170升/人。日综合测算用水量，日总用水量为2098.8升。

2000年，聂荣县采用雨污合流制。远期采用雨污分流制排放方式，结合道路建设，布置排水设施，规划设置溢流井截流污水至县城北部扎曲河下游污水处理厂，经处理后排入河道。

（四）文教卫生

县人民医院扩建，形成县城的医疗中心。在体育路北侧新建县城体育馆，配套体育设施。在县城文化路以西规划县城中心广场一个，配套县文化馆、群艺馆、商业金融设施，占地面积2公顷。

（五）县城房屋建筑

20世纪60年代和90年代，建设党政企事业单位办公及住房（含县中队、人武部），总建筑面积20500平方米，均为平房。

20世纪80年代和90年代，建设聂荣县完小，总建筑面积1994.20平方米，其中448.569平方米为平房，其余为楼房。

20世纪80年代，建设聂荣县礼堂，建筑面积为453平方米，内设300多个座位，是全县放映电影及举行各类活动的唯一场所。

2000年，建设聂荣县医院综合楼，内设门诊和住院部，建筑面积为1249.82平方米。

五、乡村建设

乡（镇）政府驻地建设情况如下：

（一）尼玛乡

2002 年，新建尼玛乡政府北侧办公楼，办公楼面积为 547. 2 平方米。2010 年，尼玛乡周转房共 71 套。尼玛乡 21 个行政村结合人居环境项目，均建设了村级活动场所。

（二）色庆乡

2006 年，修建色庆乡政府办公楼，建筑面积为 302. 52 平方米（单层）。文化站业务用房 271. 04 平方米。2010 年，色庆乡周转房共 89 套。色庆乡共有 28 个行政村，各行政村结合人居环境项目，均建设了村级活动场所。

（三）聂荣镇

聂荣镇政府办公楼为早期县中队用房，后期归聂荣镇使用，建筑面积 583. 37 平方米（单层）。2010 年，聂荣镇周转房共 50 套。聂荣镇 13 个村（居）结合人居环境项目，均建设了村级活动场所。

（四）下曲乡

2012 年，援藏建设下曲乡政府办公楼，面积为 407. 22 平方米。2010 年，周转房共 77 套，下曲乡 15 个行政村结合人居环境项目，均建设了村级活动场所。

（五）桑荣乡

2004 年，新建桑荣乡政府办公楼，总面积 336. 77 平方米。2010 年，周转房共 71 套。桑荣乡 10 个行政村结合人居环境项目，均建设了村级活动场所。

（六）白雄乡

2009 年，援藏新建白雄乡政府 1 栋办公楼，总面积为 546. 84 平方米。2010 年，周转房共 73 套。白雄乡 14 个行政村结合人居环境项目，均建设了村级活动场所。

（七）索雄乡

2005 年，索雄乡政府新建 345. 06 平方米的办公用房。2010 年，周转房共71套。索雄乡7个行政村结合人居环境项目，均建设了村级活动场所。

（八）当木江乡

2005年，当木江乡政府新建345.06平方米的办公用房。2010年，周转房共61套。当木江乡7个行政村结合人居环境项目，均建设了村级活动场所。

（九）查当乡

2005年，查当乡政府新建392.5平方米的办公用房。2010年，周转房共78套。查当乡14个行政村结合人居环境项目，均建设了村级活动场所。

（十）永曲乡

2004年，永曲乡政府新建391平方米的办公用房。2010年，周转房共75套。永曲乡11个行政村结合人居环境项目，均建设了村级活动场所。

六、安居工程建设

2006年，聂荣县投资1347.6万元，在4个乡（镇）59个村（居）委会实施农牧民安居工程，涉及585户牧户，受益群众3406人。

2007年，聂荣县投资1427.6万元，在7个乡（镇）69个村（居）委会实施农牧民安居工程，涉及611户，受益群众3463人。

2008年，聂荣县投资3698.41万元，在9个乡（镇）69个村（居）委会实施农牧民安居工程，涉及806户，受益群众4911人。

2009年，聂荣县投资3860.2万元，在10个乡（镇）135个村（居）委会实施以贫困房为重点的农牧民安居工程，涉及1458户，受益群众36747人。

2010年，聂荣县投资2563.7万元，在9乡1镇136个村（居）委会实施农牧民安居工程，涉及1300户，受益牧民群众6612人。

第二节　环境保护

一、机构

2002年以前，聂荣县未设置环保局，环保工作在聂荣县委、政府领导下开展。

2002年，成立环保局，属于国土局下属部门。

2010年，那曲地区环保局下达批复，县委、县政府批示成立聂荣县环保局，配备人员，主要负责聂荣县生态环境保护工作。

2010—2011年聂荣县环保局领导名录见表11－3－2。

2010—2011年聂荣县环保局领导名录

表11－3－2

机构名称	职务	姓名	性别	民族	任职时间
聂荣县环保局（2010.11—2011.11）	局长	索朗	男	藏	2010.11—2011.11

二、环境监测

（一）水环境监测

20世纪60年代，聂荣县县城生产生活用水靠就近挖井取水。随着聂荣县建设的快速发展，县城范围不断扩大，人口不断增加，城镇供水需求量日趋加大，同时由于废水和生活垃圾的污染影响，县城内地下水受到不同程度的污染。

2010年，聂荣县开展水环境监测。聂荣县内主要河流和湖泊的水质状况保持良好，主要水质指标COD（重铬酸钾法的化学需氧量）、“三氮”重金属及毒理学质保均达到国家规定的水环境标准。地下水仍然是聂荣县的集中供水水源。各乡地下水资源丰富，水质良好，总体均达到国家地下水质量标准的Ⅱ类水质标准。

（二）大气环境监测

2010年，聂荣县对环境空气进行监测。聂荣县空气中二氧化硫日均浓度为每立方米2—4微克，平均值浓度为3微克；氧化物日均值浓度介于每立方米2—40微克之间，年平均值浓度为每立方米21微克；总悬浮颗粒物日均值浓度介于每立方米30—800微克之间。聂荣县二氧化硫、二氧化氮均达到环境空气质量一级标准，空气质量保持良好状态。

三、环境保护

（一）清除白色垃圾

1995—2010年，发动干部职工开展30余次清除白色垃圾专项行动，清运打扫垃圾死角20处，清除垃圾15吨左右。其中，1995—2000年，聂荣县发动干部职工开展十余次清除白色垃圾专项行动，清除垃圾4吨左右；2001—2004年，聂荣县发动干部职工开展8次清除白色垃圾专项行动，清除垃圾6吨左右；2005—2010年，聂荣县发动干部职工开展十余次清除白色垃圾专项行动，清除垃圾5吨左右。

（二）环保宣传

1999年，聂荣县在“4·22”地球日和“6·5”环境日，开展大规模的环境普法宣传活动。宣传活动设立咨询站，发宣传单3000余份，悬挂横幅10条。

2000年，聂荣县利用3月、6月宣传月对环保知识进行大力宣传，环保宣传进学校、进乡（镇）、进寺庙，发放宣讲资料1000余份。

2002年，聂荣县开始定期不定期组织对县城卫生进行清扫。各乡（镇）加强城乡环境卫生整治工作的宣传教育，积极宣传城乡环境卫生大整治的目的、意义，结合优美乡（镇）和生态村建设，营造浓厚的舆论氛围。

2004年，聂荣县通过“6·5”世界环境日、生物多样性保护等相关节日和活动，以电视台宣传、张贴标语、悬挂横幅、发放宣传单等形式大力开展环境保护宣传教育。

2006年，聂荣县强化舆论宣传，推动掀起环境保护新高潮，环境保护宣传教育工作迈上新台阶，发放环境保护宣传册500余份。

2009年，聂荣县全面启动县城环境综合治理工作，大力实施“禁白”行动，推行“无塑料袋”生活方式，全县“禁白氛围”初步形成。

（三）远期规划

在县城以北设置垃圾卫生填埋场一处。河流水体保持二级以上标准；空气质量总体达到国家二级标准，声环境符合国家城市区域环境噪声标准。合理规划城镇布局，将工业项目放在县城河流下游地段，并按《国家大气环境质量标准》控制大气污染，保护大气环境质量；规划将县城现有水厂周围地区划为水源保护区，将扎布曲河划为地表水源保护区，加强水资源的保护，防止地下水和地表水的污染。

第十二篇

教育　体育
科技　卫生

第一章　教育

第一节　机构与发展

一、机构

1964 年，县民教科成立，负责县内教育事业。

1976 年，更名为文教科。

1987 年，更名为文教局。

1993 年，聂荣县教育体育局成立。

1995 年，撤销聂荣县教育体育局，设立聂荣县教育局，属正科级行政单位。

2000 年底，聂荣县共有各级各类学校 13 所。

2010 年，聂荣县教育局配备局长 1 人、副局长 1 人、工作人员 3 人。

1964—2010 年聂荣县教育部门领导名录见表 12－1－1。

1964—2010 年聂荣县教育部门领导名录

表 12－1－1

机构名称	职务	姓名	性别	民族	任职时间
民教科 （1964. 08—1976. 09）	科长	杨树贵	男	汉	1964. 08—1966. 10
		王维俭	男	汉	1966. 10—1976. 09

续表

机构名称	职务	姓名	性别	民族	任职时间
文教科 （1976.09—1986.07）	科长	甲鲁	男	藏	1976.09—1986.07
	副科长	李子玉	女	汉	1976.10—1981.08
文教局 （1987.04—1993.08）	局长	唐振华	男	汉	1987.04—1993.08
	副局长	建国锋	男	汉	1981.10—1987.08
		唐振华	男	汉	1984.06—1987.10
教体局 （1993.02—1995.03）	局长	塔土	男	藏	1993.02—1995.03
	副局长	塔土	男	藏	1987.08—1993.01
教育局 （1995.08—2010.12）	局长	桑珠	男	藏	1995.08—1998.09
		申秋	男	汉	2001.02—2002.07
		顿彪然	男	汉	2002.07—2003.10
		索朗达瓦	男	藏	2003.10—2007.12
		琼达	男	藏	2008.01—2010.12

二、教育事业发展

1953年9月，聂荣县组建了第一所干部学校（实际上是一所速成学校），属解放委员会领导，共有学生45名、老师2名。

1962年，正式恢复聂荣教育，地点选择在朗色寺，命名为“朗色小学”，有2名教师、20名学生，主要学习藏文、汉文、数学。

1964年4月，朗色小学搬迁到县政府驻地，后改名为“措阳区小学”。到1965年，全校共有学生35名、教师3名。

到1976年，全县有学校36所，其中公办学校5所、民办31所，有教职工70人、在校学生788名。

1977年，西藏第一次实行全国统一的中专招生考试制，聂荣县小学毕业生录取到各所中专学校的有35人。

1978年，党的十一届三中全会召开后，党中央对教育工作作出一系列决策和部署，聂荣县的教育事业开始走上蓬勃发展的道路。

1979 年，"措阳区小学"改名为"聂荣县完小"，为五年制小学。

1979 年后，在党中央和国务院关怀下，将边境县的民办教师先后分 3 批转为公办教师，聂荣县具备条件的 6 名民办教师转为公办教师。

1985 年，自治区出台《关于全地区重点中小学实行"三包"办法》，此后，聂荣县先后对三年级、四年级以上的牧民子女实行"三包"政策。

1998 年起，聂荣县完小由五年制改为六年制。

2000 年，全县共有 13 所小学，覆盖面达 95%，有专任教师 59 名。

2001 年，聂荣县人民政府根据中央指示精神和自治区人民政府出台的《关于西藏自治区中小学校实施"三包"政策和助学金制度的规定》，对初中、小学的走读生也实行助学金制度。

2005 年以后，聂荣县连续提高中小学"三包"经费标准。

2006 年，聂荣县实现全面普及六年义务教育目标，"普六"人口覆盖率上升到 91%，全县小学在校生人数为 4161 人。

2009 年 9 月，聂荣县教师琼色获得"全国模范教师"荣誉称号。

2009 年 10 月，聂荣县实现全面普及九年义务教育目标。小学适龄儿童入学率由 2006 年的 91% 提高到 98.02%，初中入学率由 2006 年的 90% 提高到 95.72%。

2010 年，聂荣县共有学校 14 所，分别为聂荣县中学、职教中心、县完小、县幼儿园、尼玛乡完小、尼玛乡初小、色庆乡完小、色庆乡初小、下曲完小、桑荣乡初小、查当乡初小、查吾完小、永曲乡完小、果雄初小。

三、教育经费保障

自西藏和平解放以来，聂荣县深入贯彻党中央、国务院和自治区、那曲地区两级党委、政府的安排部署，全力做好教育事业经费保障工作，保障广大适龄儿童应上尽上，并为他们提供良好的就学环境。2009 年，聂荣县财政教育投入资金 290 万元，2010 年教育投入资金 340 万元，呈逐年上升趋势。

第二节 基础教育

一、幼儿教育

20世纪60—70年代人民公社期间，绝大多数行政村（人民公社）不能或很少参加生产队劳动的家庭主妇负责代管本生产队小孩，以保证所有劳动力都能参加生产队的劳动。

2010年9月1号，在神华集团的援助下，神华幼儿园建成并正式开园，有教师2名、幼儿23名。

二、小学教育

（一）学校与在校生

1962年4月，聂荣县小学成立。1965年，共有学生18名、老师3名。

1976年，全县共有学校36所，其中办公学校5所，民办31所，教职工70人，在校学生788名。

1999年，全县共有18所小学，覆盖面达95%，在校生2051人，有专任教师59名。

2010年，全县义务教育阶段在校生人数从2001年的3090人增加到2010年的6170人。适龄儿童入学率从2001年的65%提高到了2010年的98.99%。

1985—2010年聂荣县完全小学被内地西藏班录取情况见表12－1－2。

（二）内地西藏班

1984年9月，全国第一次援藏工作会议后，中央书记处书记胡启立、国务院副总理田纪云赴西藏考察时提出："以集中和分散相结合的办法，在内地一些省、市帮助西藏培养人才。"很快，中共中央印发22号文件，决定在内地创建西藏学校和举办西藏班，体现党中央、国务院对西藏民族教育的高度重视和亲切关怀。1985—2010年，聂荣县共有155名学生考入区外的天津市红光中学、陕西省华清中学等内地西藏班，毕业后成为促进聂荣发展的中坚力量。

1985—2010 年聂荣县完全小学被内地西藏班录取情况表

表 12－1－2

年份	录取人数	去向
1985	2	天津市红光中学
1986	2	天津市红光中学
1987	0	
1988	5	天津市红光中学
1989	11	天津市红光中学
1990	9	天津市红光中学
1991	12	天津市红光中学
1992	6	天津市红光中学
1993	2	天津市红光中学
1994	1	天津市红光中学
1995	5	天津市红光中学
1996	2	天津市红光中学
1997	5	陕西省华清中学
1998	3	陕西省华清中学
1999	9	陕西省华清中学
2000	18	陕西省华清中学
2001	15	陕西省华清中学
2002	7	陕西省华清中学
2003	9	陕西省华清中学
2004	2	陕西省华清中学

续表

年份	录取人数	去向
2005	2	陕西省华清中学
2006	9	陕西省华清中学
2007	2	陕西省华清中学
2008	6	陕西省华清中学
2009	6	陕西省华清中学
2010	3	陕西省华清中学

（三）课程和学制

1962年，聂荣县创办第一所公办小学，课程设有藏语文、数学、汉语文等。1968年，五年级增设历史、地理和自然课。

1971年，小学增设思想道德等课程。

1973年，从小学三年级起开设劳动课。

1962—1987年，小学学制全面推行五年制。

1988年9月，小学学制由五年制改为六年制。

1988年9月至2006年，每年开展扫除青壮年文盲教育。

2006年9月至2009年，普及九年义务教育。

2009—2010年，基本普及九年义务教育和扫除青壮年文盲教育。

（四）教学

聂荣县小学主要采取“老师讲课、学生听课”的教学方法，复习旧课，讲授新课，听写、阅读、背诵、默写、布置作业、自学等。每学期分期中、期末考试两次，以不定期测试的方法考查教学制度和教学水平。每学年在每个班级中，评选出3名三好学生并颁发奖状，鼓励学生努力学习，提高思想觉悟，锻炼好身体。20世纪80年代，小学建立教研组，积极开展教研活动。同时注重学生的全面发展，加强与内地学校的沟通交流。1997年，开展了“手拉手”互助活动，县完小少先队与江苏省新侨小学组织了书信交友、共同学习的“手拉手”活动，截至1998年底，双方共通信件372封。

（五）思想教育

1962 年建校初期，小学以反封建教育、爱国主义教育、团结互助和纪律教育作为学生思想政治教育的主要内容。

20 世纪 80 年代起，聂荣县在学校广泛开展爱国主义教育，“向雷锋同志学习”，对学生进行热爱共产党、热爱祖国、热爱人民、热爱劳动、努力学习、助人为乐的思想教育，全面提升学生的素质，为今后更好地开展工作奠定良好基础。

20 世纪 90 年代起，各校加强学生政治思想教育工作，对学生进行“三好”（身体好、学习好、思想道德好）和“五讲”（讲文明、讲礼貌、讲秩序、讲道德、讲卫生）、“四美”（心灵美、语言美、行为美、环境美）、“三热爱”（热爱中国共产党、热爱祖国、热爱社会主义制度）教育。坚持四项基本原则，遵守学校的规章制度（《小学生守则》），尊敬老师，要求学生做社会主义“四有”接班人。

三、初中教育

1998 年之前，聂荣县学生在完成六年制小学教学课程之后，要到那曲地区读中学。1998 年，创建聂荣县中学。

（一）学制与课程

聂荣县初中学制三年。1998 年，开设藏语文、汉语文、数学、体育课程。2000 年，增设历史、地理、生物、物理课程。2002 年，增设化学、外语、音乐、美术、生产劳动课程，开设早自习、晚自习，教学使用人民教育出版社的教材和自治区统编教材。

（二）教学方法

聂荣县中学采取组织教学、复习旧课、预习新课、讲述新课、巩固复习、抓基础知识与基本训练、布置作业、朗读背诵、自学、寒暑假期间布置作业、练习等方法进行教学。每月测试一次，一学期分期中、期末考试，以考查学生的学习成绩和教学进度。

（三）思想教育

1998 年，聂荣县中学以反分裂教育、爱国主义教育以及团结互助、做好人好事、法律教育、纪律教育作为学生思想道德教育的主要内容。组织学习《中学生守则》，进一步加强学生的劳动教育，进行反对迷信、相信科学的教育工作，教育他们从小事做起，从身边事做起，养成良好的学习与生活习惯。

1999年，县中学团支部成立，组织团员学生学习共青团的各项章程准则。在团组织内广泛开展“争三好”“五讲四美”“三热爱”等活动。同时在学生中开设“五爱”教育课程，教育他们坚持四项基本原则教育、遵纪守法教育，做“四有”的社会主义接班人。

2000年，在广大学生中广泛开展“向雷锋同志学习”“向孔繁森同志学习”活动，使广大学生们做到热爱中国共产党、热爱祖国、热爱劳动、热爱人民，努力学习、助人为乐、建设家乡。

2001年以来，学校相继建立德育工作领导小组，制定并实施《聂荣县教体局关于加强和改进青少年学生思想道德教育工作的实施方案》《班主任工作条例》《学生奖惩条例》等德育工作目标及规章制度。

2010年，聂荣县初中毛入学率从2001年的7%，提高到98.96%。

四、思想道德教育

1975年，根据教育部、共青团中央委员会《关于学校少先队工作几个具体问题的规定》，正式在小学建立中国少年先锋队，聂荣县开始在县完小建设少先队。

1976年后，组织学生执行《学生守则》，通过开展少先队活动、学雷锋活动和争“三好”活动，对学生进行共产主义道德、革命纪律、理想前途的教育。进行“五爱”教育，让学生识别真、善、美、假、丑、恶，明白做人的道理。

1988年，各（中）小学校建立健全少先队、学生会等组织，有计划地开展爱国主义教育和民族团结教育。

1989年开始，聂荣县各（中）小学广泛开展“学雷锋”“学赖宁”活动。

1990—1994年，全县各（中）小学进一步健全党、团、学生会和少先队组织，学习和贯彻《小学生日常行为规范》《中学生日常行为规范》。

1996 年，遵照中共中央总书记江泽民关于在广大少年儿童中加强爱国主义、集体主义和社会主义教育的指示，贯彻《爱国主义教育实施纲要》，围绕纪念中国工农红军长征胜利 60 周年，组织开展以忆长征事、唱长征歌、看长征书、写长征文、走长征路为主题内容的“心中有祖国、心中有他人”的“双有”活动。

1997 年，根据《西藏自治区小学德育纲要》和《关于转发〈中小学德育工作规程〉的通知》，聂荣县把德育工作放在首位，把爱国主义教育、反分裂教育、道德品质和文明行为习惯养成教育作为德育工作的重点，结合香港回归和改革开放以来西藏发生的巨大变化，开展以反对分裂、热爱祖国为主题的班会和讨论会，深入揭批达赖集团分裂祖国的罪行。

1999 年，聂荣县（中）小学通过办黑板报、墙报、图片展览、主题班会以及文艺演出等形式，庆祝中华人民共和国成立 50 周年、澳门回归以及西藏民主改革 40 周年，激发青少年学生为祖国强大、为西藏繁荣而发奋读书的热情。

2010 年以来，各学校成立德育领导小组，在师生中开展“四观两论”、反对分裂、社会主义民主法制观念教育。（中）小学将《思想品德》和《思想政治》课程列入期中、期末考核范围。唱国歌、升国旗活动基本形成制度。

第三节　学校和教师

一、小学

自 1962 年设立朗色小学以来，截至 2010 年，聂荣县共有 7 所小学。详见表 12－1－3。

2010 年聂荣县小学情况表

表 12－1－3

序号	学校	教师（名）	学生（名）
1	聂荣县完小	87	1290
2	色庆乡完小和萨色初小	26	396
3	查吾区完小	13	416
4	下曲乡完小	20	376
5	桑荣乡初小	11	142
6	索雄乡初小	9	114
7	白雄乡完小	19	592

（一）聂荣县完小

1964 年，聂荣县大众乡朗色寺主办民办小学，共有 2 名教师和 24 名学生，聂荣县完小就是在此基础上建成和发展起来的。1964 年 4 月，学校搬迁至县城所在地，取名为措阳区小学，当年招生 35 名，有教师 3 名。1965 年 9 月之前学校不是国家公办。1970 年，共有学生 45 名、教师 5 名。1973—1979 年，在校学生达到 120 余名，有教师 11 名。1979 年 9 月，学校更名为聂荣县完全小学。1979—1991 年，聂荣县完小在校学生达到 160 人，有教师 13 名。1992—1994 年，有学生 200 名、教师 23 名。2001 年，有教职工 36 人、学生 326 人。2003 年，有教职工 25 人、学生 595 人。2005 年，有教职工 42 人、学生 815 人。2007 年，有教职工 84 人、学生 1067 人。2009 年，有教职工 84 人、学生 1149 人。2010 年，有教职工 87 人、学生 1290 人。

（二）色庆乡完小和萨色初小

色庆乡初小始建于 1964 年，位于南格曲登雄，当时为民办小学，全校只有十余名学生和 1 名教师，学生在帐篷里上课，主要学习藏语文、数学。1967 年，学校搬迁到老查玛区，全校有 20 余名学生和 2 名教师。1973 年，学校搬迁到新查玛区。1974 年，学校正式命名为“查玛区贡巴小学”，占地面积为125平方米，有4名教师和80余名学生。1983年，“查玛区贡巴小学”改为“色庆乡中心小学”，有100余名学生和6名教师。1998年，色庆乡中心小学共有8名教师、1名后勤人员、1名宿舍管理员，学校有2间教室，面积699平方米；2间教工宿舍，584平方米；1间食堂，120平方米。2001年，有教职工7人、学生385人。2002年5月，聂荣县萨色乡和色庆乡合为一乡，学校命名为“色庆乡完小和萨色初小”，两所学校统一办公。有教职工8人、学生397人。2003年，有教职工10人、学生376人。2004年，新建1栋教室，351平方米，共有6间教室。2006年，学校新建1栋办公房和1间多功能餐厅，面积分别为150.57平方米和205.11平方米。2007年，有教职工23人、学生396人。2009年，有教职工22人、学生465人。2010年，有教职工26人、学生396人，学校占地面积为12673平方米，有2栋教室、3间办公室、2栋学生宿舍、1间学生食堂、3栋职工宿舍。

（三）查吾区完小

查吾区小学建于1972年，当时名为“加龙乡小学”，有学生20余名、教师1名。1975年，“加龙乡小学”改称“查吾公办小学”，有4名教师、50余名学生。1988年，学校有4名教师、40余名学生。1995年，查吾区小学有学生100余名、教师7名。2000年，查吾区小学更名为查吾区完小。2001年，查吾完小有教职工11人、学生344人。2009年，查吾完小有教职工12人、学生409人。2010年，查吾完小有教职工13人、学生416人。

（四）下曲乡完小

1989年，在下曲乡开办了下曲乡初小，有2名民办教师、20名学生。1996年，学校有4名教师、40余名学生。1997年，学校新增2名教师，共有6名教师和50余名学生。1998年，学校有5名专任教师、2名民办教师和50多名学生。1999年，学校有5名专任教师、60余名学生。2000年，下曲乡初小改为下曲乡完全小学。2008年，下曲乡完小有教职工15人、学生364人。2009年，有教职工17人、学生388人。2010年，有教职工20人、学生376人。

（五）桑荣乡初小

桑荣初小创建于1995年，学校建筑面积为80平方米，当时有1名教师，15 名学生。1996 年，桑荣乡初小有 1 名教师，18 名学生，2 个教学班级。1997 年，学校有 1 名教师，28 名学生，1 个教学班级。1998 年，学校有 1 名教师，20 名学生，3 个教学班级。1999 年，学校有 1 名教师，36 名学生，3 个教学班级。2000 年，学校有 2 名教师，40 名学生，3 个教学班级。2008 年，教职工人数为 12 人，学生人数 105 人。2009 年，教职工人数为 9 人，学生人数为 157 人。2010 年，教职工人数为 11 人，学生人数为 142 人。

（六）索雄乡初小

2000 年，索雄乡初小由民办学校改为政府办学，学生数为 60 人，开设课程有藏语文、数学、汉语文。2008 年，有教职工 6 人、学生 172 人。2009 年，有教职工 6 人、学生 149 人。2010 年，有教职工 9 人、学生 114 人。

（七）白雄乡完小

白雄乡小学建立于 1975 年，有教职工 2 人，学生不到 10 人，当时只是一个民办教学点。1980 年，学校有 3 个年级，有教师 2 名、学生 30 余名。1986 年，学校新建了 1 栋教室和 1 栋教职工宿舍。1994 年，有教师 2 名、学生 40 余名。2000 年，学校更名为白雄乡完小，学校新建 3 栋教室、1 栋学生寝室、1 栋教职工寝室和食堂。2002 年，有教职工 5 名、学生 396 名。2003 年，有教职工 6 名、学生 401 名。2006 年，有教职工 11 名、学生 376 名。2007 年，有教职工 17 名、学生 465 名。2009 年，有教职工 20 名、学生 567 名。2010 年，有教职工 19 名、学生 592 名。

二、中学

聂荣县中学位于聂荣县城，学校占地面积为 73333 平方米，建筑面积 22383 平方米，有在校生 1583 人、教职工 111 人。1998 年 9 月，由于聂荣县教育发展的需要，聂荣县成立戴帽中学，组织关系挂靠聂荣县完小。2003 年 10 月，聂荣县中学和聂荣县完小分开办学。2004 年 5 月，聂荣县中学新校区基建工程开工，10 月，学校正式迁入新校区。2005 年，聂荣县中学荣获那曲地区教体局“教学质量优胜奖”第三名。2006 年，聂荣县中学荣获得那曲地区教体局“教学质量优胜奖”第二名。2009 年，聂荣县中学被评为社会治安综合治理工作先进学校。2010 年，聂荣县中学被评选为聂荣县先进基层组织和远程教育示范学校。

第四节　师资队伍与教学研究

一、教师队伍建设

2001 年，聂荣县各学校共有教职工 60 人，其中工勤人员 6 人，初级职称 10 人，员级职称 24 人。

2010 年底，聂荣县共有教职工 214 名，其中工勤人员 10 人，中级职称 28 人，初级职称 75 人。

2001—2010 年聂荣县教职工人数及职称结构情况见表 12－1－4。

2001—2010 年聂荣县教职工人数及职称结构情况表

表 12－1－4　　单位：人

年份	教职工总数	工勤	高级	中级	初级	员级
2001	60	6	–	–	10	24
2002	74	10	–	–	12	20
2003	78	10	–	–	17	24
2004	89	10	–	–	19	30
2005	96	10	–	–	21	35
2006	130	10	–	–	26	45
2007	152	10	–	17	35	50
2008	178	10	–	19	42	61
2009	195	10	–	26	59	74
2010	214	10	–	28	75	32

二、教师培训

为提升教育教学水平，2001—2010 年期间，聂荣县积极组织、选派教师参加国家级、自治区级、地区级、县级等培训，每年培训均在 40 人次左右。

2007 年，聂荣县制定《聂荣县教师管理办法》，规范教师请销假和考勤制度，使教学管理工作有章可循，以促进全县教育整体水平的提高。

2009 年，全县各学校相继开始在本学校内实施教学奖惩办法等措施，教学质量逐步提高。

2010 年，聂荣县各乡（镇）小学均配有校长 1 名、干部 3 名。县直学校党支部书记、校长、副校长由县委组织部任免。县中学配有学校党支部书记兼书记 1 名；县完小配有党支部书记 1 名，校长、副校长各 1 名。

三、教师待遇

聂荣县教师待遇主要有工资（集体补贴）、福利、奖金，以及享受休假、寒暑假、产假（女教师）、公费医疗、退休（退养）金等。

（一）政治待遇

党的十一届三中全会后，聂荣县开始正确落实知识分子政策。此后，尊师重教成为社会普遍共识，教师的政治地位和社会地位不断提高。

（二）生活待遇

1. 工资

（1）公办教师工资。自小学建立，公办教师一直享受国家工资。经 1985 年工资调整和 1993 年工资改革，工资大幅提高。

（2）民办教师工资。工资由集体补助。1980 年由于副食品提价，对民办教职工给予补助。按中等以上劳力评工记分，参加队里分配，一半劳动所得留给本人。1982 年，由国家按公办教师最低标准支付，以后随公办教师工资增加而相应增加。1992 年，民办教师工资提高，此后每年都有所提高，并规定民办教师平均工资 1994 年不低于 150 元、1995 年不低于 180 元。根据民办教师能力、贡献及教龄，适当拉开补助工资档次，民办教师工资逐步接近公办教师工资。2000 年，实行追加“补助工资”办法。

（3）半脱产教师工资。半脱产教师半天劳动、半天教书，劳动时计工分，教书时发给定量现金，并交给生产队，参加队里分配。1982 年以后，由国家支付工资，按公办教师最低标准发给，但略高于民办教师。

（4）代课教师工资。代课教师享受临时工待遇，招聘教师按合同规定享受待遇。1989 年，聂荣县劳动人事局、教育局决定，代课教师表现较好的，一般可按照“一般技术工和重体力劳动者”的工资水平确定；个别完不成教学任务或教学质量较差的，只能比照“轻体力劳动者”的工资水平；教学工作认真负责且教学效果明显的少数代课教师，可比照“技术水平较高的技工”的工资水平确定。

2. 休假、退休

汉族教师工作 1 年半可休假 5 个月，藏族教师工作 1 年可休假 40 天。女教师产假 4 个月，生育独生子女产假 1 年。学生寒暑假期间，教师休息。教师享受公费医疗，但具体报销比例由各学校根据情况自定。教师退休（退养）年龄为男 60 岁、女 55 岁，同时按国家规定发放退休（退养）金。

3. 津贴、奖励、福利及其他

1980 年，自治区教育厅颁布《中小学班主任津贴试行办法》，规定聂荣县津贴标准为：中学每班人数 35 人以下的 7 元，35—50 人的 8 元，50 人以上的 9 元；小学每班人数 35 人以下的 6 元，35—50 人的 7 元，50 人以上的 8 元，复式班的学生人数可按每个年级学生人数合并计算。

1995 年，聂荣县贯彻国家关于民办教师“关、转、招、辞、退”的政策，将取得民办教师资格证书、政治及业务考核合格的民办教师，按国家和自治区下达的指标，分期分批转为公办教师。对被辞退的，按每任教 1 年发 1 个月在岗时月工资的标准一次性发给生活补助费。实行民办教师离岗退养制度，对批准离岗退养的民办教师按月发给生活补助费。寒假补课工作人员的补助标准以班级数确定。

4. 职称评定

1989 年，根据《西藏那曲地区聂荣县贯彻执行〈小学教师职务试行条例〉实施办法》，决定小学教师中级职称由聂荣县教育局评定。此后，职称评聘步入正轨。

四、教学研究

到2010年底，聂荣县小学均设立了自然科学实验室，中学设立了物理、化学、生物实验室。县教研室教研人员积极参与培训，注重与学校教师交流，深入全县各学校调查了解情况，改进教师教学方法，提高教学质量。同时通过完善机制，加强教师队伍建设，重视培养教职工的政治和业务素质，努力提高教师的素质，建立了一支政治觉悟高、业务过硬的教师队伍，全县的教育教学质量有了明显提高。

第五节　“两基”攻坚工作

2001年，聂荣县有中学1所、小学10所，有教职工100余人；小学在校人数1200余人，适龄儿童入学率70%，中学在校生150余人，中学在校生巩固率达90%。

2002年，教育部门加快“普六”步伐，聂荣县在校生2000余人。为进一步提高教学质量，全面推进素质教育，县教育部门进行教学管理体制改革，加强教师队伍建设，提高教师队伍素质，改善学生学习和生活条件。

一、“普六”工作

2004年，为顺利实现“普六”目标，本着“政府承办，部门协调，全民参与”的宗旨，聂荣县“普六”领导小组成立。认真、及时、准确做好0—15岁儿童及8—13岁适龄儿童各种花名册造册工作。工作人员下乡开展“普六”工作，使小学适龄儿童入学率达95%以上，在校生巩固率达100%。

二、扫盲教育

民主改革初期，聂荣县开展扫盲教育，出现学文化热潮，各乡先后成立扫盲夜校班。

1978 年，党的十一届三中全会召开后，聂荣县教育工作由以扫盲为重点，逐步转移到以学习科学技术为重点。

1986 年 10 月起，聂荣县把农村文化夜校当作精神文明建设和提高农牧民文化素质的重要工作来抓，在全县范围内进行农村成人扫盲教育，恢复各乡的扫盲夜校。

1991 年，聂荣县调整充实成人教育领导小组，制定了扫盲规划和扫盲验收一年一考制度。

1998 年前，由县妇联负责扫盲教育。1998 年起，由县教育局负责，当年聂荣县安排扫盲资金 20 余万元，大力开展扫盲工作。

2000 年，聂荣县认真贯彻落实《扫除文盲工作条例》，乡、村都建立扫盲点和农牧民文化技术培训点，参加培训率达 87%。

2009 年 7 月，聂荣县职教中心成立。职教中心有在校学生 513 人、教职工 15 人。开设有民族绘画、缝纫、餐饮、卡垫编织、畜产品加工技术等专业。

2010 年，聂荣县坚持扫盲工作“进到村”，全县设立扫盲点 142 个。从县直部门抽调 10 名干部职工，从各乡镇抽调工作人员共计 20 人，深入到全县 142 个村（居）委会开展脱盲培训。

三、“普九”工作

“普九”是“双基”工作的重要内容。通过狠抓控辍保学工作，每年与各乡（镇）各村层层签订“控辍保学”目标责任书，控辍保学工作取得显著成效。2007 年，聂荣县顺利通过自治区“普九”验收。2010 年底，聂荣县学前教育入学率达到 50%，小学在校生有 2500 余人，适龄儿童入学率达到 98.99%。

第二章 体育

第一节 传统体育

一、藏族民间体育

聂荣藏族传统体育项目有抛石头、赛马、抱石等。

（一）古朵（抛石头）

“古朵”为藏语音译，又称“俄尔多”，是一种利用离心力将石头抛掷出去的活动工具。起初“古朵”是牧民放牧和狩猎的工具和防御武器。随着社会的进步和人们生产生活水平的提高，逐渐演变成为练习臂力和灵活性的一种体育用品。“古朵”呈带形，长约2.5米，根据使用者的身长和臂长编织。两端细中部粗，中央有一个宽约4厘米的皮兜，用以放置投掷的小石头。绳子一端有扣，扣于食指之上。比赛时，选手站成一排，皮兜中加石，把“古朵”对折，将扣眼套在右手食指上并用拇指压住，将无扣眼的一端夹在食指和中指之间，而后在身旁均匀挥转成弧形，发出“呼呼”声响，旋转到高速度时，即对准目标，猛将夹在食指和中指之间的一端放开，石头旋即飞掷出去。

（二）马术（赛马）

吐蕃时期，在军事、交通、祭祀活动中，马匹是常用的牲畜，受到人们的重视，被尊之为六畜之首。一方面，马术活动早就和劳动生产紧密联系，后在军事活动中得到发展，成为培养文武双全人才的一项重要内容；另一方面，马术技艺开始表现出作为体育活动独立发展的趋势，逐渐具有娱乐性和竞赛性，并最终形成现在的规模，有马球、赛马、骑射、马上捡哈达、马上献青稞酒、马上形体表演等各种项目。聂荣县每两年举办一次赛马艺术节。

（三）多加（抱举石头）

举木梁、抱牲畜是早期生产劳动的内容，后来人们在聚会或劳动之余，为娱乐而举抱周围的东西，以显示男性的力气。其后，抱举物逐渐固定为石头或皮袋，但不分重量和级别，大力士也不分年龄、体重，只要把事先规定的抱举物举起即可。这样，有时产生的大力士较多，难分胜负。后来，形成抱石头走步、先抱后抛、抱石至肩转脖子一圈等项目。

二、藏族民间儿童游戏

（一）“子尕麻日盘”

村里的小孩和年轻小伙子聚在一起，他们中的一个人叫“子麻干姆”（拿“子”的老太太的意思），其余人分成两组，一组叫“尼玛”（太阳），另一组叫“达娃”（月亮），由子麻干姆将“子”（小石子包在羊毛里）拿在手里，其余人不能看。子麻干姆将“子”扔到一处，然后说“子下然南浪”，两组人便开始寻找“子”。如果“子”在尼玛的前方、达娃的后方时，子麻干姆说“尼玛前方郭如如，达娃后方吉乐乐”。先找到“子”放到子麻干姆手中者为胜方。

（二）抓“勒给铁盖”

“勒给铁盖”是指羊的膝关节短骨，参加游戏二至数人不等，一般是三四人同玩。玩具是羊的蹄腕骨 4 个，小沙包 1 个。游戏前由大家商定一套动作及规则，有简单的动作，也有高难度动作，一般玩法是由易到难。最初规定要抓够一定数目——100 分或 200 分不等。抛起沙包将骨头撒开：如有两块骨头形状相同，抓起算 1 分；如其中有 3 块骨头形状一样，抓起算 10 分；如果 4 个骨头各为“眼睛”“耳朵”“心”和“背”，全部抓起算 1 分。这样抓够规定数目后，就进行“翻”的游戏：掷一次沙包抛 4 个骨头于地上，接住沙包。然后每掷一次翻动一个阿即黑（骨头），待 4 个阿即黑翻成同一个形状后，最后一次全部抓起。依次翻完耳朵（马）、眼睛（驴）、心（山羊）和背（绵羊）为第一回合，翻动阿即黑时，不能碰到其他阿即黑。第三回合逐渐增大难度，掷一次沙包要把 4 个阿即黑全部翻成相同的面。依次做完这套工作，按完成先后定名次。

（三）找“牛犊”

由一名最小的孩子充当“牛犊”，其余孩子手拉手把他围在中间，再由一名孩子扮找牛犊者。找牛犊者装出什么也没看见，冲着孩子们喊道：“喂，看见牛犊了吗?”“你的牛犊什么样子?”“我的牛犊上身是金做的，下身是银做的……”“我们没有这样美的牛犊，只有一只全身是泥的脏牛犊。”孩子们答道。当找牛犊的孩子找到牛犊后，他要走进孩子们手拉手搭成的一个个门洞，去赶小牛犊。他先走到一个门洞前说：“这门是什么做的?”孩子们答道：“是黄金做的，要金钥匙才能打开。”找牛犊的孩子没有金钥匙，只好去问下一个门。后面的门还有银子的、玛瑙的、珊瑚的等等。当找牛犊人问到最后一个门洞时，孩子们立刻放下手，挤在一起，所有的门洞都关上了。最后扮演找牛犊的孩子装出气势汹汹的样子说道：“我要是变成一头老牛，你们的门能挡住我吗?”说完就朝人群中冲，这时别的孩子就拉紧手快速旋转起来。如果找牛犊孩子冲进圈子中抢走小牛犊，那他就胜利了，闯不进去，就得认输。

（四）找羊毛球

这是年幼的小孩玩的游戏。首先由孩子们报出各自的游戏名称，如“我是太阳”“我是月亮”“我是金星”“我是花朵”等。然后由一个稍大的孩子担任裁判。他先让所有的孩子背过身去，闭上眼睛不能偷看，然后把一个包着石子的红羊毛球扔到一个难找的地方后，大喊一声：“天亮了，太阳出来了!”捂着眼睛的孩子们放开手开始四处找羊毛球。在这过程中，裁判故意用些假暗示迷惑小孩，一会说：“太阳那边有希望了。”做游戏的小孩就会向扮演太阳的孩子那边跑去。一会又说：“月亮那边有希望了。”孩子又会奔向取名月亮的孩子身边。孩子们跟着裁判的假暗示在游戏场地跑来跑去，十分开心。若有人找到了羊毛球，就藏在藏袍里，向裁判跑去，一旦被别的小孩发现，就会跟上来争夺羊毛球，非常激烈。直到最灵敏的孩子抢到羊毛球交到裁判的手中，游戏才算结束。奖品一般是一个用石头磨制成的小牛。

第二节　学校体育

一、体育设施

20 世纪 70 年代，聂荣县各中小学自制体育用具，用牛毛捻成绳子做跳绳和拔河绳，用大鹅卵石当铅球等。体育课开展球类、投弹、举石头、跑步、跳绳、拔河、“古朵”等活动。

20 世纪 80 年代，学校开展“两课、一操、一活动”（两节体育课、一节课间操、一节课外活动）。

20 世纪 90 年代起，县中学坚持每年举行一次田径运动会。学校按照国家体育锻炼标准的要求，保证学生每天平均有 1 个小时体育锻炼或娱乐活动时间。坚持中小学校每年冬季长跑、幼儿园冬季短跑活动。

2001 年，聂荣县大部分学校均建有学校篮球场，配备足球、篮球、跳绳、铅球、爬杆、单杠、双杠等基础体育器材，在实施“两基”攻坚期间，给各学校分配单杠 15 副、双杠 15 副、跳高垫 15 副、铅球 45 个、实心球 45 个、铁饼 45 个、接力棒 45 个、篮球 36 个、排球 36 个。

二、体育课

聂荣县小学每周两节体育课、初中每周三节体育课。规模较大学校均配有专业体育老师。各学校每天坚持“阳光一小时”体育活动，队列队形练习，跑、投、跳训练，广播体操训练，球类训练，眼保健操训练，体能训练。主要锻炼学生身体、增强体质；传授体育的基本知识、技术和技能。

三、运动会

2001—2010 年期间，聂荣县各小学每年在“六一”儿童节时开展校园运动会，运动会项目主要有跑、跳、投、拔河比赛等。县中学自 2008 年开始每年举行 1 次田径运动会，除跑、跳、投、拔河比赛外，还开展篮球、足球比赛。开展体育运动会有利于提高学生的身体素质，同时还可以培养学生的集体主义和荣誉感。

第三节　干部和群众体育

1970 年起，聂荣县机关干部职工一直坚持做广播体操。

20 世纪 80 年代开始，县乡机关、企事业单位职工不定期开展篮球赛，足球、乒乓球等各项球类活动和其他一些小型体育项目比赛。

20 世纪 90 年代起，聂荣县篮球队、足球队成立，丰富了活动内容，增强了体质，各单位、各党支部不定期开展乒乓球、拔河、跑步等体育活动。在重大活动期间也开展球类、田径等比赛。

2010 年开始聂荣县每两年举办一次职工运动会。

第三章　科技

第一节　机构

20 世纪 60 年代开始，聂荣县开始逐步设立起畜牧、兽医、卫生、气象等科研单位。

1960 年县人民政府成立后，由政府管理全县科技工作。

1990 年，聂荣县配备 1 名科技副县长，分管畜牧、卫生、气象等科技工作。

1991 年，聂荣县科学技术领导小组成立，主要任务是研究畜牧业方面的科技问题，办公室设在县畜牧兽医科技推广站。

1996 年，县畜牧局更名为农牧局，科学技术领导小组由县农牧局管理，负责全县科技工作。

1998 年，科学技术领导小组办公室设在县农牧局，由局长兼任办公室主任，负责全县科学技术推广工作。

2010 年，聂荣县调整充实科学技术领导小组，主要任务是研究可持续性、健康型畜牧业方面的科技问题。

第二节 科技活动

一、科技队伍

2010年，聂荣县共有农牧、科技局、林业局、兽防站、气象等5家科研单位。

1999—2010年聂荣县科技人员数及职称结构情况见表12－3－1。

1999—2010年聂荣科技人员数及职称结构情况表

表12－3－1　　单位：人

年份	科技人员	中级	初级
1999	33	6	27
2000	38	7	31
2001	42	8	34
2002	46	9	37
2003	47	9	38
2004	48	11	37
2005	51	11	40
2006	53	12	41
2007	57	14	43
2008	64	17	47
2009	79	26	53
2010	84	28	56

二、科技研究

20世纪60年代，在全县范围内积极宣传贯彻牧业政策，宣传科技知识和推广牧业方面的科学技术。

1972年，那曲地区从内蒙古自治区国营种羊场引进的茨盖细毛羊，与本地藏绵羊杂交而成茨藏羊。

1980年7月，聂荣县牧场引进了茨盖羊，当年与300只母藏羊进行人工授精，1981年3月生产新品种茨藏羊280只。

20世纪90年代，聂荣县兽防站成立，开始开展牲畜疫病防治、巡查等工作。

1997年，聂荣县桑荣乡1村发生羊大肠杆菌病，患病牲畜达1500余只。技术人员对患病牲畜实施分区域隔离，同时对圈舍、活动场及周边草场严密消毒，对患病牲畜的粪便做深埋处理，有效降低了其他牲畜被感染的风险。

三、科技宣传

1980年起，聂荣县农牧、林业等部门联合采取“下乡入村”方式，广泛开展科普服务“下基层”宣传活动，发放宣传单，深入宣传牧业养殖等科技生产知识。

1985年，县农牧部门利用板报、图片等宣传家畜等良种。

1990年，县农牧部门深入牧区开展绵羊、牦牛配种等技术培训，培训覆盖50余个村。

1993年，聂荣县农牧、卫生、水利部门联合开展科技服务“一条龙”“三下乡”及“科技宣传日”等宣传活动。

2000年，聂荣县投入科普经费2万元，对全县70个行政村开展牧业养殖科技宣传工作，发放宣传册1000余册。

2005年，聂荣县建设乡级科技服务站5个，培训兽医、牧场技术人员40余名。

2010年，聂荣县有畜牧、兽医、卫生专业技术人员62人。

第四章　医疗卫生

第一节　机构

一、县卫生局

1960年聂荣县人民政府成立后，卫生工作由县政府直接管辖。

1976年，县卫生科成立，负责管理全县卫生工作。

1981年3月，县卫生科与县文教科合并为县文教卫生科。

1982年3月，县文教卫生科分设为县文教科和县卫生科。

1984年9月，县卫生科改设为县卫生局。

1999年，县卫生局有行政编制4名，其中局长1人、副局长1人。

2010年，县卫生局行政编制5名，在编人数5名。全县共有医疗卫生机构13个、医疗人员41人。

1976—2010年聂荣县卫生部门领导名录见表12-4-1。

1976—2010年聂荣县卫生部门领导名录

表12-4-1

机构名称	职务	姓名	性别	民族	任职时间	备注
县卫生科（1976.04—1980.09）	科长	李时贵	男	汉	1976.04—1976.10	
		范仰银	男	汉	1976.10—1980.09	

续表

机构名称	职务	姓名	性别	民族	任职时间	备注
县文教卫生科（1981.03—1984.09）	科长	甲鲁	男	藏	1981.12—1984.09	
	副科长	顾龙涛	男	汉	1981.03—1981.11	主持工作
县卫生局（1984.09—2010.12）	局长	合珠	男	藏	1984.09—1987.06	
		那切	男	藏	1987.10—1992.07	
		加旺	男	藏	1992.07—1995.03	
		参秋	女	藏	1995.03—1998.09	
		高英	女	藏	2001.01—2006.12	
		达瓦罗布	男	藏	2007.01—2008.12	
		王宏周	男	汉	2009.01—2010.12	
	副局长	高英	女	藏	1998.09—1999.04	主持工作
		鲍成新	男	汉	1999.04—2000.12	主持工作
		冯雷	男	汉	2001.01—2006.12	
		王宏周	男	汉	2007.01—2008.12	
		申志信	男	汉	2009.01—2010.12	

二、医疗机构

西藏和平解放前，聂荣县无医药卫生行政防疫保健机构，无西药。仅有少量民间藏医，通过灸疗、放血、拔罐、热酥油止血、青稞酒糟贴敷等治疗一些普通疾病。

和平解放后，聂荣县的医药卫生事业逐渐发展，从其他地方引进常见病的治疗方法，医药卫生队伍逐年壮大。

（一）县人民医院

1960 年 8 月，聂荣县卫生院正式成立。

1976 年 4 月，聂荣县人民医院成立，有医务人员 20 名，医疗用房面积 750 平方米，全部为土木结构。

1988 年，聂荣县人民医院进行改扩建，新建砖混结构的门诊和住院部，新建业务用房面积为1450平方米。

2000年，国家投资156万元新建县医疗服务中心，建筑面积1348.7平方米。

2010年，聂荣县人民医院有医护人员24人，设有26张床位，可以开展内科、外科、妇产科和儿科诊断，年门诊量16425人。可开展普通外科手术，生化及常规检查、B超检查、X光检查等。

1976—2010年聂荣县人民医院领导名录见表12－4－2。

1976—2010年聂荣县人民医院领导名录

表12－4－2

机构名称	职务	姓名	性别	民族	任职时间	备注
聂荣县人民医院（1976.04—2010.01）	院长	范仰银	男	汉	1976.04—1980.02	兼任
		嘎雨	男	藏	1981.12—1987.06	
		孟林	男	汉	1987.06—1993.08	
		参秋	女	藏	1993.08—1997.12	
					1998.10—2000.12	
		鲍成新	男	汉	1997.12—1998.10	
		顿珠	男	藏	2000.12—2003.08	
		次顿	男	藏	2003.08—2006.04	
		次仁边宗	男	藏	2006.04—2010.01	
	副院长	那切	男	藏	1980.02—1981.12	主持工作

（二）县藏医院

聂荣县藏医院成立于2010年10月21日，从县人民医院的一个科室发展成为集医疗、预防、保健藏医药为一体的综合性民族医院，有医务人员11人。

（三）县防疫站

1979年，聂荣县防疫站成立。计划免疫工作由专人负责，预防接种基本上做到科学化、程序化，逐步控制或消除了各种常见传染病、地方病和多发病的流行。

第二节　治疗

一、藏医治疗

藏医炼制藏药以植物类、动物类和少量矿物类药材为主，根据传统方法和工艺加工而成，其方法有炒、洗、泡、煮、蒸等形式。加工的藏药主要是成药，其剂型有汤剂、散剂、丸剂、膏剂等。藏药有苦、酸、咸、涩、辛、甘等味道。藏医除药物治疗外，还有针疗、灸疗、放血和浴治等疗法。

放血疗法　根据病人体质和疾病特点确定放血部位，放血前 3 天服用“三国汤散”来分辨病血，而后医生选择部位，用特定的器械进行治疗，主要用于高血压、多血症、痛风等疾病的镇痛、消肿、活血化瘀等。

火灸疗法　用艾叶捏成粗粉，做成底宽顶尖形状，贴于特定穴位，用火烧灼，烧完为止，主要用于治疗寒性疾病，如消化不良、水肿、关节炎、黄水病等。

药浴疗法　常用的药浴药以“无味甘露药浴”为主方，随病加减其他药物。其方法是，将无味甘露散加水煮熟，再取一定数量的青稞煮熟，将药与青稞混合起来，加入酒曲，发酵后加水再煮，滤渣取液，使患者全身或局部浸泡在药液中，主要用于瘫痪、骨折、关节炎、骨质增生、神经炎、肌肉软组织炎、腰椎劳损等疾病的治疗。

1985 年 5 月，聂荣县卫生服务中心藏医科成立，共有 3 名医疗技术人员。藏医通过把脉、望、闻、问、切及尿诊和触诊给病人开药进行治疗，主要治疗慢性胃炎、风湿性关节炎、痛风等疾病。除了药物疗法外，还有针疗、灸疗、浴治、涂治和放血疗法。

2001 年 1 月至 2010 年 12 月，聂荣县卫生服务中心藏医科有 6 名医疗技术人员，主要以藏医治疗为主。每年 9 月份，集中病人到尼玛乡玉寨温泉进行药浴，同时开展火罐、针灸等治疗。

二、西医治疗

人民医院成立初期，由于医护人员少，医疗器械不全，只能对一般疾病进行防治，需要手术的病人只能送往那曲医院。

至2010年12月，聂荣县人民医院共有两栋楼，占地面积5896平方米，购置B超机1台、麻醉机1台、手术台1台。下设4个科室分别为：财务室、药房、综合科室、住院部。有在职人员32人，其中医生11人，护士13人，管理人员2人，后勤人员6人。医院在2001年设床位6张，以后逐年递增，在2010年达到26张。设有内科、外科、妇产科、口腔科、儿科等科室。可开展阑尾炎、结扎、肠梗阻、疝气手术等医疗服务。

三、妇幼保健

（一）接生

长期以来，由于受宗教影响和医疗条件制约，产妇多数在家分娩，遇到难产时请巫师求神，母婴丧命者相对较多。

1976年县人民医院成立以后，开始推广新法接生。广大妇女逐渐接受新法接生，从而降低了孕产妇和新生儿的死亡率。随着时代的发展，越来越多的妇女愿意到医院分娩，改变了旧的接生理念。

（二）妇女保健

1976年县人民医院成立后，开展孕产妇产前、产后检查和治疗一些妇科病工作。80年代，在县人民医院设立妇幼保健科后，配备专职妇保人员，加强了妇女孕期和产后卫生知识宣传教育，增强了妇女的自我保护意识。主要从经期、孕期、产期、哺乳期、绝经期保护入手，大力宣传5期保健，根据《妇女保护法》和有关规定，将妇女的孕期、产期、哺乳期保护制度化。定期对全县妇女进行健康检查，对各种妇科病及时予以治疗。

（三）儿童保健

2000年起，聂荣县对0—6岁儿童进行定期体检，将体检结果告知儿童家长，儿童保健工作逐渐趋于制度化和规范化。

2007年，为进一步提高聂荣县医疗卫生技术人员的专业技术水平和整体素质，按照上级有关要求，聂荣县积极开展新生儿室息复苏等相关技术的培训，并在临床上进行推广及应用。通过各种措施，共对县、乡、村 13 名医疗技术人员进行了培训。

聂荣县每年坚持进行儿童健康检查工作，到 2010 年，为全县 0—6 岁儿童 853 人建立了儿童保健手册，儿童保健系统管理率为 75%。共对全县妇女进行 18 次健康检查工作。

第三节 卫生防疫

1979 年，聂荣县防疫站成立后，根据西藏筹委会、那曲专区两级爱国卫生运动委员会的指示，聂荣县的爱国卫生运动仍继续贯彻“预防为主、防治结合”的方针，因时、因地、因单位开展群众性的爱国卫生运动。

20 世纪 80 年代，县防疫站开展全县食品卫生检查工作，制定了一系列食品卫生管理制度。

20 世纪 90 年代起，聂荣县食品卫生科全面开展食品卫生的宣传、检查，以及饮食服务行业人员的健康证、卫生许可证换发工作。

2000 年，聂荣县防疫站全年强化免疫接种 2014 人，计划免疫接种 1852 人，碘油丸发放接种 6542 人。

2003 年，聂荣县成立非典预防协调领导小组、非典防治领导小组以及非典防治工作督导组，制定《聂荣县传染性非典型肺炎防治预案》，认真开展防疫工作。

2004 年 2 月，聂荣县下曲乡、尼玛乡发生散播性麻疹，县防疫站立即组织人员进行流行病调查，对 246 名患者采取积极有效的治疗及预防隔离措施。

2007 年 6 月 4 日，聂荣县完小发生疑似流行性腮腺炎病例，经调查发现，大部分学生患有不同程度的类似病例，经报告地区疾控中心后确诊为流行性腮腺炎。随后聂荣县立即采取有效措施，在地区疾控中心的大力帮助下，从自治区疾控中心争取到 1000 人份腮腺炎疫苗，6 月 8 日对县小学和中学易感师生进行预防接种，同时对学校所有教室和寝室进行消毒。县政府拨付 2 万元的专项资金，用于对 5 个乡镇完小师生进行预防接种。

2008年，聂荣县全年疫情发生人数为96人，其中腮腺炎处理20例、水痘处理3例、皮肤炭疽1例、甲肝处理9例、流感处理20例、痢疾处理43例，未发生死亡现象。

2009年，聂荣县全年发生疫情处理8次，其中腮腺炎处理1例、水痘处理1360例、痢疾7例、甲肝6例，未发生死亡现象。

2010年2月1日至4月6日，聂荣县出现散发性水痘疫情，对易感人群进行了水痘疫苗接种，共接种320人。

2010年3月29日，聂荣县白雄乡完小出现风疹疫情，对全县9乡1镇完小、县完小和中学、职业技术学校进行了麻疹、风疹减毒疫苗接种，共接种4200人。

第四节　医政管理

一、医政

20世纪六七十年代，全县医护人员由县文教办卫生科管理，医护人员视为干部或工人，调进、调出、入党、晋职等分别由县委组织部和计经委管理。1976年，县卫生局成立后，加强对医务人员的管理，定期对医护人员进行政治思想教育和业务培训指导。医务技术人员技术业务考核由地区卫生局负责，并为考核达到标准的医务技术人员评定职称。

1997年，自治区人民政府批准《关于在农村建立事业合作医疗制度试点的请示》，聂荣县开始执行合作医疗制度。

2000年，聂荣县10个乡镇142个行政村举办合作医疗，参合人数987人，占全县总人口的39%，共筹集资金176120元。

2010年，聂荣县10个乡镇建立合作医疗，参合人数达17935人，占全县总人口的60.33%。

2010年7月19日，聂荣县人民医院培训中心举行第一批村医培训开班典礼。培训日期为一周，共培训村医142人。

2010年底，根据全区医院分级管理会议精神和自治区卫生厅对全区医院分级管理的总体安排，制定《聂荣县贯彻落实全区医疗卫生机构分级管理的方案》《医院分级管理评审标准》等。

二、医疗制度

（一）公费医疗制度

自1959年民主改革至1980年，干部职工一直享受公费医疗。1980年4月，根据上级有关指示，聂荣县实行新的公费医疗制度，由国家、个人共同担负医药费用，医疗费用每人每年30元，分成两部分：一部分为门诊费用，按照职工工龄等计入工资，实行包干办法；另一部分用于享受公费医疗人员住院治疗，由职工凭住院发票报销。

（二）合作医疗

1998年7月，根据全区第三次农牧区卫生工作会议精神，聂荣县在9乡1镇正式启动合作医疗制度，并成立合作医疗管理领导小组。合作医疗经费由政府划拨免费医疗资金和群众自筹资金组成，其中75%—85%作为管理基金，5%—15%作为防病基金，5%作为风险金，3%作为储备基金，2%作为管理费用。农牧民每人每年上缴10元作为合作医疗费用。2000年，开始执行新的合作医疗标准，具体资金分配情况为家庭账户基金占55%，大病统筹基金占38%，医疗风险基金占2%，医疗救助金占5%。住院报销比例为在地区及以上住院报70%，在县上住院报80%，在乡镇住院报85%，住院分娩报100%，还获得降消项目①奖励100—500元不等。

（三）卫生事业费

1959年民主改革结束后，聂荣县卫生事业开支纳入财政统一预算，其经费主要用于地方病普查、培训乡村赤脚医生、开展卫生宣传教育、培训新法接生员以及防止各种传染病等。至2010年，全县卫生事业经费不断增加，主要用于全县各级医疗单位、卫生防疫站、妇幼保健站、公费医疗、职工医疗补贴、学员培训、医疗科研及设备仪器改进等方面。

---

① 降消项目：专指为提高产妇住院分娩率、降低孕妇死亡率、消除新生儿破伤风而投入经费实施的卫生项目。

第十三篇

军　事

第一章 驻军

第一节 中央驻军

一、清军

清康熙五十六年（1717），蒙古准噶尔部首领策旺阿拉布坦派大将策凌敦多布率六千兵马攻入西藏，结束蒙古汗王治理西藏的历史，准噶尔部的侵扰活动影响了清中央政府治理西藏的部署。

康熙五十七年（1718），清中央政府派军从青海入藏平息准噶尔部袭扰西藏事件，清军派总督额伦特、侍卫色楞率兵数千人驻守那曲，准备打击准噶尔部兵。

康熙五十八年（1719），康熙帝决定第二次派兵进入西藏驱逐准噶尔大军，派皇十四子允禵率三路大军进军西藏，征西将军噶尔弼、四川永林协副将岳钟琪率川、滇、楚、浙等满汉官兵从四川打箭炉进兵，平定准噶尔部袭扰。

二、中国人民解放军

1959 年 3 月至 1966 年 5 月，由于西藏地方上层反动集团发动全区性武装叛乱，解放军野战部队在广大牧民群众和爱国人士的支持下，迅速平息聂荣地区的武装叛乱，随后撤离。

1962 年 5 月，聂荣县建立民警中队，隶属于公安局领导，负责维持地方治安。

1967 年 3 月 17 日，遵照西藏军区命令，中国人民解放军聂荣县人民武装部成立，隶属于那曲军分区。民警中队划归县人武部领导。

1975 年 6 月，部队按照军委指示，进行精简整编，县中队移交给地方公安部门。

1976 年 10 月至 1987 年 10 月，聂荣县按照党中央和中央军委的部署，军队及时进行拨乱反正，正本清源，于 1981 年、1982 年、1985 年三次调整人武部领导班子，对部队进行了整编。

1987 年 3 月，聂荣县人民武装部成立军事科、政工科。原有的 8 个民兵营经过精简后，组建成民兵预编连。

1988 年 8 月，聂荣县人武部撤销军事科、政工科。

1996 年 1 月，聂荣县人武部恢复后勤科的编制。

2003 年，聂荣县人武部进行编制调整，调整取消副部长编制。

2004 年，聂荣县人武部编制调整，恢复副部长编制。

1967—2011 年中国人民解放军聂荣县武装部领导名录见表 13－1－1。

1967—2011 年中国人民解放军聂荣县武装部领导名录

表 13－1－1

机构名称	职务	姓名	性别	民族	任职时间	备注
中国人民解放军聂荣县武装部（1967.04—2011.04）	部长	白志奎	男	汉	1967.04—1970.11	
		承易洪	男	汉	1970.11—1971.03	
		吕殿臣	男	汉	1971.09—1976.06	
		李仁前	男	汉	1976.06—1981.05	
		徐达治	男	汉	1981.06—1983.09	
		马文德	男	汉	1983.11—1986.11	
		次仁多吉	男	藏	1986.11—1994.04	
		季新贵	男	汉	1996.06—2000.08	

续表 1

机构名称	职务	姓名	性别	民族	任职时间	备注
中国人民解放军聂荣县武装部（1967.04—2011.04）	部长	王秀华	男	汉	2002.02—2003.03	
		彭伟	男	汉	2003.03—2004.04	
		王仁铭	男	汉	2004.04—2007.12	
		车明军	男	汉	2008.01—2011.04	
	政委	吴家胜	男	汉	1969.04—1970.01	
		彭明芝	男	汉	1970.01—1973.04	
		陈朝礼	男	汉	1973.04—1981.06	
		蔡立新	男	汉	1981.06—1983.09	
		永地	男	藏	1983.09—1986.10	
		王兴光	男	汉	1986.10—1989.08	
		王泽尧	男	汉	1989.08—1993.12	
		周崇福	男	汉	1994.05—1996.04	
		陈国友	男	汉	1998.05—2002.02	
		成善良	男	汉	2002.02—2006.04	
		段邦华	男	汉	2006.04—2007.12	
		袁明	男	汉	2008.04—2009.05	
		马晓鹏	男	汉	2009.05—2012.04	
		王建斌	男	汉	2015.02—2016.04	
	第一政委	洛桑欧珠	男	藏	1982.06—1985.05	兼
		阿塔	男	藏	1985.05—1987.10	兼
	副部长	刘国良	男	汉	1969.04—1971.05	
		赵仁道	男	汉	1970.01—1981.12	
		小达娃	男	藏	1970.06—1981.06	
		平措	男	藏	1972.06—1981.06	

续表2

机构名称	职务	姓名	性别	民族	任职时间	备注
中国人民解放军聂荣县武装部（1967.04—2011.04）	副部长	王登华	男	汉	1972.06—1975.06	
		蔡立新	男	汉	1979.07—1981.06	
		强巴欧珠	男	藏	1981.04—1986.10	
		次仁多吉	男	藏	1983.07—1986.11	
	副政委	赵令勋	男	汉	1967.04—1970.06	
		张金德	男	汉	1970.06—1979.10	
		次仁欧珠	男	藏	1972.06—1977.10	
		向东锵	男	汉	1973.07—1980.01	
		永地	男	藏	1981.04—1983.09	
		王泽尧	男	汉	1986.11—1987.10	

第二节　地方驻军

一、部落武装

历史上，聂荣宗共有7个部落，7个部落武装力量中以索德部落武装势力最大。

20世纪30年代后期，黑河区域的各宗开始组建民团组织。民团组织都是以宗为单位建立的，均由本宗所属的部落征派，一般人多势力大的部落征派的人多，反之则少。当时聂荣宗民团有200余人。

20世纪30年代聂荣宗各部落枪支情况见表13-1-2。

20 世纪 30 年代聂荣宗各部落枪支情况表

表 13－1－2　　单位：支

部落	长枪	短枪
索德部落	312	31
格木部落	83	14
阿斗部落	74	11
阿美部落	94	11
报务部落	32	4
洛索部落	44	7
白日部落	31	4

二、武警聂荣县中队

1962 年，那曲地区成立了武警支队，1963 年改称那曲地区公安大队，聂荣随之成立县公安中队，归那曲地区公安大队管辖。1966 年，撤销县公安中队。

1967 年 4 月，聂荣县遵照西藏军区的命令，成立聂荣县人民武装部，隶属那曲军分区管辖。

1976 年 1 月，那曲地区组建公安局民警科，聂荣县民警中队归那曲地区民警科管辖。

1980 年 1 月，那曲地区成立人民边防武装警察大队，聂荣县民警中队又归人民边防武装警察大队管辖，改称人民边防武装警察大队聂荣县中队。

1983 年 8 月，经西藏自治区党委批准，那曲地区在武装警察大队的基础上成立中国人民武装警察部队西藏那曲地区支队，聂荣县人民边防警察中队归地区支队管辖，改称武警聂荣县中队。

第二章　民兵

第一节　民兵组织

1966 年 1 月，聂荣县开始组建民兵组织，各乡建有民兵连，各村建立有民兵排。

1969 年 5 月，聂荣县成立 14 个民兵连。

1976 年，聂荣县有 6 个武装民兵连。

1978 年，聂荣县有 3 个乡的民兵连进入了“三个落实”先进行列。

1980 年起，聂荣县整顿民兵组织，建立健全民兵制度，开展了民兵大练兵活动。

1987 年 7 月，聂荣县遵照国防部《民兵工作条例》和中共中央《关于调整民兵组织问题》的文件精神，对全县民兵进行调整，撤销部分民兵连。

2010 年，聂荣县根据《西藏自治区、西藏军区关于民兵组织调整的意见》和《那曲地区行署、那曲军分区关于民兵组织调整的意见》，对县民兵组织进行调整，由县直机关、企事业单位、人民医院组成。

第二节　政治教育

1966 年以来，对民兵主要进行国防教育、全民性教育和革命英雄主义及阶级斗争教育。

1967 年起，聂荣县组织广大民兵学习马克思列宁主义、毛泽东思想。

1978 年起，聂荣县人武部干部密切联系实际，向民兵宣讲邓小平同志关于坚持党的基本路线一百年不动摇的论述、维护国家领土和主权的论述，发动民兵脱贫致富，带头致富，积极为振兴聂荣经济作贡献。

1979 年以后，主要学习党的十一届三中全会精神，进行坚持四项基本原则教育。

1987 年以后，紧紧围绕两个文明建设，坚持四项基本原则，广泛宣传党的十三大精神和十三届三中全会精神。

1989 年起，加强爱国主义教育，广泛宣传党的路线、方针、政策。

2000 年起，聂荣县组织广大民兵学习“三个代表”重要思想。

2003 年起，聂荣县组织广大民兵学习科学发展观。

2004 年，按照中宣部颁发的《爱国主义教育实施纲要》，聂荣县加强对民兵的爱国奉献教育，教育民兵牢固树立国防观念。

2005 年，聂荣县大力宣传民族政策和“三个离不开”的思想，宣传改革开放以来聂荣县发生的巨大变化，增强广大民兵维护党的领导和社会稳定的坚定性和自觉性。

第三节　军事训练与经费

一、军事训练

1966 年，聂荣县组建民兵后，主要对担负协助剿匪任务的民兵进行应用训练。

1973 年，根据民兵工作会议明确的指导思想，按照总参谋部、总政治部颁发的《民兵军事训练大纲》，狠抓民兵军事训练。

1979 年，随着经济改革的深入发展，民兵训练出现人员难抽、时间难安排、误工补贴难解决的问题。

1984 年，聂荣县民兵训练根据“缩小范围、减少人数、减轻负担”的原则，重点抓新训和补训工作。

1986 年，聂荣县民兵军事训练工作主要抓县预编连的训练工作。

1993 年，聂荣县民兵连主要学习《民兵工作条例》《人武部工作条例》，进行本级指挥、教学法等基本技术训练。

1996 年，聂荣县专武干部、民兵干部的训练，采取集中授课和自学相结合的方式，学习党的路线、方针、政策和民族宗教政策及《民兵工作条例》《民兵军事训练大纲》，提高政策理论水平。

2000 年，聂荣县按照《西藏自治区民兵训练经费使用管理规定（试行)》执行民兵补助标准。

二、民兵经费

（一）民兵事业费

1951 年 3 月，经中央人民政府、人民革命军事委员会和中央人民政府政务院批准，开始单独设立民兵事业费。1980 年，我国实行“划分收支，分级包干”的财政管理体制后，民兵事业费由中央财政划归地方财政。1980 年以来，自治区、军区下拨的民兵事业费，由军分区军务动员科具体负责组织分配到各县人武部使用。

（二）以劳养武

20 世纪 80 年代中期，从遵义地区诞生的“以劳养武，富民强兵”活动，在中央军委副主席杨尚昆的倡导支持下在全国蓬勃开展。聂荣县充分利用县人武部、预备役部队的训练外场、仓库生活区等场地，发展种植、养殖业。

第三章　兵役与战事

第一节　西藏地方政府兵役制度

隋唐时期，西藏地方政权实行“大料集”制度，兵员按各茹人口的多寡进行征集，由于和唐朝的周边地区（吐谷浑、西域、南诏）年年用兵，吐蕃时期保持了较大数量的军队，兵员来源除内部外，战俘也成为重要来源。

元明时期，聂荣县征兵制度同西藏其他地区一样始终无统一规定。一般是约定俗成的传统做法，即三丁出一，五丁出二，喇嘛免征，并且“皆散在民间，无常饷”。

清乾隆五十七年，即藏历水鼠年（1792 年），清朝设藏军 3000 人，编为 6 个代本。① 当时藏军兵员征集是按耕地面积作为征兵标准，种这种土地的人家，必须出兵差，即每一块马岗地由一户耕种，则出兵一名；一块马岗土地由几户合种，则几户合出一名兵。此外不再支别的差。

1921 年，西藏地方政府成立“顿马”，实行“岗顿平均支应法”。“顿”和“岗”是西藏地方政府时期计算土地面积的单位名称，顿为贵族寺庙庄园土地的计算单位，岗为政府差民土地的计算单位，一顿等于二岗。过去，一顿地和一岗地差税任务相同，贵族和寺庙庄园缴纳的差税比政府差民少一半。“岗顿平均支应法”即以贵族、寺院每 4 顿和政府差民每 8 岗土地支应

① 《西藏地方与中央政府关系史》，西藏人民出版社，1995 年，第 173 页。

一名兵差，从而改变了过去贵族、寺庙庄园少支差的现象。聂荣县还实行了按照10户派一兵差的制度，其供给由其余9户负担。

1947年始，旧西藏地方政府实施“十二岗六顿兵”制度，贵族、寺庙庄园每6顿和政府差民每12岗征募一名兵员。

1949年，西藏地方政府按户口征兵，富家每3户出一兵，中等家每6户出一兵，贫寒家每8户出一兵。此外，在紧急状态下还实行18—60岁男性和僧人征兵制。

第二节　中国人民解放军兵役

1954年12月，中央军委确定中国人民解放军实行义务兵役制、军衔制和军官薪金制。

1955年1月，聂荣宗开始实行义务兵役制。

1978年3月，第五届全国人民代表大会常务委员会通过《关于兵役问题的决定》，实行义务兵与志愿兵相结合的兵役制度。

1981年，聂荣县重新开始预备役登记工作，逐年对退伍军人进行预备役登记核实，办理注销、消除和重新登记工作。

1998年12月29日，第九届全国人民代表大会常务委员会第六次会议对《兵役法》进行修改，修改后的《兵役法》规定，实行义务兵与志愿兵相结合、民兵与预备役相结合的兵役制度。

1999年，国家重新颁布《中国人民解放军现役士兵服役条例》，规定义务服役期为2年。

第三节　战事

聂荣县解放初期的进剿战斗也称“二号地区”进剿战斗。二号地区是指以聂荣为中心的巴青、黑河、安多之间的地区。

自1960年3月，人民解放军进剿边坝地区以后，叛匪为避歼，于3月底4月初，先后北移至查吾拉、郭由拉以北，与青海叛匪汇合，盘踞于郭由拉、查吾拉、仓来拉，沿唐古拉山北侧尕尔红、宁多吉、沙当松多、查当松多，进入利布拉克、乌拉山之间的青藏交界处。

战斗开始后，公路沿线分队即构成了南北方向的第二线堵击力量。各个参战部队分别于4月27日至5月2日从科那寺、扎青肖格、两道河至温泉段青藏公路沿线及黑所公路沿线地区出发，以24路向战斗合围地区开进。5月3日、4日，骑兵14团、骑兵13团、32团、157团均于战区外围驱逐叛匪警戒。除骑兵2团外，各部队均于5月5日6时前在预定地区对叛匪形成战斗合围。

各堵击部（分）队自战斗开始以来，特别是32团堵击分队进至堵击位置后，使叛匪13次突围未能得逞。截至5月14日，全面进剿基本告一段落。部分敌特骨干分子已带部分电台窜至莫云、苦毛隆阿日拉渡之间地区，残存叛匪大部分分散隐蔽。为此，除以13、14团主力追歼逃叛匪外，进击部队主力即在空庚永山以南地区进行重点搜剿，至5月16日止，集股叛匪已为极少数。截至6月5日，基本上全歼二号地区之叛匪，二号地区进剿阶段战斗基本结束。

第十四篇
文化　旅游

第一章　文化管理

第一节　机构

1986 年 2 月，聂荣县文化局成立。

2000 年，聂荣县文化局共有工作人员 7 名，其中局长 1 名、副局长 1 名。

2010 年 6 月，根据《中共那曲地委办公室、那曲地区行署办公室关于印发〈聂荣县政府机构改革方案〉的通知》精神，聂荣县文化局下设旅游局、新闻出版局、文物局。

2010 年，聂荣县文化局核定编制 3 名，实有工作人员 4 人。

1986—2010 年聂荣县文化局领导名录见表 14 - 1 - 1。

1986—2010 年聂荣县文化局领导名录

表 14 - 1 - 1

机构名称	职务	姓名	性别	民族	任职时间
聂荣县文化局（1986. 02—2010. 12）	局长	仁增	男	藏	1986. 02—1991. 04
		张春喜	男	汉	1991. 05—1996. 09
		桑珠	男	藏	1996. 10—1999. 03
		巴桑	男	藏	1999. 04—2003. 04

续表

机构名称	职务	姓名	性别	民族	任职时间
聂荣县文化局（1986.02—2010.12）	局长	南英	女	藏	2003.05—2005.04
		旬新民	男	汉	2005.05—2010.12
	副局长	巴桑	男	藏	1988.07—1992.05
		南英	女	藏	1999.06—2003.05
		普阿布	男	藏	2000.06—2000.12
		尼玛潘多	男	藏	2003.04—2005.04
		陈端华	男	汉	2005.05—2010.12

第二节　文化活动

一、文化基础设施建设

2008年，聂荣县开始建设“农家书屋”工程。2009年，在全县9乡1镇建设10家“农家书屋”；2010年，建起9家农家书屋。截至2010年底，已建成“农家书屋”19个，平均每个书屋面积20—30平方米。书屋共配备文化类、儿童类、科技类、政治经济类、综合类出版物800种3000册，音像制品300多盘。每家书屋配备10个书架、2张桌子、6把椅子。

二、文娱活动

2009年，聂荣县举办赛马物资交流会。交流会丰富多彩的文化、体育、民俗等活动，丰富了各族群众的文化生活。

2010年，为进一步丰富人民群众的文化娱乐生活，聂荣县组织干部职工举办“迎新年文艺晚会”“3·28文艺演出”“电影放映”“新旧对比展览活动”“图书阅读比赛”及各类讲座共50余场文化活动，参与人数达3.56万人次。

第二章 文学艺术

第一节 民间文学和戏剧

一、民间传说

（一）“杨嘉”湖的传说

在聂荣县境内有座叫“杨嘉”的湖。传说杨嘉湖的名称来源于一位名叫“朗寺朗卡加增”的活佛，他在此地做了一场法事，之后形成了这个湖泊。每到春夏季节，便从此湖中传来阵阵敲鼓和吹海螺的声音，人们将此湖视为吉祥的征兆，经常来此祈福。

（二）关于藏獒的传说

很久以前，有一年在一座神圣的寺庙脚下，山洪暴发，到了冬天，大地上覆盖了厚厚的一层冰雪，人畜饥寒交迫，瘟疫横行，处处充满了灾难。在人们就要绝望的时候，突然从天边来了许多身披袈裟、手摇禅铃的活佛，他们的坐骑就是藏獒。活佛们帮助人们解除了苦难，冰雪消融，大地重新焕发出生机。当活佛正要离开的时候，人们跪地不起，祈求活佛保护他们的牛羊并且赐福给他们。活佛说：“猛兽是生灵，佛不能伤害他们，把我的坐骑留下吧，来帮助你们保护牛羊和家园。”人们大声欢呼起来。从那以后，藏獒就一直留在了青藏高原，保护着那里的牛羊和放牧的人们。而藏民们则一直把藏獒当作活佛派来的使者和保护神，虔诚地供养它们。

（三）阿扎部落的传说

五代阿扎部落以前，是不分上下阿扎部落的，由于部落的领导永忠噶瓦和梅日扎巴之间有较大的竞争，自己的亲人和朋友都投靠到了自己的一方，就主要形成了上、下阿扎部落。那时候下阿扎环境优美，草地雪山，牛羊满地，第四代头人丹增扎巴在位时，遇到了前所未有的大雪灾，牲畜大量死亡，人们的生产生活遇到了困难和挑战，他把情况上报给噶厦，但没有得到帮助。没办法，眼看着族人一个个快要饿死，他就与部落的人去直贡寺下属的直贡部落偷了500多头牦牛，回到部落后将牦牛分给了部落的人们，使他们渡过了难关。直贡寺知道牦牛被偷后，用咒语变出一群邪恶的狼，狼一直追到了他们的部落，眼看着部落的人们要被狼所伤害，丹增扎巴走出帐篷，一手拿黑石头，一手拿白石头，嘴里念着咒语，消灭了恶狼，部落的人们从那以后更加敬爱丹增扎巴，将他奉为神圣的大喇嘛。

二、民间谚语

生活在藏北草原上的人们在日常生活中，很早就有将深刻的内容通过比喻的形式用简练通俗的语言表达出来的习俗，至今仍在流传。如今牧民们在彼此交谈中仍经常使用谚语。聂荣藏族谚语内容深刻，语言优美简练，富有启发性。举例如下：

谚语比喻如狮子额头，无可比喻如骡子蹄印；
谚语如语言装饰品，若喻错便是病句；
千言万语之内涵，是拴马鞍零星之绳；
口说如水上泡影，实践如金点；
口说不定是言语，陀螺长不定是矛。

味美而不美观，是煮后残存的茶叶；
恩重而不美丽，是年老驼背的父母。

恩人脸上抹灰尘，灰狼头上抹酥油。

无诉怨者为王，无债者为富翁；
落地虽是同一木，但其功绩不同。

贤者需要仪轨，卑微者需批评。

上坡者并不见得多好，下坡者也不见得多坏；
是甜是苦舌头晓得，是好是坏心里明白。

三、藏戏

藏戏，藏语称为“阿吉拉姆”，意为仙女大姐，具有戴面具表演、化妆简单、说唱结合、时空自由和场景固定等特点。其故事情节完整，唱腔变化较多，动作舒展健美，是以歌舞形式表现文学（故事）内容的综合性艺术形式，具有悠久的历史和浓厚的民族特色，民间广为流传，为群众喜闻乐见。

演出时，随着锣鼓节奏而舞。演唱时，其他演员和声帮腔。藏戏除折子戏外，一般分为三个部分，第一部分叫“顿”或“温白顿”；第二部分叫“雄”，是正戏；第三部分叫“扎西”，是演出终结的祝愿形式，并接受主人或观众的捐赠。

聂荣县主要在过藏历年、赛马节、迎接贵宾、物资交流大会等重大节庆时演出藏戏。藏戏的曲调、动作比较固定，唱词、道白根据形式、任务等进行一定编写。

第二节　民间歌舞乐器

一、民间歌谣

藏族民歌是西藏民间文学的瑰宝，具有深刻的思想性和较高的艺术性。纵观西藏民歌的发展过程，可以看出西藏民族社会历史、时代生活、风土人情以及文化艺术演变的基本情况。早在藏文字出现以前，民歌作为口头文学的形式，已经在群众中广泛流传。藏文的产生和运用，不仅促进了藏族社会的进步和文化发展，民歌也因此被文人充分采用而得到丰富和发展。从发现的藏文文献中看，古代藏族人民的语言交流，常用民歌作为表达方式。与其他民间文学样式比较起来，民歌更具有劳动人民的特点。从藏族民歌中，我们可以听到藏族人民发自内心的声音，并能了解到他们的生活方式、风俗习惯和基本愿望与要求等。

赞　歌

太阳金光闪闪，皎洁的月亮移动，
雷声巨响震大地，三重即是祥之兆；
石山雪山岩山腰，山腰即是金刚山，
雄鹰腾空翱翔，褐鹫左右展翅，
悦耳动听杜鹃声，三重即是祥之兆；
石山雪山岩山脚，山脚即是深江水，
鱼儿水中自游，水獭扭动身躯，
野鸭群中天鹅声，三重即是祥之兆。
上方朦胧的大山，深处野鹿骡之群；
中间上官名望之人，被百万村落围绕；
下方浩瀚江河之水，深处金鱼水獭遨游。

二、民间舞蹈

（一）锅庄

聂荣锅庄源远流长，时逢节日、庆典、婚嫁喜庆之际，广场上、庭院里，人们相聚，载歌载舞。锅庄舞姿矫健，动作挺拔，既展舞姿又重情绪表现，舞姿顺达自然，优美飘逸，不但体现了藏族人民淳朴善良、勤劳勇敢、热情奔放、剽悍的民族性格，而且有一定的力度和奔跑跳跃变化动作，动作幅度大，能起到很好的锻炼身体作用。

（二）昌都寺羌舞

昌都寺位于聂荣县下曲乡境内，属于苯教寺庙，是聂荣县寺庙中规模比较大的寺庙，并且拥有众多璀璨的文物。昌都寺的羌舞在每年藏历五月举行，有众多牧民前来观看。羌舞是一种宗教舞蹈，舞者人数不定，动作节奏时而明快、时而慢，时而激烈、时而缓和，神秘感十足，独具特色。

（三）民间乐器

聂荣牧区因历史和社会发展原因，民间精神文化生活相对单调，为充实自身精神文化生活，民间有制作简单乐器的传统，自制的乐器可吹奏简单曲子。牧区民间传统自制乐器有笛子、牛角二胡等。笛子用泥或木制作，现今牧区都能制作。牛角二胡是用牛角手工加工成二胡状。由于种种原因，牛角二胡制作工艺已基本失传。民间乐器是古代民间遗传，是牧区群众智慧的结晶。

第三节　绘画雕塑

和平解放后，随着经济社会的发展和各种文化艺术的交流，绘画、雕塑艺术逐步走向群众、贴近群众。绘画、雕塑不仅仅只在寺庙里有，绝大多数民居房屋的梁、柱、墙壁、大门和家里的柜子、桌子、切玛盒上都画有光彩夺目、五彩斑斓的绘画，有人物、鸟兽、花卉等。

一、绘画

（一）壁画

壁画主要有寺庙壁画和家庭壁画。壁画的制作工序分为准备阶段、绘制阶段和收尾阶段。首先要在墙壁上刷层淡红色胶水。其次，要在墙壁上刷上一层黄色粉浆。墙壁准备好后要确定好墙壁的位置，再行绘制。绘制上基本分为 8 道工序：1. 构草图；2. 勾黑线；3. 在线押的基础上涂颜色；4. 对画面的颜色进一步渲染加工，以丰富画面色彩层次，加强其艺术效果；5. 用彩色线条勾勒轮廓线和说明，使描写与色块和谐统一；6. 在头饰、法器、金顶等部位涂金银粉；7. 开眉眼，即画五官，这是主要步骤；8. 用琥珀笔将画面上用金、银的部位磨平打光。收尾阶段是在壁画上刷上色彩。绘制完后，还要按规定在画面四边缝裱丝绢进行装饰。这种装饰根据定制人的财力不同，采用的材料也有所不同，也象征着主人的尊贵富裕程度。

画佛像时，先绘莲花座，再画衣服，画完后再用金色装饰，最后，将所有需要用墨勾的线再勾勒一遍，最后再画眼睛。

家庭壁画主要是将鸟兽和花画于墙壁、桌柜等器物上。

（二）唐卡

唐卡，即画在布上的一种卷轴画，绘制严格考究。画唐卡，首先要选好画布。画布一般是浅色、质地柔软的丝绸或棉布，将其绷紧在画框上，在画布上涂上一层淡薄的胶水，晾干后薄涂一层混有石灰的糨糊，等糨糊干后，用光滑的东西将画布磨擦至看不见布纹，再画定位线。用炭笔画出草图，再用毛笔蘸墨勾成墨线。之后，根据画面描绘景物，涂上相应的颜色。按先浅后深的顺序，一次上一种颜色。

二、雕塑

（一）泥塑

聂荣县泥塑常见的为佛像。寺庙里的泥塑有释迦牟尼佛像，具有工艺精细、形象逼真的特点。

1. 塑造

用于塑像的黏土要求细腻光滑，在塑像风干过程中，为避免干裂，和泥时要用水把藏纸泡成浆，纸的用量是整个塑像黏土用量的三分之一，而后把纸浆和黏土糅合在一起。塑造时根据造像大小必须按照尺度放大缩小。根据塑造对象的大小和造型，较大的泥塑要用木版作为塑像的“背柱”来支撑，塑像的大腿和胳膊部位用木条来钉骨架，在木条上系柳树枝（一种野生的灌木，在寺院建筑中常用作墙顶端的装饰材料），藏语称“白玛”，较小的塑像大多是空心的。泥壳的厚度根据塑像的大小而定，在整个塑像塑造过程中，常用一块块湿布盖在未完工的部位，一直盖到塑像完工为止，这样做是为了第二天从未完工的部位继续工作时，有利于黏土的黏结。

整个塑像完成后，用较软的毛笔，以清水轻轻洗一至两遍，等水干后，刷一道胶，之后进行彩绘，最后在佛像腹内放进圣物（佛像塑造过程中较小的佛像底座留有口，较大的佛像背后留有口）后封口。

还有一种塑像藏语称为“擦擦”，是一种用模子挤压而成的浮雕泥塑，有佛塔、菩萨、神灵等，信徒们在寺庙附近和交叉路口盖房以供奉擦擦，这种建筑在藏语中称为“擦康”。

2. 工具

泥塑的主要工具是圆木条，藏语称“代旺”。这种工具有大有小。两端各有一个平行的铲面，有的铲面刻有一条条横槽，有印槽的铲面是塑造过程中用来抹平泥巴的，无印槽的铲面是用来塑造和打磨的。

（二）木雕木画

1. 木雕

聂荣县的木雕工艺主要表现为宗教用品和民间家具两大类。工艺分高浮雕和浅浮雕。主要在神柜、寺庙和住房的梁、柱以及窗棂，藏桌桌面和四周柜面上雕刻。木雕雕刻图案有鸟、兽、花卉等，有的刻有“回”字形。

2. 木画

聂荣县在木制器具上绘制图案一共有三种方式：一是画工自己熟悉的图案；二是主人喜欢的图案、色调；三是在版面上直接用颜料绘上去的团及色调。前两种突出主体，一般选用暗红或紫色作底色，突出的部分涂金粉或银粉，从而达到渲染的效果。如果雕刻或绘制的图案是动物形体，在周围环境或眼、口、足等部位调配其他颜色来突出主体。平板画一般追求鲜艳的效果，没有固定的形态和风格，既可以是飞禽走兽，也可以是山水花草，总的要求是给人们以美观清新之感。

3. 木刻经板

木刻经板一般用桦木、杨木等较软的木材雕刻而成，这种木刻经板大多是佛经，有的经板两头或中间刻有单线的佛像，也有印经幡的木刻经板。在印板上刻有大鹏鸟、龙、虎、狮组成的图案，中间刻有“风马”图也叫顺风图，有的四边还刻有“吉祥八宝图”。

（三）石刻

石刻艺术在聂荣县十分普遍，无论在圣山神湖边、山口、路口、寺庙、天葬台、佛塔周围，还是在悬崖峭壁之上都随处可见，聚集最多的是嘛呢堆。主要是刻字文和多种图案造型的石板，藏文多刻“六字真言”或“八字真言”，即佛教的唵、嘛、呢、叭、咪、吽或苯教的唵、嘛、智、牟、耶、萨、列、德等经文。

在原始苯教时期，为了传播教义，把苯教的教义图腾如牛头人身、狮头人身、鬼头人身等刻在石头上，这些都是聂荣最具特色的石刻文化。后来，聂荣的石刻多数是浅刻的经文和部分佛像。

嘛呢石刻的规格不同，各种形状的石板、圆石、薄片石、鹅卵石都可用作雕刻材料，也可在表面光滑的岩壁上进行雕刻。无论是佛像还是经文，一般采用两种刻法，一种是浅刻法，嘛呢石刻多为浅刻；另一种是浮雕刻法，分高浮雕和浅浮雕两种，浮雕刻法能够突出表现物的立体感，有的在浮雕佛像和六字真言石刻上进行彩绘。

第三章　文物

第一节　文物管理

一、文物管理

和平解放后，聂荣县文物保护与管理工作先后由宣传部、民宗局、文化局、统战部等单位或部门负责，主要是对寺庙及寺院内所藏宗教文物进行保护和管理。

1998 年 2 月，聂荣县成立县、乡、村三级文物管理委员会和管理机构，文物所在村成立文物安全联防组，在各文物点成立文物保护小组。

1986—2010 年，全县文物工作主要由县文化局管理。

二、文物调查与普查

1990 年，自治区文物管理委员会组织的藏北文物普查、复查工作组在聂荣县开展文物普查、复查工作。

1992 年 5—8 月，西藏自治区文物管理委员会文物普查队在聂荣县开展第二次全国文物普查工作。

1998 年，地区文物行政管理对聂荣县 13 处宗教活动场所分阶段、分区域进行寺藏文物登记建档工作。

2000 年 7 中旬至 8 月底，西藏自治区文物局为完成所承担的国家文物局《中国文物地图集·西藏分卷》与西藏自治区文物局《西藏自治区文物志》中缺失资料的补充调查工作，在聂荣县开展文物调查及补查、复查。

2003年9月16日，聂荣县将丁俄贡苯寺、朗色寺列入县级文物保护单位。

2008年9月，那曲地区第三次全国文物普查工作队达娃、索朗秋吉尼玛等对全县乡镇进行全面实地调查，最终调查并登录各类不可移动文物点13处，其中古遗址1处、古建筑10处、近现代重要史迹及代表性建筑1处、其他1处。

三、文物保护单位

2017年底，聂荣县共有各级文物保护单位6处，其中西藏自治区文物保护单位4处，聂荣县文物保护单位2处，详见表14－3－1。

聂荣县文物保护单位一览表（截至2017年底）

表14－3－1

名称	建寺时间	保护单位级别	地点	公布时间
朗色寺	1906年	西藏自治区文物保护单位	聂荣镇	2013年12月2日
夏日寺	1892年	西藏自治区文物保护单位	色庆乡	2017年9月27日
丁俄贡苯寺	1748年	西藏自治区文物保护单位	查当乡	2017年9月27日
昌都寺	1917年	西藏自治区文物保护单位	下曲乡	2017年9月27日
扎西曲林寺	1697年	聂荣县文物保护单位	当木江乡	2012年8月2日
珠曲寺	1877年	聂荣县文物保护单位	色庆乡	2012年8月2日

第二节　文物遗存

至2010年底，聂荣县境内发现并登录的文物遗存包含有古遗址、古建筑、近现代重要史迹及代表性建筑、其他等四类不可移动文物共13处。

一、古建筑

（一）丁俄贡苯寺

位于查当乡波青村，地处登曲右岸陡坡上，海拔4491米。清乾隆十三年（1748年，藏历第十三饶迥土龙年）由伦珠旺丹创建，系苯教寺庙。1984年重建。现由集会殿、灵塔殿、僧舍、佛塔、修行室、学经院、新大殿、擦康、龙王殿、转经室、天葬台、伙房等组成。

集会殿坐西北朝东南，一楼一底土木石结构藏式平顶建筑，石砌墙厚0.8米。一层由门廊、经堂组成。前部为门廊、二层通道及小型仓库，门廊内壁绘有四大天王及六道轮回壁画。门廊后为经堂，面阔6间，进深7间，前第二中央根柱上部为采光天棚。经堂四壁绘有壁画，主要内容为苯教的各种护法、南曲旺丹、四大天王、成巴囊松等。主供千佛像、阿萨扎巴灵塔、扎西灵塔、琼塔灵塔等。

2017年9月27日，由西藏自治区人民政府公布为西藏自治区文物保护单位。

（二）昌都寺

昌都寺地处聂荣县下曲乡1村，距县城约30千米。1917年，在阿扎买玛选定建立昌都寺白辛丹雍仲德庆林，雍仲次成仁波切为传承该寺教义的第一任法台。

灵塔殿内供奉着昌都多旦雍仲次成的灵塔、由金铜打造的雍仲贵列塔等。大经堂内供有香泥塑成的尊胜像、红铜打造的静猛像等。此外，还有甘珠尔殿、经忏殿、明咒殿等。

2017年9月27日，由西藏自治区人民政府公布为西藏自治区文物保护单位。

二、近现代重要史迹及代表性建筑

二号战区遗址 位于查当乡索拉沃玛村西约8千米。该遗址为1960年平叛时的战场遗址，地处险要，分1号据点及2号据点。1959年，以索德部落头目罗布次仁和从青海省过来的一名喇嘛洛哈为首的叛乱分子在西方敌对势力的支持下进行武装叛乱，盘踞在查当乡地区。为平定叛乱，中国人民解放军第十八军平叛部队于1960年4月下旬开始在聂荣县查当地区与叛乱分子进行了英勇的平叛战斗。经过一个多月的战斗，至6月5日，基本上全歼二号地区的叛匪。

1、2号据点相距约800米，地势陡峭，两据点利用自然地形及大石构筑，垒有大量石块，偶尔见到石块表面分布大量弹夹残片、空弹盒、弹头、炮弹碎片等。

第四章　影视

第一节　电影

由于历史原因，在1960年前，聂荣县没有任何文化机构，聂荣县电影事业从60年代初起步。

1963年11月，聂荣县电影队成立，有职工2人。放映设备只有101型和脚踏发电机，使用的是16毫米长江牌放映机。当时以200平方米的机关礼堂作为放映点，看电影需自带椅凳。县电影队每年深入23个乡镇进行巡回放映1—2次。

随着行政区域的划分和各派出机构的建立，先后建立尼玛、白雄、措阳、扎玛、查吾5个电影队，每区配有放映人员2人。当时使用的是101型和75型的发电机，放映机是轻型的16毫米放映机，每年放映260场次。

1972年，聂荣县建设250平方米土木结构的电影院。这是聂荣县文化建设史上的一大成就。随着改革开放的不断深入，文化事业的不断发展，1982年重新修建聂荣县综合性机构的电影院，面积720平方米，设有座位620个，同时放映设备得到改善，购置了35毫米、16毫米放映机，放映人员增加到5名，每年放映电影220场次。

20世纪80—90年代，聂荣县电影队每年放映任务达1000场次以上。

进入21世纪以来，随着道路交通等基础设施的改善，聂荣县电影放映工作更加常态化。截至2010年，聂荣县有电影队6个，每年放映电影1000场次以上。

第二节　电视广播

聂荣县电视台成立于1986年8月1日。成立时仅有发射器（发射台），有3名工作人员。1988年，任命广播站站长的同时任命了电视台台长，共有4名工作人员。

1994年，聂荣县开通有线电视。

2000年，有8个收视频道，即中央一台、中央二台、中央七台、西藏一台、浙江台、山东台、贵州台、云南台，共有4名工作人员。

2005—2011年，神华集团援助30台有线电视。其间有8名工作人员。

第五章　旅游资源

第一节　人文和自然资源

一、人文资源

文成公主祈福石　文成公主祈福石位于查当乡波青村委员会朝乡政府方向5千米道路旁。为纪念文成公主，当地群众在祈福石悬挂经幡求福。

相传，唐贞观十五年（641）七月，文成公主送亲队伍行至祈福石附近逗留休息，文成公主坐在祈福石上小憩喝茶时，想起唐王心系吐蕃与大唐修长久之好，于是向天公地母虔诚祈祷，祝福吐蕃与大唐国泰民安、风调雨顺，汉藏人民一家亲，命送亲官员就近取材祈福。后来，当地百姓将文成公主祈福大石名为“文成公主祈福石”，汉藏人民团结友爱的美好祝愿延续至今。

二、自然资源

索雄乡十二座颠玛玖尼雪山　距索雄乡政府约40千米，距聂荣县城约130千米。

查当乡爱国教育旅游景点　距查当乡人民政府约5千米，距聂荣县城约185千米。

尼日阿错改湖　此湖在唐古拉山北麓长江源头当曲宽谷内，滨湖地势平坦，沼泽发育，藏蒿草生长良好，水位4708米，长9.2千米，最大宽7千米，平均宽3.82千米，面积35.1平方千米。湖中有鸟岛，每年4—9月聚集十几种鸟类，在鸟岛上孵卵，有国家一级黑颈鹤在此孵卵。

第二节　温泉资源

一、桑瓦玉孜温泉

桑瓦玉孜温泉位于尼玛乡4村，在聂荣县南边的聂那公路附近，离县城60千米。桑瓦玉孜温泉远近闻名，不仅是本县的人，越来越多的那曲、安多、巴青、比如、索县等地群众也来此泡温泉和游乐，并且每年的人数都在不断增加。

二、宅仓奥荣温泉

位于永曲乡6村，据说是红帽达仔神山的灶台。这里的水有高温和低温之分，高温水处形成硫青，低温水处形成大量的竹黄。

三、丁尕扎那赛博温泉

丁尕扎那赛博温泉是由煤炭和寒水石所形成的，在春秋季节来此地泡温泉和蒸疗的人络绎不绝。很多藏医家聚在此地研究此温泉的主要功效等。

第十五篇

人口　民族
宗教　民俗

第一章　人口

第一节　人口变动

1997 年，聂荣县人口达到 27254 人，其中牧业人口 26076 人。

2000 年底，全县总人口数 28526 人。

2010 年，全县总人口数 33720 人，其中牧业人口 31871 人。

1980—2010 年聂荣县人口变动情况见表 15－1－1。

1980—2010 年聂荣县人口变动情况表

表 15－1－1　　单位：人

年份	合计	男	女	农业人口	自然增长人口	
					增加	增长（‰）
1980	18816	9123	9693	18134	155	8.4
1981	19632	9307	10325	18907	434	23.1
1982	19823	9732	10091	19051	95	4.8
1983	20528	10042	10486	19851	441	22.2
1984	20784	10097	10687	20084	483	23.5
1985	21242	10349	10893	20555	465	22.4
1986	21716	10576	11140	21052	494	23.3
1987	22249	10854	11395	20960	559	25.7

续表

年份	合计	男	女	农业人口	自然增长人口	
					增加	增长（‰）
1988	22775	11144	11631	21432	512	23
1989	23234	11362	11872	21958	401	17.6
1990	23858	11827	12031	22563	574	24.7
1991	24443	12114	12329	23169	616	25.8
1992	25044	12192	12852	23795	530	21.7
1993	25467	12373	13094	24231	455	18.2
1994	25811	12688	13123	24586	467	18.3
1995	26371	12860	13511	25177	527	20.4
1996	26809	13048	13761	25646	322	12.2
1997	27254	13397	13857	26076	245	9.1
1998	27534	13499	14035	26375	302	11.1
1999	28086	13889	14197	26785	342	12.2
2000	28526	14010	14516	27140	317	11.1
2001	28871	14256	14615	27446	345	1.2
2002	29456	15482	13974	26967	585	2.0
2003	29642	15146	14496	28141	186	0.6
2004	29912	14897	15015	28537	270	0.9
2005	30591	15684	14907	29114	679	2.2
2006	31010	15065	15945	29246	419	1.3
2007	31292	16011	15281	30392	282	0.9
2008	32986	16228	16758	30888	1694	5.4
2009	33339	16683	16656	31286	353	1.0
2010	33720	16857	16863	31871	381	1.1

第二节　人口分布及结构

一、人口分布

聂荣县城人口密度大于牧区，东南部人口密度大，西北部人口密度小。1997 年全县人口密度为 0.05 人/平方千米，其中聂荣镇人口密度为 0.04 人/平方千米，尼玛乡人口密度为 0.03 人/平方千米，色庆乡人口密度为 0.04 人/平方千米，桑荣乡人口密度为 0.16 人/平方千米，下曲乡人口密度为 0.04 人/平方千米，查当乡人口密度为 0.04 人/平方千米，白雄乡人口密度为 0.05 人/平方千米，当木江乡人口密度为 0.047 人/平方千米，索雄乡人口密度为 0.09 人/平方千米，永曲乡人口密度为 0.07 人/平方千米。

1997 年聂荣县人口分布情况见表 15－1－2。

1997 年聂荣县人口分布情况表

表 15－1－2

乡镇名	总人口数（人）		人/平方千米
	人数	占全县（%）	
全县	28526	100	0.05
聂荣镇	2066	7.24	0.04
尼玛乡	4540	15.91	0.03
色庆乡	4937	17.31	0.04
桑荣乡	1609	5.64	0.16
下曲乡	3157	11.07	0.04
查当乡	2501	8.77	0.04
白雄乡	3006	10.54	0.05
当木江乡	2530	8.87	0.047

续表

乡镇名	总人口数（人）		人/平方千米
	人数	占全县（%）	
索雄乡	1475	5.17	0.09
永曲乡	1744	6.11	0.07
县城	961	3.37	0.019

二、构成

（一）民族构成

1979 年，聂荣县有 3460 户，总人口 18963 人，其中藏族 18852 人，汉族 111 人。

1982 年，聂荣县总人口为 19823 人，有藏族 19705 人，汉族 115 人，蒙古族 1 人，满族 1 人，回族 1 人。

2000 年，第五次全国人口普查统计，全县总人口 28526 人，其中藏族 28233 人，汉族人口 293 人。

2010 年，第六次全国人口普查统计，聂荣县总人口 33720 人，其中藏族人口 31871 人，汉族 1812 人，回族 28 人，维吾尔族 1 人，满族 1 人，侗族 6 人，哈萨克族 1 人，非藏族人口主要是政府工作人员和商人。

（二）性别构成

1990 年，全国第四次人口普查，全县总人口 23858 人，其中男性 11827 人，女性 12031 人，分别占全县总人口的 49.57% 和 50.43%。

1997 年，全县总人口 27254 人。其中男性 13397 人，占 49.15%；女性 13857 人，占 50.85%。

2000 年，全县总人口 28526 人。其中男性 14010 人，占 49.11%；女性 14516 人，占 50.89%。

2010 年，全县总人口 33720 人。其中男性 16857 人，占 49.99%；女性 16863 人，占 50.01%。

（三）文化构成

1990 年，第四次全国人口普查，全县具有大学专科学历以上的 93 人，高中及中专以上的 495 人，初中文化程度的 339 人，小学文化程度的 3301 人。

2010 年，全县总人口 33720 人，其中具有研究生学历的 3 人，大学本科学历的 125 人，大学专科学历的 206 人，高中文化程度的 731 人，初中文化程度的 1224 人，小学文化程度的 8843 人。

1990 年聂荣县人口普查时文化程度统计情况见表 15－1－3；2010 年聂荣县人口普查时文化程度统计情况见表 15－1－4。

1990 年聂荣县人口普查时文化程度情况统计表

表 15－1－3　　单位：人

乡镇名	大学专科以上	高中及中专以上	初中	小学
聂荣镇	19	284	92	803
尼玛乡	12	49	50	430
色庆乡	10	36	40	380
桑荣乡	9	28	30	330
下曲乡	9	21	26	298
查当乡	7	23	28	260
白雄乡	10	28	30	230
当木江乡	8	10	20	220
索雄乡	5	9	13	180
永曲乡	4	7	10	170

2010 年聂荣县人口普查时文化程度情况统计表

表 15－1－4

乡镇名	大学专科	高中	初中	小学
聂荣镇	69	206	280	1722
尼玛乡	20	120	130	1300

续表

乡镇名	大学专科	高中	初中	小学
色庆乡	30	70	100	1000
桑荣乡	20	40	110	760
下曲乡	10	70	120	660
查当乡	16	40	74	780
白雄乡	15	70	180	689
当木江乡	7	45	70	755
索雄乡	9	30	90	667
永曲乡	10	40	70	460

（四）职业构成

2010 年聂荣县各行业性别统计情况见表 15 －1 －5。

2010 年聂荣县各行业性别统计情况表

表 15 －1 －5

从事行业	合计	男	女
农、林、牧、渔业	1029	523	506
采掘业	1	1	0
制造业	0	0	0
电力、煤及供应业	2	2	0
建筑业	1	1	0
水利管理业	0	0	0
交通运输、邮电、通讯业	63	63	0
批发和零售、贸易、餐饮业	15	10	5
金融、保险业	2	2	0
房地产业	0	0	0

续表

从事行业	合计	男	女
社会服务业	0	0	0
卫生、体育和社会福利业	7	3	4
教育、文化、广播电视业	9	6	3
国家机关、党政机关和社会团体	54	47	7
其他行业	0	0	0

第三节　人口普查

人口普查是国家在统一的时间内，按照统一的调查项目和要求，对全国人口进行调查统计。人口普查是以人口为中心的国情调查，是国家规模最大的调查活动。中华人民共和国成立以来，于1953年和1964年分别进行人口普查工作，西藏当时由于条件不具备而没有开展。截至2010年，聂荣县共进行4次人口普查。

一、聂荣县第一次人口普查

1982年2月9日，国务院下发《第三次人口普查办法》，决定1982年7月1日进行全国第三次人口普查。

1982年4月23日，聂荣县委、政府成立聂荣县人口普查办公室，在各区成立了由3—5人组成的人口普查小组，负责人口普查工作的组织与实施。

在1982年全国进行的第三次人口普查中，聂荣县对县辖域内的户数、人口、性别、民族情况作了详细统计。

1982年，聂荣县共有3460户19823人，其中男性9732人，女性10091人；藏族19705人，汉族115人，蒙古族1人，满族1人，回族1人。1982年聂荣县共有大学毕业生24人，高中毕业生164人，初中文化程度的421人，小学毕业生2012人。

二、聂荣县第二次人口普查

根据国务院规定，1990年7月1日进行第四次全国人口普查。依据区地两级人口普查领导小组的安排部署及《西藏自治区第四次人口普查实施办法》的规定，聂荣县开展第四次人口普查工作。聂荣县常住人口2.38万人，其中男1.01万人，女1.2万人，大专及以上文化程度93人，高中和中专文化程度495人，初中文化程度339人，小学文化程度3301人。

三、聂荣县第三次人口普查

2000年，根据《西藏自治区第五次人口普查实施办法》的规定，聂荣县成立第三次人口普查领导小组。聂荣县对县辖域内的户数、人口、性别、民族情况作了详细统计。2000年，聂荣县共有聂荣县共有3956户28526人，其中藏族28233人，汉族289人，满族1人，回族3人。2000年聂荣县共有大学毕业生42人，高中毕业生192人，初中文化程度的501人。小学2438人。

四、聂荣县第四次人口普查

2010年11月1日，根据《西藏自治区人民政府关于开展西藏自治区第六次全国人口普查工作的通知》精神，聂荣县成立第四次人口普查领导小组。聂荣县对县辖域内的户数、人口、性别、民族情况作了详细统计。2010年聂荣县共有6187户33720人，其中藏族31871人，其他民族共1849人。

第二章　民族宗教

第一节　民族

一、民族构成

聂荣县是多民族共同生活的地区，至2010年，全县共有藏族、汉族、满族、回族、侗族、维吾尔族、哈萨克族等7个民族在县域内共同生活。

二、民族政策

1951年，十八军独立支队（范明部）进藏途经聂荣，路过今桑荣乡、聂荣镇、色庆乡，于11月4日抵达黑河，部队在此休整10天。休整期间，军队积极开展统战和宣传工作，散发画报、领袖像、纪念章和藏文《十七条协议》，电影队为群众放电影，文工队上街演出，医疗队为群众治病，派干部深入街头、部落调查社情，宣传《十七条协议》和党的民族宗教政策等。11月15日，部队从黑河出发向拉萨进军，黑河各界热烈欢送。

1951年，中共黑河分工委按照《十七条协议》的精神，贯彻执行民族平等团结政策。通过登门拜访、召开座谈会、学习讨论《十七条协议》等形式，开展爱国反帝统一战线、民族宗教、政治经济调查、开荒生产、发放农贷、助民秋收、教育卫生等民族统战工作。

1954年1月31日，阿扎白索宗的宗本和头人，因支援部队的运输和行政区划等问题到军区反映意见，受到西藏军区参谋长李觉的热情接待，对他们过去支援部队所作出的成绩表示感谢，并分别对他们所提出的问题进行答复。

1955年2月底，黑河分工委拟定《爱国团结守法公约》8条，召集聂荣宗和其他各部落头人、僧俗人士，召开会议征求意见，会上一致表示拥护公约，自觉遵守。

1955年4月5日，黑河分工委发出《关于学习藏语文的决定》，《决定》提出："随着西藏工作的发展，所有进藏工作人员深感语言不通给工作带来的困难。对此分工委决定，凡在黑河的我党政军和企事业单位的全体人员，均应毫无例外地积极认真学好藏文藏语，在两年内必须当成一个艰巨的政治任务去完成。"

20世纪50年代中期，中共黑河分工委按照"大胆使用，积极培养"的方针，大力培养藏族干部。

1959年3月至1960年5月，中共黑河分工委执行党的平叛改革政策。对叛乱武装实行"首恶必办、胁从不问、立功受奖"政策，对投降的叛乱分子实行不杀、不关、不斗、不判的"四不政策"，对俘虏一律实行优待，不打骂、不侮辱、不搜腰包，对伤病者给予治疗。释放时，发给路费、口粮。

1961年7月5日，那曲分工委就安置青海省流入西藏的群众向各县发出指示，要求做好青海省流入西藏群众的安置工作。聂荣县党委高度重视，将此项工作作为第三季度的一项重要任务执行，原则上进行就地安置，原来在哪个部落就安置在哪个部落，对本人要求投靠亲友或原系农民现无牛羊而又不会搞牧业生产的，进行适当调整。

1963年12月28日，聂荣县查吾区5户牧民群众的30头牛、124只羊被6名叛匪抢走。闻讯后，区委书记文昌太带领6名同志立即追击。31日晚，追至当曲北的木雄地方，经过激战，夺回了30头牛、124只羊、3顶帐篷及其他生活器具。1964年2月16日，那曲分工委、军分区通报文昌太等7名同志的英雄事迹，并号召干部向他们学习。

中国共产党十一届三中全会以后，聂荣县按照中央关于“以西藏干部和藏族人民为主，加强各族人民的团结，有计划、有步骤地使西藏兴旺发达、繁荣富裕起来”的指示，执行党的民族政策。

1980年，聂荣县认真贯彻中共中央对西藏工作的重要指示，专门成立落实政策小组，着重落实人的政策和党的民族、宗教、统战政策。

1983年，聂荣县根据中共那曲地委印发的《关于落实人的政策的通知》精神，严格按照通知的相关政策进行落实。

1990年，中共中央总书记江泽民在视察新疆时，在“两个离不开”的基础上提出“三个离不开”。聂荣县认真贯彻执行，大力宣传马克思主义民族理论和党的十一届三中全会以来党的民族政策，特别是深入开展“三个离不开”的宣传。

1994年，聂荣县进一步加强民族、宗教统战工作，认真贯彻执行《民族区域自治法》，广泛开展民族政策和民族团结的宣传教育，特别是藏、汉民族的团结宣传工作。

从1997年起，聂荣县选派人员先后到各寺庙进行寺庙爱国主义教育，进行巩固寺教、全面普查和发证等工作；向统战人士宣传党的方针政策，以发挥统战爱国人士的积极作用。

2002年，聂荣县对宗教场所进行复查，对寺庙、拉康、日追的文物造册登记，确保文物万无一失。

2010年，聂荣县对广大僧尼进行以《西藏历史教育读本》《反对分裂教育读本》《法律知识教育读本》和《宗教问题教育读本》为主要内容的宣传活动。

三、民族团结月活动

1984年1月16日，根据那曲地委的指示精神，聂荣县从1月到3月初，在全县开展“民族团结月”活动。专门成立活动领导小组，办公室设在宣传部，总的要求是通过开展“民族团结月”活动，进一步贯彻落实党的十一届三中全会以来党在民族工作中的一系列方针、政策；学习和宣传马克思主义的民族理论；巩固和发展平等、团结、互助的社会主义新型民族关系，使马克思主义的民族理论深入人心，使“人人都有民族团结的思想、人人都做民族团结的好事”的要求深入人心。主要通过在广大干部群众中进行民族政策和“两个离不开”的宣传教育，特别加强对青少年的“两个离不开”的教育。

1990年，聂荣县在全县干部群众中开展“三个离不开”宣传活动，大力宣传马克思主义民族理论和党的十一届三中全会以来党的民族政策。

1990年，西藏自治区把每年9月确定为“民族团结月”。至2010年，聂荣县委、政府始终坚持贯彻党的各项民族政策，坚持每年开展民族团结月活动，不断巩固平等、团结、互助、和谐的民族关系，将民族团结教育与深入开展社会主义荣辱观教育、构建和谐社会结合起来。积极组织广大寺管会人员学习党的民族政策，增强其贯彻执行党的民族政策的自觉性。县委、县政府积极组织群众宣传学习党的民族政策，增强全县群众的爱国热情，深入开展全县爱国主义和民族团结教育活动。积极开展民族团结表彰活动，营造学先进、赶先进的浓厚氛围，不断提高全县干部群众在民族团结进步方面的思想认识，全县各族群众共同谱写了羌塘草原上共同团结奋斗、共同繁荣发展的新篇章。

第二节　宗教

一、机构

1996年4月，聂荣县民族宗教事务局成立，管理民族与宗教事务，并在各寺庙成立民主管理委员会和民管小组。

2010年，聂荣县民族宗教事务局核定行政编制人员8名，实有工作人员5名。

1996—2010年聂荣县民族宗教事务局领导名录见表15-2-1。

1996—2010年聂荣县民族宗教事务局领导名录

表15－2－1

机构名称	职务	姓名	性别	民族	任职时间
聂荣县民族宗教事务局（1996.04—2010.12）	局长	平措	男	藏	1996.04—1998.06
		古鲁坚才	男	藏	1998.06—2000.12
		热旦巴	男	藏	2001.01—2005.04
		嘎增	男	藏	2005.05—2007.04
		索朗尼玛	男	藏	2007.05—2009.04
		罗布	男	藏	2009.05—2010.12
	副局长	初次仁	男	藏	1996.04—2000.12
		阿达	男	藏	1996.04—2000.12

二、宗教活动场所与活动

聂荣县宗教活动场所分属苯教，藏传佛教宁玛派、格鲁派、噶举派等教派，主要佛事活动有念“嘛呢经”、萨嘎达瓦节、燃灯节等。

聂荣县各寺庙基本情况见表15－2－2。

聂荣县各寺庙基本情况表

表15－2－2

寺庙名称	建立年份	寺庙所在地	所属教派
扎西曲林	1697	当木江乡	格鲁派
丁俄贡苯寺	1747	查当乡	苯教
夏日寺	1892	色庆乡	苯教
桑瓦日追	1903	尼玛乡	苯教
朗色寺	1906	聂荣镇	苯教
西库日追	1910	白雄乡	苯教
昌都寺	1917	下曲乡	苯教

续表

寺庙名称	建立年份	寺庙所在地	所属教派
麦热日追	1920	白雄乡	苯教
才曲拉康	1920	色庆乡	苯教
珠曲寺	1925	色庆乡	宁玛派
琼宗日追	1986	尼玛乡	宁玛派

三、宗教事务管理

民主改革前，聂荣县境内各寺庙受西藏地方政府宗教势力的管理。

1959 年，在平叛改革中，聂荣县对寺庙开展“三反三算”运动，废除寺庙的一切特权，解放了大批贫苦喇嘛。

1978 年 12 月党的十一届三中全会召开后，聂荣县进一步贯彻党的宗教信仰自由政策。

1985 年，聂荣县按照中共中央制定颁发的《关于我国社会主义时期宗教问题的基本观点和基本政策》精神，不断做好宗教工作。

1993 年，聂荣县按照中共中央、国务院联合制定和颁发的《中共中央、国务院关于进一步做好宗教工作若干问题的通知》《关于加强寺庙管理工作的联合通知》精神，进一步加强对宗教工作的领导，积极引导宗教与社会主义社会相适应。

1998 年，聂荣县成立寺庙爱国主义教育领导小组，贯彻执行党的宗教信仰自由的政策方针，全县宗教、寺庙工作体系逐步建立健全，形成工作、会议、汇报制度，每季度召开领导小组会议，研究贯彻执行党的宗教信仰自由政策方面的工作。

第三章 民俗

第一节 饮食

现在，随着时代的发展、人民生活水平的不断提高和交通条件的改善等，聂荣县藏族群众的饮食也从单一向多样化发展，如今餐桌上不仅有牛羊肉、酸奶、“拉拉”等传统民族食品，还有鸡肉、猪肉、小麦和各种各样的蔬菜水果，同时，多民族文化交流促使汉族食品和汉族餐具也摆上了聂荣县藏族群众的餐桌。在很多藏族家庭中，年轻人和孩子大多更喜欢面条、包子等小麦食品，青稞正在从三餐主食退居为早餐食物。藏餐具有久远的历史，是具有民族特色的食品。因为所处的地理环境和气候等特点，藏北牧民的饮食习惯不同于别的地区，他们喜欢的食品可分为两大类，即素食和荤食。所谓素食，并非指蔬菜等草本植物，而是自产的乳制品，这些食品不仅味道鲜美可口，而且具有很高的营养价值。

饮食方面，牧区群众的主食以糌粑、酥油茶、肉食和奶制品居多。

一、“拉拉”

“拉拉”作为藏北素食，具有很高的营养价值。制作“拉拉”时一般中午挤牛奶，然后把牛奶放到桶里自然发酵，晚上就可以制作“拉拉”。先把发酵的牛奶倒入锅里，用小火慢慢熬，这时候牛奶里的水分开始蒸发，牛奶由稀变稠，最后变成糊状，富有韧性。然后，像抻拉面一样，把稠状的牛奶拉成一根“拉拉”，这时候的“拉拉”还比较柔弱，为了便于收藏，一般要把长长的“拉拉”来回进行对折，然后放到院子里晒干。

二、酥油

酥油从牛奶和羊奶中提取，人们提取酥油的手工办法是将牛奶煮沸腾后晾温，然后把上面的奶油提取出来，再用一点酸奶放入牛奶中搅拌均匀，盖上被子放半天，后形成酸奶，在把酸奶倒入高约 1 米、直径 20 厘米左右的大木桶中，用力上下抽打，来回数千次，搅到油水分离，上面浮起黄色物质，将其舀起来放在水里，捏成团块，凝固之后装进皮口袋，最后形成酥油。

三、风干肉

风干肉一般在冬天制作，多在藏历十一月底气温零度以下时把牛肉割成条块，挂在阴凉处冰冻风干，既汲取了水分，又保持了鲜味，到第二年藏历三月以后拿下来生食。在风干过程中，按照自己的口味不同，添加各种调料调味。风干肉大部分都是牛肉和羊肉，这种风干肉的民俗风情和技术流传至今。在牧区，牧民群众接待客人时，少不了当地风干肉。不管富裕还是贫困，在日常生活中都能吃上风干肉。这种风干肉味道鲜明，营养丰富。

四、酸奶和奶渣

酸奶是将鲜奶煮沸腾后晾温，然后把奶皮去掉，再倒入少许酸奶，盖上被子放半天，后形成酸奶。鲜奶提取酥油后，剩余细渣经烧煮、水分蒸发、晒干后便成奶渣。

五、“退”

用奶渣加红糖、白糖、酥油揉成一团，不加水，均匀做成的块状物就是“退”，用刀切成块吃，甜酸爽口。

六、巴子磨古

将面粉揉成团（如拇指头大小）煮熟，倒入烧开的酥油液中，加奶渣、白糖或红糖炒热食用。

七、糌粑

糌粑是藏族聚居区特有的一种主食，它是用青稞或豌豆等炒熟之后磨成面粉，和上酥油茶后用手捏成团吃。牧民群众有时用萝卜、油茶叶加一点糌粑煮成粥（藏语称“土巴”），以代替副食。

第二节　服饰

藏族的服饰习俗传承，与本民族的历史、文化发展史紧密相连，体现着民族的集体智慧，蕴含着民族的审美意识和审美情趣。藏北高原气温低、风沙大，生活在这里的人们通常选择的是那些便于起居、行旅且保暖御寒的服装。牧区藏族穿着以皮袍为主，它结构肥大，袖口宽松，穿着自如，白天阳光充足，气温升高时，可脱袖露臂，调节体温，夜间可解带和衣而眠。牧民的皮袍离不开腰带，穿时提起下摆与膝盖平齐，腰带一束，怀里形成大囊，里面可装不少随身用品。皮袍是用土法加工的绵羊皮缝制的，既经久耐用又抵风御寒。普通皮袍，男式宽腰、大襟、肥大，襟、袖和下摆用 10—15 厘米宽的黑绒镶边，但也有不带装饰边的；女式皮袍的襟、袖和下摆先用宽 10—20 厘米的黑平绒镶边，再用红、蓝、绿等 5—7 种颜色的平绒（各宽 5—10 厘米）镶边。藏族人和其他民族一样，有自己独特的爱美方式和装饰风格。过去，牧区妇女习惯将头发编成无数根小辫。牧区妇女的头饰很有特点，一般是将各种饰物，如松耳石、玛瑙、珊瑚、琥珀等直接穿串固定在发辫中。由于草原地域空旷、海拔高、太阳辐射强烈，大多数男女喜欢戴礼帽或围头巾，发辫装饰一般多集中在下部，还有的是将各种宝石组合缝制在黑布或与发辫颜色近似的软体上，再与发辫一起衔接，这样既显得华贵，又不失自然美。

聂荣各个部落的穿着文化也不相同，有多种分类，根据季节的变化有夏装和冬装，也有生活装和节假日装。帽子和靴子也有很多分类。而在以前，由于交通不便、经济不发达等原因，人们的生活非常艰苦，牧民平常穿的是用牛皮和羊皮做成的袄和自己编织而成的毡袍。冬天穿这些很厚的羊皮袄，平时穿旧的羊皮袄和毡子做的衣服。富人和贵族家庭的男孩们用袍子和皮袄做夏装，用镶有五颜六色的丝绸和缎子做成的衣服作为平时穿的衣服。女装的装饰品有很多种，衣襟边上有四条线条装饰的，也有五条的，家庭条件富裕的衣襟边上不仅有7层线条装饰，而且还有水獭皮。贫穷家庭的女装装饰很少，只是用单薄的布料做成服装。由于藏族地区物资稀缺，只用羊皮和绸缎来做盛装，所以人们除节假日外很少穿这些服装。男孩们冬天穿羊皮袄，夏天穿用单薄的布料做成的裤子。女孩子冬天放牧的时候只有羊皮袄做成的服装。在节假日，男孩子穿用白色的麻布做的上衣和毡氆做的长裤；女孩子穿丝绸和白色麻布做的上衣，用毛线编织的染成红色的细绳作腰带，节假日期间主要系用丝绸做的红色、黄色和蓝色的腰带。牧区的女孩子平时都围邦典，富人和贵族家庭的女孩们围彩色线条氆氇的邦典；贫穷家庭的女孩们围用麻布做的邦典，平时很少围用氆氇做的彩色线条的邦典。

帽子分冬帽和夏帽、平时戴的和节假日戴的帽子等很多种类。夏天家庭条件好的男孩们戴轻巧的帽子，大多数戴用羊羔绒毛做的毡帽，也有少数戴布料做的帽子。夏天骑马外出时戴毡帽。有极少数女孩子戴遮阳光的轻巧帽子，但大多数都不戴帽子，下雨或外出的时候戴用氆氇和毡绒做的头巾。冬天男女都戴狐皮帽和羊羔皮帽，家境不好的戴布料做的帽子。节假日时男女都戴狐皮帽。靴子有牛皮做的长靴和布料做的长靴等种类，平常穿布料做的长靴。做靴子的布料是染成红色的氆氇，上面有五彩缤纷的花纹和图案。男靴和女靴的制作方法、图案和花纹等各有其特点。

在藏族地区，男女发式也有很大的区别。男孩有披散头发或盘在头上等几种。女孩们在节假日时将头发在左右两边编成很多的小辫，已婚和未婚的编头发的方式和装饰都不一样。藏族地区有将天珠和珊瑚、玉石、玛瑙以及金制的噶乌等当作饰品系在脖子上的习俗。还有银制的大耳环、戒指等大小不等镶嵌有玉石的饰品，以及象牙佛珠等很多种男女佩戴的饰品。

西藏和平解放以来，牧区群众服饰也在悄悄地发生着变化，无论在长袍、内衣的布料选择上，还是在与服饰搭配的装饰装束上，都比以前具有更大的自由度，具有区域性特征的服饰相互借鉴，从而进一步优化的特点。这种特点使得牧民传统的服装，既不失传统内涵，又具有更加明显的时代气息。

西藏传统民族服饰本质上就是西藏民族历史文化的折射，也反映出藏族人民的生活习惯、伦理观和世界观。同西藏民族历史文化发展的轨迹一样，藏族民族服饰分别在吐蕃、元朝、清朝和新中国改革开放以后发生过鲜明的服饰文化融合过程，不断吸收其他民族文化的精华，形成了如今的传统藏族服饰。如吐蕃时期，松赞干布迎娶文成公主，带来汉藏服饰文化的深度交融；元朝时期，汉族服饰文化、纳西族服饰文化、羌族服饰文化、回族服饰文化与藏族服饰文化融合，从而形成具有特色的康巴服饰。

聂荣县藏族民族服饰也随着民族历史文化发展轨迹产生了融合和变化。西藏和平解放以来特别是改革开放以来，聂荣县藏族民族服饰和日常着装已经逐渐产生变化和融合，藏族群众和干部在日常出行、上班时穿着便装，而在“3·28”百万农奴解放纪念日、国庆节、赛马节等重大节庆日活动或是迎接尊贵客人时，汉族干部群众也会跟藏族干部群众一样，穿着藏族节日服饰出席活动，共度节日，跳起锅庄。

第三节　婚嫁

自古以来生活在藏北草原上的人们就有父家传子（如果无子则传女，女婿入赘）的说法。在旧西藏，婚姻多由父母长辈包办，而并非男女自由恋爱。

现在，随着婚姻法的宣传和普及，聂荣县大力倡导文明婚俗新风，全县群众的婚姻法律意识得到明显提高，婚恋自由、婚姻平等的理念深入人心，聂荣县的藏族青年男女多为自由恋爱，父母亲友一般不加干涉，藏汉通婚比比皆是。

一、婚姻选配

婚姻是人生大事，也是决定一个人一生幸福与否的主要因素之一，藏族古代就有“上上策娶亲，上中策建房，下下策立灶”的说法，也有“好伴侣幸福一生，幸福者不知太阳落山；坏伴侣痛苦一生，痛苦者永不见光明”的俗语，这是人们在生活实践中总结出来的经验。尽管每个人都在精挑细选自己一生的伴侣，但不是每个人都能找到自己心仪的对象。在藏北草原上，按传统，订婚前，娶亲一方到另一方家中了解对方的家世、品行好坏、年龄大小和经济条件等情况。提亲时男女双方同意后，并相互交换“尼恰尼达日”（茶包和绸缎）以示结亲永不改变。同时经双方商议决定嫁妆、聘礼、婚庆、迎娶的吉日等。如果是有名望的富贵人家，为显示家世的显赫，婚庆举办得比较隆重。若是部落内部联姻，只是象征性地举办简单的庆典。若是家庭不富裕者，则选择良辰吉日进门，也叫“永泽”，可不举行婚庆典礼。结婚时要准备酒肉、酥油曲拉糕点、酥油和牛奶等佳肴。婚庆典礼结束后的一个月左右，新娘和新郎一起回娘家，也叫“然木廓”，娘家会分给牛、羊等一定的财物，从娘家回来后新娘就正式成为男方家庭中的一员了。

现在的男女青年基本均为自由恋爱，双方通过交往互相了解。待感情稳定后，再向自己的父母表明心愿。在得到双方父母应允后，男方向女方送聘礼，商定婚期。

封建农奴制社会里，男性婚育时间一般在十五六岁，女性一般 13 岁开始出嫁或准备出嫁。1959 年以后，随着《婚姻法》的贯彻执行，藏族女性婚龄时间不得早于 20 周岁。

在旧西藏时期，藏族婚姻一般要选择经济、地位相当者进行婚配，富人与穷人间一般不联姻。选择对象首先是地位、财富，次之是品行和仪貌。在封建农奴制社会，作为普通农奴，恋爱结婚父母干预不多，但得受自家领主约束，主人不同意，农奴便不能结婚。一般同一领主的农奴结婚，主人尚可同意，而不同领主间的农奴结婚就关系到农奴的增减，得征求双方领主同意。

藏族严禁近亲结婚，父系亲属决不能通婚，母系要在四代以后才能通婚。在交通不便的偏僻山沟，也有近亲结婚者。藏族人结婚，女到男家，或男到女家均可。

二、迎亲、结婚

聂荣县本地的迎亲仪式形式多样且隆重，但是比较普遍采用的方式是按照习俗及传统。年轻男女迎亲首先要选定一个吉利的日子，请一位有经验、能歌善舞、能说会道的婚礼主持人，主持人手持两条哈达或者长短合适的布条，将它挂在男方或者女方家里的柱子上。另外男方或者女方一定要带上一个银制或者木制的碗，第二天由女方娘家人给银制碗装满人参果让新郎一方带走。

聂荣县婚嫁习俗与其他藏族地区有所不同，在女方出嫁前一天，必须在女方家中举行出嫁仪式，主要邀请女方亲属参加。男方家中亲属（人数双数）在女方出嫁前一天到女方家迎接新娘。出嫁当日，女方必须骑一匹白马，由女方的男性亲属（人数为双数）牵马，将新娘送到男方家中。到达男方家中后要举行盛大的结婚仪式，陪同人员留宿一夜。由家中的长者主持结婚仪式，并最先由长者对两位新人进行祈祷与祝福。向新人献哈达时，新人须背对接受亲朋好友献的哈达与真诚的祝福，献哈达时还有很多解说词。

聂荣县民众定亲比较简单。和平解放后，随着各民族间的互相交流和影响，结婚仪式也愈来愈多样化。

迎亲主婚人必须要准备两个手持酒杯的人、一个迎亲烧香的人、两个泼奶水的女人、两个拴马的人，其他的家人要紧闭家门，不能外出看热闹，在家里准备婚礼相关的工作。参加婚礼的人表情和行为都要严肃，制造一个很严肃的氛围，不能像平常一样说说笑笑、嬉笑打闹，扰乱神圣的婚礼场面。主婚人要对持酒杯的、烧香的、泼奶水的人用各种动听、真挚的祝福语来称赞及演说，持酒杯的和泼奶水的人也要相应地用动听的歌声及最美的语言来进行回应。主持婚礼的人进入到帐篷或者房屋内，对在座的双方父母、兄弟姐妹、来参加婚礼的亲朋好友及家里的生活用具都要用优美的语言或动听的歌声等形式表达称赞。主婚人就座之后捧上鲜美的人参果，边敬神边开始谈论关于婚嫁的事宜等等。所有人入座之后，要一语不发，面带严肃，不能动碗筷。之后由主婚人主持婚礼，由双方的父母给新娘和新郎献上哈达，送上最美的祝福，随后大家都纷纷送上自己准备好的礼物和哈达。再由新郎新娘给神及父母敬酒，给参加婚礼的人敬酒，由主婚人宣布开始吃饭，以营造愉快、祥和的氛围。

婚庆典礼结束后的一个月左右，新娘和新郎一起回娘家，也叫“然木廓”，娘家会给自己的女儿准备一些牲畜等作为随礼。

第四节　生育

在封建农奴制社会，妇女受歧视，贫穷人家怀孕一般不重视休息和保养，妇女分娩得不到合理照顾，不论天气冷暖，牧区妇女临盆都不能在帐篷内，只能在帐篷外面，得不到基本的照顾。婴儿出生一周左右，亲朋好友便会陆续前来看望和祝贺，名“榜逐”。“榜”是污浊的意思，“逐”是清除，也就是清除晦气的意思。藏族认为，小孩出了娘胎，带来许多污浊和晦气，举行“榜逐”仪式，便是为了清除污秽，预祝小孩健康成长。亲友除带有酒、茶以外，要带一“唐古”（羊皮口袋）糌粑（约一两斤）、一块布（做尿布）。客人一进屋，先给襁褓中的婴儿献哈达，给婴儿母亲敬酒倒茶，然后端详婴儿，对婴儿说一些吉利的话，再用拇指和食指捏一点糌粑让婴儿舔，捏一点酥油擦在婴儿额头上，表示对孩子的祝福，接着再说一些吉祥如意的话，夸奖婴儿的福运和五官。富裕家庭要对前来为婴儿除秽的亲友给予相应的招待。

孩子满月之后，便要选择黄道吉日，举行出门仪式。这一天，母子（女）均换上新服装，由亲人陪着，出门陪同的人也穿新衣裳。第一件事是到寺庙朝佛，目的是祈求菩萨保佑婴儿长寿，少受灾难。朝完佛，再到亲朋好友家串门。孩子第一次出门，人们往往在婴儿的鼻子尖上擦一点锅灰，意思是使婴儿出门时不被魔鬼发觉。

进入21世纪后，随着社会的进步和发展，经济条件、医疗条件不断改善，人们的观念也发生了变化，条件允许的地方，一般到医院、卫生院生产，越来越多的人注重新法接生，注意产妇和新生儿的卫生。

第五节　起名

在母系社会，聂荣县藏族名字取母亲名字中的一个字作为自己的姓，如母亲的名字叫“朗・莫莫”，儿子的名字就叫“莫赤”，母亲的名字叫“索・汤汤”，儿子的名字就叫“索赤”，等等。

藏传佛教后弘期，佛教的盛行影响到群众的起名，藏族名字不用姓氏，起名一般按照父母之意取。

出家为僧，一律经堪布剃度，取法名，停止用俗名，如堪布的名字是“江白赤列”，僧人可取名“江白多吉”“江白旺堆”等。僧人如果升到上层僧职，名字前要加僧职名，如堪布群培，堪布就是僧职。活佛名字前，一般加寺庙和扎仓名。对于有僧职的大活佛，人们日常只尊称其寺庙名和职务名，不再称其法名等，如“热振活佛”等。有的活佛无寺庙，便把家庙名冠在职务前。有封号的则在名字前加封号，有的只称封号，如达赖、班禅。

信佛者一般请活佛起名，名字带有宗教色彩，如藏语“丹巴”为佛教之意，“多吉”为金刚之意，等等。

一般人则由父母取名或请长者取名，多依自然界和生活现实而定，宗教色彩较少。有用自然界物体作名字的，如藏语“达瓦”为月亮之意，“尼玛”为太阳之意，等等。也有用孩子出生日期作名字的，如藏历初一生取名“次吉”，初三生取名“次松”，星期二生取名“米玛”，星期三生取名“普布”，等等。

有的父母则把自己的意愿通过给小孩取名表达出来，如嫌自己的小孩太多了，想结束生育，便给小孩取名“仓木决”（终止之意）、“穷达”（最小之意）。想生男孩，便给初生小孩取名“布赤”（带男孩之意）。想让儿女长寿，便给小孩取名“次仁”（长寿之意）；若父母年纪大了，认为以后不可能再生小孩，或小孩来之不易，便给小孩取名“拉则”（像仙女一样漂亮）、

“罗布”（宝贝）。有的因生下来的小孩死的多、活的少，为使孩子容易成长，常取相反意义之名，如“起加”（狗屎）、“帕加”（猪屎）、“起朱”（小狗）、“多果”（长相不好）。

和平解放后，取名有了一些新的内容，如“金珠”为解放之意，“达玛”为红旗之意，也有取汉族名字的，如“王建设”等。

藏族的名字多数男女共用，同名者较多，为了区别，常用以下几种方法：一是将地方名加在名字前，如达孜多吉、聂荣多吉等；二是在名字前加“大”“中”“小”，如“大拉巴”“中拉巴”“小拉巴”等；三是用人的生理特征加在名字后面以示区别，如“次仁索却”意为拐子次仁，“洛桑巴杂”意为麻子洛桑等；四是用职业来区别，如“玛钦次仁”意为炊事员次仁，“兴索洛桑”意为木匠洛桑；五是用性别和老幼来区别，如男达瓦叫“普达瓦”、女达瓦叫“普姆达瓦”，老年次仁叫“阿爸次仁”、小孩次仁叫“普次仁”，老奶奶尼玛叫“嫫尼玛”等。

藏族名字有两个字的，也有多个字的，4 个字组成的名字一般两个字代表一个意思，如“多吉次仁”，“多吉”是金刚之意，“次仁”是长寿之意，合起来为长寿金刚之意。为了方便，人们常用两个字来简称，有的用第一字和第三字简称，如“更堆群培”简称“更群”，“单增曲扎”简称“单曲”；也有用前两个字或后两个字来简称的，如“索朗多吉”简称“索朗”，“索朗旺堆”简称“旺堆”。

第六节　礼仪习俗

藏族人民勤劳勇敢，智慧聪颖，性格豪放刚毅且耿直朴实，无论是在与农奴主残酷压迫的不屈不挠斗争中，还是在同恶劣自然环境的搏斗中，均体现出百折不挠、顽强进取的民族优秀特性，加之长期受到历史悠久的藏族文化和藏传佛教的熏陶，形成县内藏族人民重礼节、尊老爱幼、热情好客、好施舍、乐于行善助人的民间礼节和习俗。

亲朋好友久别重逢，除以语言热情问候外，或相互拥抱、拉手，互吻对方额头，或屈腰伸出双手，竖大拇指，均属亲切问候性礼节。

亲朋远行或初到，迎上前牵马扶镫也属敬礼。路遇熟人或陌生人互道"嘎玛提"、"嘎提"（辛苦了）、"牙木松"、"次仁"（慢走）。旅途中小憩，见别人已烧好茶，你只要送对方一点茶叶即可入座饮茶，若没有茶叶盐巴，哪怕不相识，对方也会热情地邀请你入座饮茶。若见长辈、活佛或拜访贵宾，要先奉上哈达。

朝拜活佛或接受摩顶时，要合掌躬腰，叩头或磕长头。

家庭里面以男子当家主事，女人多会针线，缝制全家老小衣服，女孩多从事背水、挤奶、打茶、锄草、给庄稼上肥等繁重的劳动。家里有客人时，女人多回避，由男人接待，妇女给客人上茶酒、糕点时，俯首奉上并弯腰以手护住藏胞下摆倒退到门口。上楼时，男人为先，女人在后，下楼相反。若妇女上楼时梯下有男子，先请男人离开再上楼。主客在交谈中常以手势相助，若是做生意，双方在长袖中握手，以手语讨价还价。

藏族人民尚礼好客且乐于助人。有亲朋自远方来，主人热情上前问候，牵马扶镫，将马交给妻子或小孩去引水、喂草，自己则弯腰，平伸双手请客人进门上楼，请坐于右上方，敬鼻烟、青稞酒，当着客人的面洗刷碗盏，盛上酥油茶，再奉上奶酪、糌粑、牛肉等食品盛情款待。就寝时，主人腾出最好的铺位，拿出最好的床垫、藏毯、被盖，在火盆里放点柏枝或糌粑面熏一下才请客人使用。客人离去，主人备好马鞍，牵马到村口路旁，在家老少亦出门话别送行。若客人有困难，无论贵贱，主人以慷慨解囊、鼎力相助为乐，若路途遇见别人有困难，尽管素不相识，也相互帮助并不计较报酬。

尊敬长辈、老人，爱护幼孩是藏族人民的传统美德。在家庭里，老人在生活上备受尊重和优待，青年人不允许与老人顶嘴。处理家庭财物，须先征求老人的意见。

在现今藏北社会中，礼尚往来比较普遍。每逢婚丧、搬迁新居、过生日、孩子升学等，根据亲疏，礼品轻重各有不同。一般红、白事送礼，备有礼簿，详细登记送礼人的钱物数量。下次对方有事需要送礼，一般可以等量还礼。结婚送礼，礼品中有哈达、奶渣酥油糕、牛前腿一条、整羊一只、红包一个；生孩子送羊羔皮一张，为婴儿之襁褓；搬迁新居往新居神柱和房门上各献哈达一条、红包一个；去医院探望病人除牛奶、水果、营养品外，送一瓶酥油茶，最暖人心；孩子升学、人员升迁、店铺开业，一般送哈达一条、红包一个。

一、摆“德卡”

每逢过年，每家每户把果实供放在藏式柜子上面，表示庆贺丰收，祝福吉祥，祝新年吉祥如意。其摆法是在柜子正中放一个大盘子，盘内横竖堆放多层卡塞塔，盘边周围、塔上、塔身周围空隙处摆上干奶块和各种糖果、葡萄干等，上面系一条洁白哈达，“德卡”左右摆大块酥油和砖茶、盐巴块、红糖块。前方正中放置一瓷制羊头及三只瓷碗，一碗盛青稞酒，一碗盛酥油茶，一碗盛有人参果的米饭，两边各放一盒碧绿的麦苗。“德卡”的摆放与经济条件有关，有的家庭摆两处“德卡”。“德卡”一般在藏历年十二月三十供好，一直摆到藏历一月十五日。

二、插挂风马幡

逢年过节，藏族群众要在屋顶、山顶、桥头、庙顶、树上、河边插风马幡，以求运气与福禄。屋顶风马幡杆由带枝的小树做成（藏语名“嘎玛查松”），幡旗悬挂时相互连接，长度达数米至数十米，幡随风飘扬，蔚为壮观，节日过后仍保留，继续使用。

第七节　丧葬

一、祭奠

人死后，先把死者放在屋内一角，尸体用白布盖上，不用床及其他物品作垫，而用土作垫。这是因为佛教认为，人死后灵魂和尸体不是一起离开的，为使灵魂不滞留屋内，用土垫尸，尸体背走后，土扔到十字路口，灵魂也随之离开。在停尸的一至三天中，天天请僧人念经，超度死者灵魂。其间，亲朋好友前来家中吊唁，来时带一壶酒、一条哈达、一点酥油和一把藏香，有的还带一个纸包，里面包些钱，钱包上面写上“慰问”字样，钱物是给死者家庭的，哈达是献给死者的，覆盖在尸体上。

人死后最初几日，家人一律不梳头、不洗脸，要取下头上一切饰物，不能笑、不能高声说话，更不能唱歌、跳舞，为的是让死者灵魂安安静静地上天堂，但是死者家属和亲朋可以喝青稞酒以抑悲伤。

人死后，家门口要吊挂一红色陶罐，罐口用白色羊毛或白哈达围上。罐子里放三荤、三素的糌粑火烟，人们认为，人死后成鬼，灵魂脱离肉体，不会思维，不能按时进食，故由活人定时添加。

二、出殡

一定要选择合适的日子举行出殡仪式，时间一般都在天亮前。早晨，亲朋好友都在死者家中为死者送行。先把死者的衣服脱掉，四肢捆成一团，用白氆氇蒙上，再从存放尸体处到家门口用糌粑画一条线，然后由死者后人沿着白线背走尸体。全家人都参加丧葬仪式，但是家人不到天葬场去。送行队伍每人拿上一炷香，一直走到十字路口。

尸体背出门之后，背尸人和送葬者不能回头望，天葬师及送葬人在天葬以后两天中，也不能到死者家中，以免死者的灵魂被带回死者家中，使死者家庭遭厄难。当死者被背走时，后面有一个与死者同龄的人，一手拿扫把，一手拿破背篓，跟着把糌粑白线扫掉，并把扫起的糌粑、扫把和垫尸的土统统放在背篓里，走到十字路口扔掉，表示把灵魂送走。

三、葬法

聂荣县的丧葬习俗主要有天葬、水葬、火葬、塔葬等。

在封建农奴制社会，规定患麻风、炭疽、天花等传染病人的尸体，强盗、杀人放火者被刀砍死的尸体要用土葬，不许用天葬或水葬。火葬较少，有名望的僧尼多为塔葬。

（一）天葬

到葬场之后，天葬师先把尸体放在天葬台上，然后在天葬台附近烧起香堆，香堆上撒上三荤三素糌粑，浓烟直冲云霄，点香升烟的目的是为了吸引

“神鹰”（秃鹫）到来。“神鹰”见到烟便习惯性地飞来啄食。天葬完成后，代表死者家人的监督人，便拿出早已准备好的酒、肉，犒劳职业天葬师。

（二）水葬

水葬时，将尸体运到河边，肢解后投入洪流中。也有用白布裹尸，整尸抛入江中的。

（三）火葬

传统上，火葬只用于活佛和达官贵人。火葬前需堆积大量木柴并洒上柴油，点火焚烧。焚尸完成后，拣起骨头灰烬，带到高山之巅顺风撒播，或者撒到大江大河中，让流水带走。

（五）塔葬

有名望的活佛死后，人们将其尸体用盐水抹擦，涂上加有藏红花、冰片等的贵重药水防腐，风干以后把尸体保留下来，最后放入外包金、银箔或铜箔，镶嵌珠宝的灵塔内。这种葬法只有极少数大活佛才能享用。也有把活佛尸体火化以后，把骨灰放进灵塔里保存的。

第八节　节日

一、藏历年

藏历一月一日，一般在公历 2 月或 3 月，是藏族人民一年一度的重要节日，藏语称“卡塞”。现在的藏历起源于公元 1027 年，藏历年是西藏最盛大的节日。节日期间，家家户户团聚，用吉祥如意等美好语言相互祝福。进入藏历十二月，人们就开始做过年的一系列准备：在盆中浸泡青稞种子，藏历初一那天把青稞苗供在佛龛上；用酥油和白面炸“卡赛”等供品；打扫房屋。人们还要用石灰、白漆或糌粑粉在墙上画吉祥图案，有的则画蝎子避邪。藏历除夕的晚上，各家各户吃“古突”（即面疙瘩）驱鬼。大年初一的一早，人们在民间说唱老人祝福吉祥的“扎嘎”声中（现在多用录音机播放）迎来藏历新年。这天，各家各户把祝愿吉祥如意的青稞幼苗、“卡赛”、

“隆过”（羊头）、“切玛”（五谷丰收斗）、各种糖果摆于佛龛或藏柜上，全家人换上新衣，坐在崭新的卡垫上，吃用人参果、酥油、糖等做的“吉祥饭”。饭后长辈端来五谷斗，每人依次抓上几粒撒向天空表示祭神，然后拈一点放进嘴里。这时长辈祝大家“扎西德勒”，晚辈回贺“祝你身体健康，永远幸福”。这一天各家基本上闭门欢聚，邻里互不走访。初二开始亲朋好友彼此走访，到亲戚朋友家里做客拜年祝贺，载歌载舞狂欢，开怀畅饮，共祝新年，或到附近寺庙朝佛等，大家都沉浸在欢乐的节日气氛，持续半个月。

二、“古突”节

藏历除夕晚上，各家各户吃“古突”驱鬼。家庭主妇在做“古突”时，要故意包上一些东西，以测试家人在新的一年里的运气。突巴团里包的石子、辣椒、羊毛、木炭、硬币，分别代表“心肠硬”“刀子嘴”“心肠软”“黑心肠”“发大财”等寓意。吃到这些时，要当场吐出，往往引起哄堂大笑。

三、迎送客人

献哈达是藏族最普遍的一种礼节。婚丧嫁娶、民俗节庆、拜会尊长、拜佛、迎送宾客等等场合，通常都要献哈达。哈达是一种生丝制品，长短不一。自古以来，藏族认为白色象征纯洁、吉利，所以哈达一般是白色的。献哈达的动作因人而异，一般来说，要用双手捧哈达，高举与肩平，然后再双手平伸向前，弯腰献给对方，这时，哈达正与头顶平，这表示对对方的尊敬和最诚挚的祝福——吉祥如意。对方以恭敬的姿态用双手平接。对尊者、长辈献哈达时要双手举过头，身体略向前倾，将哈达捧到座前或足下；对平辈或下属，则可以系在他们的颈上。

四、法定及农历节日

1959 年民主改革后，除藏族传统的节日外，聂荣县机关干部、群众、学校还要过元旦、春节、“五一”劳动节、端午节、中秋节、“十一”国庆节。

2009 年 1 月 19 日，西藏自治区九届人大二次会议投票决定，将每年的 3 月 28 日定为西藏百万农奴解放纪念日。每年 3 月 28 日，在县（中）直各单位和各乡（镇）、村（居）组织干部职工和群众，举行升国旗、文艺演出、新旧西藏对比展览等活动。

第九节 禁忌

在西藏信教群众较多，民众有许多禁忌。聂荣县民众禁忌主要有：藏历新年除夕，家中所有陈旧、破烂、肮脏的东西都要扔掉，所有的债务都要还清，不能带到新的一年中去，否则会带来祸事。藏历年初一不能扫地，怕扫走福气，不能吃药，不能去亲戚家串门，也不能去亲戚家借东西。初一早晨全家不能睡懒觉，认为初一是新一年的开始，如果初一睡懒觉或者做了禁忌的事情，这个人这一年都会不吉利。

妇女生了孩子，一周内不能去别人家，怕儿女遭祸。妇女不能在寺庙顶上行走，更不能在寺庙或者日追、拉康里过夜。认为行走和过夜会玷污神像，使神发怒，遭遇不好的事情。

有乌鸦落在自家屋顶惨叫的话要马上赶走，认为会出现不吉利的事情。

俗人到佛像或者喇嘛前去朝拜时，不能戴着帽子进去，认为这代表对神的不忠，朝拜毫无意义。

不能把骨头扔到火里，认为这样会招来鬼怪。

晚上泼水不能扬手外泼，晚上一般不能扫地、不能倒垃圾，晚上出门要记得关上门。另外，平时扫地时，若有事必须把扫把交给别人，不能直接递到别人手中，而要将扫帚放在地上，让别人从地上拾起，否则认为这两人中间会出现吵架等不好的事情。

煮牛奶和肉汤时不能让它们溢出来，若不小心溢出溅到灶上，一定要把藏香撒到灶上，防止异味扩散，否则认为会危害到水神，自己遭遇不测。

牧民交易商品时，交付牲畜一定要避开星期二，否则认为怕牲畜会遭殃。

给别人送砖茶等东西时，不能只送一种东西，要再放一小块酥油。如果家庭条件不允许，没有酥油，就在茶上面放一点糌粑。在送给别人肉时，也不能光送这一种东西，一定要在肉上系个哈达或羊毛之类的东西，否则会被认为不礼貌。

不能从灶和水壶、锅具等生活用具上跨过去，不能围着灶转圈，不能将煮肉类和牛奶的锅具混淆，枪和刀具等不能放在佛像上面，否则认为会遭遇不测。

禁止用有缺口或裂痕的碗招待客人，如进餐时碗有破碎则视为不吉利，禁止用饭期间和饭后立即上厕所，否则视为不礼貌。

一个家中有两人同时出远门时，不能在同一时间反方向一起离开，两个不同方向出远门的人要错开时间出门，并且出门之前家人不能倒垃圾。

人　物

一、传

阿努（1931—1981）藏族，共产党员，那曲县门堆乡人。

1957 年 7 月，阿努被中共黑河分工委送至陕西咸阳西藏公学学习，成长为品学兼优、德才兼备的翻身农奴知识分子，积极投身到平叛改革和建设新西藏的伟大事业。1959 年 7 月，西藏上层反动集团发动武装叛乱，阿努接到组织命令，于 7 月参加平息叛乱工作，任驻藏某部 33 团翻译员，先后参加那曲北部到阿里的诸多战事。他战场上冲锋陷阵，向叛乱分子喊话，做思想工作，战绩突出，被西藏军区司令部、政治部记三等功。1961 年 2 月，组织安排阿努到聂荣县白雄区工作，先后任尼玛区副区长，杂玛和措阳区委副书记。其间，他牢记党的宗旨，关心群众疾苦，把群众的生产生活放在首位，全心全意为人民服务，经常深入群众家中嘘寒问暖，了解群众需求，帮助群众解决困难，宣传党的宗旨，让牧民群众深刻感受到共产党的恩情。1974 年 6 月，任聂荣县贫协副主任，其间，组织引导广大牧民群众学习科学放牧等科技知识，带动群众走上牧业致富的好路子。1976 年，阿努率工作组到彭塞公社蹲点，负责公社日常工作和抓生产。到公社后，带领群众同自然灾害顽强抗争，带头修水坝，帮助困难群众修缮房屋，积极囤积饲料，群众的生产生活水平得到明显提高，受到上级表彰，彭塞公社被评为先进公社。1978 年 11 月，聂荣县白雄区遭受大雪灾，阿努深入彭塞、彭尼公社，指导抗灾救灾工作，趟冰卧雪，跑遍两家公社，走进牧户家中了解灾情，保人保畜，为战胜雪灾付出心血和汗水，得到白雄区革委会和牧民群众的高度赞扬。雪灾后，群众联名请求上级，将阿努评为有特殊贡献的模范人物。鉴于阿努的突出成绩和群众愿望，中共那曲地委授予他抗灾救灾先进个人荣誉称号，给予表彰、奖励。1981年，聂荣县干部职工抢修茶曲水坝，阿努带病坚持参加劳动，大家纷纷劝其回家休养，却被他婉言拒绝，坚持要和大家一起抢修水坝。7月，病逝于那曲镇，时年50岁。

旦巴尼玛（1943—2012）藏族，聂荣县查当乡人。

1949年，旦巴尼玛被确认为罗林寺第十三任活佛。1958年解放军进藏部队某排到达罗林寺时，旦巴尼玛组织该寺僧众带上洁白的哈达热情迎接部队并安排扎营地。驻军某排离开时给寺庙和活佛各留了一封信，赞扬寺庙和活佛配合解放军的事迹。

改革开放后，旦巴尼玛被选为佛协西藏分会理事。在自治区相关部门的支持下，重建罗林寺。

2012年10月12日，因交通事故，在罗林寺附近去世。

二、简介

才加 1941 年出生，藏族，聂荣县人，共产党员。

系聂荣县计委退休人员，1965 年参加工作，1978 年加入中国共产党。刚参加工作时他在拉萨军工厂当工人，1984 年调到聂荣县工作，1995 年光荣退休。1995 年聂荣县遭受罕见的特大雪灾，要保障聂那公路生命线的畅通，有效办法是用推土机，可是当时县里以前开过推土机的只有才加一人，指挥部向他说明情况时，他说我是党员，我知道该怎么做。第二天，他带着简单的铺盖和糌粑就出发了。海拔 5000 多米的查仓拉山积雪 3 米以上，山高风大，才加和保障抢险队的其他人员忍受着寒冷和饥饿，一米一米地打通道路。他凭着坚强的毅力和急灾区人民所急的高度使命感，与道路保障抢险组的同志一道，疏通了那聂公路这条生命线。之后他又到聂荣县各重灾乡疏通道路，累计达 300 千米，使源源不断的救灾物资及时送到灾民手里，灾区人民亲切地称他为雪灾中的开路先锋。虽然已退休多年，但他仍心系党的事业、人民的利益，在抗灾中表现出一名共产党员的优秀品质，仍为聂荣县的经济建设发挥着余热。

杨培 1946 年出生，藏族，聂荣县人，共产党员。

1969 年参加革命工作，1972 年加入中国共产党，历任聂荣县大众乡革委会副主任、主任，措阳区革委会副主任，扎玛区副书记、革委会主任，县委书记，县人大筹备委员会主任等职务。1995 年任聂荣县委书记时，被中组部评选为全国模范县（市）委书记，同年，光荣地出席在北京召开的“全国百名优秀县（市）书记表彰大会”。

康金 曾用名旦增朗达，1946年出生，藏族，聂荣县人，共产党员。

1960年9月参加工作；1960年9月至1969年6月，在聂荣县贸易公司当工人、营业员；1969年6月至1976年4月，任聂荣县联社负责人；1976年4月至1980年9月，任聂荣县商业科副科长、科长；1980年9月至1981年9月，任聂荣县革委会副主任；1981年9月至1982年2月，任聂荣县副县长；1982年2月至1987年4月，任聂荣县委副书记、县长，其间，1984年3月至1985年12月在自治区党校干部培训班学习；1987年4月至1990年8月，任安多县委书记；1990年8月至1996年7月，任那曲地委副书记，其间，1992年9月至1993年7月在中央党校培训学习；1996年7月至1998年5月，任中共那曲地委副书记、行署副专员；1998年5月至2000年11月，任那曲地委副书记、地区人大工作委员会主任；2000年11月至2000年12月，任自治区纪律检查委员会副书记。

贡莎 1950年出生，藏族，聂荣县索雄乡人，共产党员。

1971年4月参加革命，1982年加入中国共产党。1997年正值聂荣县雪灾，贡莎在抗灾第一线为确保抗灾物资准确到位，自告奋勇看守受困在海拔5000多米的巴玛拉山的救灾物资。白天夜晚狂风暴雪，晚上气温降至-30℃以下，一待就是整整七天七夜，在自带食物所剩无几的情况下，他丝毫没动用救灾物资。1998年被评为优秀共产党员，2000年7月27日被授予全区检察机关人民满意的检察干警荣誉称号。

亚达 1960年出生，藏族，聂荣县人，共产党员。

亚达虽然是一名识字不多的牧民，但他通过看报和收听收音机，认真学习党的各项政策。1997年12月，正值寒冬腊月，聂荣县遭受特大雪灾，他赶着家里的230头牛和邻居家的156头牛前往轻灾区转移牲畜时，发现本村16岁的朝措住的帐篷被暴风雪击倒，一锅冰水倒在他身上，在-30℃的寒风中，他马上变成了冰人，无力挣扎。亚达不顾自家的牲畜，立即脱下自己的衣服，与兄弟一起帮朝措换上，并送到冬季草场进行抢救。经过亚达和他兄弟的不懈努力，朝措得救了，但亚达兄弟俩赶的近400头牛全部丢失。亚达对此毫不后悔，他说：抗雪救灾中保人救命是首要的，没有比人的生命更重要的东西。1998年，亚达被评为全国民族团结进步先进个人荣誉；2000年，荣获国务院表彰的“第三次全国民族团结进步模范个人”荣誉称号。

伦祖　1966年出生，女，藏族，聂荣县人，共产党员。

1988年5月入党。1995年10月29日，为抢救一名即将被刹车失灵的北京吉普车所撞的儿童小阿布（年仅两岁半），伦祖自己严重受伤，髋骨骨折，腹中胎儿流产。聂荣县委授予她“优秀共产党员”光荣称号，那曲地区妇女联合会授予她“三八红旗手”称号，那曲地区妇女儿童工作委员会授予她“妇女儿童工作先进个人”称号，自治区妇女联合会授予她“三八红旗手”光荣称号。1996年9月，那曲地委、行署作出向伦祖同志学习的决定。

鲁苏三兄弟　鲁苏三兄弟是指仁森、南拉和赤多布兄弟三人。

他们三人担任头领以来，收留了许多无法在封建农奴制度下生活而背井离乡的人，并为他们主持正义，很多人前来投靠，部落内部也因此变得更加团结和睦，形成帮助贫困弱者的好习惯。他们做了很多有利于百姓的事情，得到属民们的赞誉和拥护。西藏和平解放时，在鲁苏部落头领们的带领下，属民百姓不仅没有参加叛乱，而且坚持爱国立场，支持解放军和平解放西藏。西藏和平解放以后，三兄弟中的仁森和赤多布先后担任那曲地区的政协委员。

三、表

聂荣县荣获国家级表彰人员统计表

姓名	所属集体（职务）	荣誉称号	授予部门	表彰年份
杨培	聂荣县委书记	全国模范县委书记	中共中央组织部	1995
亚达	聂荣县萨色乡4村村委会副主任	第三次全国民族团结进步模范个人	国务院	2000
查果	聂荣县查吾拉区妇联主任	全国三八红旗手	全国妇联	1979
伦祖	聂荣县	全国三八红旗手	全国妇联	1996
		全国第二届十大女杰提名奖	全国妇联	1998

聂荣县荣获省部级表彰人员统计表

姓名	所属集体（职务）	荣誉称号	授予部门	表彰年份
西珠	聂荣县下日公社	农业学大寨劳动模范	自治区党委、革委会	1978.03
杨中	聂荣县五官科医生	三八红旗手	自治区妇联	1979
达措	聂荣县下曲公社4队放牧员	三八红旗手	自治区妇联	1979
张时玉	聂荣县办公室科员	自治区公安系统先进工作者	自治区公安厅	1983
才央卓玛	聂荣县小学校长	五好家庭	自治区妇联	1988

续表

姓名	所属集体（职务）	荣誉称号	授予部门	表彰年份
索朗伦珠	聂荣县大众乡 6 村运输户	多种经营先进个人	自治区党委、政府	1990
孟林	聂荣县人民医院院长	民族团结先进个人	自治区党委、政府	1990. 08
塔尔玛	聂荣县多种经营管理局局长	老干部先进个人	自治区党委、政府	1992. 08
方向	聂荣县委组织部部长	老干部先进个人	自治区党委、政府	1992. 08
康桑	聂荣县永曲乡支部书记	劳动模范	自治区人民政府	1992. 05
旦措	聂荣县大众乡 11 村	“双学双比”女能手	自治区党委、政府	1992
布永忠	聂荣县	县乡换届选举工作先进个人	自治区县乡换届选举工作委员会	1993
嘎丹	聂荣县大众乡	“双学双比”女能手	自治区党委、政府	1994
坚参洛布	聂荣县夏日寺民管会主任	优秀寺管人员	自治区人民政府	1994. 11
拥中坚参	聂荣县昌都寺民管会主任	优秀寺管人员	自治区人民政府	1994. 11
当珠	聂荣县措阳信用社主任	全区信贷扶贫先进个人	自治区人民政府	1994
平措	人行聂荣县支行行长	全区信贷扶贫先进个人	自治区人民政府	1994
王俊彪	聂荣县副县长	计划生育先进工作者	自治区人民政府	1995
伦祖	聂荣县	自治区三八红旗手	自治区妇联	1996
丹杰	聂荣县医院	藏医药先进工作者	自治区人民政府	1996. 10
阿南	聂荣县措阳区	优秀家长	自治区妇联	1998
马淑君	聂荣县商业局秘书	三八红旗手	自治区妇联	1998
黄永香	聂荣县财政局副局长	三八红旗手	自治区妇联	1998
罗布顿珠	聂荣县委书记	优秀党务工作者	自治区党委、政府	1998
加托	聂荣县大众乡 14 村党支部书记	优秀村党支部书记	自治区党委、政府	1998
次仁朗公	聂荣县委副书记、政法委书记	全区社会治安综合治理先进个人	自治区党委、政府	2000. 01
冯智奇	聂荣县人民法院党组书记、院长	自治区高级人民法院优秀信息员	自治区高级人民法院	2009

聂荣县荣获地市级表彰人员统计表

表彰年份	授予部门	荣誉称号	姓名	所属集体（职务）
1990	地委、行署	抗灾救灾先进个人	朗堆	聂荣县
			达娃	聂荣县
			旺根	聂荣县
			达措	聂荣县
			杨孝民	聂荣县
			布旦巴	聂荣县
			杨培	聂荣县
1994	地委	优秀共产党员	方向	聂荣县组织部
			平措	聂荣县民政局
			热旦巴	聂荣县畜牧局
			王银学	聂荣县纪检委
			旦措	聂荣县大众乡三村
			金多	聂荣县查当乡
		优秀党务工作者	杨培	聂荣县委书记
	行署、军分区	“双拥”先进个人	彭措	聂荣县民政局局长
			次仁多吉	聂荣县人民武装部部长
			王振洪	聂荣县中队战士
1998	地委、行署	全地区抗灾救灾先进个人	江措拉姆	聂荣县县长
			次仁多吉	聂荣县副县长
			李仁志	武警聂荣县中队战士
			阎永锋	武警聂荣县中队战士
			厅确尼玛	聂荣县宗教爱国人士
			恰如	聂荣县公安局副局长
			旺根	聂荣县邮电局局长
			阿年	聂荣县邮电局退休工人

续表

表彰年份	授予部门	荣誉称号	姓名	所属集体（职务）
1998	地委、行署	全地区抗灾救灾先进个人	热旦巴	聂荣县畜牧局副局长
			金多	聂荣县萨色乡党委书记
			阿扎	聂荣县养护段段长
			才加	聂荣县退休工人
		全区第二届“双拥”先进个人	楚理	聂荣县民政局局长
			色旦	聂荣县大众乡4村村主任
1999	地委、行署	第三次民族团结进步先进个人	琼达	聂荣县人大办公室副主任
			李远斌	聂荣县委组织部干事
			贡桑	聂荣县人大常委会主任
2000	地委、行署	优秀教师	阿杰	聂荣县完小
			索朗扎巴	聂荣县完小
		先进教育工作者	申秋	聂荣县教育局局长
2009	那曲地区中级人民法院	“6·22”专案个人嘉奖	冯智奇	聂荣县人民法院党组书记、院长

聂荣县先进集体统计表

被表彰单位	荣誉称号	授予部门	授予时间
国家级表彰			
聂荣县人民政府	第一次全国经济普查先进集体	国务院	2005
聂荣县	全国妇联系统先进集体	全国妇女联合会	2007
聂荣县	全民健身活动先进单位	国家体育总局	2009
自治区级表彰			
聂荣县达中雄区	先进集体	自治区筹委会	1960.12
聂荣县扎洛公社	农业学大寨先进集体	自治区党委、革委会	1978.03
聂荣县查吾拉区委	抗灾救灾先进党委（组）、党支部	自治区党委	1986
中国共产党聂荣县委员会	端正党风先进党委（党支部）	自治区党委	1988

续表 1

被表彰单位	荣誉称号	授予部门	授予时间
聂荣县人民医院	三八红旗集体	自治区妇联	1988
聂荣县丁俄贡苯寺	爱国守法先进寺庙	自治区人民政府	1994. 11
聂荣县措阳信用社	全区信贷扶贫先进集体	自治区人民政府	1994
聂荣县大众乡 13 村银信扶商经营部			
聂荣县委	第二次全区民族先进集体	自治区党委、政府	1995. 08
聂荣县妇联	先进集体	自治区妇联	1997
聂荣县尼玛乡党委	农牧区“五个好”乡镇党委	自治区党委	1998
聂荣县工人之家	文明职工之家	自治区总工会	1998
聂荣县人民政府	全区计划生育先进集体	自治区人民政府	2000
聂荣县人民政府	全区卫生工作先进集体	自治区人民政府	2010
地区级表彰			
聂荣县委、政府、人大	抗灾救灾抢险先进集体	地委	1986
白雄乡党支部、政府			
聂荣县医院	地区首届民族团结先进集体	地委、行署	1988
聂荣县查当乡党支部、政府	抗灾救灾先进集体	地委、行署	1990
聂荣县当木江乡人民政府			
中国共产党聂荣县当木江乡支部委员会	先进基层党组织	地委、行署	1994
中国共产党聂荣县色庆乡支部委员会			
中国共产党聂荣县萨色乡支部委员会			
武警聂荣县中队	“双拥”模范单位	行署、军分区	
聂荣县公安局	全地区抗灾救灾先进集体	地委、行署	1998
聂荣县人武部			
武警聂荣县中队			
聂荣县永曲乡党总支			
聂荣县尼玛乡 12 村			
聂荣县邮电局			
聂荣县查桑拉道班			

续表 2

被表彰单位	荣誉称号	授予部门	授予时间
聂荣县人民政府	全地区第二届“双拥”先进集体	地委、行署	2002
中国共产党聂荣县委员会	第三次民族团结先进集体	地委、行署	1999
中国共产党聂荣县委员会	年度社会治安综合治理工作第一名	地委、行署	2006
中国共产党聂荣县委员会	年度社会治安综合治理工作第一名	地委、行署	2007
聂荣县法院	“目标考评”第二名	那曲地区中级人民法院	2010

四、录

（一）烈士

序号	姓名	性别	民族	籍贯	政治面貌	牺牲时所在单位	职务	何时何地因何牺牲
1	顾德友	男	汉	山东省临清市	团员	四〇一团七连	战士	1960年5月在索德战斗中牺牲
2	李德益	男	汉	陕西省渭南市	团员	四〇一团七十五炮连	战士	1960年5月在二号地区战斗中牺牲
3	莫国清	男	汉	四川省大邑县	团员	军区步校	学员	1960年5月13日在二号地区战斗中牺牲
4	李治荣	男	汉	四川省资阳市	团员	军区步校	学员	1960年5月在二号地区战斗中牺牲
5	钟治安	男	汉	四川省仁寿县	团员	军区步校	学员	1960年5月16日在二号地区战斗中牺牲
6	刘明星	男	汉	重庆市江津区	团员	军区步校	学员	1960年5月13日在二号地区战斗中牺牲
7	赵明惠	男	汉	河南省固始县	党员	一三四师四〇〇团二连	副排长	1960年5月在二号地区战斗中牺牲
8	仇顶明	男	汉	山东省临清市	党员	一三四师四〇〇团侦察连	班长	1960年5月在二号地区战斗中牺牲
9	张云华	男	汉	山东省	党员	四〇一团侦探排	排长	1960年5月在二号地区战斗中牺牲
10	熊士望	男	汉	四川省德阳市	团员	四〇一团二连	战士	1960年5月在二号地区战斗中牺牲
11	聂忠山	男	汉	河南省固始县	团员	一三四师四〇〇团侦察连	班长	1960年5月在二号地区战斗中牺牲

续表1

序号	姓名	性别	民族	籍贯	政治面貌	牺牲时所在单位	职务	何时何地因何牺牲
12	熊明华	男	汉	广西壮族自治区	团员	三十四师四〇一团五连	副班长	1960年5月在二号地区战斗中牺牲
13	张兴成	男	汉	重庆市涪陵区	党员	四〇一团机八连	排长	1960年5月在二号地区战斗中牺牲
14	卫武生	男	汉	四川省绵阳市	党员	三十二团三连	副班长	1960年5月25日在二号地区战斗中牺牲
15	彭端轩	男	汉	湖南省	党员	三十四师四〇一团八连	排长	1960年5月在索德战斗中牺牲
16	陈连发	男	汉	河南固始县	党员	一三四师四〇〇团侦察连	班长	1960年在二号地区战斗中牺牲
17	杨守全	男	汉	湖南省	团员	四〇一团八连	副排长	1960年5月在索德战斗中牺牲
18	殷国元	男	汉	陕西省紫阳县	团员	一三四师侦察连	战士	1960年5月6日在二号地区战斗中牺牲
19	王相尧	男	汉	重庆市大足县	团员	步兵一五八团一连	战士	1960年5月在二号地区战斗中牺牲
20	刘炳成	男	汉	重庆市大足县	团员	步兵一五八团一连	副班长	1960年5月在二号地区战斗中牺牲
21	张明全	男	汉	四川省威远县	团员	步兵一五八团一小队	战士	1960年5月在二号地区战斗中牺牲
22	杨兴国	男	汉	陕西省大荔县	团员	四〇一团一连	战士	1960年5月在索德战斗中牺牲
23	王正邦	男	汉	贵州省凯里市	党员	一三四师四〇一团八连	给养员	1960年5月在索德战斗中牺牲
24	刘永根	男	汉	河南省确山县	团员	四〇一团八连	战士	1960年5月在索德战斗中牺牲
25	安堂伦	男	汉	河南省	团员	四〇一团二连	战士	1960年5月在索德战斗中牺牲
26	黄仁才	男	汉	重庆市涪陵区	党员	四〇一团八连	副连长	1960年5月在索德战斗中牺牲
27	王国平	男	汉	重庆市铜梁县	党员	藏字四一〇部队	排长	1969年在聂荣县牺牲
28	姚廷芳	男	汉	重庆市大足县	团员	步兵一五八团一连	战士	1960年5月在二号地区战斗中牺牲
29	周洪银	男	汉	四川省德阳市	团员	步兵一五八团一小队	战士	1960年5月在二号地区战斗中牺牲

续表2

序号	姓名	性别	民族	籍贯	政治面貌	牺牲时所在单位	职务	何时何地因何牺牲
30	万作文	男	汉	四川省筠连县	党员	步兵一五八团二班	班长	1960年5月在二号地区战斗中牺牲
31	陈义兵	男	汉	四川省简阳市	党员	四〇一团八连	班长	1960年5月在索德战斗中牺牲
32	杨金坤	男	汉	重庆市涪陵区	团员	一三四师四〇一团八连	副班长	1960年5月在索德战斗中牺牲
33	黄再录	男	汉	重庆市涪陵区	团员	一三四师四〇一团八连	战士	1960年5月在索德战斗中牺牲
34	王俊全	男	汉	四川省隆昌县	党员	步兵一五八团一连	班长	1960年5月在二号地区战斗中牺牲
35	王天智	男	汉	四川省自贡市	党员	步兵一五八团一小队	排长	1960年5月在二号地区战斗中牺牲
36	吴章荣	男	汉	四川省南溪县	党员	步兵一五八团一连	班长	1960年5月在二号地区战斗中牺牲
37	王永旭	男	汉	陕西省铜川市	团员	九五四七部队	战士	1960年5月在二号地区战斗中牺牲
38	王第吉	男	汉	重庆市大足县	团员	步兵一五八团一连	战士	1960年5月在二号地区战斗中牺牲
39	杜双洁	男	汉	湖南省	党员	步兵一五八团二小队	排长	1960年5月在二号地区战斗中牺牲
40	兰大余	男	汉	四川省自贡市	团员	步兵一五八团一连	战士	1960年5月在二号地区战斗中牺牲
41	李大德	男	汉	重庆市铜梁县	党员	藏字四一〇部队	副排长	1969年在聂荣县牺牲
42	李顺德	男	汉	河南省遂平县	党员	三十二团侦察连	排长	1960年5月在二号地区战斗中牺牲
43	赫巨祥	男	汉	陕西省子长县	团员	三十二团六连	战士	1960年5月在二号地区战斗中牺牲
44	李方元	男	汉	陕西省铜川市	团员	三十二团一连	战士	1960年5月在二号地区战斗中牺牲
45	王厚明	男	汉	四川省剑阁县	党员	三十二团一连	班长	1960年5月在二号地区战斗中牺牲
46	雷辉	男	汉	陕西省铜川市	团员	三十二团一连	战士	1960年5月在二号地区战斗中牺牲
47	彭东源	男	汉	山东省	党员	拉萨分区军务科	副科长	1960年5月7日在二号地区战斗中牺牲
48	邓志贵	男	汉	四川省安县	党员	三十二团一连	班长	1960年5月7日在二号地区战斗中牺牲

续表3

序号	姓名	性别	民族	籍贯	政治面貌	牺牲时所在单位	职务	何时何地因何牺牲
49	唐胜松	男	汉	四川省遂宁县	党员	三十二团七连	排长	1960年5月6日在扎玛部落战斗中牺牲
50	陈续礼	男	汉	重庆市江津区	党员	三十二团七连	战士	1960年5月6日在扎玛部落战斗中牺牲
51	初立山	男	汉	山东省临清市	党员	三十二团	班长	1960年5月在二号地区战斗中牺牲
52	杨华清	男	汉	四川省荣县	团员	军区前校	学员	1960年5月在二号地区战斗中牺牲
53	马美瑞	男	汉	山东省临清市	团员	四〇一团八连	战士	1960年5月在索德战斗中牺牲
54	加色	男	藏	西藏那曲县	党员	聂荣县生产组	干部	1972年牺牲

（二）部分因公牺牲人员

序号	姓名	性别	民族	籍贯	牺牲时所在单位
1	桑地	男	藏	西藏聂荣县	那曲综合加工厂
2	黄大庆	男	汉	陕西省西安市	聂荣县公安局
3	央德	男	藏	西藏聂荣县	聂荣县公安局
4	格桑卓吉	男	藏	西藏聂荣县	安多养护段

大事记

大 事 记

公元前6世纪

大约在数万年前，那曲地区就有人类活动。后来逐步形成大大小小的部落。

隋唐以前，聂荣境域属象雄、苏毗管辖。

隋唐时期，聂荣境域属吐蕃地方政权管辖。

唐朝

贞观三年（629），松赞干布即位，尔后与象雄联姻，把王妹玛嘎尔嫁给象雄王李迷夏，建立友好关系，为吐蕃灭象雄和苏毗奠定了基础。

贞观七年（633），松赞干布平定反叛的苏毗等部。象雄遣使向唐朝进贡。

贞观十五年（641），文成公主入嫁吐蕃，松赞干布率兵至柏海（青海湖边）亲迎，途经聂荣县。

贞观十八年（644），吐蕃赞普松赞干布发兵攻打象雄，杀死象雄王李迷夏，将象雄所部收归吐蕃治下，派遣大臣琼布·蚌色苏孜任地方行政长官。象雄被正式划分为吐蕃六大行政区域之一。

9世纪中叶，吐蕃爆发平民起义，吐蕃政权随之崩溃，藏北地区陷入部落割据时期。

宋朝

南宋嘉熙四年（1240年，藏历第四饶迥铁鼠年），蒙古王子阔端派遣多达那波率军攻入西藏，蒙古军队从青海打到藏北，包括聂荣在内的藏北地区被蒙古军队收降。

元朝

13世纪，元朝中央在西藏地方建立萨迦地方政权，管理西藏地方事务。

元朝末期，元朝中央在西藏地方建立帕竹地方政权。元至正十四年（1354年，藏历第五饶迥木马年），帕竹政权取代萨迦政权，掌握西藏地方统治大权。

明朝

明洪武元年（1368年，藏历第六饶迥土猴年）明朝建立后，继承元朝对西藏地方的管理权，并在西藏地方实行“多封众建”策略。

明朝末期，和硕特部汗王固始汗在青海打败却图汗部，将西藏地方归入蒙古和硕特部管辖。此时期，聂荣境内逐渐形成阿扎买马（阿美）、阿扎多马（又称阿斗）和扎玛3个部落，为三十九族部落的重要组成部分。

清朝

雍正元年（1723年，藏历第十二饶迥水兔年），青海和硕特部蒙古首领罗卜藏丹津公开谋逆作乱，反对清廷。隶属罗卜藏丹津的三十九族及青海南部地区一时纷乱四起。清廷遣西藏地方政府噶伦颇罗鼐率藏军随清军一道经那曲卡一带进剿，招抚霍尔部落。

雍正三年（1725年，藏历第十二饶迥木蛇年），清廷委任第十二代霍尔王赤加吉钦总管三十九族部落，直属理藩院（清朝政府治理蒙古、回部及西藏等少数民族地区的最高权力机构）夷情衙门。

雍正九年（1731 年，藏历第十二饶迥铁猪年），清廷派官员勘定青藏边界，将黄河以南的游牧部落七十九族地区中的三十九族部落划归驻藏大臣直辖。

清乾隆十六年（1751 年，藏历第十三饶迥铁羊年），清廷将三十九族地区和达木蒙古八旗收归驻藏大臣直接管辖。

清光绪二十二年（1896 年，藏历第十五饶迥火猴年），西藏地方政府请求清廷把三十九族地区划归西藏，但未获准。辛亥革命后，驻藏大臣离藏。

中华民国

民国元年（1912 年，藏历第十五饶迥水鼠年），清朝驻藏大臣和清军撤走后，三十九族地区归属西藏地方政府管辖。

民国五年（1916 年，藏历第十五饶迥火龙年），西藏地方政府派僧官噶伦土登丹达在三十九族地区用兵，将三十九族部落头人的官品衔级降低。西藏地方政府在控制了三十九族地区后，设立霍尔基巧管理各部落。

民国八年初（1919 年，藏历第十五饶迥土羊年），十三世达赖喇嘛命哲蚌寺罗桑巴桑、色拉寺罗桑策殿、甘丹寺罗桑仁增等“三大寺”堪布至北京出任雍和宫堪布，途经黑河。

民国九年初（1920 年，藏历第十五饶迥铁猴年），十三世达赖喇嘛密派私人代表洛桑更登前往甘肃拜见甘肃督军张广建。4 月，途经黑河。

民国二十七年（1938 年，藏历第十六饶迥土虎年），十三世达赖喇嘛转世灵童从青海进藏，途经黑河。

民国三十年（1941 年，藏历第十六饶迥铁蛇年），西藏地方政府撤销霍尔基巧，将三十九族地区划分为巴青、比如、阿扎白索、色扎、尺牍、丁青 6 个宗。阿扎白索宗驻曲那格。后因宗址太偏僻，遂移到宗中心的色贡，称为聂荣宗。宗本由西藏地方政府直接委派。

中华人民共和国

1950 年

10 月昌都解放后，三十九族地区也随之解放，聂荣宗即归昌都地区人民解放委员会管辖。

1951 年

7 月，中共西藏工委三十九族分工委成立；10 月 13 日，中国人民解放军十八军独立支队先遣队抵达黑河；11 月初，即向各宗派出军事代表，建立军事代表处。派往聂荣宗的首任军事代表是韩效荣，随即组建聂荣宗解放委员会这一带有统战性质的过渡性政权组织，隶属昌都地区解放委员会第一办事处领导。

1956 年

10 月，随着形势的发展，撤销军事代表处，建立聂荣宗党委，归昌都分工委丁青中心县委领导。

1957 年

由于昌都地方上层的叛乱分子活动加剧，根据中央决定，撤销聂荣宗党委。

1959 年

3 月，西藏地方上层反动集团全面发动武装叛乱，人民解放军在西藏人民和各界人士的支持下，经过一年多的斗争，平息了这场反革命武装叛乱，随后，开展轰轰烈烈的民主改革运动。

5月，根据西藏工委关于《中共西藏工委关于西藏地区行政区划调整意见》，聂荣宗改为聂荣县，划归那曲（黑河）专区。

7月30日，中国共产党聂荣县委员会成立，隶属中共黑河分工委领导。

1960年

6月起，聂荣县委先后在所辖行政区域建立5个区委，分别是下河区委、措阳区委、扎玛区委、查吾区委、彭河区委。

8月1日，按照中共那曲分工委和那曲军事管制委员会的指示，成立聂荣县人民政府。

11月17日，聂荣县农牧部成立。

1961年

10月13日，聂荣县开展建立公共户口工作。

11月17日，聂荣县对整风运动中犯错误干部进行组织处理。

12月21日，聂荣县开展“加强防范叛匪回窜，提高警惕”工作，以防止意外发生。

12月27日，聂荣县对中共西藏工委批转工委政法部《关于评选治安积极分子和召开治安积极分子代表会议的意见》进行具体安排。

1962年

3月12日，聂荣县新起乡名：尼玛乡、尼龙乡、东龙各乡、查吾拉乡、白雄乡、索绕乡、康盖拉乡、白河迦乡。

5月14日，聂荣县召开表彰评选大会，评选出三位三好学员，分别是阿奴、卓玛、达嘎。

5 月 29 日，聂荣县成立“三光净化”小组。

6 月 21 日，聂荣县各区（队）开展第二批贯彻 30 条扎点工作。

7 月 1 日，撤销县委农牧部。

7 月 12 日，将下河区改名为尼玛区，彭河区改名为白雄区。

8 月 11 日，聂荣县开展研究各区、各部门人员编制工作。

10 月 18 日，因敌不断骚扰聂荣县边界，聂荣县委决定将县里所有干部组织成防备警戒队，下设民兵班，3—5 人一个小组，防止再次发生叛乱。

11 月 3 日，聂荣县增产保管委员会成立。

12 月 7 日，聂荣县召开今冬明春公安保卫工作安排部署会议。

12 月 7 日，聂荣县组织发放各乡主要干部和牧协会的生活补助。

12 月 13 日，聂荣县开展干部群众国际主义、爱国主义、社会主义、增产节约运动教育的活动。

12 月 17 日，根据工作需要，县委会议研究决定成立县委统战部，另增加一个编制，配备统战工作专职干部。

1963 年

聂荣县召开一届二次青联委员会，健全充实青联委员会。

1 月 25 日，聂荣县召开年度各阶层代表大会，并作总结报告。

4 月 30 日，聂荣县对先进生产者（治安积极分子）进行表彰。

5 月 18 日，聂荣县建立县、区参会的临时党支部，5 个支委，22 个党员共分成 3 个组。

8 月 9 日，聂荣县组织开展厉行增产节约和“五反”运动。

9 月 20 日，根据工筹委的联合指示，牧业税全年征收率各县最多不超过总征率的三分之一，对军烈属、贫苦户的征收进行减免。

10 月 11 日，聂荣县对征收牧业税事项，要求能够征收的乡在 12 月底由人武部征完，一般征收羊毛和活牲畜，统一由县财政部门处理。

10 月 28 日，聂荣县贸易公司大力开展以经营管理为中心的增产节约运动。

11 月 5 日，聂荣县组织召开职工定（套）级问题的动员部署会。

11 月 7 日，聂荣县开展“五反”制度试行工作。

1964 年

2 月 12 日，聂荣县召开《关于牧区阶级斗争中若干问题的暂行规定》的安排部署会议。

3 月 13 日，萨色乡召开接羔育幼工作现场会议。

3 月 23 日，经县委研究决定，沙尧乡（青海）改为楚勤乡。

5 月 25 日，经县委研究决定，东山乡改为索雄乡。

5 月 31 日，经县委研究决定，原下河乡划分为下曲、吉岗两个乡。

6 月 27 日，聂荣县人民政府党组成立。

7 月 10 日，经县委研究决定，赤来才旦任聂荣县电影队队长。

8 月 28 日，聂荣县下达关于供销社、信用社干部任职的批复。

10 月 20 日，经县委研究，下达关于白雄区委长期扶贫无息贷款的批复。

1965 年

8 月 9 日，聂荣县贫农团更改为贫苦农牧民协会。

8 月 11 日，聂荣县组织召开人民代表大会。

9 月 26 日，色庆乡建立党支部。

1966 年

3 月，聂荣县公办小学为学生发放助学金。

3 月 8 日，聂荣县组织开展纪念“三八”国际劳动妇女节活动。

6 月 17 日，聂荣县深入贯彻《区党委关于开展宣传中国共产党第八届中央委员会第十一次全体会议公报的紧急通知》。

8月2日，聂荣县委组织广大干部职工学习刘英俊英雄事迹。

1967年

4月，聂荣县成立县人武部，同时成立人武部党委。

8月10日，聂荣县委将叛乱牧主决尔美交由群众说理斗争。

1968年

8月5日，聂荣县召开第一次各界人民代表会议。

8月10日，聂荣县开展整顿巩固措阳区八一人民公社工作。

8月21日，聂荣县召开会议学习贯彻那曲军分区党委、那曲革命筹备委员会在7月份召开的各县革委会主任和武装部负责同志会议精神的意见。

1969年

4月19日，聂荣县成立革委会，主要由军队代表、干部代表和群众代表组成。

6月19日，聂荣县牧场被下曲乡和吉岗乡牧民掳走马23匹、牦牛465头，对此事件，地革委同意县革委的处理方法：首先对群众进行教育，动员他们把掳走的牲畜全部送回牧场，然后发动群众清查幕后策划者。

1970年

1月24日，查吾区革委会成立，白雄区革命委员会成立。

1月28日，吉岗乡革命委员会成立。

2月27日，聂荣县召开今冬明春工作安排部署会议，研究建立贫协委员会和民兵组织相关事宜。

2月，经那曲地区革命委员会党的核心领导小组批准，成立聂荣县革委会核心小组，与县革委会合署办公。

6 月 29 日，聂荣县成立卫生院革命领导小组。

12 月 18 日，尼玛区革委会举办第一期学习毛主席哲学著作学习班。

1971 年

1 月 3 日，聂荣县对各公社（乡）民间兽医人员进行审查、调整。

10 月 9 日，聂荣县传达学习贯彻中发（1971）21 号文件和西藏自治区第一次党代会精神的情况报告。

11 月 9 日，聂荣县召开基层骨干会议，传达贯彻《毛主席最近批示的七个重要文件》情况的报告。

1972 年

1 月 2 日，聂荣县召开四级干部会议。

1 月 10 日，聂荣县提出四级干部会议的倡议书。

3 月 2 日，聂荣县成立县直机关保密委员会。

5 月 7 日，聂荣县召开首届党员大会。

5 月 20 日，吕殿臣代表聂荣县革委会党的核心小组成员向中共聂荣县首届党员大会作报告。

5 月 21—26 日，聂荣县召开中共聂荣县第一次代表大会。

5 月 25 日，中国共产党聂荣县第一届委员会第一次全体会议研究通过关于深入进行思想和政治路线方面教育的决定。

7 月 3 日，聂荣县开展重新划分区乡行政区域工作。

7 月 21 日，聂荣县召开县委第二次全委会。

10 月 4 日，聂荣县对“文化大革命”以来自行命名的乡、公社名称进行变更。

1973年

1月18日，查吾拉区委会贯彻执行县委三干会议精神，新建牛羊圈58个、羔宫490个、小牛棚33个，共修水渠10条，修蓄水池6个，挖水井4口。

3月8日，聂荣县召开第一次妇女代表大会。

4月6日，查吾拉区落实政策登记工作。

5月21日，聂荣县组织学习叶剑英副主席关于总结十次路线斗争经验和召开十大问题的讲话精神。

7月25日，色贡乡公社报送公社情况总结，色贡公社有6个生产队，8个作业组，119户477人，全公社有牲畜12938头（只、匹）。

8月10日，聂荣县举办牧业知识学习大赛。

9月8日，大众公社流动帐篷小学开学，组织公社群众白天参加牧业生产，晚上学习。

11月6日，聂荣县召开英雄模范大会和四级干部会议。

12月25日，聂荣县成立下日人民公社。

1974年

1月11日，聂荣县为搞好良种推广工作，从查吾拉乡优选种绵羊200只、种牛50头。

1月28日，聂荣县召开第二次四级干部会议。

3月14日，聂荣县开展学习马列主义和毛主席著作活动。

6月22日，聂荣县开展彻底收缴社会残存武器弹药工作，严防事故发生。

9月14日，聂荣县索河桥工地发生严重事故，造成3人死亡。

10月21日，聂荣县召开贫下中牧代表大会。

11月18日，聂荣县举办公安特派员、治保主任训练班。

11 月 21 日，聂荣县整顿 8 个人民公社，新建 11 个人民公社。

12 月 30 日，聂荣县各类牲畜存栏数 507438 头（只、匹）。新修补修牛羊圈 423 个、小牛棚 583 个、羊羔窝 5640 个；新修水渠 16 条，打井 2 眼；全县有公办小学 1 所，在校学生 42 人，有民办教师 101 人，民办小学有 97 所，办政治夜校 162 所。

1975 年

3 月 24 日，聂荣县人武部不断加强民兵组织。

4 月 30 日，康格拉公社党支部成立。

8 月 10 日，聂荣县实现人民公社化。

9 月 9 日，聂荣县举行盛大聚会，热烈庆祝西藏自治区成立 10 周年。

9 月 29 日，聂荣县召开关于审议 1975 年 10 月至 1976 年 9 月草场基本建设计划的会议。

1976 年

1 月 13 日，全县有民办小学 12 所，在校学生 995 人，民办教师 57 人。

3 月 13 日，聂荣县开展人民公社 1975 年年终收益分配工作。

9 月 18 日，聂荣县党政、军、民 1000 余人集会，悼念伟大领袖毛泽东主席。

1977 年

1 月 5 日，中共聂荣县委、县革委会召开 1976 年工作总结大会。

2 月 4 日，聂荣县开始试行人民公社三大管理制度。

6 月 15—20 日，聂荣县第二届人民代表大会召开，出席大会的代表共 121 人；会议选举产生新的革委会组成人员。

7 月 9 日，聂荣县革命委员会成立。

8 月 19 日，聂荣县召开第二届革命委员会会议。

8 月 26 日，聂荣县实行免征牧业税政策。

10 月 16 日，聂荣县开展深入揭批“四人帮”工作。

1978 年

聂荣县全面贯彻落实党的十一届三中全会精神，深入开展宣传工作，做到家喻户晓、深入人心。

1 月 29 日，聂荣县成立调解委员会。

12 月，聂荣县开展学习贯彻《关于把我区的工作重点转移到社会主义经济建设上来的几点建议》活动，确定全县要把工作重点转移到经济建设上来的目标任务，召开誓师动员大会，迎接来年经济建设高潮。

1979 年

2 月，聂荣县成立扶贫工作领导小组。

3 月 24 日，聂荣县对公社赤脚兽医基本情况进行调查摸底。

3 月 30 日，聂荣县成立人民武装委员会。

6 月 6 日，聂荣县开展落实基层干部政策工作。

6 月，受党的统战政策感召，旅印藏胞托美朗加第一个回到家乡聂荣县探亲访问，表示返印后一定要向国外藏胞宣传祖国安定团结的大好形势。

8 月，聂荣县纪检委成立。

1980 年

1 月 15 日，中共聂荣县委员会召开会议安排部署 1980 年的各项工作。

1 月 22 日，聂荣县开展为期一个月的治保主任短训班培训工作。

3 月 25 日，聂荣县对山羊绵羊羔实行单项分段定额包工。

5 月 24 日，聂荣县永曲公社和安多县麻荣公社发生草场纠纷。

6 月 15 日，聂荣县传达学习贯彻区党委二届五次全体扩大会议精神。

7 月 8 日，白雄区传达学习贯彻关于西藏工作的重要批示。

7 月 12 日，聂荣县组织学习中央 31 号文件和自治区二届五中全会党委（扩大）会议精神。

9 月 23 日，聂荣县开展收缴枪支填发持枪证工作。

10 月，聂荣县开展《中华人民共和国婚姻法》宣传活动。

11 月 9 日，聂荣县公开审理《刑法》《刑事诉讼法》“两法”颁布以来的第一案“多吉故意伤害”案。

11 月 18 日，聂荣县成立保密领导小组。

11 月 24 日，聂荣县贯彻执行中共西藏自治区委员会关于进一步全面贯彻落实党的宗教政策的指示。

12 月，聂荣县落实干部政策工作基本结束。

1981 年

3 月 11 日，聂荣县开展纪念“三八”妇女节 72 周年活动。

3 月，聂荣县组织部与宣传部合并，有干部职工 8 人，

5 月 20 日，聂荣县开展落实人的政策验收工作。

6 月 15 日，聂荣县全面贯彻党的宗教信仰自由政策，加强对宗教活动的管理工作。

8 月 20 日，聂荣县公安局传达贯彻全区政法公安会议精神。

9 月 10 日，聂荣县人民法院传达贯彻政法公安工作会议精神。

1982 年

3 月 6 日，聂荣县开展调查研究改进农牧工商税务办法工作。

5 月，聂荣县开展牧业生产责任制工作。

7 月，聂荣县开展人口普查工作。

9 月 3 日，聂荣县开展农贷清理工作。

1983 年

6 月 22 日，聂荣县开展狠抓草场管理促进畜牧业发展工作。

8 月 31 日，对白雄区工作分队队员进行重新编组。

9 月 7 日，尼玛区工作分队对宣传教育工作进行安排。

11 月上旬，聂荣县委对 31 个基层党支部进行全面整顿。

1984 年

1 月 19 日，聂荣县开展进一步加强民族团结、广泛深入开展坚持“两个离不开”的宣传教育活动。

1 月 28 日以来，聂荣县普遍遭受风灾，风力在 8 级以上，风速 36 米/秒，造成直接经济损失 10 万元以上。

2 月 16—21 日，聂荣县第三次三级干部会议在县影剧院举行。

4 月 30 日，聂荣县召开第四次三级干部会议。

11 月 6—8 日，聂荣县委、政府组织召开各区书记会议。

1985 年

1 月 10 日，聂荣县全面开展县、区两级整党工作。

1 月 11 日，会议研究同意批转聂荣县直机关党支部《党内生活若干制度》。

5 月 16 日，聂荣县组织学习整党决定，做好二期整党工作。

6 月 5—28 日，聂荣县各单位开展清理财务工作，登记公物。

6 月 29 日，李焕庭作学习经济体制的辅导报告。

8 月，聂荣县热烈庆祝西藏自治区成立 20 周年。

9 月 16 日，聂荣县干部职工文化培训工作正式开始。

10 月，聂荣县普降大雪，遭受严重雪灾，损失严重；28 日，中共西藏自治区委员会副书记毛如柏乘坐兰州军区空军飞机视察聂荣县等重灾区。

11月，聂荣县开展草原资源普查工作。

1986年

4月，中共那曲地委、那曲地区行署作出决定，聂荣县被评为“1985年雪灾中抗灾救灾先进集体”。

6月17日，聂荣县部分群众到拉萨、林芝参观后，回到聂荣时陆续出现一系列的全身中毒事件，地区卫生部门的医疗队到聂荣县进行医疗救治，经救治，中毒者痊愈。

12月8日，在自治区召开的端正党风经验交流表彰大会上，聂荣县党委被评为“端正党风先进党委（党支部）”。

1987年

1月5日，县委、政府召开落实政策工作会议，研究成立聂荣县落实政策工作领导小组。

1月14日至2月20日，全县抽出区乡干部180多人深入广大牧区，一边宣传党的政策，一边逐乡逐户开展摸底排队、调查统计工作，保证了解决落实政策遗留问题的全面性和准确性。

2月20日，聂荣县委、政府联合发文《聂荣县1987年工作要点》。

4月17日，聂荣县委下发《聂荣县委落实政策工作总结》。

5月26日至6月10日，聂荣县召开第二次党代会。

7月2日，经县委、政府会议研究决定，抽调有关人员按照单位职能和业务性质组成工作组，深入基层开展调查研究指导工作。

10月4日，地区民政局党组书记多南到聂荣县检查指导换届选举和基层政权建设工作。

10月6日，县委、人大、政府召开在家领导联席会议。

10月9日，县委下发《中共聂荣县委关于加强公安保卫工作、防止发生骚乱事件的具体安排意见》。

11 月 12—25 日，聂荣县召开第五届人大第一次会议。

12 月 12 日，县委、人大、政府举行联席会议，决定成立县机关中心学习领导小组，促进参加人员先学一步，对全县学习活动作引导。

12 月 18 日，县委召开办公室会议，研究组宣部提交事宜，决定成立由 5 人组成的聂荣县党史征集领导小组。

12 月 24 日，县委、人大、政府召开联席会议，传达地委领导的有关指示，研究加强基层政权建设工作中干部搭配的具体做法。

1988 年

1 月 6—10 日，县统战部召开统战人士及各寺活佛座谈会。

2 月 8 日，经县常委会研究决定，成立聂荣县落实政策复查领导小组。

4 月 10 日，聂荣县委、政府对 1988 年的各项工作进行了安排部署。

9 月 23 日，聂荣县为认真贯彻执行地区党建工作座谈会精神，召开下乡工作安排要点会议。

11 月 11—15 日，聂荣县委召开二届二次全委扩大会议。

12 月 7 日，聂荣县公安局在全县范围内开展枪支清理登记，并统一发放新的持枪证。

1989 年

1 月 9 日，县委常委会议研究决定，成立聂荣县普法领导小组。

1 月 16—18 日，县委统战部召开统战宗教爱国人士工作座谈会。

6 月 4 日，为更好地开展“两室”工作，提高办公效率，便于与县直机关联系，对办公室领导进行分工。

8 月 23—28 日，聂荣县召开中共聂荣县委第二届三次全委会。

11 月 8—17 日，聂荣县机关全体党员集中进行民主评议工作。

1990 年

2 月 2 日，聂荣县召开会议传达学习党的十三届五中全会和区党委三届八次全委会扩大会议精神。

5 月 8 日，聂荣县县第三次代表大会代表资格审查全部完成，按照规定选出代表 85 名。

5 月 11—15 日，聂荣县召开第三次代表大会。

6 月 14 日，经会议研究决定新成立普法领导小组。

6 月 14 日，县委常委会会议研究决定，成立聂荣县第六次人民代表大会选举委员会，并拟定选举委员会的主要任务。

6 月 27 日，地区组派的开展生活救济、生产扶持工作组进驻聂荣县，开展扶贫救助工作。

1991 年

3 月 11—16 日，聂荣县召开首次政法工作会议。

9 月 7 日，经会议研究，聂荣县车辆实行统一调配使用。

9 月 16—18 日，召开聂荣县第三届二次会议和县级领导干部民主生活会。

9 月 28 日，聂荣县联席会议研究决定成立聂荣县文化馆。

10 月 11 日，聂荣县第六届人民代表大会第二次会议认真审议了聂荣县“八五”计划和“十年规划纲要”。

10 月 24 日，聂荣县开展社会主义思想教育试点工作。

11 月 27—28 日，聂荣县召开贯彻全区宗教工作会议精神工作会。

1992 年

1 月 3 日，聂荣县对开展社会主义思想教育试点工作进行总结。

1月9日，聂荣县成立节日期间拥军优属、拥政爱民慰问团。

2月6日，根据那曲地区1992年牧业防抗灾基地建设工作安排精神，聂荣县就如何做好防抗灾基地建设作出安排。

2月15日，经联席会议研究决定，抽调一批思想素质好，有一定工作经验的县、区级领导干部，组成老、中、专结合的聂荣县“1992你去哪”第一批社教工作队。

4月9日，聂荣县召开贯彻学习中发（1992）2号文件工作会议，到会的有县直各单位及人武部、武警中队等部门负责人，共计25人。

4月10日，聂荣县成立双拥工作领导小组。

7月23日，聂荣县抽派14人到安多县支援社教工作。

10月20日，聂荣县成立乡镇企业局，创办工商综合服务公司。

10月20日，聂荣县为贯彻执行落实中央（92）2号文件精神和邓小平南方谈话精神，制定《聂荣县关于畜产品从1993年起全部放开和加强税收的决定》。

10月20日，聂荣县公布县级党员干部廉政措施。

10月24日，聂荣县执行落实1990年6月拟定的《加强我县干部管理及政治思想教育的若干规定》。

10月26日，聂荣县召开县级领导干部党员民主生活会，会期一天，参加会议的有县委、人大、政府共8名在家干部。

10月27日，聂荣县试运行以草定畜实施办法。

11月4日，聂荣县成立冬季征兵领导小组。

1993年

1月1日，中国农业银行聂荣县支行综合目标管理办法议定书开始执行。

1月4日，联席会议研究决定，成立聂荣县社教办公室，由7人组成。

1月6—11日，聂荣县各地连续普降大雪，局部地区已积雪成灾，查吾拉三乡和萨色、色庆、尼玛等平地积雪达15—20厘米，尤其是白雄、索雄、果雄，三乡均积雪在20厘米以上。

1月21日，聂荣县召开紧急会议，研究部署救灾抗灾工作。

3月2日，聂荣县成立教育工作协调领导小组和教育基金委员会。

3月11日，县委、政府召开工作会议，全县乡、县直单位主要负责人参加会议，共计55人，历时5天。

3月16日，聂荣县召开第六次人民代表大会常委会第七次会议。

3月29日，按照地区社教团的统一部署，第三批思想教育工作组进驻聂荣县。

5月12日，聂荣县各社教队进行为期4天的工作组长会议。

5月24日，聂荣县县直单位划分选区并组建各选区选举领导小组。

6月3日，聂荣县检查验收工作队对社教工作进行验收，为期8天，10号结束，并于10日下午对验收情况进行集中汇报。

6月29日，聂荣县召开社教工作总结暨表彰大会，嘎玛在会上作讲话。

8月12日，聂荣县举行七届人大常委会第一次会议。

11月6日，聂荣县制定“二五”普法宣传教育的三年计划。

11月25日，聂荣县委常委会学习党的十四届三中全会精神和《邓小平文选》第三卷。

11月26日，聂荣县普法领导小组安排县直机关各学习小组普法宣传员进行一个月的法律学习。

1994年

2月8日，聂荣县开展清理第十四世达赖画像、像章的工作。

5月11日，聂荣县开展基层组织目标管理试点工作。

6月29日24时，聂荣县查吾区发生7级地震，持续时间大约3分钟，30日又发生5级地震，持续大约1分钟，同日8点再次发生6级地震，初步统计倒塌房屋25间，涉及375平方米。

7月6日，聂荣县共青团第二次会议召开。

7月7日，撤销查吾区委、区公所。

9月20日，聂荣县宣传贯彻“两会”精神的工作组共计42人，分14个工作队赴各乡展开宣讲。

10月16—22日，聂荣县第七届人民代表大会第二次会议召开，会期7天。

12月26日，成立聂荣县宣传教育思想工作领导小组，加强和改进宣传教育思想工作。

12月26日，聂荣县成立组织史续编领导小组。

12月26日，聂荣县成立反腐败领导小组。

12月28日，聂荣县认真传达学习贯彻地区“三干”会议精神。

1995年

1月10日，聂荣县成立整治农牧区社会治安领导小组。

1月10日，聂荣县成立以县委宣传部为主的通信报道组。

2月19日，聂荣县对防灾抗灾指挥部人员进行调整充实。

2月中旬，聂荣县全县普降大雪，平均积雪达20—50厘米，导致全县牲畜死亡25490头（只、匹），占总牲畜量的4.7%，709户3904人断粮。

4月22日，为开好聂荣县第四届党代会，经会议研究决定成立秘书组、审查委员会、后勤保障组等各相关工作组。

6月3日，聂荣县召开第四次党代会代表选举工作。

6月9日，聂荣县委召开第四届全委会第二次会议。

6月11日，经会议研究决定，充实聂荣县经济技术开发攻坚领导小组。

8月8日，联席会议研究决定，从8月20日至9月10日举行隆重的纪念西藏自治区成立30周年庆祝活动。

10月6日，聂荣县组建校办牧场。

10月23日，聂荣县召开整顿机关作风动员大会。

11月12日，授予伦祖优秀工作党员的称号。

12月26日，聂荣县联席会议决定，成立聂荣县使用藏文领导小组。

1996 年

1 月 16 日和 24 日，聂荣县尼玛、色庆乡、大众乡发生暴风雪。

2 月 9 日，县人大常委会第四次党组会研究成立聂荣县乡镇人大换届选举委员会。

7 月 21 日，聂荣县成立县改革畜产品经营方式协调领导小组。

7 月 30 日，聂荣县成立扶贫基金会。

7 月 30 日，聂荣县大众乡实行基层党组织目标管理责任制。

10 月 25 日，聂荣县试运行加强干部管理及政治思想教育工作的若干规定。

1997 年

1 月 8 日，聂荣县成立扶贫开发领导小组。

4 月 14 日，聂荣县调整充实县精神文明协调领导小组。

4 月 18 日，聂荣县成立“青年乡村小康行动”领导小组。

5 月 7 日，聂荣县实施老干部管理办法。

5 月 10 日，聂荣县成立县寺庙爱国主义教育和清理整顿领导小组。

7 月 1—13 日，聂荣县各乡（镇）、县直各单位热烈庆祝香港回归。

8 月 7 日，聂荣县成立实施目标管理责任制领导小组。

8—9 月，聂荣县第七届人大常委会召开第三次县人民代表大会。

9 月 29 日至 12 月 12 日，聂荣县持续降雪 27 次，其中大雪 8 次，全县 13 个乡 173 个行政村不同程度遭受大雪袭击。

10 月 25—31 日，聂荣县召开第八届人民代表大会。

12 月 11 日，联席会议研究决定成立聂荣县地方志编撰小组。

1998 年

1 月，那曲地区行署常务副专员嘎玛在聂荣县看望慰问受灾群众。

1月3日，聂荣县对1997年的工作进行总结并安排部署1998年的各项工作。

1月10日，中共西藏自治区委员会副书记旦增在萨色乡4村看望慰问抗灾英雄亚达。

2月15日，聂荣县开展目标管理责任制落实情况自评总结工作。

3月17日，聂荣县“三五普法”领导小组成立。

3月初，聂荣县13个乡普降5次中、小雪，积雪厚度均在20厘米以上，特重灾区、村灾情加重。

3月19—21日，聂荣县召开灾后大反思讨论会。

3月30日至4月2日，聂荣县召开抗灾救灾及恢复生产工作会议。

3月30日，聂荣县召开乡书记、乡长工作会议。

5月9日，经过县委常委会研究决定，同意1998年7月1日成立色庆、萨色、下曲、白雄四乡党委。

6月28日，聂荣县召开八届三次人代会。

7月8日，聂荣县调整充实政法队伍教育整顿领导小组。

8月26日，聂荣县认真传达贯彻自治区省级党员干部会议精神。

9月7—11日，聂荣县召开扶贫开发、防抗灾准备现场工作会。

10月29日，聂荣县推行国家公务员制度领导小组成立。

11月30日至12月4日，中共聂荣县委四届二次全委扩大会议召开。

11月30日，聂荣县委召开四届二次全委会（扩大会议）。

12月8日，聂荣县组织学习贯彻“两会”精神。

12月14日，中共聂荣县委、县人民政府对大众乡14村等4个集体扶贫点和在扶贫工作中成绩突出的才旺罗布等5人进行表彰。

1999年

1月11日，聂荣县申请成立县公务员年考核领导小组。

1月22日，聂荣县政府党组成立。

1月28日，聂荣县对1998年目标管理责任制进行自我考评。

2月2日，聂荣县“三讲”领导小组成立，“三讲”即讲学习、讲政治、讲正气。

3月5日，聂荣县申请成立聂荣县政协。

3月23日，聂荣县委、人大、政府联席会议研究决定成立聂荣县乡（镇）换届领导小组。

4月28日，县委书记罗布顿珠、副书记张卫东，县委常委、宣传部部长桑珠等县级领导到地委党校看望在党校学习的学员，并召开党校学员座谈会。

5月2日，聂荣县召开八届人民代表大会第四次会议，会期7天。

5月20日，聂荣县调整充实精神文明领导小组。

6月30日，聂荣县委员会表彰6个先进基层党组织和24名优秀党员。

7月10日，聂荣县乡级干部考察团赴日喀则、山南、拉萨三地市进行考察学习。

7月15日，聂荣县对草场有偿承包责任制工作进展情况进行总结，对下一步工作进行安排。

8月1—5日，为庆祝建县40周年、西藏民主改革40周年、新中国成立50周年、迎接澳门回归等，聂荣县举办第二届民间文艺表演和物资交流赛马大会。

8月13日，聂荣县组织县直机关、大众乡干部职工群众收看中央电视台“4·25非法聚集行动专题新闻”。

8月24日，聂荣县基层乡党委、村支部换届选举领导小组成立。

8月27日，基层党组织换届选举领导小组召开会议，研究制定聂荣县基层乡、村党组织换届选举工作方案。

9月1日，自治区、地区“三讲”教育巡视组到聂荣县检查、指导工作。

9月3日，由自治区政协主席陈汉昌、地区政协主席江白带队的扶贫工作组一行抵达聂荣县，对帮扶项目“基础母牛工程”进行专题研究。

9月5—12日，聂荣县委书记罗布顿珠、副县长王俊彪、县畜牧局副局长楚格和大众乡党委书记才旺罗布一行4人，前往昌都类乌齐县考察学习草场承包制的先进经验。

9月6日，聂荣县妇女儿童工作委员会成立。

9月10—12日，各乡党委、村支部召开换届选举大会。

9月11—16日，行署常务副专员嘎尔玛到聂荣县检查指导防灾抗灾工作。

9月13日，聂荣县召开党政、企事业单位干部职工大会。

9月18日，由地委委员、组织部部长杰巴带队的“三讲”巡视组到聂荣县检查指导“三讲”教育工作。

9月30日，聂荣县“大庆”领导小组组织举办歌咏、棋牌类比赛活动，隆重庆祝中华人民共和国成立50周年。

10月1日，聂荣县举行隆重的升国旗仪式，庆祝中华人民共和国50华诞。

10月16日，召开全县勘界工作会议。

11月6日，聂荣县教育整顿工作进入第二阶段，对66名乡村干部、统战、爱国人士进行骨干培训。

11月10日，果雄乡、当木江乡举办第四期、第五期流动党校培训班。

11月10至12月10日，聂荣县社会综合治理工作在白雄乡开展集中教育整顿。

11月17日，聂荣县根据“两手抓、两手都要硬”的工作方针，在努力做好经济建设的同时，狠抓精神文明建设。

11月19日，聂荣县召开评选表彰首届十大勤劳致富户暨3年扶贫开发工作总结会。

11月20日，大众乡草场承包责任制落实到户试点工作顺利开展。

12月18日，聂荣县召开纪念党的十一届三中全会20周年报告会。

12月21—22日，聂荣县纪检委举办为期2天的乡纪检员培训班。

12月31日，聂荣县举行庆祝澳门回归，迎接新世纪“升国旗、唱国歌”仪式。

年底，全县6个乡宣布脱贫，处于贫困线以下的还有529户2687人，分别占全县总户数和人数的11%和9.6%。

2000 年

1 月 5 日，聂荣县发生地震，造成 18 户房屋受损。

1 月 20 日，县委中心学习小组传达学习自治区经济座谈会精神，学习讨论陈奎元书记、列确主席的重要讲话。

1 月 20 日，地委副书记、地区人大工作委员会主任康金到聂荣县视察检查工作。

1 月 23—27 日，聂荣县召开三级扶贫开发工作会议，乡、村干部及县直单位负责人、勤劳致富能手等 270 人参加会议，会议对扶贫工作先进集体、先进个人、十大勤劳致富户以及社会治安工作和目标管理责任制工作先进单位和个人进行了表彰。

1 月 27 日，县委、人大、政府召开联席会议，会议听取县委常委桑珠、县教育局局长申秋汇报的教育工作大检查情况。

1 月 29 日，县委、人大、政府召开联席会议，研究聂荣县小乡并大乡、加强城镇建设规划等工作情况。

1 月 29 日，县委、政府召开县直机关、企事业单位及驻军区级以上干部会议，安排部署全县扶贫攻坚工作。

2 月 20—21 日，县委统战部、县民宗局联合召开寺庙、日追民管会成员工作例会，共 10 名民管会成员参加会议。会议向民管会成员传达了反分裂、宗教问题、民宗古籍登录工作等方面的文件精神，并签订了 2000 年目标责任书。

2 月 23—24 日，县委统战部与民宗局联合组织召开全县统战爱国人士座谈会，会议由县统战部部长阿恰主持，全县各战线的党外人士、县党政领导共 28 人参加座谈会。座谈会上，向统战爱国人士通报了全县 1999 年工作情况及 2000 年工作要点，并就全县经济建设、社会稳定等方面广泛征求意见。

3 月 1 日，县委、人大、政府召开专题会议，传达地区政法工作和社会治安综合治理工作会议精神，安排部署全县 2000 年政法工作和社会治安综合治理工作。

3月2—10日，县委书记罗布顿珠带队的工作组利用9天时间，行程1000余千米，先后对受灾严重的北部6乡14个村共200多户群众进行实地走访慰问。

3月16日，聂荣县公安、法院抽出部分精通法律人员组成普法领导小组，深入尼玛乡、玉则乡开展为期一周的法制宣传教育活动。

3月23日，县委、政府组织县直机关区级以上干部召开会议，传达地区经济工作暨各项专业会议精神，号召干部职工深入学习有关会议精神，调整工作思路，确保全县各项工作目标顺利实现。

3月24日，县委、政府召开宣布大开发专题会，学习了朱镕基总理实施西部地区大开发战略的文章和陈奎元书记在全区经济工作座谈会上的讲话精神。县直机关、企事业单位及县人武部的领导共40人参加了会议。

4月5日，县委、人大、政府召开联席会议，传达自治区农牧区工作会议精神，学习传达丹增副书记在会议上的讲话和区党委、政府关于"十五"期间农牧业和农牧区工作的意见。

4月6日，县委、政府召开县直机关、企事业单位区级以上干部会议，罗布顿珠书记传达自治区农牧区工作会议精神。

4月9日，县在家领导召开联席会议，讨论参与西部大开发的有关工作。

4月10—12日，地区草原"三灭"现场培训会在聂荣县召开。地区行署副专员次旺多布杰、地区畜牧局领导及那曲、安多、比如、嘉黎、聂荣5县的主管畜牧县长，县畜牧局局长出席会议，江措拉姆县长在开幕式上发表讲话。会议期间，与会人员到下曲乡进行"三灭"技术现场培训。

4月11日，自治区农牧厅工作组一行到聂荣县进行工作调研，县委、政府及县畜牧局的领导就畜牧业生产，特别是1997年冬雪灾以后生产恢复情况，1999年6月发生的虫灾情况及农牧民生产生活、畜产品流通等情况进行汇报。

4月20日，县委、人大、政府召开联席会议，研究关于在干部职工中广泛禁止赌博活动的有关事宜。

4 月 20—25 日，聂荣县召开人大八届五次会议，会议通过聂荣县政府工作报告，“十五”计划和 2015 年远景规划纲要以及县人大常委会、县法院、县检察院、计委财政工作报告，补选县人大八届常委会委员 2 名。

5 月 10 日，县委、人大、政府召开联席会议，研究组派工作组深入牧区督促指导传达贯彻全区农牧区工作会议精神情况。会议确定成立 4 个工作组，由县委、人大、政府、纪委主要领导带队，明确工作组的任务，即督查指导 5 个方面的问题、开展 3 项工作、明确答复 2 个问题。

5 月 13 日，县政法委、综治委办公室会同人民法院开展预防青少年违法犯罪法制宣传教育活动。

5 月 14 日，召开联席会议，会议听取多加副县长对当年基本建设项目的情况汇报，江措拉姆县长就政府办公会议关于县贸易公司的改革情况作了汇报。

5 月 15 日，召开公、检、法、纪四家“三讲”教育动员大会，会议由县委组织部部长旦增主持，县委书记罗布顿珠作动员报告，县直机关区级以上干部及驻军代表共 50 多人参加。

5 月 25 日，召开县级领导班子和领导干部“三讲”教育“回头看”活动动员大会，县直机关企事业单位区级以上干部及公、检、法、纪四家单位的全体干部职工共 45 人参加。

6 月 25—26 日，县委、人大、政府召开会议，传达学习那曲地委扩大会议精神，会议围绕地委扩大会议精神，结合反对分裂、维护稳定工作实际，回顾总结全县十多年来维护稳定工作取得的成绩，分析面临的问题，提出下一步反对分裂、维护稳定工作的思路和对策。

7 月 1 日，县委召开“四观”教育党员和纪念建党 79 周年大会。县委、人大、政府三家领导就如何开展“四观”“两论”教育作总动员。

7 月 1 日，县委组织部部长旦增作纪念建党 79 周年的专题讲座，并向 1999 年的“优秀党员”颁发奖品，为新党员举行入党宣誓仪式。县直机关、企事业单位及退休干部职工共 80 多人参加会议。

7 月 7—10 日，县委召开四届二次全委会扩大会议、基层党建工作会议和政法工作会议，按照会议日程，传达学习地委扩大会议及有关专业会议精神，安排部署当前和今后一段时间的反分裂斗争和维护稳定工作，签订《党建工作目标责任书》。

7月12日，聂荣县举办司法助理员和调委会责任培训，共有16名干部参加业务培训。

8月1日，聂荣县召开第五次人口普查专题会议。

8月14日，聂荣县举办为期6天的人口普查培训班，来自全县13个乡及县直部门的49名领导和业务人员接受集中培训。

9月5日，聂荣县委组织部选派年轻干部到基层充实加强乡（镇）领导班子。

9月，那曲地委书记公保扎西在聂荣县调研并慰问干部群众。

10月24日，聂荣县第五次代表大会全体代表表决通过聂荣县第五次代表大会选举办法。

10月27日，聂荣县委、政府新老班子进行工作交接。

11月9日，为将“两会”精神贯彻落实到实处，经县委、政府研究，组派工作组下驻各乡，促进各乡工作落实。

11月15日，聂荣县召开首届教育工作会议。

2001年

1月1日，为节约财政资金，减少不必要的开支，县财政局、政府办起草《聂荣县财务管理制度》和《聂荣县车辆管理办法》，经研究后下发。

3月25日，根据自治区关于区划调整（99）31号文件精神，为加强基层组织政权建设，加快机构改革步伐和小城镇建设，促进地方经济快速发展，聂荣县委、人大、政府结合实际，对现有的13个乡根据人口、规模、地理位置、交通等进行充分调查、论证、反复酝酿，形成聂荣县乡（镇）行政区划调整方案：大众乡改为大众镇；萨色乡与色庆乡合并为色庆乡，乡政府设在色庆乡；尼玛乡与玉则乡合并为查曲乡；查当南部、当木江乡南部、果雄乡合并为查吾中心乡；查当乡北部与当木江乡北部合并为当曲乡；保留桑荣乡、下曲乡、白雄乡、索雄乡、永曲乡。

4月10日，根据中央、西藏自治区、那曲地区三级扶贫开发会议及《中国农村扶贫开发纲要（2001—2010）》和西藏自治区第六次党代会精神，按照上级党委、政府总体扶贫规划要求，聂荣县制定“十三五”期间扶贫开发工作规划。

10月29日，为顺利完成2001年冬季征兵工作，经县人民政府和县人武部研究决定，成立征兵领导小组。征兵领导小组组长为县委副书记、政府县长杨绪卿，副组长为县人武部政委陈国友。

11月12日，召开聂荣县人民检察院基建工作会议。

2002年

9月10日，经县机构改革领导小组审核后，报经县委、政府及地区编办批准，成立聂荣县民政局。民政局行政编制6名，其中领导职数2名，局长1名，副局长1名。

9月10日，经县机构改革领导小组审核后，报经县委、政府及地区编办批准，成立聂荣县政府办公室。政府领导7名，其中县长1名，副县长6名。政府办公室行政编制7名，其中领导职数3名，主任1名，副主任2名。

9月10日，经县机构改革领导小组审核后，报经县委、政府及地区编办批准，成立聂荣县交通局。交通局行政编制4名，其中领导职数2名，局长1名，副局长1名。

9月10日，经县机构改革领导小组审核后，报经县委、政府及地区编办批准，成立聂荣县财政局。财政局行政编制5名，其中领导职数3名，局长1名，副局长2名。

9月10日，经县机构改革领导小组审核后，报经县委、政府及地区编办批准，成立聂荣县农牧局。农牧局行政编制6名，其中领导职数3名，局长1名，副局长2名。

9月10日，经县机构改革领导小组审核后，报经县委、政府和地区编办批准，成立聂荣县乡镇企业管理局。乡镇企业管理局行政编制1名。

9月10日，经县机构改革领导小组审核后，报经县委、政府及地区编办批准，成立聂荣县计划生育委员会。计划生育委员会行政编制1名，其中领导职数1名，即主任1名（副科）。

9月10日，经县机构改革领导小组审核后，报经县委、政府及地区编办批准，成立聂荣县卫生局。卫生局行政编制5名。

9月10日，经县机构改革领导小组审核后，报经县委、政府和地区编办批准，成立聂荣县文化广播电影电视局。文化广播电影电视局行政编制4名。

9月10日，经县机构改革领导小组审核后，报经县委、政府及地区编办批准，现成立聂荣县民族宗教事务局。民族宗教事务局行政编制3名。

9月10日，经县机构改革领导小组审核后，报经县委、政府及地区编办批准，成立聂荣县劳动和社会保障局。劳动和社会保障局行政编制3名。

9月10日，经县机构改革领导小组审核后，报经县委、政府及地区编办批准，成立聂荣县国土资源局。国土资源局行政编制3名。

9月10日，经县机构改革领导小组审核后，报经县委、政府及地区编办批准，成立聂荣县教育体育局。教育体育局行政编制5名。

9月10日，经县机构改革领导小组审核后，报经县委、政府及地区编办批准，成立聂荣县环境保护局。环境保护局行政编制1名。

9月10日，经县机构改革领导小组审核后，报经县委、政府及地区编办批准，成立聂荣县公安局。公安局行政编制15名。

9月10日，经县机构改革领导小组审核后，报经县委、政府及地区编办批准，成立聂荣县统计局。统计局行政编制1名。

9月10日，经县机构改革领导小组审核后，报经县委、政府及地区编办批准，成立聂荣县经济贸易委员会（对外贸易经济合作局）。经济贸易委员会（对外贸易经济合作局）行政编制3名。

9月10日，经县机构改革领导小组审核后，报经县委、政府及地区编办批准，成立聂荣县粮食局。粮食局行政编制1名。

10月15日，根据2001年6月中央第四次西藏工作座谈会精神，神华集团公司等15家国有特大型骨干企业承担国家第三批对口支援西藏的任务，为期12年。按照中央的安排，西藏自治区那曲地区聂荣县成为神华集团公司的对口支援县。

2003年

4月21日，丁俄贡苯寺遭受地震，寺庙和查吾区都有强烈震感，许多建筑物受到不同程度的损坏。

4月27日，聂荣县成立防治“非典”领导小组。领导小组组长由政府县长才旦扎西担任。

5月16日，那曲移动通信公司在聂荣县建设站台。

8月26日，当雄县爆发牲畜“W”病后，聂荣县色庆乡4村、5村、6村相继发生牲畜疑似“W”病的传染病。聂荣县立即调整充实防“W”指挥部，疫区村也相继成立牲畜疑似“W”病的防治突击队。截至8月26日，色庆乡共发生牲畜疑似“W”病例260例。

8月27日，聂荣县将丁俄贡苯寺、朗色寺列入县级文物保护单位。

2004年

6月20日，聂荣县全面推行政务公开。

6月28日，聂荣镇1村、尼玛乡15村、当木江乡3村被评为“村民自治达标村”。

9月3日，聂荣县发展和改革委员会（商务局、建设局）成立，行政编制7名，领导职数3名，一正两副。同日，聂荣县安全生产监督管理局成立；聂荣县人口和计划生育委员会成立。

2005年

10月13日，全县普降大雪，永曲、查当等边远乡村因积雪较厚形成灾情，造成直接损失近100万元。

12 月 14 日，聂荣县盛发建筑工程有限公司成立，公司性质为乡镇企业。

本年度，神华集团购买 10 辆小车援助聂荣县。

2006 年

1 月 6 日，聂荣县安监局制定《聂荣县重特大交通事故紧急处置预案》。

4 月，那曲地委书记多托在聂荣县调研。

5 月 8 日，中储股份有限公司组织部门先进员工到聂荣县考察，并赠送 10 台电脑。

6 月 2 日，聂荣县召开“普六”教育工作会议。

6 月 15 日，聂荣县重新分配干部职工周转房。

7 月 3 日，聂荣县扎西新村完工。

7 月 18 日，西藏自治区政府副主席邓小刚在聂荣县调研慰问，那曲地委委员、行署副专员谭永寿陪同；同日，聂永公路第七标段开始修建。

8 月 5 日，聂荣县完小建成。

9 月 17 日，聂荣县卫生局制定出台《聂荣县麻疹强化免疫工作实施方案》。

11 月 13 日，聂荣县政府班子集体研究讨论，决定对查当乡一带的铅锌矿资源进行开发利用，矿产开发将以承包形式进行，并与西藏普康矿产开发公司签订承包合同，计划开发期限为 5 年。

12 月 15 日，根据中共中央关于建设社会主义新农村的伟大战略，西藏自治区党委、政府提出的“十一五”期间全区 80% 以上的农牧民要住上安全、适用的新房目标。聂荣县农牧民安居工程共投资 3961. 4 万元开工建设。

2007 年

3 月 30 日，聂荣县消防大队在加油站东侧，神华路北侧，北端距扎布河 78 米左右，东侧与粮油公司商品房相邻的地方建设消防站。

4 月，聂荣县司法局成立，编制 5 人，其中领导职数 3 名，一正两副。同月，工商行政管理局成立。

5 月，聂荣县下曲乡至比如县夏曲镇公路工程建设开工。

6 月 12 日，为有效抵御“法轮功”对广播电视卫星的攻击，确保党的十七大广播电视的正常播出，经县委、政府研究，制定《聂荣县广播电视卫星地面接收设施转星调整实施方案》。

12 月 2 日，自治区党委常委、自治区常务副主席白玛赤林在聂荣县进行督导、调研。

本年度，聂荣县修建了聂荣镇 12 村，解决 30 多户群众（共 180 多名群众）的住房问题。

2008 年

2 月 22 日，聂荣县对扎西居委会、塔杰居委会、团结居委会、社区办公活动场所建设进行研究，强化社区服务管理，配备办公设备，为基层群众提供良好的服务和活动场所。

4 月 18 日，在聂荣镇、色庆乡、下曲乡、当木江乡、查当乡、索雄乡、白雄乡、永曲乡实施乡（镇）兽防站建设。

4 月 20 日，聂荣县进一步研究改进聂荣县神华集团大中专及高中在校贫困生助学基金的资助金申请办法。

6 月 11 日，西藏军区政委王增钵在聂荣县武装部检查指导工作。

7 月 28 日，聂荣县召开会议，决定为色庆乡 24 村在县城解决修建畜产品销售点建设用地 400 平方米。

7 月 28 日，聂荣县决定在县城安装电子监控系统。

7 月，自治区党委副书记、政府主席向巴平措到聂荣县调研。

8 月 1 日，那曲地委副书记、行署专员谭永寿在聂荣县看望慰问武装部队官兵。

9 月 4 日，根据《自治区人口计生委关于推荐上报新农村新家庭人口健康促进项目试点县的通知》（藏人口发〔2008〕31 号）和《关于成立新农村新家庭人口健康促进项目领导小组的通知》（那人口发〔2008〕34 号）文件精神，聂荣县被列为试点县，色庆乡被列为开展新农村新家庭——香格里拉地区人口健康促进项目“试点工作乡”。

11 月 4 日，聂荣县举办首届活畜展销会，凡销售的活畜，按每只绵羊单位补贴 20 元的标准进行补贴。

2009 年

5 月 31 日，制定《聂荣县甲型 H1N1 流感预控预案》。

6 月 6 日，在县职教中心和部分乡（镇）开办职业教育，共有 8 个专业 13 个班。

7 月 27 日，聂荣县举办赛马物资交流会。

7 月 24 日，聂荣县从 3 个乡镇吸纳 10 户贫困户，在县牧场组建以牦牛育肥为主的牧业合作经济组织示范点，实施期为 3 年。

9 月 28 日，经聂荣县安居工程领导小组研究决定，为来自聂荣镇、色庆乡、尼玛乡、白雄乡、桑荣乡、下曲乡的长期居住在县城，以打工为生的无畜、少畜的 85 户贫困户在县城周围实施安居房工程。

11 月 13 日，自治区农科院党委书记洛桑旦达与那曲地委书记边巴扎西到县完小看望学生。

2010 年

3 月 24—26 日，聂荣县先后发生里氏 5.7、5.5 级地震，县委、政府立即组派县、乡两级工作组深入乡、村、户调查了解受灾情况，确认无人、畜伤亡，地震造成 115 户牧民群众的住房成为危房，3 户民房倒塌。

4 月 4 日，聂荣县发生里氏 5.5 级地震，10 日上午发生里氏 5.5 级地震，其间先后发生 3 级以上 6 级以下地震 18 次，震感强烈，连续地震造成 388 户民房为危房，745 户民房出现墙体大裂缝、局部酥碎、墙体开裂、梁柱节点破损和开裂等现象。

5 月 23 日，聂荣县驻拉萨办事处正式挂牌成立。为规范办事处各项工作，正式启用聂荣县驻拉萨办事处印章和聂荣县驻拉萨办事处财务专用章。

6 月 13 日，经聂荣县政府机构改革领导小组（聂荣县机构编制委员会）审核后，报经县委、县人民政府批准，确定聂荣县发展和改革委员会（工业和信息化局、商务局）行政机关编制 5 名，其中领导职数 3 名。

6 月 13 日，经聂荣县政府机构改革领导小组（聂荣县机构编制委员会）审核后，报经县委、县人民政府批准，确定聂荣县公安局政法专项编制 15 名，其中领导职数 5 名。

6 月 13 日，经聂荣县政府机构改革领导小组（聂荣县机构编制委员会）审核后，报经县委、县人民政府批准，确定聂荣县民族宗教事务局机关行政编制 6 名，其中领导职数 3 名。

6 月 13 日，经聂荣县政府机构改革领导小组（聂荣县机构编制委员会）审核后，报经县委、县人民政府批准，确定聂荣县民政局机关行政编制 5 名，其中领导职数 3 名。

6 月 13 日，经聂荣县政府机构改革领导小组（聂荣县机构编制委员会）审核后，报经县委、县人民政府批准，确定聂荣县司法局政法专项编制 5 名，其中领导职数 2 名；乡（镇）司法助理专项编制 5 名。

6 月 13 日，经聂荣县政府机构改革领导小组（聂荣县机构编制委员会）审核后，报经县委、县人民政府批准，确定聂荣县财政局（国有资产监督管理委员会）机关行政编制 5 名，其中领导职数 3 名。

6 月 13 日，经聂荣县政府机构改革领导小组（聂荣县机构编制委员会）审核后，报经县委、县人民政府批准，确定聂荣县人力资源和社会保障局机关行政编制 6 名，其中领导职数 3 名。

6 月 13 日，经聂荣县政府机构改革领导小组（聂荣县机构编制委员会）审核后，报经县委、县人民政府批准，确定聂荣县国土资源局机关行政编制 3 名，其中领导职数 2 名。

6 月 13 日，经聂荣县政府机构改革领导小组（聂荣县机构编制委员会）审核后，报经县委、县人民政府批准，确定聂荣县环境保护局机关行政编制 2 名，其中领导职数 2 名。

6月13日，经聂荣县政府机构改革领导小组（聂荣县机构编制委员会）审核后，报经县委、县人民政府批准，确定聂荣县住房和城乡建设局机关行政编制3名，其中领导职数2名。

6月13日，经聂荣县政府机构改革领导小组（聂荣县机构编制委员会）审核后，报经县委、县人民政府批准，确定聂荣县交通运输局机关行政编制4名，其中领导职数3名。

6月13日，经聂荣县政府机构改革领导小组（聂荣县机构编制委员会）审核后，报经县委、县人民政府批准，确定聂荣县水利局机关行政编制3名，其中领导职数2名。

6月13日，经聂荣县政府机构改革领导小组（聂荣县机构编制委员会）审核后，报经县委、县人民政府批准，确定聂荣县农牧局（科学技术局、林业局）机关行政编制6名，其中领导职数3名。

6月13日，经聂荣县政府机构改革领导小组（聂荣县机构编制委员会）审核后，报经县委、县人民政府批准，确定聂荣县文化局（旅游局、新闻出版局、文物局）机关行政编制3名，其中领导职数2名。

6月13日，经聂荣县政府机构改革领导小组（聂荣县机构编制委员会）审核后，报经县委、县人民政府批准，确定聂荣县广播电影电视局机关行政编制2名，其中领导职数2名。

6月13日，经聂荣县政府机构改革领导小组（聂荣县机构编制委员会）审核后，报经县委、县人民政府批准，确定聂荣县卫生局（人口和计划生育委员会）机关行政编制4名，其中领导职数3名。

6月13日，经聂荣县政府机构改革领导小组（聂荣县机构编制委员会）审核后，报经县委、县人民政府批准，确定聂荣县安全生产监督管理局机关行政编制3名，其中领导职数2名。

6月13日，经聂荣县政府机构改革领导小组（聂荣县机构编制委员会）审核后，报经县委、县人民政府批准，确定聂荣县统计局机关行政编制2名，其中领导职数2名。

6月13日，经聂荣县政府机构改革领导小组（聂荣县机构编制委员会）审核后，报经县委、县人民政府批准，确定聂荣县信访局机关行政编制1

名，其中领导职数 1 名。

6 月 13 日，经聂荣县政府机构改革领导小组（聂荣县机构编制委员会）审核后，报经县委、县人民政府批准，确定聂荣县粮食局机关行政编制 1 名，其中领导职数 1 名。

6 月 13 日，经聂荣县政府机构改革领导小组（聂荣县机构编制委员会）审核后，报经县委、县人民政府批准，确定聂荣县食品药品监督管理局机关行政编制 1 名，其中领导职数 1 名。

8 月 27 日，那曲地委书记边巴扎西在尼玛乡视察项目建设情况。

10 月 9 日，为全面做好预防道路交通事故各项工作，确保全县道路交通安全形势进一步稳定好转，根据区、地两级政府《道路交通安全百日严打整治专项行动实施方案》要求，县政府决定从 10 月 9 日至 2011 年 3 月 31 日，与全区同步开展道路交通安全百日严打整治专项行动。

附　录

聂荣县各部落历史

远古时期，青藏高原是汪洋大海，后来由于地壳运动逐渐崛起，水流入谷底，形成这一独特的地理环境。这不仅从历史传说及古籍文献资料中能够找到依据，而且在现代科学界得到了广泛认可。包括今聂荣在内的象雄境内流淌着许多有名的河流。《弟吴宗教源流》中记载："上部阿里三围状如池泽、中部卫藏四茹形如沟渠、下部多康六岗宛似田畴，这些均淹没于大海之中。此海平静却十分凉爽。而后，贡地的曲热处决堤，四茹地充满了水，水渗入该地，别处的水也类此渗进，才形成藏地全景。"

而最早的藏族人的形成历史，藏文古籍资料中如是记载：观世音菩萨化身猕猴，为普度众生在雪山下修炼。附近的度母化身罗刹魔女引诱他，但无论她怎么施展魅力，都不能动摇神猴圣洁的信念。于是罗刹女向猕猴说道，如果猕猴不和她成亲，她就只能和恶魔结婚，生育无数个野兽恶魔，这些妖魔将亵渎雪域大地，使雪域高原生灵涂炭。善良的神猴向观世音菩萨请教，观世音菩萨命猕猴与罗刹魔女成亲，二者结合后生育子女6个，繁衍后的这些原始"人"食野果谷物。经过漫长的进化过程，最终变成能够自立行走的最早的藏族人。

根据苯教文献资料记载：世间分为18个大区域，92个小区域，1300个边区。其中18个大区域的核心是：天竺、汉地、春地、大食、吐蕃和象雄等6个片区。而犹如世界的冠冕一样处在高原的吐蕃和象雄故地，由高耸入云、连绵不断的雪山环绕。故被称之为"雪域"和"雪山地界"。

霍尔是藏语对中国北方少数民族的称呼，也特指蒙古人。早在元代，蒙古人迁居于吐蕃东北部。明末清初，漠西蒙古和硕特部落由新疆迁徙扩张，征服了当地一些藏族部落。雍正五年（1727），置驻藏大臣管理西藏事务，“四十族”由西宁办事大臣管辖；“霍尔三十九族”与达木蒙古同归驻藏大臣管辖。霍尔三十九族因此也被藏族人称为“汉管”（嘉代）三十九族。

霍尔三十九族游牧地域大致包括今那曲地区聂荣县、比如县、巴青县，昌都地区丁青县以及类乌齐县、边坝县的部分地区。据《清史稿·兵志》载，理藩院设司员夷情章京一人，管理三十九族的马赋、刑名之务，隶属于驻藏大臣。

聂荣，元朝时境内出现3个部落。明初又形成1个部落。后来这4个部落与比如、巴青、丁青等境内的另外一些部落一起，形成在藏族历史上被称为“三十九族”的大部落。清朝时，该地划归驻藏大臣直接管理。1916年，西藏地方政府在此设霍尔基巧，管理各部落。1942年撤销霍尔基巧，将三十九族地区划分为聂荣等6个宗。1960年8月1日，聂荣县人民政府成立，隶属那曲地区管辖至今。

在聂荣几大部落正式形成之前，羌塘地区的人口由于象雄村落的发展壮大而逐渐增多，他们靠蓄养牲畜和狩猎等为生。这里的人们起初没有所谓的头领和部落的形式，头领和部落是经过很长时间后才逐渐形成的。几大村落最初的头领和祖先都是从别的地方迁徙而来，而主村落是先前就居住在这里的象雄苏毗阿里的人群。虽然未能发现有关各个部落形成时间的材料，但是根据各个部落头领的代数、老人们的传说以及霍尔历史等，可以推断出聂荣地区的几大部落大约在13世纪初期就已先后形成。从琼布库迁徙而来的一部分人居住在此形成阿扎部落；从康麦地区流浪到此的以七俗人为首的人户形成杂玛部落；以阿钦霍尔七俗为主的霍尔王属民的后裔形成索德部落。这些部落由于地理环境、生活习惯以及宗教等原因，逐渐成为霍尔王的属民而隶属于霍尔部落。起初只有阿扎、杂玛、索德等三大部落，后来随着时间的推移，人数逐渐增多，阿扎分为阿多、阿麦两个部落，杂玛分为杂玛雄巴、查布、格姆等三大部落，索德分为本果、贡果和高塔等麦玛三个部落，加上多玛即索德分为四部，统属一位头领管辖。白热部落是从多麦玛玉来到此地后向霍尔王俯首称臣，在第三任霍尔总官堪穹宇托时期被正式列入部落行列当中。1920 年左右，果那和鲁苏达普等一部分人因无法在自己的家乡待下去先后来到白雄一带，在五世热振摄政期间向其投靠，被接受后成为热振活佛的属民，后来形成鲁苏部落。

藏历水马年（公元 1942 年），政府将霍尔三十九族划分为 6 个县时，阿扎、杂玛、白热、索德等 7 个部落组成聂荣县，直到和平解放。政府更换了 3 次官员，聂荣县的行政组织是孜仲和仲科，即僧俗联合，其下由强佐、司库、秘书等组成。第一任县官中的孜仲是坚参平措，第二任县官中的孜仲是多布、仲科是哲玉，第三任县官中的孜仲是白玛居、仲科是加热夏巴等，当时县官和随从住所只有两所用草皮砌成的房子，所以人们将其称为“宗保康那西”。

作为西藏一部分的羌塘霍尔聂荣位于下多康六岗中的上色莫岗唐古拉山腹地。聂荣地区水草丰美，过去野骡、野牛、藏羚羊等野生动物漫山遍野，据老人说那时聂荣县遍地盘羊，所以取名为聂荣（即有盘羊的山谷）。还有仲龙（有野牛的地方）、绛其龙（野骡群出没的地方）、宗雄（有藏羚羊的地方）等很多地方都以野生动物名命名。

聂荣县联产承包责任制

聂荣县共有5个区，31个公社，178个生产队，4009户，1.95万人。全县约2.14万平方千米。可利用天然草场面积1.8万平方千米，牲畜60万头。1980—1981年，聂荣县分“包产”“包干”两步实行联产承包责任制，到1981年底，百分之百的生产队实行了包干到户。联产承包责任制，确实给聂荣带来了变化。

包干到户使畜群结构更加合理。我们把调整畜群结构的任务落实到户，写在合同书内。经过三年的调整，畜群结构得到进一步调整。1979年全县共有牲畜61.09万头（只、匹），到1982年底控制到60万头（只、匹），比1979年下降1.78%。1979年有牛16.36万头，占总牲畜的26.78%，1982年发展到17.80头，比1979年增加1.44万头，增长率为8.78%，比1979年全县牛在总牲畜中的比重提高2.87%。1979年母牛发展到6.04万头，占总牛数的36.92%，1982年母牛发展到9.73万头，占总牛数的54.7%，比1979年增加3.69万头，比1979年母牛占牛总数中百分比例提高17.77%。1979年绵山羊44.17万只，1982年控制到41.41万只，比1979年下降2.76万只；1979年母绵山羊18.10万只，占羊总数的40.98%，1982年发展到24.68万只，占羊总数的59.59%，比1979年增长6.58万只，增长36.33%，母羊在总数中的百分比例比1979年提高18.61%。1982年合计母畜（不含马）34.42万头（只），占总牲畜（含马）的57.35%，比1979年的39.69%提高17.66%。

由于结构更加合理，经济效益也有所提高。1982 年纯牧业收入达到 409. 56 万元，比 1979 年的牧业、副业总收入还多 57. 39 万元，加上 1982 年副业总收入 43. 70 万元，全年总收入达到 453. 26 万元，三年增加 101 万元。人均可分配收入由 1979 年的 168. 89 元，增加到 1982 年的 218. 81 元（按保守估计），增长 29. 56%。1982 年的牲畜出栏率与 1979 年大体相等，但是产肉量有大幅度的提高。1979 年产肉 111. 22 公斤，1982 年产肉 167. 25 公斤，比 1979 年多产 56. 02 吨，提高 50. 36%；1982 年人均肉食 176 斤，比 1979 年的 124 斤提高 41. 94%；1979 年产酥油 24. 81 吨，1982 年产酥油 40. 30 吨，比 1979 年增产 15. 49 吨，增长 62. 45%；人均食油量由 1979 年的 15. 6 公斤提高到 1982 年的 18. 4 公斤。由于包干到户利益直接，社员搞副业的积极性也被调动起来，1982 年全县副业总收入达到 43. 7 万元，人均 23 元，比 1979 年的 14 万元增收 29. 7 万元，三年翻了一番半。

1979 年聂荣县有 10 个贫困公社，占 31 个公社的 32. 25%，现在已经全部脱贫；1979 年全县有 1323 个贫困户（除五保户），占全县 4000 余户的 33. 08%，现在这部分群众已经基本解决了温饱问题。如聂荣县左龙公社是 1979 年的贫困社之一，1982 年这个公社牧副业总收入达到 15. 04 万元，比 1979 年的 8. 17 万元增收 6. 87 万元，增长 84. 1%，1982 年的人均收入达到 324. 25 元，比 1979 年的 126. 75 元增收 197. 50 元，增长 155. 8%。又如尼玛公社六队，是全县第一个包干到户试点队。1971 年成立公社时该队有牲畜 2467 头（只、匹），到 1980 年底牲畜减少到 2312 头（只、匹），减少 212 头，各类牧业生产工具由办社时的 371 件减少到 1980 年的 219 件。办社以来群众生活不但没有改善，部分社员的生活还不如办社前，六队在 1980 年是贫困的尼玛公社中最落后的生产队，实行包干到户，一年就翻了身。1981 年牲畜总增牛 65 头，绵羊 396 只，山羊 28 只，马 5 匹，合计 494 头（只、匹），占 1980 年总增率的 20. 97%；牧副业总收入达到 1. 75 万元，比 1980 年的 1. 64 万元增长 0. 11 万元；人均纯收入比 1980 年增加 20. 90 元，达到 157. 84 元；人均食酥油比 1980 年增加 5. 5 公斤，比 1980 年增加 22 公斤。像六队这样一年翻身的社和队是不少的。

人们形象地比喻现在群众的精神状态是：“肚里有油，脸上有光，昂首挺胸。”在解决了温饱问题之后，群众开始讲究起来了。据不完全统计，1982年底全县社员存放剩余口粮80.45吨（不含奶渣），酥油19吨。三年来社员新添置的高中档商品有：收音机408部，收录两用机10余部，手表137只，藏式立柜140个，箱子163个，藏式茶桌283个，花卡垫840个，节日新装（不含布衣服和一般老羊皮）9060件。

以上是联产承包责任制给我们带来的看得见摸得着的变化。联产承包责任制还对改变社会风气、促进安定团结起了重要作用。联产承包，取消了统一分配，干部与群众之间不再吵架了；砸烂了铁饭碗，群众与群众之间不再闹平均了；解决了温饱问题，用不着小偷小摸了；实行分户经营，更注意团结和协作了；责任明确而具体，派工难的问题基本解决。由于人们的精神面貌有了变化，社会治安也更稳定。如1978年发生刑事案件12起；1979年，发生刑事案件1起，下降90%。

从1979年起发案率逐步下降，社会秩序趋于稳定，主要是落实人的政策和各项经济政策带来的结果。但是放宽政策的过程中，部分干群误解党的政策，出现了干部不敢管，群众不服管，个别坏人从中捣乱的新情况，因而在1980年、1981年刑事案件发生率比1979年高。此后我们在认真调查研究的基础上，狠抓中央（82）1号文件的宣传贯彻，大力加强法制教育，同时处理违法犯罪活动，出现了社会治安明显好转的局势，1982年的发案率就比上两年降低。

联产承包责任制给聂荣县带来的变化是一系列的，回顾建立联产承包责任制的全部过程，我们的做法和体会有三点：

一、解放思想，打消顾虑，自觉地同党中央、上级党委保持一致，这是搞好生产责任制的保证。三年前，我们对建立生产责任制的重要性认识不足，特别对“双包”存在许多模糊认识，当时认为“包产”是倒退，“包干”是单干，总认为没有统一分配就没有按劳分配，搞个人自负盈亏，就不是集体所有制等，总是在定额计酬、联产计酬、五定一奖、死分活记等这几个之间兜圈子。虽然三中全会召开已经一段时间，但是牧业生产和群众生活老是上不去。1980年区党委二届五次扩大会议，全面清理“左”倾错误，坚决贯彻中央对西藏工作的主要指示。我们借传达贯彻区党委二届五次扩大会议精神的强劲东风，把“双包”责任制包括在内的各种形式的责任制交给全县人民进行民主讨论，选择实行。同时在玉西公社和尼玛公社六队进行双包试点。试点的成功使我们更加具体地认识到“双包”的社会主义性质，认识到了方法简便、责任明确、利益直接的特点，同其他责任制相比更能体现按劳分配的社会主义原则，更能调动牧民群众的积极性，同我县干部的管理水平和生产力水平，以及同我县的牧业经营方式和自然特点等具有更强的适应性。雨过天晴花更鲜。认识问题解决后，截至1981年，联产承包责任制在我县每个生产队盛开了鲜花。

二、加强学习，调查研究，启发诱导，这是生产责任制能够健康发展的关键。我们从试点到全面推开不到两年。在时间短、工作量大、又不熟悉的情况下，一方面采取各种形式组织干部群众学习上级党委的有关政策和指示；一方面经常深入社队，搞调查研究，发现问题及时研究解决。我们遇到的问题有：一是部分社员对包干到户有了误解，出现乱杀乱卖牲畜的现象；二是部分生产队在签订合同时指标太低，不要五年就把老本吃光，有的指标太高，群众得不到实惠；三是部分基层干部不想管，不敢管，放松思想政治工作等。对这些问题我们都一一作了研究和处理，因而在建立生产责任制的全部过程中都是比较健康的。

三、狠抓合同贯彻执行，是巩固责任制的重要一环。合同书中除了一般指示外，还写有草库伦的维修、畜群结构的调整、畜产品的交售等有关事项（有的以乡规民约形式），合同执行的好坏直接关系各项工作的好坏。因此我们每年把执行合同的检查当作一件重要的工作来抓，以树立合同在群众中的威信，促进工作。

虽然联产承包制在我县得到实行，取得很大成绩，但这种责任制在我县经历短，我们仍然缺乏经验，大量工作有待于进一步研究解决。

中共聂荣县委
聂荣县人民政府
1983年6月17日

关于进行以工代赈、帮助群众勤劳致富的实施方案

地区行署：

根据上级有关指示精神，为帮助经济贫困地区的人民群众进行脱贫致富，勤劳致富，使人民群众的生活水平进一步得到提高，地区拨来我县价值53万元粮食，64万元工业品，计为117万元的物资，使牧民群众以尽应有的劳务付出。搞好具有发展牧业经济实际意义的建设项目，换取等量价值的物资数额，以增加群众的实际收入，逐步实现脱贫致富。现将我县以工代赈、帮助引导牧民群众进行勤劳致富的实施方案报告如下：

一、加强以工代赈价值等量物品转换工作的组织领导

这次上级下达我县以工代赈等量价值物品的数额较大，在聂荣史上算是首巨。为加强管理，使物品价值的实现具有较好的经济效益，受益地区的广大群众能尽快地真正得到实惠，县政府研究决定，成立聂荣县以工代赈、帮助群众勤劳致富方案实施领导小组，抽出一名政府领导同志挂帅，由经济委、畜牧、财政、银行、商业、粮食等有关方面的负责同志组成。领导小组成立后，将按照政府提出的规划设想意图，具体负责做好此项以工代赈等量物品转换工作与投资建设项目的制定施工工作，大家心往一处想、劲往一处使，一定把此项工作抓出成绩来。以工代赈价值等量物品的转换工作上，对物资管理要专列账目，专人负责。并遵循商品交换的原则，动员全县范围内

的所有力量，想尽应有的办法和计策，制定必要的措施和规章，对物品能予转换成款项的应尽量直接转换成款项。实现这一项工作的基本原则是：

1. 物品转换不影响县内各有关经销企业的正常工作，不使他们的利益受到损失。

2. 物品转换不损害群众利益，一定按照国家规定商品销售的现行价格执行，本着公平合理让利于民的原则，在物品的销售上能低于现行市场的可尽量低于市场价格。

3. 物品转换政府不搞强迫性行政命令，不把群众不愿要的物资批销给群众。

4. 物品转换以县内现有库存的中、低档次商品为主，县范围内合理调整，少量不足部分，再申请上级有关部门予以解决。

遵照以上四项原则，具体的销售物品办法是：

1. 按所定物资直接付给群众应得的劳务报酬。

2. 对工业品可由县贸易公司抽调人员摆设物品销售专柜，直接推销，获取正常的批整到零赢得的经销利润。

3. 组织各乡供销社对部分工业品进行代销。

4. 粮食由现有上下各级粮食部门组织代销。

5. 政府组织销售队伍，抽调人员定点订物直接销售。

二、价值等量物品所用于的建设项目和投资款额

以此以工代赈价值等量的物品计酌，组织群众劳务付出的建设项目是进行修路架桥，根据聂荣实际改善县范围内比较远的部分乡村交通状况，这一措施也是“要致富、先修路”道理的具体体现。政府拟定投资的建设项目有三：

1. 今年修通查吾拉区至查当乡的公路 60 千米，其中约 10 千米的石方路明年开通，此修筑的 60 千米路应达到交通部门要求的标准沙土路面，基本保证长年通车，包括购买一定数量的所用雷管、炸药、铁锹等工具，投资用款为 65 万元。

2. 明年组织施工，在查吾拉区至查当乡路段的下曲河上游修筑钢架桥

一座，长 30 米，投资款项为 39 万元。

3. 维修县城至查吾拉区路段上下曲河桥梁长 71 米、扎布河桥梁长 27 米，计为 98 米的桥梁铺面，更新桥梁铺面为钢板，投资用款为 13 万元。

三、拟定投资建设项目经济效益的实际体现

查吾拉区是我县的边远地，位于唐古拉山脚下，北与青海省接壤，地势较高，平均海拔高度约 5000 多米，气候变化无常，易灾多灾，特别是遇到大雪灾，由于交通所致，群众的生活物品供应实在难以保证，严重地影响到抗灾救灾工作顺利进行，制约着牧业经济发展的步伐。早在八十年代初期，县政府针对这一实际，下决心挖掘财政节余全部财力，投资 230 万元，修通了县城至查吾拉区公路，保证了查吾拉等地群众生活和生产所需物资的运送，尤其是在近几年来所遇到的大雪灾中初步显示了应有的效力，人民群众拍手称好。对此路段桥梁如果能够给予进一步维修，保证通车，再开通查吾拉区至查当乡的公路，保证查吾拉区北部乡村群众生活生产所需物资的运送，对于查吾拉地区经济的开发，牧业经济的发展，牧民群众的脱贫致富，以至防灾抗灾救灾工作的顺利进行，具有重大的历史意义和现实意义。

聂荣县人民政府

一九九一年五月二十八日

聂荣县信贷扶贫兑现方案

我县扶贫工作在地委行署的指示下，根据国家对扶贫攻坚任务的要求，并结合本地实际情况，把各项工作落到实处，常抓不懈。

一、基本情况

我县牧民群众因受传统思想的影响束缚，再加之长期以来形成的一种“靠天吃饭、以养畜为生”的单一经济模式，经济发展缓慢，“等”“靠”“要”思想比较严重。全县2万多人中有800户5700多人属于贫困户或特困户，分别占总户数人数的20%和22%。

自年初以来，我县成立了以县委书记杨培同志为组长的扶贫工作领导小组，在全面系统领会有关文件精神的基础上，带领广大扶贫干部发扬走乡入户的精神，掌握第一手资料，耐心而细致地向帮扶群众讲解国家对扶贫工作的政策，引导、鼓励他们因地制宜地在党政领导和银行的扶持下走经商致富的道路。切实做到扶贫先扶精神扶思想，并在各点建立经营以后，加强了管理和事后监督制度，有效地划分了责任，明确了义务。

现我县共建信贷扶贫点47个，共计290户1819人，投入扶贫贷款和其他贷款127万元，共实现纯利润38.9万元，其中县支行建立扶贫点17个78户499人，投入扶贫低息贷款47万元，实现纯利润20.8万元。

二、具体兑现办法

我县拟定此次兑现 8 个点，共计 20 户 73 人，兑现金额 175849.00 元，具体方法实行三种兑现方式：（1）转为个体经商户；（2）联户经营；（3）兑现牛羊。

1. 由县支行查吾区信用社扶持的果雄布、布嘎巴亚三户的三个扶贫点，由于经营管理有方，经济效益显著，通过自身和社干一年的艰苦努力，现共实现利润 57900.00 元，此次兑现现金 41700.00 元，牛羊折合人民币 16200 元，并鉴于三人有一定经商经验，经营能力较强，所经营项目符合当前经济发展的趋势，在此次兑现后对其准备放手经营独立经商。

2. 现建桑荣、萨色、色庆、下曲乡四个点 13 户 75 人，共实现利润 109234.00 元，下一步四个点的利润按 50% 以现金的形式兑现给个人用于生活，50% 作为公积金补充流动资金扩大再生产，并在以后的盈利中按五三二分配，即：50% 兑现给个人，30% 补充流动资金，20% 增加原始。

3. 查当十三村一个点 4 户 30 人共实现利润 12450.00 元，全部以牲畜的方式兑现给个人，共计牛 5 头、羊 79 只、马 1 匹，在兑现后由乡政府制定事后管理措施，防吃光卖光等情况，并在以后的经营中实行联户经营。

以上兑现方式是否妥当，在此请各级领导予以指正。

聂荣县人民政府
聂荣县支行
一九九四年十二月八日

聂荣县实施普及三年义务教育方案

欲迅速发展本县经济，尽快走上脱贫致富之路，首先要提高劳动者的素质，因此把优先发展教育，必须落到实处，并按法规、政策必须保障适龄儿童接受教育的权利；我县根据西藏自治区实施《义务教育法》办法及本县实际情况，特制订实施普及三年义务教育方案如下：

一、本县教育现状

聂荣县所辖 13 乡，173 个行政村，总人数 26951 人，95 年人均收入 322.34 元，适龄儿童 4163 人，现有学校 16 所，其中公办 7 所，民办 9 所，教职工 54 人，在校学生 817 人，适龄儿童入学率 19.6%，青壮年文盲半文盲数 11174 人，占青壮年总数的 76.8%。

二、推动普及义务教育的若干措施

1. 本县成立实施义务教育委员会领导小组，依法治教，推动普及义务教育。

2. 各级党委、政府充分认识实施义务教育在社会主义现代化建设及提高全民素质中的重要战略地位，同时学习宣传有关教育政策、法规，向群众说明办教育的重要性和必要性，促使提高群众的办学积极性。

3. 鼓励党外爱国知名人士在群众中宣传注重培养下一代，教育群众、动员群众积极送子女上学。

4. 县人民政府同各乡人民政府签订基础教育目标责任书，并把各乡的办教育情况作为衡量乡干部工作成绩的主要依据之一。

三、总体目标

1. 我县实施普及义务教育不分地域、不分条件，全县同步实施，到2000年基本普及三年义务教育，全县学校总数达53所，其中14所中心公办小学（中心完小7所），30所村级及民办小学，初级中学1所，职业技术培训班1个，在校学生达3030人，其中初中学生150人，教职工180人，适龄儿童入学率达64%，各完小建立党支部、德育室，青壮年脱盲率30%。

2. 公办学校在办学条件及学校设备上要求按自治区规定的“一无两有六配套”，民办小学实现“一无两有”，具体方案及投资预算见附表。

四、积极筹措义务教育经费，提高经费使用效益

1. 除上级教育部门拨款的义务经费外，县财政年收入的20%投入给教育，并把义务教育配套资金列入县财政预算。

2. 发展各级教育基金会。通过集资、捐资等多渠道筹措义务教育经费，并动员群众投入义务劳动。

3. 大力发展校办产业，勤工俭学，并按规定免征税费。

4. 提倡全社会力量办学，欢迎社会团体、个体经商户捐资助学，并予以表彰或奖励。

5. 义务教育经费必须专款专用，任何组织或个人不得侵占、挪用，否则依法追究责任。

五、学校管理与教学质量

1. 提高质量的关键在于管理，外因条件只是影响量的一个因素，因此必须加强管理，提高管理水平，认真落实分级办学、分级管理。县中学及县完小由县教育行政部门管理，乡级学校必须由乡政府来管理，村办小学由村干部负责管理，乡主要领导中指定一名（副乡长或副书记）主管教育。

2. 各学校要建立健全各项规章制度，实行统一的放假、教学进度、教材、升留级、统考规定并形成文字。

3. 各学校要注重提高教学质量，注意在完成教学计划的基础上，要求县完小及乡中心小学升学率达到95%，巩固率达98%，辍学率控制在3%以内。

六、加强教师队伍建设

1. 振兴民族的希望在于教育，振兴教育的希望在于教师，要想提高教学质量，首先要提高教师的素质。

2. 每年利用寒假时间对乡村小学教师进行一次培训。

3. 对经过几次培训后仍不能胜任教学工作的个别教师加以调整，争取在1998年前85%的教师达到任职要求。

4. 在教学岗位上的教师必须加强自身建设，开拓进取，争取无论从业务水平上，还是从政治素质上都成为合格的教师，并争取通过自身努力逐步提高社会地位。

5. 我县公办小学教师继续实行地区教委制定的奖惩制度，并作为教师职称评审考核的主要依据。

七、办学水平的评估制度

1. 每年由县乡两级有计划、有组织地分级进行办学水平的评估，通过评估，总结办学经验，提出问题，寻找切合牧区教育的办学路子。

2. 从教育事业费中专门留部分奖励资金，对办学水平较高的学校给予奖励。

3. 教育行政部门坚持经常监督、指导、检查各学校的工作，及时发现问题，及时解决问题。

八、党和政府加强对教育的领导

各级党委、政府领导坚持把教育摆在优先发展的战略地位，县委、人大、县政府定期研究教育工作，解决教育上的实际困难，在教育工作上必须做到主要领导亲自抓，分管领导具体抓，有关领导协助抓，三大班子共同抓，齐抓共管，把我县的教育事业推向新的发展水平。

聂荣县人民政府

一九九六年六月八日

聂荣县关于规范农牧区医疗管理工作实施意见（试行）

根据自治区人民政府75号令《西藏自治区农牧区医疗管理暂行办法》（以下简称“暂行办法”）和《那曲地区农牧区医疗管理实施细则》《那曲地区规范农牧区医疗管理工作实施意见》以及那曲地委、行署主要领导的批示精神，为切实贯彻落实免费医疗制度，加强和规范农牧区医疗制度的监督管理，促进我地农牧区卫生事业的健康发展，提高广大农牧民群众健康保障水平，针对我地在实施农牧区医疗管理工作中存在的实际问题，制定本实施意见。

一、组织管理

（一）县成立由卫生、财政、人事、民政、农牧、审计、监察、发改、劳保、扶贫、宣传、文广、教体、妇联、民宗、计牛等部门（含人大）和农牧民代表组成的县农牧区医疗管理委员会，负责组织、协调、管理、指导和监督农牧区医疗工作。

（二）我县农牧区医疗管理制度以县为单位进行统筹和管理，实行县统一管理模式。

（三）各乡（镇）人民政府要分别成立由相关部门（含人大）和农牧民代表组成的农牧区医疗管理委员会，负责本辖区内医疗管理的组织、协调、管理、指导和监督农牧区医疗工作。

（四）县、各乡（镇）必须下设农牧区医疗管理办公室（医管办）。县医管办设在县卫生行政部门，必须配备专职工作人员；各乡（镇）医管办设在乡（镇）人民政府办公室，并配备专（兼）职工作人员，其人员由同级政府调剂配备，县、乡（镇）医管办必须按照《西藏自治区农牧区医疗管理暂行办法》履行职责。

（五）工作职责

县医管办工作职责：

1. 编制县农牧区医疗管理工作的发展规划和总体方案，制定农牧区医疗制度实施办法；

2. 负责全县农牧区医疗工作的组织实施和监督检查；

3. 确定医疗基金的收缴及支付管理办法；

4. 讨论决定有关重大事项；

5. 调研解决合作医疗出现的重大问题。

二、医疗基金的管理

农牧区医疗制度实行政府为主，个人筹资、集体扶持、社会多渠道支持相结合的筹资机制。

（一）医疗基金的来源及筹资标准

1. 国家、自治区安排的免费医疗专项经费（农牧民人均 135 元）；

2. 地、县（区）两级财政安排的免费医疗专项经费（地区人均 3 元、县人均 2 元）；

3. 参加医疗筹资的农牧民个人交纳的医疗基金（每人每年不低于 10 元）；

4. 县民政行政主管部门为符合医疗救助条件的农牧民代交的个人筹资；

5. 企事业单位、社会团体和个人的捐助；

6. 医疗基金产生的利息；

7. 其他来源。

（二）医疗基金分类

医疗基金分为家庭账户基金、大病统筹基金、医疗救助基金和医疗风险基金四类。

（三）医疗基金的用途

1. 家庭账户基金占总基金的50%，主要用于县、乡（镇）村门诊就医和健康检查；大病统筹基金占总基金的43%，主要用于农牧民住院费用的报销补偿；医疗救助基金占总基金的5%，主要用于农牧民因患大病、重病而发生大额住院费用并造成生活困难和符合救助条件的额外补偿，该基金每年划拨到县民政部门管理和使用；风险基金占总基金的2%，主要用于弥补大病统筹基金因当年大病人数异常增多，导致非正常超支时的应急资金。报销补偿的封顶线，凡每年交纳个人集资的农牧民的医疗补偿，每人每年累计不超过8000元；凡每年未交纳个人集资的农牧民医疗补偿，每人每年累计不超过6000元。但牧民因患大病、重病而发生大额住院费用并造成生活困难和符合救助条件的，由县民政部门从救助基金中实行医疗救助。

2. 农牧民孕产妇、白内障患者在各级医疗机构住院分娩或白内障手术治疗的医疗费用，在自治区卫生行政部门未出台限价标准前，报销比例一律按100%报销。待“限价标准”制定后按有关规定实行限价报销。农牧民孕产妇在各级医疗机构住院分娩的从大病统筹基金中一次性奖励孕产妇30元，护送者奖励20元。

3. 农牧民在校中、小学生，可以从其家庭账户本人基金中每人每年提取50%（35元），由县医管办核拨到学校作为校园卫生室常见病门诊救助的药品购置经费，该基金由学校统一管理；农牧民在校中、小学学生，可以从其家庭本人基金中每人每年提取50元，所提取的基金由各学校对每名牧民学生建立“学生就医账户本”，将此本作为该学生在校门诊就医时免费药品凭证，免费药品由县医、乡管办负责提供，学校按季度或学期进行核算；学生住院费用凭家庭账户本和学校证明、住院有效票据在其户籍所在乡（镇）医管办进行审核后，到县医管办按规定报销。

4. 按照方便群众就医的原则，对于常住在县城的各乡农牧民，县医管办已经将其家庭账户基金全额转至县人民医院，个人家庭账户基金转至县人民医院的牧民群众在县人民医院就医所免收的药费由县医院按季度和县医管办进行结算。

5. 对于因患大病，确应到地区住院治疗的牧民，各乡（镇）医管办应如实填写好“聂荣县农牧区特困患者转诊转院审批表”后，交至县医管办，由县医管办审批后，由患者送至地区人民医院方可接受暂免收住院押金和住院医疗费用制度（住院患者及护理者的生活费、输血费用自理），全县经县医管办审批后同意到地区人民医院住院患者所产生的住院费用由县医管办按季度对地区人民医院全额进行结算，并按规定比例在大病统筹基金中进行报销补偿，报销后剩余部分由县民政部门在医疗救助基金中全额补偿。

（四）医疗基金管理

1. 农牧区医疗基金管理工作在县财政部门宏观指导下统一管理，县医管办将资金收支情况列入财务公开内容，每季度向社会公开，接受群众监督。

2. 县财政局设立医疗基金专户，设立明细和分类账，家庭医疗账户基金按规定年初指标下达到各乡（镇），但其基金不兑乡（镇），个人家庭账户基金由县医管办从每年药品招标中标企业中进行所需药品采购，个人账户本每年年初由乡（镇）医管办填写（转至县城的由县医管办填写），农牧民每年个人筹资金额必须按规定筹资，决不允许从划拨给账户基金中扣减或替缴；医疗救助基金按救助程序和条件认真落实。

3. 各医疗机构的收支和使用情况，由村卫生室（村医生）和乡（镇）卫生院每月 10 日前将上月收支情况与乡（镇）医管办进行一次核算，并建立台账；乡（镇）医管办每季度必须与县医管办进行一次结算，年终办理结转及账务清理工作。

4. 医疗基金的统筹、划分、使用、管理情况，由县监察、审计、财政等部门进行定期不定期的检查和审计，并将检查、审计结果报县委、人大、政府。

5. 县卫生行政部门将农牧区医疗基金的统筹情况、基金收支管理、医疗服务相关指标纳入年度目标责任管理进行评估验收，并会同县财政部门负责组织各乡（镇）医管办人员、财务人员的培训。

三、医疗费用补偿

（一）医疗费用补偿指农牧民在各级医疗机构就医后按规定比例免收、核销或报销的医疗费用。医疗补偿按照《那曲地区农牧区医疗管理暂行办法》的规定，充分调动农牧民个人筹资的积极性，让更多的农牧民群众得到实惠，实行以下住院报销补偿比例。交纳个人集资10元者：乡（镇）卫生院住院费用免收或报销80%，县级医疗机构住院费用免收或报销75%，地级及以上医疗机构住院费用报销65%；未交纳个人集资10元者：乡（镇）卫生院住院费用免收或报销55%，县级住院费用免收或报销50%，地级及以上住院费用报销40%。在乡（镇）医疗机构就医时门诊费用从其家庭账户本中直接核销，在县医疗机构门诊就医时，除个人家庭账户已经转入县人民医院的可以直接核销外，其余均要自费，在地区级及以上医疗机构门诊就医时均要自费。

（二）县、各乡（镇）医管办要严格执行报销补偿规定，对于各种单据和凭证要严格审核把关，严格执行管理监督两条线的原则。实行收支分离、管用分开、封闭运行的资金运行模式和监管方式，做到专户储存，专账管理，专款专用。

（三）医疗基金按规定、比例、程序给予报销和救助以外，不得以任何借口变相使用，农牧民个人筹资部分必须由乡（镇）医管办上缴到县医管办并按规定划入四类基金，全部划入其个人家庭账户基金中。

四、基金的借支

医疗基金原则上不允许进行借支，对因患大病确需到自治区级医疗机构住院就医而无法承担住院押金及住院费用者，经患者所在乡（镇）对其家庭经济情况进行证明并愿意为患者进行借款担保者，县医管办可以从大病统筹基金中预先给其借支不超过5000元的住院费用，对于不能按时还款者，由乡（镇）人民政府负责催交或归还。

五、医疗服务管理及责任

（一）县、乡（镇）、村医疗机构是向农牧民提供医疗、保健、疾病预防、计划生育、妇幼保健等综合性卫生服务的主体，必须向所辖广大农牧民群众提供就近、及时、便捷、优质、价廉的医疗服务。

（二）县直医疗卫生保健机构必须承担乡（村）卫生人员的业务管理和技术培训，定期或不定期地选派专业技术人员到乡（村）巡诊，帮助开展业务技术指导及健康体检，并将其作为专业技术人员职称评聘条件之一。

（三）乡级以上医疗机构必须认真按照相关要求，严格执行转诊制度。

（四）县、乡（镇）医疗机构及其医务人员应当依法执业，严格遵守职业道德规范，严格执行医疗技术操作规程、农牧区医疗各项规章制度及医疗收费标准。必须做到因病施治、合理检查、合理用药、合理治疗、取药有处方、收费有票据。坚决杜绝人情处方、大处方和假处方，必须建立药品进销账目和看病登记制度。

（五）农牧民群众在各级医疗机构住院治疗时，必须出具《入（出）院证明书》、转院证明、住院费用汇总清单（如床位费、药费、治疗费、检查费、手术费、护理费等）。

六、医疗设备及药品管理

药品是关系人民群众生命安全的特殊商品，也是医疗基金支出的主要项目，必须依照《药品管理法》，加强对所需药品、品种、采购、使用的管理。

（一）农牧区医疗机构使用的基本用药和一次性医疗器具首先由各乡（镇）卫生院（包括各学校）于每年10月份列出次年药械（包括藏药）计划清单报县卫生局审核，县卫生局必须参照《基本医疗用药品种目录》于每年12月底以前列出次年县医疗机构基本用药械（包括藏药）计划清单报地区卫生局审核，由地区卫生局牵头会同相关部门统一组织招标，或由地区卫生局汇总上报自治区卫生厅，由自治区卫生厅牵头组织相关部门进行统一招标。县卫生局按照中标商药品价格、质量和实际用量统一采购，并按照服务流程和各乡（镇）卫生院的需要量分发至县直医疗机构和各乡（镇）卫生院。要求农牧区医药用药目录、城镇居民基本医疗保障用药目录、城镇职工基本医疗保险用药目录中的药品及用量大的检验试剂集中招标采购率达到100%；纳入集中招标采购的药品金额占年度实际采购药品的比例不低于85%；药品品种占实际采购药品品种的比例不低于75%。各级医疗机构不得以任何借口私自采购药品。

（二）各乡（镇）医疗机构严格执行药品标价，任何医疗机构和主管部门不得随意加价药品差价（药品实行零差价）。为了防止药品浪费，县卫生局、各乡（镇）在药品采购和领取药品时，必须掌握好药品有效期、临床上是否常用等药品管理上的常识性知识，尽可能防止药品过期，对于年度内过期药品，各乡（镇）医管办要进行详细登记并在年底上报县医管办，由县医管办与供药企业协商解决。

（三）县、乡（镇）各医疗机构必须建立医疗设备档案，并报县卫生局备案，各医疗机构要最大限度地使用医疗设备，提高设备的使用率，发挥医疗设备的最大效益；有些精密仪器因受人才、房屋和能源的限制暂不能使用时，必须完好保管，决不允许随意放置或管理不善造成损失和报废。

聂荣县人民政府

2007 年 1 月 27 日

聂荣县2010年政府工作报告

一、2009年工作回顾

2009年，聂荣县在区、地两级党委、政府的正确领导下，在神华集团的无私援助和自治区农科院、政协办公厅等区、地对口扶贫单位的大力扶持下，始终坚持以邓小平理论和“三个代表”重要思想为指导，深入贯彻落实科学发展观，全面贯彻落实上级党委、政府的各项重大决策部署，紧紧围绕走“中国特色、西藏特点、符合那曲实际、立足聂荣县情”的发展路子，牢固树立“牛头羊头就是拳头，牛头羊头就是品牌”的思想，大力实施我县“12345”和“科技兴县促一产，项目富县带二产，产业强县兴三产，生态固县谋发展”的发展战略，团结带领全县各族人民群众，顽强拼搏、艰苦奋斗，努力克服维稳任务重、风灾雪灾连发等诸多困难，扎实推动了全县经济社会又好又快发展，社会局势保持了持续稳定，人民群众安居乐业。2009年，全县生产总值完成28178.19万元，同比增长17.09%。其中，第一产业完成5450.86万元，同比增长3.67%；第二产业完成9829.10万元，同比增长38.05%；第三产业完成12898.23万元，同比增长10.36%。财政收入完成385万元，同比增长18.09%；税收收入完成325万元，同比增长7.4%。

——坚持牧业基础地位不动摇，进一步推动了牧业增效、牧民增收

2009年，我们有效克服了5月雪灾的不利影响，推动了牧业生产稳步发展。牧业生产形势总体良好。全县各类牲畜存栏达417865头（只、匹），

全年新生仔畜成活 90710 头（只、匹），成活率为 82.37%，同比降低了 7.65 个百分点；成畜死亡 21166 头（只、匹），死亡率为 4.49%，同比提高了 3.4 个百分点；各类牲畜出栏达 162364 头（只、匹），出栏率达 34.91%；发放退牧还草、出栏补贴 1462.57 万元。

防抗灾工作水平不断提高。调整充实了各级防抗灾领导小组，认真做好“五储备两保通一出栏”的工作。完成了 3500 平方千米房前屋后人工种草任务；完成了 6.5 万平方千米草场的灭鼠任务，灭治率达到 90% 以上；强化牲畜免疫工作，各类牲畜免疫密度达 98% 以上。扎实开展 5 月份雪灾灾后恢复重建工作，整合地区扶持生产资金、县财政配套资金、援藏援助资金、干部职工捐助资金和商业保险赔付资金共计 537.27 万元，加大对受灾牧户的扶持力度，有效控制了因灾返贫率，将灾害损失降到了最低限度，使牧业生产尽快得以恢复。通过举办聂荣县赛马物资交流会和第二届活畜展销会，积极组织牧民群众参加那曲地区第四届畜产品展销会和地区赛马节物资交流会，为牧民群众加大牲畜出栏、提高畜产品商品率、增加现金收入创造了有利条件。涉农商业保险试点工作扎实推进，5 月雪灾商业保险赔付金额达 270 万元。

牧业产业化进程扎实推进。进一步加强对已建立的牧民专业经济合作组织的规范化建设，树立合作组织示范样板，辐射周边，带动整体发展。整合各类涉牧项目资金 350 余万元，分别在下曲乡 5 村和色庆乡 28 村实施了农牧民合作组织样板示范工程，并为合作组织提供“一条龙”优质服务。投入 160 余万元，在那曲镇建立了“盘羊”品牌系列畜产品加工销售点，无偿提供给合作组织使用。

牧民群众人均收入显著提高。通过抓技能培训促增收、抓项目实施促增收、抓培育合作组织促增收等“九抓九促”措施，不断推动牧民群众的人均纯收入再上新台阶。2009 年我县农牧民人均纯收入达到 2938.07 元（其中现金收入 1901.40 元），同比增长 19.04%。

——基础设施建设卓有成效，生产生活条件不断改善

扎实推进安居工程及配套设施建设。共投资 3707.44 万元在全县 10 个乡镇、135 个村、1458 户中实施并完成了安居房建设任务，又有 6747 名牧

民群众喜迁新居；投资 1074.69 万元，完成了 62 个村级组织活动场所和 6 个硬化路面的建设任务。交通、能源、饮水、医疗等基础设施建设得到进一步加强。投资约 2.78 亿元，新修通村公路里程达 790 千米，那聂油路实现全面通车；投资 201.39 万元，修建了 43 座人畜简易桥，乡（镇）通公路率达到 100%，村委会通公路率达到 41%。总投资 1.6 亿元的“户户通电”工程顺利开工。投资 321 万元在色庆乡和尼玛乡实施并完成了第一批农村饮水安全工程，建设保暖井 63 眼，管道引水 2 处；投资 375 万元实施了第二批农村安全饮水工程，建设饮水点 16 处，年内建成了 7 眼保暖井，其余工程将在今年完成；投资 322 万元实施并完成了藏医院、妇幼保健服务楼和附属设施以及聂荣镇卫生院等新建项目；投资 149.84 万元实施了县城聂查路、神华路路灯改造；投资 149.97 万元建成了县农贸市场，今年将投入使用。县政府投资 350.8 万元对县直机关干部职工和 7 个乡的办公用房以及职工周转房进行了全面维修。神华集团不断加大对口援助工作力度，2009 年共向我县投入援藏资金 2305 万元，实施了县文化活动中心、幼儿园、白雄乡政府建设及职工浴室、牧民安居房等建设项目。通过以上各类项目的实施，广大干部群众的生产生活条件得到较大改善。

——国有企业运行良好

县粮油公司实现纯利润 10.3 万元；县电站实现利润 23 万余元。

——全面落实民生政策，牧民群众得到更多实惠

加大社会保障救助力度，人民群众基本生活得到保障。2009 年，我县共发放农村和城镇低保资金和一次性生活补贴 330.04 万元；及时足额发放了 223 位五保对象的生活补助资金 49.45 万元，并将 2008、2009 年度提高的五保户供养补贴金全部购买成粮食予以发放。发放现役军人家属优待金、因工致残抚恤金及一次性生活补贴 54260 元。共为 2050 名 60 岁以上的老人办理了老人优待证并上报地区民政局，发放寿星老人优待金 86600 元。认真开展城乡居民大病统筹医疗救助工作，及时报销医疗救助费。认真落实孤儿救助政策，妥善安置了 80 名孤儿的生活。积极开展帮扶救助活动，为生活困难群众解决救助资金 8 万余元。认真开展双拥双保和节日慰问、帮扶活动，在“三大节日”和重大敏感时段等，走访慰问了驻军部队、武警官兵、

政法干警、乡（镇）干部职工、寺庙僧尼、企业退休职工、特困职工和生活困难的临时工，发放慰问金13.97万元。认真开展保险金征缴支付和养老金发放工作，全年征缴养老保险、失业保险、工伤保险、生育保险、医疗保险等五大保险合计626.91万元，征缴率分别达96.7%、95.8%、100%、100%、100%；按时足额发放38名企业退休人员的养老金78.22万元，发放率为100%；干部职工住院医疗费得到及时报销。

积极促进就业再就业，依法维护农牧民工合法权益。开展职业指导和职业推介，实现新增就业人数15人；受理、调解各类劳动争议案12起，追回及监督支付劳务工资40.54万元，责令解除合同2起，确保了农牧民工的合法权益；圆满完成了16名工人职业技能鉴定考核申报工作；对机关、事业单位的77名临时工执行了最低工资标准制度。

扶贫工作扎实推进，群众生产生活进一步改善。扎实推进为期三年的尼玛乡扶贫整乡推进工作，投资341万元实施了村办经济实体、绵羊扶持项目等5个项目。投资160万元的聂荣镇蔬菜大棚、摩托车维修等扶贫项目进展顺利，今年将投入生产。不断加强项目后续管理，有力地促进了项目良好运营，切实增加了牧民群众的收入。

——社会事业全面发展，公共服务水平不断提高

教育事业稳步发展。继续巩固“普六”成果，举全县之力开展了“普九”攻坚工作，并顺利通过自治区的评估验收。加快发展职业教育，建成县职业教育中心，并在8个乡完小开办了职教班，全年共对518人进行了摩托车修理、烹饪等技能培训，为牧民群众增收提供了技能支撑和保障。文化、广电事业繁荣发展。通过举办赛马物资交流会、放映电影、举办各类主题文艺演出等活动，丰富了牧民群众的精神文化生活。组织发动全县各族干部群众开展了一系列声势浩大的“3·28”西藏百万农奴解放纪念日庆祝活动，及时将党中央、国务院赠送的“3·28”西藏百万农奴解放纪念日慰问品发放到牧民群众手中，更加坚定了广大牧民群众永远跟党走的决心。在5个乡镇实施了10座牧家书屋项目，为丰富牧民群众业余文化生活创造了良好条件。认真开展非物质文化遗产普查保护工作，建立了非物质文化遗产信息数据库。编创了赞美聂荣、宣传聂荣的县歌《放歌聂荣》，进一步提高了

外界对聂荣的认知度，加深了干部群众对聂荣的热爱度。医疗、卫生事业健康发展。农牧区合作医疗覆盖率进一步提高，全县参加合作医疗人数达29582人，覆盖率达98.24%。计划生育工作平稳发展，人口自然增长率控制在10.24‰。认真开展食品、药品安全大检查，有效应对甲型H1N1流感和水痘疫情，计划免疫率达到98%，保障了人民群众的生命财产安全和经济社会发展的正常秩序。培训县、乡医务人员57人次，进一步提高了医疗服务水平。邮政、通讯事业快速发展，服务覆盖面进一步扩大。

——生态文明建设不断推进，生态环境得到有效保护

坚持实施“生态固县谋发展”的战略，成立了环保领导小组，制定了严格的采挖砂石规定，进一步规范了采挖行为；加强对那聂油路、通村公路、安居工程等项目建设的环保督查，全年共查处存在环保问题的施工单位11家，并责令其进行了认真整改；稳步开展草原生态保护奖励机制试点工作，坚持保护生态与促进增收两手抓、协调抓，形成了良性互动。

——坚决履行第一政治责任，社会局势实现持续稳定

坚持把维稳工作作为第一政治责任，加强维稳工作的组织领导，强化了维稳工作的制度保障，建立健全了三级联防联控维稳机制，对维稳工作进行科学部署、动态掌控，切实做到了底数清、情况明。加强社会治安综合治理，狠抓维稳措施的落实，以县城为核心，以10个乡镇、11处宗教活动场所和交通要道为重点，以重要民生设施安全为目标，以宣传教育为抓手，以严打整治为手段，以综合治理为载体，整合党政军警民各方力量，坚持专群结合、打防结合、防控结合，牢牢掌握了斗争主动权，确保了“三大节日”“3·10”“3·14”“3·28”、赛马物资交流会、国庆60周年等重大节点、敏感时段的绝对安全。深入开展中国特色社会主义主题教育活动和学习实践科学发展观活动，进一步夯实了维护稳定的思想基础、群众基础。认真排查调处矛盾纠纷，全年共排查调处各类矛盾纠纷60余起，切实将矛盾纠纷解决在了基层、解决在了萌芽状态。加强安全生产专项整治和综合检查活动，确保了全年未发生安全事故，有力维护了人民群众的生命财产安全。保持高压态势，依法严厉打击各类违法犯罪活动，集中开展了严打专项整治“百日”行动、“四超两无一后”交通专项整治、流动人口清查和刑释解教人员

摸底调查行动；破获刑事案件 4 起，破案率为 100%，查处治安案件 14 起 22 人，查处率为 100%，确保了社会治安稳定。加大法制宣传力度，进一步增强了干部群众的法制意识。加强对虫草采集活动的管理，提前介入，跟踪指导，及时化解各类矛盾纠纷，确保了虫草采集活动秩序井然。通过全县各族干部群众的共同努力，2009 年我县的社会局势保持了持续稳定，为聂荣经济社会发展营造了良好的环境。

2009 年，我县的各项工作取得了可喜成绩，各项事业取得了重大进展，在全地区经济社会目标考评中荣获第三名的好成绩。这些成绩的取得，得益于县委的正确领导及县人大的依法监督和大力支持，得益于神华集团的无私援助和区、地对口帮扶单位的大力扶持，更凝聚着全县干部群众的智慧和汗水。在此，我代表聂荣县人民政府，向神华集团和自治区农科院、政协办公厅等区、地对口扶贫单位，向全县广大干部群众、驻军部队、武警官兵和政法干警，向长期以来关心和支持聂荣经济社会发展的社会各界人士，致以崇高的敬意和衷心的感谢！

在看到成绩的同时，我们也清醒地认识到，在我们的工作中还存在许多问题和不足，在前进的道路上我们还面临着诸多困难，我们的各项工作与上级党委、政府和牧民群众的要求、愿望还存在一定的距离。一是反分裂斗争的形势还很严峻，维护社会稳定的任务依然繁重，仍需要我们做大量细致入微、强基固本的工作。二是牧业产业化发展进程还比较缓慢，牧区以道路交通为首的基础设施条件还比较落后，社会事业发展相对滞后，城乡之间、区域之间发展不平衡的问题还比较突出，加快扭转牧区落后、牧业弱质、牧民弱势的局面任重道远。三是部分干部尤其是领导干部思想解放不够，安于现状的思想比较突出，开拓创新的意识不够强。四是各级政府及各职能部门的责任意识、大局意识、服务意识和协作意识亟待进一步增强，转变工作作风、提高机关效能、推动我县各项工作再上新台阶的紧迫感和自觉性有待进一步提高。

查找不足思进取，抓住机遇谋跨越。我们既面临着诸多困难和挑战，更面临着千载难逢的宝贵机遇：一是中央第五次西藏工作座谈会的召开，进一步加大了对西藏的投资力度，西藏将步入经济社会发展快车道；二是神华集团继续加大对我县的援助力度，我县的发展后劲将不断增强；三是那聂油路全面通车，我们与区内外的联系更加紧密，区位优势、交通优势、畜牧业资源优势进一步凸显，面向的市场将更加广阔；四是全县社会局势保持持续稳定，为我县各级党委、政府聚精会神搞建设、一心一意谋发展创造了良好的环境；五是全县干部职工开拓进取、干事创业的精神状态更加高昂；六是广大牧民群众思稳定、促和谐、谋致富、奔小康的积极性高涨。我们将牢牢抓住这些大好机遇，进一步坚定信心、攻坚克难，乘势而上、顺势而为，推动聂荣经济社会实现更好更快更大发展。

二、2010 年工作安排

2010 年是全面完成“十一五”规划目标任务的决战之年，也是制定好“十二五”规划、描绘新的宏伟蓝图的奠基之年，更是贯彻落实中央第五次西藏工作座谈会精神的开局之年。因此，做好今年的政府各项工作，任务艰巨，意义重大，影响深远。

2010 年政府工作的总体思路是：高举中国特色社会主义伟大旗帜，坚持以邓小平理论和“三个代表”重要思想为指导，深入贯彻落实科学发展观，全面贯彻落实中央第五次西藏工作座谈会和区、地两级经济工作会议精神，坚定不移地走“中国特色、西藏特点、符合那曲实际、立足聂荣县情”的发展路子，继续实施以“科技兴县促一产，项目富县带二产，产业强县兴三产，生态固县谋发展”的发展战略，坚定发展信心，抢抓发展机遇，着力于深化牧区改革，加强社会建设，促进牧民增收，保护草原生态，巩固执政基础，提高机关效能，切实做好 2010 年的各项工作，确保“十一五”规划目标顺利完成，努力推动我县经济社会实现更好更快更大发展。

2010 年的主要预期目标：力争全县国民生产总值达到 31861.25 万元，同比增长 13.07%。其中第一产业达到 5712.5 万元，同比增长 4.8%；第二产业达到 11470.56 万元，同比增长 16.7%；第三产业达到 14678.19 万元，同比增长 13.8%。地方财政收入完成 431 万元，同比增长 11.94%；税收完成 331 万元，同比增长 1.8%。牧民人均纯收入达到 3400 元，同比增长 15.72%。人口自然增长率控制在 11‰以内。仔畜成活率达到 82.2% 以上，成畜死亡率控制在3.6%以下，牲畜出栏率达到28.5%，畜产品商品率达到56.5%。

为实现上述目标，我们将着力做好以下工作：

（一）进一步深化牧区改革、推动“一产上水平”，努力打造牧业强县

我们将立足于巩固牧业基础地位，充分开发利用我县绿色优质的畜牧业资源优势，进一步深化牧区改革，加快转变发展方式，坚持抓“三农”工作的目标不转移、精力不分散、工作不放松、劲头不减弱，加快把资源优势转化为经济优势，把经济优势转化为发展优势，努力将聂荣打造成牧业强县。一是巩固和完善草场承包到户工作，为深化牧区改革打下良好基础。继续加强宣传工作，结合实际制定巩固和完善草场承包到户工作方案，认真贯彻实施，切实解决有些地方草场承包到户工作停留在表册上、四至界限不清、草场界限纠纷不断的问题，为深化牧区改革打下良好的基础。进一步充实完善草场合理有偿转让工作机制，切实把牧民群众的思想意识引导到“草场有价、使用有度、保护有责”上来。二是扎实开展以“以草定畜奖励、薪柴替代补贴、牲畜电子耳标制度、草原生态监测制度”为主要内容的草原生态保护奖励机制试点工作，加强宣传引导，全面开展牲畜普查工作，抓好组织培训干部群众草原生态监测员工作，确保生态保护与牧民增收实现双赢。三是发展壮大牧民专业合作组织，提高畜牧业竞争力。进一步解放思想，深入调查摸底，力争年内在条件较为成熟的村（居）再建成2—4个农牧民专业合作组织示范点。整合多方资金，逐步建立起我县的牧民专业合作经济组织发展基金，并以股份形式重点向合作组织中的贫困户、少畜户等弱势群体倾斜。进一步加大合作组织的规范化建设和示范样板工程建设，认真总结经验，通过典型引路、示范带动，吸引更多的群众参与到合作组织的发展建设中。按照自治区提出的“三个培养”的要求，扎实开展“找能人、选能人、育能人、用能人”的工作，为合作组织的发展壮大提供人才支撑，切实增强合作组织的发展后劲。四是深入推进防减灾体系建设，提高畜牧业防抗灾能力。认真总结经验，加强基层调研，不断完善防减灾应急救援预案；坚持灾时救济和平时储备、政府储备和群众自储相结合，加强对牧民群众物资储备情况的督查，教育引导群众克服“等、靠、要”的思想，

养成做好防减灾工作的良好习惯，始终做好“五储备、两保通、一出栏”工作；牢固树立“减损就是增收”的思想，帮助群众有计划地出栏牲畜；深入宣传涉农商业保险的相关政策，使牧民群众充分认识到参加涉农商业保险的意义，并积极购买涉农商业保险，力争把因灾损失降到最低限度。继续抓好人工种草、牲畜疫病防治、草原“三灭”工作，进一步加强乡镇兽防站和兽医队伍建设，提高农牧基本服务水平。实施好退牧还草、游牧民定居工程四配套建设和高寒牲畜棚圈等各类农牧项目，切实增强牧业发展后劲。五是进一步拓宽牧民群众增收渠道，探索建立牧民增收长效机制。紧紧围绕“一个点、两条线、三座平台”（那曲物流中心一个点，青藏铁路、那聂油路两条线，聂荣县活畜展销会、地区畜产品展销会和恰青赛马节三座平台），充分利用好我县拥有的区位、交通和绿色优质畜产品资源优势，引导牧民群众走合作化、产业化、规模化发展道路，努力提高畜产品的商品率、竞争力和市场占有率。进一步发展壮大采砂、采石等特色产业，积极开发以尼玛乡玉则药浴温泉旅游度假村、草原牧家乐为主要内容的旅游资源，为牧民增收搭建有效平台。继续抓好牧民群众技能培训，使牧民群众有一技之长，在市场经济活动中会挣钱、挣到钱。进一步提高牧民群众的组织化程度，加大劳务输出，增加现金收入。

（二）进一步加强社会建设，努力提高社会保障和公共服务水平

今年，我们将继续坚持“以人为本、教育优先、民生为重”的指导思想，以社会主义新农村建设为抓手，进一步建立健全社会保障救助体系，努力提升社会公共服务能力和水平，不断提高人民群众的生活幸福度。一是继续抓好以农牧民安居工程建设为突破口的社会主义新农村建设，不断提高城乡公共服务能力和水平。善始善终地完成1300户以贫困户为重点的农牧民安居工程和40个村级组织活动场所建设任务，认真开展对已建安居房中的533户安居房进行抗震加固试点的工作，实施好对2006年以来新建的3062户安居房的亮化工程。保质保量完成2009年第二批安全饮水工程续建项目的建设任务，进一步缓解基层干部群众吃水难的问题。实施好尼布公路（尼玛乡政府所在地至布地加村）、色尼公路（色庆乡楚布村至尼斜村）、仓琼玛和色庆乡通村公路等新建和续建项目，认真做好公路养护、保通工作，

进一步缓解牧民群众出行难、买难卖难等问题。继续协调和配合好区、地电力部门实施的“户户通电”工程建设，力争使我县牧民群众早日用上方便充足的电。二是坚持实施项目强县战略，推动经济社会发展取得新突破。加快推进以县、乡干部职工周转房以及学校教职工周转房和学生宿舍等为代表的重点项目建设，进一步拉动全县经济增长。认真实施好总投资 1895.7 万元的 194 套县、乡干部职工周转房项目和概算总投资 195 万元的县物价局基础设施建设项目，抓好司法局办公楼续建工程，争取年内投入使用。继续做好色庆、尼玛两个乡的办公楼及尼玛乡职工周转房的维修工作，实施好乡镇食堂建设，进一步改善乡镇干部职工的办公和生活条件。此外，县政府还将投入 70 万元实施县公安局附属设施和两个公安检查站工作用房建设。切实抓好总投资 399 万元的查吾小学、县完小和尼玛乡完小的教职工周转房和学生宿舍等项目建设，争取青少年活动中心年内开工建设，进一步改善教育设施条件。切实抓好总投资 526.96 万元的永曲乡哲布河桥和当木江乡佐当河桥项目以及总投资 90 万元的县液化气站项目的建设，确保为干部群众提供生活便利。认真实施好投资 100 万元的县福利院和投资 45 万元的尼玛乡敬老院项目，切实把民生工程办成民心工程。进一步美化、亮化县城道路，积极争取资金实施好草原宾馆改造工程，拉萨办事处力争上半年投入使用。加大检察院技侦楼、法院审判楼、卫生服务中心改扩建，县城防洪堤和白雄乡孔玛村草场灌溉工程等项目的衔接力度，力争开工建设。加强项目监督管理，切实发挥项目应有的效益。做好我县城乡建设规划修编工作，确保年内完成。抓住机遇，结合实际，精心编制和衔接好“十二五”规划项目，扎实做好项目的储备和前期工作，力争使我县更多的项目尤其是牧业基础设施建设方面的项目进入地区、自治区“十二五”项目规划总盘子，为我县经济社会发展增强后劲。积极主动与神华集团沟通、衔接项目，争取更多的援藏项目。三是加强国有资产监督管理，对国有资产进行全面的摸底清查，严格管理制度，规范处置程序，确保国有资产不流失。四是把教育事业摆在更加突出的战略位置优先发展，努力提升国民素质，培养优秀人才，增强发展后劲。扎实做好“两基”攻坚迎“国检”各项准备工作，进一步巩固扩大“两基”攻坚成果，做好控辍保学工作，夯实义务教育基础，确保小学、初中入学率分别达到98%以上和90.8%。统筹发展义务教育、幼儿教育、职业教育和成人教育事业，推动教育事业全面、协调、合理、健康发展。五是不折不扣地落实好各项惠民政策，进一步改善民生。进一步完善城乡居民最低生活保障制度，加强对城镇低保人员的排查工作，严格落实动态管理下的农村低保应保尽保政策。严格执行城镇居民最低生活保障金从月人均310元提高到330元和农村最低生活保障金从年人均1100元提高到1300元的标准。不折不扣地抓好“三老”人员生活补贴、“一孩双女”困难户补贴等各类惠民资金的落实，同时加大对各类惠民资金的使用、管理和落实情况的监督、检查，切实把每一分惠民资金落实到群众手中，真正做到惠泽于民、赢得民心。继续扩大农牧民合作医疗覆盖面，进一步规范完善新型农牧区合作医疗制度，严格执行农牧民群众医疗补助金从140元提高到180元的标准，及时做好大病统筹医疗报销比例的调整工作。提高计划生育服务能力，人口自然增长率控制在11‰以内，各类计划免疫率达到95%以上。加强对县、乡、村卫生院（所、室）的管理，年内力争为每个村委会配备2名村医，严格落实提高村医补助标准的政策，不断提高牧区医疗服务质量和水平。积极与区、地医院协商沟通，签订贫困群众先住院治病、后结医药费的就医协议，为贫困农牧民群众就医开辟“绿色通道”。继续做好各类保险费的核定、征缴和支付工作，进一步扩大保险覆盖面。继续做好失业人员的调查登记工作，加强职业技能培训和就业指导服务，积极促进就业再就业。建立和完善保障农牧民工工资按时、足额发放的长效机制，认真开展工程建设领域的“双清欠”工作，切实保障农牧民工的合法权益。进一步加大扶贫开发力度，努力控制和降低返贫率。六是进一步推动牧区文化事业繁荣发展，加强乡镇文化站、牧家书屋等文化设施建设，积极发展民间文化艺术团体，鼓励支持各乡镇举办赛马物资交流会，不断满足广大人民群众的精神文化生活需求。

（三）进一步加强生态环境保护与建设，努力推动经济社会可持续发展

我们将坚定不移地实施“生态固县谋发展”战略，统筹生态环境保护与经济社会建设协调发展，努力建设资源节约型、环境友好型社会，切实保护好聂荣县这片碧水蓝天，推动经济社会实现可持续发展。以开展草原生态

保护奖励机制试点工作为契机，切实把握好、处理好保护生态与促进增收的关系，努力实现生态保护与草原建设、生态保护与群众增收的双赢目标。继续加强生态环境综合治理。把保护生态环境的要求列入项目规划和工程建设中，坚决做到环评不通过，项目不开工，环保不通过，项目不验收。加强对工程建设的全过程环保监督，加强对农牧民群众的教育引导，确保生态环境良好。加强城镇环境和乡容村貌综合整治，大力实施县乡环境美化、亮化工程，努力建设宜居城乡、清洁家园。进一步规范虫草采集活动，加强野生动物保护力度，做好生物多样性保护工作。积极做好我县环保项目筛选、编制和储备、申报工作，努力争取更多的环保项目“花落聂荣”。

（四）进一步巩固执政基础，努力保持社会局势持续稳定

我们将坚决贯彻落实中央的决策部署，谋长久之策、行固本之举，牢牢把握反分裂斗争的主动权，努力推动我县社会局势从持续稳定走向长治久安。一是深入开展中国特色社会主义主题教育活动，深入广泛宣传中央第五次西藏工作座谈会精神和一系列惠民政策，进一步夯实维稳工作的思想基础、群众基础。二是重点抓好基层乡镇工作，把工作重心向乡镇下移，把主要精力向乡镇投放，把政策资金向乡镇倾斜，加快推进乡镇机关标准化、工作职责规范化、干部队伍正规化建设进程，切实打牢执政基础、组织基础。三是加强社会治安综合治理，促进社会和谐稳定。切实落实社会治安综合治理和平安创建各项工作措施，依法严厉打击各类违法犯罪活动，争创国家级“平安县”。切实绷紧安全生产这根弦，加强综合检查和专项整治，坚决杜绝重特大安全事故的发生。加强群众来信来访和矛盾纠纷排查调处工作，妥善处理人民内部矛盾，最大限度地增加和谐因素、减少不和谐因素。四是积极探索和建立完善符合我县实际的维稳长效机制，确保我县社会局势保持持续稳定。

三、以开展效能建设年活动为抓手，努力建设更加务实高效、人民群众更加满意的政府

一是强化维护稳定的政治意识，增强维护祖国统一和民族团结的责任意识，并将这种意识融入思想中、流淌在血脉里、体现在行为上、转化为自觉

行动，确保在血与火的斗争中经得住考验、保得了稳定。二是强化落实工作的责任意识，进一步端正工作态度，牢固树立“今天再晚也是早，明天再早也是晚”“不抓是失职，抓不好是不称职”的思想，增强等不得的紧迫感、慢不得的危机感、松不得的责任感和停不得的使命感，更加注重调查研究，深入实际了解情况，以求真务实、真抓实干的作风，把心思和精力投入到谋发展、促稳定、保民生上，尽职尽责、尽心尽力地做好各项工作。三是强化服务人民的宗旨意识，坚持以人为本，强化宗旨意识，坚持从人民的根本利益出发，着力解决人民群众最关心、最直接、最现实的利益问题，多为群众做好事、办实事、解难事、行方便、谋福祉。

各位代表，今年是全面完成“十一五”规划目标任务的最后一年，任务依然十分繁重。我们将坚持以科学发展观为指导，深入贯彻落实中央第五次西藏工作座谈会精神，全面贯彻落实区、地两级经济工作会议精神，积极进取、真抓实干，为圆满完成“十一五”规划各项目标任务，加快推进聂荣跨越式发展和长治久安而努力奋斗！

索　引

索 引

A

B

C

D

E

F

G

H

J

K

L

M

N

P

Q

R

S

T

W

X

Y

Z

CONTENTS

Part One Physical Geography

Part Two Establishment of Administrative Divisions

Part Three Political Party and Mass Organization

Part Four Regime and Government Affairs

Part Five Personnel, Labor, Administration

Part Six Nomocracy

Part Eight Industry, Commerce and Grain Trade

Part Ten Finance and Taxation

Part Eleven Traffic, Post and Telecommunications, Urban Construction, Environmental Protection

Part Thirteen Military Affairs

Part Fourteen Culture and Art

Part Fifteen Population, Minzu, Religion and Folklore

编后记

《聂荣县志》既是聂荣县第一部社会主义新方志，也是聂荣县历史上第一部县志，收集整理记录事物发端至2010年（个别内容截至2020年），涵盖县域自然地理、气象水文、政党政务、社会经济、教科文卫、宗教民俗等社会各个方面，堪称聂荣县百科知识大全，其记叙的时间跨度之长，涵盖内容之丰富，投入的人力、精力、物力之巨大，实是一项系统浩繁的重要文化建设工程。

《聂荣县志》是根据西藏自治区和那曲市的统一部署，从1997年开始起步，到2020年完成编修任务，历时23年，历经5届党委、政府，攻克资料缺乏、史料难以考证等种种困难，数易编目，十余次易稿，最终完成编纂。

1997年5月，按照西藏自治区全区地方志工作会议精神和那曲地区关于地方志工作的要求，成立以县委书记罗布顿珠任主任和县委副书记、政府县长江措拉姆任副主任的聂荣县地方志编纂委员会，下设办公室，挂靠县政府办公室，负责编修地方志工作，《聂荣县志》编纂工作正式启动。

1999年8月，那曲地区召开首届地方志工作会议，聂荣县随即召开首届地方志工作会议，全县各单位和各乡镇负责同志参加会议，会议传达了那曲地区地方志工作会议精神，向县直各单位及乡镇布置了工作任务，地方志办公室专门负责收集汇总。其间，由于各种原因，《聂荣县志》编纂工作进展缓慢，并一度搁置。

2001年9月，聂荣县借鉴其他县区的经验做法，在结合县情实际的基础上，开始起草《聂荣县志》篇目，下发给各承编单位核对。县委副书记、政府县长杨绪卿审核后，做了3次修改完善，经聂荣县地方志编纂委员会审核通过，《聂荣县志》编目基本确立。

2005年3月，《聂荣县志》编纂工作仍由政府办负责，工作人员从办公室抽调，在全县各乡镇、各单位供稿的基础上，去粗取精，去虚取实，删繁补遗，尽量做到横不缺项、竖不断线。在志稿初撰阶段，为保证质量，工作人员分批次征求各单位意见建议，对需核实的内容提出明确要求。

2006年，根据那曲地区第二次地方志工作会议精神，聂荣县委、政府对地方志编纂委员会进行调整充实，由县委书记黄云素任主任，县委副书记、政府县长农军任副主任，县委各常委、政府各副县长和各乡镇、各单位负责同志为成员。

2010年，聂荣县委、政府加强对地方志工作的重视程度，对地方志编纂委员会进行调整充实，由县委书记胡林任主任，县委副书记、政府县长德吉卓嘎任副主任。同时，单独成立聂荣县地方志办公室，明确机构、编制，安排经费，购置办公用品，配备工作人员5名。2010年底，《聂荣县志》第一轮编纂基本形成，初稿总字数为20万字左右，另附图片等资料30余张。

2012年，聂荣县调整充实编纂委员会，由县委书记德吉卓嘎任主任，县委副书记、政府县长母兴斌任副主任，县委各常委、政府各副县长和各乡镇、各单位负责同志为成员。

2014年初，县委副书记、政府县长、编纂委员会副主任母兴斌审读县志初稿，指出了志稿中存在的问题和错误。聂荣县地方志办公室及时进行整改和完善。4月，在聂荣县召开初审会议，政府县长母兴斌、地区方志办主任高平出席会议并作重要讲话，会议决定原则通过《聂荣县志》初审稿。

2015年，聂荣县调整充实编纂委员会，以县委书记占堆任主任，县委副书记、政府县长李成统任副主任，县委各常委、政府各副县长和各乡镇、各单位负责同志为成员。

2016年11月，在聂荣县召开《聂荣县志》复审会议，自治区方志办副主任王会世、地区方志办主任高平出席会议并作重要讲话，县政府副县长洛旦作了工作汇报，自治区方志办邹廷波、地区方志办任思思等21名同志参加会议。至2017年6月，根据参加复审的各位领导、专家提出的修改、补充意见和建议，县方志办编纂人员对志稿进行了多次修改和资料补充。

2018年8月8日，县委书记占堆和县委副书记、政府县长李成统审读县志终稿，指出了志书存在的错谬之处，责令地方志办公室进一步修改完善。

2018年12月，在拉萨召开《聂荣县志》终审会议，自治区方志办编审处二级调研员周平、那曲市方志办主任高平出席会议并作讲话，县政府副县长马玉军作了汇报。根据与会的领导、专家对县志提出的修改意见，2019年1月，县方志办对志稿进行了修改、完善和补充。

2019年10月21日，自治区地方志办公室主任汪德军深入聂荣县实地指导地方志工作，为聂荣县地方志工作特别是《聂荣县志》的编纂提供了思路，方志办编纂人员按照提出的意见建议对县志终审稿作了进一步调整、充实和润色。

2020年6月15日和7月10日，地区方志办分别召开为期一周的县志审稿审核会议，市方志办主任高平在会上对《聂荣县志》志稿的图照、内容、排版提出修改意见和建议。

2020年9月28日，在拉萨召开《聂荣县志》验收会议，自治区方志办副主任王会世、市人大常委会副主任李鸿伟出席会议并作重要讲话，区文物局文物保护研究所研究员陈祖军，西藏日报社理论编辑室主任韩勉，西藏大学教授次旦扎西、其美多吉，区农科院草业科学研究所所长王敬龙在会上作重要点评，市方志办主任高平、县委副书记陈桂、县政府副县长琼次仁等参加会议。根据与会领导和专家提出的具体评审意见和建议，县方志办公室对照一一进行了修改和完善。

2020年11月5日开始，由自治区地方志办公室主持总编，参加总编的有区方志办主任汪德军、区方志办副主任王会世、区方志办邹廷波、县委副书记陈桂、县政府副县长琼次仁、县方志办杨东升和白天宇，结合验收会议时提出的意见和建议对《聂荣县志》进行修改与补充，12月15日完成总编，形成共15篇40余万字的《聂荣县志》总编稿。

编纂县志是一项浩大的文化系统工程。全县53个部门100余人参与了县志的编修工作。据不完全统计，各部门共翻阅档案1000余卷，收集资料60余万字。其范围之广，人员之多，时间之长，是聂荣县历史上首次。可以说《聂荣县志》渗透着众多修志者的心血，是集体创作的结晶。

《聂荣县志》涉及经济、政治、文化、科技、体育、宗教等领域，遍及党务、政务、人大、政协、军事、公检法、牧业林业、交通能源、邮电通信、商贸旅游、财税金融、城乡建设、水利环保等各行各业，按照图照、总序、凡例、概述、志、人物、附录、索引等结构，紧密围绕具有中国特色与西藏特点、符合那曲实际、立足聂荣县情的总体思路，全面真实客观地反映聂荣的历史与现状，特别是中国共产党团结带领聂荣各族干部群众“加强民族团结、建设美丽聂荣”的伟大历程和光辉实践。

此次修志始终坚持“党委领导，政府主持，编委会组织实施”的格局。县志编纂得到了区、市各级领导的重视和支持，从编目确立、资料收集、具体编纂等方面给予了悉心指导帮助。县委书记刘奎臣，县委副书记、政府县长西洛次仁始终重视、关心县志的编纂。县志编写过程中除了得到（排名不分先后）罗布顿珠、江措拉姆、杨绪卿、黄云素、胡林、德吉卓嘎、曹永寿、才旦扎西、农军、母兴斌、占堆、李成统等在聂荣工作过的老领导的大力支持和帮助外，还得到了自治区地方志办公室、自治区档案馆、西藏日报社、那曲市委党史办、那曲市人大常委会办公室、那曲市地方志办公室、那曲市电视台和全县各乡镇、县（中）直各单位等部门单位的大力支持和协助，对县志概述、大事记、人物等提供了很多图片和资料，提出了许多宝贵意见。我们深深感到，领导的重视支持和部门单位的支持协助是修志工作顺利开展与完成的关键，为此，我们对为《聂荣县志》付出心血和给予帮助的上述人员、单位和长期以来默默支持《聂荣县志》工作的人员表示衷心的感谢。

编修县志，是一项浩繁的系统工程。县志横及百科，纵贯千年；此次首创新志，断限又长，收集资料难度大。由于修志人员水平有限，经验缺乏，书中疏漏和谬误之处恐在所难免，敬请领导、专家和广大读者批评指正。

聂荣县地方志办公室

2022年12月

总后记

编修地方志是中华民族的优良传统，编修西藏社会主义新方志是一项重大的政治工程、战略工程、文化工程和固边工程。秉承中华民族修志之传统，在习近平新时代中国特色社会主义思想指导下，系统开展西藏社会主义新方志编纂出版工作，全面记载西藏悠久丰富的历史文化，客观反映西藏自古以来就是中国不可分割一部分、中华民族各成员在西藏地域交往交流交融的历史事实，如实记录西藏和平解放以来，中国共产党领导西藏人民开创西藏和平解放、民主改革、社会主义革命和建设、改革开放和贯彻党的民族宗教政策的光辉历程，在政治、经济、文化、社会、生态文明建设等各方面取得辉煌成就和西藏各族人民幸福安康的美好生活，对于传承西藏优秀文化，维护祖国统一、反对分裂，加强民族团结、建设美丽西藏，奋力推进西藏长治久安和高质量发展具有重要意义。功在当代，利在千秋！

编修西藏社会主义新方志始于1996年。按照中央的决策部署，自治区党委、政府及时研究地方志工作事项，于当年6月组建了以自治区党、政、军领导为主任、副主任和各有关部门、单位主要负责人为成员的西藏自治区地方志编纂委员会（自治区地方志工作委员会），成立自治区地方志办公室，与自治区党委党史研究室合署办公，统筹指导推动全区地方志工作发展。各地市、县（区）和区志承编单位相继成立地方志编纂委员会（或领导小组）及地方志办公室（或编辑室），逐步形成了“党委领导、政府主持、地方志机构组织实施、社会各界力量广泛参与”的工作体制。自治区地方志编纂委员会成立后，先后五次召开专题会议，及时研究解决地方志工作中的具体困难和问题。2022 年 1 月，自治区地方志编纂委员会调整后，自治区党委书记王君正担任编委会总顾问，自治区主席严金海担任编委会主任，进一步强化了修志工作的组织领导。自治区党委、政府先后主持召开四次全区性地方志工作会议，安排部署地方志工作，特别是2016 年全区地方志工作会议，由自治区党委常务副书记吴英杰主持，自治区主席洛桑江村讲话，并代表自治区人民政府与各地市、区志承编单位签订了目标责任书；自治区党委常委、自治区常务副主席邓小刚，自治区党委常委、秘书长王瑞连等自治区领导出席。会议对“十三五”时期全区地方志工作进行了全面安排部署，为到 2020 年全区如期圆满完成中央明确的地方志工作“两全目标”任务做好了顶层设计。同时，自治区人民政府颁布了《西藏自治区实施〈地方志工作条例〉办法》，自治区党委办公厅、自治区人民政府办公厅先后制定印发了《西藏自治区贯彻落实〈全国地方志事业发展规划纲要（2015—2020 年）〉的实施意见》《西藏自治区地方志督查考核办法（试行）》《西藏自治区党史、地方志专家库管理办法（试行）》；自治区地方志编纂委员会颁布实施了《西藏自治区志稿评审、志书出版的规定》《西藏自治区志稿质量标准》等文件，自治区志各分志实行“初审 + 复审 + 终审 + 总编 +

出版”制度，市县级志书实行“初审+复审+终审+验收+总编+出版”制度，层层严格把关，进一步规范了全区地方志编纂出版工作，提高了地方志工作质量，西藏地方志工作走上了制度化、规范化、法治化的发展轨道。

在1996年12月印发的《〈西藏自治区志〉编纂大纲》中，全区共规划了150余部志书，其中含有《西藏自治区志》分志73部，地市志7部，县（区）志74部。经过不懈努力，2004年9月，西藏历史上第一部社会主义新方志——《江孜县志》出版发行，拉开了西藏社会主义新方志编纂出版的序幕。2015年8月国务院颁布《全国地方志事业发展规划纲要（2015—2020年）》后，自治区党委办公厅、政府办公厅印发《西藏自治区贯彻落实〈全国地方志事业发展规划纲要（2015—2020年）〉的实施意见》，结合全区机构部门变化的实际，将全区地方志书调整为140余部，其中《西藏自治区志》分志59部，地市志7部，县（区）志74部。截至2021年底，全区实现了自治区、市地、县（区）三级志书编纂出版全覆盖，开启了西藏修志事业发展新的里程碑。

西藏社会主义新方志编纂工作始终得到了党和国家领导人的重视和关心，得到了中国地方志指导小组及其办公室的具体指导，李铁映、胡春华、陈全国、张庆黎、热地、帕巴拉·格列朗杰、陈奎元等国家领导人先后作过重要指示；得到了自治区党委、政府的高度重视，王君正、严金海、吴英杰、洛桑江村、齐扎拉、丁业现、刘江等自治区领导对地方志工作先后作出重要指示或批示；得到了全区各级党委、政府、区（中）直单位、驻藏部队的积极配合，自治区经济、林业、地矿、历史、文物、语言、宗教等方面专家和全体修志人员辛勤笔耕，付出了辛苦与汗水。西藏的地方志工作也得到了向巴平措、阴法唐、江村罗布、列确、拉巴平措等老领导的关心，得到了全国兄弟省（区、市）方志系统，以及中国藏学研究中心、中国社会科学院等单位和专家学者的支援与帮助，得到了社会各族各界的广泛支持。特别是2018年9月，中国地方志指导小组印发《关于全国地方志系统支援西藏、新疆地方志工作的意见》，动员全国省（区、市）方志系统力量支援帮助西藏开展修志工作，极大地加快了西藏地方志事业发展进程。可以说，西藏社会主义新方志的编纂出版发行凝聚了社会各方力量，是集体智慧的结晶。

由于时间紧、任务重、人员少、资料缺乏、时限跨度大，且受修志经验不足等因素影响，加之编纂水平有限，编纂出版的西藏社会主义新方志难免有所疏漏，敬请广大读者和同仁见谅。

感谢全区各级各部门对地方志工作的高度重视和大力支持，感谢全区广大地方志工作者为修志事业付出的辛勤努力，感谢专家学者以及社会各界为修志事业提供的支持和帮助，是为记。

西藏自治区地方志办公室

2022年10月